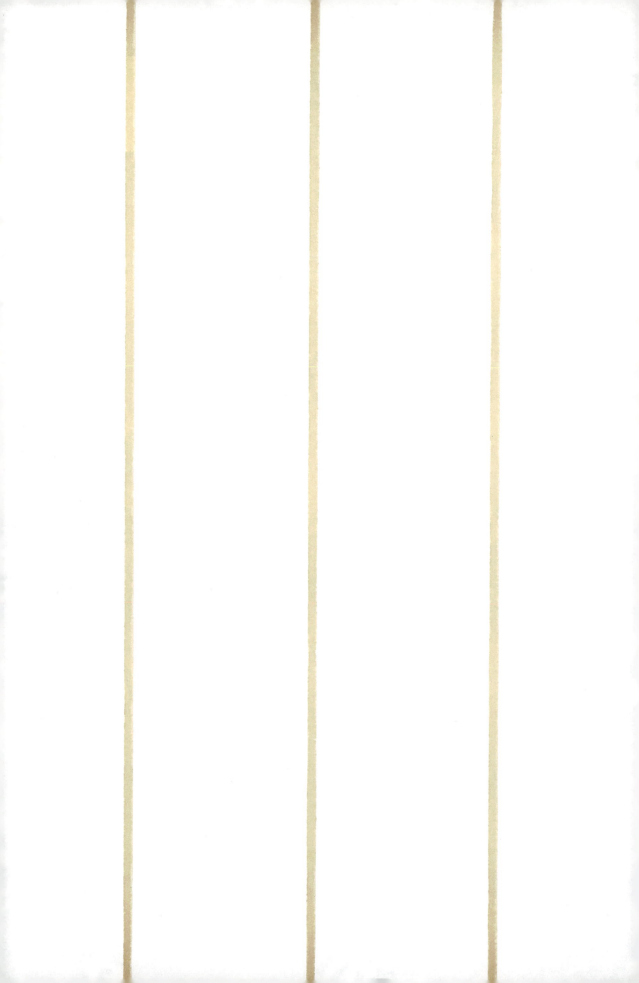

住房和城乡建设领域专业人员岗位培训考核系列用书

资料员专业管理实务

江苏省建设教育协会　组织编写

中国建筑工业出版社

图书在版编目(CIP)数据

资料员专业管理实务/江苏省建设教育协会组织编写. --北京：中国建筑工业出版社，2014.4
住房和城乡建设领域专业人员岗位培训考核系列用书
ISBN 978-7-112-16607-7

Ⅰ.①资… Ⅱ.①江… Ⅲ.①建筑工程-技术档案-档案管理-资格考试-自学参考资料 Ⅳ.①G275.3

中国版本图书馆 CIP 数据核字(2014)第 055058 号

本书是《住房和城乡建设领域专业人员岗位培训考核系列用书》中的一本，依据《建筑与市政工程施工现场专业人员职业标准》编写。全书共分9章，包括第1章施工文件档案资料相关概念；第2章建设单位工程文件档案资料；第3章监理工程文件档案资料；第4章房屋建筑工程施工文件档案资料；第5章市政基础设施施工文件档案资料；第6章施工文件档案资料管理；第7章计算机与资料管理软件；第8章法律与法规；第9章标准与规范。本书可作为资料员岗位考试的指导用书，又可作为施工现场相关专业人员的实用手册，也可供职业院校师生和相关专业技术人员参考使用。

责任编辑：刘　江　岳建光　张伯熙
责任设计：李志立
责任校对：张　颖　刘梦然

住房和城乡建设领域专业人员岗位培训考核系列用书
资料员专业管理实务
江苏省建设教育协会　组织编写
*
中国建筑工业出版社出版、发行（北京西郊百万庄）
各地新华书店、建筑书店经销
北京科地亚盟排版公司制版
北京市密东印刷有限公司印刷
*

开本：787×1092毫米　1/16　印张：26¾　字数：650千字
2014年9月第一版　2015年3月第四次印刷
定价：**69.00**元
ISBN 978-7-112-16607-7
(25347)

版权所有　翻印必究
如有印装质量问题，可寄本社退换
(邮政编码 100037)

住房和城乡建设领域专业人员岗位培训考核系列用书

编审委员会

主　任：杜学伦

副主任：章小刚　陈　曦　曹达双　漆贯学
　　　　金少军　高　枫　陈文志

委　员：王宇旻　成　宁　金孝权　郭清平
　　　　马　记　金广谦　陈从建　杨　志
　　　　魏偲燕　惠文荣　刘建忠　冯汉国
　　　　金　强　王　飞

出版说明

为加强住房城乡建设领域人才队伍建设，住房和城乡建设部组织编制了住房城乡建设领域专业人员职业标准。实施新颁职业标准，有利于进一步完善建设领域生产一线岗位培训考核工作，不断提高建设从业人员队伍素质，更好地保障施工质量和安全生产。第一部职业标准——《建筑与市政工程施工现场专业人员职业标准》（以下简称《职业标准》），已于2012年1月1日实施，其余职业标准也在制定中，并将陆续发布实施。

为贯彻落实《职业标准》，受江苏省住房和城乡建设厅委托，江苏省建设教育协会组织了具有较高理论水平和丰富实践经验的专家和学者，以职业标准为指导，结合一线专业人员的岗位工作实际，按照综合性、实用性、科学性和前瞻性的要求，编写了这套《住房和城乡建设领域专业人员岗位培训考核系列用书》（以下简称《考核系列用书》）。

本套《考核系列用书》覆盖施工员、质量员、资料员、机械员、材料员、劳务员等《职业标准》涉及的岗位（其中，施工员、质量员分为土建施工、装饰装修、设备安装和市政工程四个子专业），并根据实际需求增加了试验员、城建档案管理员岗位；每个岗位结合其职业特点以及培训考核的要求，包括《专业基础知识》、《专业管理实务》和《考试大纲·习题集》三个分册。随着住房城乡建设领域专业人员职业标准的陆续发布实施和岗位的需求，本套《考核系列用书》还将不断补充和完善。

本套《考核系列用书》系统性、针对性较强，通俗易懂，图文并茂，深入浅出，配以考试大纲和习题集，力求做到易学、易懂、易记、易操作。既是相关岗位培训考核的指导用书，又是一线专业人员的实用手册；既可供建设单位、施工单位及相关高、中等职业院校教学培训使用，又可供相关专业技术人员自学参考使用。

本套《考核系列用书》在编写过程中，虽经多次推敲修改，但由于时间仓促，加之编者水平有限，如有疏漏之处，恳请广大读者批评指正（相关意见和建议请发送至JYXH05@163.com），以便我们认真加以修改，不断完善。

本书编写委员会

主　　编：魏傺燕

副 主 编：许　迎　董　祥

编写人员：朱　翔　魏傺燕　董　祥
　　　　　　许　迎　王　飞　李亚楠

前 言

　　为贯彻落实住房城乡建设领域专业人员新颁职业标准，受江苏省住房和城乡建设厅委托，江苏省建设教育协会组织编写了《住房和城乡建设领域专业人员岗位培训考核系列用书》，本书为其中的一本。

　　资料员培训考核用书包括《资料员专业基础知识》、《资料员专业管理实务》、《资料员考试大纲·习题集》三本，根据国家现行规范、规程、标准，并以资料收集整理、资料归档管理和资料管理应用为主线，不仅涵盖了现场资料管理人员应掌握的通用知识、基础知识和岗位知识，还涉及新工艺、新材料等方面的知识。

　　本书为《资料员专业管理实务》分册。全书共分9章，内容包括：施工文件档案资料相关概念；建设单位工程文件档案资料；监理工程文件档案资料；房屋建筑工程施工文件档案资料；市政基础设施施工文件档案资料；施工文件档案资料管理；计算机与资料管理软件；法律与法规；标准与规范。

　　本书既可作为资料员岗位培训考核的指导用书，又可作为施工现场相关专业人员的实用手册，也可供职业院校师生和相关专业技术人员参考使用。

目 录

第1章 施工文件档案资料相关概念 ·· 1
1.1 建设工程项目与建设程序 ·· 1
1.1.1 建设工程项目 ··· 1
1.1.2 建设程序 ·· 7
1.2 建设工程施工质量验收 ·· 12
1.2.1 检验批质量验收 ·· 12
1.2.2 分项工程质量验收 ·· 14
1.2.3 分部工程质量验收 ·· 16
1.2.4 单位工程质量验收 ·· 18
1.3 工程文件档案资料 ·· 29
1.3.1 工程文件档案资料概念 ·· 29
1.3.2 工程文件档案资料特征 ·· 29
1.3.3 工程文件档案资料载体 ·· 30
1.3.4 工程文件档案资料分类与编号 ·· 30

第2章 建设单位工程文件档案资料 ·· 34
2.1 建设单位工程文件资料形成 ·· 34
2.2 建设单位工程文件资料组卷与归档 ·· 35
2.3 建设单位工程文件资料管理 ·· 36
2.3.1 决策立项文件（A1） ··· 37
2.3.2 建设用地文件（A2） ··· 37
2.3.3 勘察、测绘、设计文件（A3） ··· 38
2.3.4 工程招投标文件及其他承包合同文件（A4） ·································· 39
2.3.5 工程开工文件（A5） ··· 41
2.3.6 商务文件（A6） ·· 41
2.3.7 工程竣工验收及备案文件（A7） ·· 42
2.3.8 其他文件（A8） ·· 44

第3章 监理工程文件档案资料 ·· 47
3.1 监理工程文件资料形成 ·· 47
3.2 监理工程文件档案资料组卷与归档 ·· 48
3.3 监理工程文件资料管理 ·· 49

3.3.1　监理管理资料（B1） ································· 49
　　3.3.2　进度控制资料（B2） ································· 52
　　3.3.3　质量控制资料（B3） ································· 53
　　3.3.4　造价控制资料（B4） ································· 54
　　3.3.5　合同管理资料（B5） ································· 55
　　3.3.6　竣工验收资料（B6） ································· 56
　　3.3.7　建设工程监理的基本表式 ····························· 57

第4章　房屋建筑工程施工文件档案资料 ······················· 67

4.1　房屋建筑工程施工文件资料的形成 ····························· 67
4.2　土建施工文件档案资料 ······································· 68
　　4.2.1　土建施工文件资料的分类、来源及归档 ··············· 68
　　4.2.2　技术、管理资料 ····································· 86
　　4.2.3　工程质量控制资料管理 ······························· 92
　　4.2.4　安全和功能检验资料管理 ··························· 109
　　4.2.5　分部工程质量验收资料 ····························· 110
4.3　桩基部分施工文件档案资料 ································· 128
　　4.3.1　桩基部分施工文件档案资料分类及归档 ·············· 128
　　4.3.2　管理资料 ·· 130
　　4.3.3　质量控制资料 ······································ 130
　　4.3.4　桩基分项工程质量验收 ····························· 133
4.4　钢结构部分施工文件档案资料 ······························· 136
　　4.4.1　钢结构部分施工文件档案资料分类及归档 ············ 136
　　4.4.2　管理资料 ·· 140
　　4.4.3　质量控制资料 ······································ 140
　　4.4.4　隐蔽工程检验 ······································ 143
　　4.4.5　施工记录 ·· 143
　　4.4.6　检验及抽样检测 ··································· 144
　　4.4.7　钢结构子分部工程质量验收资料 ···················· 145
4.5　幕墙部分施工程文件档案资料 ······························· 145
　　4.5.1　幕墙部分施工文件档案资料分类及归档 ·············· 145
　　4.5.2　管理资料 ·· 148
　　4.5.3　质量控制资料 ······································ 148
　　4.5.4　工程安全和功能检验资料 ··························· 149
　　4.5.5　幕墙子分部工程质量验收 ··························· 150
4.6　建筑给水排水及采暖部分施工文件档案资料 ·················· 150
　　4.6.1　建筑给水排水及采暖部分施工文件档案资料分类与归档 ···· 150
　　4.6.2　管理资料 ·· 154
　　4.6.3　质量控制资料 ······································ 155

  4.6.4 安全和功能检验资料及主要功能抽查 ………………………………… 159
  4.6.5 工程质量验收记录 …………………………………………………… 159
 4.7 建筑电气部分施工文件档案资料 ………………………………………… 160
  4.7.1 建筑电气部分施工文件档案资料分类与归档 …………………………… 160
  4.7.2 管理资料 ……………………………………………………………… 166
  4.7.3 工程质量控制资料 …………………………………………………… 167
  4.7.4 安全和功能检验资料 ………………………………………………… 173
  4.7.5 工程质量验收记录 …………………………………………………… 173
 4.8 智能建筑工程文件档案资料 ……………………………………………… 174
  4.8.1 智能建筑工程文件档案资料分类与归档 ………………………………… 174
  4.8.2 管理资料 ……………………………………………………………… 178
  4.8.3 工程实施及质量控制 ………………………………………………… 179
  4.8.4 质量控制资料 ………………………………………………………… 181
  4.8.5 工程质量验收记录 …………………………………………………… 181
 4.9 通风与空调工程文件档案资料 …………………………………………… 181
  4.9.1 通风与空调工程文件档案资料分类与归档 ……………………………… 181
  4.9.2 管理资料 ……………………………………………………………… 187
  4.9.3 质量控制资料 ………………………………………………………… 187
  4.9.4 安全和功能检验资料 ………………………………………………… 189
  4.9.5 工程质量验收资料 …………………………………………………… 189
 4.10 建筑节能分部工程施工文件档案资料 …………………………………… 194
  4.10.1 建筑节能分部工程施工文件档案资料分类与归档 …………………… 194
  4.10.2 管理资料 …………………………………………………………… 199
  4.10.3 工程质量控制资料 ………………………………………………… 200
  4.10.4 建筑节能分部工程质量验收资料 ………………………………… 206
 4.11 电梯分部工程施工文件档案资料 ………………………………………… 206
  4.11.1 电梯分部工程施工文件档案资料分类与保存 ………………………… 206
  4.11.2 管理资料 …………………………………………………………… 207
  4.11.3 工程质量控制资料 ………………………………………………… 208
  4.11.4 安全和功能项目 …………………………………………………… 209
  4.11.5 工程质量验收 ……………………………………………………… 209
 4.12 竣工验收资料、竣工图管理 ……………………………………………… 209
  4.12.1 竣工验收资料、竣工图的分类与归档 ………………………………… 209
  4.12.2 竣工验收资料 ……………………………………………………… 210
  4.12.3 竣工图 ……………………………………………………………… 212

第5章 市政基础设施施工文件档案资料 ……………………………………… 216
 5.1 市政基础设施工程施工质量控制与验收 ………………………………… 216
  5.1.1 市政基础设施工程施工质量控制 ……………………………………… 216

  5.1.2 市政基础设施工程质量验收 ································ 216
 5.2 市政基础设施工程施工文件资料管理 ····························· 224
  5.2.1 施工组织设计 ··· 224
  5.2.2 施工图设计文件会审、技术交底 ··························· 225
  5.2.3 原材料、成品、半成品、构配件、设备出厂质量合格证书、出厂检（试）验报告及复试报告 ············· 225
  5.2.4 施工检（试）验报告 ··· 228
  5.2.5 施工记录 ··· 229
  5.2.6 测量复核及预检记录 ··· 230
  5.2.7 隐蔽工程检查验收记录 ······································· 231
  5.2.8 工程质量检验评定资料 ······································· 231
  5.2.9 功能性试验记录 ··· 231
  5.2.10 质量事故报告及处理记录 ··································· 232
  5.2.11 设计变更通知单、洽商记录 ································ 232
  5.2.12 竣工总结与竣工图 ·· 232
  5.2.13 竣工验收 ·· 232
 5.3 市政基础设施工程文件档案资料来源、组卷和归档目录 ······ 233
  5.3.1 市政道路工程施工文件档案资料分类与归档 ············ 233
  5.3.2 市政管道工程施工文件档案资料分类与归档 ············ 243
  5.3.3 市政桥梁工程施工文件档案资料分类与归档 ············ 252

第6章 施工文件档案资料管理 ·· 272

 6.1 施工文件档案资料管理职责 ··· 272
  6.1.1 建设单位的管理职责 ··· 272
  6.1.2 勘察和设计单位的管理职责 ································· 272
  6.1.3 监理单位的管理职责 ··· 272
  6.1.4 施工单位的管理职责 ··· 273
  6.1.5 检测单位的职责 ··· 274
  6.1.6 档案馆的职责 ··· 274
  6.1.7 施工单位资料员的职责 ······································· 274
  6.1.8 施工单位相关人员职责 ······································· 275
 6.2 施工文件资料管理计划 ··· 275
  6.2.1 施工文件资料管理计划的特点 ······························ 275
  6.2.2 施工文件资料管理计划编制依据 ··························· 276
  6.2.3 施工文件资料管理计划的内容 ······························ 276
 6.3 施工文件资料交底 ·· 277
 6.4 施工文件资料形成、收集 ··· 278
  6.4.1 施工文件资料的形成 ··· 278
  6.4.2 施工文件资料收集整理 ······································· 280

6.5 施工文件档案资料的安全管理 ··· 281
　　6.5.1 施工文件档案资料的信息安全管理 ································· 281
　　6.5.2 施工文件档案资料物质载体的安全管理 ·························· 283
　　6.5.3 施工文件档案管理检查 ··· 284
6.6 施工文件档案资料组卷 ··· 284
　　6.6.1 组卷的基本原则 ·· 284
　　6.6.2 组卷的方法和要求 ··· 285
　　6.6.3 卷内文件的排列 ·· 285
　　6.6.4 案卷的编目 ·· 285
　　6.6.5 案卷装订 ·· 288
　　6.6.6 卷盒、卷夹 ·· 288
6.7 工程档案资料的归档、验收与移交 ·· 289
　　6.7.1 工程档案资料的归档 ·· 289
　　6.7.2 工程档案资料的验收 ·· 289
　　6.7.3 工程档案资料的移交 ·· 289
6.8 建筑业统计的基本知识 ··· 290
　　6.8.1 建筑业统计的基础知识 ··· 290
　　6.8.2 建筑施工企业统计工作 ··· 291
　　6.8.3 建筑业统计报表制度 ·· 291
　　6.8.4 施工企业项目部统计工作 ·· 292
　　6.8.5 主要统计指标解释 ··· 294

第7章 计算机与资料管理软件 ··· 296

7.1 计算机系统 ··· 296
　　7.1.1 计算机硬件系统组成及功能 ··· 296
　　7.1.2 计算机软件系统组成及功能 ··· 297
7.2 计算机文字处理软件 ·· 298
　　7.2.1 Microsoft Word 应用 ·· 298
　　7.2.2 Microsoft Excel 应用 ·· 332
7.3 江苏省工程档案资料管理系统 ·· 356
　　7.3.1 简介 ··· 356
　　7.3.2 网站操作 ·· 357
　　7.3.3 客户端操作 ·· 367
　　7.3.4 常见问题 ·· 372

第8章 法律与法规 ··· 373

8.1 中华人民共和国建筑法（节选） ··· 373
8.2 中华人民共和国安全生产法（节选） ··· 376
8.3 建设工程质量管理条例（节选） ··· 379

8.4 建设工程安全生产管理条例（节选） ……………………………………… 382

第9章 标准与规范 ……………………………………………………………… 389

9.1 建设工程文件归档整理规范 GB/T 50328—2001 …………………………… 389
9.2 建设电子文件与电子档案管理规范 CJJ/T 117—2007 ……………………… 395
9.3 建筑工程资料管理规程 JGJ 185—2009 …………………………………… 404
9.4 建筑工程施工质量验收统一标准 GB 50300—2013 ………………………… 407
9.5 建设工程监理规范（节选）GB/T 50319—2013 …………………………… 412

参考文献 …………………………………………………………………………… 415

第1章 施工文件档案资料相关概念

1.1 建设工程项目与建设程序

1.1.1 建设工程项目

建设工程项目是指经过批准,按照一个总体工程设计进行施工,经济上实行统一核算,行政上具有独立组织形式,实行统一管理的工程基本建设单位,它可以是由一个或若干个具有内在联系的单位工程所组成。如建设一座工厂、一所学校、一个住宅小区和一条公路等。

单位工程是指具有独立的设计文件,竣工后可以独立发挥生产能力或效益的工程,并构成建设工程项目的组成部分。如工厂中的生产车间、办公楼等;学校中的教学楼、食堂等;公路工程中独立设计、独立施工、建成后可以独立交工通车的一个合同段等。单位工程可进一步细分为分部工程、分项工程和检验批,如图1-1所示。

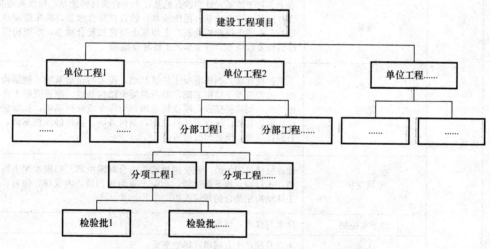

图1-1 房屋建筑与市政基础设施工程项目组成

根据《建筑工程施工质量验收统一标准》GB 50300—2013,单位(子单位)工程、分部(子分部)工程、分项工程和检验批的划分原则如下:

1. 单位工程的划分原则

(1) 具备独立施工条件并能形成独立使用功能的建筑物或构筑物为一个单位工程。

(2) 建筑规模较大的单位工程,可将其能形成独立使用功能的部分划分为一个子单位工程。

2. 分部工程的划分原则

(1) 按专业性质、工程部位确定。

(2) 当分部工程较大或较复杂时，可按材料种类、施工特点、施工程序、专业系统及类别等将分部工程划分为若干子分部工程。

分部（子分部）工程的划分，如表1-1所示。

3. 分项工程的划分原则

分项工程可按主要工种、材料、施工工艺、设备类别等进行划分。

分项工程的划分，如表1-1所示。

4. 检验批划分原则

检验批可根据施工及质量控制和专业验收需要按工程量、楼层、施工段、变形缝等进行划分。

5. 室外工程划分

可根据专业类别和工程规模按表1-2所示划分单位工程、分部工程。

施工前，应由施工单位制定分项工程和检验批的划分方案，并由监理单位审核。对于表1-1及相关专业验收规范未涵盖的分项工程和检验批，由建设单位组织监理、施工等单位协商确定。

建筑工程的分部工程、分项工程划分　　　　　　表1-1

序号	分部工程	子分部工程	分项工程
1	地基与基础	地基	素土、灰土地基，砂和砂石地基，土工合成材料地基，粉煤灰地基，强夯地基，注浆地基，预压地基，砂石桩复合地基，高压旋喷注浆地基，水泥土搅拌桩地基，土和灰土挤密桩复合地基，水泥粉煤灰碎石桩复合地基，夯实水泥土桩复合地基
		基础	无筋扩展基础，钢筋混凝土扩展基础，筏形与箱形基础，钢结构基础，钢管混凝土结构基础，型钢混凝土结构基础，钢筋混凝土预制桩基础，泥浆护壁成孔灌注桩基础，干作业成孔桩基础，长螺旋钻孔压灌桩基础，沉管灌注桩基础，钢桩基础，锚杆静压桩基础，岩石锚杆基础，沉井与沉箱基础
		基坑支护	灌注桩排桩围护墙，板桩围护墙，咬合桩围护墙，型钢水泥土搅拌墙，土钉墙，地下连续墙，水泥土重力式挡墙，内支撑，锚杆，与主体结构相结合的基坑支护
		地下水控制	降水与排水，回灌
		土方	土方开挖，土方回填，场地平整
		边坡	喷锚支护，挡土墙，边坡开挖
		地下防水	主体结构防水，细部构造防水，特殊施工法结构防水，排水，注浆
2	主体结构	混凝土结构	模板，钢筋，混凝土，预应力，现浇结构，装配式结构
		砌体结构	砖砌体，混凝土小型空心砌块砌体，石砌体，配筋砌体，填充墙砌体
		钢结构	钢结构焊接，紧固件连接，钢零部件加工，钢构件组装及预拼装，单层钢结构安装，多层及高层钢结构安装，钢管结构安装，预应力钢索和膜结构，压型金属板，防腐涂料涂装，防火涂料涂装

续表

序号	分部工程	子分部工程	分项工程
2	主体结构	钢管混凝土结构	构件现场拼装，构件安装，钢管焊接，构件连接，钢管内钢筋骨架，混凝土
		型钢混凝土结构	型钢焊接，紧固件连接，型钢与钢筋连接，型钢构件组装及预拼装，型钢安装，模板，混凝土
		铝合金结构	铝合金焊接，紧固件连接，铝合金零部件加工，铝合金构件组装，铝合金构件预拼装，铝合金框架结构安装，铝合金空间网格结构安装，铝合金面板，铝合金幕墙结构安装，防腐处理
		木结构	方木和原木结构，胶合木结构，轻型木结构，木结构的防护
3	建筑装饰装修	建筑地面	基层铺设，整体面层铺设，板块面层铺设，木、竹面层铺设
		抹灰	一般抹灰，保温层薄抹灰，装饰抹灰，清水砌体勾缝
		外墙防水	外墙砂浆防水，涂膜防水，透气膜防水
		门窗	木门窗安装，金属门窗安装，塑料门窗安装，特种门安装，门窗玻璃安装
		吊顶	整体面层吊顶，板块面层吊顶、格栅吊顶
		轻质隔墙	板材隔墙，骨架隔墙，活动隔墙，玻璃隔墙
		饰面板	石板安装，陶瓷板安装，木板安装，金属板安装，塑料板安装
		饰面砖	外墙饰面砖粘贴，内墙饰面砖粘贴
		幕墙	玻璃幕墙安装，金属幕墙安装，石材幕墙安装，陶板幕墙安装
		涂饰	水性涂料涂饰，溶剂型涂料涂饰，美术涂饰
		裱糊与软包	裱糊，软包
		细部	橱柜制作与安装，窗帘盒和窗台板制作与安装，门窗套制作与安装，护栏和扶手制作与安装，花饰制作与安装
4	屋面	基层与保护	找坡层和找平层，隔汽层，隔离层，保护层
		保温与隔热	板状材料保温层，纤维材料保温层，喷涂硬泡聚氨酯保温层，现浇泡沫混凝土保温层，种植隔热层，架空隔热层，蓄水隔热层
		防水与密封	卷材防水层，涂膜防水层，复合防水层，接缝密封防水
		瓦面与板面	烧结瓦和混凝土瓦铺装，沥青瓦铺装，金属板铺装，玻璃采光顶铺装
		细部构造	檐口，檐沟和天沟，女儿墙和山墙，水落口，变形缝，伸出屋面管道，屋面出入口，反梁过水孔，设施基座，屋脊，屋顶窗
5	建筑给水排水及供暖	室内给水系统	给水管道及配件安装，给水设备安装，室内消火栓系统安装，消防喷淋系统安装，防腐，绝热，管道冲洗、消毒，试验与调试
		室内排水系统	排水管道及配件安装，雨水管道及配件安装，防腐，试验与调试
		室内热水系统	管道及配件安装，辅助设备安装，防腐，绝热，试验与调试
		卫生器具	卫生器具安装，卫生器具给水配件安装，卫生器具排水管道安装，试验与调试
		室内供暖系统	管道及配件安装，辅助设备安装，散热器安装，低温热水地板辐射供暖系统安装，电加热供暖系统安装，燃气红外辐射供暖系统安装，热风供暖系统安装，热计量及调控装置安装，试验与调试，防腐，绝热
		室外给水管网	给水管道安装，室外消火栓系统安装，试验与调试
		室外排水管网	排水管道安装，排水管沟与井池，试验与调试

续表

序号	分部工程	子分部工程	分项工程
5	建筑给水排水及供暖	室外供热管网	管道及配件安装，系统水压试验，土建结构，防腐，绝热，试验与调试
		建筑饮用水供应系统	管道及配件安装，水处理设备及控制设施安装，防腐，绝热，试验与调试
		建筑中水系统及雨水利用系统	建筑中水系统、雨水利用系统管道及配件安装，水处理设备及控制设施安装，防腐，绝热，试验与调试
		游泳池及公共浴池水系统	管道及配件系统安装，水处理设备及控制设施安装，防腐，绝热，试验与调试
		水景喷泉系统	管道系统及配件安装，防腐，绝热，试验与调试
		热源及辅助设备	锅炉安装，辅助设备及管道安装，安全附件安装，换热站安装，防腐，绝热，试验与调试
		监测与控制仪表	检测仪器及仪表安装，试验与调试
6	通风与空调	送风系统	风管与配件制作，部件制作，风管系统安装，风机与空气处理设备安装，风管与设备防腐，旋流风口、岗位送风口、织物（布）风管安装，系统调试
		排风系统	风管与配件制作，部件制作，风管系统安装，风机与空气处理设备安装，风管与设备防腐，吸气罩及其他空气处理设备安装，厨房、卫生间排风系统安装，系统调试
		防排烟系统	风管与配件制作，部件制作，风管系统安装，风机与空气处理设备安装，风管与设备防腐，排烟风阀（口）、常闭正压风口、防火风管安装，系统调试
		除尘系统	风管与配件制作，部件制作，风管系统安装，风机与空气处理设备安装，风管与设备防腐，除尘器与排污设备安装，吸尘罩安装，高温风管绝热，系统调试
		舒适性空调系统	风管与配件制作，部件制作，风管系统安装，风机与空气处理设备安装，风管与设备防腐，组合式空调机组安装，消声器、静电除尘器、换热器、紫外线灭菌器等设备安装，风机盘管、变风量与定风量送风装置、射流喷口等末端设备安装，风管与设备绝热，系统调试
		恒温恒湿空调系统	风管与配件制作，部件制作，风管系统安装，风机与空气处理设备安装，风管与设备防腐，组合式空调机组安装，电加热器、加湿器等设备安装，精密空调机组安装，风管与设备绝热，系统调试
		净化空调系统	风管与配件制作，部件制作，风管系统安装，风机与空气处理设备安装，风管与设备防腐，净化空调机组安装，消声器、静电除尘器、换热器、紫外线灭菌器等设备安装，中、高效过滤器及风机过滤器单元等末端设备清洗与安装，洁净度测试，风管与设备绝热，系统调试
		地下人防通风系统	风管与配件制作，部件制作，风管系统安装，风机与空气处理设备安装，风管与设备防腐，过滤吸收器、防爆波活门、防爆超压排气活门等专用设备安装，系统调试
		真空吸尘系统	风管与配件制作，部件制作，风管系统安装，风机与空气处理设备防腐，管道安装，快速接口安装，风机与滤尘设备安装，系统压力试验及调试
		冷凝水系统	管道系统及部件安装，水泵及附属设备安装，管道冲洗，管道、设备防腐，板式热交换器，辐射板及辐射供热、供冷地埋管，热泵机组设备安装，管道、设备绝热，系统压力试验及调试
		空调（冷、热）水系统	管道系统及部件安装，水泵及附属设备安装，管道冲洗，管道、设备防腐，冷却塔与水处理设备安装，防冻伴热设备安装，管道、设备绝热，系统压力试验及调试

续表

序号	分部工程	子分部工程	分项工程
6	通风与空调	冷却水系统	管道系统及部件安装，水泵及附属设备安装，管道冲洗，管道、设备防腐，系统灌水渗漏及排放试验，管道、设备绝热
		土壤源热泵换热系统	管道系统及部件安装，水泵及附属设备安装，管道冲洗，管道、设备防腐，埋地换热系统与管网安装，管道、设备绝热，系统压力试验及调试
		水源热泵换热系统	管道系统及部件安装，水泵及附属设备安装，管道冲洗，管道、设备防腐，地表水源换热管及管网安装，除垢设备安装，管道、设备绝热，系统压力试验及调试
		蓄能系统	管道系统及部件安装，水泵及附属设备安装，管道冲洗，管道、设备防腐，蓄水罐与蓄冰槽、罐安装，管道、设备绝热，系统压力试验及调试
		压缩式制冷（热）设备系统	制冷机组及附属设备安装，管道、设备防腐，制冷剂管道及部件安装，制冷剂灌注，管道、设备绝热，系统压力试验及调试
		吸收式制冷设备系统	制冷机组及附属设备安装，管道、设备防腐，系统真空试验，溴化锂溶液加灌，蒸汽管道系统安装，燃气或燃油设备安装，管道、设备绝热，试验及调试
		多联机（热泵）与空调系统	室外机组安装，室内机组安装，制冷剂管路连接及控制开关安装，风管安装，冷凝水管道安装，制冷剂灌注，系统压力试验及调试
		太阳能供暖空调系统	太阳能集热器安装，其他辅助能源、换热设备安装，蓄能水箱、管道及配件安装，防腐，绝热，低温热水地板辐射采暖系统安装，系统压力试验及调试
		设备自控系统	温度、压力与流量传感器安装，执行机构安装调试，防排烟系统功能测试，自动控制及系统智能控制软件调试
7	建筑电气	室外电气	变压器、箱式变电所安装，成套配电柜、控制柜（屏、台）和动力、照明配电箱（盘）及控制柜安装，梯架、支架、托盘和槽盒安装，导管敷设，电缆敷设，管内穿线和槽盒内敷线，电缆头制作、导线连接和线路绝缘测试，普通灯具安装，专用灯具安装，建筑照明通电试运行，接地装置安装
		变配电室	变压器、箱式变电所安装，成套配电柜、控制柜（屏、台）和动力、照明配电箱（盘）安装，母线槽安装，梯架、支架、托盘和槽盒安装，电缆敷设，电缆头制作、导线连接和线路绝缘测试，接地装置安装，接地干线敷设
		供电干线	电气设备试验和试运行，母线槽安装，梯架、支架、托盘和槽盒安装，导管敷设，电缆敷设，管内穿线和槽盒内敷线，电缆头制作、导线连接和线路绝缘测试，接地干线敷设
		电气动力	成套配电柜、控制柜（屏、台）和动力配电箱（盘）安装，电动机、电加热器及电动执行机构检查接线，电气设备试验和试运行，梯架、支架、托盘和槽盒安装，导管敷设，电缆敷设，管内穿线和槽盒内敷线，电缆头制作、导线连接和线路绝缘测试

续表

序号	分部工程	子分部工程	分项工程
7	建筑电气	电气照明	成套配电柜、控制柜（屏、台）和照明配电箱（盘）安装，梯架、支架、托盘和槽盒安装，导管敷设，管内穿线和槽盒内敷线，塑料护套线直敷布线，钢索配线，电缆头制作、导线连接和线路绝缘测试，普通灯具安装，专用灯具安装，开关、插座、风扇安装，建筑照明通电试运行
		备用和不间断电源	成套配电柜、控制柜（屏、台）和动力、照明配电箱（盘）安装，柴油发电机组安装，不间断电源装置及应急电源装置安装，母线槽安装，导管敷设，电缆敷设，管内穿线和槽盒内敷线，电缆头制作、导线连接和线路绝缘测试，接地装置安装
		防雷及接地	接地装置安装，防雷引下线及接闪器安装，建筑物等电位连接，浪涌保护器安装
8	智能建筑	智能化集成系统	设备安装，软件安装，接口及系统调试，试运行
		信息接入系统	安装场地检查
		用户电话交换系统	线缆敷设，设备安装，软件安装，接口及系统调试，试运行
		信息网络系统	计算机网络设备安装，计算机网络软件安装，网络安全设备安装，网络安全软件安装，系统调试，试运行
		综合布线系统	梯架、托盘、槽盒和导管安装，线缆敷设，机柜、机架、配线架安装，信息插座安装，链路或信道测试，软件安装，系统调试，试运行
		移动通信室内信号覆盖系统	安装场地检查
		卫星通信系统	安装场地检查
		有线电视及卫星电视接收系统	梯架、托盘、槽盒和导管安装，线缆敷设，设备安装，软件安装，系统调试，试运行
		公共广播系统	梯架、托盘、槽盒和导管安装，线缆敷设，设备安装，软件安装，系统调试，试运行
		会议系统	梯架、托盘、槽盒和导管安装，线缆敷设，设备安装，软件安装，系统调试，试运行
		信息导引及发布系统	梯架、托盘、槽盒和导管安装，线缆敷设，显示设备安装，机房设备安装，软件安装，系统调试，试运行
		时钟系统	梯架、托盘、槽盒和导管安装，线缆敷设，设备安装，软件安装，系统调试，试运行
		信息化应用系统	梯架、托盘、槽盒和导管安装，线缆敷设，设备安装，软件安装，系统调试，试运行
		建筑设备监控系统	梯架、托盘、槽盒和导管安装，线缆敷设，传感器安装，执行器安装，控制器、箱安装，中央管理工作站和操作分站设备安装，软件安装，系统调试，试运行
		火灾自动报警系统	梯架、托盘、槽盒和导管安装，线缆敷设，探测器类设备安装，控制器类设备安装，其他设备安装，软件安装，系统调试，试运行
		安全技术防范系统	梯架、托盘、槽盒和导管安装，线缆敷设，设备安装，软件安装，系统调试，试运行
		应急响应系统	设备安装，软件安装，系统调试，试运行
		机房	供配电系统，防雷与接地系统，空气调节系统，给水排水系统，综合布线系统，监控与安全防范系统，消防系统，室内装饰装修，电磁屏蔽，系统调试，试运行
		防雷与接地	接地装置，接地线，等电位联接，屏蔽设施，电涌保护器，线缆调试，系统调试，试运行

续表

序号	分部工程	子分部工程	分项工程
9	建筑节能	围护系统节能	墙体节能，幕墙节能，门窗节能，屋面节能，地面节能
		供暖空调设备及管网节能	供暖节能，通风与空调设备节能，空调与供暖系统冷热源节能，空调与供暖系统管网节能
		电气动力节能	配电节能，照明节能
		监控系统节能	监测系统节能，控制系统节能
		可再生能源	地源热泵系统节能，太阳能光热系统节能，太阳能光伏节能
10	电梯	电力驱动的曳引式或强制式电梯	设备进场验收，土建交接检验，驱动主机，导轨，门系统，轿厢，对重，安全部件，悬挂装置，随行电缆，补偿装置，电气装置，整机安装验收
		液压电梯	设备进场验收，土建交接检验，液压系统，导轨，门系统，轿厢，对重，安全部件，悬挂装置，随行电缆，电气装置，整机安装验收
		自动扶梯、自动人行道	设备进场验收，土建交接检验，整机安装验收

室外工程的单位、分部工程划分　　　　　　　　表 1-2

单位工程	子单位工程	分部工程
室外设施	道路	路基、基层、面层，广场与停车场，人行道、人行地道，挡土墙、附属构筑物
	边坡	土石方，挡土墙，支护
附属建筑及室外环境	附属建筑	车棚，围墙，大门，挡土墙
	室外环境	建筑小品，亭台，水景、连廊、花坛，场坪绿化，景观桥

1.1.2 建设程序

建设程序是指建设工程项目在建设过程中各项工作开展的先后顺序，一般按项目建议书，可行性研究，立项，征地、拆迁，勘察、设计，施工安装，竣工验收和交付使用的顺序进行，有其内在的联系，不可随意颠倒。通常将整个过程划分为**工程准备阶段、工程施工阶段和工程竣工验收阶段**，如图 1-2 所示。

1.1.2.1 工程准备阶段

1. 工程项目立项

在工程准备阶段，项目申报单位向政府有关部门提出投资建设意向，政府有关部门采用审批、核准或备案的方式对申报项目进行立项。其中，对于政府性项目、使用财政资金投资的项目实行审批制，审批项目建议书、可行性研究报告；对于不使用政府资金建设的工程项目，区别不同情况实行核准制和备案制。政府有关部门仅对重大项目和限制类项目（即《政府核准的投资项目目录》内项目）从维护社会公共利益角度进行核准，其他项目（即《政府核准的投资项目目录》外项目）无论规模大小均为备案。

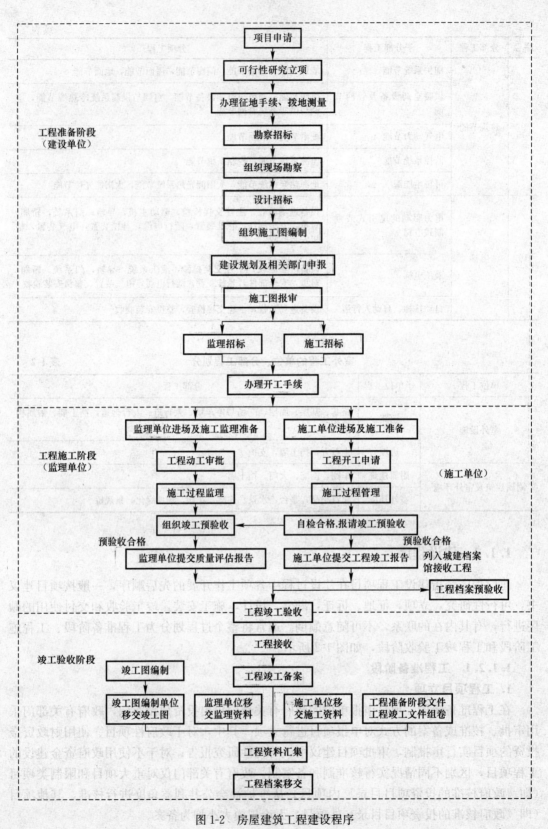

图 1-2 房屋建筑工程建设程序

(1) 对于政府性项目、使用财政资金投资的项目实行审批制的程序

1) 项目建议书审批

项目建议书是项目申报单位，根据国民经济的发展、国家和地方中长期规划、产业政策、生产力布局、国内外市场、所在地的内外部条件，经过调查研究、市场预测、资源条件及技术经济分析后，提出的申报项目的建议文件，是对申报项目提出的框架性的总体设想。

项目建议书用于项目申报单位向国家有关部门上报的文件。国家有关部门（如各级发改委）收到申报的项目建议书后，书面征求规划部门意见，委托相应资质的工程咨询机构进行评估，根据规划部门征求意见复函和专家评估结果批复项目建议书。经过国家有关部门批准项目建议书的项目，可以列入项目前期工作计划，进行项目可行性研究。

2) 可行性研究报告审批

可行性研究报告是项目申报单位在投资决策前，对项目有关的社会、经济、技术等各方面情况进行全面综合调查分析研究；对各种可能的建设方案和技术方案进行技术经济分析与比较论证；对项目建成后的经济效益进行科学的预测和评价，并在此基础上，论证建设项目的技术先进性、适用性、可靠性，经济合理性和有利性，以及建设可能性和可行性，由此确定该项目是否投资和如何投资。它为项目决策部门对项目投资的最终决策提供科学依据。

可行性研究报告的审批程序与项目建议书的审批程序基本相同。批准后的可行性研究报告是建设项目最终决策文件，其一经审查通过，拟建的建设项目便正式获准立项。

(2) 对重大项目和限制类项目进行核准的程序

项目申报单位在投资建设前，应编制项目申请报告，报项目核准机关。项目申请报告应包括以下主要内容：项目申报单位情况；拟建项目情况；建设用地与相关规划；资源利用和能源耗用分析；生态环境影响分析；经济和社会效益分析；法律、法规或者规章规定的其他内容，并附城市规划行政主管部门出具的规划选址意见；国土资源行政主管部门出具的项目用地预审意见；环境保护行政主管部门出具的环境影响评价文件的审批意见；法律、法规或者规章规定应当提交的其他文件。

对经审查同意核准的项目，项目核准机关应向项目申报单位出具《项目核准决定书》。项目申报单位凭项目核准机关出具的《项目核准决定书》，依法办理城市规划、土地使用、资源利用、环境保护、安全生产、设备进口和减免税确认等手续。

(3) 对其他项目备案的程序

项目单位申请备案时应向项目备案机关提交项目备案申请表。项目备案申请表包括以下内容：项目法人基本情况；项目基本情况；项目投资基本情况，并附项目法人证书或项目业主的营业执照副本及复印件；属国家规定实行许可证生产、经营管理的项目，需提交相关部门出具的初审意见；根据有关法律、法规、规章规定应提交的其他文件。

对经审查同意备案的项目，项目备案机关向项目申报单位出具的《项目备案通知书》。项目申报单位凭项目备案机关出具的《项目备案通知书》，依法办理土地、环保、规划等各方面的手续后方可开工建设。

2. 建设用地

建设用地是指建设单位可用于工程建设的用地。建设用地范围应根据规划行政管理部

门出具钉桩条件的钉桩坐标成果确定。一般建设项目用地审批的程序通常为：

项目建议书批复→领取建设用地选址意见书→编制可行性研究报告→向国土部门申请用地预审→根据预审意见批复可行性报告→编制初步设计→初步设计批复→领取建设用地规划许可证→有关部门意见（环保、安全等）→向国土部门申请用地（提交相关部门的材料）→测量（确定面积、地类、权属）→征地调查并签订征地协议→编制一书三方案→按批次上报审批（农转用和征地）→完成征地程序→支付征地费用→收地→编制一书一方案（出让土地确定地价，签订出让合同）→按项目上报审批→收取出让金及税费颁发证→交地

（1）领取建设用地选址意见书

建设用地选址意见书是城市规划行政管理部门依法核发的有关建设项目选址布局的文件。申请核发选址意见书时，需提交项目选址申请书、项目建议书等需要提供的文件。城市规划主管部门审核提交的有关文件并进行现场检查，符合城市规划要求的发给建设项目选址意见书。对于需要有关部门批准或核准的建设项目，以划拨方式提供国有土地使用权的建设项目，建设单位在报送有关部门批准或核准前，应向城市规划主管部门申请核发选址意见书。

（2）领取建设用地规划许可证

建设用地规划许可证是建设单位在申请划拨、出让土地前，经城市规划行政管理部门确认建设项目位置、面积和允许建设的范围符合城市规划的文件。凡在城市规划区内进行建设，需要申请用地的，必须持国家批准的建设项目的有关文件，向城市规划行政主管部门提出定点申请。申请建设工程规划许可证需提交建设工程规划用地许可证申请、选址意见书、可行性研究报告、地形图、建设设计方案和相关部门对设计方案意见等。城市规划行政主管部门依据城市总体规划、分区规划、详细规划，核定无误后颁发建设用地规划许可证。

（3）领取建设用地批准文件

建设用地取得可采取出让、租赁或划拨方式。建设单位在取得建设用地规划许可证后，按规定要求向土地管理部门申请建设用地，经批准后按具体项目分别供地。申请建设用地批准文件需提供申请报告、项目批准文件、规划定点通知书、建设用地规划许可证、规划红线图、项目总平面图、新征土地提供征地通知、勘界测量报告、国有土地权证、建设单位营业执照和个人有效身份证明等。

建设工程项目竣工后，由城市规划主管部门会同土地、房产管理部门核查实际用地情况，由县以上土地管理部门办理土地登记手续，核发国有土地使用证。

3. 勘察、测绘和设计

工程勘察的基本内容包括工程测量、水文地质勘察和工程地质勘察等。勘察任务在于查明工程项目建设地点的地形地貌、地层土壤岩性、地质构造、水文条件等自然地质条件资料，做出鉴定和综合评价，为建设项目的选址、工程设计和施工提供科学可靠的依据。

工程测绘的基本内容包括工程控制测量、地形测量和拨地测量，均由测绘部门完成。其中拨地测量依据的主要是城市规划部门出具的建设用地钉桩通知书和钉桩放线通知书。

工程设计一般划分为两个阶段，即初步设计阶段和施工图设计阶段，对于大型复杂项目，可根据不同行业的特点和需要，在初步设计之后增加技术设计阶段。初步设计是设计的第一步，主要工作是确定工程建设规模、选址、标准、建筑物形式、建设工期和总投资等。初步设计经主管部门审批后，建设项目被列入国家固定资产投资计划，方可进行下一步的施工图设计。施工图设计的内容，主要是根据批准的初步设计和技术设计，绘制出正确、完整和尽可能详尽的建筑、安装施工图纸，使得各有关方面能据此安排设备和材料的订货，制作各种非标设备以及安排施工。

施工图设计文件在使用前应经过审查。施工图设计文件（含勘察文件，以下简称施工图）审查是指经建设行政主管部门认定的施工图审查机构，依据国家和地方的法律、法规、技术标准、规范和规定，对施工图中涉及公众利益、公众安全和工程建设强制性标准的内容进行审查。施工图未经审查合格，不得使用。施工图一经审查批准，不得擅自进行修改，需修改的必须重新报请原审批部门，由原审批部门委托审查机构审查后再批准实施。

4. 招标、投标和签订合同

工程招标是建设单位采购工程项目的一种方式，主要有公开招标、邀请招标和议标三种形式。建设单位根据建设项目的投资方式、建设规模和具体情况选择采购方式。

工程投标是勘察、设计、监理和施工单位获得工程项目建设任务的一种途径。

建设单位通过招标，选定勘察、设计、监理和施工单位，发放中标通知书，签订工程合同，明确双方权利和义务。

5. 开工审批

建设工程具备开工条件后，建设单位应当在工程开工前，向工程所在地县以上人民政府建设行政主管部门申请领取施工许可证，方可开工建设。建设单位申请办理施工许可证时，应当向建设行政主管部门提交施工许可证申请表、建设用地批准证明资料、建设工程规划许可证和建设用地规划许可证、施工场地具备施工条件的有关证明、建设工程施工合同及备案证明、施工图审查合格证明文件、质量和安全监督手续、建设工程监理合同及备案证明、资金证明和其他资料。

1.1.2.2 工程施工阶段

工程施工是指施工单位按照设计图纸和相关文件的要求，在建设场地上将设计意图付诸实现的测量、作业、检验，形成工程实体，建成最终产品的活动。因此工程施工活动决定了设计意图能否实现，它直接关系到工程的安全可靠、使用功能的保证，是形成实体质量的决定性环节。

在工程施工阶段，施工单位依照法律、行政法规及有关的技术标准、设计文件和工程承包合同的要求进行施工，监理单位受建设单位委托依法对工程施工进行监理。建设单位（或监理单位）、施工单位做好工程进度、造价、质量、安全与环境控制，合同管理、信息管理工作及组织协调。

工程施工阶段是形成工程实体阶段，决定了工程实体质量，同时也是工程文件档案资料最多、最复杂的阶段，各参与方应切实做好本单位工程文件档案资料管理工作。

1.1.2.3 工程竣工验收阶段

工程竣工验收就是对工程施工阶段的质量通过检查评定、试车运转，考核工程质量是否达到设计要求，是否符合决策阶段确定的质量目标和水平，并通过验收确保工程项目质量。工程进行竣工验收的条件是完成建设工程设计和合同规定的各项内容；有工程使用的主要建筑材料、建筑构配件和设备的进场报告；有完整的技术档案和施工管理资料；有勘察、设计、施工、监理等单位签署的质量合格文件；有施工单位签署的工程保修书；规划行政主管部门、公安消防、环保等部门出具的认可文件或准许使用文件。

工程竣工验收合格之日起 15 日内，建设单位向工程所在地的县以上地方人民政府行政主管部门进行备案。建设工程竣工验收备案需具备的条件是工程竣工验收已合格，并完成工程竣工验收报告；工程质量监督机构已出具工程质量监督报告；已办理工程监理合同登记核销及施工合同备案核销手续；各项专项资金等已结算。否则建设工程项目不允许投入使用。

1.2 建设工程施工质量验收

建设工程项目实体工程质量主要由工程施工质量决定。根据《建筑工程施工质量验收统一标准》GB 50300—2013 第 3.0.6 条，建筑工程施工质量验收要求是：工程质量验收均应在施工单位自检合格的基础上进行；参加工程施工质量验收的各方人员应具备相应的资格；检验批的质量应按主控项目和一般项目验收；对涉及结构安全、节能、环境保护和主要使用功能的试块、试件及材料，应在进场时或施工中按规定进行见证检验；隐蔽工程在隐蔽前应由施工单位通知监理单位进行验收，并应形成验收文件，验收合格后方可继续施工；对涉及结构安全、节能、环境保护和使用功能的重要分部工程应在验收前按规定进行抽样检验；工程的观感质量应由验收人员现场检查，并应共同确认。

建筑工程施工质量验收合格条件是：符合工程勘察、设计文件的规定；符合相关标准和专业验收规范的规定。建筑工程施工质量划分为单位工程、分部工程、分项工程、检验批进行验收。

1.2.1 检验批质量验收

1.2.1.1 检验批质量验收程序

检验批是工程验收的最小单位，是分项工程乃至整个建筑工程质量验收的基础。检验批的验收由专业监理工程师组织施工单位项目专业质量检查员、专业工长等进行验收。检验批验收的流程如图 1-3 所示。

1.2.1.2 检验批质量验收合格规定

检验批质量验收合格应符合下列规定：

（1）主控项目的质量经抽样检验均应合格。

（2）一般项目的质量经抽样检验合格。当采用计数抽样时，合格点率应符合有关专业验收规范的规定，且不得存在严重缺陷。对于计数抽样的一般项目，正常检验一次、二次抽样按标准判定。

（3）具有完整的施工操作依据、质量验收记录。

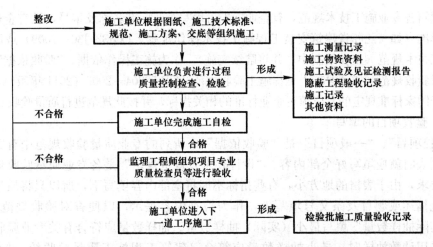

图 1-3 检验批质量验收流程

检验批验收时应进行资料检查和实物检验。资料检查主要是检查从原材料进场到检验批验收和各施工工序的操作依据、质量检查情况以及控制质量的各项管理制度等。实物检查按主控项目和一般项目检查。主控项目是建筑工程中的对安全、节能、环境保护和主要使用功能起决定作用的检验项目，一般项目是除主控项目以外的检验项目，具体按各专业质量验收规范逐项检查验收。

1.2.1.3 检验批质量验收记录

检验批质量验收记录是由施工单位质量检查员根据现场验收检查原始记录填写，并由专业监理工程师和施工单位质量检查员、专业工长在检验批质量验收记录上签字，完成检验批验收，如附表1-1所示。检验批质量验收记录包括表名部分及编号、表头部分、验收项目部分、施工单位检查结果、监理单位验收结论等内容。

(1) 表名部分及编号的填写

表名根据《建筑工程施工质量验收统一标准》GB 50300—2013 检验批划分原则，按工程的具体情况进行划分并填写，如混凝土原材料、配合比设计检验批。编号根据《建筑工程资料管理规程》JGJ/T—2009 的要求填写，也可根据所处地区要求的不同进行填写，本书按《房屋建筑与市政基础设施工程档案资料管理规范》DGJ32/TJ143—2012 填写，如TJ4.4.3.1。

(2) 表头部分的填写

"单位（子单位）工程名称"按合同文件上的单位工程名称填写，子单位工程写出该部分的具体位置。"分部（子分部）工程名称"、"分项工程名称"根据《建筑工程施工质量验收统一标准》GB 50300—2013 分部（子分部）工程、分项工程划分原则，按工程的具体情况进行划分并填写，如某框架结构教学楼划分为地基与基础、主体结构、建筑装饰装修、屋面和建筑给水排水及供暖、建筑电气、建筑节能等分部，其中主体结构划分为混凝土结构和砌体结构子分部，混凝土结构子分部划分为模板、钢筋、混凝土和现浇结构等分项。施工单位"、"分包单位"，填写单位的全称，与合同上公章名称相一致。"项目负责人"、"分包单位项目负责人"是合同中指定的项目负责人。"检验批容量"填写检验批的大小。"检验批部位"是指检验批的抽样范围，要标注清楚，如二层①～②轴线砖砌体。"施工依据"填写各专业施工技术规范，有企业标准可填写企业标准名称及编号，没有企业标准可填地方标准（如《江苏省建筑安装工程施工技术操作规程》DGJ32/J30—2009）或国家各专业的施工技术规范（正在编制中，并将陆续实施），作为施工操作依据。"验收依据"填写各专业质量验收规范（如《混凝土工程施工验收规范》GB 50204—2002（2011年版）），若企业标准高于国家标准规定的，应填写企业标准的相关指标，并按此规范进行质量验收。

（3）验收项目的填写

"主控项目"、"一般项目"是"验收依据"中所列的专业质量验收规范中有关验收条款，在制表时就应填写好全部内容。"设计要求及规范规定"是各专业质量验收规范条款的具体要求，由于表格的地方小，有些指标不能将全部内容填写下，所以只将质量指标归纳、简化描述或题目及条文号填写上，作为检查内容提示，以便查对验收规范的原文。"最小/实际抽样数量"填写最小（实际）抽样数量。抽样数量应符合有关专业验收规范规定，当采用计数抽样时，最小抽样数量应符合《建筑工程施工质量验收统一标准》GB 50300—2013 表 3.0.9 的要求。"检查记录"填写方法分以下几种情况：对有数量可填的项目，直接填写检查获得的数据；对定性项目，可根据实际检查情况填写；对于包含有混凝土、砂浆强度等级的检验批，在按规定制取试件后，可填写试件编号，待试件试验报告出来后，对检验批进行判定，并在分项工程验收时进一步进行强度评定及验收。

"检查结果"是将"检查记录"所得数据与规范中"主控项目"、"一般项目"的具体"设计要求及规范规定"进行逐项进行验收，符合验收规范规定的项目，填写"合格"或"符合要求"，对不符合验收规定的项目，可暂不填写，待处理后再验收，但应做标记或直接作出不合格的结论，待返工后再重新验收。

（4）施工单位检查结果填写

"施工单位检查结果"是施工单位以"检查记录"栏内相关记录数据为依据，自行做出质量评定，结论为"合格"或"符合要求"。专业质量检查员逐项检查评定合格，填好表格并写明结论，由专业工长和项目专业质量检查员签字后交监理工程师验收。

（5）监理单位验收结论填写

监理单位应按要求进行抽样复验，并依据自己验收记录中相关数据为依据，独立做出质量评定，而不应以施工单位提供的自检记录为依据。结论为"同意验收"。对不符合验收规定的项目，可暂不填写，待处理后再验收，但应做标记或直接作出不合格的结论，待返工后再重新验收。

1.2.2 分项工程质量验收

1.2.2.1 分项工程质量验收程序

分项工程的质量检查是在检验批的基础上进行，两者具有相同或相近的性质，只是批量的大小不同而已，将有关的检验批汇集构成分项工程。分项工程质量检查由专业监理工程师组织施工单位项目专业技术负责人等进行检查，并做好记录。分项工程质量验收流程如图1-4所示。

1.2.2.2 分项工程质量验收合格规定

分项工程质量验收合格应符合下列规定：

（1）所含检验批的质量均应验收合格。

（2）所含检验批的质量验收记录应完整。

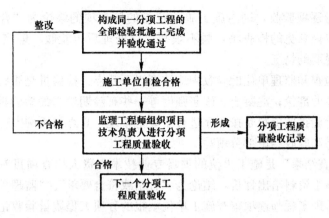

图 1-4 分项工程质量验收流程

1.2.2.3 分项工程质量验收记录

分项工程质量验收记录表通常包括表名部分及编号、表头部分，验收项目部分，施工单位检查结果、监理单位验收结论部分等内容，如附表1-2所示。

(1) 表名部分及编号填写

表名根据《建筑工程施工质量验收统一标准》GB 50300—2013 分项工程划分原则，按工程的具体情况进行划分并填写。编号根据《建筑工程资料管理规程》JGJ/T 2009 的要求填写，也可根据所处地区要求的不同进行填写，本书按《房屋建筑与市政基础设施工程档案资料管理规范》DGJ32/TJ143—2012 填写，如 TJ4.4.4。

(2) 表头部分填写

"单位（子单位）工程名称"按合同文件上的单位工程名称填写，子单位工程写出该部分的具体位置。"分部（子分部）工程名称"根据《建筑工程施工质量验收统一标准》GB 50300—2013 分项工程划分原则，按工程的具体情况进行划分并填写。"分项工程数量"是指一个分部（子分部）工程中验收几个分项，如框架结构教学楼的主体结构分部包括混凝土结构子分部和砌体结构子分部2个子分部，其中混凝土结构子分部包括模板、钢筋、混凝土和现浇结构4个分项工程。"检验批数量"是指一个分项工程中验收几个检验批数，如某框架结构教学楼的混凝土子分部中的混凝土分项工程按楼层划分为若干个检验批。"施工单位"、"分包单位"，填写单位的全称，与合同上公章名称相一致。"项目负责人"应是合同中指定的项目负责人，"分包单位项目负责人"应是合同中指定的项目负责人，这些人员由填表人填写，不要本人签字。"分包内容"是指分包单位的工作内容，如墙面抹灰等施工任务。

(3) 验收项目部分填写

"检验批的名称"按《建筑工程施工质量验收统一标准》GB 50300—2013 检验批划分原则，按工程的具体情况进行划分并填写，如混凝土原材料、配合比设计检验批。"检验批容量"填写检验批的大小。"部位和区段"填写检验批验收的具体部位和区段，如一层混凝土原材料、配合比设计检验批。"施工单位检查结果"由施工单位项目专业质量检查员检查填写，交施工单位的项目专业技术负责人检查后给出评价，结论为"合格或符合要求"签字后交监理单位验收。"监理单位验收结论"是监理单位的专业监理工程师对施工单位检查结果进行逐项验收,同意施工单位意见的检查项的结论为"合格或符合要求",对于不同意施工单位意见的检查项,暂不填写,待处理后再验收,但应做标记。"说明"项填写检查时需说明的情况。

施工单位的检查和监理单位的验收中应注意以下几点:检验批是否将整个分项工程覆盖了,是否有漏掉的部位;混凝土、砂浆强度等一些有龄期要求的检验批,到龄期后能否达到规范规定;检验批的资料是按顺序进行了登记整理,是否与所例内容统一。

(4)检查结果和验收结论部分填写

"施工单位检查结果"是施工单位的项目专业技术负责人检查项目专业质量检查员的检查结果和相关施工资料给出评价,结论为"合格或符合要求"。"监理单位验收结论"是监理单位的专业监理工程师逐项审查施工单位填报的分项工程质量验收记录和施工资料给出评价,同意项填写结论"合格或符合要求",不同意项暂不填写,待处理后再验收,但应做标记并说明具体意见。验收结论应注明"同意验收"或"不同意验收的意见。

1.2.3 分部工程质量验收

1.2.3.1 分部工程质量验收程序

分部工程的验收由总监理工程师组织施工单位项目负责人和项目技术负责人等进行验收,勘察、设计单位项目负责人和施工单位技术、质量部门负责人应参加地基与基础分部工程的验收,设计单位项目负责人和施工单位技术、质量部门负责人应参加主体结构、节能分部工程的验收,并做好记录。分部(子分部)工程质量验收流程如图1-5所示。

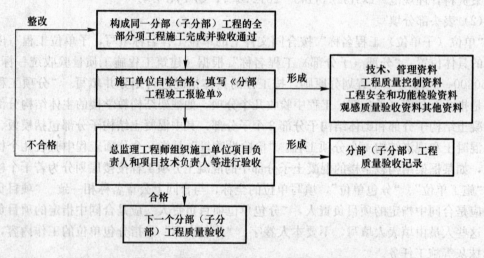

图1-5 分部(子分部)工程质量验收流程

1.2.3.2 分部工程质量验收合格规定

分部工程质量验收合格应符合下列规定:
(1)所含分项工程的质量均应验收合格。
(2)质量控制资料应完整。
(3)有关安全、节能、环境保护和主要使用功能的抽样检验结果应符合相应规定。
(4)观感质量应符合要求。

1.2.3.3 分部工程质量验收表

分部工程质量验收记录表通常包括表名部分及编号、表头部分、验收项目部分、综合验收结论部分和验收单位部分等内容,如附表 1-3 所示。

(1) 表名部分及编号填写

表名根据《建筑工程施工质量验收统一标准》GB 50300—2013 分部(子分部)工程划分原则,按工程的具体情况进行划分并填写,并与分项工程和检验批中的名称相一致。分部(子分部)工程的名称填写要具体,写在分部工程前边。编号根据《建筑工程资料管理规程》JGJ/T—2009 的要求填写,也可根据所处地区要求的不同进行填写,本书按《房屋建筑与市政基础设施工程档案资料管理规范》DGJ32/TJ143—2012 填写,如 TJ5.1.5。

(2) 表头部分填写

"单位(子单位)工程名称"按合同文件上的单位工程名称填写,子单位工程写出该部分的具体位置。"子分部工程数量"是指一个子分部工程由几个分项工程组成,如框架结构教学楼的主体结构分部包括混凝土结构子分部和砌体结构子分部 2 个子分部。"分项工程数量"是指一个分部(子分部)工程中验收几个分项,如框架结构教学楼的主体结构分部中混凝土结构子分部包括模板、钢筋、混凝土和现浇结构 4 个分项工程。"施工单位"、"分包单位",填写单位的全称,与合同上公章名称相一致。"项目负责人"应是合同中指定的施工单位项目负责人,"分包单位项目负责人"应是合同中指定的施工分包单位项目负责人。"技术(质量)负责人"多数情况下填写项目的技术及质量负责人,只有地基与基础、主体结构及重要安装分部(子分部)工程应填写施工单位的技术部门及质量部门负责人并签字。"分包内容"是指施工分包单位的工作内容,有分包单位时才填写,没有时就不填写。

(3) 验收项目部分填写

验收项目包括所含分项工程、质量控制资料、安全和功能检验结果和观感质量检验结果。

"分项工程名称"填写,按检验批施工先后顺序,将分项工程名称填写上。"检验批数"分别填写各分项工程实际的检验批数量,即分项工程验收表上的检验批数量。"施工单位检查结果"填写施工单位自行检查评定的结果。检查每个分项工程验收结论是否正确;查对所含分项工程有没有漏缺或有没有进行验收;检查分项工程资料完整性,每个验收资料的内容是否有缺漏,签字是否齐全及符合规定;检查有龄期试件的合格评定是否达到要求等。自检符合要求的在"施工单位检查结果"填写"合格",不符合要求的进行返工处理。总监理工程审查符合规范要求后,在"监理单位验收结论"栏内签注"同意验收"。

质量控制资料检查内容如附表 1-4 所示。检查时应注意核查和归纳各检验批的验收记录资料,查对其是否完整;核查和归纳各检验批的施工操作依据、质量检查记录,查对其是否配套完整,包括有关的试验资料的完整程度。核对各种资料的内容、数据及验收人员签定是否规范等。若能基本反映工程质量情况,达到保证结构安全和使用功能完备的要求,施工单位在"施工单位检查结果"栏内填写"合格",总监理工程师审查符合要求后,在"监理单位验收结论"栏内填写"同意验收"。

安全和功能检验是指竣工抽样检测的项目,能在分部(子分部)工程中检测的,应放在分部(子分部)工程中检测,检测内容见附表 1-5 所示。在核查时要注意,在开工之前确定的项目是否都进行了检测,不能检测的项目应说明原因;逐一检查每个检测报告检测项目内容,所遵循的检测方法标准、检测结果的数据是否达到规定的标准;核查检测报告是否有资质的机构出具,检测程序、有关取样人、审核人、试验负责人,以及签字盖章是否齐等。每个检测项目都通过审查,由施工单位在"施工单位检查结果"栏内填写"合格",总监理工程师审查符合要求后,在"监理单位验收结论"栏内填写"同意验收"。

观感质量验收实际不单单是外现质量,在专业施工质量验收规范中列入基本规定、一般规定的内容,能检查的都要检查,能启动或运转的要启动或试运转,能打开看的要打开看,有代表性的房间、部位都应走到。经检查符合要求后,由施工单位在"施工单位检查结果"栏内填写"合格",由总监理工程师为主导,听取参加检查人员意见的基础上,共同确定质量评价,在"监理单位验收结论"栏内填写"好"、"一般"的结论。对评价为"差"的点应通过返修处理等补救。

(4) 综合验收结论部分填写

由参加验收的人员,根据对分项工程、质量控制资料、安全和功能检验结果和观感质量检查验收,符合要求后,由总监理工程师在"综合验收结论"栏内填写"同意验收"。

(5) 验收单位填写

施工单位、勘察单位、设计单位和监理单位等参加验收的单位及责任人应签字盖章。其中,地基与基础分部工程的验收就由施工、勘察、设计单位项目负责人和总监理工程师参加签字。主体结构、节能分部工程的验收应由施工、设计单位项目负责人和总监理工程师参加并签字。

1.2.4 单位工程质量验收

1.2.4.1 单位(子单位)工程质量验收程序

单位工程完工后,施工单位应组织有关人员进行自检。总监理工程师应组织各专业监理工程师对工程质量进行竣工预验收。存在施工质量问题时,应由施工单位及时整改。整改完毕后,由施工单位向建设单位提交工程竣工报告,申请工程竣工验收。建设单位收到工程竣工报告后,应由建设单位项目负责人组织监理、施工、设计、勘察等单位项目负责人进行单位工程验收,并做好记录。

单位(子单位)工程竣工验收流程如图1-6所示。

1.2.4.2 单位工程质量合格规定

单位工程质量验收合格应符合下列规定:

(1) 所含分部工程的质量均应验收合格。

(2) 质量控制资料应完整。

(3) 所含分部工程中有关安全、节能、环境保护和主要使用功能的检验资料应完整。

(4) 主要使用功能的抽查结果应符合相关专业验收规范的规定。

(5) 观感质量应符合要求。

1.2.4.3 单位工程质量验收表

单位工程质量竣工验收记录表包括表名部分及编号、表头部分、验收项目部分、综合验收结论部分和验收单位签名部分等内容,如附表1-6所示。

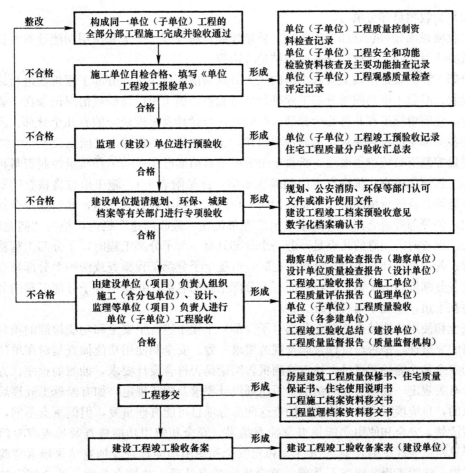

图 1-6 单位工程竣工验收质流程

(1) 表名部分填写及编号

表名为单位工程，预先打印在表格上。编号根据《建筑工程资料管理规程》JGJ/T—2009 的要求填写，也可根据所处地区要求的不同进行填写，本书按《房屋建筑与市政基础设施工程档案资料管理规范》DGJ 32/TJ143—2012 填写，如 JG 1.2。

(2) 表头部分填写

"工程名称"按合同文件上的单位工程名称填写，与检验批、分项工程、分部工程验收表上的工程名称一致。"结构类型"按设计说明中注明的结构类型填写，如钢筋混凝土框架结构。"层数/面积"按设计说明中注明的建筑面积、层数填写，并应分别注明地下和地上的层数。"施工单位"按合同中注明的施工单位全称填写，与检验批、分项工程、分部工程验收表上的名称一致。"技术负责人"填写施工单位的技术负责人，如企业总工程师等。"项目负责人"按合同中注明的施工单位项目负责人，如项目经理等。"项目技术负责人"填写施工单位的项目部技术负责人，如项目主任工程师等。"开工日期"填写施工单位提交开工报告中经总监理工程师（或建设单位技术负责）批准的开工日期。"完工日期"填写单位工程竣工验收合格的日期。

(3) 验收项目部分填写

验收项目部分包括分部工程验收、质量控制资料核查、安全和使用功能核查及抽查结果、观感质量验收、验收记录和验收结论等内容。

分部工程验收是由竣工验收小组的成员共同对前面已完成的分部工程再次进行综合性检查验收。验收小组共同对分部工程进行审查验收，施工单位将验收情况记录在"验收记录"中，注明单位工程共有几个分部，经验查符合设计及标准规定的有几个分部。若验检查收的各分部全部符合要求，由监理单位在"验收结论"栏内填上"同意验收"的结论。

质量控制资料核查是由竣工验收小组的成员对前面已完成的工程质量控制资料再次按各分部工程逐项核查，核查有专门的验收表格，详见附表1-4。施工单位将核查的资料逐项进行统计，将核查情况填入"验收记录"栏内，注明工程共有几项，经验查符合规定的有几项。各分部资料全部符合要求，由监理单位在"验收结论"栏内，填写"同意验收"的结论。核查时需注意的几点是，若一个分部只有一个子分部工程时，子分部工程就是分部工程；若一个分部有多个子分部工程时，可逐个子分部工程核查或按一个分部核查；核查后的各分部资料依次装订，在封面写上分部工程的名称，并将所含子分部工程的名称依次填写在下边，以便于资料管理。

安全和使用功能核查是对在分部（子分部）工程中进行了安全和功能检测的项目，核查资料的完整性，是否与设计合同及规范要求一致。安全和使用功能抽查是对在单位工程进行的安全和功能抽测项目，抽查检测报告结论是否符合设计要求，抽测的程序、方法是否符合有关规定，抽测报告的结论是否达到设计要求及规范规定，如有经返工处理后才符合要求的，也应填写清楚。核查及抽查这两部分项目可能有些重复，但侧重点不同，应分别填写清楚。安全和使用功能核查及抽查结果。安全和使用功能核查及抽查有专门的表格，详见附后表详见附表1-5。施工单位将安全和使用功能核查及抽查结果填入"验收记录"栏内，注明工程共核查了几项，符合规定的有几项；共抽查几项，符合规定的有几项；经返工处理符合规定的有几项。核查及抽查全部符合要求，由总监理工程师在"验收结论"栏内，填写"同意验收"的结论。如果个别项目的抽查结果达不到设计要求，则可以进行返工处理，如有经返工处理后仍达不到设计要求，就按不合格处理程序进行处理。

观感质量检查的方法同分部（子分部）工程，不同的是单位工程观感质量验收项目比分部（子分部）工程多，是一个综合性验收，有专门的验收表格，详见附表1-7。观感质量验收实际是复查一下各分部（子分部）验收后，到单位工程竣工时的质量变化、成品保护，以及分部（子分部）工程验收时还没有形成部分的观感质量等。由施工单位将竣工验收小组验收情况，填写"验收记录"栏内，注明共抽查几项，达到"好"和"一般"的有几项，经返修处理符合要求的有几项。由总监理工程师为主导，综合各方意见，得出观感质量的综合评价，结论可为"好"、"一般"，在"验收结论"栏内填写"同意验收"的结论。如果有不符合要求的项目，就应按合同规定进行处理。

(4) 综合验收结论部分填写

在前几项内容验收符合要求并经验收各方共同商定同意，由建设单位在"综合验收结论"栏内填写"通过验收"。

(5) 参加验收单位签名部分的填写

参加竣工验收的建设单位，勘察、设计单位，监理单位和施工单位，验收意见一致时，各单位的项目负责人要亲自签字，以示对工程质量负责，并加盖单位公章，注明签字验收的年月日。验收意见不一致时，各方应进行协商，或请当地建设行政主管部门或工程质量监督机构协调处理。五方签字盖章不齐，视为未通过竣工验收，或验收达不到合格标准。验收签字人员应由相应单位的法人代表书面授权书。

混凝土原材料、配合比设计检验批质量验收记录   附表 1-1

编号：TJ4.4.3.1

单位（子单位）工程名称		×××工程	分部（子分部）工程名称	主体结构	分项工程名称	混凝土
施工单位		×××建筑公司	项目负责人	×××	检验批容量	1
分包单位		/	分包单位项目负责人	/	检验批部位	二层柱Ⓐ～Ⓒ轴①～⑥轴柱、梁、板
施工依据		《江苏省建筑安装工程施工技术操作规程》DGJ 32/J30-2009	验收依据		《混凝土结构工程施工质量验收规范》GB 50204—2002（2011年版）	
	验收项目		设计要求及规范规定	最小/实际抽样数量	检查记录	检查结果
主控项目	1	水泥进场检验	第7.2.1条	1	使用（425普通硅酸盐）水泥。质保书编号为：×××。复试报告编号为：×××	符合规范要求
	2	外加剂的质量	第7.2.2条	1	使用（减水剂）外加剂。质保书编号为：×××。检测报告编号为：×××	符合规范要求
	3	氯化物和碱的总含量	第7.2.3条	1	检测报告编号：×××	符合规范要求
	4	混凝土的配合比设计	第7.3.1条	1	1. 有配合比设计资料，有试配及混凝土试配强度记录，有配合比单，配合比为：(1：2：4，W/C=0.6) 2. 使用预拌混凝土	符合规范要求
一般项目	1	混凝土中掺用矿物掺合料	第7.2.4条	/	/	
	2	粗、细骨料	第7.2.5条	1	石子检验报告编号为：×××。砂子检验报告编号为：×××	符合规范要求
	3	拌制混凝土用水	第7.2.6条	1	1. 使用饮用水。2. 检验报告编号为：×××	符合规范要求
	4	配合比开盘鉴定	第7.3.2条	1	混凝土拌合物坍落度为（7）cm，试块标养28d的强度为（30）MPa	符合规范要求
	5	测定砂、石含水率，调整材料用量，提出施工配合比	第7.3.3条	1	施工配合比为：1：2.2：4.2 W/C＝0.6	符合规范要求
施工单位检查结果		经抽样检验，该检验批主控项目和一般项目均符合《混凝土结构工程施工质量验收规范》GB 50204—2002（2011年版）的规定，施工操作依据、质量记录完整 专业工长：××× 项目专业质量检查员（盖章）：×××　　×××年××月××日				
监理单位验收结论		符合规范及设计要求，同意验收。 专业监理工程师：×××　　×××年××月××日				

混凝土分项工程质量验收记录

附表 1-2

编号：TJ4.4.4

单位（子单位）工程名称	×××工程		分部（子分部）工程名称		混凝土结构	
分项工程数量	2		检验批数量		14	
施工单位	×××建筑公司		项目负责人	×××	项目技术负责人	×××
分包单位	/		分包单位项目负责人	/	分包内容	/
序号	检验批名称	检验批容量	部位、区段	施工单位检查结果		监理单位验收结论
1	原材料、配合比	2	一层	合格		验收合格
2	混凝土施工	2	一层	合格		验收合格
3	原材料、配合比	2	二层	合格		验收合格
4	混凝土施工	2	二层	合格		验收合格
5	原材料、配合比	2	三层	合格		验收合格
6	混凝土施工	2	三层	合格		验收合格
7	原材料、配合比	2	四层	合格		验收合格
8	混凝土施工	2	四层	合格		验收合格
			以下略			

说明：

施工单位检查结果	所含检验批均符合合格质量的规定，质量验收记录完整。 项目专业技术负责人：××× ×××年××月××日
监理单位验收结论	检查合格，同意验收 监理工程师：××× ×××年××月××日

主体结构分部工程验收记录

附表 1-3

编号：TJ5.1.5

单位（子单位）工程名称	×××工程		子分部工程数量	2	分项工程数量	5
施工单位	×××建筑公司		项目负责人	×××	技术（质量）负责人	×××
分包单位			分包单位负责人	/	分包内容	/
序号	子分部工程名称	分项工程名称	检验批数量	施工单位检查结果		监理单位验收结论
1	混凝土结构	模板	16	合格		验收合格
2		钢筋	16	合格		验收合格
3		混凝土	16	合格		验收合格
4		现浇结构	16	合格		验收合格
5	砌体结构	填充墙砌体	16	合格		验收合格
6						
	质量控制资料		质量控制资料×××共份，完整			验收合格
	安全和功能检验结果		结构实体检验报告及试验报告汇总表的编号为×××，共××共份，符合有关规定			验收合格
	观感质量检查结果		表面无缺陷；观感质量为好			观感质量为好
	综合验收结论		经对本分部工程检查，所含各分项的质量全部合格，质量控制资料完整，安全和功能检验和抽样检测结果符合有关规定，观感质量为好，同意验收			
施工单位 项目负责人：××× ×××年××月××日	勘察单位 项目负责人：××× ×××年××月××日		设计单位 项目负责人：××× ×××年××月××日		监理单位 总监理工程师：××× ×××年××月××日	

单位工程质量控制资料核查记录

附表 1-4

编号：JG1.3

工程名称	×××工程		施工单位	×××建筑公司			
序号	项目	资料名称	份数	施工单位		监理单位	
				核查意见	核查人	核查意见	核查人
1	建筑与结构	图纸会审记录、设计变更通知单、工程洽商记录	7	设计变更、洽商记录齐全	×××	合格	×××
2		工程定位测量、放线记录	10	定位测量准确、放线记录齐全	×××	合格	×××
3		原材料出厂合格证书及进场检验、试验报告	17	水泥、钢筋、防水材料等有出厂合格证及复试报告	×××	合格	×××
4		施工试验报告及见证检测报告	16	钢筋连接、混凝土抗压强度试验报告符合要求，且按30％进行见证取样	×××	合格	×××
5		隐蔽工程验收记录	23	隐蔽工程检查记录齐全	×××	合格	×××
6		施工记录	45	地基验槽、钎探、预检等齐全	×××	合格	×××
7		地基、基础、主体结构检验及抽样检测资料	35	基础、主体结构经监督部门检验，其抽样检测资料符合规范要求	×××	合格	×××
8		分项、分部工程质量验收记录	16	质量验收符合规范规定	×××	合格	×××
9		工程质量事故调查处理资料					
10		新技术论证、备案及施工记录					
1	给水排水与供暖	图纸会审记录、设计变更通知单、工程洽商记录	6	洽商记录齐全、清楚	×××	合格	×××
2		原材料出厂合格证书及进场检验、试验报告	32	合格证齐全、有进场检验报告	×××	合格	×××
3		管道、设备强度试验、严密性试验记录	15	强度试验记录齐全符合要求	×××	合格	×××
4		隐蔽工程验收记录	36	隐蔽工程检查记录齐全	×××	合格	×××
5		系统清洗、灌水、通水、通球试验记录	9	灌水、通水等试验记录齐全	×××	合格	×××
6		施工记录	45	各种预检记录齐全	×××	合格	×××

续表

工程名称		×××工程	施工单位		×××建筑公司		
序号	项目	资料名称	份数	施工单位		监理单位	
				核查意见	核查人	核查意见	核查人
7	给水排水与供暖	分项、分部工程质量验收记录	8	质量验收符合规范规定	×××	合格	×××
8		新技术论证、备案及施工记录					
1	通风与空调	图纸会审记录、设计变更通知单、工程洽商记录					
2		原材料出厂合格证书及进场检验、试验报告					
3		制冷、空调、水管道强度试验、严密性试验记录					
4		隐蔽工程验收记录					
5		制冷设备运行调试记录					
6		通风、空调系统调试记录					
7		施工记录					
8		分项、分部工程质量验收记录					
9		新技术论证、备案及施工记录					
1	建筑电气	图纸会审记录、设计变更通知单、工程洽商记录	16	洽商记录齐全、清楚	×××	合格	×××
2		原材料出厂合格证书及进场检验、试验报告	31	材料、主要设备出厂合格证书齐全，有进场检验报告	×××	合格	×××
3		设备调试记录	12	设备调试记录齐全	×××	合格	×××
4		接地、绝缘电阻测试记录	52	接地、绝缘电阻测试记录齐全符合要求	×××	合格	×××
5		隐蔽工程验收记录	9	隐蔽工程检查记录齐全	×××	合格	×××
6		施工记录	17	各种预检记录齐全	×××	合格	×××
7		分项、分部工程质量验收记录	11	质量验收符合规范规定	×××	合格	×××
8		新技术论证、备案及施工记录					

续表

工程名称	×××工程		施工单位		×××建筑公司		
序号	项目	资料名称	份数	施工单位		监理单位	
				核查意见	核查人	核查意见	核查人
1	智能建筑	图纸会审记录、设计变更通知单、工程洽商记录					
2		原材料出厂合格证书及进场检验、试验报告					
3		隐蔽工程验收记录					
4		施工记录					
5		系统功能测定及设备调试记录					
6		系统技术、操作和维护手册					
7		系统管理、操作人员培训记录					
8		系统检测报告					
9		分项、分部工程质量验收记录					
10		新技术论证、备案及施工记录					
1	建筑节能	图纸会审记录、设计变更通知单、工程洽商记录					
2		原材料出厂合格证书及进场检验、试验报告					
3		隐蔽工程验收记录					
4		施工记录					
5		外墙、外窗节能检验报告					
6		设备系统节能检测报告					
7		分项、分部工程质量验收记录					
8		新技术论证、备案及施工记录					
1	电梯	图纸会审记录、设计变更通知单、工程洽商记录					
2		设备出厂合格证及开箱检验记录					
3		隐蔽工程验收记录					
4		施工记录					
5		接地、绝缘电阻试验记录					
6		负荷试验、安全装置检查记录					
7		分项、分部工程质量验收记录					
8		新技术论证、备案及施工记录					

结论：通过工程质量控制资料检查，该工程资料齐全、有效，各种施工试验、系统调试记录等符合有关规范规定，同意竣工验收。

施工单位项目负责人：×××　　　　　　　　　　　　　　总监理工程师：×××
　　×××年××月×日　　　　　　　　　　　　　　　　　　×××年××月×日

单位工程安全和功能检验资料核查及主要功能抽查记

附表 1-5

编号：JG1.

工程名称		×××工程		施工单位		×××建筑公司
序号	项目	安全与功能检查项目	份数	核查意见	抽查结果	核查（抽查）人
1	建筑与结构	地基承载力检验报告	4	检验报告齐全，符合要求	合格	×××
2		桩基承载力检验报告				×××
3		混凝土强度试验报告	8	检验报告齐全，符合要求	合格	×××
4		砂浆强度试验报告	8	检验报告齐全，符合要求	合格	×××
5		主体结构尺寸、位置抽查记录	6	抽查记录齐全，符合要求	合格	×××
6		建筑物垂直度、标高、全高测量记录	4	记录符合测量规范要求	合格	×××
7		屋面淋水或蓄水试验记录	3	试验记录齐全	合格	×××
8		地下室渗漏水试验记录	8	检查记录齐全	合格	×××
9		有防水要求的地面蓄水试验记录	17	厕浴间防水记录齐全	合格	×××
10		抽气（风）道检查记录	3	检查记录齐全	合格	×××
11		外窗气密性、水密性、耐风压检测报告	1	"三性"试验报告符合要求	合格	×××
12		幕墙气密性、水密性、耐风压检测报告				
13		建筑物沉降观测测量记录	4	符合要求	合格	×××
14		节能、保温测试记录	5	保温测试记录符合要求	合格	×××
15		室内环境检测报告	5	有害物指标满足要求	合格	×××
16		土壤氡气浓度检测报告	3	浓度满足要求	合格	×××
1	给水排水与供暖	给水管道通水试验记录	18	通水试验记录齐全	合格	×××
2		暖气管道、散热器压力试验记录	32	压力试验记录齐全	合格	×××
3		卫生器具满水试验记录	15	满水试验记录齐全	合格	×××
4		消防管道、燃气管道压力试验记录	36	压力试验符合要求	合格	×××
5		排水干管通球试验记录	19	试验记录齐全	合格	×××
6		锅炉试运行、安全阀及报警联运测试记录	16	联运测试记录齐全	合格	×××
1	通风与空调	通风、空调系统试运行记录				
2		风量、温度测试记录				
3		空气能量回收装置测试记录				
4		洁净室洁净度测试记录				
5		制冷机组试运行调试记录				
1	建筑电气	建筑照明通电试运行记录	6	符合要求	合格	×××
2		灯具固定装置及悬吊装置的载荷强度试验记录	4	强度试验记录符合要求	合格	×××
3		绝缘电阻测试记录	6	测试记录符合要求	合格	×××
4		剩余电流动作保护器测试记录	4	测试记录符合要求	合格	×××
5		应急电源装置应急持续供电记录	10	试验记录符合要求	合格	×××
6		接地电阻测试记录	3	记录齐全符合要求	合格	×××
7		接地故障回路阻抗测试记录	30	检测记录齐全	合格	×××

续表

工程名称	×××工程		施工单位	×××建筑公司	
序号	项目	安全与功能检查项目	份数	核查意见	抽查结果	核查（抽查）人
1	智能建筑	系统试运行记录				
2		系统电源及接地检测报告				
3		系统接地检测报告				
1	建筑节能	外墙节能构造检查记录或热工性能检验报告				
2		设备系统节能性能检查记录				
1	电梯	运行记录				
2		安全装置检测报告				

结论：
　　对本工程安全、功能资料进行核查，符合要求。对单位工程的主要功能进行抽查，其抽查结果合格，满足使用功能，同意竣工验收。

　　施工单位项目负责人：×××　　　　　　　　　　　　　　总监理工程师：×××
　　　×××年××月×日　　　　　　　　　　　　　　　　　×××年××月×日

注：抽查项目由验收组协商确定。

单位工程质量竣工验收记录　　　　　附表1-6

编号：JG1.2

工程名称	×××工程	结构类型	框架结构	层数/建筑面积	地上五层/5000m²
施工单位	×××建筑公司	技术负责人	×××	开工日期	×××年××月×日
项目负责人	×××	项目技术负责人	×××	完工日期	×××年××月×日

序号	项　目	验收记录	验收结论
1	分部工程验收	共11分部，经查符合设计及标准规定11分部	所含分部工程经查全部合格，同意验收
2	质量控制资料核查	共51项，经核审符合规定51项	质量控制资料完整，同意验收
3	安全和主要使用功能核查及抽查结果	共核查29项，符合规定29项 共抽查16项，符合规定16项 经返工处理符合规定0项	核查、抽查结果符合相关质量验收规范的规定，同意验收
4	观感质量验收	共抽查21项，达到"好"和"一般有"的21项，经返修处理符合要求0项	好
5	综合验收结论	所含分部工程全部合格；质量控制资料完整；所含分部工程有关安全和功能的检测资料完整；主要功能项目的抽查结果符合相关质量验收规范的规定；观感质量为好。同意验收	

参加验收单位	建设单位	监理单位	施工单位	设计单位	勘察单位
	(公章) 单位（项目）负责人 ××× ×××年××月×日	(公章) 单位（项目）负责人 ××× ×××年××月×日	(公章) 单位（项目）负责人 ××× ×××年××月×日	(公章) 单位（项目）负责人 ××× ×××年××月×日	(公章) 单位（项目）负责人 ××× ×××年××月×日

单位工程观感质量检查记录

附表 1-7

编号：JG1.5

工程名称		×××工程	施工单位	×××建筑公司
序号	项目		抽查质量状况	质量评价
1	建筑与结构	主体结构外观	共检查10点，好8点，一般2点，差 点	好
2		室外墙面	共检查10点，好7点，一般3点，差 点	好
3		变形缝、雨水管	共检查10点，好10点，一般 点，差 点	好
4		屋面	共检查10点，好10点，一般 点，差 点	好
5		室内墙面	共检查10点，好9点，一般1点，差 点	好
6		室内顶棚	共检查10点，好8点，一般2点，差 点	好
7		室内地面	共检查10点，好10点，一般 点，差 点	好
8		楼梯、踏步、护栏	共检查10点，好10点，一般 点，差 点	好
9		门窗	共检查10点，好9点，一般1点，差 点	好
10		雨罩、台阶、坡道、散水	共检查10点，好10点，一般 点，差 点	好
1	给排水与供暖	管道接口、坡度、支架	共检查10点，好9点，一般1点，差 点	好
2		卫生器具、支架、阀门	共检查10点，好10点，一般 点，差 点	好
3		检查口、扫除口、地漏	共检查10点，好10点，一般 点，差 点	好
4		散热器、支架	共检查10点，好8点，一般2点，差 点	好
1	通风与空调	风管、支架	共检查10点，好 点，一般 点，差 点	
2		风口、风阀	共检查10点，好 点，一般 点，差 点	
3		风机、空调设备	共检查10点，好 点，一般 点，差 点	
4		管道、阀门、支架	共检查10点，好 点，一般 点，差 点	
5		水泵、冷却塔	共检查10点，好 点，一般 点，差 点	
6		绝热	共检查10点，好 点，一般 点，差 点	
1	建筑电气	配电箱、盘、板、接线盒	共检查10点，好10点，一般 点，差 点	好
2		设备器具、开关、插座	共检查10点，好9点，一般 点，差 点	好
3		防雷、接地、防火	共检查10点，好10点，一般 点，差 点	好
1	智能建筑	机房设备安装及布局	共检查10点，好10点，一般 点，差 点	好
2		现场设备安装	共检查10点，好10点，一般 点，差 点	好
1	电梯	运行、平层、开关门	共检查10点，好 点，一般 点，差 点	
2		层门、信号系统	共检查10点，好 点，一般 点，差 点	
3		机房	共检查10点，好 点，一般 点，差 点	
	观感质量综合评价		好	

结论：
　　　　工程观感质量综合评价为好，验收合格。

施工单位项目负责人：×××　　　　　　　　　　　总监理工程师：×××
　　　×××年××月×日　　　　　　　　　　　　　×××年××月×日

注：1. 对质量评价为差的项目应进行返修；
　　2. 观感质量检查的原始记录应作为本表附件。

1.3 工程文件档案资料

1.3.1 工程文件档案资料概念

1.3.1.1 工程文件资料

工程文件资料是指在勘察、设计、施工、验收等阶段形成的有关管理文件、设计文件、原材料、设备和构配件的质量证明文件、施工过程检验验收文件、竣工验收文件等反映工程实体质量的文字、图片和声像等信息记录的总称,是工程质量的组成部分。

1.3.1.2 工程档案资料

工程档案资料是指在工程勘察、设计、施工、验收等建设活动中直接形成的反映工程管理和工程实体质量,具有归档保存价值的文字、图表、声像等各种形式的历史记录。

1.3.1.3 工程文件档案资料

工程文件资料和工程档案资料组成工程文件档案资料。

1.3.1.4 工程文件资料与档案资料联系与区别

(1) 工程文件资料与档案资料的联系

工程文件资料记载和反映了工程项目建设活动的全部内容和信息,是工程档案资料的前提和基础。工程档案资料来源于工程文件资料,是具有保存价值的工程文件资料,是工程文件资料归宿。二者互相依存,工程文件资料的质量直接影响工程档案资料的质量,要保证工程档案资料的完整、准确和系统,就必须加强工程文件资料的收集、整理及归档等管理工作。

(2) 工程文件资料与档案资料的区别

工程文件资料并不等同于工程档案资料,工程档案资料是有保存价值的工程文件资料。工程文件资料伴随着工程建设活动而产生,工程档案资料是在工程竣工或某一建设阶段结束后,由工程文件资料转化而来。工程文件资料是一份份独立零散的文件,工程档案是经过鉴别、整理、组成案卷后归档的工程文件资料。工程文件资料是为工程建设活动服务的,而工程档案资料是为工程项目运行、维护和改建等服务的。

1.3.2 工程文件档案资料特征

1.3.2.1 复杂性和随机性

工程文件档案资料是对工程建设活动的记录。工程建设活动具有参与单位多、建设周期长、材料种类多、生产工艺复杂、阶段性强、季节性强和影响因素多等特点,由此导致了工程文件档案资料的复杂性。

工程文件档案资料产生于工程建设活动中,影响工程建设活动的因素发生变化时,会随机产生一些具体事件而引发的特定文件档案资料,如现场钢筋的代换需办理设计变更文件资料,由此导致了工程文件档案资料的随机性。

1.3.2.2 时效性与继承性

工程文件档案资料一经生成,就必须及时传达到有关部门,否则有关单位或部门不予认可,反映了工程文件档案资料的时效性。如建设工程施工合同对隐蔽工程验收规定了工作程序和时间要求，施工单位在自检合格后，应提前48h通知监理工程师参加隐蔽工程验收，监理工程师不能及时参与隐蔽工程验收需提前24h通知施工单位，延期不能超过48h，否则认同施工单位的隐蔽验收结论。

同时工程文件档案资料是不断收集和积累成的，后阶段的建设工程文件档案资料是前一阶段建设工程文件档案资料的延续，具有继承性。如分项工程所含检验批的质量合格、质量控制资料完整是该分项工程合格的条件，是该分项工程质量验收资料的组成部分。

1.3.2.3 多专业和综合性

工程项目建设过程是一个系统工程，涉及多单位、多专业、多工种的协调，工程文件档案资料的集成是综合的。如房屋建筑工程质量验评资料一般包括地基与基础、主体结构、装饰装修、屋面工程、建筑给水排水及采暖、建筑电气、通风空调、智能建筑、电梯和节能等十个分部的质量验评资料，涉及土建和安装等多个专业。

1.3.2.4 全面与真实性

工程文件档案资料只有全面真实地反映工程项目建设活动中的各类信息，包括发生的事故和存在的隐患，才具有实用价值，否则一旦引用会起到误导作用，造成难以想象的后果。

1.3.2.5 表现形式和物质载体的多种性

工程文件档案资料的表现形式可以是文字、图表、声像、电子等，它的物质载体可以是纸质、磁介质、感光材料、光介质等，随着社会和科技的进步，还将会有新的表现形式和物质载体被应用。

1.3.3 工程文件档案资料载体

工程文件档案资料载体常见的形式有纸质载体、缩微品载体、光盘载体和磁性载体等。

纸质载体是以纸张为基础的载体形式。工程文件档案资料所用的材质有别于一般文件的纸质，要求纸张具有较好的机械强度、厚度、白度和施胶度等。工程文字材料幅面宜为A4纸。工程图纸应符合国家制图标准。

缩微品载体是以胶片为基础，利用缩微技术对工程文件档案资料进行保存的载体形式。胶片和照片的耐久性主要表现在相纸纸基的耐久性和影像的耐久性，要注意防止胶片片基和纸基的脆化、变形、老化，注意影像层的变色、褪色和霉变等。

光盘载体是以光盘为基础，利用计算机技术对工程资料进行存储的形式，分为只读型光盘、可记录型光盘和可擦写光盘。光盘因天气、温度等外界环境因素的影响容易老化和变形，应选用耐久性强的光盘。光盘存放应防止盘面受损和发生化学反应，应避免落上灰尘并远离磁场。

磁性载体是以磁性记录材料（磁带、磁盘）为基础，对工程文件档案资料的电子文件、声音、图像进行存储的方式。影响磁记录文件档案耐久性的内因主要有磁记录材料和加工过程，所用材料要求底基柔软、耐磨、表面光滑、耐热性好、耐老化等；外因主要有外磁场、温度、湿度等，磁盘存放注意温度、湿度，并远离磁场。

1.3.4 工程文件档案资料分类与编号

工程文件档案资料的分类与编号，根据标准的不同有所不同。目前常用的标准有《建设工程文件归档整理规范》GB/T 50328—2001、《建筑工程资料管理规程》JGJ/T 185—2009 和《房屋建筑与市政基础设施工程档案资料管理规范》DGJ32/TJ143—2012 等。

1.3.4.1 按《建设工程文件归档整理规范》GB/T 50328—2001 分类、编号

《建设工程文件归档整理规范》GB/T 50328—2001 将建筑工程文件档案资料分为建设单位的文件资料（A类）、监理单位的文件资料（B类）、施工单位的文件资料（C类）和竣工图资料（D类）4 大类。其中，建设单位的文件资料又划分为立项文件（A1）、建设规划用地文件（A2）、勘察设计文件（A3）、工程招标投标及合同文件（A4）、工程开工文件（A5）、商务文件（A6）、工程竣工验收及备案文件（A7）、其他文件（A8）等 8 小类；监理单位的文件资料划分为监理管理资料（B1）、监理质量控制资料（B2）、监理进度控制资料（B3）、监理造价控制资料（B4）等 4 小类；施工单位的文件资料划分为施工管理资料（C1）、施工技术资料（C2）、施工物资资料（C3）、施工测量记录（C4）、施工记录（C5）、隐蔽工程检查验收记录（C6）、施工检测资料（C7）、施工质量验收记录（C8）、单位（子单位）工程竣工验收资料（C9）等 9 小类；竣工图资料划分为综合竣工图（D1）、室外专业竣工图（D2）、专业竣工图（D3）等 3 小类。每 1 小类又可细分为若干类，按类别和形成时间顺序编号。

同时，将工程文件档案资料分为房屋建筑与市政基础设施工程两个专业。

1.3.4.2 按《建筑工程资料管理规程》JGJ/T 185—2009 分类、编号

《建筑工程资料管理规程》JGJ/T 185—2009 将建筑工程文件档案资料分为工程准备阶段文件（A）、监理资料（B）、施工资料（C）、竣工图（D）和工程竣工文件（E）5 大类。其中工程准备阶段文件可分为决策立项文件（A1）、建设用地文件（A2）、勘察设计文件（A3）、招投标及合同文件（A4）、开工文件（A5）、商务文件（A6）6 小类；监理资料可分为监理管理资料（B1）、进度控制资料（B2）、质量控制资料（B3）、造价控制资料（B4）、合同管理资料（B5）和竣工验收资料（B6）6 小类；施工资料可分为施工管理资料（C1）、施工技术资料（C2）、施工进度及造价资料（C3）、施工物资资料（C4）、施工记录（C5）、施工试验记录及检测报告（C6）、施工质量验收记录（C7）、竣工验收资料（C8）8 小类；竣工图（D）；工程竣工文件可分为竣工验收文件（E1）、竣工决算文件（E2）、竣工交档文件（E3）、竣工总结文件（E4）4 小类。每 1 小类又可细分为若干类，按类别和形成时间顺序编号。其中施工资料编号宜按分部、子分部、分类、顺序号 4 组代号组成，组与组之间应用横线隔开，××—××—××—×××；属于单位工程整体管理内容的资料，编号中的分部、子分部工程代号可用"00"代替；同一厂家、同一品种、同一批次的施工物资用在两个分部、子分部工程中时，资料编号中的分部、子分部工程代号可按主要使用部位填写。

1.3.4.3 按《房屋建筑与市政基础设施工程档案资料管理规范》DGJ32/TJ143—2012 分类、编号

（1）房屋建筑与市政基础设施工程档案资料

《房屋建筑与市政基础设施工程档案资料管理规范》DGJ32/TJ143—2012 将工程文件档案资料分为建设单位工程文件资料、监理文件资料、施工文件资料 3 大类。其中建设单位工程文件资料分为决策立项文件、建设用地文件、勘察设计文件、工程招投标文件及其他承包合同文件、工程开工文件、商务文件、工程竣工验收及备案文件、其他文件 8 小类；监理文件资料分为监理管理资料、进度控制资料、质量控制资料、造价控制资料、合同管理资料和竣工验收文件资料6小类；施工文件资料分为施工与技术管理资料、工程质量控制资料、安全和功能检验资料、工程质量验收记录5小类。同时，将工程文件档案资料分为房屋建筑与市政基础设施工程两个专业。房屋建筑工程分为土建部分、桩基子分部、钢结构分部、幕墙子分部、建筑给排水及采暖分部、建筑电气分部、智能建筑分部、通风与空调分部、建筑节能分部、电梯分部、竣工验收资料、竣工图部分。市政基础设施工程分为市政道路工程、市政管道工程、市政桥梁工程。

（2）房屋建筑与市政基础设施工程档案资料编号

1）对各大类编号

建设单位工程文件资料为"A类"。监理文件资料为"B类"。施工文件资料按专业不同用不同字母表示类别，土建部分代号为TJ、桩基子分部代号为ZJ、钢结构分部代号为GJ、幕墙子分部代号为MQ、建筑给排水及采暖分部代号为SN、建筑电气分部代号为DQ、智能建筑分部代号为ZN、通风与空调分部代号为KT、建筑节能分部代号为JN、电梯分部代号为DT、竣工验收资料和竣工图部分代号为JG、市政道路工程代号为DL；市政管道工程代号为GD；市政桥梁工程代号为QL。

2）对各小类编号

建设单位工程文件资料（A类）可进一步细分为决策立项文件（A1）、建设用地文件（A2）、勘察设计文件（A3）、工程招投标文件及其他承包合同文件（A4）、工程开工文件（A5）、商务文件（A6）、工程竣工验收及备案文件（A7）、其他文件（A8）表示。监理文件资料（B类）可进一步细分为监理管理资料（B1）、进度控制资料（B2）、质量控制资料（B3）、造价控制资料（B4）、合同管理资料（B5）和竣工验收文件资料（B6）表示。

施工文件资料可进一步细分为施工与技术管理资料、工程质量控制资料、安全和功能检验资料、工程质量验收记录等，用阿拉伯数字1、2、3、4、5等表示。如房屋建筑工程中的土建分部（TJ）中施工与技术管理资料（TJ1）、工程质量控制资料（TJ2）、安全和功能检验资料（TJ3）、地基与基础分部工程质量验收（TJ4）、主体结构分部工程验收（TJ5）、装饰装修分部工程质量验收（TJ6）、屋面分部工程质量验收（TJ7）。

3）对具体文件、资料或表格的编号

在每一小类中，再细分的若干类的文件、资料或表格等的编号，依次用阿拉伯数字表示，按形成时间先后顺序编号。如某施工单位对进场的钢筋进行第二批抽样复验所得的钢筋进场复验报告编号为TJ2.4.1.1-2，各符号的表示意义见表1-3。

符号的表示意义　　　　　表1-3

符号	TJ	2	4	1	1	2
类别	大类	小类	具体文件、资料或表格编号	具体文件、资料或表格编号	具体文件、资料或表格编号	具体文件、资料或表格编号
表示意义	施工单位文件资料土建分部	工程质量控制资料	原材料进场抽样复验报告	钢筋复验报告汇总表	钢筋复验报告	顺序号第2份

具体详见第2章表2-1《建设单位文件资料组卷与归档移交目录》；第3章表3-1《工程监理文件资料组卷与归档目录》；第4章表4-1《施工单位文件资料组卷归档目录-土建

部分》、表 4-3《施工单位文件资料组卷归档目录-桩基部分》、表 4-4《施工单位文件资料组卷归档目录-钢结构部分》、表 4-5《施工单位文件资料组卷归档目录-幕墙部分》、表 4-6《施工单位文件资料组卷归档目录-建筑给水排水及采暖部分》、表 4-7《施工单位文件资料组卷归档目录-建筑电气部分》、表 4-8《施工单位文件资料组卷归档目录-智能建筑部分》、表 4-9《施工单位文件资料组卷归档目录-通风与空调部分》、表 4-10《施工单位文件资料组卷归档目录-建筑节能部分》、表 4-13《施工单位文件资料组卷归档目录-电梯》、表 4-14《施工单位文件资料组卷归档目录-竣工验收资料、竣工图》；第 5 章表 5-1《城填道路工程施工档案资料组卷与归档移交目录》、表 5-5《市政管道工程施工档案资料组卷与归档移交目录》、表 5-6《市政桥梁工程施工档案资料组卷与归档移交目录》。

第2章 建设单位工程文件档案资料

2.1 建设单位工程文件资料形成

建设单位工程文件资料形成步骤如图 2-1 所示。

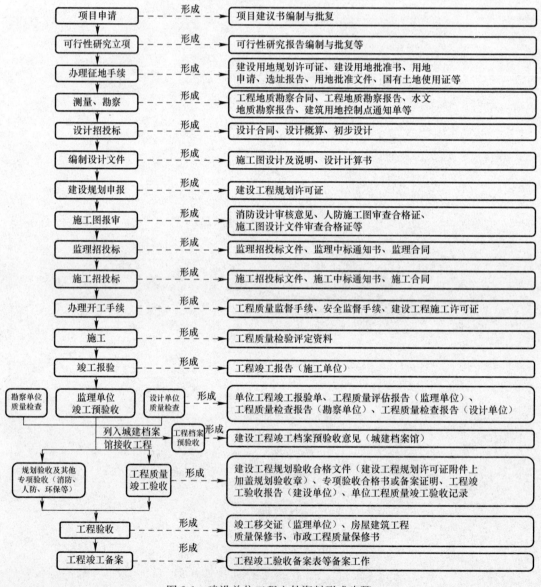

图 2-1 建设单位工程文件资料形成步骤

2.2 建设单位工程文件资料组卷与归档

建设单位工程文件档案资料分为决策立项文件；建设用地文件；勘察、测绘、设计文件；工程招投标及其他承包合同文件；工程开工文件；商务文件；工程竣工验收及备案文件和其他文件。建设单位工程文件档案资料来源、组卷与归档移交目录如表2-1所示。

建设单位工程文件资料来源、组卷与归档移交目录　　　　表 2-1

类别	类别编号	工程文件资料名称	提供单位	归档保存单位	
				建设单位	城建档案馆
决策立项文件 A1	A1.1	项目建议书	编制单位	√	√
	A1.2	项目建议书的批复文件	国家有关主管部门	√	√
	A1.3	可行性研究报告	编制单位	√	√
	A1.4	可行性报告的批复文件	国家有关主管部门	√	√
	A1.5	关于立项的会议纪要、领导批示	组织单位	√	√
	A1.6	专家对项目的有关建议文件	组织单位	√	√
	A1.7	项目评估研究资料	评估单位	√	√
建设用地文件 A2	A2.1	征占用地的批准文件和对使用国有土地的批准意见	国土部门	√	√
	A2.2	规划选址意见书及附图	规划部门	√	√
	A2.3	建设用地规划许可证、许可证附件及附图	规划部门	√	√
	A2.4	土地使用权出让交易文件	国土部门	√	√
	A2.5	土地使用证	国土部门	√	√
勘察、测绘、设计文件 A3	A3.1	工程地质勘察报告	勘察单位	√	√
	A3.2	水文地质勘察报告	勘察单位	√	√
	A3.3	建筑用地控制点通知单	规划部门	√	√
	A3.4	验线合格文件	规划部门	√	√
	A3.5	规划设计方案审查意见书及附图	规划部门	√	√
	A3.6	有关人防、环保、消防、交通、园林、市政、白蚁、审图、防雷、文物、通信、保密、河湖、教育等部门的审查意见和有关协议	相关主管部门	√	√
	A3.7	初步设计图及说明	设计单位	√	
	A3.8	施工图设计及说明（经图审合格）	设计单位	√	
	A3.9	设计计算书	设计单位	√	
	A3.10	施工图审查合格证书	施工图审查机构	√	√
招投标文件及其他承包合同文件 A4	A4.1	勘察招投标文件	建设单位勘察单位	√	
	A4.2	设计招投标文件	建设单位设计单位	√	
	A4.3	施工招投标文件	建设单位施工单位	√	
	A4.4	监理招投标文件	建设单位监理单位	√	
	A4.5	勘察中标通知书	建设单位	√	√
	A4.6	设计中标通知书	建设单位	√	√
	A4.7	施工中标通知书	建设单位	√	√

续表

类 别	类别编号	工程文件资料名称	提供单位	归档保存单位 建设单位	归档保存单位 城建档案馆
招投标文件及其他承包合同文件 A4	A4.8	监理中标通知书	建设单位	√	√
	A4.9	勘察合同	建设单位勘察单位	√	√
	A4.10	设计合同	建设单位设计单位	√	√
	A4.11	施工合同（含分包合同）	建设单位施工单位	√	√
	A4.12	监理合同	建设单位监理单位	√	√
工程开工文件 A5	A5.1	建设工程规划许可证、附件及附图	规划部门	√	√
	A5.2	建设工程施工许可证	建设行政管理部门	√	√
	A5.3	工程质量监督手续	质量监督机构	√	
商务文件 A6	A6.1	工程投资估算文件	编制单位	√	
	A6.2	工程设计概算	设计单位	√	
	A6.3	施工图预算	编制单位	√	
	A6.4	施工预算	施工单位	√	
	A6.5	工程结算、决算	施工单位建设单位	√	√
	A6.6	交付使用固定资产清单	建设单位	√	
工程竣工验收及备案文件 A7	A7.1	建设工程概况	建设单位	√	√
	A7.2	工程竣工总结	建设单位	√	√
	A7.3	单位（子单位）工程质量验收记录	建设单位	√	√
	A7.4	勘察单位质量检查报告	勘察单位	√	√
	A7.5	设计单位质量检查报告	设计单位	√	√
	A7.6	《工程质量保修书》	施工单位	√	√
	A7.7	《住宅质量保证书》、《住宅使用说明书》	施工单位	√	√
	A7.8	工程竣工验收报告	建设单位	√	√
	A7.9	由规划、公安消防、环保等部门出具的认可文件或准许使用文件	相关主管部门	√	√
	A7.10	建设工程竣工档案预验收意见	城建档案馆	√	
	A7.11	建设工程竣工验收备案表	建设单位	√	√
其他文件 A8	A8.1	合同约定由建设单位采购的材料、构配件和设备的质量证明文件及进场报验文件	建设单位	√	
	A8.2	室外地下管线覆土前测量成果	施工单位	√	√
	A8.3	工程未开工前的原貌、竣工新貌照片	建设单位	√	√
	A8.4	工程开工、施工、竣工的录音录像资料	建设单位	√	√

2.3 建设单位工程文件资料管理

建设单位工程文件资料分为决策立项文件（A1）；建设用地文件（A2）；勘察、测绘、设计文件（A3）；工程招投标文件及其他承包合同文件（A4）；工程开工文件（A5）；商务文件（A6）；工程竣工验收及备案文件（A7）；其他文件八类（A8）。

2.3.1 决策立项文件（A1）

2.3.1.1 项目建议书（A1.1）

项目建议书是建设单位自行编制或委托咨询、设计单位编制并申报的文件，由编制单位提供，建设单位负责收集、整理。

项目建议书一般包括内容为：项目名称、投资方情况、必要性分析、项目背景及投资环境情况、项目内容、项目合作及资金情况、项目风险分析和其他事项。

2.3.1.2 项目建议书的批复文件（A1.2）

项目建议书的批复文件是国家有关主管部门，对该项目建议书的批复文件，由负责批复的主管部门提供。通常，按照建设总规模、限额和划分审批权限，由各级发展和改革委员会审批提供。建设单位负责收集、整理。

2.3.1.3 可行性研究报告（A1.3）

项目可行性研究报告是建设单位自行编制或委托工程咨询、设计单位编制，由编制单位提供，建设单位负责收集、整理。

项目可行性研究报告内容为：企业基本情况、项目产品市场调查和预测、项目实施目标、投资估算和资金筹措、综合经济效益分析和可行性分析结论。

2.3.1.4 可行性研究报告的批复文件（A1.4）

可行性研究报告的批复文件是由国家有关主管部门对该项目可行性研究报告作出的批复，由负责批复的主管部门提供。通常，按照建设总规模、限额和划分审批权限，由各级发展和改革委员会审批提供。建设单位负责收集、整理。

2.3.1.5 立项的会议纪要、领导批示（A1.5）

立项的会议纪要、领导批示是建设单位或国家有关主管部门就该项目召开立项研究会议，所形成的纪要、领导指示文件，由组织会议的单位负责提供，建设单位负责收集、整理。

2.3.1.6 专家对项目的有关建议文件（A1.6）

专家对项目的有关建议文件是由建设单位或国家有关主管部门组织专家会议，所形成的有关建议性文件，由组织单位提供，建设单位负责收集、整理。

2.3.1.7 项目评估研究资料等（A1.7）

项目评估研究资料是由建设单位或国家有关主管部门组织会议，对该项目的可行性研究报告进行评估之后，所形成的资料，由组织评估的单位负责提供，建设单位负责收集、整理。

2.3.2 建设用地文件（A2）

2.3.2.1 征占用地的批准文件和对使用国有土地的批准意见（A2.1）

征占用地的批准文件和对使用国有土地的批准意见是具有批准权限的政府主管部门批准形成，通常由国土资源部门批准和提供，建设单位负责收集、整理。

2.3.2.2 规划选址意见书及附图（A2.2）

规划选址意见书及附图是由建设单位提出申请，规划部门批准的文件，建设单位负责收集、整理。

2.3.2.3 建设用地规划许可证、许可证附件及附图（A2.3）

建设用地规划许可证、许可证附件及附图是建设单位到规划部门办理，由规划部门提供，建设单位负责收集、整理。

建设单位在办理建设工程规划许可证、村镇工程建设许可证（除农民个人建房）或施工许可证前，向建设工程项目所在地城建档案机构登记，并签订责任书如附表2-1所示。

2.3.2.4 土地使用权出让交易文件（A2.4）

土地使用权出让交易文件是建设单位取得土地使用权（划拨或招、拍、挂）过程中所形成的文件，由国土资源部门提供，建设单位负责收集、整理。

2.3.2.5 土地使用证（A2.5）

土地使用证是建设单位到有相应权限的国土资源部门办理，由国土资源部门负责提供，建设单位负责收集、整理。

2.3.3 勘察、测绘、设计文件（A3）

2.3.3.1 工程地质勘察报告（A3.1）

工程地质勘察报告是由建设单位委托工程地质勘察单位进行勘察，由工程地质勘察单位编制而形成的文件，由工程地质勘察单位提供，建设单位负责收集、整理。

2.3.3.2 水文地质勘察报告（A3.2）

水文地质勘察报告是由建设单位委托水文地质勘察单位进行勘察，由水文地质勘察单位编制而形成的文件，由水文地质勘察单位提供，建设单位负责收集、整理。

2.3.3.3 建筑用地控制点通知单（A3.3）

建筑用地控制点通知单是规划部门负责提供，建设单位负责收集、整理。

2.3.3.4 验线合格文件（A3.4）

验线合格文件是规划部门进行验线审查后形成的文件，由规划部门负责提供，建设单位负责收集、整理。

2.3.3.5 规划设计方案审查意见书及附图（A3.5）

规划设计方案审查意见书及附图由具有审批权限的规划部门提供，建设单位负责收集、整理。

2.3.3.6 有关人防、环保、消防、交通、园林、市政、白蚁、审图、防雷、文物、通信、保密、河湖、教育等部门的审查意见和有关协议（A3.6）

有关人防、环保、消防、交通、园林、市政、白蚁、审图、防雷、文物、通信、保密、河湖、教育等部门的审查意见和有关协议，由负责审查的部门提供，建设单位负责收集、整理。

2.3.3.7 初步设计图及说明（A3.7）

初步设计图及说明由设计单位负责编制形成并提供，建设单位负责收集、整理。

2.3.3.8 施工图设计及说明（经图审合格）（A3.8）

施工图设计及说明（经图审合格）由设计单位负责编制形成并提供，建设单位负责收集、整理。

2.3.3.9 设计计算书（A3.9）

设计计算书由设计单位负责编制形成并提供，建设单位负责收集、整理。

2.3.3.10 施工图审查合格证书（A3.10）

施工图审查合格证书是由施工图审查机构对设计的施工图进行审查，合格后发给的合格证书，由施工图审查机构提供，建设单位负责收集、整理。

2.3.4 工程招投标文件及其他承包合同文件（A4）

2.3.4.1 勘察招投标文件（A4.1）

勘察招标文件由建设单位或委托的咨询单位编制，用于选择勘察单位，由编制单位提供，建设单位负责收集、整理。

勘察投标文件由勘察单位或委托的咨询单位编制，用于承揽勘察任务，由编制单位提供，建设单位负责收集、整理。

勘察招标文件分为投标须知和投标格式两部分。其中，投标须知包括总则，招标工程综合说明，结算原则及付款方式，招标文件的内容和效力，投标文件的编制要求，投标文件的装订、密封与标志，开标、评标与定标办法和原则，确定中标单位，授予合同，招标和投标的日程安排、其他需要说明的问题等内容。

2.3.4.2 设计招投标文件（A4.2）

设计招标文件由建设单位或委托的咨询单位编制，用于选择设计单位，由编制单位提供，建设单位负责收集、整理。

设计投标文件由设计单位或委托的咨询单位编制，用于承揽设计任务，由编制单位提供，建设单位负责收集、整理。

项目规划、建筑方案及设计招标文件由投标人须知、设计任务书、投标文件格式和合同主要格式等四篇组成。第一篇投标人须知包括投标人须知前附表；总则；招标文件；投标文件的编制；投标文件的递交；开标与评标；设计方案评标结果的通知；中标设计方案；设计方案成果的使用；付诸实施的设计方案；进一步的合作；其他等十二个项目组成。第二篇设计任务书包括项目基本情况；设计内容；设计原则；设计规模及标准；设计成果要求；设计总体要求等六部分组成。第三篇投标文件格式包括投标函；投标函附表；法定代表人资格证明；法定代表人授权委托书；商务、技术偏离表；联合体牵头人授权书；联合体协议书；设计费投标报价表；项目分项投资估算表；服务承诺；设计顾问服务计划书；投标人基本情况表；投标人近年完成与该项目类似工程设计情况表；项目首席建筑师基本情况表；拟投入项目设计人员汇总表；拟投入设计人员简历表；设计作品类型说明；投标人近年来主要工程设计获奖证书、奖状等；设计作品类型说明；投标保证金和招标代理服务费支付承诺书（格式）等二十个部分组成。第四篇由合同主要格式和一个附件组成。

2.3.4.3 施工招投标文件（A4.3）

施工招标文件由建设单位或委托的咨询单位编制，用于选择施工单位，由编制单位提供，建设单位负责收集、整理。

施工投标文件由施工单位或委托的咨询单位按施工招标文件要求编制，用于承担施工任务，由编制单位提供，建设单位负责收集、整理。

对于采用工程量清单计价方式进行施工招标的文件共由七个章节和一个招标文件备案表组成。第一章投标须知及投标须知前附表，其中投标须知包括总则，招标文件，投标文件，投标报价，投标文件密封和递交，开标、评标、定标，合同的授予。第二章评标办法包括；价格单因素评标办法；含施工组织设计的价格单因素评标办法；综合计分评标办法。第三章建设工程施工合同包括：合同协议书；通用条款；专用条款；房屋建筑工程质量保修书。第四章工程建设标准包括本工程采用的计价规范；本工程采用的技术规范；本工程对施工工艺的特殊要求。第五章图纸、技术资料及附件。第六章工程量清单包括封面；填表须知；总说明；分部分项工程量清单；措施项目清单；其他项目清单；零星工作项目表；甲供材料表。第七章投标文件格式包括法定代表人身份证明书；授权委托书；投标函；工程量清单计价格式〔如封面、投标总价、工程项目总价表、单项工程费汇总表、单位工程费汇总表、分部分项工程量清单计价表、措施项目清单计价表、其他项目清单计价表、零星工作项目计价表、分部分项工程量清单综合单价分析表、措施项目费分析表、主要材料设备价格表（乙供材料设备）、主要材料设备价格表（甲供材料设备）〕；计划投入的主要施工机械设备表；主要施工管理人员表。

2.3.4.4 监理招投标文件（A4.4）

监理招标文件由建设单位或委托的咨询单位编制，用于选择监理单位，由编制单位提供，建设单位负责收集、整理。

监理投标文件由监理单位或委托的咨询单位按监理招标文件要求编制，用于承揽监理任务，由编制单位提供，建设单位负责收集、整理。

2.3.4.5 勘察中标通知书（A4.5）

勘察中标通知书由建设单位或委托的咨询单位编制，由招投标管理部门备案，建设单位负责收集、整理。

2.3.4.6 设计中标通知书（A4.6）

设计中标通知书由建设单位或委托的咨询单位编制，由招投标管理部门备案，建设单位负责收集、整理。

2.3.4.7 施工中标通知书（A4.7）

施工中标通知书由建设单位或委托的咨询单位编制，由招投标管理部门备案，建设单位负责收集、整理。

2.3.4.8 监理中标通知书（A4.8）

监理中标通知书由建设单位或委托的咨询单位编制，由招投标管理部门备案，建设单位负责收集、整理。

2.3.4.9 勘察合同（A4.9）

勘察单位与建设单位签订勘察合同，并到建设主管部门备案。由参与签订勘察合同单位负责提供，建设单位负责收集、整理。

2.3.4.10 设计合同（A4.10）

设计单位与建设单位签订设计合同，并到建设主管部门备案。由参与签订设计合同单位负责提供，建设单位负责收集、整理。

2.3.4.11 施工合同（含分包合同）（A4.11）

施工单位与建设单位签订施工合同（或与分包单位签订分包合同），并到建设主管部门备案。由参与签订施工合同单位负责提供，建设单位负责收集、整理。

2.3.4.12 监理合同（A4.12）

监理单位与建设单位签订监理合同，并到建设主管部门备案。由参与签订监理合同单位负责提供，建设单位负责收集、整理。

2.3.5 工程开工文件（A5）

2.3.5.1 建设工程规划许可证、附件及附图（A5.1）
建设单位到规划管理部门办理，由规划部门提供，建设单位负责收集、整理。

2.3.5.2 建设工程施工许可证（A5.2）
建设单位在开工前应当向工程所在地的县级以上人民政府建设行政主管部门（以下简称发证机关）申请领取施工许可证，建设单位负责收集、整理。

建设单位申请领取施工许可证，应当具备下列条件，并提交相应的证明文件：

1. 已经办理该建筑工程用地批准手续；
2. 在城市规划区的建筑工程，已经取得建设工程规划许可证；
3. 施工场地已经基本具备施工条件，需要拆迁的，其拆迁进度符合施工要求；
4. 已经确定施工企业；有满足施工需要的施工图纸及技术资料，施工图设计文件已按规定进行了审查；
5. 有保证工程质量和安全的具体措施；
6. 按照规定应该委托监理的工程已委托监理；
7. 建设资金已经落实；
8. 法律、行政规定的其他条件。

建筑工程在施工过程中，建设单位或者施工单位发生变更的，应当重新申请领取施工许可证。

2.3.5.3 工程质量监督手续（A5.3）
凡新建、改建、扩建的建设工程，在工程项目施工招标投标工作完成后，建设单位申领施工许可证之前应携有关资料到所在地建设工程质量监督机构办理工程质量监督登记手续，填写工程质量监督申报表。质量监督机构审核完毕，符合规定的发给《建设工程质量监督通知书》和《工程质量监督方案》。建设单位凭《建设工程质量监督通知书》向建设行政主管部门申领施工许可证。

建设单位到质量监督机构办理履行工程质量监督的手续，由质量监督机构负责提供，建设单位负责收集、整理。

建设单位办理建设工程质量监督手续登记时，应提交的资料有：

1. 建设工程规划许可证；
2. 施工、监理中标通知书；
3. 施工、监理合同及其单位资质证书；
4. 施工图设计文件审查意见；
5. 其他规定需要的文件资料等。

2.3.6 商务文件（A6）

2.3.6.1 工程投资估算文件（A6.1）
工程投资估算文件由建设单位或委托的工程咨询单位编制，由编制单位提供，建设单位负责收集、整理。

2.3.6.2 工程设计概算（A6.2）

工程设计概算指的是初步设计或扩大初步设计阶段，由设计单位按设计内容概略算出该工程由立项开始到交付使用之间的全过程发生的建设费用文件。由设计单位编制、提供，建设单位负责收集、整理。

2.3.6.3 施工图预算（A6.3）

建设单位或委托工程咨询单位负责编制，由编制单位负责提供，建设单位负责收集、整理。

2.3.6.4 施工预算（A6.4）

施工单位负责编制、提供，建设单位负责收集、整理。

2.3.6.5 工程结算、决算（A6.5）

竣工结算是指在工程竣工验收之后由施工单位根据工程实施过程中所发生的工程变更情况，调整工程的施工图预算价格，确定工程项目最终结算价格的文件。竣工决算是项目竣工验收后，由建设单位编制的反映建设项目从筹建到竣工投入使用全过程中全部实际支出费用的文件。竣工决算由竣工决算报表、竣工决算报告说明书、竣工工程平面示意图、竣工工程财务决算总表、移交使用的资产清册、工程造价比较分析等部分组成，全面综合地反映工程项目的建设成果和财务情况。由建设单位和施工单位即合同的双方编制并认可后形成，由建设单位负责收集、整理。

2.3.6.6 交付使用固定资产清单（A6.6）

交付使用固定资产清单由建设单位或委托咨询单位编制、提供，建设单位负责收集、整理。

2.3.7 工程竣工验收及备案文件（A7）

工程竣工验收备案是指建设单位在建设工程竣工验收后，将建设工程竣工验收报告和规划、公安消防、环保等部门出具的认可文件或者准许使用文件报建设行政主管部门审核的行为。《建设工程质量管理条例》第四十九条规定：建设单位应当自建设工程竣工验收合格之日起15日内，将建设工程竣工验收报告和规划、公安消防、环保等部门出具的认可文件或者准许使用文件报建设行政主管部门或者其他有关部门备案。《房屋建筑和市政基础设施工程竣工验收备案管理办法》（2000年4月4日建设部令第78号发布，2009年10月19日住房和城乡建设部令第2号修改）第四条规定：建设单位应当自工程竣工验收合格之日起15日内，依照本办法规定，向工程所在地的县级以上地方人民政府建设主管部门（以下简称备案机关）备案。

建设单位办理工程竣工验收备案应当提交的文件有：工程竣工验收备案表（A7.11）；工程竣工验收报告（A7.8）；法律、行政法规规定应当由规划、环保等部门出具的认可文件或者准许使用文件（A7.9）；法律规定应当由公安消防部门出具的对大型的人员密集场所和其他特殊建设工程验收合格的证明文件；施工单位签署的工程质量保修书（A7.6）；法规、规章规定必须提供的其他文件。住宅工程还应当提交住宅质量保证书和住宅使用说明书（A7.7）。

建设单位办理竣工验收备案程序为：

1. 经施工单位自检合格后，并且符合《房屋建筑工程和市政基础设施工程竣工验收暂行规定》的要求方可进行竣工验收。

2. 由施工单位在工程完工后向建设单位提交工程竣工报告，申请竣工验收，并经总监理工程师签署意见。

3. 对符合竣工验收要求的工程，建设单位负责组织勘察、设计、监理等单位组成的专家组实施验收。

4. 建设单位必须在竣工验收7个工作日前将验收的时间、地点及验收组名单书面通知负责监督该工程的工程质量监督机构。

5. 工程竣工验收合格之日起15个工作日内，建设单位应及时提出竣工验收报告，向工程所在地县级以上地方人民政府建设行政主管部门（及备案机关）备案。

6. 工程质量监督机构，应在竣工验收之日起5个工作日内，向备案机关提交工程质量监督报告。

7. 城建档案管理部门对工程档案资料按国家法律法规要求进行预验收，并签署验收意见。

8. 备案机关在验证竣工验收备案文件齐全后，在竣工验收备案表上签署验收备案意见并签章。工程竣工验收备案表一式两份，一份由建设单位保存，一份留备案机关存档。

2.3.7.1 建设工程概况（A7.1）

由建设单位向城建档案馆移交档案时填写建设工程概况（如附表2-2所示）。

2.3.7.2 工程竣工总结（A7.2）

由建设单位编制的综合性总结，简要介绍工程建设的全过程。工程竣工总结的主要内容有概述（立项的依据和建设目的、工程概况、招投标情况）；设计、施工情况（设计情况简介、开工竣工时间、施工情况简介、质量事故及处理情况等）；工程质量及经验教训；其他需要说明情况等。

2.3.7.3 单位（子单位）工程质量验收记录（A7.3）

工程完工后，由建设单位组织设计单位、监理单位、施工单位参加竣工验收，填写单位（子单位）工程质量验收记录。

2.3.7.4 勘察单位质量检查报告（A7.4）

勘察单位质量检查报告由勘察单位填写，建设单位申请竣工验收备案时需提供。

2.3.7.5 设计单位质量检查报告（A7.5）

设计单位质量检查报告由设计单位填写，建设单位申请竣工验收备案时需提供。

2.3.7.6 《工程质量保修书》（A7.6）

由建设单位与施工单位经过协商后签订的文件。

2.3.7.7 《住宅质量保证书》、《住宅使用说明书》（A7.7）

由施工单位负责提供。

2.3.7.8 工程竣工验收报告（A7.8）

工程竣工验收合格后，建设单位应当在3日内向工程质量监督机构提交工程竣工验收报告。竣工验收报告包括工程概况（工程报建日期，施工许可证号、施工图设计文件审查意见）；简述竣工验收程序、内容、组织形式；建设单位执行基本建设程序情况；勘察、设计、监理、施工等单位工作情况及执行强制性标准的情况；工程竣工验收结论；附件（勘察、设计、施工、监理等单位签字的验收文件）。

2.3.7.9 由规划、公安消防、环保等部门出具的认可文件或准许使用文件（A7.9）

由参加验收的规划、公安消防、环保等部门提供。

2.3.7.10 建设工程竣工档案预验收意见（A7.10）

由负责编制档案的单位申报，提交《建设工程档案专项验收申请表》（如附表2-3所示），由城建档案馆预验收，而后形成意见（如附表2-4所示），由城建档案馆提供。

2.3.7.11 建设工程竣工验收备案表（A7.11）

单位工程竣工验收合格后，由建设单位负责到建设行政主管部门办理。

2.3.8 其他文件（A8）

2.3.8.1 合同约定由建设单位采购的材料、构配件和设备的质量证明文件及进场报验文件（A8.1）

由建设单位及相关单位负责提供，施工单位负责收集。

2.3.8.2 室外地下管线覆土前测量成果（A8.2）

由施工单位负责提供。

2.3.8.3 工程未开工前的原貌、竣工新貌照片（A8.3）

由建设单位负责提供。

2.3.8.4 工程开工、施工、竣工的录音录像资料（A8.4）

由参加录音录像的单位提供。

建设工程档案报送责任书　　　　　　　　　　　　　　　　　　　附表2-1

苏城档责字（　　）号

报送档案单位：（以下简称甲方）

接收档案单位：城建档案馆（室）（以下简称乙方）

根据《中华人民共和国档案法》、《建设工程质量管理条例》、《城市建设档案管理规定》、《江苏省工程建设管理条例》、《江苏省档案管理条例》等有关法律、法规，为确保建设单位（甲方）在工程项目竣工验收合格后三个月内向乙方报送建设工程竣工档案，双方签订本责任书：

一、工程项目名称：
二、开工时间：　　　　年　　月　　日
三、竣工时间：　　　　年　　月　　日
四、甲方责任：
1. 办理建设工程规划许可证、村镇工程建设许可证（除农民个人建房）或施工许可证前，向建设工程项目所在地城建档案机构登记，并签订责任书。
2. 在招标投标和与勘察、设计、施工、监理等单位签订的合同中，应当明确工程档案的套数、费用、质量要求、移交时间等要求，并负责本建设工程档案的收集、汇总、整理和报送工作。
3. 做好本工程档案资料的验收准备工作，工程竣工验收前申请乙方对该项工程竣工档案进行专项验收。
4. 建设工程档案报送内容按国家、省、市有关规定执行，在工程项目竣工验收合格后三个月内向乙方报送，如遇特殊情况，应向乙方提出延期报送申请，经乙方同意后在延期内报送。
5. 向城建档案馆（室）报送的建设工程档案应当是原件，档案必须完整准确、图形清晰、字迹工整。案卷质量符合《江苏省城建档案案卷质量标准》。
6. 甲方委托乙方对该项工程进行档案编制（审）、整理等服务，预交服务费＿＿＿＿＿＿元。待档案移交后，按有关服务取费标准结算。
五、乙方责任：
1. 按国家有关规定，对该项建设工程文件材料的形成、积累、整理、归档及其档案报送、移交工作进行阶段性的或应甲方要求进行现场业务指导。
2. 为甲方提供建设工程档案的专业培训、技术咨询，或应甲方委托进行相关的服务性工作。
3. 该项工程的竣工验收前，进行建设工程竣工档案专项验收。对建设工程档案符合要求者，在二个工作日内出具

《江苏省建设工程档案验收意见书》。

4. 接收该项建设工程档案后，确保档案安全保管。

六、违约责任：

双方必须严格履行本责任书规定的职责。如有违约行为，根据《建设工程质量管理条例》、《城建档案管理规定》、《江苏省工程建设管理条例》、《江苏省档案管理条例》等有关规定承担违约责任。

本责任书一式两份，双方各执一份，自签字之日起有效，建设工程档案交接完毕，责任书责任终止。

甲方单位（盖章）：　　　　　乙方单位（盖章）：

单位负责人（签字）：　　　　单位负责人（签字）：

年　月　日

注：1. 本责任书一式二份（城建档案馆、建设单位各一份）；
　　2. 本责任书由省住房和城乡建设厅统一印制。

建设工程与档案概况表

附表 2-2

工程编号

责任者	工程名称			项目批文号	
	工程地址			用地规划许可证号	
	建设单位			国有土地使用证号（征地通知书号）	
	批准单位			建设工程规划许可证号	
	设计单位			设计号	
	施工单位				
施工预算（万元）		竣工决算（万元）		开工日期		竣工日期	
质量等级		结构类型		基础处理（桩基础、复合基础、原土基础）			
建筑安装工程	竣工面积（平方米）		市政构筑物工程	起点		孔数	
	幢数			止点		净空（米）	
	层数			长度（米）		荷载（级别）	
	高度（米）			宽度（米）		管径（规格）	
	占地面积			高度（米）		管材	
				跨度（米）			
总卷数		总页数		底图张数		照片数	
磁带盒数							
排检项	档号			缩微号			
	库架好			注销号			
主题词							
备注							

＊此表格可从网上下载。

建设工程档案专项验收申请表 附表2-3

建设单位		申请时间	
工程名称		工程地点	
施工单位		监理单位	
建设单位联系人		电话	
规划许可证		监督注册号	
分管科室		档案馆经办人	
档案验收意见：			

注：本申请表可从网上下载。

江苏省建设工程档案专项验收意见书 附表2-4

监督注册号：
验 收 编 号：

工程名称		工程地址	
开工日期		竣工日期	
建设单位			
勘察单位		设计单位	
施工单位		监理单位	
基建负责人		电话	
档案员姓名		资质证号		电话	

专项验收意见：根据《建设工程质量管理条例》、《城建档案管理规定》和江苏省有关城建档案管理的规定，该项建设工程档案资料符合归档要求，同意验收。

城建档案管理机构（盖章）
　　专项验收责任人签字：　　　　年　月　日

表格说明：
1. 本意见书未经城建档案管理机构盖章无效。
2. 本意见书不得涂改。
3. 本意见书一式三份（县城乡建设档案馆、建设单位、建设工程竣工备案部门各一份）。
4. 本意见书为组织单位建设工程竣工验收、办理建设工程竣工备案手续的必要认可文件，不作为其他用途凭证。

第3章 监理工程文件档案资料

3.1 监理工程文件资料形成

监理工程文件资料形成流程如图 3-1 所示。

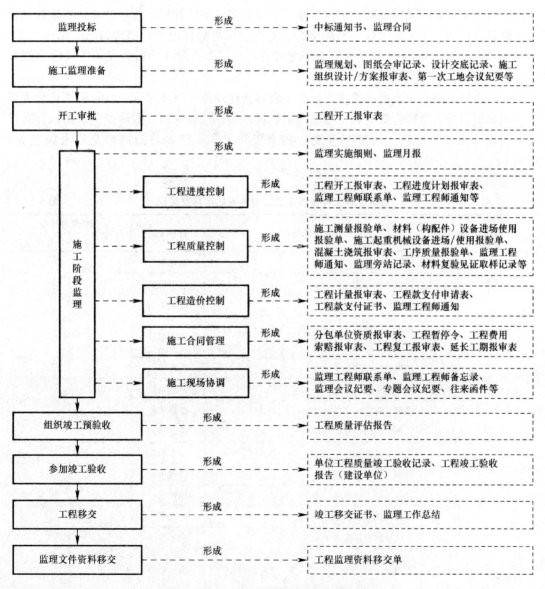

图 3-1 监理文件资料形成流程

3.2 监理工程文件档案资料组卷与归档

按《建设工程监理规范》GB/T 50319—2013 监理文件资料主要有勘察设计文件、建设工程监理合同及其他合同文件；监理规划、监理实施细则；设计交底和图纸会审会议纪要；施工组织设计、（专项）施工方案、应急救援预案、施工进度计划报审文件资料；分包单位资格报审文件资料；施工控制测量成果报验文件；总监理工程师任命书、开工令、工程暂停令、复工令、开工/复工报审文件资料；工程材料、设备、构配件报验文件资料；见证取样和平行检验文件资料；工程质量检查报验资料及工程有关验收资料；工程变更、费用索赔及工程延期文件资料；工程计量、工程款支付文件资料；监理通知、工作联系单与监理报告；第一次工地会议、监理例会、专题会议等会议纪要；监理月报、监理日志、旁站记录；工程质量/生产安全事故处理文件资料；工程质量评估报告及竣工验收监理文件资料；监理工作总结等。

按《房屋建筑和市政基础设施工程档案资料管理规范》DGJ32/TJ143—2012 监理工程文件档案资料分为监理管理资料、进度控制资料、质量控制资料、造价控制资料、合同管理资料和竣工验收资料。监理工程文件档案资料来源、组卷与归档移交目录如表 3-1 所示。

监理工程文件资料来源、组卷与归档移交目录　　　　　　　表 3-1

类别	类别编号	工程文件资料名称	资料来源	归档保存单位	
				监理单位	城建档案馆
监理管理资料 B1	B1.1	监理规划	监理单位	√	
	B1.2	监理实施细则	监理单位	√	
	B1.3	监理月报	监理单位	√	
	B1.4	监理会议纪要（工地例会、专题会议、内部会议）	监理单位	√	√
	B1.5	监理日记	监理单位	√	
	B1.6	监理工作总结	监理单位	√	√
	B1.7	监理工程师通知单	监理单位	√	√
	B1.8	监理工程师通知回复单	施工单位	√	√
	B1.9	监理工程师联系单	监理单位	√	√
	B1.10	监理工程师备忘录	监理单位	√	
	B1.11	建设单位工程师通知单	建设单位	√	√
	B1.12	建设单位工程联系单	建设单位	√	√
	B1.13	承包单位通用报审表	施工单位	√	
进度控制资料 B2	B2.1	工程开工报审表	施工单位	√	√

续表

类 别	类别编号	工程文件资料名称	资料来源	归档保存单位	
				监理单位	城建档案馆
质量控制资料 B3	B3.1	施工组织设计/方案报审表	施工单位	√	√
	B3.2	工程变更单	施工单位	√	√
	B3.4	分部（子分部）工程质量验收记录	施工单位	√	
	B3.5	住宅工程质量分户验收汇总表	施工单位	√	
	B3.6	单位（子单位）工程质量验收记录	施工单位	√	
	B3.7	见证取样台账	监理单位	√	
	B3.8	旁站监理记录表	监理单位	√	
	B3.9	项目监理机构向有关主管部门质量安全通知单	监理单位	√	√
	B3.10	质量事故报告及处理意见	监理单位	√	√
造价控制资料 B4	B4.1	工程计量报审表	施工单位	√	
	B4.2	工程款支付申请表	施工单位	√	
	B4.3	工程款支付证书	监理单位	√	
合同管理资料 B5	B5.1	分包单位资质报审表	施工单位	√	
	B5.2	工程暂停令	监理单位	√	√
	B5.3	工程复工报审表	施工单位	√	
	B5.4	延长工期报审表	施工单位	√	
	B5.5	工程费用索赔报审表	施工单位	√	
竣工验收资料 B6	B6.1	单位/分部工程竣工报验单	施工单位	√	√
	B6.2	工程质量评估报告	监理单位	√	√
	B6.3	工程监理资料移交单	监理单位	√	

3.3 监理工程文件资料管理

3.3.1 监理管理资料（B1）

3.3.1.1 监理规划（B1.1）

监理规划是用来指导项目监理机构全面开展监理工作的指导性文件。监理规划应在签订委托监理合同及收到设计文件后开始编制，编制由总监理工程师主持，专业监理工程师参加编制，经监理单位技术负责人批准，并应在召开第一次工地会议前报送建设单位。

监理规划应包括以下主要内容：工程概况；监理工作的范围、内容、目标；监理工作依据；监理机构的组织形式、人员配备及进场计划、监理人员岗位职责；工程质量控制；工程造价控制；工程进度控制；合同与信息管理；组织协调；安全生产管理职责；监理工作制度；监理设施等。

在监理工作实施过程中，如实际情况或条件发生重大变化而需要调整监理规划时，应由总监理工程师组织专业监理工程师研究修改，按原报审程序经过批准后报建设单位。

注：本表为江苏省监理现场用表第四版编号《监理规划》(B12)

3.3.1.2 监理实施细则（B1.2）

监理实施细则是根据监理规划，针对工程项目中某一专业或某一方面监理工作的操作性文件，对中型及以上或专业性较强的工程项目，项目监理机构应编制监理实施细则。

监理实施细则由专业监理工程师编写，并经总监理工程师批准。监理实施细则应符合监理规划的要求，并应结合工程项目的专业特点，做到详细具体、具有可操作性。监理实施细则应包括下列主要内容：专业工程的特点；监理工作流程；监理工作要点；监理工作的方法及措施等。

在监理工作实施过程中，监理实施细则应根据实际情况进行补充、修改和完善，经总监理工程师批准后实施。

注：本表为江苏省监理现场用表第四版编号《监理实施细则》(B13)

3.3.1.3 监理月报（B1.3）

监理月报应由项目总监理工程师组织编制，签认后报建设单位和本监理单位。施工阶段的监理月报应包括以下内容：本月工程实施情况；本月监理工作情况；本月施工中存在的问题及处理情况；下月监理工作重点等内容。

注：本表为江苏省监理现场用表第四版编号《监理月报》(B5)

3.3.1.4 监理会议纪要（工地例会、专题会议、内部会议）（B1.4）

1. 第一次工地会议

工程项目开工前，总监理工程师及有关监理人员应参加由建设单位主持召开的第一次工地会议，会议纪要由项目监理机构负责整理，与会各方代表会签。第一次工地会议应包括以下主要内容：

(1) 建设单位、承包单位和监理单位分别介绍各自驻现场的组织机构、人员及其分工；

(2) 建设单位根据委托监理合同宣布对总监理工程师的授权；

(3) 建设单位介绍工程开工准备情况；

(4) 承包单位介绍施工准备情况；

(5) 建设单位和总监理工程师对施工准备情况提出意见和要求；

(6) 总监理工程师介绍监理规划的主要内容；

(7) 研究确定各方在施工过程中参加工地例会的主要人员，召开工地例会周期、地点及主要议题。

2. 工地例会

在施工过程中，项目监理机构应定期召开监理例会，组织有关单位研究解决工程监理相关问题。项目监理机构可根据工程需要，主持或参加专题会议，解决监理工作范围内工程专项问题。监理例会、专题会议的会议纪要由项目监理机构负责整理，与会各方代表会签。工地例会应包括以下主要内容：

(1) 检查上次例会议定事项的落实情况，分析未完事项原因；
(2) 检查分析工程项目进度计划完成情况，提出下一阶段进度目标及其落实措施；
(3) 检查分析工程项目质量状况，针对存在的质量问题提出改进措施；
(4) 检查工程量核定及工程款支付情况；
(5) 解决需要协调的有关事项；
(6) 其他有关事宜。

《监理会议纪要（工地例会、专题会议、内部会议）》由监理单位根据会议记录整理，经总监理工程师审阅，由与会各方代表会签。

注：本表为江苏省监理现场用表第四版编号《监理会议纪要（工地例会、专题会议、内部会议）》(B6)。

3.3.1.5 监理日记（B1.5）

监理日记是项目监理部以监理工作为记载对象，自该项目监理工作开始起，至项目监理工作结束止，由专人负责逐日如实记载。该表为项目监理机构详细记录当天自然情况和主要工作（监理检查内容、发现问题、处理情况及当日大事等）的用表。大中型项目宜分专业填写，总监理工程师应每天签阅监理日记。监理日记可设置附页（在监理日记表格的背面），主要内容包括：天气和施工环境情况；施工进展情况；监理工作情况（包括旁站、巡视、见证取样、平行检验等情况）；存在的问题及协调解决情况；其他有关事项等。

注：本表为江苏省监理现场用表第四版编号《监理日记》(B7)。

3.3.1.6 监理工作总结（B1.6）

施工阶段结束后，监理单位应向建设单位提交监理工作总结。监理工作总结应包括以下内容：工程概况；监理组织机构、建设工程监理合同履行情况；监理工作成效；监理工作中发现的问题及其处理情况；说明和建议等。

注：本表为江苏省监理现场用表第四版编号《监理工作总结》(B10)。

3.3.1.7 监理工程师通知单（B1.7）

监理工程师通知单是项目监理单位发出，要求施工单位对施工中出现的质量缺陷进行整改，并在整改完成后通知监理工程师检验合格后方可进入下一步施工的通知，是出现除工程暂停以外的其他有关事项的用表。签发监理工程师通知单应是总监工程师（或专业监理工程师），多数都需要回复并且要保存在归档资料里。如附表3-1所示。

注：本表为江苏省监理现场用表第四版编号《监理工程师通知单》(B2)。

3.3.1.8 监理工程师通知回复单（B1.8）

施工单位在接到监理工程师通知单之后，根据通知中提到的问题，认真分析，制定措施，及时整改，并把整改的结果填写监理工程师通知回复单，经项目经理签字，项目经理部盖章后，报监理单位。如附表3-2所示。

注：本表为江苏省监理现场用表第四版编号《监理工程师通知回复》(A5)。

3.3.1.9 监理工程师联系单（B1.9）

监理工程师联系单是用于项目监理单位就工程有关事项与工程参建各方进行联络或回复的用表。工作联系单主要针对工程项目的一般问题，起到告知目的，可要求施工单位回复也可不做回复要求。签发工作联系单的只能是各相关单位负责人。当不需回复时应有签收记录，并应注明收件人的姓名、单位和收件日期。如附表3-3所示。

注：本表为江苏省监理现场用表第四版编号《监理工程师联系单》(B3)

3.3.1.10 监理工程师备忘录（B1.10）

监理工程师备忘录为项目监理机构就有关建议未被建设单位采纳或监理工程师通知单的应执行事项承包单位未予执行的最终书面说明，可抄报有关上级主管部门。

注：本表为江苏省监理现场用表第四版编号《监理工程师备忘录》(B4)

3.3.1.11 建设单位工程师通知单（B1.11）

建设单位工程师通知单为建设单位向项目监理机构发出工程通知的用表。建设单位的工程通知单均应直接发给项目监理机构，通知的内容涉及被监理单位的，由项目监理机构以监理工程师通知单发给被监理单位。项目监理机构对建设单位的指令有疑义的，应在收到本通知单后及时书面向建设单位提出。

注：本表为江苏省监理现场用表第四版编号《建设单位工程通知单》(C1)

3.3.1.12 建设单位工程联系单（B1.12）

建设单位工程联系单为建设单位就工程事项与项目监理机构进行联络及对"B1.9 监理联系单"有关事项进行回复的用表。

注：本表为江苏省监理现场用表第四版编号《建设单位工程师联系单》(C2)

3.3.1.13 承包单位通用报审表（B1.13）

承包单位通用报审表为承包单位向项目监理机构报审A类表中其他表式所未能包括的事项的用表。如除施工起重机械设备之外的施工机械、设备进场（退场），混凝土试验配比单，钢结构焊接工艺评定报告，成品、半成品形式检验报告等。现场安全生产、文明施工管理规定（一般由总包单位编制）亦可通过此表报验。

注：本表为江苏省监理现场用表第四版编号《承包单位通用报审表》(A8)

3.3.2 进度控制资料（B2）

工程开工报审表（B2.1）

该表为承包单位在所有开工准备工作完成之后，向项目监理机构申请工程开工的用表。分包工程的开工申请手续也使用此表办理报批手续。如整个项目为一个承包单位承担，只填报一次；如项目涉及较多子单位（分部）工程，建设单位分别发包和开工时间不同，则每个子单位（分部）工程开工都应填报一次。项目监理机构应根据工程施工合同，按照表中的内容检查是否具备开工条件。工程开工日期一般应为工程施工合同中约定的开工日期，如承包单位申报的开工日期与工程施工合同中约定的日期不一致，总监理工程师应与建设单位协商取得一致意见后签署监理审核意见。项目监理机构进场后，应及时发出监理书面文件《监理工程师联系单》提醒建设单位办理施工许可手续和施工图审查手续，若项目监理机构在审查工程开工申请手续时，建设单位未能及时办理施工许可手续，项目监理机构应发出《监理工程师备忘录》再次提醒建设单位办理施工许可手续，并可根据工程的实际情况慎重办理工程开工审批手续（工期紧、工程量大、有重大社会影响的工程可签署同意开工的意见）；若项目监理机构在审查工程开工申请手续时，建设单位未能及时办理施工图审查手续，项目监理机构应发出《监理工程师备忘录》再次提醒建设单位办理施工图审查手续，并签署不同意开工的意见。

开工的条件是：施工许可证已获政府主管部门批准；征地拆迁工作能满足工程进度的需要；施工组织设计已获总监理工程师批准；承包单位现场管理人员已到位，机具、施工人员已进场，主要工程材料已落实；进场道路及水、电、通信等已满足开工要求。如附表3-4所示。

注：本表为江苏省监理现场用表第四版编号《工程开工报审表》（A1）

3.3.3 质量控制资料（B3）

3.3.3.1 施工组织设计/方案报审表（B3.1）

施工组织设计/方案报审表为承包单位向项目监理机构报审施工组织设计或施工方案的用表。承包单位申报的施工组织设计必须经其企业技术负责人审批，且签字盖章齐全。对重点部位、特殊工程必须报施工方案。项目监理机构审批时，必须有各专业监理工程师的审查意见。分包的分部工程（承包单位发包和建设单位发包）应编制施工组织设计，由总包单位和分包单位共同报审，必须经分包企业的技术负责人审批，签字盖章齐全。如附表3-5所示。

注：本表为江苏省监理现场用表第四版编号《施工组织设计/方案报审表》（A3.1）

3.3.3.2 工程变更单（B3.2）

工程变更单为承包单位向项目监理机构提出工程变更申请的用表。本工程变更单须经项目监理机构、建设单位、设计单位签署一致意见后方可作为施工依据。

注：本表为江苏省监理现场用表第四版编号《工程变更单》（A9）

3.3.3.3 分部（子分部）工程质量验收记录（B3.4）

分部工程完成后，由施工单位项目负责人组织检验评定合格后，向监理单位（或建设单位项目负责人）提出分部工程验收报告。总监理工程师（建设单位项目负责人）组织施工单位项目负责人和技术、质量负责人等进行验收。地基基础，主体结构分部工程的勘察、设计单位工程项目负责人和施工单位技术、质量部门负责人也应参加相关分部工程验收。分部（子分部）工程质量验收记录由施工单位提供，各方签字认可。

3.3.3.4 住宅工程质量分户验收汇总表（B3.5）

住宅工程分户验收应由建设单位组织施工单位、监理单位组成验收小组。分户验收过程中，验收人员应现场填写、签认《住宅工程质量分户验收记录表》。单位工程分户验收后，应填写《住宅工程质量分户验收汇总表》。每户验收符合要求后应在户内醒目位置张贴《住宅工程质量分户验收合格证》。验收小组应对不符合要求的部位当场标注并记录。住宅工程质量分户验收汇总表由施工单位提供。

3.3.3.5 单位（子单位）工程质量验收记录（B3.6）

单位工程完工后，施工单位应自行组织有关人员进行检查评定，并向建设单位提交工程验收报告。建设单位收到工程验收报告后，应由建设单位（项目）负责人组织施工（含分包单位）、设计、监理等单位（项目）负责人进行单位（子单位）工程验收。单位（子单位）工程质量验收记录由施工单位提供，各方签字认可。

3.3.3.6 见证取样台账（B3.7）

在施工过程中，见证人员应按照见证取样和送检计划，对施工现场的取样和送检进行见证，取样人员应在试样或其包装上作出标识、封志。标识和封志应标明工程名称、取样部位、取样日期、样品名称和样品数量，并由见证人员和取样人员签字。见证人员应制作见证记录，并将见证记录归入施工技术档案。见证人员和取样人员应对试样的代表性和真实性负责。

见证取样的试块、试件和材料送检时，应由送检单位填写委托单，委托单应有见证人员和送检人员签字。检测单位应检查委托单位及试样上的标识和封志，确认无误后方可进行检测。

3.3.3.7 旁站监理记录表（B3.8）

旁站监理记录表为执行建设部实施监理旁站制度规定的用表。各工程项目中，应根据不同的旁站对象，设置有针对性、可操作性的旁站监理表式。旁站监理工作的精髓就是"关键部位、重要工序的施工质量处于受控状态"。在建设部旁站监理规定中，对关键部位、重要工序均作出了明确的规定，同时在工程实施过程中，监理部可根据监理工作的需要设置旁站点。监理单位在编制监理规划时，应当制定旁站监理方案，明确旁站监理的范围、内容、程序和旁站监理人员职责等。旁站监理方案应当送建设单位和施工企业各一份，并抄送工程所在地的建设行政主管部门或其委托的工程质量监督机构。施工单位根据监理企业制定的旁站监理方案，在需要实施旁站监理的关键部位、关键工序进行施工前24h，应当书面通知监理企业派驻工地的项目监理机构。项目监理机构应当安排旁站监理人员按照旁站监理方案实施旁站监理。

注：本表为江苏省监理现场用表第四版编号《旁站监理记录表》(B11)

3.3.3.8 项目监理机构向有关主管部门质量安全通知单（B3.9）

当项目监理机构发现工程施工中存在质量、安全隐患，要求承包单位立即进行整改，而承包单位拒不执行时，项目监理机构可使用该通知单立即向有关行政主管部门书面报告，情况紧急时，可在第一时间向有关行政主管部门口头报告，随后报送书面报告。

注：本表为江苏省监理现场用表第四版编号《项目监理机构向有关主管部门质量安全通知单》(B14)

3.3.3.9 质量事故报告及处理意见（B3.10）

施工中发生的质量事故，应按有关规定上报处理，项目总监理工程师应将质量事故报告及处理意见书面报告有关部门。

3.3.4 造价控制资料（B4）

3.3.4.1 工程计量报审表（B4.1）

工程计量报审表为承包单位报请项目监理机构对已完成的合格工程量进行审核的用表。项目监理机构仅对承包单位完成的合格工程量予以计量，不合格工程量不予计量。项目监理机构收到本表后，应在规定的时间内给予回复。变更工程量中包含设计变更、建设单位变更和合同工程量清单之外增加或扣减的工程量，监理工程师变更通知单（B2.5）作为变更工程量计量的重要依据之一。

注：本表为江苏省监理现场用表第四版编号《工程计量报审表》(A4.1)

3.3.4.2 工程款支付申请表（B4.2）

工程款支付申请表为承包单位按"A4.1工程计量报审表"确认的合格工程量、

"A4.2工程费用索赔报审表"和根据合同规定应获得款项,向项目监理机构提出工程款支付申请的用表。总监理工程师按合同规定扣除应扣款,确定应付款金额后,签署"B8工程款支付证书"。建设单位根据监理意见进行付款。如附表3-6所示。

注:本表为江苏省监理现场用表第四版编号《工程款支付申请表》(A4.3)

3.3.4.3 工程款支付证书(B4.3)

工程款支付证书为项目监理机构收到承包单位的"A4.3工程款支付申请表"后,对申请事项进行审核并签署意见的用表。项目监理机构将工程款支付证书递交建设单位的同时,应抄送承包单位。如附表3-7所示。

注:本表为江苏省监理现场用表第四版编号《工程款支付证书》(B8)

3.3.5 合同管理资料(B5)

3.3.5.1 分包单位资质报审表(B5.1)

分包单位资质报审表为承包单位报请项目监理机构对分包单位的资质进行审查的用表。承包单位应提供的报审资料包括:分包单位的企业法人营业执照、资质证书、人员资格证明、机具仪器装备情况、业绩等有关资料。如附表3-8所示。

注:本表为江苏省监理现场用表第四版编号《分包单位资质报审表》(A3.6)

3.3.5.2 工程暂停令(B5.2)

监理单位发现施工单位施工中存在重大质量隐患,可能造成质量事故或已经造成质量事故时应下达工程暂停令。暂停令要求承包单位停工整改,整改完毕后经监理单位复查符合规定要求后,总监理工程师签署工程复工报审表,同意施工单位继续施工。总监理工程师下达工程暂停令和签署工程复工报审表,宜事先向建设单位报告。如附表3-9所示。

注:本表为江苏省监理现场用表第四版编号《工程暂停令》(B1)

3.3.5.3 工程复工报审表(B5.3)

工程复工报审表为承包单位在收到"B1工程暂停令"后,在规定时间内完成有关整改工作、报请项目监理机构进行核查的用表。项目监理机构应及时核查并签署审核意见,工程恢复正常施工。如附表3-10所示。

注:本表为江苏省监理现场用表第四版编号《工程复工报审表》(A6)

3.3.5.4 延长工期报审表(B5.4)

延长工期报审表为承包单位在施工过程中向项目监理机构报审延长工期申请的用表。对工程延长工期天数,项目监理机构应进行分析和计算,并形成工程延长工期天数的监理审核意见。可能导致工程延期的原因有:延期提供施工图,工程暂停,工程变更,不利的施工条件,停水、停电和停气超过合同约定的时间等。工程延期审批的依据有:工期拖延事件是否属实,工期拖延是否符合合同约定,延期事件是否发生在工期网络计划的关键线路上,延期天数的计算是否正确等。如附表3-11所示。

注:本表为江苏省监理现场用表第四版编号《延长工期报审表》(A2.2)

3.3.5.5 工程费用索赔报审表(B5.5)

工程费用索赔报审表为承包单位报请项目监理机构审核工程费用索赔事项的用表。项目监理机构应根据施工合同的约定,在与建设单位协商后,签署监理审核意见。承包单位向建设单位索赔的原因主要有：合同文件内容出错引起的索赔，由于图纸延迟造成索赔，由于不利的施工条件引起的索赔，由于变更造成的索赔，由于施工的暂停或停工造成的索赔等原因。索赔证明材料包括：合同文件，监理工程师批准的施工进度计划，合同履行过程中的来往函件，施工现场记录，工地会议纪要，工程照片，监理工程师发布的各项指令，检查和试验记录等其他有关资料。索赔的费用包括：人工费、材料费、机械费、管理费和税金等。如附表3-12所示。

注：本表为江苏省监理现场用表第四版编号《工程费用索赔报审表》（A4.2）

3.3.6 竣工验收资料（B6）

3.3.6.1 单位/分部工程竣工报验单（B6.1）

单位/分部工程竣工报验单为承包单位已按工程施工合同约定，完成设计文件所要求的施工内容后，向项目监理机构提出工程竣工验收申请的用表。承包单位报请竣工验收的工程内容如有甩项，必须有建设单位的书面通知。项目监理机构应要求承包单位提供完整的工程竣工资料。单位工程由建设单位（业主）组织验收，监理机构在建设（业主）单位组织验收前，应组织工程参建各方（建设单位、设计单位、承包单位、监理单位）进行单位工程竣工预验收，对有关问题进行整改后，报建设单位组织单位工程竣工验收；分部工程由监理机构组织工程参建各方进行分部工程竣工验收。如附表3-13所示。

注：本表为江苏省监理现场用表第四版编号《单位/分部工程竣工报验单》（A7）

3.3.6.2 工程质量评估报告（B6.2）

工程质量评估报告为项目监理机构依据有关法律法规、工程建设强制性标准、设计文件及施工合同对承包单位报送的竣工资料进行审查，并组织有关单位对工程质量进行预验收，承包单位对预验收发现的问题整改合格后，在总监理工程师签署工程竣工报验单的基础上提出的工程质量评估报告。

工程质量评估报告主要包括以下内容：工程验收（预验收）的工作情况介绍（验收的时间、地点、参加验收的单位及相关人员）；工程概况和工程特点，工程质量目标和质量控制依据；工程实施概况；工程质量控制，工程质量的控制重点和制定对策措施，工程参建各方责任主体的质量行为，包括建设单位质量控制，设计单位的质量控制，承包单位的质量控制，监理单位的质量控制；施工质量概况，主要有设计文件，施工组织设计及施工技术措施，原材料、成品半成品，辅助材料，施工质量过程控制，外观质量，工程实体质量检验，使用安全及使用功能检测；施工中存在的问题及处理；工程质量评价等。

在建设工程监理过程中，对分部（子分部）工程、重要的分项工程，项目监理机构应及时编制相应工程的质量评估报告。

注：本表为江苏省监理现场用表第四版编号《工程质量评估报告》（B9）

3.3.6.3 工程监理资料移交单（B6.3）

工程竣工验收后，监理单位应及时将工程监理资料整理归档后向建设单位移交，并办理工程监理移交手续，该表为工程监理资料移交专用表格。如附表3-14所示。

注：本表为江苏省监理现场用表第四版编号《工程监理资料移交单》（B15）

3.3.7 建设工程监理的基本表式

建设工程监理的基本表式按《建设工程监理规范》GB/T 50319—2013 分为 A 类表、B 类表和 C 类表，如下所示。

A 类表：工程监理单位用表
(1) 表 A.0.1 总监理工程师任命书
(2) 表 A.0.2 工程开工令
(3) 表 A.0.3 监理通知
(4) 表 A.0.4 监理报告
(5) 表 A.0.5 工程暂停令
(6) 表 A.0.6 旁站记录
(7) 表 A.0.7 工程复工令
(8) 表 A.0.8 工程款支付证书

B 类表：施工单位报审/验用表
(9) 表 B.0.1 施工组织设计/（专项）施工方案报审表
(10) 表 B.0.2 开工报审表
(11) 表 B.0.3 复工报审表
(12) 表 B.0.4 分包单位资格报审表
(13) 表 B.0.5 施工控制测量成果报验表
(14) 表 B.0.6 工程材料/构配件/设备报审表
(15) 表 B.0.7 报审/验表
(16) 表 B.0.8 分部工程报验表
(17) 表 B.0.9 监理通知回复单
(18) 表 B.0.10 单位工程竣工验收报审表
(19) 表 B.0.11 工程款支付报审表
(20) 表 B.0.12 施工进度计划报审表
(21) 表 B.0.13 费用索赔报审表
(22) 表 B.0.14 工程临时/最终延期报审表

C 类表：通用表
(23) 表 C.0.1 工作联系单
(24) 表 C.0.2 工程变更单
(25) 表 C.0.3 索赔意向通知书

按《江苏省建设工程施工阶段监理现场用表》（第四版）分为 A 类表、B 类表和 C 类表，如下所示。

A 类表（承包单位用表）

A1　　　工程开工报审表
A2.1　　工程进度计划报审表
A2.2　　延长工期报审表
A3.1　　施工组织设计/方案报审表

- A3.2　施工安全生产管理体系报审表
- A3.3　材料（构配件）、设备进场使用报验单
- A3.4　施工起重机械设备进场/使用报验单
- A3.5　工序质量报验单
- A3.6　工序质量报验单（通用）
- A3.7　分包单位资质报审表
- A3.8　施工测量报验单
- A3.9　混凝土浇筑报审表
- A3.10　施工安全专项方案报审表
- A4.1　工程计量报审表
- A4.2　工程费用索赔报审表
- A4.3　工程款支付申请表
- A4.4　工程安全防护措施费使用计划报审表
- A5　监理工程师通知回复单（　　　类）
- A6　工程复工报审表
- A7　单位/分部工程竣工报验单
- A8　承包单位通用报审表
- A9　工程变更单

B类表（监理单位用表）
- B1　工程暂停令
- B2　监理工程师通知单（　　　类）
- B3　监理工程师联系单
- B4　监理工程师备忘录
- B5　监理月报
- B6　_____会议纪要
- B7　监理日记（　　）
- B8　工程款支付证书
- B9　工程质量评估报告
- B10　监理工作总结
- B11　旁站监理记录表
- B12　监理规划
- B13　监理实施细则
- B14　项目监理机构向有关主管部门质量安全报告单
- B15　工程监理资料移交单

C类表（建设单位用表）
- C1　建设单位工程通知单
- C2　建设单位工程联系单

监理工程师通知单（××类）

附表 3-1

工程名称：×××工程　　　　　　　　　　　　　　　　　　　　编号：B2—_____

事由	用于拌制混凝土和砂浆的水泥未按规定执行有见证取样的送检制度	签收人姓名及时间	××人 ××年×月×日

致：　××建筑工程公司

　　依照有关文件和现行建筑工程施工质量验收规范及标准的要求，用于拌制混凝土和砂浆的水泥必须严格执行有见证取样的送检制度。见证组数应为总组数的30%，10组以下不少于2组，同时注意取样的连续性和均匀性，避免集中。
　　为此特发此通知，要求施工单位针对此项目的问题进行认真检查，并将检查结果报项目监理部。

　　附件共_____页，请于××年×月×日前填报回复单（A5）。

　　抄送：

　　　　　项目监理机构（章）：_____
　　　　　专业监理工程师：　×××　总监理工程师：　×××　日期：××年×月×日

注：本通知单分为进度控制类（B2 1）、质量控制类（B2 2）、造价控制类（B2 3）、安全文明类（B2 4）、工程变更类（B2 5）。

江苏省建设厅监制

监理工程师通知回复单（××类）

附表 3-2

工程名称：　×××工程　　　　　　　　　　　　　　　　　　　编号：A5—_____

致：　×××监理公司　（监理单位）

　　B2—××　号监理工程师通知单（××　类）的内容完成情况如下（逐条对应写明）：
对硬质阻燃塑料管（PVC）暗敷设工程质量问题的整改：
（1）对于稳埋盒、箱先用后坠找正，位置正确后再进行固定稳埋。
（2）暗装的盒口或箱口与墙面平齐，不出现凸出墙面或凹陷的现象。
（3）暗箱的贴脸与墙面缝隙预留适中。
（4）用水泥砂浆将盒底部四周填实抹平，盒子收口平整。
经自检达到了电气工程质量验收规范的要求。同时对电气工程施工人员进行了质量意识教育，并保证在今后的施工过程中严格控制施工质量，确保工程质量目标的实现。

　　　　　　　　　　　　　　　　承包单位项目经理部（章）：_____
　　　　　　　　　　　　　　　　项目经理：×××　日期：××年×月×日

项目监理机构签收人姓名及时间	××× ××年×月×日	承包单位签收人姓名及时间	××× ××年×月×日

监理审核意见：

　　经对编号×××《监理工程师通知单》提出的问题复查，项目部已按《监理工程师通知单》整改完毕，经检查符合要求。
　　（如不符合要求，应具体指明不符合要求的项目或部位，签署"不符合要求，要求承包单位继续整改"的意见）

　　　　　项目监理机构（章）：_____
　　　　　专业监理工程师：　×××　总监理工程师：　×××　日期：××年×月×日

注：监理工程师通知回复单分类为：进度控制类（A5 1）、质量控制类（A5 2）、造价控制类（A5 3）、安全文明类（A5 4）、工程变更类（A5 5）。

江苏省建设厅监制

监理工程师联系单

附表 3-3

工程名称：×××工程　　　　　　　　　　　　　　　　　　　　　编号：B1.9—_____

事由	C30混凝土配合比申请单、通知单	签收人姓名及时间	××× ××年×月×日

致：×××建筑公司

　　请上报±0.000～+6.500，②～⑨/①～⑯轴现浇钢筋混凝土剪力墙、框架柱，C30混凝土施工配合比（附混凝土配合比申请、通知单）。

　　（附件共_____页）

　　　　　　　　　　　项目监理机构（章）：_____
　　　　　　　　　　　专业监理工程师：×××　总监理工程师：×××　日期：××年×月×日

注：本联系单分为对建设单位联系单（B3.1）、对承包单位联系单（B3.2）、对设计单位联系单（B3.3）。

江苏省建设厅监制

工程开工报审表

附表 3-4

工程名称：×××工程　　　　　　　　　　　　　　　　　　　　　编号：A1—_____

致：×××监理公司（监理单位）
　　我单位承担的 ×××工程 工程/分包工程的准备工作已完成，并已报验通过下列内容：
　　☑ 工程施工组织设计（A3.1.1—_____）
　　☑ 首道工序的分项施工方案（A3.1.2—_____）
　　☑ 施工起重机械设备（A3.1.4—_____）
　　☑ 项目部施工安全管理体系（A3.2—_____）
　　☑ 工程用材料和设备（A3.3.1—__、A3.3.2—__、A3.3.3—__）
　　☑ 分包单位资质（A3.6—_____）
　　☑ 施工测量（A3.7—_____）
　　☑ 工程安全防护措施费使用计划报审表（A4.4—_____）
　　☐

申请于××年×月×日开工，请核准。
附件：
1. 项目经理部管理人员情况一览表及有关证件。
2. 进场材料、设备的名称、数量、规格和性能一览表。
3. 特殊工种人员的姓名、上岗证一览表及有关证件。
4. 施工合同对以上3条内容的对应要求。

　　　　　　　　　　　承包单位项目经理部（章）：_____
　　　　　　　　　　　项目经理：×××　日期：××年×月×日

项目监理机构签收 人姓名及时间	××× ××年×月×日	承包单位签收人姓 名及时间	××× ××年×月×日

监理审核意见：
　　☑ 同意。　　☐ 不同意。

　　　　　　　　　　　项目监理机构（章）：_____
　　　　　　　　　　　专业监理工程师：×××　总监理工程师：×××日期：××年×月×日

注：1. 承包单位项目经理部应提前48小时提出本报审表。
　　2. 建设单位应已取得由建设行政主管部门核发的建筑工程施工许可证。

江苏省建设厅监制

施工组织设计/方案报审表   附表 3-5

工程名称：×××工程   编号：A3.1___-__

致：___×××___（监理单位）

兹报验：
- [✓] 1. 单位工程施工组织设计
- [ ] 2. _____分部（子分部）/分项工程施工方案
- [ ] 3. _____特殊工程专项施工方案
- [ ] 4. _____施工起重机械设备安装、拆卸方案
- [ ] 5.

本次申报内容系第__1__次申报，申报内容公司技术负责人/项目经理部已批准。

附件：
- [✓] 1. 施工组织设计。
- [ ] 2. _____施工方案。

包单位项目经理部（章）：_____
项目经理：___×××___日期：××年×月×日

项目监理机构签收人姓名及时间	×××	承包单位签收人姓名及时间	×××

专业监理工程师审查意见：

　　单位工程施工组织设计合理、可行，且审批手续齐全，拟同意承包单位按该施工组织设计组织施工，请总监理工程师审核。

专业监理工程师：___×××___日期：××年×月×日

总监理工程师审核意见：

　　同意专业监理工程师审查意见，同意承包商按该施工组织设计施工。

项目监理机构（章）：_____
总监理工程师：___×××___日期：××年×月×日

注：承包单位项目经理部应提前 7 日提出本报审表。

江苏省建设厅监制

工程款支付申请表

附表 3-6

工程名称：　×××工程　　　　　　　　　　　　　　　　　　　　　编号：B4.3—_____

致：　××监理公司　（监理单位）

我方本期完成了　±0.000～+10.500 的主体结构工程混凝土施工　工作，工程量（款）为　×××m³　，按施工合同的规定，应扣除　零　，本期申请支付该项工程款共（大写）　壹佰叁拾伍万柒仟贰佰捌拾玖元整　（小写：　¥1357289.00　）。现报上工程款支付申请表及附件，请予以审查并开具工程款支付证书。

附件：
- ☑ 1. 工程计量报审表（A4.11-_____）
- ☐ 2. 工程费用索赔报审表（A4.2-_____）
- ☐ 3. 计算方法：

　　略

承包单位项目经理部（章）：_____
项目经理：×××　日期：××年×月×日

项目监理机构签收人姓名及时间	×××　××年×月×日

江苏省建设厅监制

工程款支付证书

附表 3-7

工程名称：　×××工程　　　　　　　　　　　　　　　　　　　　　编号：B8—_____

事由		签收人姓名及时间	××× ××年×月×日

致：　×××置业公司　（建设单位）

根据工程施工合同的规定，经审核×××建筑公司（承包单位）的付款申请和报表，并扣除有关款项，同意支付工程款共（大写）　贰佰柒拾叁仟肆佰玖拾捌元整　（小写：　¥2703498.00　）。请按合同规定及时付款。

其中：
1. 承包单位申报款为：　¥2803498.00
2. 经审核承包单位应得款为：　¥2803498.00
3. 本期应扣款为：　¥100000.00
4. 本期应付款为：　¥2703498.00

附件：
1. 承包单位的工程付款申请表及附件。
2. 监理机构审查记录。

抄送：　×××建筑公司　（承包单位）

项目监理机构（章）：×××监理公司
专业监理工程师：×××　　总监理工程师：×××　日期：××年×月×日

江苏省建设厅监制

分包单位资质报审表

附表 3-8

工程名称：×××工程　　　　　　　　　　　　　　　　　　　编号：A3.6—_____

致：×××监理公司（监理单位）
根据工程需要，我方拟选择 ×××幕墙公司 （分包单位）进行本工程 ×××工程南立面外墙幕墙施工 （分包工程名称/分包内容）的施工，该部分工程合同价款为 叁佰捌拾贰万元整 （大写）。 　　分包后，我方仍承担总包单位的全部责任。请予核查和批准。 附件： 　√ 1. 分包单位资质材料 　√ 2. 分包单位业绩材料 　√ 3. 专职管理人员和特种作业人员的资格证、上岗证 　√ 4. 安全生产许可证 　　　　　　　　　　　承包单位项目经理部（章）：_____ 　　　　　　　　　　　项目经理：×××日期：××年×月×日

项目监理机构签收人姓名及时间	××× ××年×月×日	承包单位签收人姓名及时间	××× ××年×月×日

专业监理工程师审查意见： 　√ 同意。　　□ 不同意。 　　　　　　　　　　　　　　　　专业监理工程师：×××　日期：××年×月×日
总监理工程师审核意见： 　√ 同意。　　□ 不同意。 　　　　　　　　　　　项目监理机构（章）：_____ 　　　　　　　　　　　总监理工程师：×××日期：××年×月×日

注：承包单位项目经理部一般应提前7日提出本报审表。

江苏省建设厅监制

工程暂停令

附表 3-9

工程名称：×××工程　　　　　　　　　　　　　　　　　　　编号：B1—

事由	基抗土钉墙护坡施工没有达到设计要求	签收人姓名及时间	××× ××年×月×日

致：××建筑工程公司 （承包单位）
由于基抗土钉墙护坡工程施工过程中有部分锚杆长度没有达到设计要求的原因，现通知你方必须于 ×× 年 × 月 × 日 × 时起，对本工程的基坑土钉墙护坡工程北侧—2.500m部位（工序）实施暂停施工，并按下述要求做好各项工作： 　（1）对此侧锚杆进行全面的质量检查并做好检查记录。 　（2）对不符合要求的锚杆进行处理，使其符合设计要求。 　（3）对由于土质情况达不到设计长度的锚杆进行重新验算，由设计签发《工程变更单》报项目监理部签认。 　（4）完成上述内容后，填报《工程复工报审表》到项目监理部。 抄送：建设单位   　　　　　　　　　　　项目监理机构（章）：_____ 　　　　　　　　　　　总监理工程师：×××日期：××年×月×日

江苏省建设厅监制

工程复工报审表

附表 3-10

工程名称：×××工程　　　　　　　　　　　　　　　编号：A6—_____

致：××监理公司（监理单位）

根据 B1—×× 号工程暂停令要求，我方暂停了 ××× 部位（工序）的施工，现已完成要求的各项整改工作，自检符合要求，具备复工条件。请予以核查批准。

整改措施及结果如下/附后：
(1) 对第二层④～⑤/Ⓐ～Ⓗ轴范围内的砌体及构造柱已按工程变更单（编号：×××）的要求施工完毕。
(2) 对完成的工程变更单的内容自检合格。

承包单位项目经理部（章）：_____
项目经理：×××　日期：××年×月×日

项目监理机构签收人姓名及时间	××× ××年×月×日	承包单位签收人姓名及时间	××× ××年×月×日

监理审核意见：
(1) 承包单位已完成工程变更单所发生的工程项目。
(2) 工程暂停的原因已经消除，证据齐全、有效。
综上所述，工程具备了复工条件，同意复工。

项目监理机构（章）：_____
专业监理工程师：×××　总监理工程师：×××　日期：××年×月×日

江苏省建设厅监制

延长工期报审表

附表 3-11

工程名称：×××工程　　　　　　　　　　　　　　　编号：A2.2—_____

致：××监理公司（监理单位）

根据施工合同条款 第××条 ×款 的规定，由于下述原因建设单位在项目部完成主体结构一至四层施工后未能及时支付工程款，造成项目部资金周转困难，我方申请工程延期，请予以批准。

附件：
1. 工程延期的依据及工期计算：
(1) 资金周转困难，工程材料不能及时到位。
(2) 合同中的相关约定。
(3) 影响施工进度网络计划。
(4) 工期计算（略）。
申请延长工期 ×× 天。
2. 证明材料：（略）

承包单位项目经理部（章）：_____
项目经理：×××　日期：××年×月×日

项目监理机构签收人姓名及时间	××× ××年×月×日	承包单位签收人姓名及时间	××× ××年×月×日

监理审核意见：
根据施工合同条款第××条 ×款 的规定，你方提出的工期延长申请经我方审核：
☐ 不同意此项申请。
☑ 同意此项申请，工期延长 ×× 天。
同意/不同意工期延长的理由及计算：（略）

项目监理机构（章）：_____
专业监理工程师：×××　总监理工程师：×××　日期：××年×月×日

注：项目监理机构一般应在自收到本报审表之日起 14 日内回复。

江苏省建设厅监制

工程费用索赔报审表

附表 3-12

工程名称：×××工程　　　　　　　　　　　　　　　　　　　　编号：A4.2—_____

致：××监理公司（监理单位）
　　根据施工合同条款 ××条 ××款 的规定，由于五层②～⑦/Ⓐ～⑪轴混凝土工程已按原设计图施工完毕，设计单位变更通知修改，按洽商附图施工的原因，我方要求索赔金额（大写）贰拾玖万叁仟零伍拾，请予批准。
　　索赔的详细理由和经过：
　　五层②～⑦/Ⓐ～⑪轴混凝土工程已按施工图纸（结—10，结—1）施工完毕后，设计单位变更通知修改，以核发的新设计图为准。因平面布置、配筋等均发生重大变动，造成我方直接经济损失。
　　索赔金额的计算：
　　（根据实际情况，依照工程概预算定额计算）
　　附件：
　　（证明材料主要包括有：合同文件；监理工程师批准的施工进度计划；合同履行过程中的来往函件；施工现场记录；工地会议纪要；工程图片；监理工程师发布的各种书面指令；工程进度款支付凭证；检查和试验记录；汇率变化表；各种财务凭证；其他有关资料。）

　　　　　　　　　　　　　　　　　　　　　　　　承包单位项目经理部（章）：_____
　　　　　　　　　　　　　　　　　　　　　　　　项目经理：×××日期：××年×月×日

项目监理机构签收人姓名及时间	××× ××年×月×日	承包单位签收人姓名及时间	××× ××年×月×日

监理审核意见：
　　根据施工合同条款 ××条 ×款 的规定，你方提出的费用索赔申请经我方审核：
　　□ 不同意此项索赔。
　　☑ 同意此项索赔，金额为（大写）贰拾玖万叁仟零伍拾元。
　　同意/不同意索赔的理由：（略）
　　索赔金额的计算：（略）
　　　　　　　　　　　　　项目监理机构（章）：_____
　　　　　　　　　　　　　专业监理工程师：×××总监理工程师：×××日期：××年×月×日

注：项目监理机构一般应在自收到本报审表之日起 28 日内回复。

江苏省建设厅监制

单位/分部工程竣工报验单

附表 3-13

工程名称：×××工程　　　　　　　　　　　　　　　　　　　　编号：A7—_____

致：××监理公司　　　　（监理单位）
　　我方已按合同要求完成了_____×××_____工程，竣工资料自检完整，经自检合格，请予以检查和验收。
　　附件：
　　1. 承包单位验收报告。
　　2. 工程实体质量验收资料。
　　3. 观感质量验收资料。
　　4. 相关安全和功能检测验收资料。
　　5. 主要功能项目的抽查结果资料。
　　6. 竣工图。
　　7. 其他材料。

　　　　　　　　　　　　　　　　　　　　　　　　承包单位项目经理部（章）：
　　　　　　　　　　　　　　　　　　　　　　　　项目经理：××× 日期：××年×月×日

续表

项目监理机构签收人姓名及时间	××× ××年×月×日	承包单位签收人姓名及时间	××× ××年×月×日

监理审核意见：
　　经（预）验收，该工程
　　1. 符合/不符合设计文件要求；
　　2. 符合/不符合施工合同要求；
　　3. 竣工资料符合/不符合要求；
　　4. 需整改的内容：
　　综上所述，该工程竣工（预）验收合格/不合格，建设单位可以/不可以组织竣工验收。

　　　　　　　　　　　　　　　　　项目监理机构（章）：_____
　　　　　　　　　　　　　　　　　总监理工程师：×××　日期：××年×月×日

注：项目监理机构一般应在自收到本报验单之日起14日内回复。

江苏省建设厅监制

工程监理资料移交单

附表 3-14

工程名称：___×××工程___　　　　　　　　　　　　　编号：B15—_____

致：___×××置业有限公司___（建设单位）

　　我方现将___×××工程___工程监理资料移交给贵方，请予以审查、接收。
　　附件：
　　1. 工程监理资料清单。
　　2. 工程监理资料整理归档文件。

　　　　　　　　　　　　　　　　　项目监理机构（章）：_____
　　　　　　　　　　　　　　　　　总监理工程师：×××　日期：××年×月×日

建设单位签收人姓名及时间	××× ××年×月×日	项目监理机构签收人姓名及时间	××× ××年×月×日

建设单位审查、接收意见：
　　经审查监理资料符合要求，同意接收。

　　　　　　　　　　　　　　　　　建设单位（章）：_____
　　　　　　　　　　　　　　　　　建设单位项目负责人：×××　日期：××年×月×日

江苏省建设厅监制

第4章 房屋建筑工程施工文件档案资料

4.1 房屋建筑工程施工文件资料的形成

房屋建筑工程施工文件资料分为施工与技术管理资料、工程质量控制资料、工程质量验收记录、竣工验收文件资料和竣工图。按土建部分（TJ）、桩基子分部（ZJ）、钢结构分部（GJ）、幕墙子分部（MQ）、建筑给排水及采暖分部（SN）、建筑电气分部（DQ）、智能建筑分部（ZN）、通风与空调分部（KT）、建筑节能分部（JN）、电梯分部（DT）和竣工验收资料、竣工图部分（JG）分类存放，单独组卷归档。房屋建筑工程施工文件资料形成流程如图4-1所示。

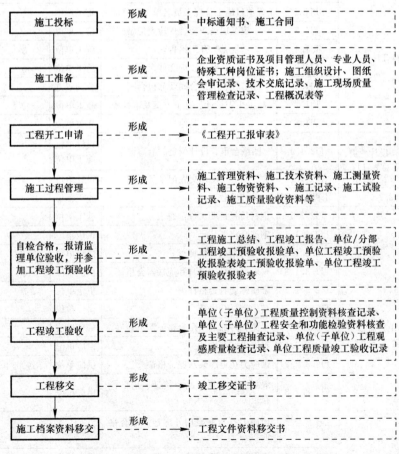

图4-1 房屋建筑工程施工文件资料的形成流程

4.2 土建施工文件档案资料

土建工程按《建筑工程施工质量验收统一标准》(GB 50300—2013)要求，分为地基与基础、主体结构、装饰装修和屋面工程4个分部。土建工程施工文件资料应分类存放，组卷归档。其中，对于基础子分部中的桩基分项、主体结构中的钢结构子分部和装饰装修中的幕墙子分部的施工文件资料应独立组卷归档。

4.2.1 土建施工文件资料的分类、来源及归档

土建部分施工文件资料分为技术、管理资料；质量控制资料；工程安全和功能检验资料；分部工程质量验收资料。土建施工文件资料的来源、组卷和归档移交目录，如表4-1所示。

土建施工文件资料来源、组卷及归档移交目录　　　　表4-1

类别		类别编号	工程文件资料名称	资料来源	归档保存单位	
					施工单位	城建档案馆
管理资料 TJ1		TJ1.1	工程概况表	施工单位	√	√
		TJ1.2	工程项目施工管理人员名单及岗位证书	施工单位	√	√
		TJ1.3	施工现场质量管理检查记录	施工单位	√	√
		TJ1.4	开工报告	施工单位	√	√
		TJ1.5	施工投标文件	施工单位	√	
		TJ1.6	工程总承包合同及分包合同	合同双方	√	
		TJ1.7	施工组织设计、施工方案及审批表	施工单位	√	
		TJ1.8	其他	相关单位		
工程质量控制资料 TJ2	图纸会审、设计变更、洽商记录汇总表 TJ2.1	TJ2.1.1	图纸会审、设计变更、洽商记录	设计单位 施工单位	√	√
		TJ2.1.2	设计交底记录	设计单位	√	√
	TJ2.2		工程定位测量、放线验收记录	施工单位	√	√
	原材料出厂质量证明文 TJ2.3	TJ2.3.1	钢材质量证明文件汇总表	施工单位	√	
		TJ2.3.1.1	钢筋合格证	供应单位	√	
		TJ2.3.1.2	预应力钢筋合格证	供应单位	√	
		TJ2.3.1.3	预应力锚具、夹具和连接器合格证	供应单位	√	
		TJ2.3.1.4	金属螺旋管合格证书	供应单位	√	
		TJ2.3.1.5	其他钢材合格证	供应单位	√	
		TJ2.3.2	水泥、外加剂出厂合格证汇总表	施工单位	√	
		TJ2.3.2.1	水泥出厂合格证	供应单位	√	
		TJ2.3.2.2	预应力孔道灌浆水泥合格证	供应单位	√	
		TJ2.3.2.3	混凝土外加剂产品合格证、出厂检验报告	供应单位	√	
		TJ2.3.2.4	预应力孔道灌浆用外加剂产品合格证	供应单位	√	
		TJ2.3.2.5	粉煤灰合格证书	供应单位	√	

续表

类别		类别编号	工程文件资料名称	资料来源	归档保存单位	
					施工单位	城建档案馆
工程质量控制资料 TJ2	原材料出厂质量证明文 TJ2.3	TJ2.3.3	砖（砌块）出厂合格证汇总表	施工单位	√	
		TJ2.3.3.1	砖（砌块）出厂合格证	供应单位	√	
		TJ2.3.4	防水和保温材料及其他建筑材料合格证汇总表	施工单位	√	
		TJ2.3.4.1	防水材料和保温材料合格证	供应单位	√	
		TJ2.3.4.2	焊条（剂）合格证	供应单位	√	
		TJ2.3.4.3	饰面板（砖）产品合格证	供应单位	√	
		TJ2.3.4.4	吊顶、隔墙龙骨产品合格证	供应单位	√	
		TJ2.3.4.5	隔墙墙板以及吊顶、隔墙面板产品合格证	供应单位	√	
		TJ2.3.4.6	人造木板合格证	供应单位	√	
		TJ2.3.4.7	玻璃产品合格证	供应单位	√	
		TJ2.3.4.8	涂料产品合格证	供应单位	√	
		TJ2.3.4.9	裱糊用壁纸、墙布产品合格证	供应单位	√	
		TJ2.3.4.10	软包面料、内衬产品合格证	供应单位	√	
		TJ2.3.4.11	地面材料产品合格	供应单位	√	
		TJ2.3.4.12	★门窗密封胶条产品合格证书	供应单位	√	
		TJ2.3.4.13	★外墙饰面砖勾缝材料产品合格证书	供应单位	√	
		TJ2.3.4.14	★幕墙后置埋件采用的化学锚栓产品合格证书	供应单位	√	
		TJ2.3.4.15	★建筑植筋专用胶合格证明文件	供应单位	√	
		TJ2.3.4.16	其他	供应单位	√	
		TJ2.3.5	预制构件、预拌混凝土合格证汇总表	施工单位	√	
		TJ2.3.5.1	预制构件合格证	供应单位	√	
		TJ2.3.5.2	预拌混凝土合格证	供应单位	√	
		TJ2.3.5.3	门窗产品合格证	供应单位	√	
	原材料场抽样复验报告 TJ2.4	TJ2.4.1	钢材复验报告汇总表	施工单位	√	√
		TJ2.4.1.1	钢筋复验报告	检测单位	√	√
		TJ2.4.1.2	预应力钢筋进场复验报告	检测单位	√	√
		TJ2.4.1.3	预应力锚具、夹具及静载锚固性能复验报告	检测单位	√	√
		TJ2.4.1.4	金属螺旋管进场复验报告	检测单位	√	√
		TJ2.4.1.5	其他	检测单位	√	√
		TJ2.4.2	水泥、掺加剂、砂、石复验报告汇总表	施工单位	√	√
		TJ2.4.2.1	水泥进场复验报告	检测单位	√	√
		TJ2.4.2.2	预应力孔道灌浆水泥进场复验报告	检测单位	√	√
		TJ2.4.2.3	混凝土外加剂复验报告	检测单位	√	√

续表

类别		类别编号	工程文件资料名称	资料来源	归档保存单位	
					施工单位	城建档案馆
工程质量控制资料 TJ2	原材料场抽样复验报告 TJ2.4	TJ2.4.2.4	预应力孔道灌浆用外加剂进场复验报告	检测单位	√	√
		TJ2.4.2.5	粉煤灰进场复验报告	检测单位	√	√
		TJ2.4.2.6	砂、石料进场复验报告	检测单位	√	√
		TJ2.4.2.7	其他	检测单位	√	√
		TJ2.4.3	砖（砌块）试验报告汇总表	施工单位	√	√
		TJ2.4.3.1	砖（砌块）检验报告	检测单位	√	√
		TJ2.4.4	防水和保温材料及其他建筑材料复验报告汇总表	施工单位	√	√
		TJ2.4.4.1	防水材料和保温材料复验报告	检测单位	√	√
		TJ2.4.4.2	饰面板（砖）复验报告	检测单位	√	√
		TJ2.4.4.3	人造木板甲醛含量复验报告	检测单位	√	√
		TJ2.4.4.4	玻璃产品性能检测报告	检测单位	√	√
		TJ2.4.4.5	室内用大理石、花岗石、墙地砖及其他无机非金属材料放射性检测报告、天然花岗石放射性复验报告	检测单位	√	√
		TJ2.4.4.6	涂料产品性能检测报告	检测单位	√	√
		TJ2.4.4.7	装修用粘结剂性能检测报告	检测单位	√	√
		TJ2.4.4.8	其他	检测单位	√	√
		TJ2.4.5	混凝土构件结构性能检验报告、门窗复验报告汇总表	施工单位	√	√
		TJ2.4.5.1	混凝土构件结构性能检验报告	检测单位	√	√
		TJ2.4.5.2	室内用大理石、花岗石、墙地砖及其他无机非金属材料放射性检测报告、天然花岗石放射性复验报告	检测单位	√	√
	施工试验报告及见证检测报告 TJ2.5	TJ2.5.1	标准养护混凝土试块试压报告汇总表	施工单位	√	√
		TJ2.5.2	混凝土强度评定	施工单位	√	√
		TJ2.5.2.1	混凝土试块试验报告	检测单位	√	√
		TJ2.5.2.2	用于装配式结构拼缝、接头处混凝土强度试验报告	检测单位	√	√
		TJ2.5.2.3	特种混凝土试块试验报告	检测单位	√	√
		TJ2.5.3	同条件养护混凝土试块试压报告汇总表	施工单位	√	√
		TJ2.5.4	结构实体混凝土强度评定	施工单位	√	√
		TJ2.5.4.1	同条件养护混凝土试块试验报告	检测单位	√	√
		TJ2.5.5	抗渗混凝土试块抗渗试验报告汇总表	施工单位	√	√
		TJ2.5.5.1	抗渗混凝土试块抗渗试验报告	检测单位	√	√
		TJ2.5.6	砂浆强度汇总评定表	施工单位	√	√

续表

类别		类别编号	工程文件资料名称	资料来源	归档保存单位	
					施工单位	城建档案馆
工程质量控制资料 TJ2	施工试验报告及见证检测报告 TJ2.5	TJ2.5.6.1	砂浆试块试验报告	检测单位	√	√
		TJ2.5.6.2	预应力灌浆用水泥浆试块试验报告	检测单位	√	√
		TJ2.5.6.3	特种砂浆试块试验报告	检测单位	√	√
		TJ2.5.7	钢筋连接试验报告汇总表	施工单位	√	√
		TJ2.5.7.1	钢筋连接试验报告	检测单位	√	√
		TJ2.5.7.2	预应力钢丝镦头强度试验报告	检测单位	√	√
		TJ2.5.7.3	后置埋件现场拉拔试验报告	检测单位	√	√
		TJ2.5.8	其他试验报告汇总表	施工单位	√	√
		TJ2.5.8.1	土壤试验报告	检测单位	√	√
		TJ2.5.8.2	地表土壤氡浓度检测报告	检测单位	√	√
		TJ2.5.8.3	外墙饰面砖样板件粘结强度检测报告	检测单位	√	√
		TJ2.5.8.4	★水泥土搅拌桩取芯强度试验报告	检测单位	√	√
		TJ2.5.8.5	★砌体拉结筋拉拔试验报告	检测单位	√	√
		TJ2.5.8.6	★地基基础填方每层填筑厚度、含水量控制、压实度试验报告	检测单位	√	√
		TJ2.5.8.7	钢筋保护层厚度实测表	检测单位	√	√
		TJ2.5.8.8	地基基础工程检测报告	检测单位	√	√
		TJ2.5.8.9	结构实体检测报告（无同条件养护试件或不合格时）	检测单位	√	√
		TJ2.5.8.10	其他	检测单位	√	√
	隐蔽工程验收记录 TJ2.6	TJ2.6.1	钢筋工程隐蔽验收记录	施工单位	√	√
		TJ2.6.2	预应力钢筋隐蔽工程验收记录	施工单位	√	√
		TJ2.6.3	地下防水转角处、变形缝、穿墙管道、后浇带、埋设件、施工缝等细部做法隐蔽验收记录	施工单位	√	√
		TJ2.6.4	穿墙管止水环与主管或翼环与套管隐蔽验收记录	施工单位	√	√
		TJ2.6.5	地下连续墙的槽段接缝及墙体与内衬结构接缝隐蔽工程验收记录	施工单位	√	√
		TJ2.6.6	屋面天沟、檐口、檐沟、水落口、泛水、变形缝和伸出屋面管道的防水构造隐蔽工程验收记录	施工单位	√	√
		TJ2.6.7	抹灰工程隐蔽验收记录	施工单位	√	√
		TJ2.6.8	门窗预埋件和锚固件的隐蔽工程验收记录	施工单位	√	√
		TJ2.6.9	门窗隐蔽部位的防腐、填嵌处理隐蔽验收记录	施工单位	√	√
		TJ2.6.10	吊顶工程隐蔽验收记录	施工单位	√	√
		TJ2.6.11	轻质隔墙工程隐蔽验收记录	施工单位	√	√
		TJ2.6.12	饰面板（砖）工程隐蔽验收记录	施工单位	√	√

续表

类别		类别编号	工程文件资料名称	资料来源	归档保存单位	
					施工单位	城建档案馆
工程质量控制资料 TJ2	隐蔽工程验收记录 TJ2.6	TJ2.6.13	护栏与预埋件的连接节点，预埋件隐蔽验收记录	施工单位	√	√
		TJ2.6.14	其他	施工单位	√	√
	施工记录 TJ2.7	TJ2.7.1	施工日志	施工单位	√	
		TJ2.7.2	现场施工预应力记录	施工单位	√	
		TJ2.7.3	混凝土浇筑记录	施工单位	√	
		TJ2.7.4	工程质量事故及事故调查处理资料	施工单位	√	√
		TJ2.7.5	新材料、新工艺施工记录	施工单位	√	√
安全和功能检验 TJ3	试验检查记录 TJ3.1	TJ3.1.1	屋面淋水、蓄水试验记录	施工单位	√	
		TJ3.1.2	地下室防水效果检查记录	施工单位	√	
		TJ3.1.3	有防水要求的地面蓄水试验记录	施工单位	√	
		TJ3.1.4	建筑物垂直度、标高、全高测量记录	施工单位	√	
		TJ3.1.5	烟气（风）道工程检查验收记录	施工单位	√	
	TJ3.2		幕墙及外窗气密性能、水密性能、抗风压性能检测报告（当设计对幕墙有平面位移性能要求时，应有相应平面位移性能检测报告）	检测单位	√	√
	TJ3.3		建筑物沉降检测报告	检测单位	√	√
	TJ3.4		室内环境检测报告	检测单位	√	√
地基与基础分部工程质量验收记录 TJ4	土方子分部工程质量验收记录 TJ4.1	TJ4.1.1	土方开挖分项工程质量验收记录	施工单位	√	
		TJ4.1.1.1	土方开挖分项工程检验批质量验收记录	施工单位	√	
		TJ4.1.2	土方回填分项工程质量验收记录	施工单位	√	
		TJ4.1.2.1	土方回填分项工程检验批质量验收记录	施工单位	√	
	基坑子分部工程质量验收记录 TJ4.2	TJ4.2.1	混凝土板桩制作分项工程质量验收记录	施工单位	√	
		TJ4.2.1.1	混凝土板桩制作分项工程检验批质量验收记录	施工单位	√	
		TJ4.2.2	锚杆及土钉墙支护分项工程质量验收记录	施工单位	√	
		TJ4.2.2.1	锚杆及土钉墙支护分项工程检验批质量验收记录	施工单位	√	
		TJ4.2.3	钢及混凝土支撑系统分项工程质量验收记录	施工单位	√	
		TJ4.2.3.1	钢及混凝土支撑系统分项工程检验批质量验收记录	施工单位	√	
		TJ4.2.4	地下墙分项工程质量验收记录	施工单位	√	
		TJ4.2.4.1	地下墙分项工程检验批质量验收记录	施工单位	√	

续表

类别	类别编号	工程文件资料名称	资料来源	归档保存单位	
				施工单位	城建档案馆
地基与基础分部工程质量验收记录 TJ4	基坑子分部工程质量验收记录 TJ4.2	TJ4.2.5	沉井（箱）分项工程质量验收记录	施工单位	√
		TJ4.2.5.1	沉井（箱）分项工程检验批质量验收记录	施工单位	√
	地基处理子分部工程质量验收记录 TJ4.3	TJ4.3.1	灰土地基分项工程质量验收记录	施工单位	√
		TJ4.3.1.1	灰土地基分项工程检验批质量验收记录	施工单位	√
		TJ4.3.2	砂和砂石地基分项工程质量验收记录	施工单位	√
		TJ4.3.2.1	砂和砂石地基分项工程检验批质量验收记录	施工单位	√
		TJ4.3.3	土工合成材料地基分项工程质量验收记录	施工单位	√
		TJ4.3.3.1	土工合成材料地基分项工程检验批质量验收记录	施工单位	√
		TJ4.3.4	粉煤灰地基分项工程质量验收记录	施工单位	√
		TJ4.3.4.1	粉煤灰地基分项工程检验批质量验收记录	施工单位	√
		TJ4.3.5	强夯地基分项工程质量验收记录	施工单位	√
		TJ4.3.5.1	强夯地基分项工程检验批质量验收记录	施工单位	√
		TJ4.3.6	注浆地基分项工程质量验收记录	施工单位	√
		TJ4.3.6.1	注浆地基分项工程检验批质量验收记录	施工单位	√
		TJ4.3.7	预压地基分项工程质量验收记录	施工单位	√
		TJ4.3.7.1	预压地基分项工程检验批质量验收记录	施工单位	√
		TJ4.3.8	振冲地基分项工程质量验收记录	施工单位	√
		TJ4.3.8.1	振冲地基分项工程检验批质量验收记录	施工单位	√
		TJ4.3.9	高压喷射注浆地基分项工程质量验收记录	施工单位	√
		TJ4.3.9.1	高压喷射注浆地基分项工程检验批质量验收记录	施工单位	√
		TJ4.3.10	水泥土搅拌桩地基分项工程质量验收记录	施工单位	√
		TJ4.3.10.1	水泥土搅拌桩地基分项工程检验批质量验收记录	施工单位	√
		TJ4.3.11	土和灰土挤密桩复合地基分项工程质量验收记录	施工单位	√
		TJ4.3.11.1	土和灰土挤密桩复合地基分项工程检验批质量验收记录	施工单位	√

续表

类别	类别编号	工程文件资料名称	资料来源	归档保存单位 施工单位	归档保存单位 城建档案馆
地基与基础分部工程质量验收记录 TJ4 / 地基处理子分部工程质量验收记录 TJ4.3	TJ4.3.12	水泥粉煤灰碎石桩复合地基分项工程质量验收记录	施工单位	√	
	TJ4.3.12.1	水泥粉煤灰碎石桩复合地基分项工程检验批质量验收记录	施工单位	√	
	TJ4.3.13	夯实水泥土桩复合地基分项工程质量验收记录	施工单位	√	
	TJ4.3.13.1	夯实水泥土桩复合地基分项工程检验批质量验收记录	施工单位	√	
	TJ4.3.14	砂桩地基分项工程质量验收记录	施工单位	√	
	TJ4.3.14.1	砂桩地基分项工程检验批质量验收记录	施工单位	√	
混凝土基础子分部工程质量验收记录 TJ4.4	TJ4.4.1	模板分项工程质量验收记录	施工单位	√	
	TJ4.4.1.1	模板分项工程（现浇结构模板安装）检验批质量验收记录	施工单位	√	
	TJ4.4.1.2	模板分项工程（模板拆除）检验批质量验收记录	施工单位	√	
	TJ4.4.2	钢筋分项工程质量验收记录	施工单位	√	
	TJ4.4.2.1	钢筋分项工程（原材料、钢筋加工）检验批质量	施工单位	√	
	TJ4.4.2.2	钢筋分项工程（钢筋连接、钢筋安装）检验批质量验收记录	施工单位	√	
	TJ4.4.3	混凝土分项工程质量验收记录	施工单位	√	
	TJ4.4.3.1	混凝土分项工程（原材料、配合比设计）检验批质量验收记录	施工单位	√	
	TJ4.4.3.2	混凝土分项工程（混凝土施工）检验批质量验收记录	施工单位	√	
	TJ4.4.4	现浇结构分项工程质量验收记录	施工单位	√	
	TJ4.4.4.1	现浇结构分项工程（结构施工）检验批质量验收记录	施工单位	√	
	TJ4.4.4.2	现浇结构分项工程（设备基础）检验批质量验收记录	施工单位	√	
砌体基础子分部工程质量验收记录 TJ4.5	TJ4.5.1	砖砌体分项工程质量验收记录	施工单位	√	
	TJ4.5.1.1	砖砌体分项工程检验批质量验收记录	施工单位	√	
钢管混凝土子分部工程质量验收记录 TJ4.6	TJ4.6.1	钢管构件进场验收分项工程质量验收记录	施工单位	√	
	TJ4.6.1.1	钢管构件进场验收分项工程检验批质量验收记录	施工单位	√	
	TJ4.6.2	钢管混凝土构件现场拼装分项工程质量验收记录	施工单位	√	

续表

类别		类别编号	工程文件资料名称	资料来源	归档保存单位	
					施工单位	城建档案馆
地基与基础分部工程质量验收记录 TJ4	钢管混凝土子分部工程质量验收记录 TJ4.6	TJ4.6.2.1	钢管混凝土构件现场拼装分项工程检验批质量验收记录	施工单位	√	
		TJ4.6.3	钢管混凝土柱柱脚锚固分项工程质量验收记录	施工单位	√	
		TJ4.6.3.1	钢管混凝土柱柱脚锚固分项工程检验批质量验收记录	施工单位	√	
		TJ4.6.4	钢管混凝土构件安装分项工程质量验收记录	施工单位	√	
		TJ4.6.4.1	钢管混凝土构件安装分项工程检验批质量验收记录	施工单位	√	
		TJ4.6.5	钢管混凝土柱与钢筋混凝土梁连接分项工程质量验收记录	施工单位	√	
		TJ4.6.5.1	钢管混凝土柱与钢筋混凝土梁连接分项工程检验批质量验收记录	施工单位	√	
		TJ4.6.6	钢管内钢筋骨架分项工程质量验收记录	施工单位	√	
		TJ4.6.6.1	钢管内钢筋骨架分项工程检验批质量验收记录	施工单位	√	
		TJ4.6.7	钢管内混凝土浇筑分项工程质量验收记录	施工单位	√	
		TJ4.6.7.1	钢管内混凝土浇筑分项工程检验批质量验收记录	施工单位	√	
	地下防水子分部工程质量验收记录 TJ4.7	TJ4.7.1	防水混凝土分项工程质量验收记录	施工单位	√	
		TJ4.7.1.1	防水混凝土分项工程检验批质量验收记录	施工单位	√	
		TJ4.7.2	水泥砂浆防水层分项工程质量验收记录	施工单位	√	
		TJ4.7.2.1	水泥砂浆防水层分项工程检验批质量验收记录	施工单位	√	
		TJ4.7.3	卷材防水层分项工程质量验收记录	施工单位	√	
		TJ4.7.3.1	卷材防水层分项工程检验批质量验收记录	施工单位	√	
		TJ4.7.4	涂料防水层分项工程质量验收记录	施工单位	√	
		TJ4.7.4.1	涂料防水层分项工程检验批质量验收记录	施工单位	√	
		TJ4.7.5	金属板防水层分项工程质量验收记录	施工单位	√	
		TJ4.7.5.1	金属板防水层分项工程检验批质量验收记录	施工单位	√	
		TJ4.7.6	塑料板防水层分项工程质量验收记录	施工单位	√	

续表

类别	类别编号	工程文件资料名称	资料来源	归档保存单位	
				施工单位	城建档案馆
	TJ4.7.6.1	塑料板防水层分项工程检验批质量验收记录	施工单位	√	
	TJ4.7.7	防水混凝土细部构造分项工程质量验收记录	施工单位	√	
	TJ4.7.7.1	防水混凝土细部构造分项工程检验批质量验收记录	施工单位	√	
	TJ4.7.8	锚喷支护防水分项工程质量验收记录	施工单位	√	
	TJ4.7.8.1	锚喷支护防水分项工程检验批质量验收记录	施工单位	√	
	TJ4.7.9	地下连续墙防水分项工程质量验收记录	施工单位	√	
	TJ4.7.9.1	地下连续墙防水分项工程检验批质量验收记录	施工单位	√	
	TJ4.7.10	复合式衬砌防水分项工程质量验收记录	施工单位	√	
水子分部工程验收记录TJ4.7	TJ4.7.10.1	复合式衬砌防水分项工程检验批质量验收记录	施工单位	√	
	TJ4.7.11	盾构法隧道防水分项工程质量验收记录	施工单位	√	
	TJ4.7.11.1	盾构法隧道防水分项工程检验批质量验收记录	施工单位	√	
	TJ4.7.12	渗排水、盲沟排水分项工程质量验收记录	施工单位	√	
	TJ4.7.12.1	渗排水、盲沟排水分项工程检验批质量验收记录	施工单位	√	
	TJ4.7.13	隧道、坑道排水分项工程质量验收记录	施工单位	√	
	TJ4.7.13.1	隧道、坑道排水分项工程检验批质量验收记录	施工单位	√	
	TJ4.7.14	预注浆、后注浆、衬砌裂缝注浆分项工程质量验收记录	施工单位	√	
	TJ4.7.14.1	预注浆、后注浆、衬砌裂缝注浆分项工程检验批质量验收记录	施工单位	√	

续表

类别	类别编号	工程文件资料名称	资料来源	归档保存单位	
				施工单位	城建档案馆
主体结构分部工程质量验收记录 TJ5	混凝土结构子分部工程质量验收记录 TJ5.1	TJ5.1.1	模板分项工程质量验收记录	施工单位	√	
		TJ5.1.1.1	模板分项工程（现浇结构模板安装）检验批质量验收记录	施工单位	√	
		TJ5.1.1.2	模板分项工程（预制构件模板安装）检验批质量验收记录	施工单位	√	
		TJ5.1.1.3	模板分项工程（模板拆除）检验批质量验收记录	施工单位	√	
		TJ5.1.2	钢筋分项工程质量验收记录	施工单位	√	
		TJ5.1.2.1	钢筋分项工程（原材料、钢筋加工）检验批质量验收记录	施工单位	√	
		TJ5.1.2.2	钢筋分项工程（钢筋连接、钢筋安装）检验批质量验收记录	施工单位	√	
		TJ5.1.3	预应力分项工程质量验收记录	施工单位	√	
		TJ5.1.3.1	预应力分项工程（原材料）检验批质量验收记录	施工单位	√	
		TJ5.1.3.2	预应力分项工程（制作与安装）检验批质量验收记录	施工单位	√	
		TJ5.1.3.3	预应力分项工程（张拉和放张、灌浆及封锚）检验批质量验收记录	施工单位	√	
		TJ5.1.4	混凝土分项工程质量验收记录	施工单位	√	
		TJ5.1.4.1	混凝土分项工程（原材料、配合比设计）检验批质量验收记录	施工单位	√	
		TJ5.1.4.2	混凝土分项工程（混凝土施工）检验批质量验收记录	施工单位	√	
		TJ5.1.5	现浇结构分项工程质量验收记录	施工单位	√	
		TJ5.1.5.1	现浇结构分项工程（结构施工）检验批质量验收记录	施工单位	√	
		TJ5.1.5.2	现浇结构分项工程（设备基础）检验批质量验收记录	施工单位	√	
		TJ5.1.6	装配式结构分项工程质量验收记录	施工单位	√	
		TJ5.1.6.1	装配式结构分项工程（预制构件）检验批质量验收记录	施工单位	√	
		TJ5.1.6.2	装配式结构分项工程（结构施工）检验批质量验收记录	施工单位	√	
	砌体结构子分部工程质量验收记录 TJ5.2	TJ5.2.1	砖砌体分项工程质量验收记录	施工单位	√	
		TJ5.2.1.1	砖砌体分项工程检验批质量验收记录	施工单位	√	
		TJ5.2.2	混凝土小型空心砌块砌体分项工程质量验收记录	施工单位	√	
		TJ5.2.2.1	混凝土小型空心砌块砌体分项工程检验批质量验收记录	施工单位	√	

续表

类别	类别编号	工程文件资料名称	资料来源	归档保存单位	
				施工单位	城建档案馆
主体结构分部工程质量验收记录 TJ5	砌体结构子分部工程质量验收记录 TJ5.2	TJ5.2.3	石砌体分项工程质量验收记录	施工单位	√	
		TJ5.2.3.1	石砌体分项工程检验批质量验收记录	施工单位	√	
		TJ5.2.4	配筋砌体分项工程质量验收记录	施工单位	√	
		TJ5.2.4.1	配筋砌体分项工程检验批质量验收记录	施工单位	√	
		TJ5.2.5	填充墙砌体分项工程质量验收记录	施工单位	√	
		TJ5.2.5.1	填充墙砌体分项工程检验批质量验收记录	施工单位	√	
	木结构子分部工程质量验收记录 TJ5.3	TJ5.3.1	方木和原木结构分项工程质量验收记录	施工单位	√	
		TJ5.3.1.1	方木和原木结构分项工程（构件制作）检验批质量验收记录	施工单位	√	
		TJ5.3.1.2	方木和原木结构分项工程（结构安装）检验批质量验收记录	施工单位	√	
		TJ5.3.2	轻型木结构分项工程质量验收记录	施工单位	√	
		TJ5.3.2.1	轻型木结构分项工程检验批质量验收记录	施工单位	√	
		TJ5.3.3	木结构的防护分项工程质量验收记录	施工单位	√	
		TJ5.3.3.1	木结构的防护分项工程检验批质量验收记录	施工单位	√	
	钢管混凝土子分部工程质量验收记录 TJ5.4	TJ5.4.1	钢管构件进场验收分项工程质量验收记录	施工单位	√	
		TJ5.4.1.1	钢管构件进场验收分项工程检验批质量验收记录	施工单位	√	
		TJ5.4.2	钢管混凝土构件现场拼装分项工程质量验收记录	施工单位	√	
		TJ5.4.2.1	钢管混凝土构件现场拼装分项工程检验批质量验收记录	施工单位	√	
		TJ5.4.3	钢管混凝土柱柱脚锚固分项工程质量验收记录	施工单位	√	
		TJ5.4.3.1	钢管混凝土柱柱脚锚固分项工程检验批质量验收记录	施工单位	√	
		TJ5.4.4	钢管混凝土构件安装分项工程质量验收记录	施工单位	√	
		TJ5.4.4.1	钢管混凝土构件安装分项工程检验批质量验收记录	施工单位	√	
		TJ5.4.5	钢管混凝土柱与钢筋混凝土梁连接分项工程质量验收记录	施工单位	√	

续表

类别		类别编号	工程文件资料名称	资料来源	归档保存单位	
					施工单位	城建档案馆
主体结构分部工程质量验收记录 TJ5	钢管混凝土子分部工程质量验收记录 TJ5.4	TJ5.4.5.1	钢管混凝土柱与钢筋混凝土梁连接分项工程检验批质量验收记录	施工单位	√	
		TJ5.4.6	钢管内钢筋骨架分项工程质量验收记录	施工单位	√	
		TJ5.4.6.1	钢管内钢筋骨架分项工程检验批质量验收记录	施工单位	√	
		TJ5.4.7	钢管内混凝土浇筑分项工程质量验收记录	施工单位	√	
		TJ5.4.7.1	钢管内混凝土浇筑分项工程检验批质量验收记录	施工单位	√	
装饰分部工程质量验收记录 TJ6	地面子分部工程质量验收记录 TJ6.1	TJ6.1.1	基土分项工程质量验收记录	施工单位	√	
		TJ6.1.1.1	基土分项工程检验批质量验收记录	施工单位	√	
		TJ6.1.2	灰土垫层分项工程质量验收记录	施工单位	√	
		TJ6.1.2.1	灰土垫层分项工程检验批质量验收记录	施工单位	√	
		TJ6.1.3	砂垫层和砂石垫层分项工程质量验收记录	施工单位	√	
		TJ6.1.3.1	砂垫层和砂石垫层分项工程检验批质量验收记录	施工单位	√	
		TJ6.1.4	碎石垫层和碎砖垫层分项工程质量验收记录	施工单位	√	
		TJ6.1.4.1	碎石垫层和碎砖垫层分项工程检验批质量验收记录	施工单位	√	
		TJ6.1.5	三合土及四合土垫层分项工程质量验收记录	施工单位	√	
		TJ6.1.5.1	三合土及四合土垫层分项工程检验批质量验收记录	施工单位	√	
		TJ6.1.6	炉渣垫层分项工程质量验收记录	施工单位	√	
		TJ6.1.6.1	炉渣垫层分项工程检验批质量验收记录	施工单位	√	
		TJ6.1.7	水泥混凝土垫层和陶粒混凝土垫层分项工程质量验收记录	施工单位	√	
		TJ6.1.7.1	水泥混凝土垫层和陶粒混凝土垫层分项工程检验批质量验收记录	施工单位	√	
		TJ6.1.8	找平层分项工程质量验收记录	施工单位	√	
		TJ6.1.8.1	找平层分项工程检验批质量验收记录	施工单位	√	
		TJ6.1.9	隔离层分项工程质量验收记录	施工单位	√	
		TJ6.1.9.1	隔离层分项工程检验批质量验收记录	施工单位	√	

续表

类别		类别编号	工程文件资料名称	资料来源	归档保存单位	
					施工单位	城建档案馆
装饰分部工程质量验收记录 TJ6	地面子分部工程质量验收记录 TJ6.1	TJ6.1.10	填充层分项工程质量验收记录	施工单位	√	
		TJ6.1.10.1	填充层分项工程检验批质量验收记录	施工单位	√	
		TJ6.1.11	绝热层分项工程质量验收记录	施工单位	√	
		TJ6.1.11.1	绝热层分项工程检验批质量验收记录	施工单位	√	
		TJ6.1.12	水泥混凝土面层分项工程质量验收记录	施工单位	√	
		TJ6.1.12.1	水泥混凝土面层分项工程检验批质量验收记录	施工单位	√	
		TJ6.1.13	水泥砂浆面层分项工程质量验收记录	施工单位	√	
		TJ6.1.13.1	水泥砂浆面层分项工程检验批质量验收记录	施工单位	√	
		TJ6.1.14	水磨石面层分项工程质量验收记录	施工单位	√	
		TJ6.1.14.1	水磨石面层分项工程检验批质量验收记录	施工单位	√	
		TJ6.1.15	硬化耐磨面层分项工程质量验收记录	施工单位	√	
		TJ6.1.15.1	硬化耐磨面层分项工程检验批质量验收记录	施工单位	√	
		TJ6.1.16	防油渗面层分项工程质量验收记录	施工单位	√	
		TJ6.1.16.1	防油渗面层分项工程检验批质量验收记录	施工单位	√	
		TJ6.1.17	不发火（防爆）面层分项工程质量验收记录	施工单位	√	
		TJ6.1.17.1	不发火（防爆的）面层分项工程检验批质量验收记录	施工单位	√	
		TJ6.1.18	自流平面层分项工程质量验收记录	施工单位	√	
		TJ6.1.18.1	自流平面层分项工程检验批质量验收记录	施工单位	√	
		TJ6.1.19	涂料面层分项工程质量验收记录	施工单位	√	
		TJ6.1.19.1	涂料面层分项工程检验批质量验收记录	施工单位	√	
		TJ6.1.20	塑胶面层分项工程质量验收记录	施工单位	√	
		TJ6.1.20.1	塑胶面层分项工程检验批质量验收记录	施工单位	√	
		TJ6.1.21	地面辐射供暖的整体面层分项工程质量验收记录	施工单位	√	
		TJ6.1.21.1	地面辐射供暖的整体面层分项工程检验批质量验收记录	施工单位	√	

续表

类别		类别编号	工程文件资料名称	资料来源	归档保存单位	
					施工单位	城建档案馆
装饰分部工程质量验收记录 TJ6	地面子分部工程质量验收记录 TJ6.1	TJ6.1.22	砖面层（陶瓷锦砖、缸砖、陶瓷地砖和水泥花砖面层）分项工程质量验收记录	施工单位	√	
		TJ6.1.22.1	砖面层（陶瓷锦砖、缸砖、陶瓷地砖和水泥花砖面层）分项工程检验批质量验收记录	施工单位	√	
		TJ6.1.23	大理石面层和花岗石面层分项工程质量验收记录	施工单位	√	
		TJ6.1.23.1	大理石面层和花岗石面层分项工程检验批质量验收记录	施工单位	√	
		TJ6.1.24	预制板块面层（水泥混凝土板块、水磨石板块面层、人造石板块面层）分项工程质量验收记录	施工单位	√	
		TJ6.1.24.1	预制板块面层（水泥混凝土板块、水磨石板块面层、人造石板块面层）分项工程检验批质量验收记录	施工单位	√	
		TJ6.1.25	料石面层（条石、块石面层）分项工程质量验收记录	施工单位	√	
		TJ6.1.25.1	料石面层（条石、块石面层）分项工程检验批质量验收记录	施工单位	√	
		TJ6.1.26	塑料板面层分项工程质量验收记录	施工单位	√	
		TJ6.1.26.1	塑料板面层分项工程检验批质量验收记录	施工单位	√	
		TJ6.1.27	活动地板面层分项工程质量验收记录	施工单位	√	
		TJ6.1.27.1	活动地板面层分项工程检验批质量验收记录	施工单位	√	√
		TJ6.1.28	金属板面层分项工程质量验收记录	施工单位	√	
		TJ6.1.28.1	金属板面层分项工程检验批质量验收记录	施工单位	√	
		TJ6.1.29	地毯面层分项工程质量验收记录	施工单位	√	
		TJ6.1.29.1	地毯面层分项工程检验批质量验收记录	施工单位	√	
		TJ6.1.30	地面辐射供暖的板块面层分项工程质量验收记录	施工单位	√	
		TJ6.1.30.1	地面辐射供暖的板块面层分项工程检验批质量验收记录	施工单位	√	
		TJ6.1.31	实木地板面层、实木集成地板、竹地板面层（条材，块材面层）分项工程质量验收记录	施工单位	√	

81

续表

类 别		类别编号	工程文件资料名称	资料来源	归档保存单位	
					施工单位	城建档案馆
装饰分部工程质量验收记录 TJ6	地面子分部工程质量验收记录 TJ6.1	TJ6.1.31.1	实木地板面层、实木集成地板、竹地板面层（条材，块材面层）分项工程检验批质量验收记录	施工单位	√	
		TJ6.1.32	实木复合地板面层（条材，块材面层）分项工程质量验收记录	施工单位	√	
		TJ6.1.32.1	实木复合地板面层（条材，块材面层）分项工程检验批质量验收记录	施工单位	√	
		TJ6.1.33	浸渍纸层压木质地板面层（条材，块材面层）分项工程质量验收记录	施工单位	√	
		TJ6.1.33.1	浸渍纸层压木质地板面层（条材，块材面层）分项工程检验批质量验收记录	施工单位	√	
		TJ6.1.34	软木类地板面层（条材，块材面层分项工程质量验收记录）	施工单位	√	
		TJ6.1.34.1	软木类地板面层（条材，块材面层）分项工程检验批质量验收记录	施工单位	√	
		TJ6.1.35	地面辐射供暖的木板面层分项工程质量验收记录	施工单位	√	
		TJ6.1.35.1	地面辐射供暖的木板面层分项工程检验批质量验收记录	施工单位	√	
	抹灰子分部工程质量验收记录 TJ6.2	TJ6.2.1	一般抹灰分项工程质量验收记录	施工单位	√	
		TJ6.2.1.1	一般抹灰分项工程检验批质量验收记录	施工单位	√	
		TJ6.2.2	装饰抹灰分项工程质量验收记录	施工单位	√	
		TJ6.2.2.1	装饰抹灰分项工程检验批质量验收记录	施工单位	√	
		TJ6.2.3	清水砌体勾缝分项工程质量验收记录	施工单位	√	
		TJ6.2.3.1	清水砌体勾缝分项工程检验批质量验收记录	施工单位	√	
	门窗子分部工程质量验收记录 TJ6.3	TJ6.3.1	木门窗制作与安装分项工程质量验收记录	施工单位	√	
		TJ6.3.1.1	木门窗制作分项工程检验批质量验收记录	施工单位	√	
		TJ6.3.1.2	木门窗安装分项工程检验批质量验收记录	施工单位	√	
		TJ6.3.2	金属门窗安装分项工程质量验收记录	施工单位	√	
		TJ6.3.2.1	金属门窗安装分项工程（钢门窗）检验批质量验收记录	施工单位	√	

续表

类别		类别编号	工程文件资料名称	资料来源	归档保存单位	
					施工单位	城建档案馆
装饰分部工程质量验收记录 TJ6	门窗子分部工程质量验收记录 TJ6.3	TJ6.3.2.2	金属门窗安装分项工程（铝合金门窗）检验批质量验收记录	施工单位	√	
		TJ6.3.2.3	金属门窗安装分项工程（涂色镀锌钢板门窗）检验批质量验收记录	施工单位	√	
		TJ6.3.3	塑料门窗安装分项工程质量验收记录	施工单位	√	
		TJ6.3.3.1	塑料门窗安装分项工程检验批质量验收记录	施工单位	√	
		TJ6.3.4	特种门安装分项工程质量验收记录	施工单位	√	
		TJ6.3.4.1	特种门安装分项工程（推拉自动门）检验批质量验收记录	施工单位	√	
		TJ6.3.4.2	特种门安装分项工程（旋转门）检验批质量验收记录	施工单位	√	
		TJ6.3.5	门窗玻璃安装分项工程质量验收记录	施工单位	√	
		TJ6.3.5.1	门窗玻璃安装分项工程检验批质量验收记录	施工单位	√	
	吊顶子分部工程质量验收记录 TJ6.4	TJ6.4.1	暗龙骨吊顶分项工程质量验收记录	施工单位	√	
		TJ6.4.1.1	暗龙骨吊顶分项工程检验批质量验收记录	施工单位	√	
		TJ6.4.2	明龙骨吊顶分项工程质量验收记录	施工单位	√	
		TJ6.4.2.1	明龙骨吊顶分项工程检验批质量验收记录	施工单位	√	
	轻质隔墙子分部工程质量验收记录 TJ6.5	TJ6.5.1	板材隔墙分项工程质量验收记录	施工单位	√	
		TJ6.5.1.1	板材隔墙分项工程检验批质量验收记录	施工单位	√	
		TJ6.5.2	骨架隔墙分项工程质量验收记录	施工单位	√	
		TJ6.5.2.1	骨架隔墙分项工程检验批质量验收记录	施工单位	√	
		TJ6.5.3	活动隔墙分项工程质量验收记录	施工单位	√	
		TJ6.5.3.1	活动隔墙分项工程检验批质量验收记录	施工单位	√	
		TJ6.5.4	玻璃隔墙分项工程质量验收记录	施工单位	√	
		TJ6.5.4.1	玻璃隔墙分项工程检验批质量验收记录	施工单位	√	
	饰面板（砖）子分部工程质量验收记录 TJ6.6	TJ6.6.1	饰面板安装分项工程质量验收记录	施工单位	√	
		TJ6.6.1.1	饰面板安装分项工程检验批质量验收记录	施工单位	√	
		TJ6.6.2	饰面砖粘贴分项工程质量验收记录	施工单位	√	
		TJ6.6.2.1	饰面砖粘贴分项工程检验批质量验收记录	施工单位	√	

续表

类别		类别编号	工程文件资料名称	资料来源	归档保存单位	
					施工单位	城建档案馆
装饰分部工程质量验收记录TJ6	涂饰子分部工程质量验收记录TJ6.7	TJ6.7.1	水性涂料涂饰分项工程质量验收记录	施工单位	√	
		TJ6.7.1.1	水性涂料涂饰分项工程检验批质量验收记录	施工单位	√	
		TJ6.7.2	溶剂型涂料涂饰分项工程质量验收记录	施工单位	√	
		TJ6.7.2.1	溶剂型涂料涂饰分项工程检验批质量验收记录	施工单位	√	
		TJ6.7.3	美术涂饰分项工程质量验收记录	施工单位	√	
		TJ6.7.3.1	美术涂饰分项工程检验批质量验收记录	施工单位	√	
	裱糊与软包子分部工程质量验收记录TJ6.8	TJ6.8.1	裱糊分项工程质量验收记录	施工单位	√	
		TJ6.8.1.1	裱糊分项工程检验批质量验收记录	施工单位	√	
		TJ6.8.2	软包分项工程质量验收记录	施工单位	√	
		TJ6.8.2.1	软包分项工程检验批质量验收记录	施工单位	√	
	细部子分部工程质量验收记录TJ6.9	TJ6.9.1	橱柜制作与安装分项工程质量验收记录	施工单位	√	
		TJ6.9.1.1	橱柜制作与安装分项工程检验批质量验收记录	施工单位	√	
		TJ6.9.2	窗帘合、窗台板、和散热气罩制作与安装分项工程质量验收记录	施工单位	√	
		TJ6.9.2.1	窗帘合、窗台板、和散热气罩制作与安装分项工程检验批质量验收记录	施工单位	√	
		TJ6.9.3	门窗套制作与安装分项工程质量验收记录	施工单位	√	
		TJ6.9.3.1	门窗套制作与安装分项工程检验批质量验收记录	施工单位	√	
		TJ6.9.4	护栏和扶手制作与安装分项工程质量验收记录	施工单位	√	
		TJ6.9.4.1	护栏和扶手制作与安装分项工程检验批质量验收记录	施工单位	√	
		TJ6.9.5	花饰制作与安装分项工程质量验收记录	施工单位	√	
		TJ6.9.5.1	花饰制作与安装分项工程检验批质量验收记录	施工单位	√	

续表

类别		类别编号	工程文件资料名称	资料来源	归档保存单位	
					施工单位	城建档案馆
屋面分部工程质量验收记录 TJ7	卷材防水屋面子分部工程质量验收记录 TJ7.1	TJ7.1.1	屋面找平层分项工程质量验收记录	施工单位	√	
		TJ7.1.1.1	屋面找平层分项工程检验批质量验收记录	施工单位	√	
		TJ7.1.2	屋面保温层分项工程质量验收记录	施工单位	√	
		TJ7.1.2.1	屋面保温层分项工程检验批质量验收记录	施工单位	√	
		TJ7.1.3	卷材防水层分项工程质量验收记录	施工单位	√	
		TJ7.1.3.1	卷材防水层分项工程检验批质量验收记录	施工单位	√	
	涂膜防水屋面子分部工程质量验收记录 TJ7.2	TJ7.2.1	屋面找平层分项工程质量验收记录	施工单位	√	
		TJ7.2.1.1	屋面找平层分项工程检验批质量验收记录	施工单位	√	
		TJ7.2.2	屋面保温层分项工程质量验收记录	施工单位	√	
		TJ7.2.2.1	屋面保温层分项工程检验批质量验收记录	施工单位	√	
		TJ7.2.3	涂膜防水层分项工程质量验收记录	施工单位	√	
		TJ7.2.3.1	涂膜防水层分项工程检验批质量验收记录	施工单位	√	
	刚性防水屋面子分部工程质量验收录 TJ7.3	TJ7.3.1	细石混凝土防水层分项工程质量验收记录	施工单位	√	
		TJ7.3.1.1	细石混凝土防水层分项工程检验批质量验收记录	施工单位	√	
		TJ7.3.2	密封材料嵌缝分项工程质量验收记录	施工单位	√	
		TJ7.3.2.1	密封材料嵌缝分项工程检验批质量验收记录	施工单位	√	
	瓦屋面子分部工程质量验收记录 TJ7.4	TJ7.4.1	平瓦屋面分项工程质量验收记录	施工单位	√	
		TJ7.4.1.1	平瓦屋面分项工程检验批质量验收记录	施工单位	√	
		TJ7.4.2	油毡瓦屋面分项工程质量验收记录	施工单位	√	
		TJ7.4.2.1	油毡瓦屋面分项工程检验批质量验收记录	施工单位	√	
		TJ7.4.3	金属板屋面分项工程质量验收记录	施工单位	√	
		TJ7.4.3.1	金属板屋面分项工程质量检验批验收记录	施工单位	√	
		TJ7.4.4	细部构造分项工程质量验收记录	施工单位	√	
		TJ7.4.4.1	细部构造分项工程检验批质量验收记录	施工单位	√	
	隔热屋面子分部工程质量验收记录 TJ7.5	TJ7.5.1	架空屋面蓄水屋面分项工程质量验收记录	施工单位	√	
		TJ7.5.1.1	架空屋面种植屋面分项工程检验批质量验收记录	施工单位	√	

注：1. "归档保存单位"中打"√"的是指工程竣工验收后有关单位对工程纸质档案的归档保存。
 2. "工程文件资料名称"中打"★"为创建优质结构工程和优质单位工程必须提供的材料。

4.2.2 技术、管理资料

技术资料是施工单位编制，用以指导、规范和科学化施工的资料，如单位工程施工组织设计、施工方案等。管理资料是施工单位编制的各项管理制度，控制质量、安全、工期的措施，以及对人员、物资管理的资料，如施工现场质量管理检查记录等。

4.2.2.1 工程概况表（TJ1.1）

施工单位填写《工程概况表》（TJ1.1）内容包括：工程名称、工程建设地点、工程类别、投资类别、预（概）算建安工作量（万元）、建筑面积、结构类型、参建单位、分部工程概况、计划工期及开工完日期等内容。如附表4-1所示。

4.2.2.2 工程项目施工管理人员名单及岗位证书（TJ1.2）

施工单位收集项目上的管理人员及操作人员名单和岗位证书，汇总填写《工程项目施工管理人员名单及岗位证书》（TJ1.2）并附相应岗位证书复印件，报监理单位总监理工程（或建设单位项目负责人）审核确认，如附表4-2所示。

4.2.2.3 施工现场质量管理检查记录（TJ1.3）

施工单位根据《建筑工程施工质量验收统一标准》GB 50300—2013进行施工现场质量管理检查，填写《施工现场质量管理检查记录》（TJ1.3），报项目总监理工程师（或建设单位项目负责人）审核确认。

《施工现场质量管理检查记录》（TJ1.3）主要检查项目包括：

1. 现场质量管理制度

包括：工程报建制度、投标前评审制度、工程项目总承包负责制、技术交底制度、材料进场检验制度、样板引路制度、施工挂牌制度、过程三检制度、质量否决制度、成品保护制度、工程质量评定及检验制度、竣工服务承诺制度、培训上岗制度和工程质量事故报告及调查制度。

2. 质量责任制检查

包括：质量管理框图，现场质量负责人、各工种质量负责人、操作者的质量责任，专职质量检查员的责任，材料、设备采购员的质量责任等。

3. 主要专业工种操作上岗证书

包括：项目经理、专业技术负责人、八大员、特殊工种和普通工种操作人员等。

4. 专业承包单位资质管理制度

包括：分包单位的资质应具备分包工程项目的资质要求。

5. 施工图审查情况

包括：施工所用图纸要取得设计审查合格证书，施工图应有图审机构盖章。施工图施工前的技术交底和图纸会审的检查。

6. 地质勘察资料

包括：工程建设范围内的地质特征和地质结构、不良地质的处理、地下水情况及侵蚀性和氡浓度是否符合标准的说明等。

7. 施工组织设计编制及审批

包括：监理单位的总监理工程审定承包单位提交的开工报告、施工组织设计、技术方案、进度计划等。

8. 施工技术标准

包括：工法、工艺标准、操作规程、企业标准、管理标准、优质工程评价标准等。

9. 工程质量检验制度

包括：材料、半成品、成品、构配件和设备等进场验收和复验制度，各工序的"三检"制度等。

10. 混凝土搅拌站及计量设置检查。

包括：检查有无计量设备、计量设备有没有经过校验等。

11. 现场材料、设备存放与管理制度

包括：施工过程中材料和设备的合理存放与管理等。

表中"检查项目内容"栏写上文件的名称或编号，检查时将文件附在表后供检查，检查后文件归还原单位。"检查结论"栏由监理单位总监理工程师或建设单位项目负责人填写，结论为"符合要求"或"不符合要求"，如是"不符合要求"施工单位必须限期改正，否则不准许开工，如附表 4-3 所示。

4.2.2.4 开工报告（TJ1.4）

施工单位在做好了施工前各项准备工作，开工前填写《开工报告》(TJ1.4) 并附开工的各种证明材料，报监理（建设）单位审批。对于整个项目一次开工只填报价一次，如工程项目中含有多个单位工程且开工时间不同，则每个单位工程都应填报一次。

《开工报告》(TJ1.4) 所附证明文件包括：

1. 《建设工程施工许可证》（复印件）；
2. 施工组织设计；
3. 施工测量放线资料；
4. 现场主要管理人员和特殊工程人员资格证和上岗证；
5. 现场管理人员、机具、施工人员进场情况；
6. 工程主要材料落实情况；
7. 施工现场道路、水、电、通信等是否已达到开工条件等证明文件等。

监理（建设）单位除检查《开工报告》(TJ1.4) 所报内容外，还应对施工现场临时设施是否满足开工要求，地下障碍物是否清除或查明，测量控制桩、试验室是否经监理机构审查确认等，进行检查并逐项记录检查结果。检查认可后，总监理工程签发《开工报告》(TJ1.4)，报建设单位备案。如果《委托监理合同》中规定需建设单位批准，项目总监理工程师审核后报建设单位批准。如附表 4-4 示。

4.2.2.5 施工投标文件（TJ1.5）

施工单位进行工程投标时，编制《施工投标文件》(TJ1.5)。施工投标文件一般包括：法定代表人身份证明书；投标文件签署授权委托书；投标函、投标函附录；投标担保银行保函格式；投标担保书；投标文件商务部分和技术部分；招标文件要求投标人提交的其他投标资料。

其中，投标文件商务部分（采用综合单价形式的）通常包括：投标报价说明；投标报价汇总表；主要材料清单报价表；设备清单报价表；工程量清单报价表；措施项目报价表；其他项目报价表；工程量清单项目价格计算表；投标报价需要的其他资料等。投标文件技术部分通常包括施工组织设计；项目管理机构配备情况；拟分包项目情况表等。

4.2.2.6 工程总承包合同及分包合同（TJ1.6）

施工单位中标后，与建设单位（或分包单位）鉴定《工程总承包合同及分包合同》（TJ1.6）。常用的示范文本有《建设工程施工合同（示范文本）》（GF-2013-0201）、《工程施工专业分包合同（示范文本）》（GF-2003-0213）和《建设工程施工劳务分包合同（示范文本）》（GF-2003-0214）等。

《建设工程施工合同（示范文本）》（GF-2013-0201）由协议书、专用条款和通用条款和13个附件组成。

合同协议书共计13条，主要包括：工程概况、合同工期、质量标准、签约合同价和合同价格形式、项目经理、合同文件构成、承诺以及合同生效条件等重要内容，集中约定了合同当事人基本的合同权利义务。

通用合同条款共计20条，具体条款分别为：一般约定、发包人、承包人、监理人、工程质量、安全文明施工与环境保护、工期和进度、材料与设备、试验与检验、变更、价格调整、合同价格、计量与支付、验收和工程试车、竣工结算、缺陷责任与保修、违约、不可抗力、保险、索赔和争议解决。

专用合同条款是对通用合同条款原则性约定的细化、完善、补充、修改或另行约定的条款。合同当事人可以根据不同建设工程的特点及具体情况，通过双方的谈判、协商对相应的专用合同条款进行修改补充。

13个附件为：承包人承揽工程项目一览表、发包人供应材料设备一览表、工程质量保修书、主要建设工程文件目录、承包人用于本工程施工的机械设备表、承包人主要施工管理人员、分包人主要施工管理人员表、履约担保、预付款担保、支付担保、材料暂估价表、工程设备暂估价表和专业工程暂估价表。

《工程施工专业分包合同（示范文本）》GF-2003-0213 由协议书、通用条款和专用条款三部分组成。协议书包括：分包工程概况、分包合同价款、工期、工程质量标准等组成。通用条款包括：词语定义及合同文件，双方一般权利和义务，工期，质量与安全，合同价款与支付，工程变更，竣工验收及结算，违约、索赔及争议，保障、保险及担保等内容组成。专用条款适用于具体的工程项目。专用条款的序号同通用条款但不仅限于此序号，只为承发包双方提供编制指南，内容由当事人根据承发包工程具体情况约定。

《建设工程施工劳务分包合同（示范文本）》GF-2003-0214 由合同条款（共35款）和三个附件组成（工程承包人供应材料、设备、构配件计划；工程承包人提供施工机具、设备一览表；工程承包人提供周转、低值易耗材料一览表）。

4.2.2.7 施工组织设计、施工方案审批表

根据《建设工程监理规范》GB 50319—2013 施工单位开工前，必须编制施工组织设计（项目管理实施规划、质量计划）或施工方案，报监理单位审核、签认后报建设单位。其中，根据《建设工程安全生产管理条例》（国务院第393号令），对基坑支护与降水工程、土方开挖工程、模板工程、起重吊装工程、脚手架工程、拆除爆破工程、国务院建设行政主管部门或者其他有关部门规定的其他危险性较大的工程，应编制专项施工方案并附具安全验算结果。对工程中涉及深基坑、地下暗挖工程、高大模板工程的专项施工方案，施工单位还应当组织专家进行论证、审查。

1. 施工组织设计、施工方案

单位工程施工组织设计是以单位（子单位）工程为主要对象编制的施工组织设计，对施工过程起指导和制约作用。

根据《建筑施工组织设计规范》GB/T 50520—2009 单位工程施工组织设计内容包括：工程概况：工程名称、相关建设单位情况、承包范围、各专业设计简介、施工条件等；施工部署：施工目标、管理组织、施工起点流向、施工程序、施工顺序等；施工进度计划；施工准备与资源配置计划：技术准备、现场准备、资金准备、劳动力计划、物资配置计划等；主要施工方案：施工方法、施工机械等；施工现场平面布置等内容；进度管理计划；质量管理计划；安全管理计划；环境管理计划；成本管理计划；其他管理计划：绿色施工管理计划、防火保安管理计划、合同管理计划、组织协调管理计划、创优质工程管理计划、质量保修计划等内容。

施工方案以分部（分项）工程或专项工程为主要对象编制的施工技术与组织方案，用以具体指导其施工过程。

施工方案包括：工程概况；施工安排；施工进度计划；施工准备与资源配置计划；施工方法及工艺要求等。

施工单位编制的施工组织设计（施工方案）必须经上一级技术负责人进行审批加盖公章方为有效。单位工程施工组织设计由施工单位技术负责人或技术负责人授权的技术人员审批。施工方案由项目技术负责人审批。重点、难点分部（分项）工程和专项工程施工方案应由施工单位技术部门组织相关专家评审，施工单位技术负责人批准。由专业承包单位施工的分部（分项）工程或专项工程的施工方案，应由专业承包单位技术负责人或技术负责人授权的技术人员审批，若有总承包单位时，应由总承包单位项目技术负责人核准备案。

施工单位编写施工组织设计、施工方案等经审批同意后，填写《施工组织设计、施工方案审批表》（TJ1.7），报监理单位总监理工程师审定认可，合同另有规定的，按合同要求办理。在施工过程中发生变更时，应有变更审批手续。如附表 4-5 所示。

2. 危险性较大的分部分项工程和超过一定规模的危险性较大的分部分项工程专项方案

根据《危险性较大的分部分项工程安全管理办法-建质〔2009〕87号》危险性较大的分部分项工程范围包括：

（1）基坑支护、降水工程

开挖深度超过 3m（含 3m）或虽未超过 3m 但地质条件和周边环境复杂的基坑（槽）支护、降水工程。

（2）土方开挖工程

开挖深度超过 3m（含 3m）的基坑（槽）的土方开挖工程。

（3）模板工程及支撑体系

① 各类工具式模板工程：包括大模板、滑模、爬模、飞模等工程。

② 混凝土模板支撑工程：搭设高度 5m 及以上；搭设跨度 10m 及以上；施工总荷载 $10kN/m^2$ 及以上；集中线荷载 $15kN/m^2$ 及以上；高度大于支撑水平投影宽度且相对独立无联系构件的混凝土模板支撑工程。

③ 承重支撑体系：用于钢结构安装等满堂支撑体系。

(4) 起重吊装及安装拆卸工程

① 采用非常规起重设备、方法，且单件起吊重量在10kN及以上的起重吊装工程。

② 采用起重机械进行安装的工程。

③ 起重机械设备自身的安装、拆卸。

(5) 脚手架工程

① 搭设高度24m及以上的落地式钢管脚手架工程。

② 附着式整体和分片提升脚手架工程。

③ 悬挑式脚手架工程。

④ 吊篮脚手架工程。

⑤ 自制卸料平台、移动操作平台工程。

⑥ 新型及异型脚手架工程。

(6) 拆除、爆破工程

① 建筑物、构筑物拆除工程。

② 采用爆破拆除的工程。

(7) 其他

① 建筑幕墙安装工程。

② 钢结构、网架和索膜结构安装工程。

③ 人工挖扩孔桩工程。

④ 地下暗挖、顶管及水下作业工程。

⑤ 预应力工程。

⑥ 采用新技术、新工艺、新材料、新设备及尚无相关技术标准的危险性较大的分部分项工程。

根据《危险性较大的分部分项工程安全管理办法-建质〔2009〕87号》超过一定规模的危险性较大的分部分项工程范围包括：

(1) 深基坑工程

① 开挖深度超过5m（含5m）的基坑（槽）的土方开挖、支护、降水工程。

② 开挖深度虽未超过5m，但地质条件、周围环境和地下管线复杂，或影响毗邻建筑（构筑）物安全的基坑（槽）的土方开挖、支护、降水工程。

(2) 模板工程及支撑体系

① 工具式模板工程：包括滑模、爬模、飞模工程。

② 混凝土模板支撑工程：搭设高度8m及以上；搭设跨度18m及以上，施工总荷载15kN/m² 及以上；集中线荷载20kN/m² 及以上。

③ 承重支撑体系：用于钢结构安装等满堂支撑体系，承受单点集中荷载700kg以上。

(3) 起重吊装及安装拆卸工程

① 采用非常规起重设备、方法，且单件起吊重量在100kN及以上的起重吊装工程。

② 起重量300kN及以上的起重设备安装工程；高度200m及以上内爬起重设备的拆除工程。

(4) 脚手架工程

① 搭设高度50m及以上落地式钢管脚手架工程。

② 提升高度 150m 及以上附着式整体和分片提升脚手架工程。
③ 架体高度 20m 及以上悬挑式脚手架工程。

（5）拆除、爆破工程
① 采用爆破拆除的工程。
② 码头、桥梁、高架、烟囱、水塔或拆除中容易引起有毒有害气（液）体或粉尘扩散、易燃易爆事故发生的特殊建、构筑物的拆除工程。
③ 可能影响行人、交通、电力设施、通信设施或其他建、构筑物安全的拆除工程。
④ 文物保护建筑、优秀历史建筑或历史文化风貌区控制范围的拆除工程。

（6）其他
① 施工高度 50m 及以上的建筑幕墙安装工程。
② 跨度大于 36m 及以上的钢结构安装工程；跨度大于 60m 及以上的网架和索膜结构安装工程。
③ 开挖深度超过 16m 的人工挖孔桩工程。
④ 地下暗挖工程、顶管工程、水下作业工程。
⑤ 采用新技术、新工艺、新材料、新设备及尚无相关技术标准的危险性较大的分部分项工程。

专项方案编制应当包括以下内容：工程概况：危险性较大的分部分项工程概况、施工平面布置、施工要求和技术保证条件；编制依据：相关法律、法规、规范性文件、标准、规范及图纸（国标图集）、施工组织设计等；施工计划：包括施工进度计划、材料与设备计划；施工工艺技术；技术参数、工艺流程、施工方法、检查验收等；施工安全保证措施：组织保障、技术措施、应急预案、监测监控等；劳动力计划：专职安全生产管理人员、特种作业人员等；计算书及相关图纸。

专项方案应当由施工单位技术部门组织本单位施工技术、安全、质量等部门的专业技术人员进行审核。经审核合格的，由施工单位技术负责人签字。实行施工总承包的，专项方案应当由总承包单位技术负责人及相关专业承包单位技术负责人签字。不需专家论证的专项方案，经施工单位审核合格后报监理单位，由项目总监理工程师审核签字。

超过一定规模的危险性较大的分部分项工程专项方案应当由施工单位组织召开专家论证会。实行施工总承包的，由施工总承包单位组织召开专家论证会。专家组成员应当由 5 名及以上符合相关专业要求的专家组成。下列人员应当参加专家论证会：专家组成员；建设单位项目负责人或技术负责人；监理单位项目总监理工程师及相关人员；施工单位分管安全的负责人、技术负责人、项目负责人、项目技术负责人、专项方案编制人员、项目专职安全生产管理人员；勘察、设计单位项目技术负责人及相关人员。

专家论证的主要内容包括：专项方案内容是否完整、可行；专项方案计算书和验算依据是否符合有关标准规范；安全施工的基本条件是否满足现场实际情况。专项方案经论证后，专家组应当提交论证报告，对论证的内容提出明确的意见，并在论证报告上签字。该报告作为专项方案修改完善的指导意见。施工单位应当根据论证报告修改完善专项方案，并经施工单位技术负责人、项目总监理工程师、建设单位项目负责人签字后，方可组织实施。实行施工总承包的，应当由施工总承包单位、相关专业承包单位技术负责人签字。专项方案经论证后需做重大修改的，施工单位应当按照论证报告修改，并重新组织专家进行论证。

4.2.3 工程质量控制资料管理

建筑工程的施工质量控制，按《建筑工施工质量验收统一标准》GB 50300—2013 规定应符合下列规定：建筑工程采用的主要材料、半成品、成品、建筑构配件、器具和设备应进行进场检验。凡涉及安全、节能、环境保护和主要使用功能的重要材料、产品，应按各专业工程施工规范、验收规范和设计文件等规定进行复验，并应经监理工程师检查认可；各施工工序应按施工技术标准进行质量控制，每道施工工序完成后，经施工单位自检符合规定后，才能进行下道工序施工。各专业工种之间的相关工序应进行交接检验，并应记录；对于监理单位提出检查要求的重要工序，应经监理工程师检查认可，才能进行下道工序施工。

4.2.3.1 图纸会审、设计变更、洽商记录（TJ2.1）

1. 图纸会审、设计交底

工程开工前，应由建设单位组织相关单位对施工图设计文件进行共同审查。通过图纸会审，找出需要解决的技术难题，解决图纸中存在的问题，减少图纸的差错。图纸会审后，施工单位填写《图纸会审、设计变更、洽商记录》（TJ2.1.1），经各方签字后实施。施工单位收集汇总图纸会审记录，填写《图纸会审、设计变更、洽商记录汇总表》。

设计单位应按施工程序或需要进行设计交底。设计交底应包括设计依据、设计要点、补充说明、注意事项等。设计交底后由施工单位填写《设计交底记录》（TJ2.1.2），设计单位签字认可，交相关各方保存。施工单位收集汇设计交底记录，填写《图纸会审、设计变更、洽商记录汇总表》（TJ2.1）。如附表 4-6 所示。

2. 设计变更

设计变更是指设计部门对原施工图纸和设计文件中所表达的设计标准状态的改变和修改。设计变更有可能是建设单位、设计单位、施工单位或监理单位中的任何一个单位或几个单位联合提出，由设计单位签发《图纸会审、设计变更、洽商记录》（TJ2.1.1），经项目总监理工程师（建设单位负责人）审定后，转交施工单位。施工单位收集设计变更，填写《图纸会审、设计变更、洽商记录汇总表》。

3. 洽商记录

洽商是建筑工程施工过程中一种协调建设单位与施工单位、施工单位与设计单位的工作记录，用于对工程方面的技术问题的核定，可由建设单位、监理单位和施工单位其中任一方提出，由提出方填写《图纸会审、设计变更、洽商记录》（TJ2.1.1），各参加方签字后存档。不同专业的洽商应分别办理，不得办理在同一份上。签字栏内只填写人员姓名，不得另写其他意见。施工单位收集汇总洽商记录，填写《图纸会审、设计变更、洽商记录汇总表》。如附表 4-7 所示。

4.2.3.2 工程定位测量、放线验收记录

工程施工前，施工单位根据规划部门提供的交桩记录，在现场设置高程控制桩、轴线控制桩，并据此进行工程定位放线，填写《工程定位测量、放线验收记录》（TJ2.2），报监理单位审核认可。《工程定位测量、放线验收记录》中应绘有施工测量示意图，标注测量与复核的数据及结论。如附表 4-8 所示。

4.2.3.3 原材料出厂质量证明文件（TJ2.3）和进场抽样复验报告（TJ2.4）

原材料进场时应按批进行现场验收，凡涉及安全、功能的有关产品，应按各专业工程质量验收规范规定进行取样复验，并经监理工程师或建设单位技术负责人检查认可，形成相关的施工物资资料，流程如图 4-2 所示。

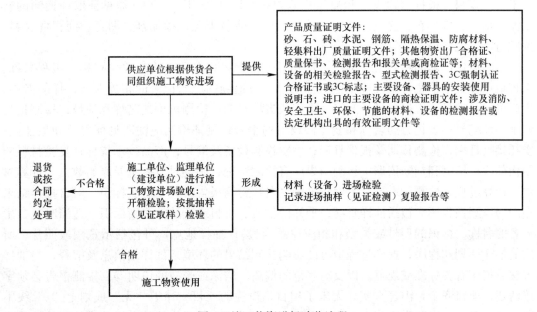

图 4-2 施工物资进场验收流程

进场验收内容包括：查产品合格证、出厂检验报告和复验报告。验收数量按施工物资进场的批次和产品的抽样检验方案确定。

产品合格证和出厂检测报告属于产品的质量证明文件，有时两者可以合一。质量量明文件包括：砂、石、砖、水泥、钢筋、隔热保温、防腐材料、轻集料出厂质量证明文件；其他物资出厂合格证、质量保书、检测报告和报关单或商检证等；材料、设备的相关检验报告、型式检测报告、3C 强制认证合格证书或 3C 标志；主要设备、器具的安装使用说明书；进口的主要设备的商检证明文件；涉及消防、安全卫生、环保、节能的材料、设备的检测报告或法定机构出具的有效证明文件等。

质量证明文件由产品供应单位需提供。质量证明文件应为原件，如果质量证明为复印件，应与原件内容一致并必须加盖原件存放单位公章，注明原件存放处，由经办人签字和注明签字日期。如果质量证明为传真件，则应转换成为复印件再保存。有关验收人员应在质量证明文件背面注明工程名称、使用部位、进场日期、进场数量、供应单位和人员等相关信息，并签字确认。质量证明文件幅面小于 A4 幅面纸时，将质量证明文件按其先后顺序粘贴在 A4 纸上。施工物资资料的质量证明文件（出厂合格证、检测报告）应按批组合，按时间先后顺序排列编号，并能对应一到一致，不得遗漏。

进入施工现场的原材料、成品、半成品、构配件，在使用前必须按现行国家有关标准的规定抽取试样，交由具有相应资质的检测、试验机构进行复试，复试结构合格方可使用。对按国家规定只提供技术参数的测试报告，应由使用单位的技术负责人依据有关技术标准对技术参数进行判别并签字认可。进场材料凡复试不合格的,应按原标准规定的要求再次进行复试,再次复试的结果合格方可认为该批材料合格,两次报告必须同时归入施工技术文件资料。

对有见证取样送检要求的必须按有关规定实行有见证取样和送检,其记录应归入施工技术文件资料。根据《建设工程质量检测规程》DGJ 32/J21—2009需见证取样检测的有水泥、钢筋、砂、石、混凝土强度、砂浆强度、简易土工、掺加剂、沥青、沥青混合料、预应力钢绞线和锚夹具等。

检测单位出具的检测报告的内容应包括:检测报告名称;委托单位名称、工程名称、工程地点等基本信息;工程质量监督注册号;可追溯的原始记录的相关编号;样品名称、生产单位、批量、规格型号、等级、生产或进场日期;检测机构的名称和地址;检测报告的唯一性编号;委托方的名称和委托协议书的编号;见证检测应注明见证单位和见证人;委托接收日期、检测日期及报告日期;主要检测设备及编号;产品技术指标;复验材料的结构部位;检测和判断依据;检测结果应有检测结论、必要时应有主要原始数据、计算参数、计算过程;检测、审核、签发有员的签名;检测报告每页及总页标识。对含抽样结果在内的检测报告还应包括抽样日期;抽样的物质、材料或产品的清晰标识(适当时包括生产者的名称、标识的型号或类型和相应原系列号);抽样地点,可包括示意图或照片;所用的抽样计划和程序;抽样过程中可能影响检测结果的环境条件详细信息及解释;与抽样方法或程序有关标准或规范,以及对规范的偏离、增添或删减的说明等。检测报告必须字迹清楚,项目齐全,内容真实,无未了项目,没检的项目一律填"无"或划上"/"线不留空白。对于一次取样检测不合格,进行二次取样检测的应将复试合格单或处理的结论附于此报告单的后面,一起存档。施工物资资料的进场验收记录和复验报告,应按批组合,按时间先后顺序排列编号,并能对应一到致,不得遗漏。

1. 钢材(钢筋、钢板、型钢)

热轧光圆钢筋、热轧带肋钢筋、钢筋焊接网、余热处理钢筋和冷加工钢筋性能及检验相关的国家现行标准有:《钢筋混凝土用钢 第1部分:热轧光圆钢筋》GB 1499.1—2008、《钢筋混凝土用钢 第2部分:热轧带肋钢筋》GB 1499.2—2007/XG1—2009、《钢筋混凝土用钢 第3部分:钢筋焊接网》GB/T 1499.3—2010、《钢筋混凝土用余热处理钢筋》GB 13014—2013、《冷轧带肋钢筋》GB 13788—2008、《冷拔低碳钢丝应用技术规程》JGJ 19—2010等。

按《混凝土结构工程施工质量验收规范》GB 50204—2001(2010版)钢筋进场时应按国家现行相关标准的规定进行检查验收。检验按进场的批次和产品的抽样检验方案确定,对同一厂家、同一牌号、同一规格的钢筋,当一次进场的数量大于该产品的出厂检验批量时,应划分为若干个出厂检验批量,按出厂检验的抽样方案执行;当一次进场的数量小于或等于该出厂检验批量时,应作为一个检验批量,然后按出厂检验的抽样方案执行;对不同进场时间的同批钢筋,当确有可靠依据时,可按一次进场的钢筋处理。如钢筋混凝土用热轧钢筋,每批由同一牌号、同一炉罐号、同一规格的钢筋60t为一批。

检验内容包括:产品合格证、出厂检验报告和进场复验批告。

钢筋进场时由供应单位提供产品合格证和出厂检验报告,有时产品合格证、出厂检验报告可以合并。产品合格证、出厂检验报告属于产品的质量证明资料,通常应列出产品的主要性能指标，当用户有特殊要求时，还应列出某些专门检验数据。当遇到进口钢筋时，产品合格证、出检检验报告应有中文文本，质量标准不得低于我国有关标准。产品合格证及出厂检验报告中需注明出厂日期、检验部门印章、合格证的编号、钢种、规格、数量、机械性能、化学成分等数据和结论，备注栏内应由施工单位填写说明使用工程的名称、使用部位等。各验收批产品合格证和出厂检试报告单应按批组合，按时间先后顺序排列编号，并能对应一致，不得遗漏。施工单位收集、整理供应单位提供的《钢筋合格证》（TJ2.3.1.1）、《预应力钢筋合格证》（TJ2.3.1.2）、《预应力锚具、夹具和连接器合格证》（TJ2.3.1.3）、《金属螺旋管合格证书》（TJ2.3.1.4）和《其他钢材合格证》（TJ2.3.1.5）等，填写《钢材质量证明文件汇总表》（TJ2.3.1）。

钢筋复验按建设部141号令《建设工程质量检测管理办法》规定，钢筋进场时按批见证取样，送有见证检测资质的检测试验机构检测复验。对每批钢筋抽取5个试件，先进行重量偏差检验，再取其中2个试件进行拉伸试验、2个试件进行弯曲试验。如钢筋混凝土用热轧钢筋，每批由同一牌号、同一炉罐号、同一规格的钢筋60t为一批，超过60t的部分，每增加40t（或不是40t的余数）增加一个拉伸试验试件和一个弯曲试验试件。对于热轧钢筋检测复验的项目包括屈服强度、抗拉强度、断后伸长率、最大力下总伸长率、弯曲等。当发现钢筋脆断、焊接性能不良或力学性能显著不正常等现象时，还应对钢筋进行化学成分检验或其他专项检验，检测钢材中碳（C）、硫（S）、硅（Si）、锰（Mn）、磷（P）的含量。对于预应力混凝土用钢材检测复验项目包括：最大力、规定非比例延伸率、最大力总伸长率、应力松弛性能、抗拉强度、弹性模量等。对于预应力锚夹具检测复验项目包括：硬度、静载试验等。对于预应力波纹管检测复验项目包括：钢带厚度（金属管）、波高、壁厚（金属管）、径向刚度（金属管）、抗渗漏性能（金属管）、环刚度（塑料管）、局部横向荷载（塑料管）、柔韧性（塑料管）、抗冲击性（塑料管）等。

复验报告是进场钢筋抽样检验的结果，它是该批钢筋能否在工程中应用的最终判断。复验报告单中的委托单位、工程名称及部位、委托试样编号、试件种类、试验项目、试件代表数量、送样时间、试验委托人等，均由试验委托单位填写。试验报告中试验编号、各项试验测算数据及结论、报告日期等均由检测单位填写。施工单位负责收集、整理检测单位提供《钢筋进场复验报告》（TJ2.4.1.1）；《预应力钢筋进场复验报告》（TJ2.4.1.2）；《预应力锚具、夹具及静载锚固性能进场复验报告》（TJ2.4.1.3）；《金属螺旋管进场复验报告》（TJ2.4.1.4）和《其他》TJ2.4.1.5，填写《钢材复验报告汇总表》（TJ2.4.1）。如附表4-8所示。

2. 水泥

水泥进场时应批对其品种、级别、包装或散装仓号，出厂日期等进行检查，并应对其强度、安定性及其他必要的性能指标进行见证取样复验，其质量必须符合现行国家标准《通用硅酸盐水泥》（GB 175-2007/XG1-2009）的规定。当在使用中对水泥质量有怀疑或水泥出厂超过三个月（快硬水泥超过一个月）时，应进行复验，并按复验结果使用。检验按同一生产厂家、同一等级、同一品种、同一批号且连续进场的水泥，袋装不超过200t为一批，散装不超过500t为一批，每批抽样不少于一次。

检查内容包括：产品合格证、出厂检验报告和进场复验报告。产品合格证、出厂检验报告属于产品质量保证资料，有时产品合格和出厂检测报告可以合并，生产者应在水泥发出之日起7d内寄发除28d强度以外的各项检验结果，32d内补报28d强度的检验结果。产品合格证和出厂检验报告中应含有水泥的品种、强度等级、出厂日期、强度（抗折和抗压）、安全性、试验编号等内容。施工单位负责收集、整理供应单位提供的《水泥出厂合格证》（TJ2.3.2.1）、《预应力孔道灌浆水泥合格证》（TJ2.3.2.2），填写《水泥、外加剂出厂合格证汇总表》（TJ2.3.2）。

水泥进场需见证取样复验，复验项目包括强度、凝结时间、安定性、胶砂流动度、标准稠度用水量、细度等。对于混凝土结构工程用水泥应对其强度、安定性及其他必要性能指标进行复验。对于抹灰工程应对水泥的凝结时间和安定性进行复验。安定性不合格的水泥严禁使用，强度指标必须符合规定。施工单位负责收集、整理检测单位提供的《水泥进场复验报告》（TJ2.4.2.1）、《预应力孔道灌浆水泥进场复验报告》（TJ2.4.2.2），填写《水泥、掺加剂、砂、石复验报告汇总表》（TJ2.4.2）。如附表4-10所示。

3. 外加剂

混凝土中掺用的外加剂进场时应进行检查验收，其质量应符合现行国家标准《混凝土外加剂》GB 8076—2008、《混凝土外加剂应用技术规范》GB 50119—2013等规定。外加剂进场检查内容包括产品合格证、出厂检验报告和进场复验报告。

产品合格证和出厂检验报告上标注说明生产厂家名称、产品名称、产品特性、主要成分与含量、适用范围、适宜掺量、使用方法与说明、注意事项、匀质性指标、掺外加剂混凝土性能指标、包装、质量、储存条件、出厂日期、有效期等内容。施工单位负责收集、整理供应单位提供的《混凝土外加剂产品合格证、出厂检验报告》（TJ2.3.2.3）、《预应力孔道灌浆用外加剂产品合格证》（TJ2.3.2.4）等，填写《水泥、外加剂出厂合格证汇总表》（TJ2.3.2）。

外加剂进场时应进行见证取样复验。复验检测项目包括减水率、泌水率、含气量、凝结时间、抗压强度比、坍落度增加值、坍落度保留值、收缩率等。复验报告中的委托单位、委托人、工程名称、用途、样品名称、产地及厂家、试样收到日期、要求试验的项目，均由委托人填写，其余部分由试验人员依据试验结果填写。检测单位提供《混凝土外加剂复验报告》（TJ2.4.2.3）、《预应力孔道灌浆用外加剂进场复验报告》（TJ2.4.2.4），施工单位汇总、填写《水泥、掺加剂、砂、石复验报告汇总表》（TJ2.4.2）。如附表4-11所示。

4. 掺合料

混凝土掺合料主要有粉煤灰、粒化高炉矿渣粉、沸石粉、硅灰和复合掺合料等，其质量应符合现行国家标准《用于水泥和混凝土中的粉煤灰》GB/T 1596—2005等的规定。进场检查验收按批次和产品的抽样检验方案确定。粉煤灰的现场组批取样以连续供应的200t相同等级的粉煤灰为一批，不足200t者按一批论，粉煤灰的数量按干灰（含水量小于1%）的重量计算。检查内容包括：产品合格证、出厂检验报告和进场复验报告。

施工单位收集、整理由供应单位提供《粉煤灰合格证书等》（TJ2.3.2.5），填写《水泥、外加剂出厂合格证汇总表》（TJ2.3.2）。

粉煤灰进场需见证取样复验。复验的项目包括细度、烧失量、含水量、活性指数、需水量比、三氧化硫等。施工单位负责收集、整理由检测单位提供《粉煤灰进场复验报告》（TJ2.4.2.5），填写《水泥、掺加剂、砂、石复验报告汇总表》（TJ2.4.2）。如附表4-12

所示。

5. 砂、石

普通混凝土所用的砂、石的质量应符合现行国家标准《普通混凝土用砂、石质量及检验方法标准》JGJ 52—2006 的规定。进场按批进行检查验收。砂、石用大型工具（如火车、货船或汽车）运输的，以 400m³ 或 600t 为一验收批，用小型工具（如马车等）运输的，以 200m 或 300t 为一验收批，不足上述数量者也按一批计。检查内容为进场复验报告。

砂、石进场验收需见证取样复验。砂每验收批至少进行颗粒级配、含泥量、泥块含量检验，对于海砂还应检验贝壳含量，对人工砂及混合砂还应检验石粉含量。碎石或卵石应进行颗粒级配、含泥量、泥块含量检验，还应检验针、片状颗粒含量。重要工程或特殊工程应根据工程要求增加检测项目，对其他指标的合格性有怀疑时应予检验。施工单位负责收集、整理检测单位提供的《砂、石料进场复验报告》（TJ2.4.2.6），填写《水泥、掺加剂、砂、石复验报告汇总表》（TJ2.4.2）。如附表 4-13、附表 4-14 所示。

6. 砖（砌块）

砖（砌块）进场应按批进行检查。依据《砌体结构工程施工质量验收规范》GB 50203—2011 组批按每一生产厂家，按烧结砖、混凝土实心砖每 15 万块，烧结多孔砖、混凝土多孔砖、蒸压灰砂砖及蒸压粉煤灰砖每 10 万块为一验收批，不足上述数量时按 1 批计。检查内容包括产品合格证、产品性能检测报告和复验报告。

施工单位负责收集、整理供应单位提供《砖（砌块）出厂合格证》（TJ2.3.3.1），填写《砖（砌块）出合格证汇总表》（TJ2.3.3）。

砖（砌块）见证取取样检验。烧结多孔砖检测项目包括外观质量、尺寸偏差、强度等级、孔型孔洞率及孔洞排列、泛霜、石灰爆裂、吸水率和饱和系数、冻融等。蒸压灰砂抽样检验项目包括尺寸偏差、外观、抗折强度和抗压强度。检测单位提供检测报告应有试验编号，并应有明确的结论，签字、盖章齐全。

施工单位负责收集、整理检测单位提供的《砖（砌块）检测报告》（TJ2.4.3.1），填写《砌砖（砌块）试验报告汇总表》（TJ2.4.3）。

7. 防水和保温

防水材料主要有防水卷材、防水涂料、胶粘剂、止水带、膨胀胶条、密封膏、密封胶等。防水材料进场时应按批检查验收，材料的品种、规格、性能等应符合现行国家产品标准和设计要求。检查验收内容包括产品合格证、性能检测报告和出厂复验报告。

防水材料产品合格证和性能检测报告由供应单位提供。合格证上需注明出厂日期、检验部门印章、合格证的编号、品种、规格、数量、各项性指标、包装、标识、重量、面积、产品外观、物理性能等。检测报告应有检测单位的计算合格标志，有检验（试验）、审核、负责人（技术）三级人员签字，产品出厂检验项目齐全、结论明确、执行技术标准号、产品注册号、生产许可证号、产品名称、规格、型号、制造厂、生产日期、出厂日期、出厂编号、代表数量、检验（测）值、标准值、质量等级等。保温材料质量合格证上需有生产厂家名称、产品名称、型号、保温方式、施工方式、规格、适用标准、防火等级、检验人及日期等内容。施工单位收集、整理供应单位提供的《防水材料和保温材料合格证》（TJ2.3.4.1），填写《防水和保温及其他建筑材料合格证汇总表》（TJ2.3.4）。

防水工程材料进场验收按规定见证取样复验,并提出复验报告,不合格的材料,不得使用。高聚物改性沥青防水卷材、合成高分子防水卷材,大于1000卷抽5卷,每500~1000卷抽4卷,100~499卷抽3卷,100卷以下抽2卷,进行规格尺寸和外观质量检验。在外观质量检验合格的卷材中,任取一卷作物理性能检验。用于屋面防水现场抽样复验项目有拉力、最大拉力时延伸率、耐热度、低温柔度、不透水性。用于地防水现场抽样复验项目有拉力、最大拉力时延伸率、低温柔度、不透水性。对于高聚物改性沥青防水涂料、合成高分子防水涂料每10t为一批,不足10t按一批抽样。高聚物改性沥青防水涂料检测内容包括固含量、耐热度、柔性、不透水性、延伸。合成高分子防水涂料检测内容包括固含量、拉伸强度、断裂延伸率、柔性、不透水性。

检测报告应有检测单位的计量合格标志,有检验(试验)、审核、负责人(技术)三级人员签字,产品出厂检验项目齐全、结论明确、材料名称、规格、型号、数量、质量等级与现场材料相附。施工单位负责收集、整理检测单位提供的防水的《防水材料和保温材料复验报告》(TJ2.4.4.1),填写《防水和保温材料及其他建筑材料复验报告汇总表》(TJ2.4.4)。如附表4-15、4-16所示。

架空隔热制品包括黏土砖(大阶砖)、混凝土平板、混凝土架空板等,质量必须符合设计要求。检验方法为观察检查和检查合格证或试验报告。施工单位收、集整理供应单位提供的《防水材料和保温材料合格证》(TJ2.3.4.1),填写《防水和保温及其他建筑材料合格证汇总表》(TJ2.3.4)。施工单位负责收集、整理检测单位提供的防水的《防水材料和保温材料复验报告》(TJ2.4.4.1),填写《防水和保温材料及其他建筑材料复验报告汇总表》(TJ2.4.4)。

8. 饰面板(砖)

饰面板(砖)应进行进场检验,其品种、规格、颜色和性能应符合设计要求。检验按相同材料、工艺和施工条件的室内饰面板(砖)工程每50间(大面积房间和走廊按施工面积$30m^2$为一间)应划分为一个检验批,不足50间也应划分为一个检验批;室外饰面板(砖)工程每500~$1000m^2$应划分为一个检验批,不足$500m^2$也应划分为一个检验批。检查内容包括产品合格证、进场验收记录、性能检测报告和复验报告。

施工单位收集供应单位提供的《饰面板(砖)产品合格证》(TJ2.3.4.3),填写《防水和保温及其他建筑材料合格证汇总表》(TJ2.3.4)。

对室内用花岗石的放射性、外墙陶瓷面砖的吸水率和寒冷地区外墙陶瓷面砖的抗冻性进行复验。施工单位收集、整理检测单位提供的《饰面板(砖)复验报告》(TJ2.4.4.2)、《室内用大理石、花岗石、墙地砖及其他无机非金属材料放射性检测报告、天然花岗岩放射性复验报告》(TJ2.4.4.5),填写《防水和保温材料及其他建筑材料复验报告汇总表》(TJ2.4.4)。

9. 吊顶

吊顶材料包括轻钢龙骨、铝合金龙骨、木龙骨、石骨板、金属板、矿棉板、木板、塑料板等材料。吊顶材料进场应进行检查验收。检验时按同一品种的吊顶工程每50间(大面积房间和走廊按施工面积$30m^2$为一间)应划分为一个检验批,不足50间也应划分为一个检验批。检查验收内容包括产品合格证、进场验收记录、性能检测报告和复验报告。

施工单位收集、整理供应提供的《吊顶、隔墙龙骨产品合格证》(TJ2.3.4.4)、《隔墙墙板以及吊顶、隔墙面板产品合格证》（TJ2.3.4.5）、《人造木板合格证》（TJ2.3.4.6），填写《防水和保温及其他建筑材料合格证汇总表》（TJ2.3.4）。

对人造木板的甲醛含量进行复验。检验取样组批的要求是民用建筑工程室内装修采用的某一种人造木板或饰面人造木板面积大于500m²时，对不同产品分别进行游离甲醛含量或游离甲醛释放量的复验。施工单位收集、整理检测单位提供的《人造木板甲醛含量复验报告》（TJ2.4.4.3），填写《防水和保温材料及其他建筑材料复验报告汇总表》（TJ2.4.4）。

10. 隔墙板材料

隔墙材料有钢龙骨、铝合金龙骨、木龙骨、石膏板、人造板、水泥纤维板、玻璃砖等，对于墙板材料的品种、规格、性能、颜色应符合设计要求，对于骨架隔墙所用龙骨、配件、墙面板、填充材料及嵌缝材料的品种、规格、性能和木材的含水率应符合设计要求，有隔声、隔热、阻燃、防潮等特殊要求的工程材料应有相应性能等级的报告。材料进场检查验收按同一品种的吊顶工程每50间（大面积房间和走廊按施工面积30m²为一间）应划分为一个检验批，不足50间也应划分为一个检验批。检查验收内容包括检验产品合格证书、进场验收记录、性能检测报告和复验报告。

施工单位收集、整理供应单位提供的《吊顶、隔墙龙骨产品合格证》（TJ2.3.4.4）、《隔墙墙板以及吊顶、隔墙面板产品合格证》（TJ2.3.4.5）、《人造木板合格证》（TJ2.3.4.6），填写《防水和保温及其他建筑材料合格证汇总表》（TJ2.3.4）。

对人造木板的甲醛含量进行复验。检验取样组批为民用建筑工程室内装修采用的某一种人造木板或饰面人造木板面积大于500m²时，应对不同产品分别进行游离甲醛含量或游离甲醛释放量的复验。施工单位收集、整理检测单位提供的《人造木板甲醛含量复验报告》（TJ2.4.4.3），填写《防水和保温材料及其他建筑材料复验报告汇总表》（TJ2.4.4）。

11. 涂料产品

涂料产品主要有合成树脂乳液内、外墙涂料和溶剂型外墙涂料，涂料的品种、型号和性能应符合设计要求。进场检查验收按室内涂饰工程每一栋楼的同类涂料每50间（大面积房间和走廊按施工面积30m²为一间）应划分为一个检验批，不足50间也应划分为一个检验批；室外涂饰工程每一栋楼的同类涂料每500～1000m²应划分为一个检验批，不足500m²也应划分为一个检验批。检查验收内容有产品合格证书上、性能检测报告和进场验收记录。

施工单位收集、整理供应单位提供的《涂料产品合格证》（TJ2.3.4.8），填写《防水和保温及其他建筑材料合格证汇总表》（TJ2.3.4）。

工程现场堆放的建筑涂料应按品种、批号、颜色分别堆放，按随机取样的方法对产品进行取样。检测项目为在容器中状态、施工性、涂膜外观、干燥时间、对比率、耐水性、耐碱性、耐洗刷性、涂料耐冻融性。由检测单位提供《涂料产品性能检测报告》（TJ2.4.4.6）。施工单位负责收集、整理检测单位提供的《涂料产品性能检测报告》（TJ2.4.4.6），填写《防水和保温材料及其他建筑材料复验报告汇总表》（TJ2.4.4）

12. 裱糊和软包

裱糊工程的壁纸、墙布的种类、规格、图案、颜色和燃烧性能等级必须符合设计要求和国家现行标准的有关规定。软包面料、内衬材料及边框的材质、颜色、图案、燃烧性能等级和木材的含水率应符合设计要求及国家现行标准的有关规定。进场检查验收同一品种的裱糊或软包工程每 50 间（大面积房间和走廊按施工面积 30m² 为一间）应划分为一个检验批，不足 50 间也应划分为一个检验批。检查内容有产品合格证、进场验收记录和性能检测报告。施工单位收集、整理供应单位提供的《裱糊用壁纸、墙布产品合格证》(TJ2.3.4.9)；《软包面料、内衬产品合格证》(TJ2.3.4.10)，填写《防水和保温及其他建筑材料合格证汇总表》(TJ2.3.4)。

13. 地面材料

地面材料包括陶瓷锦砖、缸砖、陶瓷地砖、大理石、花岗石、木地板、实木复合地面、中密度板等。进场的材料应有中文质量合格证明文件、规格、型号及性能检测报告，对重要的材料应有复验报告。大理石、花岗石等天然石材必须有放射性害检测报告，人造板材应有甲醛含量试验报告。施工单位收集、整理供应单位提供的《地面材料产品合格》(TJ2.3.4.11)，填写《防水和保温材料及其他建筑材料复验报告汇总表》(TJ2.4.4)。

14. 玻璃

进场的玻璃及有产品合格证、检测报告、3C 认证、中空玻璃型式检验报告。施工单位收集、整理供应单位提供的《玻璃产品合格证》(TJ2.3.4.7)，填写《防水和保温及其他建筑材料合格证汇总表》(TJ2.3.4)。取样检测玻璃的遮阳系数、可见光透射比、中空玻璃露点、传热系数等。施工单位收集、整理检测单位提供的《玻璃产品性能检测报告》(TJ2.4.4.4)，填写《防水和保温材料及其他建筑材料复验报告汇总表》(TJ2.4.4)。

15. 装饰装修胶粘剂

室内装饰装修用胶粘剂有氯丁橡胶胶粘剂、SBS 胶粘剂、缩甲醛胶粘剂等。用于室内的胶粘剂应标明有害物质的名称和含量。进场抽样检测胶粘剂的性能，如粘结强度、游离甲醛、苯、TVOC 等含量。施工单位收集检测单位提供的《装饰装修用胶粘剂性能检测报告》，填写《防水和保温材料及其他建筑材料复验报告汇总表》(TJ2.4.4)。

16. 预制构件

预制构件包括在预制厂和施工现场制作的构件，按构件生产数量划分检验批进行验收。检查预制构件的产品合格证的目的是保证外观质量、尺寸偏差和结构性能符合要求。预制构件出厂合格证中的各项填写齐全，不得有错填和漏填，如委托单位、工程名称、构件名称、型号、数量及生产日期、合同证编号、合同编号、混凝土设计强度等级、配合比编号、出厂强度、主筋种类、规格、机械性能、结构性能、生产许可证等。施工单位收集供应单位提供的《预制构件合格证》(TJ2.3.5.1)，填写《预制构件、预拌混凝土合格证汇总表》(TJ2.3.5)。

预制构件按标准图或设计要求的试验参数及检验指标进行结构性能检验。混凝土构件结构性能检测是针对结构构件的承载力、挠度、裂缝控制性能等各项指标所进行的检测，通过对试验的构件施加荷载，观测结构的变化情况（承载力、裂缝、破坏），从而判定被测构件的结构性能（承载力）。对于构件结构性能检验数量为成批生产的混凝土构件应按同一生产工艺正常生产的不超过 1000 件，且不超过 3 个月的同类型产品为一批；当连续检验 10 批且每批的结构性能检验结果均符合规范规定要求时，对同一生产工艺正常生产的构件，可改为不超过 2000 件且不超过 3 个月的同类产品为一批。在每批中应随机抽取一个构件作为试件，进行结构性能检测，同时每批中应随机抽取 2 个备用试件，以便在需要进行复验时使用。施工单位收集、整理由检测单位提供《混凝土构件结构性能检验报告》(TJ2.4.5.1)，填写《混凝土构件结构性能检验报告、门窗复验等汇总表》(TJ2.4.5)。

17. 预拌混凝土

预拌混凝土进场时需向施工单位提供预拌混凝土出厂合格证。合格证包括：出厂合格证编号、合同编号、工程名称、需方、供方、供货日期、浇筑部位、混凝土标记、其他技术要求、供货量、原材料的品种、规格、级别及复验报告编号、混凝土配合比编号、混凝土强度指标、其他性能指标、质量评定等内容。总含碱量有要求的地区，应提供混凝土碱含量报告。施工单位收集供应单位提供的《预拌混凝土合格证》(TJ2.3.5.2)，填写《预制构件、预拌混凝土合格证汇总表》(TJ2.3.5)。

18. 门、窗

进场门、窗的品种、规格、等级应符合设计和有关标准要求。检验按批进行，同一品种、类型、规格和同一厂家，按100樘划分为一个检验批，不足100樘也应划分为一个检验批，同一品种、类型、规格和同一厂家的特种门按50樘划分为一个检验批，不足50樘也应划分为一个检验批。检查内容有产品合格证、性能检测报告、进场验收记录和复验报告。

产品合格证应注明产品名称、产品执行标准、门窗施工企业资质及编号、门窗施工企业的安全生产许可证编号、节能认证书编号、节能备案证书编号、企业名称、工程名称、规格型号、批量、批号、检验日期、检验结果出厂日期、质检员签章等内容。施工单位收集供应单位提供的《门窗产品合格证》(TJ2.3.5.3)，填写《预制构件、预拌混凝土合格证汇总表》(TJ2.3.5)。

外门窗复验项目包括抗风压性能、气密性能、水密性能。施工单位收集、整理由检测单位提供《门窗复验报告》(TJ2.4.5.2)，填写《混凝土构件结构性能检验报告、门窗复验等汇总表》(TJ2.4.5)。

4.2.3.4 施工试验报告及见证检测报告

1. 混凝土强度试验报告

现浇混凝土和预拌混凝土的强度等级必须符合设计要求。用于检查结构构件混凝土强度的试件，应在混凝土浇筑地点见证取样，随机抽取。

根据《混凝土强度检验评定标准》GB/T 50107—2010试件的取样频率和数量应符合下列规定：

(1) 每100盘，但不超过100m³的同配合比混凝土，取样次数不应少于一次；

(2) 每一工作班拌制的同配合比混凝土，不足100盘和100m³时其取样次数不应少于一次；

(3) 当一次连续浇筑的同配合比混凝土超过1000m³时，每200m³取样不应少于一次；

(4) 对房屋建筑，每一楼层、同一配合比的混凝土，取样不应少于一次。

每批混凝土试样应制作的试件总组数，除满足混凝土强度评定所必需的组数外，还应留置为检验结构或构件施工阶段混凝土强度所必需的试件。

混凝土试件一组三块。采用标准养护（温度为20±2℃，相对湿度达95%以上），养护至龄期达28d时进行试压。试验结果取三个试件强度的算术平均值作为每组试件强度的代表值；当一组试件中强度最大值或最小值与中间值之差超过中间值15%时，取中间值作为该组试件的强度代表值；当一组试件强度最大值和最小值与中间值均超过中间值15%时，该组试件的强度不应作为评定的标准。检测单位出具的试验报告应有工程名称、部位或构件名称、搅拌、振捣方法、养护方法（制度）、混凝土强度等级、试压日期、试块制作日期、龄期、试块编号、试块尺寸、强度等内容，并应有试验、复核、试验室负责人签字，同时注明试验报告的编号。如附表4-17所示。

混凝土强度评定按《混凝土强度检验评定标准》GB/T 50107—2010采用统计和非统计方法。

（1）当连续生产的混凝土，生产条件在较长时间内保持一致，且同一品种、同一强度等级混凝土的强度变异性保持稳定时采用统计方法评定。一个检验批的样本容量应为连续的3组试件，其强度应同时符合下列规定：

$$m_{f_{cu}} \geq f_{cu,k} + 0.7\sigma_0$$
$$f_{cu,min} \geq f_{cu,k} - 0.7\sigma_0$$

检验批混凝土立方体抗压强度的标准差应按下式计算：

$$\sigma_0 = \sqrt{\frac{\sum_{i=1}^{n} f_{cu,i}^2 - nm_{f_{cu}}^2}{n-1}}$$

当混凝土强度等级不高于C20时，其强度的最小值尚应满足下式要求：

$$f_{cu,min} \geq 0.85 f_{cu,k}$$

当混凝土强度等级高于C20时，其强度的最小值尚应满足下列要求：

$$f_{cu,min} \geq 0.90 f_{cu,k}$$

式中 $m_{f_{cu}}$——同一检验批混凝土立方体抗压强度的平均值（N/mm²），精确到0.1（N/mm²）；

$f_{cu,k}$——混凝土立方体抗压强度标准值（N/mm²），精确到0.1（N/mm²）；

σ_0——检验批混凝土立方体抗压强度的标准差（N/mm²），精确到0.01（N/mm²）；当检验批混凝土强度标准差σ_0计算值小于2.0N/mm²时，应取2.5N/mm²；

$f_{cu,i}$——前一个检验期内同一品种、同一强度等级的第i组混凝土试件的立方体抗压强度代表值（N/mm²），精确到0.1（N/mm²）；该检验期不应少于60d，也不得大于90d；

n——前一检验期内的样本容量，在该期间内样本容量不应少于45；

$f_{cu,min}$——同一检验批混凝土立方体抗压强度的最小值（N/mm²），精确到0.1（N/mm²）。

（2）当样本容量不少于10组时，采用统计方法评定时，其强度应同时满足下列要求：

$$m_{f_{cu}} \geq f_{cu,k} + \lambda_1 \cdot S_{f_{cu}}$$
$$f_{cu,min} \geq \lambda_2 \cdot f_{cu,k}$$

同一检验批混凝土立方体抗压强度的标准差应按下式计算：

$$S_{f_{cu}} = \sqrt{\frac{\sum_{i=1}^{n} f_{cu,i}^2 - n m_{f_{cu}}^2}{n-1}}$$

式中：$S_{f_{cu}}$——同一检验批混凝土立方体抗压强度的标准差（N/mm²），精确到0.01（N/mm²）；当检验批混凝土强度标准差 $S_{f_{cu}}$ 计算值小于2.5N/mm² 时，应取2.5N/mm²；

λ_1、λ_2——合格评定系数，按表4-2取用；

混凝土强度的合格评定系数 表4-2

试件组数	10～14	15～19	≥20
λ_1	1.15	1.05	0.95
λ_2	0.90	0.85	

n——本检验期内的样本容量。

（3）当用于评定的样本容量小于10组时，应采用非统计方法评定混凝土强度。

按非统计方法评定混凝土强度时，其强度应同时符合下列规定：

$$m_{f_{cu}} \geq \lambda_3 \cdot f_{cu,k}$$
$$f_{cu,min} \geq \lambda_4 \cdot f_{cu,k}$$

式中：λ_3、λ_4——合格评定系数，应按表4-3取用。

混凝土强度的非统计法合格评定系数 表4-3

混凝土强度等级	<C60	≥C60
λ_3	1.15	1.10
λ_4	0.95	

当检验结果满足（1）或（2）或（3）的规定时，则该批混凝土强度应评定为合格；当不能满足上述规定时，该批混凝土强度应评定为不合格。对评定为不合格批的混凝土，可按国家现行的有关标准进行处理。

施工单位收集、整理检测单位提供的《混凝土试块试验报告》（TJ2.5.2.1）、《用于装配式结构拼缝、接头处混凝土强度试验报告》（TJ2.5.2.2）和《特种混凝土试块试验报告》（TJ2.5.2.3），填写《标准养护混凝土试块试压报告汇总表》（TJ2.5.1），如附表4-17所示。

施工单位收集、整理检测单位提供的《混凝土试块试验报告》（TJ2.5.2.1）、《用于装配式结构拼缝、接头处混凝土强度试验报告》（TJ2.5.2.2）和《特种混凝土试块试验报告》（TJ2.5.2.3），采用统计或非统计的方法进行混凝土强度评定，填写《混凝土强度评定》（TJ2.5.2），如附表4-18所示。

混凝土试件采用同条件养护时，养护至龄期达到600℃·d时进行试压。施工单位收集、整理检测单位提供《同条件养护混凝土试块试验报告》（TJ2.5.4.1），填写《同条件养护混凝土试块试验报告汇总表》（TJ2.5.3）。

施工单位收集、整理检测单位提供《同条件养护混凝土试块试验报告》（TJ2.5.4.1），进行检验混凝土强度评定，填写《结构实体混凝土强度评定》（TJ2.5.4）。

有抗渗要求的混凝土试块试压时，施工单位收集、整理检测单位提供的《抗渗混凝土试块抗渗试验报告》（TJ2.5.5.1），填写《抗渗混凝土试块抗渗试验报告汇总表包括》（TJ2.5.5），如附表4-19所示。

2. 砂浆强度强度试验报告

砌筑砂浆的强度等级必须符合设计要求。对同品种、同强度等级的砌筑砂浆，湿拌砌砂浆应以$50m^3$为一个检验批，干拌砂浆应以100t为一个检验批；不足一个检验批的数量时，应按一个检验批计。每检验批至少留置1组抗压强度试块。砌筑砂浆取样采用见证取样，干拌砂浆宜从搅拌机出料口，湿拌砂浆宜从运输车出料口或储存容器随机取样。砌筑砂浆抗压强度试块的制作、养护、试压等应符合现行行业标准《建筑砂浆基本性能试验方法标准》JGJ/T 70—2009规定，龄期应为28d。试验结果取三个试件强度的算术平均值作为每组试件强度的代表值；当一组试件中强度最大值或最小值与中间值之差超过中间值15％时，取中间值作为该组试件的强度代表值；当一组试件强度最大值和最小值与中间值均超过中间值15％时，该组试件的强度不应作为评定的标准。

砌筑砂浆抗压强度合格条件是同一验收批砂浆试块抗压强度平均值应大于或等于设计强度等级值的1.10倍；同一验收批砂浆试块抗压强度的最小一组平均值应大于或等于设计强度值的0.85倍。砌筑砂浆的验收批，同一类型、强度等级的砂浆试块不应少于3组；同一验收批砂浆只有1组或2组试块时，每组试块抗压强度平均值应大于或等于设计强度等级值的1.10倍；对于建筑结构安全等级为一级或设计使用年限为50年及以上的房屋，同一验收批砂浆试块的数量不得少于3组。

施工单位收集、整理检测单位提供的《砂浆试块试验报告》（TJ2.5.6.1）、《预应力灌浆用水泥浆试块试验报告》（TJ2.5.6.2）、《特种砂浆试块试验报告》（TJ2.5.6.3），进行砂浆强度评定，填写《砂浆强度汇总评定表》（TJ2.5.6）。如附表4-20，附表4-21所示。

3. 钢筋连接试验报告

钢筋连接的方法有绑扎连接、焊接连接和机械连接。对于焊接连接和机械连接，在施工现场应按国家现行标准《钢筋机械连接技术规程》JGJ 107—2010、《钢筋焊接及验收规程》JGJ 18—2012的规定，见证取样抽取钢筋机械连接接头、焊接接头试件作力学性能检验，其质量应符合有关规程的规定。

机械连接接头检验按批进行。同一施工条件下，同一批材料的同等级、同型式、同规格接头，以500个为一个验收批进行检验与验收，不足500个也作为一个验收批。每一验收批，在工程结构中随机截取3个接头试件作抗拉强度试验，按设计要求的接头等级进行评定。当3个接头试件的抗拉强度均符合规定要求，该验收批评为合格。如有1个试件的强度不符合要求，应再取6个试件进行复检。复检中如仍有1个试件的强度不符合要求，则该验收批评为不合格。现场检验连续10个验收批抽样试件抗拉强度试验1次合格率为100％时，验收批接头数量可以扩大1倍。

闪光对焊焊接，在同一台班内由同一焊工完成的300个同级别、同直径钢筋焊接接头应作为一批。当同一台班内焊接的接头数量较少，可在一周之内累计计算，累计仍不足300个接头，应按一批计算。每批接头中随机切取6个试件，其中3个做拉伸试验，3个做弯曲试验。

电弧焊焊接，每一至二楼层以300个同接头型式、同钢筋级别的接头作为一批，不足

300个时仍为一批,从每批中随机切取3个接头进行拉伸试验。

电渣压力焊焊接,以每一楼层或施工区段中300个同级别钢筋接头为一批,不足300个时仍为一批,每批随机切取3个拉伸试件。

钢筋气压焊焊接,同一楼层以300个接头作为一批,不足300个接头仍应作为一批。每批接头中随机地抽取3个接头做拉伸试验,在梁、板的水平钢筋连接中,应另取3个接头做弯曲试验。

预埋件钢筋T形接头,以300件同类型预埋件作为一批,一周内连续焊接时可累计,不足300件时,按一批计算。从每批预埋件中随机切取3个试件进行拉伸试验。

镦粗直螺纹接头,同一施工条件下采用同一批材料的同等级、同型式、同规格接头500个为一验收批,不足500个亦为一个验收批,连续10个验收批,全部拉伸试件一次抽样均合格时,验收批接头数量可扩大一倍。在工程结构中随机截取3个试件做单向拉伸试验。

用于建筑工程结构上的预埋件、后置埋件、植筋等涉及结构安全和使用功能工程项目,应由检测单位进行后置埋件现场拉拔试验。

试验报告应包括下列内容:工程名称、取样部位、批号、批量、钢筋牌号、规格、焊接方法、焊工姓名及考试合格证编号、施工单位、力学性能试验结果,如附表4-21所示。

施工单位负责收集、整理检测单位提供的《钢筋连接试验报告》(TJ2.5.7.1);《预应力钢丝镦头强度试验报告》(TJ2.5.7.2);《后置埋件现场拉拔试验报告》(TJ2.5.7.3),填写《钢筋连接试验报告汇总表》(TJ2.5.7)。

4. 土壤试验

新建、扩建的民用建筑工程设计前,必须进行建筑场地土壤地质勘察、土壤中氡浓度的测定,并提供相应报告。施工单位收集、整理勘察单位提供的《土壤试验报告》(TJ2.5.8.1)、《地表土壤氡浓度检测报告》(TJ2.5.8.2),填写《其他试验报告汇总表》(TJ2.5.8)。

5. 外墙饰面砖样板件粘结强度检测

外墙饰面砖粘贴前和施工过程中,均应在相同基层上做样板件,并对样板件的饰面砖粘结强度进行检验,其检验方法和结果判定应符合《建筑工程饰面砖粘结强度检验标准》JGJ 110—2008的规定。外墙饰面砖样板件粘结强度检测取样对现场镶贴的外墙饰面砖工程每300m² 同类墙体取1组试样,每组3个,每层楼不得少于1组;不足300m² 同类墙体,每两层取1组试样,每组3个。对带饰面砖的预制墙板,每生产100块取1组试样,每组在3块板中各取1个试样,预制墙板不足100块按100块计。施工单位收集、整理由检测单位提供的《外墙饰面砖样板件粘结强度检测报告》(TJ2.5.8.3),填写《其他试验报告汇总表》(TJ2.5.8)。如附表4-22所示。

6. 钢筋保护层厚度实测

钢筋的混凝土保护层厚度对其粘结锚固性能及结构的耐久性和承载能力都有重大影响,对钢筋保护层厚度进行实体检测是保证结构安全所必须的。检测可采用非破损或局部破损的方法,也可采用非破损方法并用局部破损方法进行校准。抽检方法:对梁类、板类构件,应各抽取构件数量的2%且不少于5个构件进行检验;当有悬挑构件时,抽取的构件中悬挑梁类、板类构件所占比例均不宜小于50%;对选定的梁类构件,应对全部纵向受力钢筋的保护层厚度进行检验；对选定的板类，应对不少于6根纵向受力钢筋的保护层厚度进行检验。钢筋保护层厚度检验时，纵向受力钢筋保护层厚度的允许偏差，对梁类构件为＋10mm，－7mm；对板类构件为＋8mm，－5mm。当全部钢筋保护层厚度检验的合格点率为90％以上，钢筋保护层厚度的检验结果应判定为合格。当全部钢筋保护层厚度检验的合格点率小于90％但不小于80％，可再抽取相同数量的构件进行检验；当按两次抽样总和计算的合格点率为90％及以上时钢筋保护层厚度的检验结果应判定为合格。

施工单位收集、整理由检测单位提供的《钢筋保护层厚度实测表》（TJ2.5.8.7），填写《其他试验报告汇总表》（TJ2.5.8）。

7. 地基基础工程检测

当设计要求或经过处理的地基需要进行地基承载力检测时，应由检测单位用载荷板等方法进行检测。施工单位收集、整理由检测单位提供的《地基基础工程检测报告》，填写《其他试验报告汇总表》（TJ2.5.8）。

8. 结构实体检测

按《混凝土结构工程施工质量验收规范》GB 50204—2002（2010年版）结构实体检验的内容包括混凝土强度、钢筋保护层厚度及工程合同约定的项目，必要时可检验其他项目。对混凝土强度的检验，应以在混凝土浇筑地点制备并与结构实体同条件养护的试件强度为依据。

同条件养护试件所对应的结构构件或结构部位，应由监理（建设）单位、施工等各方共同选定。对混凝土结构工程中的各混凝土强度等级，均应留置同条件养护试件。同一强度等级的同条件养护试件，其留置的数量应根据混凝土工程量和重要性确定，不宜小于10组，且不应少于3组。同条件养护试件拆模后，应放置在靠近相应结构构件或结构部件的适当位置，并采取相同的养护条件。同条件养护试件应在达到等效养护龄期时进行强度试验。等效养护龄期可取按日平均温度逐日累计达到600℃·d时所对应的龄期，0℃及以下的龄期不计入，等效养护龄期不应小于14d，也不宜大于60d。同条件养护试件的强度代表值应根据强度试验结果按现行国家标准《混凝土强度检验评定标准》GB/T 50107—2010的规定确定后，乘折算系数1.10，也可根据当地的试验统计结果做适当调整。

当无同条件养护试件或试压不合格时应进行结构实体检验（回弹法、取芯法），按批进行检测构件，抽检数量不得少于同批构件总数的30％且构件数量不得小于10件。检测结论直接反映结构或构件的混凝土抗压强度推定值。

结构实体检验应在监理工程师（建设单位项目专业技术负责人）见证下，由施工项目技术负责人组织实施。承担结构实体检验的试验室具有相应的资质。施工单位负责收集、整理检测单位提供的《结构实体检测报告》（TJ2.5.8.9），填写《其他试验报告汇总表》（TJ2.5.8）。

4.2.3.5 隐蔽工程验收记录

隐蔽工程验收记录是指在对被掩埋（盖）的重要工程或关键部位的掩埋（盖）前，由施工单位、监理单位（或建设单位）、设计单位（必要时参加）共同对工程的相关资料和实物质量进行检查验收所形成的记录（必要时应附简图）。记录必须真实，结论中必须写明工程质量是否符合要求，是否掩埋（盖）进行下道工序施工等，并由有关人员签字盖章。

土建工程主要隐蔽检验项目及内容如表 4-4 所示。

土建工程主要隐蔽检验项目及内容　　　　　　表 4-4

项　目		内　容
地基基础与主体结构工程	土方工程	土方基槽、房心回填前检查基底清理、基底标高情况等
	支护工程	锚杆、土钉的品种、规格、数量、位置、插入长度、钻孔直径、深度和角度等；地下连续墙的成槽宽度、深度、倾斜度垂直度、钢筋笼规格、位置、槽底清理、沉渣厚度等
	地下防水工程	混凝土变形缝、施工缝、后浇带、穿墙套管、埋设件等设置的形式和构造；人防出口止水做法；防水层基层、防水材料规格、厚度、铺设方式、阴阳角处理、搭接密封处理等
	结构工程（基础、主体）	用于绑扎的钢筋的品种、规格、数量、位置、锚固和接头位置、搭接长度、保护层厚度和除锈、除污情况、钢筋规格代用变更及胡子筋处理等；钢筋焊（连）接型式、焊（连）接种类、接头位置、数量及焊条、焊剂、焊口形式、焊缝长度、厚度及表面清渣和连接质量
	预应力工程	检查预留孔道的规格、数量、位置形状、端总后预埋垫板；预应力筋的下料长度、切断方法、竖向位置偏差、固定、护套的完整性；锚具、夹具、连接点的组装等
装饰装修工程	地面工程	各基层材料品种、规格、铺设厚度、方式、坡度、标高、表面情况、节点密封处理、粘结情况等
	抹灰工程	具有加强措施的抹灰应检查其加强构造的材料规格、铺设、固定、搭接等
	门窗工程	预埋件和锚固件、螺栓等的数量、位置、间距、埋设方式、与框的连接方式、防腐处理、缝隙的嵌填、密封材料的粘结等
	吊顶工程	吊顶龙骨及吊件材质、规格、间距、连接方式、固定、表面防火、防腐处理、外观情况、接缝和边缝情况、填充和吸声材料的品种、规格及铺设、固定等
	轻质隔墙工程	预埋件、连接件、拉结筋的位置、数量、连接方法、与周边墙体及顶棚的连接、龙骨连接、间距、防火、防腐处理、填充材料设置等
	饰面板（砖）工程	预埋件（后置埋件）、连接件规格、数量、位置、连接方式、防腐处理等；有防水构造部位应检查找平层、防水层、找平层的构造做法，同地面基层工程检查
	细部工程	预埋件或后置埋件和连接件的数量、规格、位置连接方式、防腐
建筑屋面工程		基层、找平层、保温层、防水层、隔离层情况、材料的品种、规格、厚度、铺贴方式、搭接宽度、接缝处理、粘结情况；附加层、天沟、檐沟、泛水和变形缝细部做法、隔离层设置、密封处理部位等

《建设工程施工合同（示范文本）》GF-2013-0201 中对于隐蔽工程和中间验收的约定是：工程具备隐蔽条件或达到专用条款约定的中间验收部位，承包人进行自检，并在隐蔽或中间验收前 48h 以书面形式通知工程师验收。工程师不能按时进行验收，应在验收前 24h 以书面形式向承包人提出延期要求，延期不得超过 48h，如图 4-3 所示。

施工单位收集、提供的隐蔽工程验收记录有《钢筋工程隐蔽验收记录》（TJ2.6.1）（如附表 4-24 所示）；《预应力钢筋隐蔽工程验收记录》（TJ2.6.2）；《地下防水转角处、变形缝、穿墙管道、后浇带、埋设件、施工缝等细部做法隐蔽验收记录》（TJ2.6.3）；《穿墙管止水环与主管或翼环与套管隐蔽验收记录》（TJ2.6.4）；《地下连续墙的槽段接缝及墙体

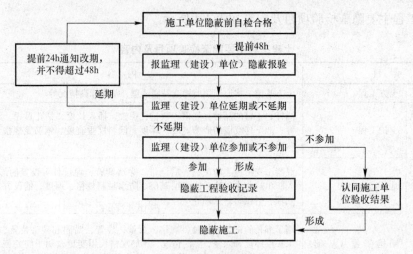

图 4-3 隐蔽验收报验流程

与内衬结构接缝隐蔽工程验收记录》（TJ2.6.5）；《屋面天沟、檐口、檐沟、水落口、泛水、变形缝和伸出屋面管道的防水构造隐蔽工程验收记录》（TJ2.6.6）；《抹灰工程隐蔽验收记录》（TJ2.6.7）；《门窗预埋件和锚固件的隐蔽工程验收记录》（TJ2.6.8）；《门窗隐蔽部位的防腐、填嵌处理隐蔽验收记录》（TJ2.6.9）；《吊顶工程隐蔽验收记录》（TJ2.6.10）；《轻质隔墙工程隐蔽验收记录》（TJ2.6.11）；《饰面板（砖）工程隐蔽验收记录》（TJ2.6.12）；《护栏与预埋件的连接节点，预埋件隐蔽验收记录》（TJ2.6.13）；《其他》（TJ2.6.14）。

4.2.3.6 施工记录

施工记录是对重要工程项目或关键部位的施工方法、使用材料、构配件、操作人员、时间、施工情况等进行的记载，并经有关人员签字。

1. 施工日志

施工日志是项目施工情况的真实记录，是施工质量验收、竣工总结、质量问题分析的依据。施工日志一般由各专业工长填写，按日记录，记录从工程开工之日起至工程竣工之日止的施工情况。

施工日志包括：施工当天的作业环境、施工情况记录和技术、质量、安全记录等内容。由施工单位提供《施工日志》（TJ2.7.1）。如附表 4-25 所示。

2. 预应力混凝土施工

预应力混凝土施工记录有预应力张拉设计数据和理论张拉伸长值计算资料；预应力张拉原始记录；预应力张拉设备（油泵、千斤顶、压力表等）应有由法定计量检测单位进行校验的报告和张拉设备配套标定的报告并绘出相应的 P-T 曲线；预应力孔道灌浆记录；预留孔道实际摩阻值的测定报告书等。记录中孔位示意图，其孔（束）号、构件编号与张拉原始记录一致。施工单位做好记录，填写《现场施工预应力记录》（TJ2.7.2）。

3. 混凝土浇筑

混凝土浇筑施工过程中，施工单位邀请监理单位旁站。施工单位对混凝土施工情况进行全面真实记录，填写《混凝土浇筑记录》（TJ2.7.3）。如附表 4-26 所示。

4.2.4 安全和功能检验资料管理

土建工程安全和功能检验资料是工程施工完成后，对影响工程结构安全和使用功能的部位进行检测所得的资料。

4.2.4.1 试验检查记录

试验检查记录是对施工完成的工作进行试验，由施工单位对工程名称、试验仪器、试验日期、试验部位、试验情况和试验结果进行记录，监理单位签字认可。

（1）屋面淋水、蓄水试验

屋面工程完成后，应进行淋水或蓄水试验。检查屋面有无渗漏、积水和排水系统是否畅通。淋水试验应在雨后或持续淋水 2h 后进行。蓄水试验在蓄水 24h 后进行。施工单位填写《屋面淋水、蓄水试验记录》(TJ3.1.1)。如附表 4-27 所示。

（2）地下室防水效果检查

地下室防水工程完成后，应进行渗漏水调查，由施工单位填写《地下室防水效果检查记录》(TJ3.1.2)。

（3）有防水要求的地面蓄水试验

厕浴间、厨房等有防水要求的地面施工完成后，蓄水 24h 进行检查，要求不得存在渗漏和积水现象，排水通畅。蓄水试验后，由施工单位填写《有防水要求的地面蓄水试验记录》(TJ3.1.3)。

（4）建筑物垂直度、标高、全高测量

施工单位在结构工程施工和工程竣工时，选定测量点及测量次数，对建筑物垂直度、标高和全高进行实测，填写;《建筑物垂直度、标高、全高测量记录》(TJ3.1.4)。如附表 4-28 所示。

（5）烟气（风）道工程检查

建筑的烟气（风）道应全数做通（抽）风和漏风、串风检查试验，由施工单位填写《烟气（风）道工程检查验收记录》(TJ3.1.5)。

4.2.4.2 幕墙及外窗气密性能、水密性能、抗风压性能检测报告

幕墙及外窗施工完成后应进行气密性能、水密性能、抗风压性能检三性试验，由检测单位提供《幕墙及外窗气密性能、水密性能、抗风压性能检测报告（当设计对幕墙有平面位移性能要求时，应有相应平面位移性能检测报告)》(TJ3.2)。

4.2.4.3 建筑物沉降检测报告

建筑沉降观测作为保证工程质量的一项重要的检测手段，其主要目的是监控建筑物的日沉降量以及差异沉降，为设计和处理提供依据。一般建筑，可在基础完工后或地下室砌完后开始观测；大型、高层建筑，可在基础垫层或基础底部完成后开始观测。观测次数与间隔时间应视地基与加荷情况而定。民用建筑可每加高 1～5 层观测一次；工业建筑可按不同施工阶段（如回填基坑、安装柱子和屋架、砌筑墙体、设备安装等）分别进行观测。如建筑物均匀增高，应至少在增加荷载的 25%、50%、75% 和 100% 时各测一次。施工过程中如暂时停工，在停工时及重新开工时应各观测一次。停工期间，可每隔 2～3 个月观测一次。建筑物使用阶段的观测次数，应视地基土类型和沉降速度大小而定。除有特殊要求者外，一般情况下，可在第一年观测 3～4 次，第二年观测 2～3 次，第三年后每年 1

次，直至稳定为止。观测期限一般不少于如下规定：砂土地基2年，膨胀土地基3年，黏土地基5年，软土地基10年。由检测单位提供《建筑物沉降检测报告》(TJ3.3)。

4.2.4.4 室内环境检测报告

室内环境污染物主要为由建筑材料和装修材料所引入的放射性及化学污染物，包含氡、甲醛、氨、苯和总挥发性有机化合物（TVOC）。民用建筑工程交付使用后，对室内环境进行现场抽样检测。抽检有代表性的房间室内环境污染物浓度，抽检数量不得少于5%，并不得少于3间；房间总数少于3间时，应全数检测。凡进行了样板间室内环境污染物的浓度检测且检测结果合格的，抽检数量减半，并不得少于3间。由检测单位提供《室内环境检测报告》(TJ3.4)。

4.2.5 分部工程质量验收资料

分部工程质量验收应按《建筑工程施工质量验收统一标准》GB 50300—2013和各专业验收规范要求进行。地基与基础工程可划分为地基子分部、基础子分部、基坑支护子分部、地下水控制子分部、土方子分部、边坡子分部、地下防水子分部进行质量验收，形成子分部、分项、检验批验收记录。主体结构工程可划分为混凝土结构子分部、砌体结构子分部、木结构子分部、钢管混凝结构土子分部进行质量验收型钢混凝土结构子分部、铝合金结构子分部，形成子分部、分项、检验批验收记录。装饰与装修工程可划分为建筑地面子分部、抹灰子分部、外墙防水子分部、门窗子分部、吊顶子分部、轻质隔墙子分部、饰面板（砖）子分部、幕墙子分部涂饰子分部、裱糊与软包子分部、细部子分部进行质量验收，形成子分部、分项、检验批验收记录。层面工程可划分为基层与保护子分部、保温与隔热子分部、防水与密封子分部、瓦面与板面子分部、细部子分部进行质量验收，形成子分部、分项、检验批验收记录。分部（子分部）工程、分项工程和检验批的验收记录表详见表4-1所示。

工程概况表　　　　　　　　　　　　　附表4-1

TJ1.1

工程名称		××住宅楼	工程地址		××区×路××号	
工程类别		住宅		预（概）算建安工作量（万元）		
		二类		×××万元		
投资类别		×××		其中：桩基（万元）		/
建筑面积		5840m²	层次	地下一层、地上三层	土建（万元）	×××万元
结构类型		框架混凝土结构	开工日期	××年×月×日	安装（万元）	×××万元
完工日期		××年×月×日	验收日期	××年×月×日	装修（万元）	×××万元
	单位名称		资质等级		法人代表	项目负责人
建设单位	×××置业公司		×		×××	×××
勘察单位	×××勘察院		×		×××	×××
设计单位	×××设计院		×		×××	×××
监理单位	×××监理公司		×		×××	×××
施工单位	总包		×××建筑公司			
	分包		/			
	分包		/			
	分包		/			

续表

分部工程概况	基础	基础为筏式基础,设有地梁
	主体结构	柱为C30混凝土,梁板为C30混凝土,围护墙为陶粒砌块
	建筑装饰装修	内墙装饰耐擦洗涂料,外墙装饰浮雕涂料,楼地面为1:2.5水泥砂浆地面
	建筑屋面	保温层、找平层、SBS忙改性沥青防水卷材层
	建筑给排水及采暖	给水管为PPR,排水管为PVC
	建筑电气	220V交流电
	智能建筑	/
	通风与空调	/
	电梯	/
附注		

复核人:×××　　　　　　　　　　　　　　填表人:×××

工程项目施工管理人员名单及岗位证书

附表4-2

TJ1.2

工程名称	×××工程		施工单位	×××建筑公司
技术部门负责人	×××	执业证号	×××	联系电话	×××
质量部门负责人	×××	执业证号	×××	联系电话	×××
项目经理	×××	执业证号	×××	联系电话	×××
项目技术负责人	×××	执业证号	×××	联系电话	×××
专职质检员	×××	执业证号	×××	联系电话	×××
以下略					

上述人员是我单位为　　×××　　工程配备的施工管理人员,请建设(监理)单位审核。

企业技术负责人:×××
企业法人代表:×××
　　(公章)

　　　　　　　　　　　　　　　　　　　　　　　　　　××年×月×日

审核意见:施工现场管理人员配备齐全,并具备相应岗位证书,符合人员资格要求。

建设单位项目负责人(总监理工程师):×××
　　(公章)

　　　　　　　　　　　　　　　　　　　　　　　　　　××年×月×日

施工现场质量管理检查记录

附表 4-3
TJ1.3

开工日期：××年×月×日

工程名称	×××工程	施工许可证（开工证）	×××号		
建设单位	×××置业公司	项目负责人	×××		
设计单位	×××设计院	项目负责人	×××		
监理单位	×××监理公司	总监理工程师	×××		
施工单位	×××建筑公司	项目经理	×××	项目技术负责人	×××

序号	项 目	内 容
1	现场质量管理制度	质量例会制度；月评比及奖罚制度；三检及交接检制度；质量与经济挂钩制度
2	质量责任制	岗位责任制；设计交底会制；技术交底制；挂牌制度
3	主要专业工种操作（上岗）证书	测量工、钢筋工、起重工、木工、混凝土工、电焊工、架子工有证
4	分包方资质与对分包单位的管理制度	/
5	施工图审查情况	审查报告及审查批准书××设××号
6	地质勘察资料	地质勘探报告
7	施工组织设计、施工方案及审批	施工组织设计编制、审核、批准齐全
8	施工技术标准	有模板、钢筋、混凝土灌筑等20多种
9	工程质量检验制度	有原材料及施工检验制度；抽测项目的检验计划
10	搅拌站及计量设置	有管理制度和计量设施精确度及控制措施
11	现场材料、设备存放与管理	钢材、砂石、水泥及玻璃、地面砖的管理办法
12		

检查结论：施工现场质量管理制度完整，符合要求，工程质量有保障。

总监理工程师：×××
（建设单位项目负责人）

××年×月×日

开工报告

附表 4-4
TJ1.4

工程名称	×××工程		工程地点		×××街道×××号			
施工单位	×××建筑公司		监理单位		×××监理公司			
建筑面积（m²）	10000	结构层次	6层	中标价格（万元）	×××	承包方式	总包	
定额工期（天）	280天	计划开工日期	×××	计划竣工日期	××年×月×日	合同编号	×××号	
说明	根据合同约定，我方已完成了开工前准备工作，并附以下附件： ① 工程施工许可证（复印件）； ② 施工组织设计； ③ 主要管理人员资格证明； ④ 特殊工种人员资格证明； ⑤ 施工测量放线； ⑥ 主要人员、材料、设备进场； ⑦ 施工现场道路、水电、通信等已达到开工条件							

续表

上述准备工作已就绪，定于××年×月×日正式开工，希望建设（监理）单位于××年×月×日前进行审核，特此报告。 　　项目经理：××× 　　　　（公章）	××年×月×日
审核意见：所报工程开工资料齐全、有效，具备动工条件，同意××年×月×日开工！ 　　总监理工程师（建设单位项目负责人）：××× 　　　　（公章）	××年×月×日

施工组织设计、施工方案审批表

附表 4-5

TJ1.7

工程名称	×××工程		日期	××年×月×日
现报上下表中的技术管理文件，请予以审批。				
类别	编制人	册数		页数
施工组织设计	×××	×		×××
施工方案	×××	×		×××
内容附后				

申报简述： 　　　略 申报部门（分包单位）　　　　　　　　　　　　　　　申报人：×××
审核意见：主要施工方案和施工方法编制详细，有针对性、可行性、合理性和先进性，质量管理体系、职业健康安全体系、环境管理体系已建立，并有明确目标和保证措施，切实可行。同意按施工组织设计施工，并上报监理单位审批。 总承包单位名称：×××建筑公司　　　审核人：×××　　　审核日期：　××年×月×日
审批意见：经审查，该施工组织设计对施工中的重点、难点分析透彻，施工任务明确，施工方案合理，施工技术上可行，符合有关规范、标准和图纸及合同要求。 　　审批结论：　　　同意按此施工组织设计实施 审批部门（单位）：×××监理公司（建设单位）　　　审批人：×××　　　日期：　××年×月×日

注：附施工组织设计、施工方案。

设计交底记录

附表 4-6

TJ2.1.2
编　号：×××共×页　第×页

工程名称	×××工程	日期	××年×月×日
时间	××时×分	地点	×××
序号	提出的图纸问题	图纸修订意见	设计负责人
	略		

各单位项目负责人签字	建设单位	×××	（建设单位公章）
	设计单位	×××	
	监理单位	×××	
	施工单位	×××	

图纸会审、设计变更、洽商记录

附表 4-7

TJ2.1.1

工程名称	×××工程	时间	××年×月×日

内容：地基基础

　　从勘察及设计验槽情况看，本工程的地基原土被雨水浸泡，应在原设计标高－6.50m 基础上再下挖 0.50m，所涉及的范围为：宽度 12m，长度 17m。挖到－7.00m 后，回填级配砂石，并进行人工夯实。需增加的工程量为：4 台 2 寸的潜水泵排水 1.5 台班，人工挖土方 102.00m³；人工回填夯实级配砂石。

施工单位	项目经理：×××	建设（监理）单位	专业技术员：×××（专业监理工程师）	设计单位	专业设计人员：×××
	技术负责人：×××				
	专职质检员：×××		项目负责人：×××（总监理工程师）		项目负责人：×××

工程定位测量、放线验收记录　　　　　　　　附表 4-8

TJ2.2

建设单位	×××置业公司	设计单位	××× 设计院		
工程名称	×××工程	图纸依据	建施×××号		
引进水准点位置	×××	水准高程	+123.62	单位工程±0.00	+136.23

工程位置草图

施工单位	放线人：×××　　复核人：×××	监理（建设）单位	监理工程师：××× （建设单位项目负责人） ××年　×月×日
	技术负责人：××× ××年　×月×日		
设计单位	项目负责人：××× ××年　×月×日	勘察单位	年　月　日

115

钢材试验报告 附表 4-9

编　号：TJ2.4.1.1
试验编号：×××　委托编号：×××

工程名称	×××工程			试件编号		×××	
委托单位	×××建筑公司			试验委托人		×××	
钢材种类	热轧带肋钢筋	规格或牌号		HRB335	生产厂	×××厂	
代表数量	20t	来样日期		××年×月×日	试验日期	××年×月×日	
公称直径（厚度）	25.00mm				公称面积	490.0mm²	

<table>
<tr><td colspan="9">试验结果</td></tr>
<tr><td colspan="6">力学性能试验结果</td><td colspan="3">弯曲性能</td></tr>
<tr><td>屈服点（MPa）</td><td>抗拉强度（MPa）</td><td>伸长率（%）</td><td>σ_b实/σ_s实</td><td colspan="2">σ_s实/σ_b标</td><td>弯心直径（mm）</td><td>角度（°）</td><td>结果</td></tr>
<tr><td>385</td><td>605</td><td>26</td><td>1.57</td><td colspan="2">1.15</td><td>75</td><td>180</td><td>合格</td></tr>
<tr><td>385</td><td>605</td><td>26</td><td>1.57</td><td colspan="2">1.15</td><td>75</td><td>180</td><td>合格</td></tr>
<tr><td colspan="9">化学分析</td></tr>
<tr><td rowspan="2">分析编号</td><td colspan="6">化学成分（%）</td><td colspan="2" rowspan="2">其他</td></tr>
<tr><td>C</td><td>Si</td><td>Mn</td><td>P</td><td>S</td><td>cep</td></tr>
<tr><td>/</td><td>/</td><td>/</td><td>/</td><td>/</td><td>/</td><td>/</td><td colspan="2">/</td></tr>
</table>

结论：
依据《钢筋混凝土用热轧带肋钢筋》GB 1499.2—2007 标准，符合热轧带肋 HRB335 级力学性能。

批准	×××	审核	×××	试验	×××
试验单位		×××试验室			
报告日期		××年×月×日			

注：本表由试验单位提供，建设单位、施工单位、城建档案馆各一份。

水泥试验报告 附表 4-10

编　号：TJ2.4.2.1
试验编号：×××　委托编号：×××

工程名称	×××工程		试样编号	×××	
委托单位	×××建筑公司		试验委托人	×××	
品种及强度等级	P·S 32.5	出厂编号及日期	××年×月×日	厂别牌号	×××
代表数量（t）	200	来样日期	××年×月×日	试验日期	××年×月×日

<table>
<tr><td rowspan="13">试验结果</td><td colspan="2" rowspan="2">一、细度</td><td>80μm方孔筛余量</td><td colspan="4">/　　%</td></tr>
<tr><td>比表面积</td><td colspan="4">/　　m³/kg</td></tr>
<tr><td colspan="3">二、标准稠度用水量（P）</td><td colspan="4">25.4%</td></tr>
<tr><td colspan="3">三、凝结时间</td><td>初凝</td><td>03h　30min</td><td>终凝</td><td>05h　25min</td></tr>
<tr><td colspan="3">四、安定性</td><td>雷氏法</td><td>/mm</td><td>饼法</td><td>合格</td></tr>
<tr><td colspan="3">五、其他</td><td>/</td><td>/</td><td>/</td><td>/</td></tr>
<tr><td colspan="7">六、强度（MPa）</td></tr>
<tr><td colspan="4">抗折强度</td><td colspan="3">抗压强度</td></tr>
<tr><td colspan="2">3d</td><td colspan="2">28d</td><td colspan="2">3d</td><td>28d</td></tr>
<tr><td>单块值</td><td>平均值</td><td>单块值</td><td>平均值</td><td>单块值</td><td>平均值</td><td>单块值</td><td>平均值</td></tr>
<tr><td>4.5</td><td rowspan="3">4.4</td><td>8.7</td><td rowspan="3">8.7</td><td>23.0</td><td rowspan="3">23.5</td><td>52.5</td><td rowspan="3">53.1</td></tr>
<tr><td rowspan="2">4.3</td><td rowspan="2">8.8</td><td>23.8</td><td>53.2</td></tr>
<tr><td>23.2</td><td>52.7</td></tr>
<tr><td></td><td></td><td></td><td></td><td></td><td>24.1</td><td></td><td>53.8</td><td></td></tr>
</table>

					续表
结论: 依据通用硅酸盐水泥国家标准第1号修改单 GB 175—2007/XG1—2009 标准,符合 P·S32.5 水泥强度要求,安定性合格,凝结时间合格。					
批准	×××	审核	×××	试验	×××
试验单位	×××试验室				
检查日期	××年×月×日				

注:本表由试验单位提供,建设单位、施工单位、城建档案馆各一份。

混凝土外加剂试验报告

附表 4-11

编　　号:TJ2.4.2.3
试验编号:×××　委托编号:×××

工程名称	×××工程		试样编号	×××	
委托单位	×××建筑公司		试验委托人	×××	
产品名称	缓凝减水剂	生产厂	×××厂	生产日期	××年×月×日
代表数量	30kg	来样日期	××年×月×日	试验日期	××年×月×日
试验项目	必试项目				

试验结果	试验项目	试验结果
	(1) 钢筋锈蚀	无锈蚀作用
	(2) 凝结时间	初凝 165min,终凝 205min
	(3) 28d 抗压强度比	116%
	(4) 减水率	21.3%

结论: 依据《混凝土外加剂》GB 8076—2008 标准,所检项目达到合格品指标要求,对钢筋无锈蚀。					
批准	×××	审核	×××	试验	×××
试验单位	×××试验室				
报告日期	××年×月×日				

注:本表由试验单位提供,建设单位、施工单位、城建档案馆各一份。

混凝土掺合料试验报告

附表 4-12

编　号：TJ2.4.2.5
试验编号：×××　　委托编号：×××

工程名称	×××工程		试样编号	×××
委托单位	×××建筑公司		试验委托人	×××
掺合料种类	粉煤灰	等级　Ⅱ	产地	×××
代表数量	200t	来样日期　××年×月×日	试验日期	××年×月×日
试验结果	一、细度	1.0.045方孔筛筛余	17.4	%
		2.80μm方孔筛筛余	/	%
	二、需水量比		99	%
	三、吸铵量		/	%
	四、28d水泥胶砂抗压强度比		128	%
	五、烧失量		7.5	%
	六、其他		/	

结论：

依据《用于水泥和混凝土中的粉煤灰》GB/T 1596—2005标准，符合Ⅱ级粉煤灰要求。

批准	×××	审核	×××	试验	×××
试验单位		×××试验室			
报告日期		××年×月×日			

注：本表由试验单位提供，建设单位、施工单位、城建档案馆各一份。

砂试验报告

附表 4-13

编　号：TJ2.4.2.6
试验编号：×××　　委托编号：×××

工程名称	×××工程		试样编号	×××
委托单位	×××建筑公司		试验委托人	×××
种类	中砂		产地	×××
代表数量	600t	来样日期　××年×月×日	试验日期	××年×月×日
试验结果	一、筛分析	细度模数（μ_f）	2.7	
		级配区域	Ⅱ区	
	二、含泥量	2.6	%	
	三、泥块含量	0.5	%	
	四、表观密度	/	kg/m³	
	五、堆积密度	1460	kg/m³	
	六、碱活性指标	/		
	七、其他	含水率/有机质含量/云母含量/碱活性/孔隙率/坚固性/轻物质含量/氯离子含量/紧密密度		

结论：

依据《普通混凝土用砂、石质量及检验方法标准》JGJ 52—2006标准，含泥量合格，泥块含量合格，属Ⅱ区中砂。

批准	×××	审核	×××	试验	×××
试验单位		×××试验室			
报告日期		××年×月×日			

注：本表由试验单位提供，建设单位、施工单位、城建档案馆各一份。

碎（卵）石试验报告

附表 4-14

编　号：TJ2.4.2.6
试验编号：×××　委托编号：×××

工程名称	×××工程		试样编号	×××
委托单位	×××建筑公司		试验委托人	×××
种类、产地	碎石×××		公称粒径	5～10mm
代表数量	600t	来样日期	××年×月×日	试验日期	××年×月×日

试验结果	一、筛分析	级配情况	☑ 连续粒级　□ 单粒级	
		级配结果	符合5～10mm卵石连续级配	
		最大粒径	10.00mm	
	二、含泥量		0.6	%
	三、泥块含量		0.2	%
	四、针、片状颗粒含量		0	%
	五、压碎指标值		0	%
	六、表观密度		/	kg/m³
	七、堆积密度		/	kg/m³
	八、碱活性指标		/	
	九、其他		含水率/氯离子含量/孔隙率/坚固性/轻物质含量	

结论：
依据《普通混凝土用砂、石质量及检验方法标准》JGJ 52—2006 标准，含泥量合格，泥块含量合格，针片状含量合格，符合5～10mm卵石连续级配，累计筛余0。

批准	×××	审核	×××	试验	×××
试验单位	×××试验室				
报告日期	××年×月×日				

注：本表由试验单位提供，建设单位、施工单位、城建档案馆各一份。

防水涂料试验

附表 4-15

编　号：TJ2.4.4.1
试验编号：×××　委托编号：×××

工程名称及部位	×××工程　一～四层厕浴间		试样编号	×××
委托单位	×××建筑公司		试验委托人	×××
种类、型号	聚安酯防水涂料1∶1.5		生产厂	×××
代表数量	300kg	来样日期	××年×月×日	试验日期	××年×月×日

试验结果	一、延伸性		/		mm
	二、拉伸强度		3.83		MPa
	三、断裂伸长率		556		%
	四、粘结性		0.7		MPa
	五、耐热度	温度（℃）	110	评定	合格
	六、不透水性	1. 压力0.3MPa；2. 恒压时间30min，不透水合格；3. 评定：合格			
	七、柔韧性（低温）	温度（℃）	-30	评定	2h无裂纹，合格
	八、固体含量		95.5		%
	九、其他	有见证试验			

续表

结论：						
依据《聚氨酯防水涂料》GB/T 19250—2003标准，符合聚氨酯防水涂料合格品要求。							
批准	×××	审核	×××	试验	×××
试验单位	×××试验室				
报告日期	××年×月×日				

表由试验单位提供，建设单位、施工单位、城建档案馆各一份。

防水卷材试验报告

附表 4-16

编　号：TJ2.4.4.1
试验编号：×××　委托编号：×××

工程名称及部位	×××工程　地下室底板、外墙防水层		试样编号	×××	
委托单位	×××建筑公司		试验委托人	×××	
种类、等级、牌号	弹性体沥青防水卷材Ⅰ类复合胎		生产厂	×××	
代表数量	250卷	来样日期	××年×月×日	试验日期	××年×月×日
试验结果	一、拉力试验	1. 拉力 || 纵	536.0N	横	510.0N
		2. 拉伸强度 || 纵	7MPa	横	7MPa
	二、断裂伸长率（延伸率） ||| 纵	9.6%	横	9.6%
	三、耐热度 || 温度（℃）		评定	
	四、不透水性			1. 压力 0.2MPa；2. 恒压时间 30min；3. 评定：合格		
	五、柔韧性（低温柔性、低温弯折性） || 温度（℃）	−15℃	评定	合格
	六、其他			有见证试验		

结论：					
依据《弹性体改性沥青防水卷材》GB 18242—2008标准，符合Ⅰ类复合胎弹性体沥青防水卷材质量标准。					
批准	×××	审核	×××	试验	×××
试验单位	×××试验室				
报告日期	××年×月×日				

注：表由试验单位提供，建设单位、施工单位、城建档案馆各一份。

混凝土试块试验报告

附表 4-17

编　号：TJ2.5.2.1
试验编号：×××　委托编号：×××

工程名称及部位	×××工程　1～4层框架柱、梁			试件编号		×××		
委托单位	×××建筑公司			试验委托人		×××		
设计强度等级	C30，P8			实测坍落度、扩展度		160mm		
水泥品种及强度等级	P·O42.5			试验编号		×××		
砂种类	中砂			试验编号		×××		
石种类、公称直径	碎石 5～10mm			试验编号		×××		
外加剂名称	UEA			试验编号		×××		
掺合料名称	Ⅱ级粉煤灰			试验编号		×××		
配合比编号	×××							
成型日期	××年×月×日		要求龄期	28d		要求试验日期	××年×月×日	
养护方法	标养	收到日期	××年×月×日			试块制作人	×××	
试验结果	试验日期	实际龄期(d)	试件边长(mm)	受压面积(mm^2)	荷载（kg）		平均抗压强度（MPa）	折合150立方体抗压强度（MPa）	达到设计强度等级（%）
					单块值	平均值			
	××年×月×日	28	150	22500	720	750	33.3	33.3	111
					750				
					780				
结论： 合格									
批准	×××	审核	×××		试验		×××		
试验单位	×××试验室								
报告日期							××年×月×日		

注：本表由试验单位提供，建设单位、施工单位、城建档案馆各一份。

混凝土强度评定

附表 4-18

编　号：TJ2.5.2
试验编号：×××　委托编号：×××

单位工程名称：×××工程

验收批名称	混凝土分项工程						砼强度等级		C40
水泥品种及强度等级	配合比（重量比）						坍落度(cm)	养护条件	同批混凝土代表数量(m^3)	结构部位
	水	水泥	砂	石子	外加剂	掺合料				
P·O42.5	0.56	1	2.39	3.26	0.03	0.28	160	标养	960	主体1～4层柱
验件组数 $n=16$				合格判定系数 $\lambda_1=1.05$　$\lambda_2=0.85$						
同一验收批强度平均值 $mf_{cu}=42.3$				最小值 $f_{cu,min}=34.0$						
同一验收批强度标准差 $sf_{cu}=3.48$										
验收批各组试件强度（MPa）										
34.0、44.9、39.4、45.9、41.4、46.3、42.5、47.3、40.8、46.4、40.5、44.9、40.1、40.2、41.3										

续表

非统计方法评定	评定条件： $mf_{cu} \geqslant \lambda_3 f_{cu,k}$ $f_{cu,min} \geqslant \lambda_4 f_{cu,k}$ 计算：	统计方法评定	评定条件： $mf_{cu} \geqslant f_{cu,k} + \lambda_1 Sf_{uc}$ $f_{cu,min} \geqslant \lambda_2 f_{cu,k}$ 计算： $mf_{cu}=42.3 < f_{cu,k}+\lambda_1 Sf_{uc}=43.7$ $f_{cu,min}=34.0 = \lambda_2 f_{cu,k}=34.0$

验收评定结论：根据《混凝土强度检验评定标准》GB/T 50107—2010标准，该统计结果评定为不合格。

技术负责人：××× 　　　　　　质量检查员：×××　　　　　　　××年×月×日

混凝土抗渗试验报告表　　　　　　附表 4-19

编　号：TJ2.5.5.1
试验编号：×××　委托编号：×××

工程名称及部位	×××工程　基础底板		试件编号	×××
委托单位	×××建筑公司		试验委托人	×××
抗渗等级	P8		配合比编号	×××
强度等级	C30	养护条件	标养	收件日期	××年×月×日
成型日期	××年×月×日	龄期	33	试验日期	××年×月×日

试验情况：

　　由0.1MPa顺序加压至0.9MPa，保持8h，试件表面无渗水。试验结果：>P8。

结论：
　　根据《普通混凝土长期性能和耐久性能试验方法标准》GB/T 50082—2009标准，符合P8设计要求。

批准	×××	审核	×××	试验	×××
试验单位	×××试验室				
报告日期					××年×月×日

注：本表由试验单位提供，建设单位、施工单位、城建档案馆各一份。

砂浆抗压强度试验报告

附表 4-20

编　号：TJ2.5.6.1
试验编号：×××　委托编号：×××

工程名称及部位	×××工程　1层①~⑥/Ⓐ~Ⓕ轴砌体				试件编号		×××	
委托单位	×××建筑公司				试验委托人		×××	
砂浆种类	水泥混合砂浆		强度等级	M10	稠度		70mm	
水泥品种及强度等级	P·O32.5				试验编号		×××	
矿产地及种类	×××　中砂				试验编号		×××	
掺合料种类	/				外加剂种类		/	
配合比编号	×××							
试件成型日期	×××		要求龄期	28 天	要求试验日期		××年×月×日	
养护方法	标准		试件收到日期	××年×月×日	试件制作人		×××	
试验结果	试压日期	实际龄期(d)	试件边长(mm)	受压面积(mm²)	荷载 (kN)		抗压强度(MPa)	达设计强度等级（%）
					单块	平均		
	××年×月×日	28	70.7	5000	69.8	65.3	13.1	131
					65.5			
					60.7			
结论： 试验符合《建筑砂浆基本性能试验方法标准》JGJ/T 70—2009 标准。								
批准	×××		审核	×××	试验		×××	
试验单位	×××试验室							
报告日期							××年×月×日	

注：本表由试验单位提供，建设单位、施工单位、城建档案馆各一份。

砂浆强度汇总评定表

附表 4-21

TJ2.5.6

工程名称：×××工程　　　　　　　　　　　该批设计等级：M10

序号	各组代表值	龄期	代表部位	序号	各组代表值	龄期	代表部位
1	13.1	28d	1层①~⑥/Ⓐ~Ⓕ砌体				
2	12.3	28d	2层①~⑥/Ⓐ~Ⓕ轴砌体				
3	10.6	28d	3层①~⑥/Ⓐ~Ⓕ轴砌体				
4	13.6	28d	4层①~⑥/Ⓐ~Ⓕ轴砌体				

验收批最小强度：1.6
平均强度：12.4
平均强度＝12.4＞1.1×10＝11.0
最小强度＝1.6＞0.85×10＝0.85

评定结果：

　　根据《砌体工程施工质量验收规范》GB 50203—2011，该统计结果评定为合格。

技术负责人：×××
质量检查员：×××　　　　　××年×月×日

钢筋连接试验报告

附表 4-22

编　号：TJ2.5.7.1
试验编号：×××　委托编号：×××

工程名称及部位	×××工程　1~4层柱			试件编号	×××	
委托单位	×××建筑公司			试验委托人	×××	
接头类型	滚轧直螺纹连接			检验形式	/	
设计要求接头性能等级	A 级			代表数量	300 个	
连接钢筋种类及牌号	HRB335	公称直径	20	原材试验编号	×××	
操作人	×××	来样日期	×××	试验日期	×××	
接头试件		母材试件		弯曲试件		备注
公称面积 (mm)	抗拉强度 (MPa)	断裂特征及位置	实测面积 (mm²)	抗拉强度 (MPa)	弯心直径　角度　结果	
314.2	595	母材拉断	314.2	600		
314.2	600	母材拉断	314.2	595		
314.2	605	母材拉断	/	/		

结论：
　　根据《钢筋机械连接技术规程》JGJ 107—2010 标准。符合滚轧直螺纹 A 级接头性能。

批准	×××	审核	×××	试验	×××
试验单位	×××试验室				
报告日期					××年×月×日

注：本表由试验单位提供，建设单位、施工单位、城建档案馆各一份。

饰面砖粘结强度试验报告

附表 4-23

编　号：TJ2.5.8.3
试验编号：×××　委托编号：×××

工程名称及部位	×××工程			试件编号	×××
委托单位	×××建筑公司			试验委托人	×××
饰面砖品种及牌号	彩色釉面陶瓷墙砖　×××牌			粘贴层次	
饰面砖生产厂及规格	×××厂　100mm×100mm			粘贴面积（mm²）	300
基本材料		粘贴材料	砂浆	粘结剂	
抽样部位	一层外墙	龄期（d）	28	施工日期	×××
检验类型		环境温度（℃）	19	试验日期	×××
仪器及编号	×××				

序号	试件尺寸（mm）		受力面积 (mm²)	拉力（kN）	粘贴强度 (MPa)	破坏状态 (序号)	平均强度 (MPa)
	长	宽					
1	100	100	1000	50	4.9		
2	100	100	1000	50	5.3		5.10
3	100	100	1000	50	5.1		

结论：
　　依据《建筑工程饰面砖粘结强度检验标准》JGJ 110—2008 标准，符合饰面砖粘结强度要求。

批准	×××	审核	×××	试验	×××
试验单位	×××试验室				
报告日期					××年×月×日

注：本表由试验单位提供，建设单位、施工单位、城建档案馆各一份。

钢筋工程隐蔽验收记录

附表 4-24

TJ2.6.1

第 页 共 页

工程名称	×××工程	项目经理	×××
分项工程名称	钢筋工程	专业工长	×××
隐蔽工程名称		施工单位	×××建筑公司
施工标准名称及代号	×××技术规程	施工图名称及编号	结施×××号
隐蔽工程部位	质量要求	施工单位自查记录	监理（建设）单位验收记录
第二层①/Ⓐ轴柱	钢筋品种、级别、规格、和数量必须符合设计要求	符合设计要求	同意验收
第二层①/Ⓑ轴柱	钢筋品种、级别、规格、和数量必须符合设计要求	符合设计要求	同意验收
第二层①/Ⓒ轴柱	钢筋品种、级别、规格、和数量必须符合设计要求	符合设计要求	同意验收
第二层①/Ⓓ轴柱	钢筋品种、级别、规格、和数量必须符合设计要求	符合设计要求	同意验收
第二层①/Ⓔ轴柱	钢筋品种、级别、规格、和数量必须符合设计要求	符合设计要求	同意验收
施工单位自查结论	经检查钢筋品种、级别、规格、和数量必须符合设计要求。项目技术负责人：××× （盖章）：		
监理（建设）单位验收结论	经检查符合《混凝土结构工程施工质量验收规范》GB 50204—2002 2012年版 5.5.1 条要求，同意验收。 监理工程师：××× （建设单位项目负责人） ××年×月×日		

注：如需绘制图纸的附本记录后。

施工日志

附表 4-25

TJ2.7.1

工程名称：×××工程　　　　　　　　　　　日期：××年×月×日

	天气情况	风力	最高/最低温度	备注
白天	晴	2~3	25℃	
夜间	晴	2~3	12℃	
生产情况记录：（部位项目、机械作业、班组工作，生产存在问题等） 地下二层 (1) Ⅰ段（①~⑬/Ⓐ~Ⓙ轴）顶板钢筋绑扎，埋件固定，塔吊作业，型号××，钢筋班组15人，组长，×××。 (2) Ⅱ段（⑭~⑲/Ⓐ~Ⓙ轴）梁开始钢筋绑扎，塔吊作业，型号××，钢筋班组18人。 (3) Ⅲ段（⑲~㉘/Ⓑ~Ⓕ轴）该部位施工图纸由设计单位提出修改，待设计通知单下发后，组织相关人员施工。 (4) Ⅳ段（㉘~㊶/Ⓑ~Ⓖ轴）剪力墙、柱模板安装，塔吊作业，型号××，木工班组21人。 (5) 发现问题：Ⅰ段顶板（①~⑬/Ⓐ~Ⓙ轴）钢筋保护层厚度不够，马登铁间距未按要求布置。				

续表

技术质量安全工作：（技术质量安全活动，技术质量安全问题、检查评定验收等）				
(1) 建设、设计、监理、施工单位在现场如开技术质量安全工作会议，参加人员：×××（职务）等。 会议决定： 1) ±0.000以下结构于×月×日前完成。 2) 地下三层回填土×月×日前完成，地下二层回填土×月×日前完成。 3) 对施工中发现问题（××××××××问题），立即返修，整改复查，符合设计、规范要求。 (2) 安全生产方面：由安全员带领3人巡视检查，主要是"三宝、四口、五临边"，检查全面到位，无隐患。 (3) 检查评定验收：各施工班组施工工序合理、科学，Ⅱ段（⑭～⑲/Ⓐ～Ⓕ轴）梁、Ⅳ段（㉘～㊶/Ⓑ～Ⓖ轴）剪力墙、柱予以验收，实测误差达到规范要求。				
材料、构配件进场记录				
工程负责人	×××		记录人	×××

混凝土浇筑记录表

附表 4-26

施工单位：×××建筑公司　　　　　　　　　　　　　　　　　　　　　　　　　TJ2.7.3

工程名称			×××工程		浇注部位			一层框架梁
浇筑日期			××年×月×日	天气情况	晴		室外气温	25℃
设计强度等级			C35	钢筋模板验收负责人				×××
商品混凝土		供料厂名		×××预拌混凝土厂		合同号		×××
商品混凝土		供料强度等级		C35		试验单编号		×××
混凝土拌制方法	现场拌和	配合比通知单编号					×××	
混凝土拌制方法	现场拌和	混凝土配合比	材料名称	规格产地	每立方米用量（kg）	每盘用量（kg）	材料含水质量（kg）	实际每盘用量（kg）
混凝土拌制方法	现场拌和	混凝土配合比	水泥		323	646	/	646
混凝土拌制方法	现场拌和	混凝土配合比	石子		1053	2106	4	2110
混凝土拌制方法	现场拌和	混凝土配合比	砂子		773	1546	83	1629
混凝土拌制方法	现场拌和	混凝土配合比	水		180	360	/	272
混凝土拌制方法	现场拌和	混凝土配合比	掺合料		91	182	/	182
混凝土拌制方法	现场拌和	混凝土配合比	外加剂		8.7	17.4	/	17.4
实测坍落度（cm）		17	出盘温度（℃）			25	入模温度（℃）		25
混凝土完成数量（m³）		60			完成时间			××年×月×日
试块留置		数量（组）			编　　　　号			
标养		1			×××号			
有见证		1			×××号			
同条件		1			×××号			
混凝土浇筑中出现的问题及处理方法								/

注：本记录每浇筑一次混凝土，记录一张。
施工项目技术负责人　×××　　　　　　　　　　　　　　　　　　　　填表人　×××

屋面淋水、蓄水实验记录

附表 4-27
TJ3.1.1

工程名称：×××工程　　　　　　试验日期：××年××月××日

试水方法	蓄水试验	图号	建施×××号

工程检查试验部位及情况	对细石混凝土防水屋面的天沟、泛水、水落口和变形缝处进行蓄水试验。对水落口采用球塞堵严，然后进行放水，蓄水最浅处20mm，蓄水时间为24h。
试验结果	根据《屋面工程质量验收规范》GB 50207—2012经检查，屋面蓄水24h后，蓄水最浅处仍为20mm，入室检查无渗漏现象，检查合格。
施工单位	专职质检员：×××　　　　××年××月××日	监理（建设）单位	监理工程师：×××（建设单位项目负责人）　　　　××年××月××日

建筑物垂直度、标高、全高测量记录表

附表 4-28
TJ3.1.4

工程名称	×××工程	结构类型	钢筋混凝土框架结构			
测量仪器	DS3光学水准仪、J6光学经纬含仪	测量人	×××			
测量日期	层次与设计标高	位置	标高	全高	位置	垂直度
××年××月××日	5层+15.450m	①/Ⓐ	+15.445		西南角	偏西2mm
××年××月××日	5层+15.450m	⑩/Ⓐ	+15.446		东南角	偏西3mm
××年××月××日	5层+15.450m	①/Ⓑ	+15.446		西北角	偏西2mm
××年××月××日	5层+15.450m	⑩/Ⓐ	+15.447		东北角	偏西3mm
施工单位项目负责人：×××			监理工程师：×××（建设单位项目负责人）			

4.3 桩基部分施工文件档案资料

4.3.1 桩基部分施工文件档案资料分类及归档

桩基部分施工文件资料按《房屋建筑与市政基础设施工程档案资料管理规范》DGJ32/TJ143-2012分为管理资料；质量控制资料；桩基部分工程质量验收资料，应单独分类保存，竣工后单独组卷归档。桩基部分施工文件资料分类、来源、归档保存单位与组卷归档目录，如表4-5所示。

桩基部分施工文件资料分类、来源、归档保存单位与组卷归档目录　　　表4-5

类别	类别编号	工程文件资料名称	资料来源	归档保存单位 施工单位	归档保存单位 城建档案馆
管理资料 ZJ1	ZJ1.1	桩基工程概况	施工单位	√	√
	ZJ1.2	桩基子分部工程质量验收记录	施工单位	√	√
	ZJ1.3	工程项目施工管理人员名单及岗位证书	施工单位	√	√
	ZJ1.4	施工现场质量管理检查记录	施工单位	√	√
	ZJ1.5	施工投标文件	施工单位	√	
	ZJ1.6	工程施工合同	合同双方	√	
	ZJ1.7	工程地质勘察报告	勘察单位	√	
	ZJ1.8	施工组织设计或施工方案	施工单位	√	
	ZJ1.9	桩基工程开工报告	施工单位	√	√
	ZJ1.10	桩基工程竣工报告	施工单位	√	√
	ZJ1.11	技术交底资料	施工单位	√	
质量控制资料 ZJ2	ZJ2.1	图纸会审、设计变更、洽商记录	设计单位 施工单位	√	√
	ZJ2.2	工程测量、定位放线记录	施工单位	√	√
	ZJ2.3	桩基质量事故处理记录	施工单位	√	√
	ZJ2.4	预制桩（钢桩、商品混凝土及桩头）质量证明文件汇总表	施工单位	√	
	ZJ2.4.1	预制桩（钢桩、商品混凝土及桩头）质量证明文件、进场验收记录	供应单位 施工单位	√	
	ZJ2.5	钢材、焊条（剂）、水泥、砂、石、外加剂、掺和料等出厂质量证明文件汇总表	施工单位	√	
	ZJ2.5.1	钢材质量证明文件	供应单位	√	
	ZJ2.5.2	焊条（剂）质量证明文件	供应单位	√	
	ZJ2.5.3	水泥出厂质量证明文件	供应单位	√	
	ZJ2.5.4	砂、石、外加剂、掺和料出厂质量证明文件	供应单位	√	
	ZJ2.5.5	其他材料出厂质量证明文件	供应单位	√	
	ZJ2.6	钢材、焊条（剂）、水泥、砂、石、外加剂、掺合料等复验报告汇总表	施工单位	√	√

续表

类　别	类别编号	工程文件资料名称	资料来源	归档保存单位	
				施工单位	城建档案馆
质量控制资料 ZJ2	ZJ2.6.1	钢材复验报告	检测单位	√	√
	ZJ2.6.2	焊条（剂）复验报告	检测单位	√	√
	ZJ2.6.3	水泥试验报告	检测单位	√	√
	ZJ2.6.4	砂、石、外加剂、掺和料复验报告	检测单位	√	√
	ZJ2.6.5	硫磺胶泥产品质量证明文件书或抽样送检报告	供应单位检测单位	√	√
	ZJ2.6.6	其他材料检测报告	检测单位	√	√
	ZJ2.7	混凝土试块试压报告汇总表	施工单位	√	
	ZJ2.7.1	混凝土强度评定表	施工单位	√	
	ZJ2.7.2	混凝土强度检测报告	检测单位	√	√
	ZJ2.7.3	混凝土强度非破损及其他测试报告	检测单位	√	
	ZJ2.8	施工记录	施工单位		
	ZJ2.8.1	混凝土配合比检查记录	施工单位	√	
	ZJ2.8.2	预制桩接桩隐蔽验收记录	施工单位	√	
	ZJ2.8.3	钢桩接桩施工验收记录	施工单位	√	
	ZJ2.8.4	预制桩、钢桩施工（锤击）验收记录	施工单位	√	
	ZJ2.8.5	人工挖孔灌注桩施工验收记录	施工单位	√	
	ZJ2.8.6	泥浆护壁成孔灌注桩施工验收记录	施工单位	√	
	ZJ2.8.7	锤击沉管灌注桩施工验收记录	施工单位	√	
	ZJ2.8.8	钢筋笼制作安放施工验收记录	施工单位	√	
	ZJ2.8.9	混凝土浇灌记录	施工单位	√	
	ZJ2.8.10	桩位测量记录	施工单位	√	
	ZJ2.9	检验及抽样检测	检测单位		
	ZJ2.9.1	钢桩焊缝探伤检查报告	检测单位	√	√
	ZJ2.9.2	桩承载力检测报告	检测单位	√	√
	ZJ2.9.3	桩身质量检验报告	检测单位	√	√
	ZJ2.9.4	管桩抗弯性能试验报告	检测单位	√	
	ZJ2.9.5	★管桩抗弯性能试验报告	检测单位	√	
桩基分项工程质量验收资料 ZJ3	ZJ3.1	静力压桩分项工程质量验收记录	施工单位	√	
	ZJ3.1.1	静力压桩分项工程检验批质量验收记录	施工单位	√	
	ZJ3.2	先张法预应力管桩分项工程质量验收记录	施工单位	√	
	ZJ3.2.1	先张法预应力管桩分项工程检验批质量验收记录	施工单位	√	
	ZJ3.3	混凝土预制桩分项工程质量验收记录	施工单位	√	
	ZJ3.3.1	混凝土预制桩分项工程检验批质量验收记录	施工单位	√	
	ZJ3.4	钢桩分项工程质量验收记录	施工单位	√	
	ZJ3.4.1	钢桩分项工程检验批质量检验记录	施工单位	√	
	ZJ3.5	混凝土灌注桩钢筋笼分项工程质量验收记录	施工单位	√	
	ZJ3.5.1	混凝土灌注桩钢筋笼分项工程检验批质量验收记录	施工单位	√	
	ZJ3.6	混凝土灌注桩分项工程质量验收记录	施工单位	√	
	ZJ3.6.1	混凝土灌注桩分项工程检验批质量验收记录	施工单位	√	

注：1. "归档保存单位"中打"√"的是指工程竣工验收后有关单位对工程纸质档案的归档保存。
　　2. "工程文件资料名称"中打"★"为创建优质结构工程和优质单位工程必须提供的材料。

4.3.2 管理资料

4.3.2.1 桩基工程概况

施工单位填写《桩基工程概况》（ZJ1.1）内容包括：工程名称；工程地址；桩基类型；桩数；桩位；桩长；开工日期；竣工日期；验收日期；建设单位；设计单位；监理单位；施工单位等内容。

4.3.2.2 桩基分项工程质量验收记录

桩基分项工程质量按《建筑地基基础工程施工质量验收规范》GB 50202—2002 验收。验收的程序和验收记录的填写，详见本书1.2建筑工程质量验收。

桩基验收时包括下列资料：

（1）工程地质勘察报告、桩基施工图、图纸会审纪要、设计变更单及代用材料通知单；

（2）经审定的施工组织设计、施工方案及执行中的变更情况；

（3）桩位测量放线图，包括工程桩位线复核签证单；

（4）成桩质量检查报告；

（5）单桩承载力检测报告；

（6）基坑挖至设计标高的基桩竣工平面图及桩顶标高图等。

4.3.2.3 桩基工程开工报告

施工单位做好各项准备工作后，填写《桩基工程开工报告》（ZJ1.9）申请开工，报监理（建设）单位审核批准。

4.3.2.4 桩基工程竣工报告

桩基工程施工完成后，申请竣工验收时，施工单位填写《桩基工程竣工报告》（ZJ1.10）报监理（建设）单位审核同意，如附表4-29所示。

其余管理资料，同土建部分。

4.3.3 质量控制资料

4.3.3.1 桩基质量事故处理

桩基施工中出现质量事故的处理程序为：

（1）工程暂停和事故报告

（2）成立事故调查组，进行事故调查

（3）调查组编写事故调查报告

（4）制定事故处理方案

（5）进行事故处理

（6）编写质量事故处理报告

（7）质量事故处理结论，恢复正常施工。

桩基施工出现质量事故，在制定处理方案后，施工单位按处理方案进行质量事故处理，并对质量事故处理进行记录。由施工单位填写《桩基质量事故处理记录》（ZJ2.3）。记录内容包括，包括：事故发现时间、事故等级、事故单位、调查组名单、死亡人数、重伤人数、损失金额、事故报告编号、报告时间、事故概况、事故原因分析、事故发生后的应对措施、处理意见、事故造成永久缺陷情况等。

4.3.3.2 预制桩（钢桩、商品混凝土及桩头）

按《建筑地基基础工程施工质量验收规范》GB 50202—2002，施工单位应对进入现场的成品桩，包括预制桩、钢桩、商品混凝土及桩头等进行检查。检查验收内容包括产品合格证、外观尺寸检查和进场验收记录。施工单位收集、整理供应单位提供的《预制桩（钢桩、商品混凝土及桩头）质量证明文件》（ZJ2.4.1）和施工单位的进场验收记录《预制桩（钢桩、商品混凝土及桩头）进场验收记录》（ZJ2.4.1），并进行汇总填写《预制桩（钢桩、商品混凝土及桩头）质量证明文件汇总表》（ZJ2.4）。

4.3.3.3 钢材、焊条（剂）、水泥、砂、石、外加剂、掺合料

按《建筑地基基础工程施工质量验收规范》GB 50202—2002，桩基施工所用的原材料如水泥、砂、石子、外加剂、掺合料、钢材和焊条（剂）等进行检查验收。检查验收内容包括产品合格证、检测资料和复验报告。

施工单位收集、整理供应单位提供的《钢材质量证明文件》（ZJ2.5.1）、《焊条（剂）质量证明文件》（ZJ2.5.2）、《水泥出厂质量证明文件》（ZJ2.5.3）、《砂、石、外加剂、掺合料出厂质量证明文件》（ZJ2.5.4）、《硫磺胶泥产品质量证明文件书或抽样送检报告》（ZJ2.5.5）和其他材料检测报告，汇总填写《钢材、焊条（剂）、水泥、砂、石、外加剂、掺合料等出厂质量证明文件汇总表》（ZJ2.5）。如附表4-30所示。

对于水泥、砂、石子、外加剂、掺合料、钢材和焊条（剂）等，应按相关规定进行取样（或见证取样），交有资质的检测单位进行检测。施工单位收集、整理检测单位提供的《钢材复验报告》（ZJ2.6.1）、《焊条（剂）复验报告》（ZJ2.6.2）、《水泥试验报告》（ZJ2.6.3）、《砂、石、外加剂、掺合料复验报告》（ZJ2.6.4）、《硫磺胶泥产品质量证明文件书或抽样送检报告》（ZJ2.6.5）、《其他材料检测报告》（ZJ2.6.6），汇总填写《钢材、焊条（剂）、水泥、砂、石、外加剂、掺合料等复验报告汇总表》（ZJ2.6）。

4.3.3.4 混凝土试块试压报告

按《建筑地基基础工程施工质量验收规范》GB 50202—2002，桩基所用现浇混凝土应进行强度检验，检验按批见证取样送有资质的单位进行检测，必要时可采用非破损的方法检测。

由检测单位提供相关的检测报告，如《混凝土强度检测报告》（ZJ2.7.2）、《混凝土强度非破损及其他测试报告》（ZJ2.7.3）、《混凝土强度评定表》（ZJ2.7.1）。施工单位收集、整理检测单位提供的相关检测报告，汇总填写《混凝土试块试压报告汇总表》（ZJ2.7）。

4.3.3.5 施工记录

1. 静压桩、先张法预应力管桩、混凝土预制桩和钢桩

按《建筑地基基础工程施工质量验收规范》GB 50202—2002，预制桩包括静压桩、先张法预应力管桩、混凝土预制桩和钢桩等。静压桩压桩过程中应检查压力、桩垂直度、接桩间歇时间、桩的连接质量及压入深度，重要工程应对电焊接桩的接头做10%的探伤检查。先张法预应力管桩压桩过程中应检查桩的贯入度情况、桩顶完整状况、电焊接桩质量、桩体垂直度、电焊后的停歇时间，重要工程应对电焊接桩的接头做10％的探伤检查。混凝土预制桩施工中应对垂直度、沉桩情况、桩顶完整状况、接桩质量等进行检查，重要工程应对电焊接桩的接头做10％的探伤检查。钢桩施工中应检查钢桩的垂直度、沉入过程、电焊连接质量、电焊后的停歇时间、桩顶锤击后的完整状况。电焊质量除常规检查外，应做10％焊缝探伤检查。

施工单位应做好桩基施工中的记录工作，通常有"预制桩接桩隐蔽验收记录"、"钢桩接桩施工验收记录"、"预制桩、钢桩施工（锤击）验收记录"和"桩位测量记录"等。预制桩接桩隐蔽验收记录包括：桩基施工标准名称及代号、施工图名称及编号、隐蔽工程部位、质量要求、施工单位自检记录、监理（建设）单位验收记录等内容。钢桩接桩施工验收记录包括：施工日期、桩型、焊缝情况（长度、厚度、高度）、加强层情况（长度、厚度、高度）、焊缝咬边深度、冷却时间、上下接桩错口、焊缝探伤情况等内容。预制桩、钢桩施工（锤击）验收记录包括：桩承载力标准值、设计桩长、接头处理、锤重量、落距、桩下沉每米锤击数（每层土）、最后3振贯入度（每振10击）、最后30cm锤击数、桩底标高等内容。桩位测量记录包括：引进水准点位置、水准高程、工程桩位图等内容。

施工单位填写、收集《预制桩接桩隐蔽验收记录》(ZJ2.8.3)、《钢桩接桩施工验收记录》(ZJ2.8.4)、《预制桩、钢桩施工（锤击）验收记录》(ZJ2.8.5)和《桩位测量记录》(ZJ2.8.11)等。如附表4-31所示。

2. 人工挖孔桩、泥浆护壁成孔灌注桩、沉管灌注桩和干作业成孔灌注桩

按《建筑地基基础工程施工质量验收规范》GB 50202—2002，灌注桩有泥浆护壁成孔灌注桩、沉管灌注桩和干作业成孔灌注桩等。灌注桩施工中应对成孔、清渣、放置钢筋笼、灌注混凝土等进行全过程检查，人工挖孔桩尚应复验孔底持力层土（岩）性，嵌岩桩必须有桩端持力层的岩性报告。

施工单位应做好桩基施工中的记录工作。人工挖孔灌注桩施工验收记录的内容有桩位编号、桩身直径、孔底标高、孔口标高、扩大头尺寸、每层土土质情况、验收日期等。泥浆护壁成孔灌注桩施工验收记录的内容有桩位编号、护壁砂浆性能、泥浆护壁（埋深、中心与桩中心偏差、筒径）、成孔深度、成孔速度、成孔垂直度、孔底500mm内泥浆性能、沉渣厚度等。锤击沉管灌注桩施工验收记录的内容有施工日期、桩位编号、桩管入土深度、桩尖标高、最后30锤每10锤贯入度、最后30cm锤击数、桩锤落距、桩入土每米锤击数等。钢筋笼制作安放施工验收记录的内容有制作日期、桩位编号、主筋规格数量、箍筋规格间距、钢筋笼直径、钢筋笼搭接长度偏差、焊接质量、放置深度等。混凝土浇灌记录的内容有施工日期、桩位编号、设计桩长、导管距孔底距离、设计混凝土用量（m³）、实际混凝土用量（m³）、混凝土灌注充盈系数、浇筑时间、堵管、导管进水或拔空位置等。桩位测量记录的内容有引进水准点位置、水准高程、工程桩位图等。

施工单位填写、收集《混凝土配合比检查记录》(ZJ2.8.2)、《人工挖孔灌注桩施工验收记录》(ZJ2.8.6)、《泥浆护壁成孔灌注桩施工验收记录》(ZJ2.8.7)、《锤击沉管灌注桩施工验收记录》(ZJ2.8.8)、《钢筋笼制作安放施工验收记录》(ZJ2.8.9)、《混凝土浇灌记录》(ZJ2.8.10)、《桩位测量记录》(ZJ2.8.10)。如附表 4-32 所示。

4.3.3.6 检验及抽样检测

1. 钢桩焊缝探伤

《建筑地基基础工程施工质量验收规范》GB 50202—2002 第 5.5.2 条规定，采用焊接接桩，电焊质量除常规检查外，应做 10%焊缝探伤检查。探伤检验可采用"超声法"或"拍 X 片法"。施工单位收集、整理检测单位提供的《钢桩焊缝探伤检查报告》(ZJ2.9.1)。

2. 桩承载力

工程桩验收必须要进行承载力检验。《建筑地基基础工程施工质量验收规范》GB 50202—2002 和《建筑基桩检测技术规范》JGJ 106—2003 都做了规定，但是具体做静载荷试验，还是做高应变动测检验，应由设计单位规定。高应变试验数量不应少于总桩数的 5%，且不少于 5 根。

《建筑地基基础工程施工质量验收规范》GB 50202—2002 第 5.1.5 条规定，工程桩应进行承载力检验。对于地基基础设计等级为甲级或地质条件复杂、成桩质量可靠性低的灌注桩应采用静载荷试验的方法进行检验，检验桩数不应少于总数的 1%，且不少于 3 根，当总桩数少于 50 根时，应不少于 2 根。

施工单位收集、整理检测单位提供的《桩承载力检测报告》(ZJ2.9.2)。

3. 桩身质量检验

《建筑地基基础工程施工质量验收规范》GB 50202—2002 第 5.1.6 条规定，桩基施工后应进行桩身质量检验。对于设计等级为甲级或地质条件复杂、成桩质量可靠性低的灌注桩，抽查数量不应少于总数的 30%，且不应少于 20 根；其他桩基工程的抽检数量不应少于总数的 20%，且不应少于 10 根；对混凝土预制桩及地下水位值以上且终孔后经过检验的灌注桩，抽检数不应少于总桩数的 10%且不少于 10 根，每个柱子承台下不得少于 1 根。施工单位收集、整理检测单位提供的《桩身质量检验报告》TJ2.9.3。

4. 管桩抗弯性能试验

先张法预应力混凝土管桩从同批产品中任意抽取 2 根管桩，按《先张法预应力混凝土管桩》GB 13476—2009 第 5.6 条规定，进行试验抗弯性能试验。若所抽 2 根全部符合规定，则抗裂性能合格；若有 1 根不符合，应从同批产品中抽取加倍数量进行复验，复验结果若仍有 1 根不合格，则判抗裂性能不合格。由施工单位收集、整理检测单位提供的《管桩抗弯性能试验报告》TJ2.9.4。

其余，同土建部分。

4.3.4 桩基分项工程质量验收

桩基分项工程质量验收按《建筑地基基础工程施工质量验收规范》GB 50202—2002 分为静力压桩、预应力管桩、混凝土预制桩、钢桩、混凝土灌注桩等分项工程进行验收。分项工程、检验批的验收流程和验收记录表填写，如附表 4-33 所示。

桩基工程竣工报告

附表 4-29

建设单位	×××置业公司					ZJ1.10	
工程名称	×××工程		工程地点		×××区		
建筑面积	11300	结构层次	六层框架	中标价格（万元）	×××万元	承包方式	专业分包
定额工期	65天	开工日期	××年××月×日	竣工日期	××年××月×日	合同编号	×××
桩基类型	钻孔灌注桩	桩　数	15	设计单位	×××设计院		
说明	1. 已完成桩基工程设计和合同约定的内容； 2. 有完整的档案和施工管理资料； 3. 有主要建筑材料、构配件和设备进场试验报告； 4. 监督机构责令整改问题已整改完毕。						

上项工程已施工完毕，定于××年××月×日进行竣工验收，现呈上有关资料，请于××年××月×日审核。

特此报告。

　　施工单位：×××
　　项目经理：×××

（公　章）
××年××月××日

审核意见：
　　经审核情况属实，符合设计及规范要求，同意竣工。

　　总监理工程师（建设单位项目负责人）：×××

（公　章）
××年××月××日

钢材、焊条（剂）、水泥、砂、石、外加剂、掺和料等出厂质量证明文件汇总表

附表 4-30

ZJ2.5

序号	材料名称	生产厂家	出厂日期	批号	规格品种	单位	数量	拟用部位	合格证编号	复验报告编号
1	φ6	马钢	××年××月×日	1	HPB300	t	30	桩身	×××	×××
2	φ12	马钢	××年××月×日	1	HRB300	t	20	桩身	×××	×××
3	φ14	马钢	××年××月×日	1	HRB300	t	50	桩身	×××	×××
4	φ18	马钢	××年××月×日	1	HRB300	t	40	桩身	×××	×××

预制桩、钢桩施工（锤击）验收记录

附表 4-31
ZJ2.8.5

工程名称：×××工程
承载力标准值：20t　　设计桩长：20m　　接头处理：闪光对焊锤　　重量：4.5t　　落距 2m

序号	施工日期	桩位编号	桩下沉每米锤击数（每层土）						桩底标高	桩顶标高	最后3振贯入度（每振十击）			最后30cm 锤击数			备注
			1	2	3	4	5	6			3	2	1	1	2	3	
1		Z1	44	49	55	59	63	70	−20.5	−0.5			70	65	50		
2		Z2	45	49	53	58	62	69	−21.0	−1.0			80	72	50		
3		Z3	44	48	56	60	65	72	−21.5	−1.5			60	55	40		
4		Z4	44	49	56	61	66	73	−20.5	−0.5			50	51	30		

注：桩下沉每米锤击数指桩穿过淤泥后记录锤击数。
监理工程师：×××　　　　　　　　　　　　　　　　　　　　质检员：×××
（建设单位项目负责人）

混凝土浇灌记录

附表 4-32
ZJ2.8.10

工程名称：×××工程　　导管类型：无缝钢管　　水泥强度等级：325
场地地坪标高：−0.5　　混凝土坍落度：70～100mm　　混凝土强度等级：C30

序号	施工日期	桩位编号	设计桩长	导管距孔底距离（m）	设计混凝土用量（m³）	实际混凝土用量（m³）	混凝土灌注充盈系数	浇筑时间（min）	堵管、导管进水或拔空位置	备注
1	××年×月×日	Z1	30m	0.5	34	39.5	1.16	60	/	
2	××年×月×日	Z2	30m	0.5	34	38.9	1.14	65	/	
3	××年×月×日	Z3	30m	0.5	34	40.1	1.18	70	/	
4	××年×月×日	Z4	30m	0.5	34	39	1.15	60	/	

监理工程师：×××　　　　　　　　　　质检员：×××
（建设单位项目负责人）

混凝土灌注桩钢筋笼分项工程检验批质量验收记录

附表 4-33
ZJ3.5.1

工程名称	×××工程		检验批部位	①~②/Ⓐ轴				施工执行标准名称及编号		DGJ32/J28
施工单位	×××建筑公司		项目经理	×××				专业工长		×××
分包单位	×××桩基公司		分包项目经理	×××				施工班组长		×××
序号	GB 50202—2002 的规定			施工单位检查评定记录						监理（建设）单位验收记录
主控项目	1	主筋间距允许偏差，mm	±10	8	−5	−6	−7	−2	−4	2	5	9	8	符合要求
	2	长度允许偏差，mm	±100	100	58	95	65	−52	−46	58	9	−45	−62	
一般项目	1	钢筋材质检验		符合设计要求			合格证编号：××× 检测报告编号：×××							合格
	2	箍筋间距允许偏差，mm	±20	12	20	−12	−15	−4	5	6	9	19	17	
	3	直径允许偏差，mm	±10	9		−8	−4	5	6	−1	7	8	5	
施工单位检查评定结果	主控项目满足规范要求，一般项目全部合格。 项目专业质量检查员（盖章）：×××　　　　　　　　　×××年××月××日													
监理（建设）单位验收结论	满足 GB 50202—2002 中 5.6.4 条规定，质量合格。 监理工程师：××× （建设单位项目专业技术负责人）　　　　　　　　　×××年××月××日													

4.4 钢结构部分施工文件档案资料

4.4.1 钢结构部分施工文件档案资料分类及归档

钢结构子分部工程施工文件资料按《房屋建筑与市政基础设施工程档案资料管理规范》(DGJ32/TJ143-2012) 分为管理资料；质量控制资料；抽验及抽样检测资料；钢结构子分部工程质量验收资料，应单独分类保存，竣工后单独组卷归档。钢结构子分部工程文件档案资料分类、来源、归档保存单位与组卷归档目录，如表 4-6 所示。

钢结构部分施工文件档案资料分类、来源、归档保存单位与组卷归档目录　　表 4-6

类　别	类别编号	工程文件资料名称	资料来源	归档保存单位 施工单位	归档保存单位 城建档案馆
管理资料 GJ1	GJ1.1	钢结构工程概况	施工单位	√	√
	GJ1.2	钢结构子分部工程质量验收记录	施工单位	√	√
	GJ1.3	钢结构工程观感质量检查记录	施工单位	√	
	GJ1.4	工程项目施工管理人员名单及岗位证书	施工单位	√	√
	GJ1.5	焊工合格证汇总表	施工单位	√	
	GJ1.6	施工现场质量管理检查记录	施工单位	√	√
	GJ1.7	深化设计施工图审查合格证书	审图机构	√	√
	GJ1.8	施工组织设计、施工方案及审批	施工单位 监理单位	√	
	GJ1.9	技术交底记录	施工单位	√	
钢结构工程质量控制资料 GJ2	GJ2.1	图纸会审、设计变更、洽商记录	施工单位	√	√
原材料、成品质量合格证明文件 GJ2.2	GJ2.2.1	钢材、焊接材料质量合格证明文件检查汇总表	施工单位	√	
	GJ2.2.1.1	钢材质量合格证明文件	供应单位	√	
	GJ2.2.1.2	焊接材料合格证明文件	供应单位	√	
	GJ2.2.2	钢构件进场验收记录、合格证汇总表	施工单位	√	
	GJ2.2.2.1	钢构件进场验收记录	施工单位	√	
	GJ2.2.2.2	钢构件合格证	供应单位	√	
	GJ2.2.3	其他材料、成品质量合格证明文件检查汇总表	施工单位	√	
	GJ2.2.3.1	连接用紧固件质量合格证明文件、中文标志	供应单位	√	
	GJ2.2.3.2	螺栓球、焊接球、封板、锥头和套筒、压型金属板合格证明文件、中文标志合格证及原材料质量合格证明文件、中文标志	供应单位	√	
	GJ2.2.3.3	钢结构防腐涂料、稀释剂、固化剂等产品质量合格证明文件、中文标志	供应单位	√	
	GJ2.2.3.4	钢结构用橡胶垫的质量合格证明文件、中文标志	供应单位	√	
	GJ2.2.3.5	其他有关材料质量合格证明文件、中文标志	供应单位	√	
施工试验报告及见证检测报告 GJ2.3	GJ2.3.1	钢结构见证取样送样复验报告检查汇总表	施工单位	√	√
	GJ2.3.1.1	钢材复验报告	检测单位	√	√
	GJ2.3.1.2	焊接材料复验报告	检测单位	√	√
	GJ2.3.1.3	高强度螺栓连接副预拉力检验报告	检测单位	√	√
	GJ2.3.1.4	高强度螺栓连接副扭矩系数检验报告	检测单位	√	√
	GJ2.3.1.5	摩擦面抗滑移系数复验报告	检测单位	√	√
	GJ2.3.1.6	网架节点承载力试验报告	检测单位	√	√
	GJ2.3.1.7	焊接球焊缝超声波探伤或检查检验报告	检测单位	√	√
	GJ2.3.1.8	螺栓球、焊接球、封板、锥头和套筒等检测报告	检测单位	√	√
	GJ2.3.1.9	螺栓实物最小拉力载荷复验报告	检测单位	√	√
	GJ2.3.1.10	防火涂料的粘结强度、抗压强度复验报告	检测单位	√	√
	GJ2.3.1.11	其他试验报告	检测单位	√	√
	GJ2.4	隐蔽工程检验项目检查验收记录	施工单位	√	√

续表

类别	类别编号	工程文件资料名称	资料来源	归档保存单位 施工单位	归档保存单位 城建档案馆
钢结构工程质量控制资料 GJ2	施工记录 GJ2.5	GJ2.5.1 高强度螺栓施工记录	施工单位	√	
		GJ2.5.2 钢结构矫正施工记录	施工单位	√	
		GJ2.5.3 钢零部件矫正成型施工记录	施工单位	√	
		GJ2.5.4 焊缝的焊前预热、焊后热处理施工记录	施工单位	√	
		GJ2.5.5 钢零部件边缘加工施工记录	施工单位	√	
		GJ2.5.6 新材料、新工艺的施工记录	施工单位	√	
		GJ2.5.7 焊接材料的烘焙记录	施工单位	√	
		GJ2.5.8 施工日志	施工单位	√	
		GJ2.5.9 不合格项的处理记录及验收记录	施工单位	√	√
		GJ2.5.10 其他有关文件和记录	施工单位	√	
检验及抽样检测资料 GJ3	检验及抽样检测汇总表 GJ3.1	GJ3.1.1 ★钢结构超声波或射线探伤检测报告	检测单位	√	√
		GJ3.1.2 高强度螺栓连接副施工扭矩检验报告	检测单位	√	√
		GJ3.1.5 钢屋（托）架、桁架、钢梁、吊车梁等垂直度和侧向弯曲检测报告	施工单位	√	√
		GJ3.1.6 钢柱垂直度检测报告	施工单位	√	√
		GJ3.1.7 钢网架安装完成后及屋面工程完成后挠度检测报告	施工单位	√	√
		GJ3.1.8 单层（多层及高层）钢结构主体结构整体垂直度检测报告	施工单位	√	√
		GJ3.1.9 单层（多层及高层）钢结构主体结构整体平面弯曲检测报告	施工单位	√	√
		GJ3.1.10 其他	相关单位	√	
	抽样检查记录汇总表 GJ3.2	GJ3.2.1 强制性条文检查记录	施工单位	√	
		GJ3.2.2 高强度螺栓施工记录	施工单位	√	
		GJ3.2.3 钢结构防腐涂料施工厚度检查记录	施工单位	√	
		GJ3.2.4 钢结构防火涂料施工厚度检查记录	施工单位	√	
		GJ3.2.5 扭矩扳手标定记录	施工单位	√	
		GJ3.2.6 钢吊车梁（桁架）挠度检查记录	施工单位	√	
	工艺评定报告汇总表 GJ3.3	GJ3.3.1 焊接工艺评定报告	施工单位	√	
		GJ3.3.2 焊缝的焊前预热、焊后热处理工艺评定记录。	施工单位	√	
		GJ3.3.3 钢零部件矫正成型工艺评定报告	施工单位	√	
		GJ3.3.4 新材料、新工艺应用的工艺评定报告	施工单位	√	
钢结构子分部工程质量验收资料 GJ4	钢结构焊接分项工程质量验收记录 GJ4.1	GJ4.1.1 钢结构焊接一、二级焊缝分项工程检验批质量验收记录	施工单位	√	
		GJ4.1.2 钢结构焊接三级分项工程检验批质量验收记录	施工单位	√	
		GJ4.1.3 钢结构焊钉焊接分项工程检验批质量验收记录	施工单位	√	
	钢结构紧固件连接分项工程质量验收记录 GJ4.2	GJ4.2.1 钢结构（普通紧固件连接）分项工程检验批验收记录	施工单位	√	
		GJ4.2.2 钢结构（高强度螺栓连接）分项工程检验批质量验收记录		√	

续表

类别	类别编号	工程文件资料名称	资料来源	施工单位	城建档案馆
钢零件及钢部件加工分项工程质量验收记录 GJ4.3	GJ4.3.1	零件及钢部件加工分项工程检验批质量验收记录	施工单位	√	
钢构件组装分项工程质量验收记录 GJ4.4	GJ4.4.1	钢构件组装分项工程检验批质量验收记录	施工单位	√	
	GJ4.4.1.1	焊接H形钢的允许偏差记录	施工单位	√	
	GJ4.4.1.2	焊接连接制作组装的允许偏差记录	施工单位	√	
	GJ4.4.1.3	单层钢柱外形尺寸的允许偏差记录	施工单位	√	
	GJ4.4.1.4	多节钢柱外形尺寸的允许偏差记录	施工单位	√	
	GJ4.4.1.5	焊接实腹梁外形尺寸的允许偏差记录	施工单位	√	
	GJ4.4.1.6	钢桁架外形尺寸的允许偏差记录	施工单位	√	
	GJ4.4.1.7	钢管构件外形尺寸的允许偏差记录	施工单位	√	
	GJ4.4.1.8	墙架、檩条、支撑系统钢构件外形尺寸的允许偏差记录	施工单位	√	
	GJ4.4.1.9	钢平台、钢梯和防护栏杆外形尺寸的允许偏差记录	施工单位	√	
钢结构预拼装分项工程质量验收记录 GJ4.5	GJ4.5.1	钢结构预拼装分项工程检验批质量验收记录	施工单位	√	
	GJ4.5.1.1	钢结构预拼装的允许偏差记录	施工单位	√	
单层钢结构安装分项工程质量验收记录 GJ4.6	GJ4.6.1	单层钢结构安装分项工程检验批质量验收记录	施工单位	√	
	GJ4.6.1.1	单层钢结构柱子安装允许偏差检查记录	施工单位	√	
	GJ4.6.1.2	钢吊车梁安装允许偏差检查记录	施工单位	√	
	GJ4.6.1.3	墙架、檩条等次要构件安装允许偏差检查记录	施工单位	√	
	GJ4.6.1.4	钢平台、钢梯和防护栏杆安装允许偏差检查记录	施工单位	√	
多层及高层钢结构安装分项工程质量验收记录 GJ4.7	GJ4.7.1	多层及高层钢结构安装分项工程检验批质量验收记录	施工单位	√	
	GJ4.7.1.1	多层及高层钢结构中构件安装允许偏差检查记录	施工单位	√	
	GJ4.7.1.2	钢吊车梁安装允许偏差检查记录	施工单位	√	
	GJ4.7.1.3	墙架、檩条等次要构件安装允许偏差检查记录	施工单位	√	
	GJ4.7.1.4	钢平台、钢梯和防护栏杆安装允许偏差检查记录	施工单位	√	
	GJ4.7.1.5	多层及高层钢结构主体结构总高度允许偏差检查记录	施工单位	√	
网架结构安装分项工程质量验收记录 GJ4.8	GJ4.8.1	网架结构安装分项工程检验批质量验收记录	施工单位	√	
压型金属板分项工程质量验收记录 GJ4.9	GJ4.9.1	压型金属板分项工程检验批质量验收记录	施工单位	√	
钢结构涂装分项工程质量验收记录 GJ4.10	GJ4.10.1	钢结构防腐涂料涂装分项工程检验批质量验收记录	施工单位	√	
	GJ4.10.2	钢结构防火涂料涂装分项工程检验批质量验收记录	施工单位	√	

(类别: 钢结构子分部工程质量验收资料 GJ4)

4.4.2 管理资料

4.4.2.1 钢结构工程概况

钢结构工程概况包括：工程名称、工程地址、建筑面积、结构层次、钢结构名称、工程量和建设单位、设计单位、监理单位、施工单位情况简介等，由施工单位填写《钢结构工程概况》(GJ1.1)。

4.4.2.2 钢结构子分部工程质量验收

按《钢结构工程施工质量验收规范》GB 50205—2001 要求，钢结构子分部工程的质量验收，是在施工单位自检合格的基础上提出申请，由总监理工程师或建设单位项目负责人组织勘察、设计单位及施工单位的项目负责人、技术质量负责人，共同对钢结构子分部工程进行验收，形成《钢结构子分部工程质量验收记录》(GJ1.2)及《钢结构工程观感质量检查记录》(GJ1.3)。

钢结构子分部工程验收时需提供下列文件和记录：

（1）钢结构工程竣工图纸及相关设计文件；
（2）施工现场质量管理检查记录；
（3）有关安全及功能的检验和见证检测项目检查记录；
（4）有关观感质量检验项目检查记录；
（5）分部工程所含分项工程质量验收记录；
（6）分项所含检验批质量验收记录；
（7）强制性条文检验项目检查记录及证明文件；
（8）隐蔽工程检验项目检查验收记录；
（9）原材料、成品质量合格证明文件、中文标志及性能检测报告；
（10）不合格项的处理记录及验收记录和重大质量、技术问题实施及验收记录等。

钢结构子分部工程质量验收按《钢结构工程施工质量验收规范》GB 50205—2001 要求进行质量验收。验收的程序和验收记录的填写，详见本书 1.2 建筑工程质量验收。

4.4.3 质量控制资料

4.4.3.1 钢材

按《钢结构工程施工质量验收规范》GB 50205—2001 第 4.2.1 条规定，钢材、钢铸件的品种、规格、性能等应符合现行国家产品标准和设计要求，进口钢材产品的质量应符合设计和合同规定标准的要求。检查要全数进行，检查质量合格证明文件、检验报告和中文标志等。

对属于下列情况之一的钢材，应进行见证抽样复验，其复验结果应符合现行国家产品标准和设计要求：

（1）国外进口钢材；
（2）钢材混批；
（3）板厚等于或大于 40mm，且设计有 z 向性能要求的厚板；
（4）建筑结构安全等级为一级，大跨度钢结构中主要受力构件所采用的钢材；
（5）设计中有复验要求的钢材；

(6) 对质量有疑义的钢材。

施工单位收集、整理由供应单位提供《钢材质量合格证明文件》(GJ2.2.1.1)，填写《钢材、焊接材料质量合格证明文件检查汇总表》(GJ2.2.1)。

施工单位收集、整理由检测单位提供《钢材复验报告》(GJ2.3.1.1)，填写《钢结构见证取样送样复验报告检查汇总表》(GJ2.3.1)。

4.4.3.2 焊接材料

钢筋结构焊接用材料有焊条、焊剂、焊钉和焊接瓷环等，焊接材料的品种、规格、性能等应符合现行国家产品标准和设计要求。焊接材料进场时，需全数进行检查，检查焊接材料的质量合格证明文件、中文标志及检验报告。施工单位收集、整理由供应单位提供《焊接材料合格证明文件》(GJ2.2.1.2)，填写《钢材、焊接材料质量合格证明文件检查汇总表》(GJ2.2.1)

按《钢结构工程施工质量验收规范》GB 50205—2001 4.3.2条规定，重要的钢结构采用的焊接材料应进行抽样复验，复验结果符合现行国家产品标准。

重要的钢结构是指：

(1) 建筑结构安全等级为一级的一、二级焊缝；
(2) 建筑结构安全等级为二级的一级焊缝；
(3) 大跨度结构中的一级焊缝；
(4) 重级工作制吊车梁结构中一级焊缝；
(5) 设计要求。

施工单位收集、整理由检测单位填写《焊接材料复验报告》(GJ2.3.1.2)，填写《钢结构见证取样送样复验报告检查汇总表》(GJ2.3.1)。

4.4.3.3 连接用紧固标准件

按《钢结构工程施工质量验收规范》GB 50205—2001第4.4.1条规定，钢结构连接用高强度大六角头螺栓连接副、扭剪型高强度螺栓连接副、钢网架用高强度螺栓、普通螺栓、铆钉、自攻钉、拉铆钉、射钉、锚栓（机械型和化学试剂型）、地脚锚栓等紧固标准件及螺母、垫圈等标准配件、其品种、规格、性能等应符合国家产品标准和设计要求。高强度大六角螺栓连接副和扭剪型高强度螺栓连接副出厂时应分别随箱带有扭矩系数和紧固轴力（预拉力）的检验报告。施工单位收集、整理由供应单位提供《连接用紧固件质量合格证明文件、中文标志》(GJ2.2.3.1)，填写《其他材料、成品质量合格证明文件检查汇总表》(GJ2.2.3)。

对扭剪型高强度螺栓连接副需由检测单位提供《高强度螺栓连接副预拉力检验报告》(GJ2.3.1.3)复验报告。对高强度大六角头螺栓连接副需由检测单位提供《高强度螺栓连接副扭矩系数检验报告》(GJ2.3.1.4)复验报告。对普通螺栓作为永久性连接时，以及设计有要求或对其质量有疑义时，需进行实物最小拉力载荷试验，由检测单位提供《螺栓实物最小拉力载荷复验报告》(GJ2.3.1.9)。钢结构制作和安装单位应按规范规定分别进行高强度螺栓连接摩擦面的抗滑移系数的试验和复验，现场处理的构件摩擦面应单独进行摩擦面抗滑移系数试验，由检测单位提供《摩擦面抗滑移系数复验报告》(GJ2.3.1.5)。施工单位收集、整理检测单位复验报告并填写《钢结构见证取样送样复验报告检查汇总表》(GJ2.3.1)。

4.4.3.4 焊接球

按《钢结构工程施工质量验收规范》GB 50205—2001 第 4.5.1 条规定，焊接球及制造焊接球所采用的原材料，其品种、规格、性能等应符合现行国家产品标准和设计要求。

施工单位收集、整理由供应单位提供《螺栓球、焊接球、封板、锥头和套筒、压型金属板合格证明文件、中文标志合格证及原材料质量合格证明文件、中文标志》(GJ2.2.3.2)，填写《其他材料、成品质量合格证明文件检查汇总表》(GJ2.2.3)。

焊接球焊缝应进行无损检验，由检测单位提供《焊接球焊缝超声波探伤或检查检验报告》(GJ2.3.1.7)。

施工单位收集、整理由检测单位提供的检验报告，填写《钢结构见证取样送样复验报告检查汇总表》(GJ2.3.1)。

4.4.3.5 螺栓球、封板、锥头和套筒

按《钢结构工程施工质量验收规范》GB 50205—2001 第 4.6.1 条、第 4.7.1 条规定，螺栓球、封板、锥头和套筒及制造螺栓球节点、封板、锥头和套筒所采用的原材料其品种、规格、性能等应符合国家产品标准和设计要求，并取样进行抽检。

施工单位收集、整理由供应单位提供《螺栓球、焊接球、封板、锥头和套筒、压型金属板合格证明文件、中文标志合格证及原材料质量合格证明文件、中文标志》(GJ2.2.3.2)，填写《其他材料、成品质量合格证明文件检查汇总表》(GJ2.2.3)。

施工单位收集、整理由检测单位提供《螺栓球、焊接球、封板、锥头和套筒等检测报告》(GJ2.3.1.8)，填写《钢结构见证取样送样复验报告检查汇总表》(GJ2.3.1)。

4.4.3.6 涂装材料

按《钢结构工程施工质量验收规范》GB 50205—2001 第 4.9.1、第 4.9.2 条规定，钢结构防腐涂料、稀释剂和固化剂等材料的品种、规格、性能等应符合现行国家产品标准和设计要求，并取样进行检测。

施工单位收集、整理，由供应单位提供《钢结构防腐涂料、稀释剂、固化剂等产品质量合格证明文件、中文标志》(GJ2.2.3.3)，填写《其他材料、成品质量合格证明文件检查汇总表》(GJ2.2.3)。

施工单位收集、整理由检测单位提供《防火涂料的粘结强度、抗压强度复验报告》(GJ2.3.1.10)，并符合国家现行标准《钢结构防火涂料应用技术规程》(CECS24：90)规定，填写《钢结构见证取样送样复验报告检查汇总表》(GJ2.3.1)。

4.4.3.7 网架节点

按《钢结构工程施工质量验收规范》GB 50205—2001 第 12.3.3 条规定，对建筑结构安全等级为一级，跨度 40m 及以上的公共建筑钢网架结构，且设计有要求时，进行节点承载力试验，由检测单位提供《网架节点承载力试验报告》(GJ2.3.1.6)。施工单位收集、整理由检测单位提供的试验报告，填写《钢结构见证取样送样复验报告检查汇总表》(GJ2.3.1)。

4.4.3.8 钢构件

钢构件进场验收，由供应单位提供《钢构件合格证》(GJ2.2.2.2)，施工单位提供《钢构件进场验收记录》(GJ2.2.2.1)。施工单位收集、整理相关的合格证和进场验收记录，填写《钢构件进场验收记录、合格证汇总表》(GJ2.2.2)。

4.4.3.9 其他

钢结构用橡胶垫的品种、规格、性能等应符合现行国家产品标准和设计要求。

施工单位收集、整理由供应单位提供《钢结构用橡胶垫的质量合格证明文件、中文标志》(GJ2.2.3.4)、《其他有关材料质量合格证明文件、中文标志》(GJ2.2.3.5)，填写《其他材料、成品质量合格证明文件检查汇总表》(GJ2.2.3)。

施工单位收集、整理由检测单位提供的《其他试验报告》(GJ2.3.1.11)，填写《钢结构见证取样送样复验报告检查汇总表》(GJ2.3.1)

4.4.4 隐蔽工程检验

钢结构施工中隐蔽工程检验项目主要有：地脚螺栓规格、位置、埋设方法、紧固，外墙内、外保温构造节点做法等。施工单位在自检合格的基础上，填写《隐蔽工程检验项目检查验收记录》(GJ2.4)，报监理单位验收认可后方可进入下道工序施工。

4.4.5 施工记录

钢结构构件加工艺流程为绘制加工制作图、放样、号料、切割下料、坡口加工、开孔、组装和钢结构构件的验收。

4.4.5.1 施工记录

钢结构施工是时，由施工单位填写《施工记录》(GJ2.5.1)。

4.4.5.2 高强度螺栓施工

高强度螺栓连接副的施拧顺序、复拧扭矩应符合设计要求和国家现行行业标准《钢结构高强度螺栓连接技术规程》JGJ 82—2011规定，由施工单位填写《高强度螺栓施工记录》(GJ2.5.2)。

4.4.5.3 钢结构矫正

对钢结构加工矫正时，由施工单位填写《钢结构矫正施工记录》(GJ2.5.3)。

4.4.5.4 钢零部件矫正成型

对钢零部件矫正成型时，由施工单位填写《钢零部件矫正成型施工记录》(GJ2.5.4)。

4.4.5.5 焊前预热或焊后热处理的焊缝

对于需要进行焊前预热或焊后热处理的焊缝，其预热温度或后热温度应符合国家现行有关标准的规定或通过工艺试验确定，并施工单位提供《焊缝的焊前预热、焊后热处理施工记录》(GJ2.5.5)。

4.4.5.6 钢零部件边缘加工

对钢零部件边缘加工施工时，由施工单位填写《钢零部件边缘加工施工记录》(GJ2.5.5)。

4.4.5.7 新材料、新工艺的施工记录

新材料、新工艺施工时，由施工单位填写《新材料、新工艺的施工记录》(GJ2.5.7)。

4.4.5.8 焊条、焊剂、药芯焊丝、熔嘴舌

焊条、焊剂、药芯焊丝、熔嘴舌在使用前，应按产品说明书及焊接工艺文件的规定进行烘熔和存放，并由施工单位提供《焊接材料的烘焙记录》(GJ2.5.8)。

4.4.5.9 施工日志

钢结构施工期间,由施工单位填写《施工日志》(GJ2.5.9)。

4.4.5.10 不合格项的处理记录及验收记录

对钢结构施工中的不合格项,由施工单位提出处理意见,报监理单位审核同意后,交施工单位实施处理,由施工单位填写《不合格项的处理记录及验收记录》(GJ2.5.10)。

4.4.6 检验及抽样检测

钢结构分部工程有关见证取样送样试验项目有钢材及焊接材料复验、高强度螺栓预拉力、扭矩系数复验、摩擦面抗滑移系数复验、网架节点承载力试验。安全及功能的检验项目见表4-7所示。

安全及功能的检验项目   表4-7

序号	项目	检测取样
1	见证取样送检项目(钢材及焊接材料复验、高强度螺栓预拉力和扭矩系数复验、摩擦面揾滑移系数复验、网架点承载力试验)	按规范规定
2	焊缝质量(内部缺陷、外观缺陷、焊缝尺寸)	一、二级焊缝按焊缝处数随机抽检3%,且不应少于3处;检验采用超声波或射线探伤等
3	高强度螺栓施工质量(终拧扭矩、梅花头检查、网架螺栓球节点)	按节点数随机抽检3%,且不应少于3个节点
4	桩脚及网架支座(锚栓坚固、垫板、垫块、二次灌浆)	按桩脚及网架支座随机抽检10%,且不应少于3个;采用观察和尺量等方法进行检验
5	主要构件变形(钢屋架、桁架、钢梁、吊车梁等垂直度和侧身弯曲、钢柱垂直度、网架结构挠度)	除网架结构外,其他按构件数随机抽检3%,且不应少于3个
6	主要结构尺寸(整体垂直度、整体平面弯曲)	对主要立面全部检查

4.4.6.1 检验及抽样检测

1. 焊缝质量检验

设计要求全焊透的一、二级焊缝应采用超声波探伤进行内部缺陷的检验,超声波探伤不能对缺陷作出判断时,应采用射线探伤,由检测单位出具《钢结构超声波或射线探伤检测报告》(GJ3.1.1)。施工单位收集、整理由检测单位提供的检测报告,填写《检验及抽样检测汇总表》(GJ3.1)。

2. 高强度螺栓施工质量

高强度螺栓连接副施工扭矩进行见证取样送检,在待安装的螺栓批中随机抽取,每批分别抽取8套连接副进行预拉力和扭矩系数复验,由检测单位出具《高强度螺栓连接副施工扭矩检验报告》(GJ3.1.2),施工单位汇总并填写《检验及抽样检测汇总表》(GJ3.1)。

3. 主要构件变形

钢屋架、桁架、钢梁、吊车梁等垂直度和侧身弯曲、钢柱垂直度、网架结构挠度制作完成后，应由施工单位检查主要构件变形，编制、形成《钢屋（托）架、桁架、钢梁、吊车梁等垂直度和侧向弯曲检测报告》(GJ3.1.5)、《钢柱垂直度检测报告》(GJ3.1.6)。并收集、整理填写《检验及抽样检测汇总表》(GJ3.1)。

4. 主要结构尺寸

主要结构安装完成后，应由施工单位对主要结构尺寸进行检查，编制、形成《钢网架安装完成后及屋面工程完成后挠度检测报告》(GJ3.1.7)、《单层（多层及高层）钢结构主体结构整体垂直度检测报告》(GJ3.1.8)和《单层（多层及高层）钢结构主体结构整体平面弯曲检测报告》(GJ3.1.9)等，并汇总、填写《检验及抽样检测汇总表》(GJ3.1)。

4.4.6.2 抽样检查

钢结构工程施工过程中，施工单位、监理单位（建设单位）对施工过程执行强制性条文的情况和主要工序的质量进行抽查，形成《强制性条文检查记录》(GJ3.2.1)、《高强度螺栓施工记录》(GJ3.2.2)、《钢结构防腐涂料施工厚度检查记录》(GJ3.2.3)、《钢结构防火涂料施工厚度检查记录》(GJ3.2.4)、《扭矩扳手标定记录》(GJ3.2.5)、《钢吊车梁（桁架）挠度检查记录》(GJ3.2.6)，汇总并填写《抽样检查记录汇总表》(GJ3.2)。

4.4.6.3 工艺评定

施工单位对其首次采用的钢材、焊接材料、焊接方法、焊后热处理等，应进行焊接工艺评定，并应根据评定报告确定焊接工艺。施工提供《焊接工艺评定报告》(GJ3.3.1)、《焊缝的焊前预热、焊后热处理工艺评定记录》(GJ3.3.2)、《钢零部件矫正成型工艺评定报告》(GJ3.3.3)、《新材料、新工艺应用的工艺评定报告》(GJ3.3.4)。并由施工单位收集、整理，汇总填写《工艺评定报告汇总表》(GJ3.3)。

4.4.7 钢结构子分部工程质量验收资料

钢结构作为主体结构之一应按子分部工程竣工验收；当主体结构均为钢结构时应按分部工程竣工验收。钢结构子分部工程质量验收时划分为钢结构焊接、坚固件连接、钢零部件加工、单层钢结构安装、多层及高层钢结构安装、钢结构涂装、钢构件组装、钢构件预拼装、钢网架结构安装、压型金属板等10个分项工程进行验收。

钢结构分项工程检验批划分应按照：单层钢结构按变形缝划分；多层及高层钢结构按楼层或施工段划分；压型金属板工程可按屋面、墙板、楼面划分；对于原材料及成品进场时的验收，可以根据工程规模及进料实际情况合并或分解检验批。子分部、分项检验批的验收记录表，详见表4-6所示。

4.5 幕墙部分施工工程文件档案资料

4.5.1 幕墙部分施工文件档案资料分类及归档

幕墙子分部施工文件资料按《房屋建筑与市政基础设施工程档案资料管理规范》(DGJ32/TJ143-2012)分为管理资料、质量控制资料、安全和功能检验资料、幕墙子分部工程质量验收资料，应单独分类保存，竣工后单独组卷归档。幕墙部分施工文件资料分类、来源、归档保存单位及组卷归档移交目录，如表4-8所示。

幕墙部分施工文件资料分类、来源、归档保存单位及组卷归档目录　　表 4-8

类　别	类别编号	工程文件资料名称	资料来源	归档保存单位 施工单位	归档保存单位 城建档案馆
管理资料 MQ1	MQ1.1	工程概况	施工单位	√	√
	MQ1.2	幕墙子分部工程质量验收记录表	施工单位	√	√
	MQ1.3	工程项目施工管理人员名单、岗位证书	施工单位	√	
	MQ1.4	施工现场质量管理检查记录	施工单位	√	
	MQ1.5	施工招标文件	建设单位	√	
	MQ1.6	中标通知书	建设单位	√	
	MQ1.7	工程承包合同	合同双方	√	
	MQ1.8	幕墙设计资质证书、施工企业资质证书	施工单位	√	√
	MQ1.9	开工报告	施工单位	√	
	MQ1.10	施工组织设计、施工方案及审批	施工单位 监理单位	√	
	MQ1.11	设计交底记录	设计单位	√	
	MQ1.12	幕墙工程正常使用情况下物理耐用年限保证书	施工单位	√	
	MQ1.13	结构计算书、设计说明	设计单位	√	
	MQ1.14	建筑设计单位对幕墙工程设计的确认文件	设计单位	√	
质量控制资料 MQ2	MQ2.1	图纸会审、设计变更、洽商记录	施工单位 设计单位	√	√
材料质量证明书文件汇总表 MQ2.2	MQ2.2.1	铝合金材料产品出厂质量证明文件	供应单位	√	
	MQ2.2.2	五金（衬垫）材料产品出厂质量证明文件	供应单位	√	
	MQ2.2.3	幕墙板材（玻璃、金属板、石材）出厂质量证明文件	供应单位	√	
	MQ2.2.4	保温、防火材料出厂质量证明文件	供应单位	√	
	MQ2.2.5	幕墙用钢材出厂质量证明文件	供应单位	√	
	MQ2.2.6	硅酮结构胶及密封材料出厂质量证明文件	供应单位	√	
	MQ2.2.7	★幕墙后置埋件产品质量证明文件	供应单位	√	
施工试验报告及见证检测报告汇总表 MQ2.3	MQ2.3.1	幕墙工程材料、五金配件、构件和组件等材料复验报告	检测单位	√	√
	MQ2.3.2	铝塑复合板的剥离强度复验报告	检测单位	√	√
	MQ2.3.3	石材弯曲强度复验报告	检测单位	√	√
	MQ2.3.4	室内花岗岩放射性复验报告	检测单位	√	√
	MQ2.3.5	玻璃幕墙用结构胶的邵氏硬度、标准条件拉伸粘结强度、相容性试验的复验报告	检测单位	√	√
	MQ2.3.6	石材幕墙结构密封胶的粘结强度复验报告	检测单位	√	√
	MQ2.3.7	石材幕墙结构密封胶的污染性复验报告	检测单位	√	√
	MQ2.3.8	硅酮结构密封胶、硅酮建筑密封胶相容性和剥离粘结性试验报告	检测单位	√	
	MQ2.3.9	其他	相关单位	√	√
隐蔽工程项目验收记录 MQ2.4	MQ2.4.1	预埋件或后置埋件或后置螺栓连接件埋设隐蔽验收记录	施工单位	√	√

续表

类别	类别编号	工程文件资料名称	资料来源	归档保存单位 施工单位	归档保存单位 城建档案馆
质量控制资料MQ2	隐蔽工程项目验收记录MQ2.4	MQ2.4.2	构件连接节点、构件与主体结构的连接安装隐蔽验收记录	施工单位	√	√
		MQ2.4.3	幕墙的伸缩缝、变形缝、沉降缝、防震缝及墙面转角处的构造节点隐蔽验收记录	施工单位	√	√
		MQ2.4.4	幕墙防火构造隐蔽验收记录	施工单位	√	√
		MQ2.4.5	幕墙防雷装置及防雷构造结点隐蔽验收记录	施工单位	√	√
		MQ2.4.6	幕墙周边、组合幕墙交接部位以及幕墙内表面与主体结构之间的封堵隐蔽验收记录	施工单位	√	√
		MQ2.4.7	板块安装固定块材质、间距、数量隐蔽验收记录	施工单位	√	√
		MQ2.4.8	钢材端口、钢材焊缝的二次防腐隐蔽验收记录	施工单位	√	√
		MQ2.4.9	单元式幕墙的封口节点、与构件式幕墙交接节点、顶收口节点隐蔽验收记录	施工单位	√	√
		MQ2.4.10	其他带有隐蔽性质的项目	施工单位	√	√
	检验及抽样检测资料MQ2.5	MQ2.5.1	防雷装置测试记录	施工单位	√	√
		MQ2.5.2	幕墙淋水试验记录	施工单位	√	
工程安全和功能检验资料MQ3		MQ3.1	★后置埋件的现场拉拔强度检测报告	检测单位	√	√
		MQ3.2	幕墙的抗风压性能、气密性能、水密性能及平面位移性能(当设计未对平面位移性能提出要求时,不检测)检测报告	检测单位	√	√
幕墙子分部工程质量验收MQ4		MQ4.1	构件式玻璃幕墙分项工程质量验收记录	施工单位	√	
		MQ4.1.1	构件式玻璃幕墙分项工程检验批质量验收记录	施工单位	√	
		MQ4.2	点支承玻璃幕墙分项工程质量验收记录	施工单位	√	
		MQ4.2.1	点支承玻璃幕墙分项工程检验批质量验收记录	施工单位	√	
		MQ4.3	全玻璃幕墙分项工程质量验收记录	施工单位	√	
		MQ4.3.1	全玻璃幕墙分项工程检验批质量验收记录	施工单位	√	
		MQ4.4	单元式幕墙分项工程质量验收记录	施工单位	√	
		MQ4.4.1	单元式幕墙分项工程检验批质量验收记录	施工单位	√	
		MQ4.5	石材幕墙分项工程质量验收记录	施工单位	√	
		MQ4.5.1	石材幕墙分项工程检验批质量验收记录	施工单位	√	
		MQ4.6	金属板幕墙分项工程质量验收记录	施工单位	√	
		MQ4.6.1	金属板幕墙分项工程检验批质量验收记录	施工单位	√	
		MQ4.7	人造板幕墙分项工程质量验收记录	施工单位	√	
		MQ4.7.1	人造板幕墙分项工程检验批质量验收记录	施工单位	√	
		MQ4.8	双层幕墙分项工程质量验收记录	施工单位	√	
		MQ4.8.1	双层幕墙分项工程检验批质量验收记录	施工单位	√	
		MQ4.9	建筑玻璃采光顶分项工程质量验收记录	施工单位	√	
		MQ4.9.1	建筑玻璃采光顶分项工程检验批质量验收记录	施工单位	√	

4.5.2 管理资料

4.5.2.1 幕墙子分部工程质量验收

幕墙子分部验收是施工单位自检合格的基础上，由总监理工程组织施工单位项目经理和有关设计单位按《建筑装饰装修工程质量验收规范》GB 50210—2001 进行验收，由施工单位填写《幕墙子分部工程质量验收记录表》（MQ1.2），监理单位检查认可。

幕墙验收是应检查下列文件和记录：

（1）幕墙工程的施工图、结构计算书、设计说明及其他设计文件；

（2）建筑设计单位对幕墙工程设计的确认文件；

（3）幕墙工程所用各种材料、五金配件、构件及组件的产品合格证书、性能检测报告、进场验收记录和复验报告；

（4）幕墙工程所用硅酮结构胶的认定证书和抽查合格证明；进口硅酮结构胶的商检证；国家指定检测机构出具的硅酮结构胶相容性和剥离粘结性试验报告；石材用密封胶的耐污染性试验报告；

（5）后置埋件的现场拉拔强度检测报告；

（6）幕墙的抗风压性能、空气渗透性能、雨水渗漏性能及平面变形性能检测报告；

（7）打胶、养护环境的测试、湿度记录；双组分硅酮结构胶的混匀性试验记录及拉断试验记录；

（8）防雷装置测试记录；

（9）隐蔽工程验收记录；

（10）幕墙构件和组件的加工制作记录；幕墙安装施工记录。

桩基子分部工程质量验收程序、合格标准和检验记录的填写，详见本书 1.2 建筑工程质量验收。

4.5.2.2 幕墙工程正常使用情况下物理耐用年限保证

幕墙工程设计、施工单位对建设单位提供《幕墙工程正常使用情况下物理耐用年限保证书》（MQ1.12）。

4.5.2.3 建筑设计单位对幕墙工程设计的确认

幕墙工程设计相当多的是由幕墙施工单位完成，对于一些既有建筑来说，原建筑结构对于幕墙承载力的核算十分重要，应取得原结构设计单位或具备相应资质的设计单位核查有关原始资料，对既有建筑结构的安全性进行检验、确认，提供《建筑设计单位对幕墙工程设计的确认文件》（MQ1.14）。

4.5.3 质量控制资料

4.5.3.1 幕墙材料、五金配件、构件及组件

幕墙材料、五金配件、构件及组件应进行进场验收。进场验收包括产品合格证、性能检测报告和进场验收记录。由供应单位提供《铝合金材料产品出厂质量证明文件》（MQ2.2.1）、《五金（衬垫）材料产品出厂质量证明文件》（MQ2.2.2）、《幕墙板材（玻璃、金属板、石材）出厂质量证明文件》（MQ2.2.3）、《保温、防火材料出厂质量证明文件》（MQ2.2.4）、《幕墙用钢材出厂质量证明文件》（MQ2.2.5）、《硅酮结构胶及

密封材料出厂质量证明文件》（MQ2.2.6）、《幕墙后置埋件产品质量证明文件》（MQ2.2.7）。施工单位收集、整理相关的质量证明文件，填写《材料质量证明书文件汇总表》（MQ2.2）。

幕墙工程应对下列材料及其性能指标进行复验：
(1) 铝塑复合板的剥离强度；
(2) 石材的弯曲强度；
(3) 寒冷地区石材的耐冻融性；
(4) 室内用花岗石的放射性；
(5) 玻璃幕墙用结构胶的邵氏硬度、标准条件拉伸粘结强度、相容性试验；
(6) 石材用结构胶的粘结强度；
(7) 石材用密封胶的污染性。

由检测单位提供《幕墙工程材料、五金配件、构件和组件等材料复验报告》（MQ2.3.1）、《铝塑复合板的剥离强度复验报告》（MQ2.3.2）、《石材弯曲强度复验报告》（MQ2.3.3）、《室内花岗石放射性复验报告》（MQ2.3.4）、《玻璃幕墙用结构胶的邵氏硬度、标准条件拉伸粘强度、相容性试验的复验报告》（MQ2.3.5）、《石材幕墙结构密封胶的粘结强度复验报告》（MQ2.3.6）、《石材幕墙结构密封胶的污染性复验报告》（MQ2.3.7）、《硅酮结构密封胶、硅酮建筑密封胶相容性和剥离粘结性试验报告》（MQ2.3.8）和其他等。并由施工单位收集、整理相关检测报告，填写《施工试验报告及见证检测报告汇总表》（MQ2.3）。

4.5.3.2　隐蔽工程验收

幕墙工程应对下列隐蔽工程项目进行验收：预埋件（或后置埋件）；构件的连接节点；变形缝及墙面转角处的构造节点；幕墙防雷装置；幕墙防火构造。

由施工单位提供《预埋件或后置埋件或后置螺栓连接件埋设隐蔽验收记录》（MQ 2.4.1）；《构件连接节点、构件与主体结构的连接安装隐蔽验收记录》（MQ 2.4.2）；《幕墙的伸缩缝、变形缝、沉降缝、防震缝及墙面转角处的构造节点隐蔽验收记录》（MQ 2.4.3）；《幕墙防火构造隐蔽验收记录；幕墙防雷装置及防雷构造结点隐蔽验收记录》（MQ 2.4.4）；《幕墙周边、组合幕墙交接部位以及幕墙内表面与主体结构之间的封堵隐蔽验收记录》（MQ 2.4.5）；《板块安装固定块材质、间距、数量隐蔽验收记录》（MQ 2.4.6）；《钢材端口、钢材焊缝的二次防腐隐蔽验收记录》（MQ 2.4.7）；《单元式幕墙的封口节点、与构件式幕墙交接节点、顶收口节点隐蔽验收记录》（MQ 2.4.8）等。

4.5.3.3　检验及抽样检测

幕墙施工完成后，由施工单位时行防雷装置测试、幕墙淋水试验，填写《防雷装置测试记录》（MQ2.5.1）；《幕墙淋水试验记录》（MQ2.5.2）。

4.5.4　工程安全和功能检验资料

幕墙工程有关安全和功能的检测项目有：硅酮结构胶的相容性试验；幕墙后置埋件的现场拉拔强度；幕墙的抗风压性能、空气渗透性能、雨水渗漏性能及平面变形性能等。

4.5.4.1　后置埋件的现场拉拔强度检测

幕墙用后置埋件应有检测单位提供的《后置埋件的现场拉拔强度检测报告》（MQ3.1）。

4.5.4.2 抗风压性能、气密性能、水密性能及平面位移性能检测

幕墙完工后,应有幕墙的抗风压性能、气密性能、水密性能及平面位移性能(当设计未对平面位移性能提出要求时,不检测)检测报告,由检测单位提供《幕墙的抗风压性能、气密性能、水密性能及平面位移性能(当设计未对平面位移性能提出要求时,不检测)检测报告》(MQ3.2)。

4.5.5 幕墙子分部工程质量验收

幕墙子分部划分幕墙玻璃幕墙、金属幕墙、石材幕墙幕等分项。各分项工程的检验批按下面规定进行划分:相同设计、材料、工艺和施工条件的幕墙工程每500~1000m² 划分为一个检验批,不足500m² 也应划分为一个检验批;同一单位工程的不连续的幕墙工程应单独划分检验批;对于异型或有特殊要求的幕墙,体验批的划分应根据幕墙的结构、工艺特点及幕墙工程规模,由监理单位(或建设单位)和施工单位协商确定。子分部、分项检验批的验收记录表如表4-8所示。

4.6 建筑给水排水及采暖部分施工文件档案资料

4.6.1 建筑给水排水及采暖部分施工文件档案资料分类与归档

建筑给水排水及采暖分部按《房屋建筑与市政基础设施工程档案资料管理规范》(DGJ32/TJ143-2012)施工文件资料分为管理资料;质量控制资料;安全和功能检验资料及主要功能抽查;建筑给水排水及采暖子分部工程质量验收资料,应单独分类保存,竣工后单独组卷归档。建筑给水排水及采暖分部工程文件资料分类、来源、归档保存单位与组卷归档目录,如表4-9所示。

建筑给水排水及采暖分部工程文件资料分类、来源、归档保存单位与组卷归档目录　　表4-9

类别	类别编号	工程文件资料名称	资料来源	归档保存单位	
				施工单位	城建档案馆
管理资料SN1	SN1.1	建筑给水排水及采暖工程概况	施工单位	√	√
	SN1.2	建筑给水排水及采暖分部工程质量验收记录	施工单位	√	
	SN1.3	质量控制资料核查记录	施工单位	√	
	SN1.4	安全和功能检验资料核查及主要功能抽查记录	施工单位	√	
	SN1.5	建筑给水排水及采暖观感质量检查记录	施工单位	√	
	SN1.6	工程项目施工管理人员名单及岗位证书	施工单位	√	√
	SN1.7	建筑给水排水及采暖施工现场质量管理记录	施工单位	√	√
	SN1.8	开工报告	施工单位	√	
	SN1.9	施工组织设计或施工方案	施工单位	√	
	SN1.10	其他	相关单位	√	

续表

类别	类别编号	工程文件资料名称	资料来源	归档保存单位 施工单位	归档保存单位 城建档案馆
图纸会审记录、设计变更及洽商记录 SN2.1	SN2.1.1	设计交底记录	施工单位	✓	
材料、配件出厂合格证书汇总表 SN2.2	SN2.2.1	建筑给水工程材料质量证明文件及进场验收检查记录	施工单位	✓	
	SN2.2.2	建筑排水工程材料质量证明文件及进场验收检查记录	施工单位	✓	
	SN2.2.3	建筑给水设备质量证明文件及进场验收检查记录	施工单位	✓	
	SN2.2.4	建筑排水设备质量证明文件及进场验收检查记录	施工单位	✓	
	SN2.2.5	建筑给水器具质量证明文件及进场验收检查记录	施工单位	✓	
	SN2.2.6	建筑排水器具质量证明文件及进场验收检查记录	施工单位	✓	
	SN2.2.7	建筑给水配件质量证明文件及进场验收检查记录	施工单位	✓	
	SN2.2.8	建筑排水配件质量证明文件及进场验收检查记录	施工单位	✓	
	SN2.2.9	建筑采暖工程材料质量证明文件及进场验收检查记录	施工单位	✓	
	SN2.2.10	建筑采暖工程设备质量证明文件及进场验收检查记录	施工单位	✓	
	SN2.2.11	建筑采暖工程配件质量证明文件及进场验收检查记录	施工单位	✓	
材料、配件进场检（试）验报告、系统检测报告汇总表 SN2.3	SN2.3.1	阀门的强度和严密性试验报告	检测单位	✓	✓
	SN2.3.2	给水管道消毒检测报告	检测单位	✓	✓
	SN2.3.3	太阳能热水器系统性能检测报告	检测单位	✓	✓
	SN2.3.4	其他检测报告	检测单位	✓	✓
管道、设备强度和严密性试验记录 SN2.4*	SN2.4.1	室内给水管道水压试验记录	施工单位	✓	
	SN2.4.2	太阳能集热排管和上下集管水压试验记录	施工单位	✓	
	SN2.4.3	热交换器水压试验记录	施工单位	✓	
	SN2.4.4	散热器组对后水压试验记录	施工单位	✓	
	SN2.4.5	金属辐射板安装前水压试验记录	施工单位	✓	
	SN2.4.6	盘管隐蔽前水压试验记录	施工单位	✓	
	SN2.4.7	采暖系统保温前水压试验记录	施工单位	✓	
	SN2.4.8	消防系统水压试验记录	施工单位	✓	
	SN2.4.9	供热管道水压试验记录	施工单位	✓	
	SN2.4.10	锅炉汽、水系统水压试验记录	施工单位	✓	
	SN2.4.11	分汽缸（分水器、集水器）水压试验记录	施工单位	✓	
	SN2.4.12	密闭箱、罐水压试验记录	施工单位	✓	
	SN2.4.13	地下直埋油罐气密性试验记录	施工单位	✓	
	SN2.4.14	连接锅炉及辅助设备的工艺管道水压试验记录	施工单位	✓	
	SN2.4.15	消火栓系统测试记录	施工单位	✓	
	SN2.4.16	其他	相关单位	✓	

质量控制资料 SN2

续表

类别	类别编号	工程文件资料名称	资料来源	归档保存单位	
				施工单位	城建档案馆
质量控制资料SN2	隐蔽工程验收及中间验收记录SN2.5	SN2.5.1 管道隐蔽验收记录	施工单位	√	√
		SN2.5.2 设备基础交接验收记录	施工单位	√	
		SN2.5.3 管道支、吊架安装记录	施工单位	√	
		SN2.5.4 钢管伸缩器预拉伸安装记录	施工单位	√	
		SN2.5.5 塑料排水管伸缩器预留伸缩量记录	施工单位	√	
		SN2.5.6 锅炉烘炉记录	施工单位	√	
		SN2.5.7 锅炉煮炉记录	施工单位	√	
		SN2.5.8 其他隐蔽验收记录	施工单位	√	
	系统清洗、灌水、通水、通球试验SN2.6	SN2.6.1 系统清洗、灌水、通水、通球试验记录	施工单位	√	
		SN2.6.2 地漏及地面清扫口排水试验记录	施工单位	√	
		SN2.6.3 采暖系统试冲洗及测试记录	施工单位	√	
		SN2.6.4 其他试验记录	相关单位	√	
	设备试运转SN2.7	SN2.7.1 设备单机试验运转记录	施工单位	√	
		SN2.7.2 采暖系统试运行和调试记录	施工单位	√	
		SN2.7.3 安全阀及报警联动系统动作测试记录	施工单位	√	
		SN2.7.4 锅炉48h负荷试运行记录	施工单位	√	
安全和功能检验资料及主要功能抽查SN3		SN3.1 给水管道通水试验记录	施工单位	√	
		SN3.2 暖气管道、散热器压力试验记录	施工单位	√	
		SN3.3 卫生器具满水试验记录	施工单位	√	
		SN3.4 消防管道、燃气管道压力试验记录	施工单位	√	
		SN3.5 排水干管通球试验记录	施工单位	√	
		SN3.6 其他功能抽查资料	相关单位	√	
工程质量验收记录SN4	室内给水系统子分部工程质量验收记录SN4.1	SN4.1.1 给水管道及配件安装分项工程质量验收记录	施工单位	√	
		SN4.1.1.1 给水管道及配件安装分项工程检验批质量验收记录	施工单位	√	
		SN4.1.2 室内消火栓系统安装分项工程质量验收记录	施工单位	√	
		SN4.1.2.1 室内消火栓系统安装分项工程检验批质量验收记录	施工单位	√	
		SN4.1.3 给水设备安装分项工程质量验收记录	施工单位	√	
		SN4.1.3.1 给水设备安装分项工程检验批质量验收记录	施工单位	√	
	室内排水系统安装子分部工程质量验收记录SN4.2	SN4.2.1 室内排水管道及配件安装分项工程质量验收记录	施工单位	√	
		SN4.2.1.1 室内排水管道及配件安装分项工程检验批质量验收记录	施工单位	√	
		SN4.2.2 室内雨水管道及配件安装分项工程质量验收记录	施工单位	√	
		SN4.2.2.1 室内雨水管道及配件安装分项工程检验批质量验收记录	施工单位	√	
	室内热水供应系统安装子分部工程质量验收记录SN4.3	SN4.3.1 室内热水管道及配件安装分项工程质量验收记录	施工单位	√	
		SN4.3.1.1 室内热水管道及配件安装分项工程检验批质量验收记录	施工单位	√	
		SN4.3.2 室内热水辅助设备安装分项工程质量验收记录	施工单位	√	
		SN4.3.2.1 室内热水辅助设备安装分项工程检验批质量验收记录	施工单位	√	

续表

类别	类别编号	工程文件资料名称	资料来源	归档保存单位	
				施工单位	城建档案馆
工程质量验收记录SN4	卫生器具安装子分部工程质量验收记录SN4.4	SN4.4.1	卫生器具安装分项工程质量验收记录	施工单位	√	
		SN4.4.1.1	卫生器具安装分项工程检验批质量验收记录	施工单位	√	
		SN4.4.2	卫生器具给水配件安装分项工程质量验收记录	施工单位	√	
		SN4.4.2.1	卫生器具给水配件安装分项工程检验批质量验收记录	施工单位	√	
		SN4.4.3	卫生器具排水管道安装分项工程质量验收记录	施工单位	√	
		SN4.4.3.1	卫生器具排水管道安装分项工程检验批质量验收记录	施工单位	√	
	室内采暖系统子分部工程质量验收记录SN4.5	SN4.5.1	室内采暖系统管道及配件安装分项工程质量验收记录	施工单位	√	
		SN4.5.1.1	室内采暖系统管道及配件安装分项工程检验批质量验收记录	施工单位	√	
		SN4.5.2	辅助设备及散热器安装分项工程质量验收记录	施工单位	√	
		SN4.5.2.1	辅助设备及散热器安装分项工程检验批质量验收记录	施工单位	√	
		SN4.5.3	金属辐射板安装分项工程质量验收记录	施工单位	√	
		SN4.5.3.1	金属辐射板安装分项工程检验批质量验收记录	施工单位	√	
		SN4.5.4	低温热水地板辐射采暖系统安装分项工程质量验收记录	施工单位	√	
		SN4.5.4.1	低温热水地板辐射采暖系统安装分项工程检验批质量验收记录	施工单位	√	
		SN4.5.5	系统水压试验及调试分项工程质量验收记录	施工单位	√	
		SN4.5.5.1	系统水压试验及调试分项工程检验批质量验收记录	施工单位	√	
	室外给水管网子分部工程质量验收记录SN4.6	SN4.6.1	给水管道安装分项工程质量验收记录	施工单位	√	
		SN4.6.1.1	给水管道安装分项工程检验批质量验收记录	施工单位	√	
		SN4.6.2	消防水泵接合器及室外消火栓安装分项工程质量验收记录	施工单位	√	
		SN4.6.2.1	消防水泵接合器及室外消火栓安装分项工程检验批质量验收记录	施工单位	√	
		SN4.6.3	管沟及井室分项工程质量验收记录	施工单位	√	
		SN4.6.3.1	管沟及井室分项工程检验批质量验收记录	施工单位	√	
	室外排水管网安装子分部工程质量验收记录SN4.7	SN4.7.1	排水管道安装分项工程质量验收记录	施工单位	√	
		SN4.7.1.1	排水管道安装分项工程检验批质量验收记录	施工单位	√	
		SN4.7.2	排水管沟与井池分项工程质量验收记录	施工单位	√	
		SN4.7.2.1	排水管沟与井池分项工程检验批质量验收记录	施工单位	√	
	室外供热管网子分部工程质量验收记录SN4.8	SN4.8.1	管道及配件安装分项工程质量验收记录	施工单位	√	
		SN4.8.1.1	管道及配件安装分项工程检验批质量验收记录	施工单位	√	
		SN4.8.2	系统水压试验及调试分项工程质量验收记录	施工单位	√	
		SN4.8.2.1	系统水压试验及调试分项工程检验批质量验收记录	施工单位	√	

续表

类别	类别编号	工程文件资料名称	资料来源	归档保存单位 施工单位	归档保存单位 城建档案馆
工程质量验收记录SN4	建筑中水系统及游泳池水系统安装子分部工程质量验收记录SN4.9	SN4.9.1	建筑中水系统管道及辅助设备安装分项工程质量验收记录	施工单位	√	
		SN4.9.1.1	建筑中水系统管道及辅助设备安装分项工程检验批质量验收记录	施工单位	√	
		SN4.9.2	游泳池水系统安装分项工程质量验收记录	施工单位	√	
		SN4.9.2.1	游泳池水系统安装分项工程检验批质量验收记录	施工单位	√	
	供热锅炉及辅助设备安装子分部工程质量验收记录SN4.10	SN4.10.1	锅炉安装分项工程质量验收记录	施工单位	√	
		SN4.10.1.1	锅炉安装分项工程检验批质量验收记录	施工单位	√	
		SN4.10.2	辅助设备及管道安装分项工程质量验收记录	施工单位	√	
		SN4.10.2.1	辅助设备及管道安装分项工程检验批质量验收记录	施工单位	√	
		SN4.10.3	安全附件安装分项工程质量验收记录	施工单位	√	
		SN4.10.3.1	安全附件安装分项工程检验批质量验收记录	施工单位	√	
		SN4.10.4	烘炉、煮炉和试运行分项工程质量验收记录	施工单位	√	
		SN4.10.4.1	烘炉、煮炉和试运行分项工程检验批质量验收记录	施工单位	√	
		SN4.10.5	热换站安装分项工程质量验收记录	施工单位	√	
		SN4.10.5.1	热换站安装分项工程检验批质量验收验收	施工单位	√	

4.6.2 管理资料

4.6.2.1 建筑给水排水及采暖工程概况

施工单位填写《建筑给水排水及采暖工程概况》(SN1.1)，内容包括：工程名称；建设地点；建设单位、勘察设计单位、监理单位、施工单位（总、分包）情况和主要分部工程（基础、主体结构、建筑装饰装修、建筑屋面、建筑给排水及采暖、建筑电气、智能建筑、通风与空调、电梯等）情况简介。

4.6.2.2 建筑给水排水及采暖分部工程质量验收

建筑给水排水及采暖分部工程完工后，由总监理工程师（建设单位项目负责人）组织施工单位项目负责人和技术、质量负责人等按《建筑给水排水及采暖工程施工质量验收规范》GB 50242—2002进行分部工程验收，由施工单位填写《建筑给水排水及采暖分部工程质量验收记录》(SN1.2)，参与验收各方签字认可。

工程质量验收的文件和记录中包括下列主要内容：
（1）开工报告；
（2）图纸会审记录、设计变更及洽商记录；
（3）施工组织设计或施工方案；
（4）主要材料、成品、半成品、配件、器具和设备出厂合格证及进场验收单；
（5）隐蔽工程验收及中间试验记录；

(6) 设备试运转记录;

(7) 安全、卫生和使用功能检验和检测记录;

(8) 检验批、分项、子分部、分部工程质量验收记录;

(9) 竣工图。

建筑给水排水及采暖分部工程、分项工程和检验批的质量验收程序、合格标准和检验记录的填写,见本书 1.2 建筑工程质量验收。

4.6.2.3 质量控制资料核查

建筑给水排水及采暖分部工程验收时,对质量控制资料进行核查,检查内容如第 1 章附表 1-4 所示,由施工单位填写《质量控制资料核查记录》(SN1.3),各参与单位签字认可。

质量控制资料核查内容是:核查和归纳各检验批的验收记录资料,查对其是否完整;在检验批验收时,其应具备的资料应准确完整才能验收;核对各种资料的内容、数据及验收人员的签字是否规范等。

4.6.2.4 安全和功能检验资料核查及主要功能抽查

建筑给水排水及采暖分部工程验收时,对安全和功能检验资料核查及主要功能抽查,检查内容如第 1 章附表 1-5 所示,由施工单位填写《安全和功能检验资料核查及主要功能抽查记录》(SN1.4),各参与单位签字认可。

安全和功能检验资料核查及主要功能抽查内容是:检查各规范中的规定的检测项目是否进行了验收,不能进行检测的项目应说明原因;检查各项检测记录(报告)的内容、数据是否符合要求;核查资料是否有资质的机构出具,其检测程序、有关取样人、审核人、试验负责人,以及盖章、签字是否齐全等。

4.6.2.5 建筑给水排水及采暖观感质量检查

建筑给水排水及采暖分部工程验收时,对观感质量检查,检查内容如第 1 章附表 1-7 所示,由施工单位填写《建筑给水排水及采暖观感质量检查记录》(SN1.5),各参与单位签字认可。建筑给水排水及采暖观感质量检查是经过现场工程的检查,由检查人员共同确定评价等级的好、一般、差。

4.6.3 质量控制资料

《建筑给水排水及采暖工程施工质量验收规范》GB 50242—2002 3.2 条规定:建筑给水、排水及采暖工程所使用的主要材料、成品半成品、配件、器具和设备必须具有中文质量合格证明文件,规格、型号及性能检测报告应符合国家技术标准或设计要求,进场时应做检查验收,并经监理工程师核查确认;所有材料进场时应对品种、规格、外观等进行验收,包装应完好,表面无划痕及外力冲击破损;主要器具和设备必须有完整的安装使用说明书,在运输、保管和施工过程中,应采取有效措施防止损坏或腐蚀;阀门安装前,应作强度和严密性试验。3.3 条规定:施工过程中质量控制:建筑给水、排水及采暖工程与相关专业之间,应进行交接质量检验,并形成记录。隐蔽工程应隐蔽前经验收各方检验合格后,才能隐蔽,并形成记录;各种承压管道系统和设备应做水压试验,非承压管道系统和设备应做灌水试验。

4.6.3.1 材料、配件出厂合格证明文件及进场验收记录

建筑给水排水及采暖所用的主要材料、成品、半成品、配件、器具和设备进场时，由供应单位提供相关的质量证明文件，施工单位填写相关的进场验收记录，填写、汇总《建筑给水工程材料质量证明文件及进场验收检查记录》（SN2.2.1）、《建筑排水工程材料质量证明文件及进场验收检查记录》（SN2.2.2）、《建筑给水设备质量证明文件及进场验收检查记录》（SN2.2.3）、《建筑排水设备质量证明文件及进场验收检查记录》（SN2.2.4）、《建筑给水器具质量证明文件及进场验收检查记录》（SN2.2.5）、《建筑排水器具质量证明文件及进场验收检查记录》（SN2.2.6）、《建筑给水配件质量证明文件及进场验收检查记录》（SN2.2.7）、《建筑排水配件质量证明文件及进场验收检查记录》（SN2.2.8）、《建筑采暖工程材料质量证明文件及进场验收检查记录》（SN2.2.9）、《建筑采暖工程设备质量证明文件及进场验收检查记录》（SN2.2.10）、《建筑采暖工程配件质量证明文件及进场验收检查记录》（SN2.2.11）。施工单位对主要材料、成品、半成品、配件、器具和设备的产品质量证明文件和进场验收记录进行汇总，填写《材料、配件出厂合格证书汇总表》（SN2.2）。

4.6.3.2 材料、配件进场检（试）验报告、系统检测报告

1. 阀门

进场的阀门应作强度和严密性试验，试验应在每批（同牌号、同型号、同规格）数量中抽查10%，且不少于一个。对于安装在主干管上起切断作用的闭路阀门，应逐个做强度和严密性试验。

阀门的强度和严密性试验，应符合以下规定：阀门的强度试验压力为公称压力的1.5倍；严密性试验压力为公称压力的1.1倍；试验压力在试验持续时间内保持不变，且壳体填料及阀瓣密封面无渗漏。

施工单位收集、整理由检测单位提供《阀门的强度和严密性试验报告》（SN2.3.1），填写《材料、配件进场检（试）验报告、系统检测报告汇总表》（SN2.3）。

2. 给水管道

进场的给水管道必须采用管材相适应的管件。生活给水系统所涉及的材料必须达到以饮用水卫生标准。施工单位收集、整理由检测单位提供《给水管道消毒检测报告》（SN2.3.2），填写《材料、配件进场检（试）验报告、系统检测报告汇总表》（SN2.3）。

3. 太阳能热水器系统

进场的太阳能热水器系统进行检测。施工单位收集、整理由检测单位提供《太阳能热水器系统性能检测报告》（SN2.3.3），填写《材料、配件进场检（试）验报告、系统检测报告汇总表》（SN2.3）。

4.6.3.3 管道、设备强度和严密性试验

《建筑给水排水及采暖工程施工质量验收规范》GB 50242—2002规定：

（1）室内给水管道系统安装后应进行水压试验。管道水压试验必须符合设计要求。当设计未注明时，各种材质的给水管道系统试验压力均为工作压力的1.5倍，但不得小于0.6MPa。

（2）室内消火栓系统安装完成后应取吊顶层或水箱间内试验消火栓和首层取两处消火栓做试射试验，达到设计要求为合格。

（3）室内热水供应系统安装完毕，管道保温之间前应进行水压试验。试验压力应符合设计要求。当设计未注明时，热水供应系统水压试验压力应为系统顶点的工作压力加0.1MPa，同时在系统顶点的试验压力不小于0.3MPa。

（4）室内热水供应系统在安装太阳能集热器玻璃前，应对集热排管和上、下集管做水压试验，试验压力为工作压力的1.5倍。

（5）室内热水供应系统中太阳能热交换器应以工作压力的1.5倍做水压试验。蒸汽部分应不低于蒸汽供汽压力加0.3MPa；热水部分应不低于0.4MPa。

（6）室内采暖系统中低温热水地板辐射系网系统安装。盘管隐蔽前必须进行水压试验，试驻压力为工作压力的1.5倍，但不小于0.6MPa。

（7）室内采暖系统安装的散热器组对后，以及整组出厂的散热器在安装之前应做水压试验。试验压力如设计无要求时应为工作压力的1.5倍；但不小于0.6MPa。

（8）室内采暖系统中辐射板在安装前应做水压试验，如设计无要求时试验压力应为工作压力1.5倍，但不小于0.6MPa。

（9）室内采暖系统安装完毕，管道保温之前应进行水压试验。试验压力应符合设计要求。当设计未注明时，应符合下列规定：蒸汽、热水采暖系统，应以系统顶点工作压力加0.1MPa做水压试验，同时在系统顶点的试验压力不小于0.3MPa；高温热水采暖系统，试验压力应为系统顶点工作压力加0.4MPa；使用塑料管及复合管的热水采暖系统，应以系统顶点工作压力加0.2MPa做水压试验，同时在系统顶点的试验压力不小于0.4MPa。

（10）室外给水管网必须进行水压试验，试验压力为工作压力的1.5倍，但不得小于0.6MPa。

（11）室外给水管网中消防水泵接合器及室外消火栓安装系统必须进行水压试验，试验压力为工作压力的1.5倍，但不得小于0.6MPa。

（12）供热锅炉的汽、水系统安装完毕后，必须进行水压试驻。水压试验的压力应符合规范的规定。

（13）供热锅炉的分汽缸（分水器、集水器）安装前应进行水压试验，试验压力为工作压力的1.5倍，但不得小于0.6MPa。

（14）供热锅炉的地下直埋油罐在埋地前应做气密性试验，试验压力降不应小于0.03MPa。

（15）供热中连接锅炉及辅助设备的工艺管道安装完毕后，必须进行系统的水压试验，试验压力为系统中最大工作压力的1.5倍。

《自动喷水灭火系统施工及验收规范》GB 50261—2005规定：

（16）自动喷水灭火系统中当系统设计工作压力等于或小于1.0MPa时，水压强度试验压力应为设计工作压力的1.5倍，并不应低于1.4MPa，当系统设计工作压力大于1.0MPa时，水压强度试验压力为该工作压力加0.4MPa。

（17）自动喷水灭火系统水压严密度试验应在水压强度试验和管网冲洗合格后进行，试验压力应为设计工作压力，稳压24h，应无渗漏。

（18）自动喷水灭火系统气压严密性试验的试验压力应为0.28MPa，且稳压24h，压力降不应大于0.01MPa。

施工单位收集检测单位提供的相关试验记录如《室内给水管道水压试验记录》

(SN2.4.1);《太阳能集热排管和上下集管水压试验记录》(SN2.4.2);《热交换器水压试验记录》(SN2.4.3);《散热器组对后水压试验记录》(SN2.4.4);《金属辐射板安装前水压试验记录》(SN2.4.5);《盘管隐蔽前水压试验记录》(SN2.4.6);《采暖系统保温前水压试验记录》(SN2.4.7);《消防系统水压试验记录》(SN2.4.8);《供热管道水压试验记录》(SN2.4.9);《锅炉汽、水系统水压试验记录》(SN2.4.10);《分汽缸(分水器、集水器)水压试验记录》(SN2.4.11);《密闭箱、罐水压试验记录》(SN2.4.12);《地下直埋油罐气密性试验记录》(SN2.4.13);《连接锅炉及辅助设备的工艺管道水压试验记录》(SN2.4.14);《消火栓系统测试记录》(SN2.4.15)和《其他》(SN2.4.16),整理、汇总填写《材料、配件进场检(试)验报告、系统检测报告汇总表》(SN2.3)。

4.6.3.4 隐蔽工程验收及中间验收

建筑给水排水及采暖分部工程的隐蔽工程验收及中间验一般包括以下内容:

(1) 埋于地下或结构中和暗敷设于沟槽、管井及进入吊顶内的给水、排水、雨水、采暖、消防和相关设备检验。

① 管材、管件、阀门、设备的材质与型号;
② 安装位置、标高、坡度;
③ 包括管道连接做法、质量及支架固定。

(2) 有防水要求的套管检查其定位及尺寸。

(3) 塑料管检查是否铺设在砂土垫层上。

(4) 是否按规定完成强度、严密性、冲洗等试验。

(5) 有绝热、防腐要求的给水、排水、采暖、消防、喷淋管道和相关设备检验。

① 绝热方式、绝热材料的材质与规格;
② 绝热管道与支、吊架之间的防结露措施、防腐处理及做法等。

(6) 埋地的采暖、热水管道,保温层、保护层检验。

① 安装位置、标高、坡度、支架做法;
② 保温层、保护层设置等。

(7) 地面辐射采暖,检查加热管是否有接头、绝热层的材质及厚度以及是否按要求完成压力试验。

施工单位填写隐蔽验收及中间验收记录包括有《管道隐蔽验收记录》(SN2.5.1)、《设备基础交接验收记录》(SN2.5.2)、《管道支、吊架安装记录》(SN2.5.3)、《钢管伸缩器预拉伸安装记录》(SN2.5.4)、《塑料排水管伸缩器预留伸缩量记录》(SN2.5.5)、《锅炉烘炉记录》(SN2.5.6)、《锅炉煮炉记录和其他隐蔽验收记录》(SN2.5.7)、《其他隐蔽验收记录》(SN2.5.8)等。

4.6.3.5 系统清洗、灌水、通水、通球试验

(1) 系统清洗

① 生产给水系统管道在交付使用前必须冲洗和消毒,并经有关部门取样检验,符合国家《生活饮用水标准检验方法》GB/T 5750—2006方可使用。
② 热水供应系统竣工后必须进行冲洗。
③ 采暖系统试压合格后,应对系统进行冲洗并清扫过滤器及除污器。
④ 消防水泵接合器及室外消火栓系统消防管道在竣工前,必须对管道进行冲洗。

⑤ 供热管道试压合格后，应进行冲洗。
⑥ 自动喷水灭火系统管网冲洗

(2) 灌水、通水

开式水箱、卫生洁具、安装在室内的雨水管道等非承压管道系统和设备，在系统和设备安装完毕后，以及暗装、埋地、有绝热屋的室内外排水管道进行隐蔽前，应进行灌水。

室内给水、中水及游泳池水系统、卫生洁具、地漏及地面清扫口及室内外排水系统在安装完毕后，应进行通水。

(3) 通球

室内排水水平干管、主立管应按有关规定进行通球试验。

由施工单位填写《系统清洗、灌水、通水、通球试验记录》（SN2.6.1）、《地漏及地面清扫口排水试验记录》（SN2.6.2）、《采暖系统试冲洗及测试记录》（SN2.6.3）和《其他试验记录》（SN2.6.4），汇总、填写《系统清洗、灌水、通水、通球试验》（SN2.6）。

4.6.3.6 设备试运转

设备试运转分为单机试运转和系统试运行。单机试运转有：水泵试运转、锅炉风机试运转等。系统试运行有：内采暖系统冲洗完毕应通水、加热，进行运行和调试；供热管道完毕应通水、加热，进行试运行和调试等。

具备试运转条件时，由施工单位组织进行设备试运转、调试。施工单位在设备试运转前48h以书面形式通知监理工程师，试运转合格后，由施工单位填写《设备单机试验运转记录》（SN2.7.1）、《采暖系统试运行和调试记录》（SN2.7.2）、《安全阀及报警联动系统动作测试记录》（SN2.7.3）、《锅炉48小时负荷试运行记录》（SN2.7.4）等，监理工程师签字认可。

4.6.4 安全和功能检验资料及主要功能抽查

安全和功能检验的目的是确保工程的安全和使用功能。建筑给水排水及采暖分部工程的检测项目是：

(1) 给水管道通水试验记录；
(2) 暖气管道、散热器压力试验记录、卫生器具满水试验记录；
(3) 消防管道、燃气管道压力试验记录；
(4) 排水干管通球试验记录等。

检测应由施工单位来检测，检测过程中可请监理工程师或建设单位有关负责人参加监督检测工作，主要功能项目的抽查结果应符合相关专业质量验收规范的规定，达到要求后，并形成检测记录签字认可。

由施工单位填写《给水管道通水试验记录》（SN3.1）；《暖气管道、散热器压力试验记录》（SN3.2）；《卫生器具满水试验记录》（SN3.3）；《消防管道、燃气管道压力试验记录》（SN3.4）；《排水干管通球试验记录》（SN3.5）；其他功能抽查资料。

4.6.5 工程质量验收记录

建筑给水、排水和采暖工程施工质量验收应按《建筑给水排水及采暖工程施工质量验收规范》GB 50242—2002、《自动喷水灭火系统施工及验收规范》GB 50261—2005等进行。验收按室内给水系统子分部；室内排水系统安装子分部；室内热水供应系统安装子分部；卫生器具安装子分部；室内采暖系统子分部；室外给水管网子分部；室外排水管网安装子分部；室外供热管网子分部；建筑中水系统及游泳池水系统安装子分部；供热锅炉及辅助设备安装子分部、自动喷水灭火系统子分部等进行验收。子分部、分项检验批的验收记录表，如表4-9所示。

4.7 建筑电气部分施工文件档案资料

4.7.1 建筑电气部分施工文件档案资料分类与归档

建筑电气分部施工文件资料按《房屋建筑与市政基础设施工程档案资料管理规范》DGJ 32/TJ143—2012 分为管理资料；质量控制资料；安全和功能检验资料及主要功能抽查；建筑电气部分部工程质量验收资料，应单独分类保存，竣工后单独组卷归档。建筑电气分部工程文件资料分类、来源、归档保存单位与组卷归档目录如表4-10所示。

建筑电气分部工程文件资料分类、来源、归档保存单位与组卷归档目录　　表 4-10

类别		类别编号	工程文件资料名称	资料来源	归档保存单位	
					施工单位	城建档案馆
管理资料 DQ1		DQ1.1	建筑电气工程概况	施工单位	√	√
		DQ1.2	建筑电气分部工程质量验收记录	施工单位	√	√
		DQ1.3	质量控制资料核查记录	施工单位	√	
		DQ1.4	安全和功能检验资料核查表	施工单位	√	
		DQ1.5	建筑电气工程观感质量检查记录	施工单位	√	
		DQ1.6	工程项目施工管理人员名单及岗位证书	施工单位	√	√
		DQ1.7	安装电工、焊工、起重吊装工和电气调试人员及岗位证汇总表	施工单位	√	
		DQ1.8	建筑电气工程施工现场质量管理记录	施工单位	√	√
		DQ1.9	施工组织设计、施工方案及审批表	施工单位 监理单位	√	
		DQ1.10	其他文件	相关单位	√	
工程质量控制资料 DQ2		DQ2.1	图纸会审、设计变更、洽商记录	施工单位 设计单位	√	
		DQ2.1.1	设计交底记录	供应单位	√	
	材料、设备出厂合格证书及进场检(试)验报告 DQ2.2	DQ2.2.1	材料、设备质量证明文件	供应单位	√	
		DQ2.2.1.1	建筑电气工程设备质量证明文件	供应单位	√	
		DQ2.2.1.2	建筑电气工程器具质量证明文件	供应单位	√	
		DQ2.2.1.3	建筑电气工程材料质量证明文件	供应单位	√	
		DQ2.2.2	材料、设备进场制检（试）验报告汇总表	施工单位	√	√
		DQ2.2.2.1	成套灯具的绝缘电阻、内部接线性能抽样检测报告	检测单位	√	√

续表

类别		类别编号	工程文件资料名称	资料来源	归档保存单位	
					施工单位	城建档案馆
工程质量控制资料DQ2	材料、设备出厂合格证书及进场检(试)验报告DQ2.2	DQ2.2.2.2	★开关电气和机械性能现场抽样检测报告	检测单位	√	√
		DQ2.2.2.3	★插座电气和机械性能现场抽样检测报告	检测单位	√	√
		DQ2.2.2.4	★电线、电缆绝缘性能、导电性能和阻燃性能抽样检测报告	检测单位	√	√
		DQ2.2.2.5	导管现场抽样检测报告	检测单位	√	√
		DQ2.2.2.6	型钢和电焊条抽样检测报告	检测单位	√	
		DQ2.2.2.7	镀锌制品和外线金具抽样检测报告	检测单位	√	
		DQ2.2.2.9	其他	相关单位	√	
	设备调试记录DQ2.3	DQ2.3.1	电气设备交接试验记录	施工单位	√	
		DQ2.3.2	空载试运行和负荷试运行记录	施工单位	√	
		DQ2.3.3	建筑照明通电试运行记录	施工单位	√	
		DQ2.3.4	工序交接确认记录	施工单位	√	
		DQ2.3.5	漏电保护装置模拟动作试验记录	施工单位	√	
		DQ2.3.6	其他调试记录	施工单位	√	
	接地、绝缘电阻测试DQ2.4	DQ2.4.1	接地电阻测试记录	施工单位	√	
		DQ2.4.2	绝缘电阻测试记录	施工单位	√	
	隐蔽工程验收DQ2.5	DQ2.5.1	线槽、电导管安装隐蔽工程验收记录	施工单位	√	√
		DQ2.5.2	重复接地(防雷接地)工程隐蔽验收记录	施工单位	√	√
		DQ2.5.3	防雷接地系统布置简图	施工单位	√	√
		DQ2.5.4	配线敷设施工隐蔽验收记录	施工单位	√	√
		DQ2.5.5	其他隐蔽验收记录	施工单位	√	
	施工记录DQ2.6	DQ2.6.1	施工日记	施工单位	√	
		DQ2.6.2	其他	相关单位	√	
安全和功能检验验资料DQ3		DQ3.1	照明全负荷试验记录	施工单位	√	
		DQ3.2	大型灯具牢固性试验记录	施工单位	√	
		DQ3.3	避雷接电阻测试记录	施工单位	√	
		DQ3.4	线路、插座、开关接地检验记录	施工单位	√	
		DQ3.5	其他功能测试记录	施工单位	√	
工程质量验收记录DQ4	室外电气安装子分部工程质量验收记录DQ4.1	DQ4.1.1	架空线路及杆上电气设备安装分项工程质量验收记录	施工单位	√	
		DQ4.1.1.1	架空线路及杆上电气设备安装分项工程检验批质量验收记录	施工单位	√	
		DQ4.1.2	变压器、箱式变电所安装分项工程质量验收记录	施工单位	√	
		DQ4.1.2.1	变压器、箱式变电所安装分项工程检验批质量验收记录	施工单位	√	
		DQ4.1.3	成套配电柜、控制柜(屏台)和动力,照明配电箱(盘)及控制柜安装分项工程质量验收记录	施工单位	√	
		DQ4.1.3.1	成套配电柜、控制柜(屏台)和动力,照明配电箱(盘)及控制柜安装分项工程检验批质量验收记录	施工单位	√	

续表

类别	类别编号	工程文件资料名称	资料来源	归档保存单位 施工单位	归档保存单位 城建档案馆
工程质量验收记录DQ4	室外电气安装子分部工程质量验收记录DQ4.1	DQ4.1.4	电线导管、电缆导管和线槽敷设分项工程质量验收记录	施工单位	√	
		DQ4.1.4.1	电线导管、电缆导管和线槽敷设分项工程检验批质量验收记录	施工单位	√	
		DQ4.1.5	电缆头制作、接线和线路绝缘测试分项工程验收记录	施工单位	√	
		DQ4.1.5.1	电缆头制作、接线和线路绝缘测试分项工程检验批质量验收记录	施工单位	√	
		DQ4.1.6	建筑物景观照明灯、航空障碍标志灯和庭院灯安装分项工程质量验收记录	施工单位	√	
		DQ4.1.6.1	建筑物景观照明灯、航空障碍标志灯和庭院灯安装分项工程检验批质量验收记录	施工单位	√	
		DQ4.1.7	建筑物照明通电试运行分项工程质量验收记录	施工单位	√	
		DQ4.1.7.1	建筑物照明通电试运行分项工程检验批质量验收记录	施工单位	√	
		DQ4.1.8	接地装置安装分项工程质量验收记录	施工单位	√	
		DQ4.1.8.1	接地装置安装分项工程检验批质量验收记录	施工单位	√	
	变配电室安装子分部工程质量验收记录DQ4.2	DQ4.2.1	变压器、箱式变电所安装分项工程质量验收记录	施工单位	√	
		DQ4.2.1.1	变压器、箱式变电所安装分项工程检验批质量验收记录*	施工单位	√	
		DQ4.2.2	成套配电柜、控制柜(屏台)和动力、照明配电箱(盘)及控制柜安装分项工程质量验收记录	施工单位	√	
		DQ4.2.2.1	成套配电柜、控制柜(屏台)和动力、照明配电箱(盘)及控制柜安装分项工程检验批质量验收记录	施工单位	√	
		DQ4.2.3	裸母线、封闭母线、插接式母线安装分项工程质量验收记录	施工单位	√	
		DQ4.2.3.1	裸母线、封闭母线、插接式母线安装分项工程检验批质量验收记录	施工单位	√	
		DQ4.2.4	电缆沟内和电缆竖井内电缆敷设分项工程质量验收记录	施工单位	√	
		DQ4.2.4.1	电缆沟内和电缆竖井内电缆敷设分项工程检验批质量验收记录	施工单位	√	
		DQ4.2.5	电缆头制作、导线连接和线路绝缘测试分项工程质量验收记录	施工单位	√	
		DQ4.2.5.1	电缆头制作、导线连接和线路绝缘测试分项工程检验批质量验收记录	施工单位	√	
		DQ4.2.6	接地装置安装分项工程质量验收记录	施工单位	√	
		DQ4.2.6.1	接地装置安装分项工程检验批质量验收记录	施工单位	√	

续表

类别		类别编号	工程文件资料名称	资料来源	归档保存单位	
					施工单位	城建档案馆
工程质量验收记录DQ4	变配电室安装子分部工程质量验收记录DQ4.2	DQ4.2.7	避雷引下线和变配电室接地干线敷设分项工程质量验收记录	施工单位	√	
		DQ4.2.7.1	避雷引下线和变配电室接地干线敷设分项工程检验批质量验收记录	施工单位	√	
	供电干线安装子分部工程质量验收记录DQ4.3	DQ4.3.1	裸母线、封闭母线、插接式母线安装分项工程质量验收记录*	施工单位	√	
		DQ4.3.1.1	裸母线、封闭母线、插接式母线安装分项工程检验批质量验收记录	施工单位	√	
		DQ4.3.2	电缆桥架安装和桥架内电缆敷设分项工程质量验收记录	施工单位	√	
		DQ4.3.2.1	电缆桥架安装和桥架内电缆敷设分项工程检验批质量验收记录	施工单位	√	
		DQ4.3.3	电缆沟内和电缆竖井内电缆敷设分项工程质量验收记录*	施工单位	√	
		DQ4.3.3.1	电缆沟内和电缆竖井内电缆敷设分项工程检验批质量验收记录	施工单位	√	
		DQ4.3.4	电线导管、电缆导管和线槽敷设分项工程质量验收记录	施工单位	√	
		DQ4.3.4.1	电线导管、电缆导管和线槽敷设分项工程检验批质量验收记录	施工单位	√	
		DQ4.3.5	电线、电缆穿管和线槽敷设分项工程质量验收记录	施工单位	√	
		DQ4.3.5.1	电线、电缆穿管和线槽敷线分项工程检验批质量验收记录	施工单位	√	
		DQ4.3.6	电缆头制作、导线连接和线路绝缘测试分项工程质量验收记录*	施工单位	√	
		DQ4.3.6.1	电缆头制作、导线连接和线路绝缘测试分项工程检验批质量验收记录*	施工单位	√	
	电气动力安装子分部工程质量验收记录DQ4.4	DQ4.4.1	成套配电柜、控制柜(屏台)和动力、照明配电箱(盘)及控制柜安装分项工程质量验收记录*	施工单位	√	
		DQ4.4.1.1	成套配电柜、控制柜(屏台)和动力、照明配电箱(盘)及控制柜安装分项工程检验批质量验收记录*	施工单位	√	
		DQ4.4.2	低压电动机、电加热器及电动执行机构检查接线分项工程质量验收记录	施工单位	√	
		DQ4.4.2.1	低压电动机、电加热器及电动执行机构检查接线分项工程检验批质量验收记录	施工单位	√	
		DQ4.4.3	低压电气动力设备试验和空载试运行分项工程质量验收记录	施工单位	√	

163

续表

类别	类别编号	工程文件资料名称	资料来源	归档保存单位 施工单位	归档保存单位 城建档案馆
工程质量验收记录DQ4	电气动力安装子分部工程质量验收记录DQ4.4				
	DQ4.4.3.1	低压电气动力设备试验和空载试运行分项工程检验批质量验收记录	施工单位	√	
	DQ4.4.4	电缆桥架安装和桥架内电缆敷设分项工程质量验收记录*	施工单位	√	
	DQ4.4.4.1	电缆桥架安装和桥架内电缆敷设分项工程检验批质量验收记录	施工单位	√	
	DQ4.4.5	电线导管、电缆导管和线槽敷设分项工程质量验收记录*	施工单位	√	
	DQ4.4.5.1	电线导管、电缆导管和线槽敷设分项工程检验批质量验收记录	施工单位	√	
	DQ4.4.6	电线、电缆穿管和线槽敷设分项工程质量验收记录	施工单位	√	
	DQ4.4.6.1	电线、电缆穿管和线槽敷设分项工程检验批质量验收记录	施工单位	√	
	DQ4.4.7	电缆头制作、导线连接和线路绝缘测试分项工程质量验收记录	施工单位	√	
	DQ4.4.7.1	电缆头制作、导线连接和线路绝缘测试分项工程检验批质量验收记录	施工单位	√	
	DQ4.4.8	插座、开关、风扇安装分项工程质量验收记录	施工单位	√	
	DQ4.4.8.1	插座、开关、风扇安装分项工程检验批质量验收记录	施工单位	√	
	电气照明安装子分部工程质量验收记录DQ4.5	DQ4.5.1	成套配电柜、控制柜（屏台）和动力，照明配电箱（盘）及控制柜安装分项工程质量验收记录	施工单位	√	
		DQ4.5.1.1	成套配电柜、控制柜（屏台）和动力，照明配电箱（盘）及控制柜安装分项工程检验批质量验收记录	施工单位	√	
		DQ4.5.2	电线导管、电缆导管和线槽敷设分项工程质量验收记录	施工单位	√	
		DQ4.5.2.1	电线导管、电缆导管和线槽敷设分项工程检验批质量验收记录	施工单位	√	
		DQ4.5.3	电线、电缆穿管和线槽敷设分项工程质量验收记录	施工单位	√	
		DQ4.5.3.1	电线、电缆穿管和线槽敷设分项工程检验批质量验收记录	施工单位	√	
		DQ4.5.4	槽板配线分项工程质量验收记录	施工单位	√	
		DQ4.5.4.1	槽板配线分项工程检验批质量验收记录	施工单位	√	
		DQ4.5.5	钢索配线分项工程质量验收记录	施工单位	√	
		DQ4.5.5.1	钢索配线分项工程检验批质量验收记录	施工单位	√	
		DQ4.5.6	电缆头制作、导线连接和线路绝缘测试分项工程质量验收记录	施工单位	√	

续表

类别	类别编号	工程文件资料名称	资料来源	归档保存单位 施工单位	归档保存单位 城建档案馆
工程质量验收记录 DQ4 / 电气照明安装子分部工程质量验收记录 DQ4.5	DQ4.5.6.1	电缆头制作、导线连接和线路绝缘测试分项工程检验批质量验收记录	施工单位	√	
	DQ4.5.7	普遍灯具安装分项工程质量验收记录	施工单位	√	
	DQ4.5.7.1	普通灯具安装分项工程检验批质量验收记录	施工单位	√	
	DQ4.5.8	专用灯具安装分项工程质量验收记录	施工单位	√	
	DQ4.5.8.1	专用灯具安装分项工程检验批质量验收记录	施工单位	√	
	DQ4.5.9	插座、开关、风扇安装分项工程质量验收记录	施工单位	√	
	DQ4.5.9.1	插座、开关、风扇安装分项工程检验批质量验收记录	施工单位	√	
	DQ4.5.10	建筑物照明通电试运行分项工程质量验收记录	施工单位	√	
	DQ4.5.10.1	建筑物照明通电试运行分项工程检验批质量验收记录	施工单位	√	
备用和不间断电源安装子分部工程质量验收记录 DQ4.6	DQ4.6.1	成套配电柜、控制柜（屏台）和动力、照明配电箱（盘）及控制柜安装分项工程质量验收记录	施工单位	√	
	DQ4.6.1.1	成套配电柜、控制柜（屏台）和动力、照明配电箱（盘）及控制柜安装分项工程检验批质量验收记录	施工单位	√	
	DQ4.6.2	柴油发电机组安装分项工程质量验收记录	施工单位	√	
	DQ4.6.2.1	柴油发电机组安装分项工程检验批质量验收记录	施工单位	√	
	DQ4.6.3	不间断电源安装分项工程质量验收记录	施工单位	√	
	DQ4.6.3.1	不间断电源安装分项工程检验批质量验收记录	施工单位	√	
	DQ4.6.4	裸母线、封闭母线、插接式母线安装分项工程质量验收记录	施工单位	√	
	DQ4.6.4.1	裸母线、封闭母线、插接式母线安装分项工程检验批质量验收记录	施工单位	√	
	DQ4.6.5	电线导管、电缆导管和线槽敷设分项工程质量验收记录	施工单位	√	
	DQ4.6.5.1	电线导管、电缆导管和线槽敷设分项工程检验批质量验收记录	施工单位	√	
	DQ4.6.6	电缆头制作、导线连接和线路绝缘测试分项工程质量验收记录	施工单位	√	
	DQ4.6.6.1	电缆头制作、导线连接和线路绝缘测试分项工程检验批质量验收记录	施工单位	√	
	DQ4.6.7	接地装置安装分项工程质量验收记录	施工单位	√	
	DQ4.6.7.1	接地装置安装分项工程检验批质量验收记录	施工单位	√	
防雷及接地安装子分部工程质量验收记录 DQ4.7	DQ4.7.1	接地装置安装分项工程质量验收记录	施工单位	√	
	DQ4.7.1.1	接地装置安装分项工程检验批质量验收记录	施工单位	√	
	DQ4.7.2	避雷引下线和变配电室接地干线敷设分项工程质量验收记录	施工单位	√	

续表

类 别	类别编号	工程文件资料名称	资料来源	归档保存单位 施工单位	归档保存单位 城建档案馆
工程质量验收记录 DQ4	防雷及接地安装子分部工程质量验收记录 DQ4.7	DQ4.7.2.1	避雷引下线和变配电室接地干线敷设分项工程检验批质量验收记录	施工单位	√
		DQ4.7.3	建筑物等电位连接分项工程质量验收记录	施工单位	√
		DQ4.7.3.1	建筑物等电位连接分项工程检验批质量验收记录	施工单位	√
		DQ4.7.4	接闪器安装分项工程分项工程质量验收记录	施工单位	√
		DQ4.7.4.1	接闪器安装分项工程分项工程检验批质量验收记录	施工单位	√

4.7.2 管理资料

4.7.2.1 建筑电气工程概况

施工单位填写《建筑电气工程概况》（DQ1.21），内容包括：工程名称；建设地点；建设单位、勘察设计单位、监理单位、施工单位（总、分包）情况和主要分部工程（基础、主体结构、建筑装饰装修、建筑屋面、建筑给排水及采暖、建筑电气、智能建筑、通风与空调、电梯）情况简介。

4.7.2.2 建筑电气分部工程质量验收

《建筑电气工程施工质量验收规范》GB 50303—2002 第 28.0.1 条规定检验批的划分应符合下列规定：

（1）室外电气安装工程中分项工程的检验批，依据庭院大小、投运时间先后、功能区块不同划分；

（2）变配电室安装工程中分项工程的检验批，主变配电室为 1 个检验批；有数个分变配电室，且不属于子单位工程的分部工程，各为 1 个检验批，其验收记录汇入所有变配电室有关分项工程的验收记录中；如各分变配电室属于各子单位的子分部工程，所属分项工程各为 1 个检验批，其验收记录应为一个分项工程验收记录，经子分部工程验收记录汇入分部工程验收记录中；

（3）供电干线安装工程分项工程的检验批，依据供电区段和电气线缆竖井的编号划分；

（4）电气动力和电气照明安装工程中分项工程及建筑物电位联结分项工程的检验批，其划分的界区，应与建筑土建工程一致；

（5）备用和不间断电源安装工程中分项工程各自成为 1 个检验批；

（6）防雷及接地装置安装工分项工程检验批，人工接地装置和利用建筑物基础钢筋的接地体各为 1 个检验批，大型基础可按区块划分成几个检验批；避雷引下线安装 6 层以下的建筑为 1 个检验批，高层建筑依均压环设置间隔的层数为 1 个检验批；接闪器安装同一屋面为 1 个检验批。

建筑电气分部工程完工后，由总监理工程师组织施工单位项目负责人和技术、质量负责人等按进行分部工程验收，由施工单位填写《建筑电气分部工程质量验收记录》（DQ1.2）表，参与验收各方签字认可。

建筑电气分部工程质量验收合格的条件是：分部（子分部）所含分项工程的质量均验收合格；质量控制资料应完整；有关安全和功能检验资料核查及主要功能抽查结果符合有关规定；观感质量验收应符合要求。

建筑电气分部工程、分项工程和检验批的质量验收程序、合格标准和检验记录的填写，详见第1章1.2建筑工程质量验收。

4.7.2.3 质量控制资料核查

建筑电气工程质量控制资料内容：

（1）建筑电气工程施工图设计文件和图纸会审记录及洽商记录；
（2）主要设备、器具、材料的合格证和进场验收记录；
（3）隐蔽工程记录；
（4）电气设备交接试验记录；
（5）接地电阻、绝缘电阻测试记录；
（6）空载试运行和负荷试运行记录；
（7）建筑照明通电试运行记录；
（8）工序交接合格等施工安装记录。
（9）检查建筑电气分部（子分部）工程所含分项工程的质量验收记录应无遗漏缺项。

核查和归纳各检验批的验收记录资料，查对其是否完整；在检验批验收时，其应具备的资料应准确完整才能验收；核对各种资料的内容、数据及验收人员的签字是否规范等，由施工单位填写《质量控制资料核查记录》（DQ1.3），各参与单位签字认可。

4.7.2.4 安全和功能检验资料核查

建筑电气工程工程验收时，对安全和功能检验资料核查及主要功能抽查，检查内容如第1章表1-5所示，由施工单位填写《安全和功能检验资料核查表》（DQ1.4），各参与单位签字认可。

安全和功能检验资料核查及主要功能抽查内容是：检查各规范中规定的检测项目是否进行了验收，不能进行检测的项目应说明原因；检查各项检测记录（报告）的内容、数据是否符合要求；核查资料是否有资质的机构出具，其检测程序、有关取样人、审核人、试验负责人，以及盖章、签字是否齐全等。

4.7.2.5 建筑电气工程观感质量检查

建筑电气工程工程验收时，对观感质量检查，检查内容如本书第1章表1-7所示，由施工单位填写《建筑电气工程观感质量检查记录》（DQ1.5），各参与单位签字认可。

建筑给水排水及采暖观感质量检查是经过现场工程的检查，由检查人员共同确定评价等级：好、一般、差。

4.7.3 工程质量控制资料

4.7.3.1 材料、设备出厂合格证书及进场检（试）验

《建筑电气工程施工质量验收规范》GB 5030—2002第3.2条规定：主要材料、设备、半成品和成品进场检验结论应有记录，确认符合规范要求后，才能在施工中应用。有异议时抽样检测送有资质试验室进行，试验室应出具检测报告并确认符合规范要求，才能在工程施工中应用。依法定程序批准进入市场的新电气设备、器具和进场验收，除符合规范要

求外，尚应提供安装、使用、维修和试验要求等技术文件。进口电气设备、器具和材料进场验收，除符合规范要求外，尚应提供商检证明和中文的质量合格证明文件、规格、型号、性能检测报告以及中文的安装、使用、维修和试验要求等技术文件。经批准的免检产品或认定的名牌产品，当进场验收时，宜不做抽样检测。

材料、设备出厂合格证书及进场检（试）验要求如下：

（1）变压器、箱式变电所、高压电器及电瓷制品应有合格证、随带技术文件、变压器出厂试验记录。

（2）高压成套配电柜，蓄电池柜，不间断电源，柜控制柜（屏、台）及动力，照明配电箱（柜）应有合格证、随带技术文件，实行生产许可证和安全认证制度的产品，有许可证编号和安全论证标志。不间断电源有出场试验记录。

（3）柴油发电机应有合格证、随带技术文件、出厂试运行记录、发电机及其控制柜有出厂试验记录。

（4）电动机、电加热器、电动执行机构和低压开关设备应有出厂合格证、随带技术文件，实行生产许可证和安全认证制度的产品，有许可证编号和安全论证标志。

（5）照明灯具及附件应有出厂合格证，新型气体放电灯具随带技术文件。防爆灯有防爆标志和防爆合格证，普通灯具有安全论证标志。成套灯具的绝绝缘电阻、内部接线等进行现场抽样检测。

（6）开关、插座、接线盒和风扇应有合格证、防爆产品有防爆合格证、实行生产许可证和安全认证制度的产品有许可证编号和安全认证标志。对开关、插座的电气和机械性能进行现场抽样检测。

（7）电线、电缆应有合格证，合格证有生产许可证编号和安全认证标志。对绝缘性能、导电性能和阻燃性能有异议时，按批抽样送检。

（8）导管应有合格证。对绝缘导管及配件的阻燃性有异议时，按批抽样送检。

（9）型钢和电焊条按批查验合格证和材质证明书；有异议时，按批抽样送有资质的试验室检测。

（10）镀锌制品（支架、横担、接地极、避雷用型钢等）和外线金具应有出厂合格证明或镀锌质量证明书。对镀锌质量有异议时，按批抽样送检。

（11）电缆桥架、线槽、裸母线、裸导线、电缆头部件及接线端子、电焊条、钢制灯柱、混凝土电杆和其他混凝土制品应有出厂合格证。

供应单位提供的材料、设备质量证明文件有《建筑电气工程设备质量证明文件》（DQ2.2.1.1）；《建筑电气工程器具质量证明文件》（DQ2.2.1.2）；《建筑电气工程材料质量证明文件》（DQ2.2.1.3）。施工单位收集、汇总填写《材料、设备质量证明文件》（DQ2.2.1）。

检测单位提供的检测报告有《成套灯具的绝缘电阻、内部接线性能抽样检测报告》（DQ2.2.2.1）；《开关电气和机械性能现场抽样检测报告》（DQ2.2.2.2）；《插座电气和机械性能现场抽样检测报告》（DQ2.2.2.3）；《电线、电缆绝缘性能、导电性能和阻燃性能抽样检测报告》（DQ2.2.2.4）；《导管现场抽样检测报告》（DQ2.2.2.5）；《型钢和电焊条抽样检测报告》（DQ2.2.2.6）；《镀锌制品和外线金具抽样检测报告》（DQ2.2.2.7）和《其他》（DQ2.2.2.8）。施工单位收集、汇总填写《材料、设备进场检（试）验报告汇总表》(DQ2.2.2)。

由施工单位汇总《材料、设备质量证明文件》(DQ2.2.1)、《材料、设备进场检(试)验报告汇总表》(DQ2.2.2)，归类为《材料、设备出厂合格证书及进场检(试)验报告》(DQ2.2)。

4.7.3.2 设备调试

1. 电气设备交接试验

高压的电气设备和布线系统继电保护系统的交接试验，必须符合现行国家标准《电气装置安装工程 电气设备交接试验标准》GB 50150—2006 的规定。交接试验结束后，施工单位填写《电气设备交接试验记录》(DQ2.3.1)，监理单位（建设单位）检查确认，签字认可。

2. 空载试运行和负荷试运行

建筑电气动力工程的空载试运行和建筑电气照明工程的负荷试运行，应按规范执行；建筑电气动力工程的负荷试运行，依据电气设备及相关建筑设备的种类、特性，编制试运行方案或作业指导书，并应经施工单位审查批准、监理单位确认后执行。

施工单位填写《空载试运行和负荷试运行记录》(DQ2.3.2)，监理单位（建设单位）检查确认，签字认可。

3. 建筑照明通电试运行

建筑照明工程包括照明配电箱、线路、开关、插座和灯具等。安装结束后要做通电试验，以检验施工质量和设计的预期功能，符合要求方能认可合格。公用建筑照明系统通电连续试运行时间为24h，民用住宅为8h。所有照明灯具均应开启，且每2h记录运行状态1次，连续试运行时间内无故障。

施工单位填写《建筑照明通电试运行记录》(DQ2.3.3)，监理单位（建设单位）检查确认，签字认可。

4. 工序交接确认

建筑电气工程需工序交接确认的有：

(1) 架空线路及杆上电气设备安装应按以下程序进行：

① 线路方向和杆位及拉线坑位测量埋桩后，经检查确认，才能挖掘杆坑和拉线坑；

② 杆坑、拉线坑的深度和坑型，经检查确认，才能立杆和埋设拉线盘；

③ 杆上高压电气设备交接试验合格，才能通电；

④ 架空线路做绝缘检查，且经单相冲击试验合格，才能通电；

⑤ 架空线路的相位经检查确认，才能与接户线连接。

(2) 变压器、箱式变电所安装应按以下程序进行：

① 变压器、箱式变电所的基础验收合格，且对埋入基础的电线导管、电缆导管和变压器进、出线预留孔及相关预埋件进行检查，才能安装变压器、箱式变电所；

② 杆上变压器的支架紧固检查后，才能吊装变压器且就位固定；

③ 变压器及接地装置交接试验合格，才能通电。

(3) 成套配电柜、控制柜（屏、台）和动力、照明配电箱（盘）安装应按以下程序进行：

① 埋设的基础型钢和柜、屏、台下的电缆沟等相关建筑物检查合格，才能安装柜、屏、台；

② 室内外落地动力配电箱的基础验收合格，且对埋入基础的电线导管、电缆导管进行检查，才能安装箱体；

③ 墙上明装的动力、照明配电箱（盘）的预埋件（金属埋件、螺栓），在抹灰前预留和预埋；暗装的动力、照明配电箱的预留孔和动力、照明配线的线盒及电线导管等，经检查确认到位，才能安装配电箱（盘）；

④ 接地（PE）或接零（PEN）连接完成后，核对柜、屏、台、箱、盘内的元件规定、型号，且交接试验合格，才能投入试运行。

（4）低压电动机、电加热器及电动执行机构应与机械设备完成连接，绝缘电阻测试合格，经手动操作符合工艺要求，才能接线。

（5）柴油发电机组安装应按以下程序进行：

① 基础验收合格，才能安装机组；

② 地脚螺栓固定的机组经初平、螺栓孔灌浆、精平、紧固地脚螺栓、二次灌浆等机械安装程序；安放式的机组将底部垫实；

③ 油、气、水冷、风冷、烟气排放等系统和隔振防噪声设施安装完成；按设计要求配置的消防器材齐全到位；发电机静态试验、随机配电盘控制柜接线检查合格，才能空载试运行；

④ 发电机空载试运行和试验调整合格，才能负荷试运行；

⑤ 在规定时间内，连续无故障负荷试运行合格，才能投入备用状态。

（6）不间断电源按产品技术要求试验调整，应检查确认，才能接至馈电网路。

（7）低压电气动力设备试验和试运行应按以下程序进行：

① 设备的可接近裸露导体接地（PE）或接零（PEN）连接完成，经检查合格，才能进行试验；

② 动力成套配电（控制）柜、屏、台、箱、盘的交流工频耐压试验、保护装置的动作试验合格，才能通电；

③ 控制回路模拟动作试验合格，盘车或手动操作，电气部分与机械部分的转动或动作协调一致，经检查确认，才能空载试运行。

（8）裸母线、封闭母线、插接式母线安装应按以下程序进行：

① 变压器、高低压成套配电柜、穿墙管及绝缘子等安装就位，经检查合格，才能安装变压器和高低压成套配电柜的母线；

② 封闭、插接式母线安装，在结构封顶、室内底层地面施工完成或已确定地面标高、场地清理、层间距离复核后，才能确定支架设施位置；

③ 与封闭、插接式母线安装位置有关的管道、空调及建筑装修工程施工基本结束，确认扫尾施工不会影响已安装的母线，才能安装母线；

④ 封闭、插接式母线每段母线组对接续前，绝缘电阻测试合格，绝缘电阻值大于 $20M\Omega$，才能安装组对；

⑤ 母线支架和封闭、插接式母线的外壳接地（PE）或零（PEN）连接完成，母线绝缘电阻测试和交流工频耐压试验合格，才能通电。

（9）电缆桥架安装和桥架内电缆敷设应按以下程序进行：

① 测量定位，安装桥架的支架，经检查确认，才能安装桥架；

②桥架安装检查合格，才能敷设电缆；

③电缆敷设前绝缘测试合格，才能敷设；

④电缆电气交接试验合格，且对接线去向、相位和防火隔堵措施等检查确认，才能通电。

(10) 电缆在沟内、竖井内支架上敷设按以下程序进行：

①电缆沟；电缆竖进内的设施，模板及建筑涂料等清除，测量后定位，才能安装支架；

②电缆沟、电缆竖井内支架安装及电缆导管敷设结束，接地（PE）或接零（PEN）连接完成，经检查确认，才能敷设电缆；

③电缆敷设前绝缘测试合格，才能敷设；

④电缆交接试验合格，且对接线去向，相位和防火隔堵措施等检查确认，才能通电；

(11) 线导管，电缆导管和线槽敷设应按以下程序进行：

①除埋入混凝土的非镀锌钢管外壁不做防腐处理外，其他场所的非镀锌钢管内外壁均做防腐处理，经检查确认，才能配管；

②室外直埋导管的路径、沟槽深度、宽度及垫层处理经检查确认，才能埋设导管；

③现浇混凝土板内配管在底层钢筋绑扎完成，上层钢筋未绑扎前敷设，且检查确认才能绑扎上层钢筋和浇捣混凝土；

④现浇混凝土墙体内的钢筋网片绑扎完成，门、窗等位置已放线，经检查确认，才能在墙体内配管；

⑤被隐蔽的接线盒和导管在隐蔽前检查合格，才能隐蔽；

⑥在板、柱等部位明配管的导管套管、埋件、支架等检查合格，才能配管；

⑦吊顶上的灯位及电气器具位置先放样，且与土建及各专业施工单位商定，才能在吊顶内配管；

⑧顶棚和墙壁面喷浆、油漆或壁纸等基本完成，才能敷设结槽、槽板。

(12) 电线、电缆穿管及线槽敷线应按以下程序进行：

①接地（PE）或接零（PEN）及其他焊接施工完成，经检查确认，才能穿入电线或电缆以及线槽内敷线；

②与导管连接的柜、屏、台、箱、盘安装完成，管内积水及杂物清理干净，经检查确认，才能穿入电线、电缆；

③电缆穿管前绝缘测试合格，才能穿入导管；

④电线、电缆交接试验合格，且对接线去向和相位等检查确认，才能通电。

(13) 钢索配管的预埋件及预留孔，应预埋、预留完成；装修工程除地面外基本结束，才能吊装钢索及敷设线路。

(14) 缆头制作和接线应按以下程序进行：

①电缆连接位置、连接长度和绝缘测试经检查确认，才能制作电缆头；

②控制电缆绝缘电阻测试和校线合格，才能接线；

③电线、电缆交接试验和相位校对合格，才能接线。

(15) 明灯具安装应按以下程序进行：

①安装灯具的预埋螺栓、吊杆和吊顶上嵌入式灯具安装专用骨架等完成，按设计要求做承载试验合格，才能安装灯具；

② 影响灯具安装的模板、脚手架拆除；顶棚和墙面喷浆、油漆或壁纸等及地面清理工作基本完成后，才能安装灯具；

③ 导线绝缘测试合格，才能灯具接线；

④ 高空安装的灯具，地面通断电试验合格，才能安装。

（16）明开关、插座、风扇安装：吊扇的吊钩预埋完成；电线绝缘测试应合格，顶棚和墙面的喷浆、油漆或壁纸等基本完成，才能安装开关、插座和风扇。

（17）照明系统的测试和通电试运行应按以下程序进行：

① 电线绝缘电阻测试前电线的连续完成；

② 照明箱（盘）、灯具、开关、插座的绝缘电阻测试在就位前或接线前完成；

③ 备用电源或事故照明电源做空载自动投切试验前拆除负荷，空载自动投切实验合格，才能做有载自动投切试验；

④ 电气器具及线路绝缘电阻测试合格，才能通电试验；

⑤ 照明全负荷试验必须在本条的①②③完成后进行。

（18）地装置安装应按以下程序进行：

① 建筑物基础接地体：底板钢筋敷设完成，按设计要求做接地施工，经检查确认，才能支模或浇捣混凝土；

② 人工接地：按设计要求位置开挖沟槽，经检查确认，才能打入接地极和敷设地下接地干线；

③ 接地模块：按设计位置开挖模块坑，并将地下接地干线引到模块上，经检查确认，才能相互焊接；

④ 装置隐蔽：检查验收合格，才能覆土回填。

（19）引下线安装应按以下程序进行：

① 利用建筑物柱内主筋作为引下线，在柱内主筋绑扎后，按设计要求施工，经检查确认，才能支模；

② 直接从基础接地体或人工接地体暗敷埋入粉刷层内的引下线，经检查确认不外露，才能贴面砖或刷涂料等；

③ 直接从基础接地体或人工接地体引出明敷的引下线，先埋设或安装支架经检查确认，才能敷设引下线。

（20）等电位联结应按以下程序进行：

① 总等电位联结：对可做导电接地体的金属管道入户处和供总等电位联结的接地干线的位置检查确认，才能安装焊接总等电位联结端子板，按设计要求做总等电位联结；

② 辅助等电位联结：对供辅助等电位联结的接地母线位置检查确认，才能安装焊接辅助等电位联结端子板，按设计要求做辅助等电位联结；

③ 对特殊要求的建筑金属屏蔽网箱，网箱施工完成，经检查确认，才能与接地线连接。

（21）接闪器安装：接地装置和引下线应施工完成，才能安装接闪器，且与引下线连接。

（22）防雷接地系统测试：接地装置施工完成测试应合格；避雷接闪器安装完成，整个防雷接地系统连成回路，才能系统测试。

建筑电气工程施工过程中，进行工序交接，由施工单位、监理单位（建设单位）共同检查确认，由施工单位填写《工序交接确认记录》（DQ2.3.4），监理单位签字认可。

5. 漏电保护装置模拟动作试验

漏电保护装置也称残余（冗余）电流保护装置，是当用电设备发生电气故障形成电气设备可接近裸露导体带电时，为避免造成电流伤害人或动物而迅速切断电源的保护装置，故在安装前或安装后要做模拟动作试验，以保证其灵敏度和可靠性。

施工单位填写《漏电保护装置模拟动作试验记录》（DQ2.3.5），监理单位检查确认，签字认可。

4.7.3.3 接地、绝缘电阻测试

接地电阻检测包括设备、系统的防雷接地、保护接地、工作接地、防静电接地等设计有要求的各种接地检测。检测后施工单位填写《接地电阻测试记录》（DQ2.4.1），监理单位检查确认，签字认可。

绝缘电阻检测包括电气设备和动、照明线路及其他必须确认绝缘电阻的检测。检测后施工单位填写《绝缘电阻测试记录》（DQ2.4.2），监理单位检查确认，签字认可。

4.7.3.4 隐蔽工程验收

建筑电气工程具备隐蔽条件，施工单位在隐蔽验收前48h以书面形式通知监理单位参加验收，施工单位填写隐蔽验收记录，监理单位签字认可。

隐蔽验收内容主要有：埋于结构内的各种电线导管；结构钢筋避雷引下线；等电位及均压环暗敷设；接地装置埋设；金属门窗、幕墙金属框架接地；不进入吊顶内的电线导管；不进入吊顶内的电线槽直埋电缆；不进入的电缆沟敷设电缆；管（线）路经过建筑变形缝的补偿装置；大型灯具及吊扇的预埋（吊钩）等项目。

施工单位填写《线槽、电导管安装隐蔽工程验收记录》（DQ2.5.1）；《重复接地（防雷接地）工程隐蔽验收记录》（DQ2.5.2）；《防雷接地系统布置简图》（DQ2.5.3）；《配线敷设施工隐蔽验收记录》（DQ2.5.4）和《其他隐蔽验收记录》，监理单位检查确认，签字认可。

4.7.3.5 施工记录

施工记录是对电气工程过程的质量、安全、进度等情况的真实记录，由施工单位填写《施工日记》（DQ2.6.1）和《其他》（DQ2.6.2）。

4.7.4 安全和功能检验资料

安全和功能检验的目的是确保工程的安全和使用功能。

电气工程安全和功能检验项目有：照明全负荷试验记录；大型灯具牢固性试验记录；避雷接地电阻测试记录；线路、插座、开关接地检验记录等。

施工单位填写《照明全负荷试验记录》（DQ3.1）；《大型灯具牢固性试验记录》（DQ3.2）；《避雷接电阻测试记录》（DQ3.3）；《线路、插座、开关接地检验记录》（DQ3.4）和《其他功能测试记录》（DQ3.5），监理单位检查确认，签字认可。

4.7.5 工程质量验收记录

建筑电气工程施工质量验收分为室外电气安装子分部工程质量验收、变配电室安装子分部工程质量验收、供电干线安装子分部工程质量验收、电气动力安装子分部工程质量验收、电气照明安装子分部工程质量验收、备用和不间断电源安装子分部工程质量验收、防雷及接地安装子分部工程质量验收。由施工单位填写子分部、分项工程、检验批质量验收记录，监

理单位检查确认，签字认可。子分部、分项检验批的验收记录表，如表 4-10 所示。

4.8 智能建筑工程文件档案资料

4.8.1 智能建筑工程文件档案资料分类与归档

智能建筑工程施工文件档案资料按《房屋建筑与市政基础设施工程档案资料管理规范》（DGJ32/TJ143-2012）分为管理资料；工程实施及质量控制；质量控制资料；工程质量验收资料，应单独分类保存，竣工后单独组卷归档。智能建筑工程包括通信网络系统、信息网络系统、建筑设备监控系统、火灾自动报警及消防联动系统、安全防范系统、综合布线系统、智能化系统集成、电源与接地、环境和住宅（小区）智能化等。智能建筑工程文件档案资料分类、来源、归档保存单位及组卷归档目录如下表 4-11 所示。

智能建筑工程文件档案资料分类、来源、归档保存单位及组卷归档移交目录　　表 4-11

类别	类别编号	工程文件资料名称	资料来源	归档保存单位	
				施工单位	城建档案馆
管理资料 ZN1	ZN1.1	智能房屋建筑工程概况表	施工单位	√	√
	ZN1.2	智能建筑分部工程竣工验收结论汇总	施工单位	√	√
	ZN1.3	工程项目施工管理人员名单及岗位证书	施工单位	√	√
	ZN1.4	智能房屋建筑工程施工现场质量管理检查记录	施工单位	√	√
	ZN1.5	强制措施条文检测记录	施工单位	√	
	ZN1.6	主要专业工种操作上岗证书汇总表	施工单位	√	
	ZN1.7	分包商确认资料	施工单位	√	
	ZN1.8	施工组织设计、施工方案及审批	施工单位 监理单位	√	
	ZN1.9	开工报告	施工单位	√	
工程实施及质量控制 ZN2	设备材料进场检验 ZN2.1	ZN2.1.1	设备材料现场检验表	施工单位	√	
		ZN2.1.1.1	进口产品原产地证明和商检证明及配套的质量合格证明、检测报告及安装、使用、维护说明书等文件的中文说明书等	供应单位	√	
		ZN2.1.1.2	管理系统资料、程序结构说明、安装调试说明、使用和维护说明书	供应单位	√	
		ZN2.1.1.3	主要设备安装技术文件	供应单位	√	
		ZN2.1.1.4	主要材料、设备产品进场检（试）验报告	施工单位 检测单位	√	
	隐蔽工程（随工检查）验收 ZN2.2	ZN2.2.1	管道排列隐蔽工程验收表	施工单位	√	
		ZN2.2.2	管道连接隐蔽工程验收表	施工单位	√	√
		ZN2.2.3	管口安放护圈标识隐蔽工程验收表	施工单位	√	
		ZN2.2.4	接线盒及桥架加盖隐蔽工程验收表	施工单位	√	
		ZN2.2.5	线缆对管道及线间绝缘电阻隐蔽工程验收表	施工单位	√	
		ZN2.2.6	线缆接头处理隐蔽工程验收表	施工单位	√	√

续表

类 别		类别编号	工程文件资料名称	资料来源	归档保存单位	
					施工单位	城建档案馆
工程实施及质量控制 ZN2	系统试运行 ZN2.3	ZN2.3.1	通信网络系统试运行记录	施工单位	√	
		ZN2.3.2	信息网络系统试运行记录	施工单位	√	
		ZN2.3.3	建筑设备监控系统试运行记录	施工单位	√	
		ZN2.3.4	火灾报警及消防联动系统试运行记录	施工单位	√	
		ZN2.3.5	安全防范系统试运行记录	施工单位	√	
		ZN2.3.6	综合布线系统试运行记录	施工单位	√	
		ZN2.3.7	智能化集成系统试运行记录	施工单位	√	
		ZN2.3.8	电源与接地子分部工程试运行记录	施工单位	√	
		ZN2.3.9	环境子分部工程试运行记录	施工单位	√	
		ZN2.3.10	住宅（小区）智能化系统试运行记录	施工单位	√	
	工程安装质量及观感质量验收 ZN2.4	ZN2.4.1	通信网络系统安装质量及观感质量验收记录	施工单位	√	
		ZN2.4.2	信息网络系统安装质量及观感质量验收记录	施工单位	√	
		ZN2.4.3	建筑设备监控系统安装质量及观感质量验收记录	施工单位	√	
		ZN2.4.4	火灾报警及消防联动系统安装质量及观感质量验收记录	施工单位	√	
		ZN2.4.5	安全防范系统安装质量及观感质量验收记录	施工单位	√	
		ZN2.4.6	系统综合布线系统安装质量及观感质量验收记录	施工单位	√	
		ZN2.4.7	智能化集成系统安装质量及观感质量验收记录	施工单位	√	
		ZN2.4.8	电源与接地子分部工程安装质量及观感质量验收记录	施工单位	√	
		ZN2.4.9	环境子分部工程安装质量及观感质量验收记录	施工单位	√	
		ZN2.4.10	住宅（小区）智能化系统安装质量及观感质量验收记录	施工单位	√	
质量控制资料 ZN3		ZN3.1	工程合同技术文件	施工单位建设单位	√	
		ZN3.2	设计更改审核表	设计单位	√	
		ZN3.3	系统技术、操作和维护手册	设计单位	√	
		ZN3.3.1	安装设备明细表	设计单位	√	
		ZN3.3.2	设计说明	设计单位	√	
		ZN3.3.3	系统设备产品说明书	设计单位	√	
		ZN3.4	重大施工事故报告及处理	施工单位	√	√
		ZN3.5	有关测试记录	施工单位	√	
		ZN3.5.1	系统电气绝缘电阻测试记录	施工单位	√	
		ZN3.5.2	视频系统末端测试记录	施工单位	√	
		ZN3.5.3	光纤损耗测试记录	施工单位	√	
		ZN3.5.4	其他测试记录	施工单位	√	
工程质量验收记录 ZN4	通信网络系统子分部工程竣工验收结论汇总表 ZN4.1	ZN4.1.1	通信网络系统资料审查表	施工单位	√	
		ZN4.1.2	通信系统分项工程质量检测记录表	施工单位	√	
		ZN4.1.2.1	通信子系统检测记录表	施工单位	√	
		ZN4.1.3	卫星及有线电视系统分项工程质量检测记录表	施工单位	√	

续表

类 别	类别编号	工程文件资料名称	资料来源	归档保存单位 施工单位	归档保存单位 城建档案馆
工程质量验收记录 ZN4	通信网络系统子分部工程竣工验收结论汇总表 ZN4.1	ZN4.1.3.1 卫星及有线电视子系统检测记录表	施工单位	√	
		ZN4.1.4 公共广播系统分项工程质量检测记录表	施工单位	√	
		ZN4.1.4.1 公共广播子系统检测记录表	施工单位	√	
	信息网络系统子分部工程竣工验收结论汇总表 ZN4.2	ZN4.2.1 信息网络系统资料审查表	施工单位	√	
		ZN4.2.2 计算机网络系统分项工程质量检测记录表	施工单位	√	
		ZN4.2.2.1 计算机网络子系统检测记录表	施工单位	√	
		ZN4.2.3 应用软件分项工程质量检测记录表	施工单位	√	
		ZN4.2.3.1 应用软件检测记录表	施工单位	√	
		ZN4.2.4 网络安全系统分项工程质量检测记录表	施工单位	√	
		ZN4.2.4.1 网络安全子系统检测记录表	施工单位	√	
	建筑设备监控系统子分部工程竣工验收结论汇总表 ZN4.3	ZN4.3.1 建筑设备监控系统资料审查表	施工单位	√	
		ZN4.3.2 空调与通风系统分项工程质量检测记录表	施工单位	√	
		ZN4.3.2.1 空调与通风子系统检测记录表	施工单位	√	
		ZN4.3.3 变配电系统分项工程质量检测记录表	施工单位	√	
		ZN4.3.3.1 变配电子系统检测记录表	施工单位	√	
		ZN4.3.4 照明系统分项工程质量检测记录表	施工单位	√	
		ZN4.3.4.1 照明子系统检测记录表	施工单位	√	
		ZN4.3.5 给排水系统分项工程质量检测记录表	施工单位	√	
		ZN4.3.5.1 给排水子系统检测记录表	施工单位	√	
		ZN4.3.6 热源和热交换系统分项工程质量检测记录表	施工单位	√	
		ZN4.3.6.1 热源和热交换子系统检测记录表	施工单位	√	
		ZN4.3.7 冷冻和冷却系统分项工程质量检测记录表	施工单位	√	
		ZN4.3.7.1 冷冻和冷却子系统检测记录表	施工单位	√	
		ZN4.3.8 电梯和自动扶梯系统分项工程质量检测记录表	施工单位	√	
		ZN4.3.8.1 电梯和自动扶梯子系统检测记录表	施工单位	√	
		ZN4.3.9 中央管理工作站与操作分站分项工程质量检测记录表	施工单位	√	
		ZN4.3.9.1 中央管理工作站与操作分站子系统检测记录表	施工单位	√	
		ZN4.3.10 子系统通信接口分项工程质量检测记录表	施工单位	√	
		ZN4.3.10.1 子系统通信接口子系统检测记录表	施工单位	√	
	火灾报警及消防联动系统子分部工程竣工验收结论汇总表 ZN4.4	ZN4.4.1 火灾报警及消防联动系统资料审查表	施工单位	√	
		ZN4.4.2 火灾和可燃气体探测系统分项工程质量检测记录表	施工单位	√	
		ZN4.4.2.1 火灾和可燃气体探测子系统检测记录表	施工单位	√	
		ZN4.4.3 火灾报警控制系统分项工程质量检测记录表	施工单位	√	
		ZN4.4.3.1 火灾报警控制系统子系统检测记录表	施工单位	√	
		ZN4.4.4 消防联动系统分项工程质量检测记录表	施工单位	√	
		ZN4.4.4.1 消防联动子系统检测记录表	施工单位	√	

续表

类别	类别编号	工程文件资料名称	资料来源	归档保存单位 施工单位	归档保存单位 城建档案馆
工程质量验收记录ZN4	安全防范系统子分部工程竣工验收结论汇总表ZN4.5	ZN4.5.1 安全防范系统资料审查表	施工单位	√	
		ZN4.5.2 电视监控系统分项工程质量检测记录表	施工单位	√	
		ZN4.5.2.1 电视监控子系统检测记录表	施工单位	√	
		ZN4.5.3 入侵报警系统分项工程质量检测记录表	施工单位	√	
		ZN4.5.3.1 入侵报警子系统检测记录表	施工单位	√	
		ZN4.5.4 巡更系统分项工程质量检测记录表	施工单位	√	
		ZN4.5.4.1 巡更子系统检测记录表	施工单位	√	
		ZN4.5.5 出入口控制（门禁）系统分项工程质量检测记录表	施工单位	√	
		ZN4.5.5.1 出入口控制（门禁）子系统检测记录表	施工单位	√	
		ZN4.5.6 停车管理系统分项工程质量检测记录表	施工单位	√	
		ZN4.5.6.1 停车管理系统分项工程检验批工程质量验收记录	施工单位	√	
	系统综合布线系统子分部工程竣工验收结论汇总表ZN4.6	ZN4.6.1 系统综合布线系统资料审查表	施工单位	√	
		ZN4.6.2 缆线敷设和终接分项工程质量检测记录表	施工单位	√	
		ZN4.6.2.1 缆线敷设和终接子系统检测记录表	施工单位	√	
		ZN4.6.3 机柜、机架、配线架的安装分项工程质量检测记录表	施工单位	√	
		ZN4.6.3.1 机柜、机架、配线架的安装子系统检测记录表	施工单位	√	
		ZN4.6.4 信息插座和光缆芯线终端的安装系统分项工程质量检测记录表	施工单位	√	
		ZN4.6.4.1 信息插座和光缆芯线终端的安装子系统检测记录表	施工单位	√	
		ZN4.6.5 系统性能分项工程检测记录表	施工单位	√	
		ZN4.6.5.1 系统性能检测记录表	施工单位	√	
	智能化系统集成子分部工程竣工验收结论汇总表ZN4.7	ZN4.7.1 智能化系统集成资料审查表	施工单位	√	
		ZN4.7.2 集成系统网终分项工程质量检测记录表	施工单位	√	
		ZN4.7.2.1 集成系统网终子系统检测记录表	施工单位	√	
		ZN4.7.3 应用软件分项工程质量检测记录表	施工单位	√	
		ZN4.7.3.1 应用软件检测记录表	施工单位	√	
		ZN4.7.4 网络安全分项工程质量检测记录表	施工单位	√	
		ZN4.7.4.1 网络安全子系统检测记录表	施工单位	√	
		ZN4.7.5 接口分项工程质量检测记录表	施工单位	√	
		ZN4.7.5.1 接口子系统检测记录表	施工单位	√	
	电源与接地子分部工程竣工验收结论汇总表ZN4.8	ZN4.8.1 电源与接地子分部资料审查表	施工单位	√	
		ZN4.8.2 电源系统分项工程质量检测记录表	施工单位	√	
		ZN4.8.2.1 电源子系统检测记录表	施工单位	√	
		ZN4.8.3 防雷及接地分项工程质量检测记录表	施工单位	√	
		ZN4.8.3.1 防雷及接地子系统检测记录表	施工单位	√	

续表

类别	类别编号	工程文件资料名称	资料来源	施工单位	城建档案馆
工程质量验收记录 ZN4	ZN4.9.1	环境子分部工程资料审查表	施工单位	√	
环境子分部工程竣工验收结论汇总表 ZN4.9	ZN4.9.2	空间环境分项工程质量检测记录表	施工单位	√	
	ZN4.9.2.1	空间环境子系统检测记录表	施工单位	√	
	ZN4.9.3	室内空调环境分项工程质量检测记录表	施工单位	√	
	ZN4.9.3.1	室内空调环境子系统检测记录表	施工单位	√	
	ZN4.9.4	视觉照明环境分项工程质量检测记录表	施工单位	√	
	ZN4.9.4.1	视觉照明环境子系统检测记录表	施工单位	√	
	ZN4.9.5	电磁环境分项工程质量检测记录表	施工单位	√	
	ZN4.9.5.1	电磁环境子系统检测记录表	施工单位	√	
住宅（小区）智能化系统子分部工程竣工验收结论汇总表 ZN4.10	ZN4.10.1	住宅（小区）智能化系统子分部工程资料审查表	施工单位	√	
	ZN4.10.2	火灾自动报警系统及消防联动系统分项工程质量检测记录表	施工单位	√	
	ZN4.10.2.1	火灾自动报警系统及消防联动子系统检测记录表	施工单位	√	
	ZN4.10.3	安全防范系统分项工程质量检测记录表	施工单位	√	
	ZN4.10.3.1	电视监控系统系统检测记录表	施工单位	√	
	ZN4.10.3.2	入侵报警系统系统检测记录表	施工单位	√	
	ZN4.10.3.3	巡更系统系统检测记录表	施工单位	√	
	ZN4.10.3.4	门禁系统系统检测记录表	施工单位	√	
	ZN4.10.3.5	楼宇对讲系统系统检测记录表	施工单位	√	
	ZN4.10.3.6	停车管理系统系统检测记录表	施工单位	√	
	ZN4.10.6	监控与管理系统分项工程质量检测记录表	施工单位	√	
	ZN4.10.6.1	多表现场计量及与远程传输系统系统检测记录表	施工单位	√	
	ZN4.10.6.2	建筑设备监控系统系统检测记录表	施工单位	√	
	ZN4.10.6.3	公共广播系统检测记录表	施工单位	√	
	ZN4.10.6.4	物业管理系统检测记录表	施工单位	√	
	ZN4.10.7	家庭控制器分项工程质量检测记录表	施工单位	√	
	ZN4.10.7.1	家庭控制器子系统检测记录表	施工单位	√	
	ZN4.10.8	室外设备及管网分项工程质量检测记录表	施工单位	√	
	ZN4.10.8.1	室外设备及管网检测记录表	施工单位	√	

4.8.2 管理资料

4.8.2.1 智能房屋建筑工程概况

施工单位填写《智能房屋建筑工程概况》（ZN1.1），内容包括：工程名称；建设地点；建设单位、勘察设计单位、监理单位、施工单位（总、分包）情况和主要分部工程（基础、主体结构、建筑装饰装修、建筑屋面、建筑给排水及采暖、建筑电气、智能建筑、通风与空调、电梯）情况简介。

4.8.2.2 智能建筑分部工程竣工验收结论汇总

《智能建筑分部工程竣工验收结论汇总》（ZN1.2）内容包括：工程实施及质量控制检

测结论、系统检测结论、系统检测抽检结果、观感质量验收、资料审查结论、人员培训考评结论、运行管理队伍及规章制度审查、设计等级要求评定等内容。本汇总表须附规范要求的所有表格，行业要求的其他文件及出席验收会与验收机构人员名单（签到）。验收结论一律填写"通过"或"不通过"。

4.8.2.3 强制措施条文检测记录

智能建筑工程强制措施条文检测项目及检查内容，如表 4-12 所示。

智能建筑工程强制措施条文检测的项目及检查内容　　　　表 4-12

项 目	检查内容
防火墙和防病毒软件	检查产品销售许可证及符合相关规定
智能建筑网络安全系统	防火墙和防病毒软件的安全保障功能及可靠性
检测消防控制室向建筑设备监控系统传输，显示火灾报警信息的一致性和可靠性	1. 检测与建筑设备监控系统的接口 2. 对火灾报警的响应 3. 火灾运行模式
新型消防设施的设置及功能检测	1. 早期烟雾，火灾报警系统 2. 大空间早期火灾智能检测系统 3. 大空间红外图像矩阵火灾报警及灭火系统 4. 可燃气体泄漏报警及联动控制系统
安全防范系统对火灾自动报警的响应及火灾模式的功能检测	1. 视频安防监控系统的录像、录音响应 2. 门禁系统的响应 3. 停车场（库）的控制响应 4. 安全防范管理系统的响应
电源与接地系统	1. 引接验收合格的电源和防雷接地装置 2. 智能化系统的接地装置 3. 防过流及防过压元件的接地装置 4. 防电磁干扰屏蔽的接地装置 5. 防静电接地装置

施工单位填写《强制措施条文检测记录》（ZN1.5）。

4.8.3 工程实施及质量控制

4.8.3.1 设备材料进场检验

智能建筑工程中所用设备、材料包括智能化系统中的硬件设备、软件产品和工程中应用的各种系统接口等。进场产品质量检查应包括列入《中华人民共和国实施强制性产品认证的产品目录》或实施生产许可证和上网许可证管理的产品，未列入强制性认证产品目录或未实施生产许可证和上网许可证管理的产品应按规定程序通过产品检测后方可使用。

产品功能、性能等项目的检测应按相应的现行国家产品标准进行，供需双方有特殊要求的产品，可按合同规定或设计要求进行。对不具备现场检测条件的产品，可要求进行工厂检测并出具检测报告。

（1）硬件设备及材料的质量检查重点应包括安全性、可靠性及电磁兼容性等项目，可靠性检测可参考生产厂家出具的可靠性检测报告。

（2）软件产品质量应按下列内容检查：

① 商业化的软件，如操作系统、数据库管理系统、应用系统软件、信息安全软件和网管软件等应做好使用许可证及使用范围的检查；

② 由系统承包商编制的用户应用软件、用户组态软件及接口软件等应用软件，除进行功能测试和系统测试之外，还应根据需要进行容量、可靠性、安全性、可恢复性、兼容性、自诊断等多项功能测试，并保证软件的可维护性；

③ 所有自编软件均应提供完整的文档（包括软件资料、程序结构说明、安装调试说明、使用和维护说明书等）。

（3）系统接口的质量应按下列要求检查：

① 系统承包商应提交接口规范，接口规范应在合同签订时由合同签订机构负责审定；

② 系统承包商应根据接口规范制定接口测试方案，接口测试方案经检测机构批准后实施，系统接口测试应保证接口性能符合设计要求，实现接口规范中规定的各项功能，不发生兼容性及通信瓶颈问题，并保证系统接口的制造和安装质量。

（4）依规定程序获得批准使用的新材料和新产品除符合前述条款规定外，尚应提供主管部门规定的相关证明文件。

（5）进口产品原产地证明和商检证明及配套的质量合格证明、检测报告及安装、使用、维护说明书等文件的中文说明书等。

由供应单位提供《进口产品原产地证明和商检证明及配套的质量合格证明、检测报告及安装、使用、维护说明书等文件的中文说明书等》（ZN2.1.1.1）、《管理系统资料、程序结构说明、安装调试说明、使用和维护说明书》（ZN2.1.1.2）、《主要设备安装技术文件》（ZN2.1.1.3）。

由检测单位《主要材料、设备产品进场检（试）验报告》（ZN2.1.1.4）。

由施工单位汇总，填写《设备材料现场检验表》（ZN2.1.1）。

4.8.3.2 隐蔽工程（随工检查）验收

智能建筑隐蔽工程（随工检查）验收，由施工单位在隐蔽前通知监理单位。验收时施工单位填写《管道排列隐蔽工程验收表》（ZN2.2.1）；《管道连接隐蔽工程验收表》（ZN2.2.2）；《管口安放护圈标识隐蔽工程验收表》（ZN2.2.3）；《接线盒及桥架加盖隐蔽工程验收表》（ZN2.2.4）；《线缆对管道及线间绝缘电阻隐蔽工程验收表》（ZN2.2.5）；《线缆接头处理隐蔽工程验收表》（ZN2.2.6），报监理单位审核同意，未经审核同意不得进行下道工序施工。

4.8.3.3 系统试运行和检测

除综合布线、电源与接地和环境三个系统外，其余各系统应在调试投入运行后规定一个适当的试运行周期，具体应各系统的特点不同而有所不同。由系统施工单位填写试运行记录并提供试运行报告。《通信网络系统试运行记录》（ZN2.3.1）；《信息网络系统试运行记录》（ZN2.3.2）；《建筑设备监控系统试运行记录》（ZN2.3.3）；《火灾报警及消防联动系统试运行记录；安全防范系统试运行记录》（ZN2.3.4）；《综合布线系统试运行记录》（ZN2.3.5）；《智能化集成系统试运行记录》（ZN2.3.6）；《电源与接地子分部工程试运行记录》（ZN2.3.7）；《环境子分部工程试运行记录》（ZN2.3.8）；《住宅（小区）智能化系统试运行记录》（ZN2.3.9）。

4.8.3.4 工程安装质量及观感质量验收

智能建筑部分的质量验收采用现场观察、核对施工图、抽查测试等方法进行，由施工单位填写《通信网络系统安装质量及观感质量验收记录》(ZN2.4.1)；《信息网络系统安装质量及观感质量验收记录》(ZN2.4.2)；《建筑设备监控系统安装质量及观感质量验收记录》(ZN2.4.3)；《火灾报警及消防联动系统安装质量及观感质量验收记录》(ZN2.4.4)；《安全防范系统安装质量及观感质量验收记录》(ZN2.4.5)；《系统综合布线系统安装质量及观感质量验收记录》(ZN2.4.6)；《智能化集成系统安装质量及观感质量验收记录》(ZN2.4.7)；《电源与接地子分部工程安装质量及观感质量验收记录》(ZN2.4.8)；《环境子分部工程安装质量及观感质量验收记录》(ZN2.4.9)；《住宅（小区）智能化系统安装质量及观感质量验收记录》(ZN2.4.10)，报监理审核。

4.8.4 质量控制资料

4.8.4.1 工程合同技术文件

工程合同技术文件作为工程合同的一部分，由签订合同双方提供《工程合同技术文件》(ZN3.1)。

4.8.4.2 设计更改审核表

《设计更改审核表》(ZN3.2)由设计单位提供。

4.8.4.3 系统技术、操作和维护手册

由设备供应单位提供《系统技术、操作和维护手册》(ZN3.3)、《安装设备明细表》(ZN3.3.1)、《设计说明》(ZN3.3.2)、《系统设备产品说明书》(ZN3.3.3)。

4.8.4.4 重大施工事故报告及处理

如有时，由事故处理单位提供《重大施工事故报告及处理》(ZN3.4)。

4.8.4.5 有关测试记录

由施工单位进行设备测试，并提供《系统电气绝缘电阻测试记录》(ZN3.5.1)、《视频系统末端测试记录》(ZN3.5.2)、《光纤损耗测试记录》(ZN3.5.3)和《其他测试记录》(ZN3.5.4)。

4.8.5 工程质量验收记录

智能建筑分部工程分通信网络系统子分部、信息网络系统子分部、建筑设备监控系统子分部、火灾报警及消防联动系统子分部、安全防范系统子分部、系统综合布线系统子分部、智能化系统集成子分部、电源与接地子分部、环境子分部、住宅（小区）智能化系统子分部。由施工单位填写子分部、分项工程、检验批质量验收记录，监理单位检查确认，签字认可。分部、子分部、分项、检验批的验收表格，如表4-11所示。

4.9 通风与空调工程文件档案资料

4.9.1 通风与空调工程文件档案资料分类与归档

通风与空调工程文件档案资料按《房屋建筑与市政基础设施工程档案资料管理规范》

(DGJ32/TJ143-2012)分为管理资料；质量控制资料；安全和功能检验资料；工程质量验收资料，应单独分类保存，竣工后单独组卷归档。

通风与空调工程包括送、排风系统；防烟系统；除尘系统；空调系统；净化空调系统；制冷系统和空调水系统。施工内容主要有通风与空气处理设备安装、风管及水系统管道的预制与安装、自控系统的安装、系统调试及工程试运行。通风与空调工程文件档案资料分类、来源、归档保存单位及组卷归档移交目录，如表4-13所示。

通风与空调工程文件档案资料分类、来源、归档保存单位及组卷归档目录　　表4-13

类　别	类别编号	工程文件资料名称	资料来源	归档保存单位 施工单位	归档保存单位 城建档案馆
管理资料KT1	KT1.1	通风空调工程概况表	施工单位	√	√
管理资料KT1	KT1.2	通风与空调分部工程质量验收记录	施工单位	√	√
管理资料KT1	KT1.3	通风与空调质量控制资料核查记录	施工单位	√	
管理资料KT1	KT1.4	通风空调工程安全和功能检验资料核查及主要功能抽查记录	施工单位	√	
管理资料KT1	KT1.5	观感质量验收检查记录	施工单位	√	
管理资料KT1	KT1.6	工程项目施工管理人员名单及岗位证书	施工单位	√	√
管理资料KT1	KT1.7	管道焊接施工的焊工人员资格证书及汇总表	施工单位	√	
管理资料KT1	KT1.8	施工现场质量管理记录	施工单位	√	√
管理资料KT1	KT1.9	施工组织设计、施工方案及审批表	施工单位 监理单位	√	
质量控制资料KT2	KT2.1	图纸会审记录、设计变更及洽商记录	施工单位 设计单位	√	√
质量控制资料KT2	KT2.1.1	设计交底记录	设计单位	√	
质量控制资料KT2 材料、设备出厂合格证汇总表KT2.2	KT2.2.1	材料进场验收记录	施工单位	√	
质量控制资料KT2 材料、设备出厂合格证汇总表KT2.2	KT2.2.1.1	材料出厂合格证	供应单位	√	
质量控制资料KT2 材料、设备出厂合格证汇总表KT2.2	KT2.2.2	★成品、半成品非金属复合风管出厂合格证及型式检验报告	供应单位	√	
质量控制资料KT2 材料、设备出厂合格证汇总表KT2.2	KT2.2.3	设备进场验收记录	施工单位	√	
质量控制资料KT2 材料、设备出厂合格证汇总表KT2.2	KT2.2.4	设备出厂合格证	供应单位	√	
质量控制资料KT2 材料、设备进场检验（试验）报告汇总表KT2.3	KT2.3.1	材料进场检验（试验）报告	施工单位 检测单位	√	√
质量控制资料KT2 材料、设备进场检验（试验）报告汇总表KT2.3	KT2.3.2	设备进场检验（试验）报告	施工单位 检测单位	√	√
质量控制资料KT2 强度试验、严密性试验KT2.4	KT2.4.1	风管强度检验记录	检测单位	√	
质量控制资料KT2 强度试验、严密性试验KT2.4	KT2.4.2	水系统管道强度（严密性）检验记录	检测单位	√	
质量控制资料KT2 强度试验、严密性试验KT2.4	KT2.4.3	制冷系统气密性试验记录	检测单位	√	
质量控制资料KT2 强度试验、严密性试验KT2.4	KT2.4.4	阀门试验记录	检测单位	√	
质量控制资料KT2 强度试验、严密性试验KT2.4	KT2.4.5	其他	检测单位	√	
质量控制资料KT2 隐蔽工程验收、交接验收KT2.5	KT2.5.1	设备基础验收记录	施工单位	√	
质量控制资料KT2 隐蔽工程验收、交接验收KT2.5	KT2.5.2	隐蔽工程验收记录	施工单位	√	

续表

类别	类别编号	工程文件资料名称	资料来源	归档保存单位 施工单位	归档保存单位 城建档案馆
质量控制资料 KT2		KT2.6 制冷设备运行调试记录	施工单位	√	
	有关试验调试记录 KT2.7	KT2.7.1 通风、空调系统调试记录	施工单位	√	
		KT2.7.2 风机盘管水压试验检验记录	施工单位	√	
		KT2.7.3 风管系统漏风量检验记录	施工单位	√	
		KT2.7.4 风管系统漏光检验记录	施工单位	√	
		KT2.7.5 现场组装除尘器、空调机组漏风量检验记录	施工单位	√	
		KT2.7.6 空调水系统管道冲（吹）洗记录	施工单位	√	
		KT2.7.7 冷凝水管道系统通水试验记录	施工单位	√	
		KT2.7.8 净化空调风管清洗记录	施工单位	√	
		KT2.7.9 设备单机试运转记录	施工单位	√	
安全和功能检验资料 KT3		KT3.1 通风、空调系统试运行记录	施工单位	√	
		KT3.2 风量、温度测试记录	施工单位	√	
		KT3.3 洁净室洁净度测试记录	施工单位	√	
		KT3.4 制冷机组试运行调试记录	施工单位	√	
		KT3.5 ★通风、空调系统综合效能检测报告	施工单位	√	√
		KT3.6 其他	相关单位		
工程质量验收资料 KT4	送、排风系统子分部工程质量验收记录 KT4.1	KT4.1.1 风管与配件制作分项工程质量验收记录	施工单位	√	
		KT4.1.1.1 风管（金属风管）与配件制作检验批质量验收记录	施工单位	√	
		KT4.1.1.2 风管（非金属、复合材料风管）与配件制作检验批质量验收记录	施工单位	√	
		KT4.1.2 消声器制作与安装分项工程质量验收记录	施工单位	√	
		KT4.1.2.1 消声器制作与安装检验批质量验收记录	施工单位	√	
		KT4.1.3 风管系统安装分项工程质量验收记录	施工单位	√	
		KT4.1.3.1 风管（送、排风、排烟）系统安装检验批质量验收记录	施工单位	√	
		KT4.1.4 通风机与空气处理设备安装分项工程质量验收记录	施工单位	√	
		KT4.1.4.1 通风机安装检验批质量验收记录	施工单位	√	
		KT4.1.5 风管与设备防腐分项工程质量验收记录	施工单位	√	
		KT4.1.5.1 风管与设备防腐施工检验批质量验收记录	施工单位	√	
		KT4.1.6 系统调试分项工程质量验收记录	施工单位	√	
		KT4.1.6.1 系统调试检验批质量验收记录	施工单位	√	
	防排烟系统子分部工程质量验收记录 KT4.2	KT4.2.1 风管与配件制作分项工程质量验收记录	施工单位	√	
		KT4.2.1.1 风管（金属风管）与配件制作检验批质量验收记录	施工单位	√	
		KT4.2.1.2 风管（非金属风管）与配件制作检验批质量验收记录	施工单位	√	
		KT4.2.2 风管部件制作分项工程质量验收记录	施工单位	√	

续表

类 别	类别编号	工程文件资料名称	资料来源	归档保存单位 施工单位	归档保存单位 城建档案馆
工程质量验收资料 KT4	防排烟系统子分部工程质量验收记录 KT4.2	KT4.2.2.1 风管部件制作检验批质量验收记录	施工单位	√	
		KT4.2.3 风管系统安装分项工程质量验收记录	施工单位	√	
		KT4.2.3.1 风管（送、排风、排烟）系统安装检验批质量验收记录	施工单位	√	
		KT4.2.4 风机与空气处理设备安装分项工程质量验收记录	施工单位	√	
		KT4.2.4.1 风机与空气处理设备安装分项工程检验批质量验收记录	施工单位	√	
		KT4.2.5 排烟风口、常闭正压风口安装分项工程质量验收记录	施工单位	√	
		KT4.2.5.1 排烟风口、常闭正压风口安装检验批质量验收记录	施工单位	√	
		KT4.2.6 风管与设备防腐分项工程质量验收记录	施工单位	√	
		KT4.2.6.1 风管与设备防腐施工检验批质量验收记录	施工单位	√	
		KT4.2.7 系统调试分项工程质量验收记录	施工单位	√	
		KT4.2.7.1 系统调试检验批质量验收记录	施工单位	√	
		KT4.2.8 消声器制作和安装分项工程质量验收记录	施工单位	√	
		KT4.2.8.1 消声器制作和安装检验批质量验收记录	施工单位	√	
	除尘系统子分部工程质量验收记录 KT4.3	KT4.3.1 风管与配件制作分项工程质量验收记录	施工单位	√	
		KT4.3.1.1 风管（金属风管）与配件制作检验批质量验收记录	施工单位	√	
		KT4.3.2 风管部件制作分项工程质量验收记录	施工单位	√	
		KT4.3.2.1 风管部件制作检验批质量验收记录	施工单位	√	
		KT4.3.3 风管系统安装分项工程质量验收记录	施工单位	√	
		KT4.3.3.1 风管（送、排风、排烟）系统安装检验批质量验收记录	施工单位	√	
		KT4.3.4 风机安装分项工程质量验收记录	施工单位	√	
		KT4.3.4.1 风机安装检验批质量验收记录	施工单位	√	
		KT4.3.5 除尘器与排污设备分项工程质量验收记录	施工单位	√	
		KT4.3.5.1 除尘器与排污设备分项工程检验批质量验收记录	施工单位	√	
		KT4.3.6 风管与设备防腐分项工程质量验收记录	施工单位	√	
		KT4.3.6.1 风管与设备防腐检验批质量验收记录	施工单位	√	
		KT4.3.7 风管与设备绝热分项工程质量验收记录	施工单位	√	
		KT4.3.7.1 风管与设备绝热检验批质量验收记录	施工单位	√	
		KT4.3.8 系统调试分项工程质量验收记录	施工单位	√	
		KT4.3.8.1 系统调试检验批质量验收记录	施工单位	√	
	空调系统子分部工程质量验收记录 KT4.4	KT4.4.1 风管与配件制作分项工程质量验收记录	施工单位	√	
		KT4.4.1.1 风管（金属风管）与配件制作检验批质量验收记录	施工单位	√	
		KT4.4.1.2 风管（非金属、复合材料风管）与配件制作检验批质量验收记录	施工单位	√	

续表

类别	类别编号	工程文件资料名称	资料来源	归档保存单位 施工单位	归档保存单位 城建档案馆
工程质量验收资料 KT4	KT4.4.2	部件制作分项工程质量验收记录	施工单位	√	
	KT4.4.2.1	部件制作分项工程检验批质量验收记录	施工单位	√	
	KT4.4.3	风管系统安装分项工程质量验收记录	施工单位	√	
	KT4.4.3.1	风管（空调系统）安装分项工程检验批质量验收记录	施工单位	√	
	KT4.4.4	风机与空气处理设备安装分项工程质量验收记录	施工单位	√	
空调系统子分部工程质量验收记录 KT4.4	KT4.4.4.1	风机与空气处理设备安装分项工程检验批质量验收记录	施工单位	√	
	KT4.4.5	消声设备制作与安装分项工程质量验收记录	施工单位	√	
	KT4.4.5.1	消声设备制作与安装分项工程检验批质量验收记录	施工单位	√	
	KT4.4.6	风管与设备防腐分项工程质量验收记录	施工单位	√	
	KT4.4.6.1	风管与设备防腐分项工程检验批质量验收记录	施工单位	√	
	KT4.4.7	风管与设备绝热分项工程质量验收记录	施工单位	√	
	KT4.4.7.1	风管与设备绝热分项工程检验批质量验收记录	施工单位	√	
	KT4.4.8	系统调试分项工程质量验收记录	施工单位	√	
	KT4.4.8.1	系统调试分项工程检验批质量验收记录	施工单位	√	
	KT4.5.1	风管制作分项工程质量验收记录	施工单位	√	
	KT4.5.1.1	风管（金属风管）制作检验批质量验收记录	施工单位	√	
	KT4.5.1.2	风管（非金属风管）制作检验批质量验收记录	施工单位	√	
	KT4.5.2	部件制作分项工程质量验收记录	施工单位	√	
	KT4.5.2.1	部件制作分项工程检验批质量验收记录	施工单位	√	
	KT4.5.3	风管（净化空调）系统安装分项工程质量验收记录	施工单位	√	
	KT4.5.3.1	风管（净化空调）系统安装分项工程检验批质量验收记录	施工单位	√	
	KT4.5.4	风机与空气处理设备安装分项工程质量验收记录	施工单位	√	
净化空调系统子分部工程质量验收记录 KT4.5	KT4.5.4.1	风机与空气处理设备安装分项工程检验批质量验收记录	施工单位	√	
	KT4.5.5	消声设备制作与安装分项工程质量验收记录	施工单位	√	
	KT4.5.5.1	消声设备制作与安装分项工程检验批质量验收记录	施工单位	√	
	KT4.5.6	风管与设备绝热分项工程质量验收记录	施工单位	√	
	KT4.5.6.1	风管与设备绝热分项工程检验批质量验收记录	施工单位	√	
	KT4.5.7	风管与设备防腐分项工程质量验收记录	施工单位	√	
	KT4.5.7.1	风管与设备防腐分项工程检验批质量验收记录	施工单位	√	
	KT4.5.8	高效过滤器安装分项工程质量验收记录	施工单位	√	
	KT4.5.8.1	高效过滤器安装分项工程检验批质量验收记录	施工单位	√	
	KT4.5.9	空调净化设备安装分项工程质量验收记录	施工单位	√	
	KT4.5.9.1	空调净化设备安装分项工程检验批质量验收记录	施工单位	√	
	KT4.5.10	系统调试分项工程质量验收记录	施工单位	√	
	KT4.5.10.1	系统调试分项工程检验批质量验收记录	施工单位	√	

续表

类 别		类别编号	工程文件资料名称	资料来源	归档保存单位	
					施工单位	城建档案馆
工程质量验收资料 KT4	制冷系统子分部工程质量验收记录 KT4.6	KT4.6.1	制冷机组安装分项工程质量验收记录	施工单位	√	
		KT4.6.1.1	制冷机组安装分项工程检验批质量验收记录	施工单位	√	
		KT4.6.2	制冷剂管道及配件安装分项工程质量验收记录	施工单位	√	
		KT4.6.2.1	制冷剂管道及配件安装分项工程检验批质量验收记录	施工单位	√	
		KT4.6.3	制冷附属设备安装分项工程质量验收记录	施工单位	√	
		KT4.6.3.1	制冷附属设备安装分项工程检验批质量验收记录	施工单位	√	
		KT4.6.4	管道及设备的防腐和绝热分项工程质量验收记录	施工单位	√	
		KT4.6.4.1	管道及设备的防腐和绝热分项工程检验批质量验收记录	施工单位	√	
		KT4.6.5	系统调试分项工程质量验收记录	施工单位	√	
		KT4.6.5.1	系统调试分项工程检验批质量验收记录	施工单位	√	
	通风与空调（空调水系统）子分部工程质量验收记录 KT4.7	KT4.7.1	冷热水管道系统安装分项工程质量验收记录	施工单位	√	
		KT4.7.1.1	空调水系统（金属管道）安装检验批质量验收记录	施工单位	√	
		KT4.7.1.2	空调（非金属管道）水系统安装检验批质量验收记录	施工单位	√	
		KT4.7.2	冷却水管道系统安装分项工程质量验收记录	施工单位	√	
		KT4.7.2.1	空调水系统（金属管道）安装检验批质量验收记录	施工单位	√	
		KT4.7.2.2	空调水系统（非金属管道）安装检验批质量验收记录	施工单位	√	
		KT4.7.3	冷凝水管道系统安装分项工程质量验收记录	施工单位	√	
		KT4.7.3.1	冷凝水（金属）管道系统安装分项工程检验批质量验收记录	施工单位	√	
		KT4.7.3.2	冷凝水（非金属）管道系统安装分项工程检验批质量验收记录	施工单位	√	
		KT4.7.4	阀门和部件安装分项工程质量验收记录	施工单位	√	
		KT4.7.4.1	阀门和部件安装检验批质量验收记录	施工单位	√	
		KT4.7.5	冷却塔安装分项工程质量验收记录	施工单位	√	
		KT4.7.5.1	冷却塔安装分项工程检验批质量验收记录	施工单位	√	
		KT4.7.6	水泵及附属设备安装分项工程质量验收记录	施工单位	√	
		KT4.7.6.1	水泵及附属设备安装分项工程检验批质量验收记录	施工单位	√	
		KT4.7.7	管道与设备的防腐与绝热分项工程质量验收记录	施工单位	√	
		KT4.7.7.1	管道与设备的防腐和绝热分项工程检验批质量验收记录	施工单位	√	
		KT4.7.8	系统调试分项工程质量验收记录	施工单位	√	
		KT4.7.8.1	系统调试分项工程质量分项工程检验批质量验收记录	施工单位	√	

4.9.2 管理资料

4.9.2.1 通风与空调分部工程质量验收

通风与空调分部工程完工后,由总监理工程师(建设单位项目负责人)组织施工单位项目负责人和技术、质量负责人等按《通风与空调工程施工质量验收规范》GB 50243—2002 进行分部工程验收,由施工单位填写《通风与空调分部工程质量验收记录》(KT1.2),参与验收各方签字认可。

通风与空调分部工程质量验收合格的条件是:分部(子分部)所含分项工程的质量均验收合格;质量控制资料应完整;有关安全和功能检验资料核查及主要功能抽查结果符合有关规定;观感质量验收应符合要求。

建筑电气分部工程、分项工程和检验批的质量验收程序、合格标准和检验记录的填写,详见本书第 1 章 1.2 建筑工程质量验收。

4.9.2.2 质量控制资料核查

通风与空调分部工程验收时,对质量控制资料进行核查,检查内容如本书第 1 章附表 1-7 所示,由施工单位填写《质量控制资料核查记录》(KT1.3),各参与单位签字认可。

质量控制资料核查内容是:核查和归纳各检验批的验收记录资料,查对其是否完整;在检验批验收时,其应具备的资料应准确完整才能验收;核对各种资料的内容、数据及验收人员的签字是否规范等。

4.9.2.3 安全和功能检验资料核查

通风与空调分部工程验收时,对安全和功能检验资料核查及主要功能抽查,检查内容如本书第 1 章附表 1-5 所示,由施工单位填写《安全和功能检验资料核查表》(KT1.4),各参与单位签字认可。

安全和功能检验资料核查及主要功能抽查内容是:检查各规范中的规定的检测项目是否进行了验收,不能进行检测的项目应说明原因;检查各项检测记录(报告)的内容、数据是否符合要求;核查资料是否有资质的机构出具,其检测程序、有关取样人、审核人、试验负责人,以及盖章、签字是否齐全等。

4.9.2.4 观感质量检查

通风与空调分部工程验收时,对观感质量检查,检查内容如本书第 1 章附表 1-7 所示,由施工单位填写《通风与空调工程观感质量检查记录》(DQ1.5),各参与单位签字认可。

通风与空调观感质量检查是经过现场工程的检查,由检查人员共同确定评价等级:好、一般、差。

4.9.3 质量控制资料

4.9.3.1 材料、设备进场验收

《通风与空调工程施工质量验收规范》GB 50243—2002 第 3.0.5 条规定:通风与空调工程所用的主要原材料、成品、半成品和设备的进场,必须对其进行验收。验收内容包括:合格证、出现检验报告和进场复验报告。验收应经监理工程师认可,并形成相应原质量记录。

主要原材料、成品、半成品和设备有：

(1) 各类管材、板材等型材应有材质检测报告。
(2) 风管部件、水管管件、法兰等应有出厂合格证。
(3) 焊接材料和胶粘剂等应有出厂合格证、使用期限及检验报告。
(4) 阀门、开（闭）式水箱、分水器、除污器、过滤器、软接头、绝热材料、衬垫等应有产品出厂合格证及相应检验报告。
(5) 制冷机组、空调机组、风机、水泵、热交换器、冷却塔、风机盘管、诱导器、水处理设备、加湿器、空气幕、消声器、补偿器、防火阀、防排烟风口等应有产品合格证和形式检测报告。
(6) 压力表、温度计、湿度计、流量计、传感器等应有产品合格证和有效检测报告。
(7) 主要设备应有安全使用说明书。

由供应单位提供材料《材料出厂合格证》(KT2.2.1.1)；《成品、半成品非金属复合风管出厂合格证及型式检验报告》(KT2.3)；《设备出厂合格证》(KT2.2.4)。由供应单位、施工单位和监理单位的代表共同参加，并形成质量记录《材料进场验收记录》(KT2.2.1)、《设备进场验收记录》(KT2.2.3)。施工单位汇总填写《材料、设备出厂合格证汇总表》(KT2.2)。

4.9.3.2 强度试验、严密性试验

风管、水系统管道、制冷系统、阀门等需进行强度试验、严密性试验。

由检测单位提供《风管强度检验记录》(KT2.4.1)；《水系统管道强度（严密性）检验记录》(KT2.4.2)；《制冷系统气密性试验记录》(KT2.4.3)；《阀门试验记录》(KT2.4.4)和其他。如附表4-34所示。施工单位汇总填写《材料、设备进场检验（试验）报告汇总表》(KT2.3)。

4.9.3.3 隐蔽工程验收、交接验收

敷设于竖井内、不进人吊顶内的风道，要检查风道的标高、材质、接头、接口的严密性，附件、部件是否安装到位，支、吊、托架安装、固定，活动部件是否灵活可靠、方向正确，风道分支、变径处理是否符合要求，是否已经完成风管的漏光检测、空调水管道的强度严密性、冲洗等试验。

有绝热、防腐要求的风管、空调水管及设备：检查绝热形式和做法、绝热材料的材质和规格、防腐处理材料及做法。

施工单位在自检合格的基础上，由施工单位质检员填写《设备基础验收记录》(KT2.5.1)、《隐蔽工程验收记录》(KT2.5.2)，报监理单位审核认可，后方可进入下道工序施工。

4.9.3.4 有关试验调试记录

通风与空调工程进行无生产负荷联合调试时，应对空调系统总风量进行测量调整、对空调冷（热）水及冷却水总流量、供、回水温度进行测量调整，由调试单位填写《通风、空调系统调试记录》(KT2.7.1)。

风管系统安装完成后，应进行风管漏光、漏风检测，由施工单位填写《风管系统漏风量检验记录》(KT2.7.3)、《风管系统漏光检验记录》(KT2.7.4)。如附表4-35、附表4-36所示。

通风空调系统风机盘机组安装前宜进行单机三速试运转及水压检漏试验。试验压力为系统工作压力的1.5倍，试验观察时间为2min，不渗漏为合格，由施工单位填写《风机盘管水压试验检验记录》(KT2.7.2)。

现场组装的除尘器壳体、组合式空气调节机组应做漏风量检验，由施工单位填写《现场组装除尘器、空调机组漏风量检验记录》(KT2.7.5)。如附表4-37所示。

空调管道及设计有要求的管道应有使用前做冲洗试验，介质为气体的管道系统应按有关设计要求及规范规定做吹洗试验，由施工单位填写《空调水系统管道冲（吹）洗记录》(KT2.7.6)。如附表4-38所示。

冷凝水管道系统使用前，应进行通水试验，由施工单位填写《冷凝水管道系统通水试验记录》(KT2.7.8)

净化空调风管使用，应进行清洗，由施工单位填写《净化空调风管清洗记录》(KT2.7.9)。

水处理系统、通风与空调系统的各类水泵、风机、冷水机组、冷却塔、空调机组、新风机组等设备在安装完毕后，应进行单机试运转，由施工单位填写《设备单机试运转记录》(KT2.7.9)。

4.9.4 安全和功能检验资料

4.9.4.1 通风、空调系统试运行记录

通风与空调工程进行无生产负荷联合试运转及调试时，应对空调系统总风量进行测量调整，并由施工单位填写《通风、空调系统试运行记录》(KT3.1)。如附表4-39所示。

4.9.4.2 风量、温度测试记录

通风与空调工程无生产负荷联合运转时，应分系统将同一系统内的各房间内风量、室内房间温度进行测量调整，并由施工单位填写《风量、温度测试记录》(KT3.2)。

4.9.4.3 洁净室洁净度测试记录

通风与空调工程无生产负荷联合运转时，对洁净室应进行洁净度检测，由施工单位填写《洁净室洁净度测试记录》(KT3.3)。

4.9.4.4 制冷机组试运行调试记录

通风与空调中制冷机组安装后，进行试运行时，由施工单位填写《制冷机组试运行调试记录》(KT3.4)。

4.9.4.5 通风、空调系统综合效能检测报告

通风与空调工程带生产负荷的综合效能试验与调整，应在已具备生产试运行的条件下进行，由建设单位负责，设计、施工单位配合。通风、空调系统带生产负荷的综合效能试验测定与调整的项目，应由建设单位根据工程性质、工艺和设计的要求进行确定。进行系统生产负荷的综合效能试验的测定与调整后，由施工单位填写《通风、空调系统综合效能检测报告》(KT3.4)。

4.9.5 工程质量验收资料

通风与空调工程质量验收按送排风系统、防排烟系统、除尘系统、空调系统、净化空调系统、制冷系统、制冷系统、空调水系统进行验收。施工单位填写子分部、分项工程、

检验批质量验收记录，监理单位检查确认，签字认可。子分部、分项、检验批的验收表格，如表 4-13 所示。

水系统管道强度（严密性）检验记录 附表 4-34

KT2.4.2

工程名称	×××工程			分项工程名称		给水管道安装		
施工单位	×××安装公司			验收部位		地下室		
专业施工员	×××			管道材质		焊接钢管		
压力表编号	×××	准确度	1级	测量范围	0~1.6	检验有效日期	×××年×月×日	
管线编号	部位	试验介质	工作压力（MPa）	试验压力（MPa）	持续时间（min）	压降（MPa）	试验结果	
01	基础层	水	0.8	1.2	10	0	合格	
试验过程 　　水压试验值 1.2MPa，观察 10min；然后降至工作压力 0.8MPa。								
试验人员		×××				试验日期	×××年×月×日	
施工单位检查意见 　　水压试验值 1.2MPa，观察 10min，无压力降；然后降至工作压力 0.8MPa，外观检查，不渗不漏。合格。 项目专业质量检查员：××× 　　　　　　　　　　　　　　　　　　　　　　　　　　　　　　　×××年×月×日								
监理（建设）单位验收结论 　　试验结果符合设计要求及《通风与空调工程施工质量验收规范》GB 50243—2002 规定，同意验收。 专业监理工程师（建设单位专业负责人）：××× 　　　　　　　　　　　　　　　　　　　　　　　　　　　　　　　×××年×月×日								

风管系统漏风量检验记录 附表 4-35

KT2.7.3

工程名称	×××工程	分项工程名称	风管系统安装
施工单位	×××安装公司	专业施工员	×××
风管级别	中压	试验压力（Pa）	800
系统总面积（m²）	200	试验总面积（m²）	200
允许单位面积漏风量（m³/m²·h）	2.71	实测单位面积漏风量（m³/m²·h）	1.25
系统测定分段数	1段	试验日期	×××年×月×日

续表

	序号	分段表面积（m²）	试验压力（MPa）	实际漏风量（m²/h）
检测区段图示： 略	Ⅰ	200	800	250
	Ⅱ			
	Ⅲ			
	Ⅳ			
	Ⅴ			
	Ⅵ			
	Ⅶ			

试验人员	×××	试验日期	×××年×月×日

施工单位检查意见　　合格 项目专业质量检查员：××× 　　　　　　　　　　　　　　　　　　　　　　　　　　×××年×月×日

监理（建设）单位验收结论 　　试验结果符合设计要求及《通风与空调工程施工质量验收规范》GB 50243—2002规定。 监理工程师（建设单位专业负责人）：××× 　　　　　　　　　　　　　　　　　　　　　　　　　　×××年×月×日

风管系统漏光检验记录

附表 4-36
KT2.7.4

工程名称	×××工程	分项工程名称	风管系统安装
施工单位	×××安装公司	验收部位	底层
专业施工员	×××	风管系统 类别形状	通风系统 镀锌薄钢板矩形风管

系统编号	风管级别	接缝长度（m）	每10m漏光点数	平均百米接缝漏光点数	严密性检查要求	检查结果
Ⅰ段1#	低压系统	10	0	0	低压系统： 每10m接缝，漏光点不大于2处，且100m接缝平均不大于16处为合格。 中压系统： 每10m接缝，漏光点不大于1处，且100m接缝平均不大于8处为合格。	合格
Ⅰ段2#	低压系统	10	0	0		合格
Ⅰ段3#	低压系统	10	1	1		合格
Ⅰ段4#	低压系统	10	0	0		合格
试验人员	×××			试验日期		×××年×月×日

续表

施工单位检查意见：经采用100W检测光源检测，风管漏光检测　　合格
项目专业质量检查员：××× 　　　　　　　　　　　　　　　　　　　　　　　　　　×××年×月×日
监理（建设）单位验收结论： 　　　经检测，符合设计要求及《通风空调工程施工质量验收规范》GB 50243—2002规定 　监理工程师：××× （建设单位专业负责人） 　　　　　　　　　　　　　　　　　　　　　　　　　　×××年×月×日

现场组装除尘器、空调机组漏风量检验记录

附表4-37
KT2.7.5

工程名称	×××工程	分项、分部工程名称	通风空调除尘
施工单位	×××安装公司	专业施工员	×××
设备名称	×××除尘器	型号、规格	×××
额定风量 （m³/h）	6000	允许漏风率（％）	6
工作压力 （Pa）	800	测试压力（Pa）	1000
允许漏风量 （立方米/h）	400	测试漏风量 （m³/h）	230

检测区段图示： 略	序号	分段表面积 （m²）	试验压力 （Pa）	实际漏风量 （m³/h）
	Ⅰ	200	1000	230
	Ⅱ			
	Ⅲ			
	Ⅳ			
	Ⅴ			
	Ⅵ			
	Ⅶ			

试验人员	×××	试验日期	×××年×月×日

施工单位检查意见
除尘器组装后，漏风检测设备测试打压至工作压力，漏风量在设计允许范围内，证明安装严密。 　项目专业质量检查员：××× 　　　　　　　　　　　　　　　　　　　　　　　　　　×××年×月×日

监理（建设）单位验收结论
符合设计要求及《通风与空调工程施工质量验收规范》GB 50243—2002规定。 　专业监理工程师（建设单位专业技术负责人）：××× 　　　　　　　　　　　　　　　　　　　　　　　　　　×××年×月×日

空调水系统管道冲（吹）洗记录表

附表 4-38
KT2.7.6

工程名称	×××工程	建设单位	×××置业公司
分项分部工程名称	空调（冷、热）水系统管道冲洗	系统编号	01
部 位	地下三层至四层空调水系统	冲（吹）洗介质	水
名称及材质	型号、规格	单 位	数 量	工作介质
钢管	φ19.0	米	3000	R22冷媒
冲（吹）洗标准及规定			
冲（吹）洗方法	通水冲洗			
冲（吹）洗标准	《通风与空调施工质量验收规范》GB 50243—2002			
冲（吹）洗结果	合格			
标准依据	《通风与空调施工质量验收规范》GB 50243—2002			

冲（吹）洗过程及情况
  以地下三层空调供水管口为冲洗起点，压力值为1.2MPa，空调回水管为泄水点进行冲洗，直到泄水点水色透明度与进水目测一致，不含杂物并排除管道系统中的空气为止，停止冲洗。
试验人：×××
×××年×月×日

冲（吹）洗结论 合 格 技术负责人：××× 质量检查员：×××	验收结论 试验结果符合设计要求及《通风与空调工程施工质量验收规范》GB 50243—2002规定，同意验收。 监理工程师（建设单位专业负责人）：×××
×××年×月×日	×××年×月×日

通风、空调系统试运行记录

附表 4-39
KT3.1

单位（子单位）工程名称	×××工程		
分部（子分部）工程名称	送、排风系统子分部工程	分项工程	风管系统安装
系统名称	排风机系统	施工单位	×××安装公司
分包单位	/	调试单位	×××公司
连续试运行时间	6h	试运行日期	×××年×月×日
系统概况	略		
试运行情况	地下一层排风机运转正常，排风量6000m³/h满足设计要求。 地下二层排风机运转正常，排风量6000m³/h满足设计要求。 地下三层排风机运转正常，排风量6000m³/h满足设计要求。		
存在问题处理情况	/	结论	排风机组试运转6h，机组运转正常，排风量满足设计要求及《通风与空调工程施工质量验收规范》GB 50243—2002规定。
专业监理工程师 （建设单位项目专业技术负责人）×××	施工单位	质检员	×××
^	^	施工员	×××
^	^	试验员	×××

4.10 建筑节能分部工程施工文件档案资料

4.10.1 建筑节能分部工程施工文件档案资料分类与归档

建筑节能分部工程施工文件档案资料按《房屋建筑与市政基础设施工程档案资料管理规范》DGJ 32/TJ143—2012 分为管理资料、工程质量控制资料、建筑节能分部工程质量验收记录，应单独分类保存，竣工后单独组卷归档。建筑节能分部工程施工文件档案资料分类、来源、归档保存单位及组卷归档目录，如表 4-14 所示。

建筑节能分部工程文件档案资料分类、来源、归档保存单位及组卷归档目录　表 4-14

类别	类别编号	工程文件资料名称	资料来源	归档保存单位 施工单位	归档保存单位 城建档案馆
管理资料 JN1	JN1.1	建筑节能工程概况	施工单位	√	√
	JN1.2	建筑节能分部工程质量验收记录	施工单位	√	√
	JN1.3	建筑节能分部工程质量控制资料核查记录	施工单位	√	
	JN1.4	工程项目施工管理人员名单及岗位证书	施工单位	√	
	JN1.5	施工现场质量管理检查记录	施工单位	√	√
	JN1.6	开工报告	施工单位	√	
	JN1.7	工程承包合同及资质证明	施工单位 监理单位	√	
	JN1.8	节能系统变更施工图审查合格证明文件	建设单位 设计单位	√	
	JN1.9	施工组织设计、施工方案及审批表	施工单位	√	
	JN1.10	样板间、样板件的确认文件	施工单位	√	
建筑节能工程质量控制资料 JN2	JN2.1	设计文件、图纸会审记录、设计变更和洽商	施工单位 设计单位	√	
	JN2.1.1	技术交底记录	施工单位	√	
	JN2.2.1	墙体节能工程材料质量证明文件	供应单位	√	
	JN2.2.2	幕墙玻璃材料质量证明文件	供应单位	√	
主要材料、设备和构件的质量证明文件、进场检验记录、汇总表 JN2.2	JN2.2.3	幕墙工程节能材料质量证明文件	供应单位	√	
	JN2.2.4	节能门窗质量证明文件	供应单位	√	
	JN2.2.5	屋面工程节能材料质量证明文件	供应单位	√	
	JN2.2.6	地面工程节能材料质量证明文件	供应单位	√	
	JN2.2.7	采暖工程节能材料质量证明文件	供应单位	√	
	JN2.2.8	通风与空调工程节能材料、设备质量证明文件	供应单位	√	
	JN2.2.9	空调与采暖系统冷热源及管网节能工程材料、设备出厂质量证明文件	供应单位	√	
	JN2.2.10	配电与照明节能工程材料、设备质量证明文件	供应单位	√	
	JN2.2.11	监测与控制节能工程材料、设备质量证明文件	供应单位	√	
	JN2.2.12	建筑外遮阳工程节能材料质量证明文件	供应单位	√	
	JN2.2.13	太阳能光伏系统材料质量证明文件	供应单位	√	

续表

类别	类别编号	工程文件资料名称	资料来源	归档保存单位 施工单位	归档保存单位 城建档案馆
建筑节能工程质量控制资料 JN2	主要材料、设备和构件进场复验报告、见证试验报告汇总表 JN2.3	JN2.3.1	保温板材的导热系数、密度、抗压强度或压缩强度复验报告	检测单位	√	√
		JN2.3.2	聚苯板（EPS、XPS）等表观密度、尺寸稳定性、抗拉强度、导热系数复验报告	检测单位	√	√
		JN2.3.3	胶粘剂干燥状态和浸水48h拉伸粘结强度（与水泥砂浆）复验报告	检测单位	√	√
		JN2.3.4	抹面、界面、抗裂砂浆干燥状态和浸水48h拉伸粘结强度（与保温层）复验报告	检测单位	√	√
		JN2.3.5	耐碱玻纤网格布单位面积质量、耐碱拉伸断裂强力、断裂强力保留率复验报告	检测单位	√	√
		JN2.3.6	热镀锌电焊钢丝网网孔大小、丝径、焊点抗拉力、热镀锌质量（抗腐蚀性能）复验报告	检测单位	√	√
		JN2.3.7	复合保温砂浆干密度、压缩强度、吸水率、导热系数复验报告	检测单位	√	√
		JN2.3.8	复合保温砂浆保温浆料同条件试件导热系数、干密度和压缩强度复验报告	检测单位	√	√
		JN2.3.9	硬质泡沫聚氨酯表观密度、压缩性能、拉拔强度、导热系数复验报告	检测单位		√
		JN2.3.10	自保温墙体块材导热系数、密度和抗压强度复验报告	检测单位	√	√
		JN2.3.11	锚固件拉拔力复验报告		√	√
		JN2.3.12	幕墙玻璃：可见光透射比、传热系数、遮阳系数、中空玻璃露点复验报告	检测单位	√	√
		JN2.3.13	幕墙隔热型材：抗拉强度、抗剪强度复验报告	检测单位	√	√
		JN2.3.14	幕墙气密性检测报告	检测单位	√	√
		JN2.3.15	严寒、寒冷地区：气密性、传热系数和中空玻璃露点复验报告	检测单位	√	√
		JN2.3.16	夏热冬冷地区：气密性、传热系数、玻璃遮阳系数、可见光透射比、中空玻璃露点复验报告	检测单位	√	√
		JN2.3.17	散热器的单位散热量、金属热强度复验报告	检测单位	√	√
		JN2.3.18	采暖工程中保温材料的导热系数、密度、吸水率复验报告	检测单位	√	√
		JN2.3.19	空调风机盘管机组的供冷量、供热量、风量、出口静压、噪声及功率复验报告	检测单位	√	√
		JN2.3.20	绝热材料的导热系数、密度、吸水率复验报告	检测单位	√	√
		JN2.3.21	配电与照明节能工程电缆、电线截面和每芯导体电阻值复验报告	检测单位	√	√
		JN2.3.22	其他节能材料抽样复验报告	检测单位	√	√

195

续表

类 别	类别编号	工程文件资料名称	资料来源	归档保存单位	
				施工单位	城建档案馆
建筑节能工程质量控制资料 JN2	隐蔽工程验收记录 JN2.4	JN2.4.1 墙体节能分项工程隐蔽验收记录	施工单位	√	
		JN2.4.2 幕墙节能分项工程隐蔽验收	施工单位	√	
		JN2.4.2.1 被封闭的保温材料厚度和保温材料的固定隐蔽验收记录	施工单位	√	√
		JN2.4.2.2 周边与墙体的接缝处保温材料的填充隐蔽验收记录	施工单位	√	√
		JN2.4.2.3 构造缝、结构缝隐蔽验收记录	施工单位	√	√
		JN2.4.2.4 隔气层隐蔽验收记录	施工单位	√	√
		JN2.4.2.5 热桥部位、断桥节点隐蔽验收记录	施工单位	√	√
		JN2.4.2.6 单元式幕墙板块间的接缝构造隐蔽验收记录	施工单位	√	√
		JN2.4.2.7 冷凝水收集和排放构造隐蔽验收记录	施工单位	√	√
		JN2.4.2.8 通风换气装置隐蔽验收记录	施工单位	√	√
		JN2.4.3 门窗节能分项工程隐蔽验收记录	施工单位	√	√
		JN2.4.4 屋面节能分项工程隐蔽验收记录	施工单位	√	√
		JN2.4.5 地面节能分项工程隐蔽验收记录	施工单位	√	√
		JN2.4.6 采暖节能分项工程隐蔽验收记录	施工单位	√	√
		JN2.4.7 通风与空调节能分项工程隐蔽验收记录	施工单位	√	√
		JN2.4.8 空调与采暖系统冷热源及管网节能分项工程隐蔽验收记录	施工单位	√	√
		JN2.4.9 配电与照明节能分项工程隐蔽验收记录	施工单位	√	√
		JN2.4.10 监测与控制节能分项工程隐蔽验收记录	施工单位	√	√
		JN2.4.11 建筑外遮阳节能分项工程隐蔽验收记录	施工单位	√	√
		JN2.4.12 太阳能光伏系统隐蔽工程质量验收记录	施工单位	√	√
		JN2.4.13 其他隐蔽验收记录	施工单位	√	√
	现场检测报告汇总表 JN2.5	JN2.5.1 建筑围护结构节能构造现场实体检验报告	检测单位	√	
		JN2.5.2 严寒、寒冷和夏热冬冷地区外窗气密性现场检测报告	检测单位	√	
		JN2.5.3 风管及系统严密性检验报告	检测单位	√	
		JN2.5.4 现场组装的组合式空调机组的漏风量测试报告	检测单位	√	
		JN2.5.5 系统节能性能检验报告			
		JN2.5.6 采暖工程系统节能性能检测报告	检测单位	√	
		JN2.5.7 通风与空调系统节能性能检测报告	检测单位	√	
		JN2.5.8 配电与照明工程系统节能性能检测报告	检测单位	√	
		JN2.5.9 太阳能光伏系统检测报告	检测单位	√	
	运行记录 JN2.6	JN2.6.1 太阳能光伏系统试运行记录	检测单位	√	
		JN2.6.2 设备单机试运转及调试记录	检测单位	√	
		JN2.6.3 系统联合试运转及与调试记录	检测单位	√	
		JN2.7 相关图像资料	检测单位	√	
		JN2.8 建筑能效测评报告	检测单位		

续表

类别		类别编号	工程文件资料名称	资料来源	归档保存单位	
					施工单位	城建档案馆
建筑节能分部工程质量验收资料 JN3	墙体节能分项工程质量验收记录 JN3.1	JN3.1.1	聚苯板EPS（XPS）外保温系统墙体节能分项工程检验批质量验收记录	施工单位	√	
		JN3.1.2	保温浆料保温系统墙体节能分项工程检验批质量验收记录	施工单位	√	
		JN3.1.3	聚氨酯发泡外保温墙体节能分项工程检验批质量验收记录	施工单位	√	
		JN3.1.4	保温装饰板外保温系统墙体节能分项工程检验批质量验收记录	施工单位	√	
		JN3.1.5	墙体自保温墙体节能分项工程检验批质量验收记录	施工单位	√	
		JN3.1.6	聚苯乙烯复合保温混凝土砌块节能分项工程检验批质量验收记录	施工单位	√	
		JN3.1.7	混凝土复合保温砌块（砖）非承重自保温系统节能分项工程检验批质量验收记录	施工单位	√	
		JN3.1.8	蒸气加气混凝土砌块自保温系统节能分项工程检验批质量验收记录	施工单位	√	
		JN3.1.9	淤泥烧结保温砖自保温砌体节能分项工程检验批质量验收记录	施工单位	√	
		JN3.1.10	陶粒加气混凝土砌块节能分项工程检验批质量验收记录	施工单位	√	
		JN3.1.11	现浇轻质泡沫混凝土节能分项工程检验批质量验收记录	施工单位	√	
		JN3.1.12	陶粒轻质混凝土条板节能分项工程检验批质量验收记录	施工单位	√	
		JN3.1.13	发泡陶瓷保温板保温系统节能分项工程检验批质量验收记录	施工单位	√	
		JN3.1.14	复合发泡水泥板外墙外保温系统节能分项工程检验批质量验收记录	施工单位	√	
		JN3.1.15	蒸压粉煤灰砖节能分项工程检验批质量验收记录	施工单位	√	
		JN3.1.16	秸花纤泥内模中空轻质墙体节能分项工程检验批质量验收记录	施工单位	√	
		JN3.1.17	膨胀玻化微珠砌块非承重自保温系统节能分项工程检验批质量验收记录	施工单位	√	
		JN3.1.18	增强纤维复合保温板外墙外保温系统节能分项工程检验批质量验收记录	施工单位	√	
	幕墙	JN3.2	幕墙节能分项工程质量验收记录	施工单位	√	
		JN3.2.1	幕墙节能分项工程检验批质量验收记录	施工单位	√	
	门窗	JN3.3	门窗节能分项工程质量验收记录	施工单位	√	
		JN3.3.1	门窗节能分项工程检验批质量验收记录	施工单位	√	

续表

类别	类别编号	工程文件资料名称	资料来源	归档保存单位 施工单位	归档保存单位 城建档案馆
建筑节能分部工程质量验收资料 JN3	屋面	JN3.4	屋面节能分项工程质量验收记录	施工单位	√	
		JN3.4.1	屋面节能分项工程检验批质量验收记录	施工单位	√	
	地面	JN3.5	地面节能分项工程质量验收记录	施工单位	√	
		JN3.5.1	地面节能分项工程检验批质量验收记录	施工单位	√	
	采暖	JN3.6	采暖节能分项工程质量验收记录	施工单位	√	
		JN3.6.1	采暖节能分项工程检验批质量验收记录	施工单位	√	
	通风与空调	JN3.7	通风与空调节能分项工程质量验收记录	施工单位	√	
		JN3.7.1	通风与空调节能分项工程检验批质量验收记录	施工单位	√	
	空调与采暖	JN3.8	空调与采暖系统冷热源及管网节能分项工程质量验收记录	施工单位	√	
		JN3.8.1	空调与采暖系统冷热源及管网节能分项工程检验批质量验收记录	施工单位	√	
	配电与照明	JN3.9	配电与照明节能分项工程质量验收记录	施工单位	√	
		JN3.9.1	配电与照明节能分项工程检验批质量验收记录	施工单位	√	
	监测与控制	JN3.10	监测与控制节能分项工程质量验收记录	施工单位	√	
		JN3.10.1	监测与控制节能分项工程检验批质量验收记录	施工单位	√	
	建筑外遮阳	JN3.11	建筑外遮阳节能分项工程质量验收记录	施工单位	√	
		JN3.11.1	外遮阳金属百叶帘系统节能分项工程检验批质量验收记录	施工单位	√	
		JN3.11.2	外遮阳卷帘系统节能分项工程检验批质量验收记录	施工单位	√	
		JN3.11.3	外遮阳伸缩篷系统节能分项工程检验批质量验收记录	施工单位	√	
		JN3.11.4	外遮阳机翼板系统节能分项工程检验批质量验收记录	施工单位	√	
		JN3.11.5	固定式外遮阳系统节能分项工程检验批质量验收记录	施工单位	√	
太阳能热水系统子分部工程质量验收记录 JN4		JN4.1	太阳能热水系统基座与支架分项工程质量验收记录	施工单位	√	
		JN4.1.1	太阳能热水系统基座与支架分项工程检验批质量验收记录	施工单位	√	
		JN4.2	太阳能热水系统集水器\集热循环水箱及贮热水箱分项工程质量验收记录	施工单位	√	
		JN4.2.1	太阳能热水系统集水器\集热循环水箱及贮热水箱分项工程检验批质量验收记录	施工单位	√	
		JN4.3	太阳能热水系统管道及附属系统分项工程质量验收记录	施工单位	√	
		JN4.3.1	太阳能热水系统管道及附属系统分项工程检验批质量验收记录	施工单位	√	

续表

类别	类别编号	工程文件资料名称	资料来源	施工单位	城建档案馆
太阳能光伏系统子分部工程质量验收记录 JN5	JN5.1	太阳能光伏系统基础分项工程质量验收记录	施工单位	√	
	JN5.1.1	太阳能光伏系统基础分项工程检验批质量验收记录	施工单位	√	
	JN5.2	太阳能光伏系统支架分项工程质量验收记录	施工单位	√	
	JN5.2.1	太阳能光伏系统支架分项工程检验批质量验收记录	施工单位	√	
	JN5.3	太阳能光伏系统光伏组件及方阵分项工程质量验收记录	施工单位	√	
	JN5.3.1	太阳能光伏系统光伏组件及方阵分项工程检验批质量验收记录	施工单位	√	
	JN5.4	太阳能光伏系统逆变器分项工程质量验收记录	施工单位	√	
	JN5.4.1	太阳能光伏系统逆变器分项工程检验批质量验收记录	施工单位	√	
	JN5.5	太阳能光伏系统电气分项工程质量验收记录	施工单位	√	
	JN5.5.1	太阳能光伏系统电气分项工程检验批质量验收记录	施工单位	√	
地源热泵系统子分部工程质量验收记录 JN6	JN6.1	地埋管换热系统分项工程质量验收记录	施工单位	√	
	JN6.1.1	地埋管换热系统分项工程检验批质量验收记录	施工单位	√	
	JN6.2	地表淡水换热系统分项工程质量验收记录	施工单位	√	
	JN6.2.1	地表淡水换热系统分项工程检验批质量验收记录	施工单位	√	
	JN6.3	污水换热系统分项工程质量验收记录	施工单位	√	
	JN6.3.1	污水换热系统分项工程检验批质量验收记录	施工单位	√	
	JN6.4	海水换热系统分项工程质量验收记录	施工单位	√	
	JN6.4.1	海水换热系统分项工程检验批质量验收记录	施工单位	√	

4.10.2 管理资料

4.10.2.1 建筑节能分部工程质量验收记录

建筑节能分部工程的质量验收应在检验批、分项工程全部验收合格的基础上,进行建筑节能构造实体检验、外窗气密性现场检测、现场热工性能检测以及系统节能性能检测和系统联合试运转与调试,确认建筑节能工程质量达到验收条件后方可进行。建筑电气分部工程、分项工程和检验批的质量验收程序详见本书第 1 章 §1.2 建筑工程质量验收。施工单位填写《建筑节能分部工程质量验收记录》。

建筑节能分部工程质量验收合格,应符合下列规定:

(1) 分项工程全部合格;
(2) 质量控制资料完整;
(3) 外墙节能构造现场实体检验结果应符合设计要求;
(4) 外窗气密性现场实体检测结果合格;

(5) 建筑设备工程系统节能性能检测结果合格。

4.10.2.2 建筑节能分部工程质量控制资料核查记录

建筑节能分部工程验收时，对质量控制资料进行核查，由施工单位填写《质量控制资料核查记录》(JN1.3)，各参与单位签字认可。

建筑节能工程验收时应对下列资料核查：设计文件、图纸会审记录、设计变更和洽商；主要材料、设备和构件的质量证明文件、进场检验记录、进场核查记录、进场复验报告、见证试验报告；隐蔽工程验收记录和相关图像资料；分项工程质量验收记录；必要时应核查检验批验收记录；建筑围护结构节能构造现场实体检验记录；严寒、寒冷和夏热冬冷地区外窗气密性现场检测报告；风管及系统严密性检验记录；现场组装的组合式空调机组的漏风量测试记录；设备单机试运转及调试记录；系统联合试运转及调试记录；系统节能性能检验报告；其他对工程质量有影响的重要技术资料。

质量控制资料核查内容是：核查和归纳各检验批的验收记录资料，查对其是否完整；在检验批验收时，其应具备的资料应准确完整才能验收；核对各种资料的内容、数据及验收人员的签字是否规范等。

4.10.3 工程质量控制资料

《建筑节能工程施工验收规范》GB 50411—2007 3.2条规定：①建筑节能工程使用的材料、设备应符合施工图设计要求及国家有关标准的规定。严禁使用国家明令禁止和淘汰使用的材料、设备。②材料和设备进场时应对其品种、规格、包装、外观和尺寸进行验收并应经监理工程师（建设单位代表）检查认可，并形成相应的质量记录。材料和设备应有质量合格证明文件、中文说明书及相关性能检测报告；进口材料和设备应按规定进行出入境商品检验。③建筑节能工程所使用材料的燃烧性能等级和阻燃处理，应符合设计要求和国家现行标准《高层民用建筑设计防火规范》GB 50045—1995、《建筑内部装修设计防火规范》GB 50222—1995 和《建筑设计防火规范》GB 50016—2006 的规定。④建筑节能工程使用的材料应符合国家现行有关材料有害物质限量标准的规定，不得对室内外环境造成污染．目前判断室内环境是否污染仍按照《民用建筑室内环境污染控制规范》(GB 50325) 的要求进行。⑤建筑节能工程进场材料和设备的复验项目应符合规范的规定。复验项目中应有30%为见证取样送检。⑥建筑节能性能现场检验应由建设单位委托具有相应资质的检测机构对围护结构节能性能和系统功能进行检验。⑦现场配制的材料如保温浆料、聚合物砂浆等，应按设计要求或试验室给出的配合比配制。当无上述要求时，应按照施工方案和产品说明书配制。⑧暖通与空调系统及其他建筑机电设备的技术性能参数应符合国家有关标准的规定。严禁使用技术性能不符合国家标准的机电设备。

4.10.3.1 主要材料、设备和构件的质量证明文件、进场检验

建筑节能工程采用的材料、部品、配件等应符合设计要求。进场验收应检查产品合格、出厂检测报告、复验报告。产品合格证和出厂检验报告属于质量证明文件，有时可合二为一。质量证明文件中应注明产品生产日期、出厂检验报告、产品执行标准、技术性能检测报告和型式检验报告等资料。

由供应单位提供《墙体节能工程材料质量证明文件》(JN2.2.1)；《幕墙玻璃材料质量证明文件》(JN2.2.2)；《幕墙工程节能材料质量证明文件》(JN2.2.3)；《节能门窗质量

证明文件》(JN2.2.4)；《屋面工程节能材料质量证明文件》(JN2.2.5)；《地面工程节能材料质量证明文件》(JN2.2.6)；《采暖工程节能材料质量证明文件》(JN2.2.7)；《通风与空调工程节能材料》(JN2.2.8)、《设备质量证明文件》(JN2.2.9)；《空调与采暖系统冷热源及管网节能工程材料、设备出厂质量证明文件》(JN2.2.10)；《配电与照明节能工程材料、设备质量证明文件》(JN2.2.11)；《监测与控制节能工程材料、设备质量证明文件》(JN2.2.12)；《建筑外遮阳工程节能材料质量证明文件；太阳能光伏系统材料质量证明文件》(JN2.2.13)。

施工单位收集、整理由供应单位提供的质量证明文件，汇总填写《主要材料、设备和构件的质量证明文件、进场检验记录、汇总表》(JN2.2)。

4.10.3.2 主要材料、设备和构件进场复验报告、见证试验

建筑节能常用材料中凡涉及安全和使用功能的应进行见证取样复验。施工单位按专业验收规范要求对进场材料分批取样，监理单位的见证员见证送检，由检测单位提供检测报告，全格后方能在工程中应用。

建筑节能工程中的主要材料、设备和构件进场复验的项目如表 4-15 所示。

建筑节能常用材料抽样复验及现场实体检验项目一览表　　表 4-15

类　型	检验内容及项目	复验性能指标	复验批次
配件	耐碱玻纤网格布	单位面积质量、耐碱拉伸断裂强力、断裂强力保留率	同一厂家、同一品种的产品，当工程建筑面积20000m² 以下时各抽查不少于 3 次；当工程建筑面积在20000m² 以上时各抽查不少于 6 次。（用于屋面、地面节能工程时，同一厂家、同一品种的产品各抽查不少于 3 组）
配件	热镀锌电焊钢丝网	网孔大小、丝径、焊点抗拉力、热镀锌质量（抗腐蚀性能）	
聚苯板(EPS、XPS)等	板材	尺寸（现场自检索）、表观密度、尺寸稳定性、抗拉强度、导热系数	
聚苯板(EPS、XPS)等	胶粘剂	干燥状态和浸水平 48h 拉伸粘结强度（与水泥砂浆）	
聚苯板(EPS、XPS)等	抹面砂浆 抗裂砂浆 界面砂浆	干燥状态和浸水平 48h 拉伸粘结强度（与保温层）	
聚苯板(EPS、XPS)等	板材粘贴强度	拉拔强度	每个检验批不少于 3 处
聚苯板(EPS、XPS)等		粘贴面积（现场自检）	每个检验批不少于 3 处
复合保温砂浆	材料	干密度、压缩强度、吸水率、导热系数	同聚苯板
复合保温砂浆	完成保温层厚度	尺寸	每个检验批不少于 3 处
复合保温砂浆	保温浆料同条件试件	导热系数、干密度和压缩强度	每检验批应抽样制作同条件试块不少于 3 组
硬质泡沫聚氨酯	材料	表观密度、压缩性能、拉拔强度、导热系数、吸水率	同聚苯板
自保温墙体材料	块材	导热系数、密度和抗压强度、平衡含水率	同一厂家、同一品种的产品，当工程建筑面积20000m² 以下时各抽查不少于 3 次；当工程建筑面积在20000m² 以上时各抽查不少于 6 次
自保温墙体材料	板材	导热系数、平衡含水率	

续表

类型	检验内容及项目	复验性能指标	复验批次	
锚固件	锚固力	拉拔力	每个检验批不少于3处	
幕墙	幕墙玻璃	可见光透射比、传热系数、遮阳系数、中空玻璃露点	同一厂家、同一品种的产品抽查不少于一组	
	隔热型材	抗拉强度、抗剪强度		
	气密性指标	气密性	幕墙面积大于建筑外墙面积50%或3000m²时，对一个单位面积超过1000m²的每一种幕墙均取一个试件进行检测	
外窗	原材料	气密性、传热系数、中空玻璃露点	严寒、寒冷地区	同一厂家、同一品种、同一类型的产品抽查不少于3樘
		气密性、传热系数、玻璃遮阳系数、可见光透射比、中空玻璃露点	夏热冬冷地区	
	实体检验	现场气密性	每个单位工程的外窗至少抽查3樘。当一个单位工程外窗有2种以上品种、规格和开启方式时，每种品种、规格和开启方式的外窗应抽查不少于3樘	
围护结构节能保温做法实体检验		围护结构各层做法、保温层厚度	每个单位工程的外窗至少抽查3樘。当一个单位工程外窗有2种以上品种、规格和开启方式时，每种品种、规格和开启方式的外窗均应抽查不少于3樘	
采暖节能工程		散热器的单位散热量、金属热强度、保温材料的导热系数、密度、吸水率	同一厂家、同一规格的散热器按其数量的1%进行复验，但不得少于2台，同一厂家同一材质的保温材料复试次数不得少于2次	
通风与空调节能工程		风机盘管机组的供冷量、供热量、风量、出口静压、噪声及功率、绝缘材料的导热系数、密度、吸水率	同一厂家、同一规格的散热器按其数量的1%进行复验，但不得少于2台，同一厂家同一材质的保温材料复试次数不得少于2次	
空调与采暖系统、热源及管网节能工程		绝缘材料的导热系数、密度、吸水率	同一厂家同材质的绝缘材料复验次数不得少于2次	
配电与照明节能工程		电缆、电线截面和每芯导体电阻值	同一厂家各种规格的10%，且不少于2个规格	
现场热工性能检测		屋面、墙体传热系数及隔热性能	同一居住小区围护结构保温措施及建筑平面布局基本相同的建筑物作为一个样本随机抽样。公共建筑应逐幢抽样检测	

由检测单位提供《保温板材的导热系数、密度、抗压强度或压缩强度复验报告》

(JN2.3.1)；《聚苯板（EPS、XPS）等表观密度、尺寸稳定性、抗拉强度、导热系数复验报告》(JN2.3.2)；《胶粘剂干燥状态和浸水48h拉伸粘结强度（与水泥砂浆）复验报告》(JN2.3.3)；《抹面、界面、抗裂砂浆干燥状态和浸水48h拉伸粘结强度（与保温层）复验报告》(JN2.3.4)；《耐碱玻纤网格布单位面积质量、耐碱拉伸断裂强力、断裂强力保留率复验报告》(JN2.3.5)；《热镀锌电焊钢丝网网孔大小、丝径、焊点抗拉力、热镀锌质量（抗腐蚀性能）复验报告》(JN2.3.6)；《复合保温砂浆干密度、压缩强度、吸水率、导热系数复验报告》(JN2.3.7)；《复合保温砂浆保温浆料同条件试件导热系数、干密度和和压缩强度复验报告》(JN2.3.8)；《硬质泡沫聚氨酯表观密度、压缩性能、拉拔强度、导热系数复验报告》(JN2.3.9)；《自保温墙体块材导热系数、密度和抗压强度复验报告》(JN2.3.10)；《锚固件拉拔力复验报告》(JN2.3.11)；《幕墙玻璃：可见光透射比、传热系数、遮阳系数、中空玻璃露点复验报告》(JN2.3.12)；《幕墙隔热型材：抗拉强度、抗剪强度复验报告》(JN2.3.13)；《幕墙气密性检测报告》(JN2.3.14)；《严寒、寒冷地区：气密性、传热系数和中空玻璃露点复验报告》(JN2.3.15)；《夏热冬冷地区：气密性、传热系数、玻璃遮阳系数、可见光透射比、中空玻璃露点复验》(JN2.3.16)；《散热器的单位散热量、金属热强度复验报告》(JN2.3.17)；《采暖工程中保温材料的导热系数、密度、吸水率复验报告》(JN2.3.18)；《空调风机盘管机组的供冷量、供热量、风量、出口静压、噪声及功率复验报告》(JN2.3.19)；《绝热材料的导热系数、密度、吸水率复验报告》(JN2.3.20)；《配电与照明节能工程电缆、电线截面和每芯导体电阻值复验报告和其他节能材料抽样复验报告》(JN2.3.21)；《其他节能材料抽样复验报告》(JN2.3.22)。

施工单位收集、整理、汇总检测单位提供的复验报告，填写《主要材料、设备和构件进场复验报告、见证试验报告汇总表》(JN2.3)。

4.10.3.3　隐蔽工程验收

按专业验收规范的要求，应对下列部位或内容进行隐蔽工程验收：

1. 墙体节能工程

保温层附着的基层及其表面处理；保温板粘结或固定；锚固件；增强网铺设；墙体热桥部位处理；预置保温板或预制保温墙板的板缝及构造节点；现场喷涂或浇筑有机类保温材料的界面；被封闭的保温材料厚度；保温隔热砌块填充墙体。

2. 幕墙节能工程

被封闭的保温材料厚度和保温材料的固定；幕墙周边与墙体缝隙保温材料的填充；构造缝、结构缝；隔气层；热桥部位、断热节点；单元式幕墙板块间的接缝构造；冷凝水收集和排放构造；幕墙的通风换气装置。

3. 建筑外门窗工程施工

门窗框与墙体缝隙的保温填充做法。

4. 屋面保温隔热工程

基层；保温层的敷设方式、厚度；板材缝隙填充质量；突出屋面构造处的保温层做法；屋面热桥部位；隔气层。

5. 地面节能工程

基层；被封闭的保温材料厚度；保温材料粘结；隔断热桥部位。

施工单位做好隐蔽验收记录《墙体节能分项工程隐蔽验收记录》(JN2.4.1);《幕墙节能分项工程隐蔽验收》(JN2.4.2);《被封闭的保温材料厚度和保温材料的固定隐蔽验收记录》(JN2.4.2.1);《周边与墙体的接缝处保温材料的填充隐蔽验收记录》(JN2.4.2.2);《构造缝、结构缝隐蔽验收记录》(JN2.4.2.3);《隔气层隐蔽验收记录》(JN2.4.2.4);《热桥部位、断桥节点隐蔽验收记录》(JN2.4.2.5)等,监理单位签字认可。

4.10.3.4 现场检测

建筑节能分部工程施工后应进行现场检测。现场检测包括围护结构现场实体检验和系统节能效果检验

1. 围护结构现场实体检验

建筑围护结构施工完成后,应对围护结构的外墙节能构造和严寒、寒冷、夏热冬冷地区的外窗气密性进行现场实体检测。当条件具备时,也可直接对围护结构的传热系数进行检测。外墙节能构造和外窗气密性的现场实体检验,其抽样数量可以在合同中约定,但合同中约定的抽样数量不应低于规范的要求。当无合同约定时应按照下列规定抽样:每个单位工程的外墙至少抽查3处,每处一个检查点。当一个单位工程外墙有2种以上节能保温做法时,每种节能做法的外墙应抽查不少于3处;每个单位工程的外窗至少抽查3樘。当一个单位工程外窗有2种以上品种、类型和开启方式时,每种品种、类型和开启方式的外窗均应抽查不少于3樘。

外墙节能做法的现场实体检验在监理(建设)人员见证下实施,可委托有资质的检测机构实施,也可由施工单位实施。

外窗气密性的现场实体检测应在监理(建设)人员见证下抽样,委托有资质的检测机构实施。

当对围护结构的传热系数进行检测时,应由建设单位委托具备检测资质的检测机构承担;其检测方法、抽样数量、检测部位和合格判定标准等可在合同中约定。

当外墙节能构造或外窗气密性现场实体检验出现不符合设计要求和标准规定的情况时,应委托有资质的检测机构扩大一倍数量抽样,对不符合要求的项目或参数再次检验。仍然不符合要求时应给出"不符合设计要求"的结论。

对于不符合设计要求的围护结构节能做法应查找原因,对因此造成的对建筑节能的影响程度进行计算或评估,采取技术措施予以弥补或消除后重新进行检测,合格后方可通过验收。对于建筑外窗气密性不符合设计要求和标准规定的,应查找原因进行修理,使其达到要求后重新进行检测,合格后方可通过验收。

2. 系统节能效果检验

采暖、通风与空调、配电与照明工程安装完成后,应进行系统节能性能的检测,且应由建设单位委托具有相应资质的检测机构检测并出具报告。受季节影响未进行节能性能检测项目,应在保修期内补做。采暖、通风与空调、配电与照明系统节能性能检测的主要项目及要求见表4-16。其检测方法应按国家现行有关标准规定执行。系统节能性能检测的项目和抽样数量也可以在工程合同中约定,必要时可增加其他检验项目,但合同中约定的检验项目和抽样数量不应低于本规范的规定。

系统节能效果检验的主要项目及要求　　　　　　　　表 4-16

序　号	检验项目	抽样数量
1	室内温度	居住建筑每户抽测卧室或起居室 1 间，其他建筑按采暖房间总数抽测 10%
2	供热系统室外管网的水力平衡度	每个热源与换热站均不少于 1 个独立的供热系统
3	供热系统的补水率	每个热源与换热站均不少于 1 个独立的供热系统
4	室外管网的热输送效率	每个热源与换热站均不少于 1 个独立的供热系统
5	各风口的风量	按风管系统数量抽查 10%，且不得少于 1 个系统
6	通风与空调系统的总风量	按风管系统数量抽查 10%，且不得少于 1 个系统
7	空调机组的水流量	按系统数量抽查 10%，且不得少于 1 个系统
8	空调系统冷热水、冷却水总流量	全数
9	平均照度与照明功率密度	按同一功能区不少于两处

由检测单位提供的检测报告有《建筑围护结构节能构造现场实体检验报告》(JN2.5.1)；《严寒、寒冷和夏热冬冷地区外窗气密性现场检测报告》(JN2.5.2)；《风管及系统严密性检验报告》(JN2.5.3)；《现场组装的组合式空调机组的漏风量测试报告》(JN2.5.4)；《系统节能性能检验报告》(JN2.5.5)；《采暖工程系统节能性能检测报告》(JN2.5.6)；《通风与空调系统节能性能检测报告》(JN2.5.7)；《配电与照明工程系统节能性能检测报告》(JN2.5.8)；《太阳能光伏系统检测报告》(JN2.5.9) 等。

施工单位收集、整理、汇总检测单位提供的检测报告，填写《现场检测报告汇总表》(JN2.5)。

4.10.3.5 运行记录（JN2.6）

采暖系统安装完成后，必须在采暖期内与热源进行联合试运转和调试。试运转和调试结果应符合设计要求，采暖房间温度相对于设计计算温度不得低于 2℃，且不高于 1℃。

通风与空调系统安装完毕，必须进行通风机和空调机组等设备的单机试运转和调试，并应进行系统的风量平衡调试。单机试运转和调试结果应符合设计要求。系统的总风量与设计风量试运转和调试结果应满足施工图设计要求和国家《通风与空调工程施工质量验收规范》GB 50243—2002 的有关规定，且应经有检测资质的第三方检测并出具报告，合格后方可通过验收。

空调与采暖系统的冷热源和辅助设备及其管网系统安装完毕后，系统试运转及调试必须符合下列规定：冷热源和辅助设备必须进行单机试运转及调试；冷热源和辅助设备必须同建筑物室内空调或采暖系统进行联合试运转及调试。联合试运转及调试结果应符合设计要求，且允许偏差或规定值应符合有关规定

施工单位填写《太阳能光伏系统试运行记录》(JN2.6.1)；《设备单机试运转及调试记录》(JN2.6.2)；《系统联合试运转及与调试记录》(JN2.6.3)。

4.10.3.6 相关图像资料

施工单位收集、整理建筑节能工程施工中的相关图像资《相关图像资料》(JN2.7)。

4.10.3.7 建筑能效测评

建筑能效测评是对建筑物能效消耗量及建筑物用能系统效率等性能指标进行检测、计

算、评估,并给出其所处水平,分为建筑能效理论值测评报告和建筑能效实测值测评报告。施工单位收集、整理由测评单位给出的《建筑能效测评报告》(JN2.8)。

4.10.4 建筑节能分部工程质量验收资料

建筑节能分部工程质量验收资料归档表格,详见表4-14所示。

4.11 电梯分部工程施工文件档案资料

4.11.1 电梯分部工程施工文件档案资料分类与保存

电梯分部工程施工文件档案资料按《房屋建筑与市政基础设施工程档案资料管理规范》(DGJ32/TJ143-2012)分为管理资料、工程质量控制资料、安全和功能项目、电梯工程质量验收记录,应单独分类保存,竣工后单独组卷归档。电梯分部工程施工文件档案资料分类、来源、保存单位及组卷归档移交目录,如表4-17所示。

电梯分部工程施工文件资料分类、来源、保存单位及组卷归档移交目录　　　表4-17

类别	类别编号	工程文件资料名称	资料来源	归档保存单位	
				施工单位	城建档案馆
管理资料DT1	DT1.1	电梯工程概况	施工单位	√	√
	DT1.2	电梯分部工程质量验收记录	施工单位	√	√
	DT1.3	电梯工程质量控制资料检查记录	施工单位	√	
	DT1.4	电梯工程观感质量检查记录	施工单位	√	
	DT1.5	工程项目施工管理人员名单及岗位证书	施工单位	√	√
	DT1.6	施工现场质量管理检查记录	施工单位	√	√
	DT1.7	开工报告	施工单位	√	
	DT1.8	施工组织设计、施工方案及审批表	施工单位 监理单位	√	
	DT1.9	其他	相关单位	√	
工程质量控制资料DT2	DT2.1	土建布置图纸会审、设计变更、洽商记录	施工单位 设计单位	√	√
	DT2.2	设备开箱检验记录	施工单位	√	
	DT2.3	隐蔽工程验收记录	施工单位	√	√
	DT2.4	线路(设备)绝缘电阻测试记录	施工单位	√	
	DT2.5	接地电阻测试记录	施工单位	√	
	DT2.6	负荷试验、安全装置检查记录	施工单位	√	
安全和功能项目DT3	DT3.1	电梯运行记录	施工单位	√	
	DT3.2	电梯安全装置检验报告	施工单位	√	√

续表

类别	类别编号	工程文件资料名称	资料来源	归档保存单位 施工单位	归档保存单位 城建档案馆
电梯工程质量验收记录 DT4	电力驱动曳引式或强制式电梯子分部工程质量验收记录 DT4.1	DT4.1.1 设备进场验收记录	施工单位	√	
		DT4.1.2 土建交接检验质量验收记录	施工单位	√	√
		DT4.1.3 驱动主机、液压电梯液压系统分项工程质量验收记录	施工单位	√	
		DT4.1.4 导轨分项工程质量验收记录	施工单位	√	
		DT4.1.5 门系统分项工程质量验收记录	施工单位	√	
		DT4.1.6 轿厢（平衡重）、安全部件分项工程质量验收记录	施工单位	√	
		DT4.1.7 悬挂装置、随行电缆、补偿装置分项工程质量验收记录	施工单位	√	
		DT4.1.8 电气装置分项工程质量验收记录	施工单位	√	
		DT4.1.9 电力驱动电梯整机安装验收记录	施工单位	√	
	液压电梯子分部工程质量验收记录 DT4.2	DT4.2.1 设备进场验收记录	施工单位	√	
		DT4.2.2 土建交接检验质量验收记录	施工单位	√	√
		DT4.2.3 驱动主机分项工程质量验收记录	施工单位	√	
		DT4.2.4 导轨分项工程质量验收记录	施工单位	√	
		DT4.2.5 门系统分项工程质量验收记录	施工单位	√	
		DT4.2.6 轿厢分项工程质量验收记录	施工单位	√	
		DT4.2.7 对重分项工程质量验收记录	施工单位	√	
		DT4.2.8 安全部件分项工程质量验收记录	施工单位	√	
		DT4.2.9 液压电梯悬挂装置、随行电缆分项工程质量验收记录	施工单位	√	
		DT4.2.10 电气装置分项工程质量验收记录	施工单位	√	
		DT4.2.11 液压电梯整机安装验收记录	施工单位	√	
	自动扶梯、自动人行道安装子分部工程质量验收记录 DT4.3	DT4.3.1 设备进场验收记录	施工单位	√	
		DT4.3.2 土建交接记录	施工单位	√	
		DT4.3.3 整机安装分项工程验收记录	施工单位	√	

4.11.2 管理资料

4.11.2.1 电梯分部工程质量验收记录

电梯分部（子分部）工程质量验收由监理单位总监理工程（建设单位技术负责人），组织施工单位项目经理等参加进行质量验收，验收后形成《电梯分部工程质量验收记录》（DT1.2）。

电梯分部（子分部）工程质量验收合格应符合下列规定：子分部所含分项工程的质量均合格且验收记录完整；分部工程所含子分部工程持质量均应验收合格。

4.11.2.2 电梯分部工程质量控制资料检查记录

电梯分部（子分部）工程验收时，应对质量控制资料进行核查，由施工单位填写《电梯分部工程质量控制资料检查记录》(DT1.3)。

质量控制资料主要包括下列内容：土建布置图纸会审、设计变更、洽商记录；设备出厂合格证书及开箱检验记录；隐蔽工程验收记录；施工记录；接地、绝缘电阻测试记录；负荷试验、安全装置检查记录；分项、分部工程质量验收记录。

质量控制资料核查内容是：核查和归纳各检验批的验收记录资料，查对其是否完整；在检验批验收时，其应具备的资料应准确完整才能验收；核对各种资料的内容、数据及验收人员的签字是否规范等。

4.11.2.3 电梯分部工程观感质量检查记录

电梯分部工程质量验收时，应进行观感质量检查，由施工单位填写《电梯工程观感质量检查记录》(DT1.4)，由检查人员共同确定评价等级，各参与单位签字认可。

观感质量符合下列要求：

（1）轿门带动层门开、关运行、门扇与门扇、门扇与套、门扇与门楣、门扇与门口处轿壁、门扇下端与地坎应无刮碰现象。

（2）门扇与门扇、门扇与套、门扇与门楣、门扇与门口处轿壁、门扇下端与地坎之间各自的间隙在整个长度上应基本一致。

（3）对机房（如果有）、导轨支架、底坑、轿顶、轿内、轿门及门地坎等部位应进行清理。

4.11.3 工程质量控制资料

按《电梯工程施工质量验收规范》GB 50310—2002 第 3.0.2 条规定：电梯安装前应进行电梯设备进场验收；应进行土建交接检验；电梯的各分项工程应企业标准进行质量控制，每个分项工程应有自检记录。第 3.0.3 条规定：隐蔽工程应在电梯安装单位检查合格后，于隐蔽前通知有关单位检查验收，并形成验收文件。

电梯安装有电力驱动的曳引式或强制式电梯安装、液压电梯安装、自动扶梯、自动人行道安装。

4.11.3.1 电梯设备进场开箱检验

电力驱动的曳引式或强制式电梯安装设备进场验收内容有：随机文件（土建布置图；产品出厂合格证；门锁装置、限速器、安全钳及缓冲器的型式试验证书复印件；装箱单；安装、使用说明书；动力电路和安全电路的电气原理图），设备零部件与装箱单相符，设备外观不应存在明显的损坏。

液压电梯安装设备进场验收内容有：随机文件（土建布置图；产品出厂合格证；门锁装置、限速器、安全钳及缓冲器的型式试验证书复印件；装箱单；安装、使用说明书；动力电路和安全电路的电气原理图；液压原理图），设备零部件与装箱单相符，设备外观不应存在明显的损坏。

自动扶梯、自动人行道安装设备进场验收内容有：技术资料（梯级或踏板的型式试验报告复印件或胶带的断裂强度证明文件复印件；对公共交通型自动扶梯、自动人行道应有扶手带的断裂强度证书复印件）；随机文件（土建布置图；产品出厂合格证；装箱单；安装、使用说明书；动力电路和安全电路的电气原理图），设备零部件与装箱单相符，设备外观不应存在明显的损坏。

电梯设备进场后，由建设单位、监理单位、施工单位和供应单位共同开箱检验，并进行记录，施工单位填写《设备开箱检验记录》(DT2.2)。

4.11.3.2 隐蔽工程验收

电梯承重梁埋设、电梯钢丝头组装灌注、电梯井道内导轨支架、层门支架、螺栓埋设等工序完成后应进行隐蔽工程验收，由施工单位填写《隐蔽工程验收记录》(DT2.3)，经监理单位认可后，方可进入下道工序施工。

4.11.3.3 线路（设备）绝缘电阻测试

电梯电气装置安装完毕，施工单位应进行电梯线路（设备）绝缘电阻测试，填写《线路（设备）绝缘电阻测试记录》(DT2.5)。

4.11.3.4 接地电阻测试记录

电梯电气装置安装完毕，施工单位应进行接地电阻测试，填写《线路（设备）绝缘电阻测试记录》(DT2.4)。

4.11.3.5 负荷试验、安全装置检查

电梯负荷试验和平衡系数检测，安全装置、运行速度、噪声、制动器等功能进行检测，施工单位填写《负荷试验、安全装置检查记录》(DT2.6)。

4.11.4 安全和功能项目

4.11.4.1 电梯运行记录

电梯负荷试验和平衡系数检测，由施工单位填写《电梯运行记录》(DT4.1)。

4.11.4.2 电梯安全装置检验报告

电梯整机安装验收应对电梯安全装置进行检验，由施工单位填写《电梯安全装置检验报告》(DT4.2)。

4.11.5 工程质量验收

电梯工程施工质量验收执行《电梯工程施工质量验收规范》GB 50310—2002。电梯安装的各项工程在履行质量检验的基础上，由监理单位（或建设单位）、土建施工单位、安装单位等几方共同对安装工程持质量控制资料、隐蔽工程和施工检查记录等档案材料进行审查，对安装工程进行普查和整机运行考核，并对主控项目全验和一般项目抽验，根据规范以书面形式对电梯安装工程质量的检验结果作出确认。建筑节能分部工程质量验收资料归档表格，详见前表 4-17 所示。

4.12 竣工验收资料、竣工图管理

4.12.1 竣工验收资料、竣工图的分类与归档

竣工验收资料、竣工图的分类、来源、归档保存单位及组卷归档目录，如表 4-18 所示。

竣工验收资料、竣工图分类、来源、归档保存单位及组卷归档移交目录　　表 4-18

类别编号	工程文件资料名称	资料来源	归档保存单位	
			施工单位	城建档案馆
JG1	竣工验收资料（JG1资料装订在土建工程资料前）			
JG1.1	工程概况表	施工单位	√	√
JG1.2	单位（子单位）工程质量竣工验收记录	施工单位	√	√
JG1.3	单位（子单位）工程质量控制资料核查记录	施工单位	√	√
JG1.4	单位（子单位）工程安全和功能检验资料核查及主要功能抽查记录	施工单位	√	√
JG1.5	单位（子单位）工程观感质量检查记录	施工单位	√	√
JG1.6	住宅工程质量分户验收汇总表（分户验收资料另外单独存档）	施工单位	√	
JG1.7	数字化档案确认书	施工单位	√	
JG1.8	房屋房屋建筑工程质量保修书	施工单位	√	√
JG1.9	工程质量监督报告	施工单位	√	
JG1.10	工程档案资料移交书	施工单位	√	
JG2	竣工图（全套，单独保存）			
JG2.1	建筑工程竣工图			
JG2.1.1	建筑竣工图	编制单位	√	√
JG2.1.2	结构竣工图	编制单位	√	√
JG2.1.3	钢结构竣工图	编制单位	√	√
JG2.1.4	幕墙竣工图	编制单位	√	√
JG2.1.5	建筑给水、排水与采暖竣工图	编制单位	√	√
JG2.1.6	通风与空调工程竣工图	编制单位	√	√
JG2.1.7	建筑电气竣工图	编制单位	√	√
JG2.1.8	电梯部分竣工图	编制单位	√	√
JG2.1.9	智能建筑部分竣工图	编制单位	√	√
JG2.3	室外各种设施竣工图			
JG2.3.1	地上部分的道路、绿化、庭院照明、喷泉喷灌等竣工图	编制单位	√	√
JG2.3.2	地下部分的各种市政、电力、电信管线等竣工图	编制单位	√	√

4.12.2 竣工验收资料

4.12.2.1 工程概况表

建设单位填写《工程概况》（JG1.1）主要包括单位工程的建筑、结构、设备安装和保温节能等内容。

4.12.2.2 单位（子单位）工程质量竣工验收

建设单位在收到施工单位提交的工程竣工报告后，组织勘察、设计、施工和监理等单位进行竣工验收，形成《单位（子单位）工程质量竣工验收记录》（JG1.2），如本书第1章附表1-6所示。

4.12.2.3 单位（子单位）工程质量控制资料核查

建设、勘察、设计、施工和监理单位对竣工的单位（子单位）工程质量控制资料进行核查，形成《单位（子单位）工程质量控制资料核查记录》（JG1.3），如本书第1章附表

1-4 所示。

4.12.2.4 单位（子单位）工程安全和功能检验资料核查及主要功能抽查

建设、勘察、设计、施工和监理单位对竣工的单位（子单位）工程安全和功能检验资料核查及主要功能进行抽查，形成《单位（子单位）工程安全和功能检验资料核查及主要功能抽查记录》（JG1.4），如本书第 1 章附表 1-5 所示。

4.12.2.5 单位（子单位）工程观感质量检查

建设、勘察、设计、施工和监理单位对竣工的单位（子单位）工程观感质量进行检查，形成《单位（子单位）工程观感质量检查记录》（JG1.5），如本书第 1 章附表 1-7 所示。

4.12.2.6 住宅工程质量分户验收汇总表

由建设单位组织施工单位、监理单位进行住宅工程分户验收。依照分户验收要求的内容、质量要求、检查数量合理分组，成立分户验收组。验收人员进行分户验收时，应现场填写、签认《住宅工程质量分户验收记录表》（分户验收资料另外单独存档）。施工单位收集、整理分户验收组提供的《住宅工程质量分户验收记录表》（分户验收资料另外单独存档），填写《住宅工程质量分户验收汇总表》（JG1.6）。

4.12.2.7 数字化档案确认书

建设单位、监理单位、施工单位应对工程档案资料采用"工程档案资料管理系统"进行管理。"工程档案资料管理系统"中的资料应永久保存。城建档案管理部门对数字化档案进行在线验收，形成《数字化档案确认书》（JG1.7）。

4.12.2.8 房屋建筑工程质量保修书

《工程质量保修书》（JG1.8）由施工单位签署。

4.12.2.9 工程质量监督报告

质监站对工程竣工验收的组织形式、验收程序、执行验收标准等情况进行现场监督，竣工后提出《工程质量监督报告》（JG1.9）。

工程质量监督报告有下列内容：

（1）建筑面积、开工时间、竣工验收时间、工程规划许可证号、施工许可证号、监督注册号、参建各单位负责人以及监督部门、监督人员、监督时间。

（2）工程质量监督机构主要监督成果概述：描述监督方案的编制，各方行为检查、实物抽查、资料抽查、监督质量问题的整改等情况。

（3）监督部门评价

① 责任主体的质量行为及执行有关法律、法规的评价；

② 执行国家强制性标准评价：是否执行了强制性标准、执行标准是否准确；

③ 实物质量抽查时间、内容和结论；

④ 监督抽查的时间、内容和结论；

⑤ 安全和功能检测结论：描述安全和功能性检测是不符合国家相关的规范要求；

⑥ 资料抽查结论：包括设计变更手续是否符合要求；工程质量控制资料是否完整；工程所含分部工程有关安全和功能检测资料是否完整；工程主要功能项目的抽查结果是否符合相关专业质量验收规范的规定；质量事故处理资料是否完整；

⑦ 行为和实物质量问题处理过程描述：建设行政主管部门和工程质量监督机构所提

出的行为和实物质量中存在的问题是否整改，是否符合要求。
（4）监督意见和结论：该工程竣工验收组织形式、程序是否合法。

4.12.2.10 工程档案资料移交书

工程竣工验收后，各参建单位将工程档案资料移交建设单位，建设单位收集、整理各参建单位移交的工程档案资料，并向城建档案馆移交，签署《工程档案资料移交书》(JG1.10)，如表 6.5-1 所示。

4.12.3 竣工图

竣工图是工程竣工档案的重要组成部分，是对完工工程的真实写照，也是工程竣工验收必务条件，是工程完工后管理、维修、改建、扩建的依据。

竣工图的编制工作应由建设单位负责，建设单位也可委托施工单位、监理单位、设计单位或其他单位来编制。编制的竣工图上需加盖竣工图的图章。

4.12.3.1 竣工图的绘制

竣工图按绘制方法不同可分为以下几种形式：利用电子版施工图改绘竣工图、利用施工蓝图改绘竣工图、利用翻晒硫酸纸底图改绘的竣工图、重新绘制的竣工图。编制单位应根据各地区、各工程的具体情况，采用相应的绘制方法。

（1）利用电子版施工图改绘的竣工图应符合下列规定：

① 将图纸变更结果直接改绘到电子版施工图中，用云线圈出修改部位，按表 4-19 的形式做修改内容备注表；

修改内容备注表　　　　　　　　　　　　表 4-19

设计变更、洽商编号	简要变更内容

竣工图的比例应与原施工图一致；

② 设计图签中应有原设计单位人员签字；

③ 委托本工程设计单位编制竣工图时，应直接在设计图签中注明"竣工阶段"，并应有绘图人、审核人的签字；

④ 竣工图章可直接绘制成电子版竣工图签，出图后应有相关责任人的签字。

（2）利用施工图蓝图改绘的竣工图应符合下列规定：

① 应采用杠（划）改或叉改法进行绘制；

② 应使用新晒制的蓝图，不得使用复印图纸。

（3）利用翻晒硫酸纸图改绘的竣工图应符合下列规定：

① 应使用刀片将需更改部位刮掉，再将变更内容标注在修改部位，在空白处做修改内容备注表；修改内容备注表样式可按表 4-15 执行；

② 宜晒制成蓝图后，再加盖竣工图章。

（4）当图纸变更内容较多时，应重新绘制竣工图。

4.12.3.2 竣工图的图章

（1）竣工图章的基本内容应包括："竣工图"字样、施工单位、编制人、审核人、技术负责人、编制日期、监理单位、现场监理、总监,如图4-4所示。

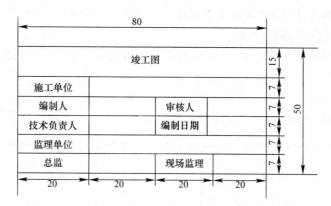

图4-4 竣工图章示例

(2)竣工图章应使用不易褪色的红印泥,应盖在图签附近空白处。

(3)所有竣工图应由编制单位逐张加盖、签署竣工图章。竣工图章中签名必须齐全,不得代签。

4.12.3.3 竣工图的折叠

(1)折叠要求

① 图纸折叠应按裁图线裁剪整齐,其图纸幅面应符合表4-20规定和图4-5的要求。

图纸幅画要求   表4-20

基本幅面代号	0	1	2	3	4
$b×l$	841×1189	594×841	420×594	297×420	210×297
c	10			5	
c	25				

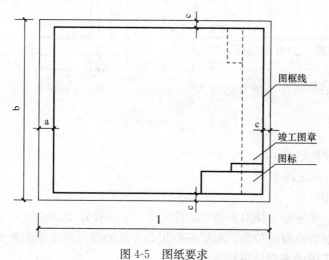

图4-5 图纸要求

注:1.尺寸代号见图4-1;2.尺寸单位为mm。

② 图面应折顶内,按国家标准执行《技术制图 复制图的折叠方法》GB/T 10609.3-

2009成手风琴风箱式。

③ 折叠后幅面尺寸以4♯图纸基本尺寸（210mm×297mm）为标准。

④ 图纸及竣工图章露在外面。

⑤ 3♯～0♯图纸应在装订边297mm处折一三角或剪一缺口，折进装订边。

（2）折叠方法

① 4♯图纸不折叠。

② 3♯图纸折叠见图4-6（图中序号表示折叠次序，虚线表示折起的部分，以下同）。

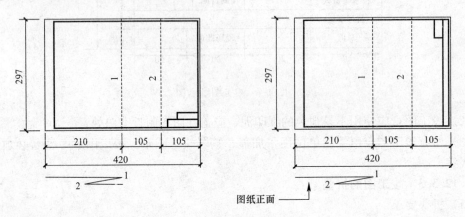

图4-6　3♯图纸折叠示意

③ 2♯图纸折叠见图4-7。

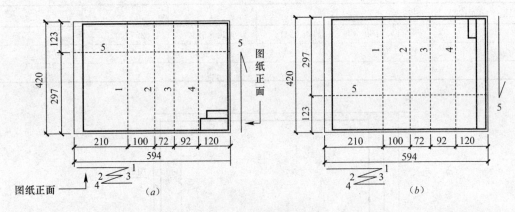

图4-7　2♯图纸折叠示意

④ 1♯图纸折叠见图4-8。

⑤ 0♯图纸折叠见图4-9。

（3）工具使用

图纸折叠前，准备好一块略小于4♯图纸尺寸（一般为292mm×205mm）的模板。折叠时，应先把图纸放在规定位置，然后按照折叠方法的编号顺序依次折叠。

4.12.3.4　工图的编制及审核

（1）新建、改建、扩建的建设工程均应编制竣工图。

（2）竣工图的专业类别应与施工图对应。

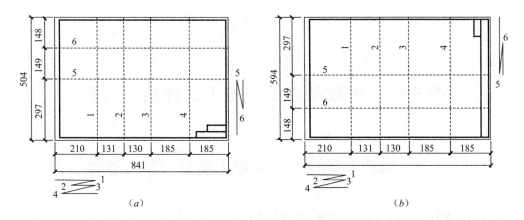

图 4-8 1♯图纸折叠示意

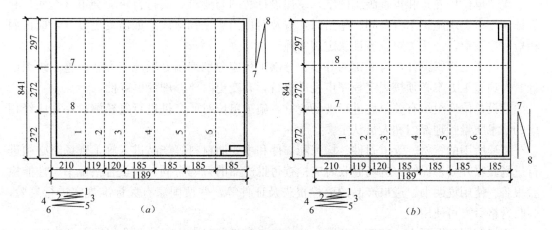

图 4-9 0♯图纸折叠示意

（3）竣工图应依据审核后的施工图、图纸会审记录、设计变更通知单、工程洽商记录等编制，并应真实反映竣工工程的实际情况。

（4）当施工图没有变更时，可直接在施工图上加盖竣工图章形成竣工图。

第5章 市政基础设施施工文件档案资料

5.1 市政基础设施工程施工质量控制与验收

5.1.1 市政基础设施工程施工质量控制

施工单位应熟悉和审查施工图纸，掌握设计意图与要求，实行自审、会审（交底）和签证制度；发现施工图有疑问、差错时，应及时提出意见和建议；如需变更设计，应按照相应程序报审，经相关单位签证认定后实施。

编制施工组织设计，对关键的分项、分部工程应分别编制专项施工方案。施工组织设计、专项施工方案必须按规定程序审批后执行，有变更时要办理变更审批。

建设单位应组织有关单位进行现场交桩，施工单位对所交桩进行复核测量，并应经相应的技术质量管理部门和人员认定。

工程所用的管材、管道附件、构（配）件和主要原材料等产品进入施工现场时必须进行进场验收并妥善保管。进场验收时应检查每批产品的订购合同、质量合格证书、性能检验报告、使用说明书、进口产品的商检报告及证件等，并按国家有关标准规定进行复验，验收合格后方可使用。

现场配制的混凝土、砂浆、防腐与防水涂料等工程材料应经检测合格后方可使用。

施工过程中，各分项工程应按照施工技术标准进行质量控制，每分项工程完成后，必须进行检验。相关各分项工程之间，必须进行交接检验，所有隐蔽分项工程必须进行隐蔽验收，未经检验或验收不合格不得进行下道分项工程。

经过竣工验收合格才能交付使用。

5.1.2 市政基础设施工程质量验收

5.1.2.1 城镇道路工程

城镇道路工程施工质量验收按《城镇道路工程施工与质量验收规范》CJJ 1—2008 在施工单位自检基础上，按验收批、分项工程、分部（子分部）工程、单位（子单位）工程的顺序进行。

1. 单位（子单位）工程、分部（子分部）工程、分项工程和验收批的划分

建设单位招标文件确定的每一个独立合同应为一个单位工程。当合同文件包含的工程内涵较多，或工程规模较大，或由若干独立设计组成时，宜按工程部位或工程量、每一独立设计将单位工程分成若干子单位工程。

城镇道路工程分部（子分部）工程、分项工程、检验批的划分见表5-1

城镇道路工程分部（子分部）工程、分项工程、检验批的划分　　　　表 5-1

序号	分部工程	子分部工程	分项工程	检验批
1	路基	—	土方路基	每条路或路段
			石方路基	每条路或路段
			路基处理	每条处理段
			路肩	每条路肩
2	基层	—	石灰土基层	每条路或路段
			石灰粉煤灰稳定砂砾（碎石）基层	每条路或路段
			石灰粉煤灰钢渣基层	每条路或路段
			水泥稳定土类基层	每条路或路段
			级配砂砾（砾石）基层	每条路或路段
			级配碎石（碎砾石）基层	每条路或路段
			沥青碎石基层	每条路或路段
			沥青贯入式基层	每条路或路段
3	面层	沥青混合料面层	透层	每条路或路段
			粘层	每条路或路段
			封层	每条路或路段
			热拌沥青混合料面层	每条路或路段
			冷拌沥青混合料面层	每条路或路段
		沥青贯入式与沥青表面处治面层	沥青贯入式面层	每条路或路段
			沥青表面处治面层	每条路或路段
		水泥混凝土面层	水泥混凝土面层（模板、钢筋、混凝土）	每条路或路段
		铺砌式面层	料石面层	每条路或路段
			预制混凝土砌块面层	每条路或路段
4	广场与停车场	—	料石面层	每个广场或划分的区段
			预制混凝土砌块面层	每个广场或划分的区段
			沥青混合料面层	每个广场或划分的区段
			水泥混凝土面层	每个广场或划分的区段
5	人行道	—	料石人行道铺砌面层（含盲道砖）	每条路或路段
			混凝土预制块铺砌人行道面层（含盲道砖）	每条路或路段
			沥青混合料铺砌面层	每条路或路段
6	人行地道结构	现浇钢筋混凝土人行地道结构	地基	每座通道
			防水	每座通道
			基础（模板、钢筋、混凝土）	每座通道
			墙与顶板（模板、钢筋、混凝土）	每座通道
		预制安装钢筋混凝土人行地道结构	墙与顶部构件预制	每座通道
			地基	每座通道
			防水	每座通道
			基础（模板、钢筋、混凝土）	每座通道
			墙板、顶板安装	每座通道

续表

序号	分部工程	子分部工程	分项工程	检验批
6	人行地道结构	砌筑墙体、钢筋混凝土顶板人行地道结构	顶部构件预制	每座通道
			地基	每座通道
			防水	每座通道
			基础（模板、钢筋、混凝土）	每座通道
			墙体砌筑	每座通道
			顶部构件、顶板安装	每座通道
			顶部现浇（模板、钢筋、混凝土）	每座通道
7	挡土墙	现浇钢筋混凝土挡土墙	地基	每道挡土墙地基
			基础	每道挡土墙地基
			墙（模板、钢筋、混凝土）	每道墙体
			滤层、泄水孔	每道墙体
			回填土	每道墙体
			帽石	每道墙体
			栏杆	每道墙体
		装配式钢筋混凝土挡土墙	挡土墙板预制	每道墙体
			地基	每道挡土墙地基
			基础（模板、钢筋、混凝土）	每道墙体
			墙板安装（含焊接）	每道墙体
			滤层、泄水孔	每道墙体
			回填土	每道墙体
			帽石	每道墙体
			栏杆	每道墙体
		砌筑挡土墙	地基	每道墙体
			基础（砌筑、混凝土）	每道墙体
			墙体砌筑	每道墙体
			滤层、泄水孔	每道墙体
			回填土	每道墙体
			帽石	每道墙体
		加筋挡土墙	地基	每道挡土墙地基
			基础（砌筑、混凝土）	每道墙体
			加筋挡土墙砌块与筋带安装	每道墙体
			滤层、泄水孔	每道墙体
			回填土	每道墙体
			帽石	每道墙体
			栏杆	每道墙体
8	附属构筑物		路缘石	每条路或路段
			雨水支管与雨水口	每条路或路段
			排（截）水沟	每条路或路段
			倒虹管及涵洞	每条路或路段
			护坡	每条路或路段
			隔离墩	每条路或路段
			隔离栅	每条路或路段
			护栏	每条路或路段
			声屏障（砌体、金属）	每条路或路段
			防眩板	每条路或路段

2. 检验批质量验收合格应符合下列规定：

（1）主控项目的质量经抽样检验合格；

（2）一般项目中的质量应经抽样检验合格；当采用计数检验时，除有专门要求外，一般项目的合格点率应达到 80%，且不合格点的最大偏差值不得大于规定允许偏差值的 1.5 倍；

（3）具有完整的施工操作依据和质量检查记录。

3. 分项工程质量验收合格应符合下列规定：

（1）分项工程所含检验批质均应符合合格质量规定；

（2）分项工程所含的验收批的质量验收记录应完整。

4. 分部工程质量验收合格应符合下列规定：

（1）分部工程所含分项工程的质量验收均应验收合格；

（2）质量控制资料应完整；

（3）涉及结构安全和使用功能的质量应按规定验收合格；

（4）外观质量验收应符合要求。

5. 单位（子单位）工程质量验收合格应符合下列规定：

（1）单位工程所含分部工程的质量均应验收合格；

（2）质量控制资料应完整；

（3）单位工程所含分部工程验收资料应完整；

（4）影响道路安全使用和周围环境的参数指标应符合规定；

（5）外观质量验收应符合要求。

5.1.2.2 市政管道工程

市政管道工程施工质量验收按《给水排水管道工程施工及验收规范》GB 50268—2008 在施工单位自检基础上，按验收批、分项工程、分部（子分部）工程、单位（子单位）工程的顺序进行。

1. 单位（子单位）工程、分部（子分部）工程、分项工程和验收批的划分

单位工程（子单位）工程划分为：开（挖）槽施工的管道工程、大型顶管工程、盾构管道工程、浅埋暗挖管道工程、大型沉管工程、大型桥管工程。

分部（子分部）工程、分项工程和验收批的划分，如表 5-2 所示。

给排水管道工程分部（子分部）工程、分项工程和验收批划分　　表 5-2

序号	分部工程（子分部工程）			分项工程	验收批
1	土方工程			沟槽土方（沟槽开挖、沟槽支撑、沟槽回填）、基坑土方（基坑开挖、基坑支护、基坑回填）	与下列验收批对应
2	管道主体工程	预制管开槽施工主体结构	金属类管、混凝土类管、预应力钢筒混凝土管、化学建材管	管道基础、管道接口连接、管道铺设、管道防腐层（管道内防腐层、钢管外防腐层）、钢管阴极保护	可选择下列方式划分：①按流水施工长度；②排水管道按井段；③给水管道按一定长度连续施工段或自然划分段（路段）；④其他便于过程质量控制方法

续表

序号	分部工程（子分部工程）		分项工程	验收批
3		现浇钢筋混凝土管渠、装配式混凝土管渠、砌筑管渠	管道基础、现浇钢筋混凝土管渠（钢筋、模板、混凝土、变形缝）、装配式混凝土管渠（预制构件安装、变形缝）、砌筑管渠（砖石砌筑、变形缝）、管道内防腐层、管廊内管道安装	每节管渠（廊）或每个流水施工段管渠（廊）
4	管道主体工程	不开槽施工主体结构	工作井围护结构、工作井	每座井
		顶管	管道接口连接、顶管管道（钢筋混凝土管、钢管）、管道防腐层（管道内防腐层、钢管外防腐层）、钢管阴极保护、垂直顶升	顶管顶进：每100m；垂直顶升：每个顶升管
		盾构	管片制作、掘进及管片拼装、二次内衬（钢筋、混凝土）、管道防腐层、垂直顶升	盾构掘进：每100环；二次内衬：每施工作业断面；垂直顶升：个顶升管
		浅埋暗挖	土层开挖、初期衬砌、防水层、二次内衬、管道防腐层、垂直顶升	暗挖：每施工作业断面；垂直顶升：每个顶升管
		定向钻	管道接口连接、定向钻管道、钢管防腐层（内防腐层、外防腐层）、钢管阴极保护	每100m
		夯管	管道接口连接、夯管管道、钢管防腐层（内防腐层、外防腐层）、钢管阴极保护	每100m
5		沉管 组对拼装沉管	基槽浚挖及管基处理、管道接口连接、管道防腐层、管道沉放、稳管及回填	每100m（分段拼装按每段，且不大于100m）
		预制钢筋混凝土沉管	基槽浚挖及管基处理、预制钢筋混凝土管节制作（钢筋、模板、混凝土）、管节接口预制加工、管道沉放、稳管及回填	每节预制钢筋混凝土管
6		桥管	管道接口连接、管道防腐层（内防腐层、外防腐层）、桥管管道	每跨或每100m；分段拼装按每跨或每段，且不大于100m
7	附属构筑物工程		井室（现浇混凝土结构、砖砌结构、预制拼装结构）、雨水口及支连管、支墩	同一结构类型的附属构筑物不大于10个

2. 验收批质量验收合格应符合下列规定：

① 主控项目的质量经抽样检验合格；

② 一般项目中的实测（允许偏差）项目抽样检验的合格率应达到80%，且超差点的最大偏差值应在允许偏差值的1.5倍范围内；

③ 主要工程材料的进场验收和复验合格，试块、试件检验合格；

④ 主要工程材料的质量保证资料以及相关试验检测资料齐全、正确；具有完整的施工操作依据和质量检查记录。

3. 分项工程质量验收合格应符合下列规定：

① 分项工程所含的验收批质量验收全部合格；

② 分项工程所含的验收批的质量验收记录应完整、正确；有关质量保证资料和试验检测资料应齐全、正确。

4. 分部（子分部）工程质量验收合格应符合下列规定：

① 分部（子分部）工程所含分项工程的质量验收全部合格；

② 质量控制资料应完整；

③ 分部（子分部）工程中，地基基础处理、桩基础检测、混凝土强度、混凝土抗渗、管道接口连接、管道位置及高程、金属管道防腐层、水压试验、严密性试验、管道设备安装调试、阴极保护安装测试、回填压实等的检验和抽样检测结果应符合本规范的有关规定；

④ 外观质量验收应符合要求。

5. 单位（子单位）工程质量验收合格应符合下列规定：

① 单位（子单位）工程所含分部（子分部）工程的质量验收全部合格；

② 质量控制资料应完整；

③ 单位（子单位）工程所含分部（子分部）工程有关安全及使用功能的检测资料应完整；

④ 涉及金属管道的外防腐层、钢管阴极保护系统、管道设备运行、管道位置及高程等的试验检测、抽查结果以及管道使用功能试验应符合本规范规定；

⑤ 外观质量验收应符合要求。

6. 质量控制资料核查

质量控制资料核查内容包括：

① 材质质量保证资料：管节、管件、管道设备及管配件等；防腐层材料，阴极保护设备及材料；钢材、焊材、水泥、砂石、橡胶止水圈、混凝土、砖、混凝土外加剂、钢制构件、混凝土预制构件。

② 施工检测：管道接口连接质量检测（钢管焊接无损探伤检验、法兰或压兰螺栓拧紧力矩检测、熔焊检验）；内外防腐层（包括补口、补伤）防腐检测；预水压试验；混凝土强度、混凝土抗渗、混凝土抗冻、砂浆强度、钢筋焊接；回填土压实度；柔性管道环向变形检测；不开槽施工土层加固、支护及施工变形等测量；管道设备安装测试；阴极保护安装测试；桩基完整性检测、地基处理检测。

③ 结构安全和使用功能性检测：管道水压试验；给水管道冲洗消毒；管道位置及高程；浅埋暗挖管道、盾构管片拼装变形测量；混凝土结构管道渗漏水调查；管道及抽升泵站设备（或系统）调试、电气设备电试；阴极保护系统测试；桩基动测、静载试验。

④ 施工测量：控制桩（副桩）、永久（临时）水准点测量复核；施工放样复核；竣工测量。

⑤ 施工技术管理：施工组织设计（施工方案）、专题施工方案及批复；焊接工艺评定及作业指导书；图纸会审、施工技术交底；设计变更、技术联系单；质量事故（问题）处理；材料、设备进场验收；计量仪器校核报告；工程会议纪要；施工日记。

⑥ 验收记录：验收批，分项、分部（子分部）、单位（子单位）工程质量验收记录；隐蔽验收记录。

⑦ 施工记录：接口组对拼装、焊接、拴接、熔接；地基基础、地层等加固处理；桩基成桩；支护结构施工；沉井下沉；混凝土浇筑；管道设备安装；顶进（掘进、钻进、夯进）；沉管沉放及桥管吊装；焊条烘焙、焊接热处理；防腐层补口补伤等。

⑧ 竣工图。

7. 安全和使用功能性检测

安全和使用功能性检测项目：压力管道水压试验（无压力管道严密性试验）；给水管

道冲洗消毒；阀门安装及运行功能调试报告及抽查检验；其他管道设备安装调试报告及功能检测；管道位置高程及管道变形测量及汇总；阴极保护安装及系统测试报告及抽查检验；防腐绝缘检测汇总及抽查检验；钢管焊接无损检测；混凝土试块抗压强度试验；混凝土试块抗渗、抗冻试验；地基基础加固检测；桥管桩基础动测或静载试验；混凝土结构管道渗漏水调查记录；抽升泵站的地面建筑；其他。

8. 工程观感质量核查

工程观感质量核查内容包括：

① 管道工程：管道、管道附件、附属构筑物位置；管道设备；附属构筑物；大口径管道（渠、廊）（管道内部、管廊内管道安装）；地上管道（桥管、架空管、虹吸管）及承重结构；回填土。

② 顶管、盾构、浅埋暗挖、定向钻、夯管：管道结构；防水、防腐；管缝（变形缝）；进、出洞口；工作坑（井）；管道线形；附属构筑物。

③ 抽升泵站：下部结构；地面建筑；水泵机电设备、管道安装及基础支架；防水、防腐；附属设施、工艺。

5.1.2.3 市政桥梁工程

市政桥梁工程施工质量验收按《城市桥梁工程施工与质量验收规范》CJJ 2—2008 在施工单位自检基础上，按验收批、分项工程、分部（子分部）工程、单位（子单位）工程的顺序进行。

1. 单位（子单位）工程、分部（子分部）工程、分项工程和验收批的划分

分部（子分部）工程、分项工程和验收批的划分，如表 5-3 所示。

分部（子分部）工程、分项工程和验收批的划分　　　　　　表 5-3

序号	分部工程	子分部工程	分项工程	检验批
1	地基与基础	扩大基础	基坑开挖、地基、土方回填、现浇混凝土（模板与支架、钢筋、混凝土）、砌体	每个基坑
		沉入桩	预制桩（模板、钢筋、混凝土、预应力混凝土）、钢管桩、沉桩	每根桩
		灌注桩	机械成孔、人工挖孔、钢筋笼制作与安装、混凝土灌注	每根桩
		沉井	沉井制作（模板与支架、钢筋、钢壳）、浮运、下沉就位、清基与填充	每节、座
		地下连续墙	成槽、钢筋骨架、水下混凝土	每个施工段
		承台	模板与支架、钢筋、混凝土	每个承台
2	墩台	砌体墩台	石砌体、砌块砌体	每个砌筑段、浇筑段、施工段或每个墩台、每个安装段（件）
		现浇混凝土墩台	模板与支架、钢筋、混凝土、预应力混凝土	
		预制混凝土柱	预制柱（模板、钢筋、混凝土、预应力混凝土）安装	
		台背填土	填土	
3		盖梁	模板与支架、钢筋、混凝土、预应力混凝土	每个盖梁
4		支座	垫石混凝土、支座安装、挡块混凝土	每个支座

续表

序号	分部工程	子分部工程	分项工程	检验批
5		索塔	现浇混凝土索塔（模板与支架、钢筋、混凝土、预应力混凝土）、钢构件安装	每个浇筑段、每根钢构件
6		锚锭	锚固体系制作、锚固体系安装、锚碇混凝土（模板与支架、钢筋、混凝土、预应力混凝土）、锚索张拉与压浆	每个制作件、安装件、基础
7	桥跨承重结构	支架上浇筑混凝土梁（板）	模板与支架、钢筋、混凝土、预应力混凝土	每孔、联、施工段
		装配式钢筋混凝土梁（板）	预制梁（板）（模板与支架、钢筋、混凝土、预应力混凝土）、安装梁（板）	每片梁
		悬臂浇筑预应力混凝土梁	0#段（模板与支架、钢筋、混凝土、预应力混凝土）、悬浇段（模板与支架、钢筋、混凝土、预应力混凝土）	每个浇筑段
		悬臂拼装预应力混凝土梁	0#段（模板与支架、钢筋、混凝土、预应力混凝土）、梁段预制（模板与支架、钢筋、混凝土、预应力混凝土）、拼装梁段、施工预应力	每个拼装段
		顶推施工混凝土梁	台座系统、导梁、梁段预制（模板与支架、钢筋、混凝土、预应力混凝土）、顶推梁段、施加预应力	每节段
		钢梁	现场安装	每个制作段、孔、联
		组合梁	钢梁安装、预应力钢筋混凝土预制（模板与支架、钢筋、混凝土、预应力混凝土）、预制梁安装、混凝土结构浇筑（模板与支架、钢筋、混凝土、预应力混凝土）	每段、孔
		拱部与拱上结构	砌筑拱圈、现浇混凝土拱圈、劲性骨架混凝土拱圈、装配式混凝土拱部结构、钢管混凝土拱（拱肋安装、混凝土压注）、吊杆、系杆拱、转体施工、拱上结构	每个砌筑段、安装段、浇筑段、施工段
		斜拉桥的主梁与拉索	0#段混凝土浇筑、悬臂浇筑混凝土主梁、支架上浇筑混凝土主梁、悬臂拼装混凝土主梁、悬拼钢箱梁、支架上安装钢箱梁、结合梁、拉索安装	每个浇筑段、制作段、安装段、施工段
		悬索桥的加劲梁与缆索	索鞍安装、主缆架设、主缆防护、索夹和吊索安装、加劲梁拼装	每个制作段、安装段、施工段
8		顶进箱涵	工作坑、滑板、箱涵预制（模板与支架、钢筋、混凝土）、箱涵顶进	每坑、每制作节、顶进节
9		桥面系	排水设施、防水层、桥面铺装层（沥青混合料铺装、混凝土铺装、模板、钢筋、混凝土）、伸缩装置、地袱和缘石与挡土挂板、防护设施、人行道	每个施工段、每孔
10		附属结构	隔声与防眩装置、梯道（砌体；模板与支架、钢筋、混凝土、钢结构）、桥头搭接（模板、钢筋、混凝土）、防冲刷结构、照明、挡土墙	每砌筑段、浇筑段、安装段、每座构筑物
11		装饰与装修	水泥砂浆抹面、饰面板和涂装	每跨、侧、饰面
12		引道		

2. 检验批质量验收合格应符合下列规定：

① 主控项目的质量应经抽样检验合格；

② 一般项目的实质量应经抽样检验合格；当采用计数检验时，除有专门要求外，一般项目的合格率应达到80%及以上，且不合格点的最大偏差值不得大于规定允许偏差值的1.5倍；

③ 具有完整的施工操作依据和质量检查记录。

3. 分项工程质量验收合格应符合下列规定：

① 分项工程所含的检验批均应符合合格质量规定；

② 分项工程所含的验收批的质量验收记录应完整。

4. 分部工程质量验收合格应符合下列规定：

① 分部工程所含分项工程的质量均应验收合格；

② 质量控制资料应完整；

③ 涉及结构安全和使用功能的质量应按规定验收合格；

④ 外观质量验收应符合要求。

5. 单位工程质量验收合格应符合下列规定：

① 单位工程所含分部工程的质量均应验收合格；

② 质量控制资料应完整；

③ 单位工程所含分部工程中有关安全和使用功能的控制资料应完整；

④ 影响桥梁安全使用和周围环境的参数指标应符合规定；

⑤ 外观质量验收应符合要求。

6. 质量控制资料核查

质量控制资料核查内容包括：图纸会审、设计变更、洽商记录；工程定位测量、交桩、放线、复核记录；施工组织设计、施工方案及审批记录；原材料出厂合格证书及进场检（试）验记录；成品、半成品出厂合格证及试验报告；施工试验报告及见证检测报告；隐蔽工程验收记录；施工记录；工程质量事故及事故调查处理资料；分项、分部工程质量验收记录；新材料、新工艺施工记录。

7. 安全与使用功能检测

安全与使用功能检测内容包括：地基承载力试验记录；基桩无损检测记录；钻芯取样检测记录；同条件养护试件试验记录；索力调整检测记录；桥梁的动、静载试验记录；桥梁工程竣工测量资料。

8. 工程观感质量检查

工程观感质量检查内容包括：墩（柱）、塔；盖梁；桥台；混凝土梁；系梁；拱部；拉索、吊索；桥面；人行道；防撞设施；排水设施；伸缩缝；栏杆、扶手；桥台护坡；涂装、饰面；钢结构焊缝；灯柱、照明；隔声装置；防眩装置。

5.2 市政基础设施工程施工文件资料管理

5.2.1 施工组织设计

施工单位在施工之前，必须编制施工组织设计；大中型的工程应根据施工组织总设计编制分部位、分阶段的施工组织设计。施工组织设计必须经上一级技术负责人进行审批加盖公章方为有效，并须填写施工组织设计审批表（合同另有规定的，按合同要求办理）。在施工过程中发生变更时，应有变更审批手续。

施工组织设计应包括下列主要内容：

（1）工程概况：工程规模、工程特点、工期要求、参建单位等。

（2）施工平面布置图。

（3）施工部署和管理体系：施工阶段、区划安排；进度计划及工、料、机、运计划表和组织机构设置。组织机构中应明确项目经理、技术责任人、施工管理负责人及其他各部门主要责任人等。

（4）质量目标设计：质量总目标、分项质量目标，实现质量目标的主要措施、办法及工序、部位、单位工程技术人员名单。

（5）施工方法及技术措施（包括冬、雨期施工措施及采用的新技术、新工艺、新材料、新设备等）。

（6）安全措施。

（7）文明施工措施。

（8）环保措施。

（9）节能、降耗措施。

（10）模板及支架、地下沟槽基坑支护、降水、施工便桥便线、构筑物顶推进、沉井、软基处理、预应力筋张拉工艺、大型构件吊运、混凝土浇筑、设备安装、管道吹洗等专项设计。

5.2.2 施工图设计文件会审、技术交底

工程开工前，应由建设单位组织有关单位对施工图设计文件进行会审并按单位工程填写施工图设计文件会审记录。

设计单位应按施工程序或需要进行设计交底。设计交底应包括设计依据、设计要点、补充说明、注意事项等，并做交底纪要。

施工单位应在施工前进行施工技术交底。施工技术交底包括施工组织设计交底及工序施工交底。各种交底的文字记录，应有交底双方签认手续。

5.2.3 原材料、成品、半成品、构配件、设备出厂质量合格证书、出厂检（试）验报告及复试报告

5.2.3.1 一般规定

（1）必须有出厂质量合格证书和出厂检（试）验报告，并归入施工技术文件。

（2）合格证书、检（试）验报告为复印件的必须加盖供货单位印章方为有效，并注明使用工程名称、规格、数量、进场日期、经办人签名及原件存放地点。

（3）凡使用新技术、新工艺、新材料、新设备的，应有法定单位鉴定证明和生产许可证。产品要有质量标准、使用说明和工艺要求。使用前应按其质量标准进行检（试）验。

（4）进入施工现场的原材料、成品、半成品、构配件，在使用前必须按现行国家有关标准的规定抽取试样，交由具有相应资质的检测、试验机构进行复试，复试结构合格方可

使用。

（5）对按国家规定只提供技术参数的测试报告，应由使用单位的技术负责人依据有关技术标准对技术参数进行判别并签字认可。

（6）进场材料凡复试不合格的，应按原标准规定的要求再次进行复试，再次复试的结果合格方可认为该批材料合格，两次报告必须同时归入施工技术文件。

（7）必须按有关规定实行有见证取样和送检制度，其记录、汇总表纳入施工技术文件。

（8）总含碱量有要求的地区，应对混凝土使用的水泥、砂、石、外加剂、掺合料等的含碱量进行检测，并按规定要求将报告纳入施工技术文件。

5.2.3.2 水泥

（1）水泥生产厂家的检（试）验报告应包括后补的28d强度报告。

（2）水泥使用前复试的主要项目为：胶砂强度、凝结时间、安定性、细度等。试验报告应有明确结论。

5.2.3.3 钢材（钢筋、钢板、型钢）

（1）钢材使用前应按有关标准的规定，抽取试样做力学性能试验；当发现钢筋脆断，焊接性能不良或力学性能显著不正常等现象时，应对该批钢材进行化学成分检验或其他专项检验；如需焊接时，还应做可焊接性试验，并分别提供相应的试验报告。

（2）预应力混凝土所用的高强钢丝、钢绞线等张拉钢材，除按上述要求检验外，还应按有关规定进行外观检查。

（3）钢材检（试）验报告的项目应填写齐全，要有试验结论。

5.2.3.4 沥青

沥青使用前复试的主要项目为：延度、针入度、软化点、老化、黏附性等（视不同的道路等级而定）。

5.2.3.5 涂料

防火涂料应具有经消防主管部门的认定证明材料。

5.2.3.6 焊接材料

应有焊接材料与母材的可焊性试验报告。

5.2.3.7 砌块（砖、料石、预制块等）

用于承重结构时，使用前复试项目为：抗压、抗折强度。

5.2.3.8 砂、石

工程所使用的砂、石应按规定批量取样进行试验。试验项目一般有：筛分析、表观密度、堆积密度和紧密密度、含泥量、泥块含量、针状和片状颗粒的总含量等。结构或设计有特殊要求时，还应按要求加做压碎指标值等相应项目试验。

5.2.3.9 混凝土外加剂、掺合料

各种类型的混凝土外加剂、掺合料使用前，应按相关规定中的要求进行现场复试并出具试验报告和掺量配合比试配单。

5.2.3.10 防水材料及粘接材料

防水卷材、涂料，填缝、密封、粘结材料，沥青马蹄酯、环氧树脂等应按国家相关规定进行抽样试验，并出具试验报告。

5.2.3.11 防腐、保温材料
其出厂质量合格证书应标明该产品质量指标、使用性能。

5.2.3.12 石灰
石灰在使用前应按批次取样，检测石灰的氧化钙和氧化镁含量。

5.2.3.13 水泥、石灰、粉煤灰类混合料
（1）混合料的生产单位按规定，提供产品出厂质量合格证书。
（2）连续供料时，生产单位出具合格证书的有效期最长不得超过7d。

5.2.3.14 沥青混合料
沥青混合料生产单位应按同类型、同配比、每批次至少向施工单位提供一份产品质量合格证书。连续生产时，每2000t提供一次。

5.2.3.15 商品混凝土
（1）商品混凝土生产单位应按同配比、同批次、同强度等级提供出厂质量合格证书。
（2）总含碱量有要求的地区，应提供混凝土碱含量报告。

5.2.3.16 管材、管件、设备、配件
（1）厂（场）、站工程成套设备应有产品质量合格证书、设备安装使用说明等。工程竣工后整理归档。
（2）厂（场）、站工程的其他专业设备及电气安装的材料、设备、产品按现行国家或行业相关规范、规程、标准要求进行进场检查、验收，并留有相应文字记录。
（3）进口设备必须配有相关内容的中文资料。
（4）上述（1）、（2）两项供应厂家应提供相关的检测报告。
（5）混凝土管、金属管生产厂家应提供有关的强度、严密性、无损探伤的检测报告。施工单位应依照有关标准进行检查验收。

5.2.3.17 预应力混凝土张拉材料
（1）应有预应力锚具、连接器、夹片、金属波纹管等材料的出厂检（试）验报告及复试报告。
（2）设计或规范有要求的桥梁预应力锚具，锚具生产厂家及施工单位应提供锚具组装件的静载锚固性能试验报告。

5.2.3.18 混凝土预制构件
（1）钢筋混凝土及预应力钢筋混凝土梁、板、墩、柱、挡墙板等预制构件生产厂家，应提供相应的能够证明产品质量的基本质量保证资料。如：钢筋原材复试报告、焊（连）接检验报告；达到设计强度值的混凝土强度报告（含28d标养及同条件养护的）；预应力材料及设备的检验、标定和张拉资料等。
（2）一般混凝土预制构件如栏杆、地袱、挂板、防撞墩、小型盖板、检查井盖板、过梁、缘石（侧石）、平石、方砖、树池砌件等，生产厂家应提供出厂合格证书。
（3）施工单位应依照有关标准进行检查验收。

5.2.3.19 钢结构构件
（1）作为主体结构使用的钢结构构件，生产厂家应依照本规定提供相应的能够证明产品质量的基本质量保证资料。如：钢材的复试报告、可焊性试验报告；焊接（缝）质量检验报告；连接件的检验报告；机械连接记录等。

(2) 施工单位应依照有关标准进行检查验收。
5.2.3.20 井圈、井盖、踏步等
各种地下管线的各类井室的井圈、井盖、踏步等，应有生产单位出具的质量合格证书。
5.2.3.21 支座、变形装置、止水带等
支座、变形装置、止水带等产品应有出厂质量合格证书和设计有要求的复试报告。

5.2.4 施工检（试）验报告

5.2.4.1 见证记录、有见证试验汇总表
凡有见证取样及送检要求的，应有见证记录、有见证试验汇总表。

5.2.4.2 压实度（密度）、强度试验资料
（1）填土、路床压实度（密度）资料
① 按土质种类做的最大干密度与最佳含水量试验报告。
② 按质量标准分层、分段取样的填土压实度试验记录。
（2）道路基层压实度和强度试验资料
① 石灰类、水泥类、二灰类等无机混合料基层的标准击实试验报告。
② 按质量标准分层分段取样的压实度试验记录。
③ 道路基层强度试验报告：石灰类、水泥类、二灰类等无机混合料应有石灰、水泥实际剂量的检测报告；石灰、水泥等无机稳定土类道路基层应有 7d 龄期的无侧限抗压强度试验报告；其他基层强度试验报告。
（3）道路面层压实度资料
① 有沥青混合料厂提供的标准密度。
② 有按质量标准分层取样的实测干密度。
③ 有路面弯沉试验报告。

5.2.4.3 水泥混凝土抗压、抗折强度，抗渗、抗冻性能试验资料
（1）应有试配申请单和有相应资质的试验室签发的配合比通知单。施工中如果材料发生变化时，应有修改配合比的通知单。
（2）应有按规范规定组数的试块强度试验资料和汇总表。
① 标准养护试块 28d 抗压强度试验报告。
② 水泥混凝土桥面和路面应有 28d 标养的抗压、抗折强度试验报告。
③ 结构混凝土应有同条件养护试块抗压强度试验报告作为拆模、卸支架、预应力张拉、构件吊运、施工临时荷载等的依据。
④ 冬期施工混凝土，应有检验混凝土抗冻性能的同条件养护试块抗压强度试验报告。
⑤ 主体结构，应有同条件养护试块抗压强度试验报告，以验证结构物实体强度。
⑥ 当强度未能达到设计要求而采取实物钻芯取样试压时，应同时提供钻芯试压报告和原标养试块抗压强度试验报告。如果混凝土钻芯取样试压强度仍达不到设计要求时，应由设计单位提供经设计负责人签署并加盖单位公章的处理意见资料。
（3）凡设计有抗渗、抗冻性能要求的混凝土，除应有抗压强度试验报告外，还应有按规范规定组数标养的抗渗、抗冻试验报告。
（4）商品混凝土应以现场制作的标养 28d 的试块抗压、抗折、抗渗、抗冻指标作为评

定的依据，并应在相应试验报告上标明商品混凝土生产单位名称、合同编号。

（5）应有按现行国家标准进行的强度统计评定资料。（水泥混凝土路面、桥面要有抗折强度评定资料）

5.2.4.4 砂浆试块强度试验资料

(1) 有砂浆试配申请单、配比通知单和强度试验报告。

(2) 预应力孔道压浆每一工作班留取不少于三组的 $7.07\times 7.07\times 7.07cm^3$ 试件，其中一组作为标准养护 28d 的强度资料，其余二组做移运和吊装时强度参考值资料。

(3) 有按规定要求的强度统计评定资料。

(4) 使用沥青马蹄脂、环氧树脂砂浆等粘结材料，应有配合比通知单和试验报告。

5.2.4.5 钢筋焊、连接检（试）验资料

(1) 钢筋连接接头采用焊接方式或采用锥螺纹、套管等机械连接接头方式的，均应按有关规定进行现场条件下连接性能试验，留取试验报告。报告必须对抗弯、抗拉试验结果有明确结论。

(2) 试验所用的焊（连）接试件，应从外观检查合格后的成品中切取，数量要满足现行国家规范规定。试验报告后应附有效的焊工上岗证复印件。

(3) 委托外加工的钢筋，其加工单位应向委托单位提供质量合格证书。

5.2.4.6 钢结构、钢管道、金属容器等及其他设备焊接检（试）验资料

钢结构、钢管道、金属容器等及其他设备焊接检（试）验资料应按国家相关规范执行。

5.2.4.7 桩基础

桩基础应按有关规定，做检（试）验并出具报告

5.2.4.8 检（试）验报告

检（试）验报告应由具由相应资质的检测、试验机构出具。

5.2.5 施工记录

5.2.5.1 地基与基槽验收记录

1. 地基与基槽验收时，应按下列要求进行记录：

① 核对其位置、平面尺寸、基底标高等内容，是否符合设计规定。

② 核对基底的土质和地下水情况，是否与勘察报告相一致。

③ 对于深基础，还应检查基坑对附近建筑物、道路、管线等是否存在不利影响。

2. 地基需处理时，应由设计、勘察部门提出处理意见，并绘制处理的部位、尺寸、标高等示意图。处理后，应按有关规范和设计的要求，重新组织验收。

一般基槽验收记录可用隐蔽工程验收记录代替。

5.2.5.2 桩基施工记录

1. 桩基施工记录应附有桩位平面示意图。分包桩基施工的单位，应将施工记录全部移交给总包单位。

2. 打桩记录

① 有试桩要求的应有试桩或试验记录。

② 打桩记录应记入桩的锤击数、贯入度、打桩过程中出现的异常情况等。

3. 钻孔（挖孔）灌注桩记录

① 钻孔桩（挖孔桩）钻进记录。

② 成孔质量检查记录。

③ 桩混凝土灌注记录。

5.2.5.3 构件、设备安装与调试记录

1. 钢筋混凝土大型预制构件、钢结构等吊装记录。内容包括：构件类型、编号、型号、位置、连接方法、实际安装偏差等，并附简图。

2. 厂（场）、站工程大型设备安装调试记录。

内容包括：

① 设备安装设计文件。

② 设备安装记录：设备名称、编号、型号、安装位置、简图、连接方法、允许安装偏差和实际偏差等。特种设备的安装记录还应符合有关部门及行业规范的规定。

③ 设备调试记录。

5.2.5.4 施加预应力记录

1. 预应力张拉设计数据和理论张拉伸长值计算资料。

2. 预应力张拉原始记录。

3. 预应力张拉设备——油泵、千斤顶、压力表等应有由法定剂量检测单位进行校验的报告和张拉设备配套标定的报告并绘由相应的 P-T 曲线。

4. 预应力孔道灌浆记录。

5. 预留孔道实际摩阻值的测定报告书。

6. 孔位示意图，其孔（束）号、构件编号与张拉原始记录一致。

5.2.5.5 沉井

沉井下沉时，应填写沉井下沉观测记录。

5.2.5.6 混凝土浇筑记录

凡现场浇筑 C20（含）强度等级以上的结构混凝土，均应填写混凝土浇筑记录。

5.2.5.7 管道、箱涵

管道、箱涵顶推进记录。

5.2.5.8 构筑物沉降观测记录

构筑物沉降观测的应有构筑物沉降观测记录（设计有要求的要做沉降观测记录）。

5.2.5.9 施工测温记录

大体积混凝土施工应有施工测温记录。

5.2.5.10 其他

有特殊要求的工程，如厂（场）、站工程的水工构筑物，防水、钢结构及管道工程的保温等工程项目，应按有关规定及设计要求，提供相应的施工记录。

5.2.6 测量复核及预检记录

5.2.6.1 测量复核记录

1. 施工前建设单位应组织有关单位向施工单位进行现场交桩。施工单位应根据交桩记录进行测量复核并留有记录。

2. 施工设置的临时水准点、轴线桩及构筑物施工的定位桩、高程桩的测量复核记录。
3. 部位、工序的测量复核记录。
4. 应在复核记录中绘制施工测量示意图，标注测量与复核的数据及结论。

5.2.6.2 预检记录

1. 主要结构的模板预检记录，包括几何尺寸、轴线、标高、预埋件和预留孔位置、模板牢固性和模内清理、清理口留置、脱模剂涂刷等检查情况。
2. 大型构件和设备安装前的预检记录应有预埋件、预留孔位置、高程、规格等检查情况。
3. 设备安装的位置检查情况。
4. 非隐蔽管道工程的安装检查情况。
5. 补偿器预拉情况、补偿器的安装情况。
6. 支（吊）架的位置、各部位的连接方式等检查情况。
7. 油漆工程。

5.2.7 隐蔽工程检查验收记录

凡被下道工序、部位所隐蔽的，在隐蔽前必须进行质量检查，并填写隐蔽工程检查验收记录。隐蔽检查的内容应具体，结论应明确。验收手续应及时办理，不得后补。需复验的要办理复验手续。

5.2.8 工程质量检验评定资料

1. 施工完毕后，应按照质量检验评定标准进行质量检验与评定，及时填写工程质量评定表。表中内容应填写齐全，签字手续完备规范。
2. 工程完成后应汇总该部位所有工序质量评定结果。进行部位工程质量等级评定。签字手续完备、规范。
3. 位工程完成后，由工程项目负责人主持，进行单位工程质量评定，填写单位工程质量评定表。由工程项目负责人和项目技术负责人签字，加盖公章作为竣工验收的依据之一。

5.2.9 功能性试验记录

5.2.9.1 一般规定

功能性试验是对市政基础设施工程在交付使用之前所进行的使用功能的检查。功能性试验按有关标准进行，并有有关单位参加，填写试验记录，由参加各方签字，手续完备。

5.2.9.2 基础设施工程功能性试验主要项目一般包括

1. 道路工程的弯沉试验。
2. 无压力管道严密性试验。
3. 桥梁工程设计有要求的动、静载试验。
4. 水池满水试验。
5. 消化池气密性试验。
6. 压力管道的强度试验、严密性试验和通球试验等。

7. 其他施工项目如设计有要求，按规定及有关规范做使用功能试验。

5.2.10 质量事故报告及处理记录

发生质量事故，施工单位应立即填写工程质量事故报告，质量事故处理完毕后须填写质量事故处理记录。工程质量事故报告及质量事故处理记录必须归入施工技术文件。

5.2.11 设计变更通知单、洽商记录

设计变更通知单、洽商记录是施工图的补充和修改，应在施工前办理。内容应明确具体，必要时附图。

1. 变更通知单，必须由原设计人和设计单位负责人签字并加盖设计单位印章方为有效。
2. 记录必须由参建各方共同签认方为有效。
3. 变更通知单、洽商记录应原件存档。如用复印件存档时，应注明原件存放处。
4. 工程的设计变更、洽商，由工程总包单位统一办理。

5.2.12 竣工总结与竣工图

5.2.12.1 竣工总结
竣工总结主要应包括下列内容：工程概况；竣工的主要工程数量和质量情况；使用了何种新技术、新工艺、新材料、新设备；施工过程中遇到的问题及处理方法；工程中发生的主要变更和洽商；遗留的问题及建议等。

5.2.12.2 竣工图
1. 工程竣工后应及时进行竣工图的整理。绘制竣工图须遵照以下原则：

① 凡在施工中，按图施工没有变更的，在新的原施工图上加盖"竣工图"的标志后，可作为竣工图。

② 无大变更的，应将修改内容按实际发生的描绘在原施工图上，并注明变更或洽商编号，加盖"竣工图"标志后作为竣工图。

③ 凡结构形式改变、工艺改变、平面布置改变、项目改变以及其他重大改变；或虽非重大变更，但难以在原施工图上表示清楚的，应重新绘制竣工图。

2. 改绘竣工图，必须使用不褪色的黑色绘图墨水。

5.2.13 竣工验收

5.2.13.1 竣工报告
工程竣工报告是由施工单位对已完工程进行检查，确认工程质量符合有关法律、法规和工程建设强制性标准，符合设计及合同要求而提出的工程告竣文书。该报告应经项目经理和施工单位有关负责人审核签字加盖单位公章。实行监理的工程，工程竣工报告必须经总监理工程师签署意见。

5.2.13.2 竣工验收证书
工程竣工合格后，由建设单位颁布竣工验收证书。

5.3 市政基础设施工程文件档案资料来源、组卷和归档目录

5.3.1 市政道路工程施工文件档案资料分类与归档

市政道路工程施工文件档案资料（DL）分为施工、技术管理资料（DL1）；工程质量控制资料（DL2）；各分部工程质量验收记录〔路基分部（DL3）、基层分部（DL4）、面层分部（DL5）、广场与停车场工程分部（DL6）、人行道分部（DL7）、人行地道结构分部（DL8）、挡土墙分部（DL9）、附属构筑物分部（DL10）〕；竣工验收文件资料。市政道路工程施工文件档案资料来源、组卷及归档移交目录，如表5-4所示。

市政道路工程施工文件档案资料来源、组卷及归档移交目录　　　　表5-4

类　别		类别编号	工程文件资料名称	资料来源	归档保存单位	
					施工单位	城建档案馆
施工、技术管理资料 DL1		DL1.1	工程概况	施工单位	√	√
		DL1.2	工程项目施工管理人员名单	施工单位	√	√
		DL1.3	施工现场质量管理检查记录	施工单位	√	
		DL1.4	施工组织设计、施工方案审批表	施工单位监理单位	√	
		DL1.5	开工报告	施工单位	√	√
		DL1.6	竣工报告	施工单位	√	√
		DL1.7	施工招标文件	建设单位	√	
		DL1.8	工程总承包合同及分包合同	施工单位建设单位	√	
		DL1.9	沥青混凝土设计配合比及生产配合比通知单	检测单位	√	
		DL1.10	混凝土配合比通知单	检测单位	√	
		DL1.11	砂浆配合比通知单	检测单位	√	
		DL1.12	无机结合料稳定材料配合比设计报告	检测单位	√	
		DL1.13	特种混凝土和砂浆配合比通知单	检测单位	√	
		DL1.14	其他	相关单位	√	
工程质量控制资料 DL2	图纸会审、设计变更、洽商记录汇总表 DL2.1	DL2.1.1	图纸会审、设计变更、洽商记录	施工单位设计单位	√	√
		DL2.1.2	设计交底记录	设计单位	√	
	测量交接及复测记录 DL2.2	DL2.2.1	测量交接桩记录及附件	施工单位建设单位	√	√
		DL2.2.2	导线点复测记录	施工单位	√	√
		DL2.2.3	水准点复测记录	施工单位	√	√
		DL2.2.4	工程定位测量、放线验收记录	施工单位	√	√
		DL2.2.5	测量仪器及计量设备标定证书	标定单位	√	

续表

类别	类别编号	工程文件资料名称	资料来源	归档保存单位 施工单位	归档保存单位 城建档案馆
工程质量控制资料 DL2	原材料及构配件出厂合格证书及进场复验报告 DL2.3	DL2.3.1 原材料出厂质量证明文件汇总表	施工单位	√	
		DL2.3.1.1 钢筋合格证、出厂检验报告	供应单位	√	
		DL2.3.1.2 其他钢材合格证、出厂检验报告	供应单位	√	
		DL2.3.1.3 水泥合格证、出厂检验报告	供应单位	√	
		DL2.3.1.4 石灰合格证、出厂检验报告	供应单位	√	
		DL2.3.1.5 粉煤灰合格证、出厂检验报告	供应单位	√	
		DL2.3.1.6 砂、石料合格证、出厂检验报告	供应单位	√	
		DL2.3.1.7 砖（砌块）合格证、出厂检验报告	供应单位	√	
		DL2.3.1.8 土工（布、网、膜、格栅）合格证、出厂检验报告	供应单位	√	
		DL2.3.1.9 砂袋合格证、出厂检验报告	供应单位	√	
		DL2.3.1.10 塑料排水板（带）合格证、出厂检验报告	供应单位	√	
		DL2.3.1.11 混凝土外加剂合格证、出厂检验报告	供应单位	√	
		DL2.3.1.12 道板（砖）、面砖、路缘石、料石面层产品合格证、出厂检验报告	供应单位	√	
		DL2.3.1.13 沥青混凝土质量合格证明文件	供应单位	√	
		DL2.3.1.14 商品混凝土质量合格证明文件	供应单位	√	
		DL2.3.1.15 水泥稳定土（商品水泥稳定土混合料）原材料质量证明文件	供应单位	√	
		DL2.3.1.16 焊条（剂）合格证	供应单位	√	
		DL2.3.1.17 其他	供应单位	√	
		DL2.3.2 原材料进场复验报告汇总表	施工单位	√	√
		DL2.3.2.1 钢筋进场复验报告	检测单位	√	√
		DL2.3.2.2 其他钢材进场复验报告	检测单位	√	√
		DL2.3.2.3 水泥进场复验报告	检测单位	√	√
		DL2.3.2.4 石灰进场复验报告	检测单位	√	√
		DL2.3.2.5 粉煤灰进场复验报告	检测单位	√	√
		DL2.3.2.6 砂、石料进场复验报告	检测单位	√	√
		DL2.3.2.7 砖（砌块）进场复验报告	检测单位	√	√
		DL2.3.2.8 土工（布、网、膜、格栅）产品进场复验报告	检测单位	√	√
		DL2.3.2.9 砂袋进场复验报告	检测单位	√	√
		DL2.3.2.10 塑料排水板（带）进场复验报告	检测单位	√	√
		DL2.3.2.11 混凝土外加剂（及其他材料）复验报告	检测单位	√	√
		DL2.3.2.12 道板（砖）、面砖、路缘石、料石面层进场复验报告	检测单位	√	√
		DL2.3.2.13 沥青混凝土进场复验报告	检测单位	√	√
		DL2.3.2.14 混合料配合比设计试验报告	检测单位	√	√
		DL2.3.2.15 无机结合料粒料级配报告	检测单位	√	√
		DL2.3.2.16 原材料检验试验报告	检测单位	√	√
		DL2.3.2.17 无机结合料稳定类基层混合料水泥（石灰）剂量试验报告	检测单位	√	√
		DL2.3.2.18 无机结合料稳定类基层无侧限抗压强度试验报告	检测单位	√	√
		DL2.3.2.19 其他	相关单位	√	√

续表

类别	类别编号	工程文件资料名称	资料来源	归档保存单位 施工单位	归档保存单位 城建档案馆
工程质量控制资料DL2	施工试验报告及见证检测报告DL2.4	DL2.4.1	混凝土试块检测报告汇总表	施工单位	√	√
		DL2.4.1.2	混凝土试块检测报告	检测单位	√	√
		DL2.4.2	混凝土强度评定	施工单位	√	√
		DL2.4.3	砂浆试块检测报告汇总表	施工单位	√	√
		DL2.4.3.1	砂浆试块检测报告	检测单位	√	√
		DL2.4.4	砂浆强度评定	施工单位	√	√
		DL2.4.5	钢筋连接试验报告汇总表	施工单位	√	√
		DL2.4.5.1	钢筋连接试验报告	检测单位	√	√
		DL2.4.6	土工试验记录汇总表	施工单位	√	√
		DL2.4.6.1	土壤标准击实报告	检测单位	√	√
		DL2.4.6.2	无机结合料标准击实报告	检测单位	√	√
		DL2.4.6.3	轻型动力触探试验报告	检测单位	√	√
		DL2.4.6.4	土的承载比（CBR）试验报告	检测单位	√	√
		DL2.4.6.5	界限含水率试验报告（液、塑限联合测定法）	检测单位	√	√
		DL2.4.7	灰剂量检测报告试验汇总表	施工单位	√	√
		DL2.4.7.1	灰剂量检测报告	检测单位	√	√
		DL2.4.8	无机结合料7d无侧限抗压强度试验汇总表	施工单位	√	√
		DL2.4.8.1	无机结合料7d无侧限抗压强度试验报告	检测单位	√	√
		DL2.4.9	弯沉测试报告汇总表	施工单位	√	√
		DL2.4.9.1	弯沉测试报告	检测单位	√	√
		DL2.4.10	水泥土搅拌桩取芯强度试验报告汇总表	施工单位	√	√
		DL2.4.10.1	水泥土搅拌桩取芯强度试验报告	检测单位	√	√
		DL2.4.11	无机结合料压实度试验报告汇总表	施工单位	√	√
		DL2.4.11.1	无机结合料压实度试验报告	检测单位	√	√
		DL2.4.12	沥青混凝土压实度试验报告汇总表	施工单位	√	√
		DL2.4.12.1	沥青混凝土压实度试验报告	检测单位	√	√
		DL2.4.13	沥青混凝土面层摩擦系数、构造深度试验报告汇总表	施工单位	√	√
		DL2.4.13.1	沥青混凝土面层摩擦系数、构造深度试验报告	检测单位	√	√
		DL2.4.14	道路结构层各层厚度检测汇总表	施工单位	√	√
		DL2.4.14.1	道路结构层各层厚度检测报告	检测单位	√	√
	施工记录DL2.5	DL2.5.1	施工日志	施工单位	√	
		DL2.5.2	地基钎探记录	施工单位	√	
		DL2.5.3	地基施工处理记录	施工单位	√	
		DL2.5.4	隐蔽工程验收记录	施工单位	√	√
		DL2.5.5	混凝土开盘鉴定记录	施工单位	√	
		DL2.5.6	混凝土浇筑记录	施工单位	√	
		DL2.5.7	混凝土养护测温记录	施工单位	√	
		DL2.5.8	冬施混凝土搅拌测温记录	施工单位	√	

续表

类别	类别编号	工程文件资料名称	资料来源	归档保存单位 施工单位	归档保存单位 城建档案馆
工程质量控制资料 DL2	施工记录 DL2.5	DL2.5.9 冬施混凝土养护测温记录	施工单位	√	
		DL2.5.10 沥青混凝土进场、摊铺测温记录	施工单位	√	
		DL2.5.11 碾压沥青混凝土测温记录	施工单位	√	
		DL2.5.12 回填施工记录	施工单位	√	
		DL2.5.13 软基分层沉降检测记录	施工单位	√	√
		DL2.5.14 孔隙水压力观察记录	施工单位	√	
		DL2.5.15 深层搅拌桩施工记录	施工单位	√	
		DL2.5.16 粉喷桩施工记录	施工单位	√	
		DL2.5.17 袋装砂井施工记录	施工单位	√	
		DL2.5.18 碎石（砂）桩施工记录	施工单位	√	
		DL2.5.19 塑料排水板施工记录	施工单位	√	
		DL2.5.20 道路工程测试成果汇总表	施工单位	√	√
		DL2.6 工程质量事故及事故调查处理记录	施工单位	√	√
		DL2.7 工程施工总结	施工单位	√	√
		DL2.8 新材料、新工艺施工记录	施工单位	√	√
路基分部工程质量验收记录 DL3		DL3.1 土方路基分项工程质量验收记录	施工单位	√	
		DL3.1.1 土方路基（路床）工程检验批质量验收记录	施工单位	√	
		DL3.2 石方路基分项工程质量验收记录	施工单位	√	
		DL3.2.2 挖石方路基工程检验批质量验收记录	施工单位	√	
		DL3.2.3 填石方路基工程检验批质量验收记录	施工单位	√	
		DL3.3 路基处理分项工程质量验收记录	施工单位	√	
		DL3.3.1 软土路基（砂垫层）工程检验批质量验收记录	施工单位	√	
		DL3.3.2 软土路基（反压护道）工程检验批质量验收记录	施工单位	√	
		DL3.3.3 软土路基（土工材料）工程检验批质量验收记录	施工单位	√	
		DL3.3.4 软土路基（袋装砂井）工程检验批质量验收记录	施工单位	√	
		DL3.3.5 软土路基（塑料排水板）工程检验批质量验收记录	施工单位	√	
		DL3.3.6 软土路基（砂桩）工程检验批质量验收记录	施工单位	√	
		DL3.3.7 软土路基（碎石桩）工程检验批质量验收记录	施工单位	√	
		DL3.3.8 软土路基（粉喷桩）工程检验批质量验收记录	施工单位	√	
		DL3.3.9 软土地基（薄壁管桩）工程检验批质量验收记录	施工单位	√	
		DL3.3.10 湿陷性黄土路基强夯处理检验批质量验收记录	施工单位	√	
		DL3.4 路肩分项工程质量验收记录	施工单位	√	
		DL3.4.1 路肩工程检验批质量验收记录	施工单位	√	
基层分部工程质量验收记录 DL4		DL4.1 石灰土基层分项工程质量验收记录	施工单位	√	
		DL4.1.1 石灰土基层检验批质量验收记录	施工单位	√	
		DL4.2 石灰、粉煤灰、稳定砂砾（碎石）基层分项工程质量验收记录	施工单位	√	
		DL4.2.1 石灰、粉煤灰、稳定砂砾（碎石）基层检验批质量验收记录	施工单位	√	

续表

类 别	类别编号	工程文件资料名称	资料来源	归档保存单位 施工单位	归档保存单位 城建档案馆
基层分部工程质量验收记录DL 4	DL 4.3	石灰、粉煤灰基层分项工程质量验收记录	施工单位	√	
	DL 4.3.1	石灰、粉煤灰基层检验批质量验收记录	施工单位	√	
	DL 4.4	水泥稳定土类基层分项工程质量验收记录	施工单位	√	
	DL4.4.1	水泥稳定土类基层检验批质量验收记录	施工单位	√	
	DL 4.5	级配砂砾（砾石）基层分项工程质量验收记录	施工单位	√	
	DL4.5.1	级配砂砾（砾石）基层检验批质量验收记录	施工单位	√	
	DL 4.6	级配砂砾（碎砾石）基层分项工程质量验收记录	施工单位	√	
	DL4.6.1	级配碎石（碎砾石）基层检验批质量验收记录	施工单位	√	
	DL 4.7	沥青混合料（碎石）基层分项工程质量验收记录	施工单位	√	
	DL4.7.1	沥青混合料（碎石）基层检验批质量验收记录	施工单位	√	
	DL 4.8	沥青贯入式基层分项工程质量验收记录	施工单位	√	
	DL4.8.1	沥青贯入式基层检验批质量验收记录	施工单位	√	
面层分部工程质量验收记录DL 5	DL 5.1	沥青混合料面层子分部工程质量验收记录	施工单位	√	√
	DL 5.1.1	粘层、透层与封层分项工程质量验收记录	施工单位	√	
	DL5.1.1.1	粘层、透层与封层工程检验批质量验收记录	施工单位	√	
	DL 5.1.2	热拌沥青混合料面层分项工程质量验收记录	施工单位	√	
	DL5.1.2.1	热拌沥青混合料面层工程检验批质量验收记录	施工单位	√	
	DL 5.1.3	冷拌沥青混合料面层分项工程质量验收记录	施工单位	√	
	DL5.1.3.1	冷拌沥青混合料面层工程检验批质量验收记录	施工单位	√	
	DL 5.2	沥青贯入式与表面处治面层子分部工程质量验收记录	施工单位	√	√
	DL 5.2.1	沥青表面处治工程分项工程质量验收记录	施工单位	√	
	DL5.2.1.1	沥青表面处治工程检验批质量验收记录	施工单位	√	
	DL 5.2.2	沥青贯入式面层工程分项工程质量验收记录	施工单位	√	
	DL5.2.2.1	沥青贯入式面层工程检验批质量验收记录	施工单位	√	
	DL 5.3	水泥混凝土面层子分部工程质量验收记录	施工单位	√	√
	DL 5.3.1	水泥混凝土面层分项工程质量验收记录	施工单位	√	
	DL 5.3.1.1	水泥混凝土面层质量检验批验收记录	施工单位	√	
	DL 5.3.1.2	模板工程（模板安装）检验批质量验收记录	施工单位	√	
	DL 5.3.1.3	模板工程（模板拆除）检验批质量验收记录	施工单位	√	
	DL 5.3.1.4	钢筋（原材料、钢筋加工）检验批质量	施工单位	√	
	DL 5.3.1.5	钢筋工程（钢筋连接、钢筋安装）检验批质量验收记录	施工单位	√	
	DL 5.4	铺砌式面层工程子分部工程质量验收记录	施工单位	√	√
	DL 5.4.1	料石面层分项工程质量验收记录	施工单位	√	
	DL 5.4.1.1	料石面层工程检验批质量验收记录	施工单位	√	
	DL 5.4.2	预制混凝土砌块面层分项工程质量验收记录	施工单位	√	
	DL 5.4.2.1	预制混凝土砌块面层检验批质量验收记录	施工单位	√	

续表

类 别	类别编号	工程文件资料名称	资料来源	归档保存单位 施工单位	归档保存单位 城建档案馆
广场与停车场工程分部工程质量验收记录 DL6	DL6.1	广场、停车场料石面层分项工程质量验收记录	施工单位	√	
	DL6.1.1	广场、停车场料石面层工程检验批质量验收记录	施工单位	√	
	DL6.2	沥青混合料铺筑广场与停车场面层分项工程质量验收记录	施工单位	√	
	DL6.2.1	沥青混合料铺筑广场与停车场面层工程检验批质量验收记录	施工单位	√	
	DL6.3	预制混凝土砌块面层分项工程质量验收记录	施工单位	√	
	DL6.3.1	预制混凝土砌块面层工程检验批质量验收记录	施工单位	√	
	DL6.4	水泥混凝土面层分项工程质量验收记录	施工单位	√	
	DL6.4.1	水泥混凝土面层工程检验批质量验收记录	施工单位	√	
人行道分部工程质量验收记录 DL7	DL7.1	料石铺砌人行道面层分项工程质量验收记录	施工单位	√	
	DL7.1.1	料石铺砌人行道面层工程检验批质量验收记录	施工单位	√	
	DL7.2	沥青混合料铺筑人行道面层分项工程质量验收记录	施工单位	√	
	DL7.2.1	沥青混合料铺筑人行道面层工程检验批质量验收记录	施工单位	√	
	DL7.3	混凝土预制块铺砌人行道面层分项工程质量验收记录	施工单位	√	
	DL7.3.1	混凝土预制块铺砌人行道工程检验批质量验收记录	施工单位	√	
人行地道结构分部工程质量验收记录 DL8	DL8.1	现浇钢筋混凝土人行地道工程子分部工程质量验收记录	施工单位	√	√
	DL8.1.1	现浇钢筋混凝土人行地道结构工程分项工程质量验收记录	施工单位	√	
	DL8.1.1.1	现浇钢筋混凝土人行地道结构工程检验批质量验收记录	施工单位	√	
	DL8.1.2	基坑开挖、地基分项工程质量验收记录	施工单位	√	
	DL8.1.2.1	基坑开挖、地基检验批质量验收记录	施工单位	√	
	DL8.1.3	垫层分项工程质量验收记录	施工单位	√	
	DL8.1.3.1	垫层工程检验批质量验收记录	施工单位	√	
	DL8.1.4	钢筋分项工程质量验收记录	施工单位	√	
	DL8.1.4.1	钢筋原材及加工、钢筋网检验批质量验收记录	施工单位	√	
	DL8.1.4.2	钢筋成型、安装检验批质量验收记录	施工单位	√	
	DL8.1.5	模板分项工程质量验收记录	施工单位	√	
	DL8.1.5.1	模板（木模板）制作检验批质量验收记录	施工单位	√	
	DL8.1.5.2	模板（钢模板）制作检验批质量验收记录	施工单位	√	
	DL8.1.5.3	模板分项工程（现浇结构模板安装）检验批质量验收记录	施工单位	√	
	DL8.1.5.4	模板拆除工程检验批质量验收记录	施工单位	√	

续表

类　别	类别编号	工程文件资料名称	资料来源	归档保存单位	
				施工单位	城建档案馆
	DL8.1.6	现浇混凝土基础分项工程质量验收记录	施工单位	√	
	DL8.1.6.1	现浇混凝土基础检验批质量验收记录	施工单位	√	
	DL8.1.7	卷材防水层分项工程质量验收记录	施工单位	√	
	DL8.1.7.1	卷材防水层工程检验批质量验收记录	施工单位	√	
	DL8.1.8	涂料防水层分项工程质量验收记录	施工单位	√	
	DL8.1.8.1	涂料防水层工程检验批质量验收记录	施工单位	√	
	DL8.1.9	细部构造分项工程质量验收记录	施工单位	√	
	DL8.1.9.1	细部构造工程检验批质量验收记录	施工单位	√	
	DL8.1.10	回填土方分项工程质量验收记录	施工单位	√	
	DL8.1.10.1	回填土方检验批质量验收记录	施工单位	√	
	DL8.2	预制安装钢筋混凝土人行地道结构子分部工程质量验收记录	施工单位	√	√
	DL8.2.1	预制安装钢筋混凝土人行地道结构分项工程质量验收记录	施工单位	√	
	DL8.2.1.1	预制安装钢筋混凝土人行地道结构检验批质量验收记录	施工单位	√	
	DL8.2.2	基坑开挖分项工程质量验收记录	施工单位	√	
	DL8.2.2.1	基坑开挖检验批质量验收记录	施工单位	√	
人行地道结构分部工程质量验收记录 DL8	DL8.2.3	垫层分项工程质量验收记录	施工单位	√	
	DL8.2.3.1	垫层工程检验批质量验收记录	施工单位	√	
	DL8.2.4	钢筋分项工程质量验收记录	施工单位	√	
	DL8.2.4.1	钢筋原材及加工、钢筋网检验批质量验收记录	施工单位	√	
	DL8.2.4.2	钢筋成型、安装检验批质量验收记录	施工单位	√	
	DL8.2.5	模板分项工程质量验收记录	施工单位	√	
	DL8.2.5.1	模板（木模板）制作检验批质量验收记录	施工单位	√	
	DL8.2.5.2	模板（钢模板）制作检验批质量验收记录	施工单位	√	
	DL8.2.5.3	模板分项工程（现浇结构模板安装）检验批质量验收记录	施工单位	√	
	DL8.2.5.4	模板拆除工程检验批质量验收记录	施工单位	√	
	DL8.2.6	现浇混凝土基础分项工程质量验收记录	施工单位	√	
	DL8.2.6.1	现浇混凝土基础检验批质量验收记录	施工单位	√	
	DL8.2.7	混凝土分项工程质量验收记录	施工单位	√	
	DL8.2.7.1	混凝土分项工程（混凝施工）检验批质量验收记录	施工单位	√	
	DL8.2.8	卷材防水层分项工程质量验收记录	施工单位	√	
	DL8.2.8.1	卷材防水层工程检验批质量验收记录	施工单位	√	
	DL8.2.9	涂料防水层分项工程质量验收记录	施工单位	√	
	DL8.2.9.1	涂料防水层工程检验批质量验收记录	施工单位	√	
	DL8.2.10	细部构造分项工程质量验收记录	施工单位	√	

续表

类 别	类别编号	工程文件资料名称	资料来源	归档保存单位 施工单位	归档保存单位 城建档案馆
人行地道结构分部工程质量验收记录DL8	DL8.2.10.1	细部构造工程检验批质量验收记录	施工单位	√	
	DL8.2.11	人行地道结构工程预制顶板分项工程质量验收记录	施工单位	√	
	DL8.2.11.1	人行地道结构工程预制顶板检验批质量验收记录	施工单位	√	
	DL8.2.12	墙板、顶板安装分项工程质量验收记录	施工单位	√	
	DL8.2.12.1	墙板、顶板安装工程检验批质量验收记录	施工单位	√	
	DL8.2.13	回填土方分项工程质量验收记录	施工单位	√	
	DL8.2.13.1	回填土方检验批质量验收记录	施工单位	√	
	DL8.3	砌筑墙体、钢筋混凝土顶板子分部工程质量验收记录	施工单位	√	√
	DL8.3.1	砌筑墙体、钢筋混凝土顶板分项工程质量验收记录	施工单位	√	
	DL8.3.1.1	砌筑墙体、钢筋混凝土顶板结构人行地道检验批质量验收记录	施工单位	√	
	DL8.3.2	基坑开挖、地基分项工程质量验收记录	施工单位	√	
	DL8.3.2.1	基坑开挖、地基检验批质量验收记录	施工单位	√	
	DL8.3.3	垫层分项工程质量验收记录	施工单位	√	
	DL8.3.3.1	垫层工程检验批质量验收记录	施工单位	√	
	DL8.3.4	钢筋分项工程质量验收记录	施工单位	√	
	DL8.3.4.1	钢筋原材及加工、钢筋网检验批质量验收记录	施工单位	√	
	DL8.3.4.2	钢筋成型、安装检验批质量验收记录	施工单位	√	
	DL8.3.5	模板分项工程质量验收记录	施工单位	√	
	DL8.3.5.1	模板（木模板）制作检验批质量验收记录	施工单位	√	
	DL8.3.5.2	模板（钢模板）制作检验批质量验收记录	施工单位	√	
	DL8.3.5.3	模板分项工程（现浇结构模板安装）检验批质量验收记录	施工单位	√	
	DL8.3.5.4	模板拆除工程检验批质量验收记录	施工单位	√	
	DL8.3.6	现浇混凝土基础分项工程质量验收记录	施工单位	√	
	DL8.3.6.1	现浇混凝土基础检验批质量验收记录	施工单位	√	
	DL8.3.7	混凝土分项工程质量验收记录	施工单位	√	
	DL8.3.7.1	混凝土分项工程（混凝土施工）检验批质量验收记录	施工单位	√	
	DL8.3.8	卷材防水层分项工程质量验收记录	施工单位	√	
	DL8.3.8.1	卷材防水层工程检验批质量验收记录	施工单位	√	
	DL8.3.9	涂料防水层分项工程质量验收记录	施工单位	√	
	DL8.3.9.1	涂料防水层工程检验批质量验收记录	施工单位	√	
	DL8.3.10	细部构造分项工程质量验收记录	施工单位	√	
	DL8.3.10.1	细部构造工程检验批质量验收记录	施工单位	√	
	DL8.3.11	回填土方分项工程质量验收记录	施工单位	√	
	DL8.3.11.1	回填土方检验批质量验收记录	施工单位	√	

续表

类别	类别编号	工程文件资料名称	资料来源	归档保存单位 施工单位	归档保存单位 城建档案馆
挡土墙分部工程质量验收记录 DL9	DL9.1	现浇钢筋混凝土挡土墙子分部工程质量验收记录	施工单位	√	√
	DL9.1.1	现浇钢筋混凝土挡土墙分项工程质量验收记录	施工单位	√	
	DL9.1.1.1	现浇钢筋混凝土挡土墙检验批质量验收记录	施工单位	√	
	DL9.1.2	沟槽开挖分项工程质量验收记录	施工单位	√	
	DL9.1.2.1	沟槽开挖检验批质量验收记录	施工单位	√	
	DL9.1.3	垫层分项工程质量验收记录	施工单位	√	
	DL9.1.3.1	垫层工程检验批质量验收记录	施工单位	√	
	DL9.1.4	钢筋分项工程质量验收记录	施工单位	√	
	DL9.1.4.1	钢筋原材及加工、钢筋网检验批质量验收记录	施工单位	√	
	DL9.1.4.2	钢筋成型、安装检验批质量验收记录	施工单位	√	
	DL9.1.5	模板分项工程质量验收记录	施工单位	√	
	DL9.1.5.1	模板（木模板）制作检验批质量验收记录	施工单位	√	
	DL9.1.5.2	模板（钢模板）制作检验批质量验收记录	施工单位	√	
	DL9.1.5.3	模板分项工程（现浇结构模板安装）检验批质量验收记录	施工单位	√	
	DL9.1.5.4	模板拆除工程检验批质量验收记录	施工单位	√	
	DL9.1.6	回填土方分项工程质量验收记录	施工单位	√	
	DL9.1.6.1	回填土方检验批质量验收记录	施工单位	√	
	DL9.1.7	栏杆分项工程质量验收记录	施工单位	√	
	DL9.1.7.1	预制混凝土栏杆检验批质量验收记录	施工单位	√	
	DL9.1.7.2	栏杆安装工程检验批质量验收记录	施工单位	√	
	DL9.2	装配式混凝土挡土墙子分部工程质量验收记录	施工单位	√	√
	DL9.2.1	沟槽开挖分项工程质量验收记录	施工单位	√	
	DL9.2.1.1	沟槽开挖检验批质量验收记录	施工单位	√	
	DL9.2.2	垫层分项工程质量验收记录	施工单位	√	
	DL9.2.2.1	垫层工程检验批质量验收记录	施工单位	√	
	DL9.2.3	钢筋分项工程质量验收记录	施工单位	√	
	DL9.2.3.1	钢筋原材及加工、钢筋网检验批质量验收记录	施工单位	√	
	DL9.2.3.2	钢筋成型、安装检验批质量验收记录	施工单位	√	
	DL9.2.4	模板分项工程质量验收记录	施工单位	√	
	DL9.2.4.1	模板（木模板）制作检验批质量验收记录	施工单位	√	
	DL9.2.4.2	模板（钢模板）制作检验批质量验收记录	施工单位	√	
	DL9.2.4.3	模板分项工程（现浇结构模板安装）检验批质量验收记录	施工单位	√	
	DL9.2.4.4	模板拆除工程检验批质量验收记录	施工单位	√	
	DL9.2.5	装配式钢筋混凝土挡土墙分项工程质量验收记录	施工单位	√	
	DL9.2.5.1	装配式钢筋混凝土挡土墙工程检验批质量验收记录表	施工单位	√	
	DL9.2.6	回填土方分项工程质量验收记录	施工单位	√	

续表

类　别	类别编号	工程文件资料名称	资料来源	归档保存单位 施工单位	归档保存单位 城建档案馆
挡土墙分部工程质量验收记录 DL9	DL9.2.6.1	回填土方检验批质量验收记录	施工单位	√	
	DL9.2.7	预制混凝土栏杆分项工程质量验收记录	施工单位	√	
	DL9.2.7.1	预制混凝土栏杆检验批质量验收记录	施工单位	√	
	DL9.2.7.2	栏杆安装工程检验批质量验收记录	施工单位	√	
	DL9.3	砌筑挡土墙分部子分部工程质量验收记录	施工单位	√	√
	DL9.3.1	砌筑挡土墙分项工程质量验收记录	施工单位	√	
	DL9.3.1.1	砌筑挡土墙检验批质量验收记录	施工单位	√	
	DL9.3.2	沟槽开挖分项工程质量验收记录	施工单位	√	
	DL9.3.2.1	沟槽开挖检验批质量验收记录	施工单位	√	
	DL9.3.3	垫层分项工程质量验收记录	施工单位	√	
	DL9.3.3.1	垫层工程检验批质量验收记录	施工单位	√	
	DL9.3.4	砌体挡土墙分项工程质量验收记录	施工单位	√	
	DL9.3.4.1	砌体挡土墙工程检验批质量验收记录	施工单位	√	
	DL9.3.5	栏杆分项工程质量验收记录	施工单位	√	
	DL9.3.5.1	预制混凝土栏杆检验批质量验收记录	施工单位	√	
	DL9.3.6	栏杆安装工程检验批质量验收记录	施工单位	√	
	DL9.3.6.1	回填土方分项工程质量验收记录	施工单位	√	
	DL9.3.6.2	回填土方检验批质量验收记录	施工单位	√	
	DL9.4	加筋土挡土墙子分部工程质量验收记录	施工单位	√	√
	DL9.4.1	加筋土挡土墙分项工程质量验收记录	施工单位	√	
	DL9.4.1.1	加筋土挡土墙检验批质量验收记录	施工单位	√	
	DL9.4.2	模板分项工程质量验收记录	施工单位	√	
	DL9.4.2.1	模板（木模板）制作检验批质量验收记录	施工单位	√	
	DL9.4.2.2	模板（钢模板）制作检验批质量验收记录	施工单位	√	
	DL9.4.2.3	模板分项工程（现浇结构模板安装）检验批质量验收记录	施工单位	√	
	DL9.4.2.4	模板拆除工程检验批质量验收记录	施工单位	√	
	DL9.4.3	钢筋分项工程质量验收记录	施工单位	√	
	DL9.4.3.1	钢筋原材及加工、钢筋网检验批质量验收记录	施工单位	√	
	DL9.4.3.2	钢筋成型、安装检验批质量验收记录	施工单位	√	
	DL9.4.4	混凝土分项工程质量验收记录	施工单位	√	
	DL9.4.4.1	混凝土分项工程（混凝土施工）检验批质量验收记录	施工单位	√	
	DL9.4.4.2	现浇混凝土基础检验批质量验收记录	施工单位	√	
	DL9.4.5	回填土方分项工程质量验收记录	施工单位	√	
	DL9.4.5.1	回填土方检验批质量验收记录	施工单位	√	
	DL9.4.6	栏杆分项工程质量验收记录	施工单位	√	
	DL9.4.6.1	预制混凝土栏杆检验批质量验收记录	施工单位	√	
	DL9.4.6.2	栏杆安装工程检验批质量验收记录	施工单位	√	

续表

类 别	类别编号	工程文件资料名称	资料来源	归档保存单位 施工单位	归档保存单位 城建档案馆
附属构筑物分部程质量验收记录 DL10	DL10.1	路缘石安砌分项工程质量验收记录	施工单位	√	
	DL10.1.1	路缘石安砌工程检验批质量验收记录	施工单位	√	
	DL10.2	雨水支管与雨水口分项工程质量验收记录	施工单位	√	
	DL10.2.1	雨水支管与雨水口检验批质量验收记录	施工单位	√	
	DL10.3	排水或截水沟分项工程质量验收记录	施工单位	√	
	DL10.3.1	排水或截水沟检验批质量验收记录	施工单位	√	
	DL10.4	倒虹吸分项工程质量验收记录	施工单位	√	
	DL10.4.1	倒虹吸检验批质量验收记录	施工单位	√	
	DL10.5	涵洞分项工程质量验收记录	施工单位	√	
	DL10.5.1	涵洞检验批质量验收记录	施工单位	√	
	DL10.6	护坡分项工程质量验收记录	施工单位	√	
	DL10.6.1	护坡检验批质量验收记录	施工单位	√	
	DL10.7	隔离墩分项工程质量验收记录	施工单位	√	
	DL10.7.1	隔离墩工程检验批质量验收记录	施工单位	√	
	DL10.8	隔离栅分项工程质量验收记录	施工单位	√	
	DL10.8.1	隔离栅工程检验批质量验收记录	施工单位	√	
	DL10.9	护栏分项工程质量验收记录	施工单位	√	
	DL10.9.1	护栏工程检验批质量验收记录	施工单位	√	
	DL10.10	金属声屏障分项工程质量验收记录	施工单位	√	
	DL10.10.1	金属声屏障工程检验批质量验收记录	施工单位	√	
	DL10.11	砌体声屏障分项工程质量验收记录	施工单位	√	
	DL10.11.1	砌体声屏障检验批质量验收记录	施工单位	√	
	DL10.12	防眩板分项工程质量验收记录	施工单位	√	
	DL10.12.1	防眩板工程检验批质量验收记录	施工单位	√	
竣工验收文件资料 DL11	DL11.1	工程竣工报告	施工单位	√	√
	DL11.2	单位工程质量竣工验收记录	施工单位	√	√
	DL11.3	单位工程质量控制资料核查记录	施工单位	√	
	DL11.4	单位工程结构安全和使用功能资料核查记录	施工单位	√	
	DL11.5	单位工程外观质量检查记录	施工单位	√	
	DL11.6	数字化档案确认书	城建档案馆	√	√
	DL11.7	工程质量保修书	施工单位	√	√
	DL11.8	道路工程竣工图	建设单位	√	√

5.3.2 市政管道工程施工文件档案资料分类与归档

市政管道工程施工文件档案资料分为管理资料（GD1）；工程质量控制资料（GD2）；结构安全和使用功能检测（GD3）；工程质量验收记录［土方分部（GD4）、管道主体工程分部（GD5）、附属构筑物分部（GD6）］；竣工验收资料（GD7）。市政管道工程施工文件档案资料分类、组卷及归档移交目录，如表 5-5 所示。

市政管道工程施工文件档案资料分类、组卷及归档移交目录　　　　表 5-5

类别	类别编号	工程文件资料名称	资料来源	归档保存单位	
				施工单位	城建档案馆
管理资料 GD.1	GD1.1	工程概况	施工单位	√	√
	GD1.2	工程项目施工管理人员名单	施工单位	√	√
	GD1.3	施工现场质量管理检查记录	施工单位	√	√
	GD1.4	施工组织设计、施工方案审批表	施工单位 监理单位	√	
	GD1.5	焊接工艺评定及作业指导书	施工单位	√	
	GD1.6	开工报告	施工单位	√	√
	GD1.7	竣工报告	施工单位	√	√
	GD1.8	混凝土配合比通知单	检测单位	√	
	GD1.9	砂浆配合比通知单	检测单位	√	
	GD1.10	特种混凝土和砂浆配合比通知单	检测单位	√	
	GD1.11	施工招标文件	建设单位	√	
	GD1.12	工程总承包合同及分包合同	施工单位 建设单位	√	
	GD1.13	工程会议纪要	监理单位	√	
	GD1.14	施工日记（另存）	施工单位	√	
工程质量控制资料 GD2	图纸会审、设计变更、洽商记录汇总表 GD2.1	GD2.1.1	图纸会审、设计变更、洽商记录	设计单位 施工单位	√	√
		GD2.1.2	设计交底记录	设计单位	√	
	测量交接及复测记录 GD2.2	GD2.2.1	测量交接桩记录及附件	建设单位 施工单位	√	√
		GD2.2.2	导线点复测记录	施工单位	√	√
		GD2.2.3	水准点复测记录	施工单位	√	√
		GD2.2.4	工程定位测量、放线验收记录	施工单位	√	√
		GD2.2.5	测量仪器标定证书	认证单位	√	
	原材料及构件出厂合格证书及进场检（试）验报告 GD2.3	GD2.3.1	原材料出厂质量证明文件汇总表	施工单位	√	
		GD2.3.1.1	管节、管件、管道设备及管配件等质量保证资料	供应单位	√	
		GD2.3.1.2	防腐层材料、阴极保护设备及材料质量保证资料	供应单位	√	
		GD2.3.1.3	钢筋质量证明文件	供应单位	√	
		GD2.3.1.4	其他钢材质量证明文件	供应单位	√	
		GD2.3.1.5	焊材质量证明文件	供应单位	√	
		GD2.3.1.6	水泥产品合格证、出厂检验报告	供应单位	√	
		GD2.3.1.7	石灰产品出厂合格证、出厂检验报告	供应单位	√	
		GD2.3.1.8	粉煤灰产品合格证、出厂检验报告	供应单位	√	
		GD2.3.1.9	橡胶止水圈质量证明文件	供应单位	√	
		GD2.3.1.10	砖（砌块）产品合格证、出厂检验报告	供应单位	√	
		GD2.3.1.11	混凝土外加剂产品合格证、出厂检验报告	供应单位	√	

续表

类 别	类别编号	工程文件资料名称	资料来源	归档保存单位 施工单位	归档保存单位 城建档案馆
工程质量控制资料 GD2 / 原材料及构件出厂合格证书及进场检（试）验报告 GD2.3	GD2.3.1.12	各种防水材料产品合格证、出厂检验报告	供应单位	√	
	GD2.3.1.13	预制构件产品合格证、出厂检验报告	供应单位	√	
	GD2.3.1.14	商品混凝土原材料出厂合格证	供应单位	√	
	GD2.3.1.15	其他	相关单位	√	
	GD2.3.2	原材料复验报告汇总表	施工单位	√	√
	GD2.3.2.1	各种管道复验报告	检测单位	√	√
	GD2.3.2.2	钢筋复验报告	检测单位	√	√
	GD2.3.2.3	其他钢材复验报告	检测单位	√	√
	GD2.3.2.4	水泥复验报告	检测单位	√	√
	GD2.3.2.5	石灰复验报告	检测单位	√	√
	GD2.3.2.6	粉煤灰产品复验报告	检测单位	√	√
	GD2.3.2.7	砂、石料检测报告	检测单位	√	√
	GD2.3.2.8	砖（砌块）产品复验报告	检测单位	√	√
	GD2.3.2.9	混凝土外加剂复验报告	检测单位	√	√
	GD2.3.2.10	各种防水材料复验报告	检测单位	√	√
	GD2.3.2.11	预制构件复验报告	检测单位	√	√
	GD2.3.2.12	其他	相关单位	√	√
工程质量控制资料 GD2 / 施工检测 GD2.4	GD2.4.1	混凝土试块压报告、抗渗报告汇总表	施工单位	√	√
	GD2.4.1.1	标准养护混凝土试块试验报告	检测单位	√	√
	GD2.4.1.2	结构实体同条件养护试块试验报告	施工单位	√	√
	GD2.4.1.3	特种混凝土试块试验报告	检测单位	√	√
	GD2.4.1.4	抗渗混凝土试块抗渗试验报告	检测单位	√	√
	GD2.4.2	混凝土强度评定	施工单位	√	√
	GD2.4.3	结构实体混凝土强度评定	施工单位	√	√
	GD2.4.4	砂浆强度汇总评定表	施工单位	√	√
	GD2.4.4.1	砂浆试块试验报告	检测单位	√	√
	GD2.4.5	钢筋连接试验报告汇总表	施工单位	√	√
	GD2.4.5.1	钢筋连接试验报告	检测单位	√	√
	GD2.4.6	其他检测报告汇总表	施工单位	√	√
	GD2.4.6.1	钢管焊接无损探伤检测报告	检测单位	√	√
	GD2.4.6.2	法兰或压兰螺栓拧紧力矩检测报告	检测单位	√	√
	GD2.4.6.3	熔焊检测报告	检测单位	√	√
	GD2.4.6.4	内外防腐层防腐检测报告	检测单位	√	√
	GD2.4.6.5	预水压试验报告	检测单位	√	√
	GD2.4.6.6	柔性管道环向变形检测报告	检测单位	√	√
	GD2.4.6.7	不开槽施工施工土层加固变形测量报告	检测单位	√	√
	GD2.4.6.8	支护及施工变形测量报告	检测单位	√	√
	GD2.4.6.9	管道设备安装测试报告	检测单位	√	√
	GD2.4.6.10	阴极保护安装测试报告	检测单位	√	√

续表

类别	类别编号	工程文件资料名称	资料来源	归档保存单位 施工单位	归档保存单位 城建档案馆
工程质量控制资料 GD2	施工检测 GD2.4	GD2.4.6.11 桩基完整性检测报告	检测单位	√	√
		GD2.4.6.12 地基检测报告	检测单位	√	√
		GD2.4.7 土工试验记录汇总表	施工单位	√	√
		GD2.4.7.1 土壤标准击实报告	检测单位	√	√
		GD2.4.7.2 轻型动力触探试验报告	检测单位	√	√
		GD2.4.7.3 界限含水率试验报告（液、塑限联合测定法）	检测单位	√	√
		GD2.4.7.4 搅拌桩取芯强度试验报告	检测单位	√	√
		GD2.4.7.5 回填土压实度试验报告	检测单位	√	√
		GD2.4.8 其他检测报告	检测单位	√	
	施工记录 GD2.5	GD2.5.1 接口组对拼装、焊接、拴接、熔接记录	施工单位	√	
		GD2.5.2 地基基础、地层等加固处理记录	施工单位	√	
		GD2.5.3 桩基施工记录汇总表	施工单位	√	
		GD2.5.3.1 钻孔桩钻进记录（冲击钻）	施工单位	√	
		GD2.5.3.2 钻孔桩钻进记录（旋转钻）	施工单位	√	
		GD2.5.3.3 钻孔桩混凝土灌注前检查记录	施工单位	√	
		GD2.5.3.4 钻孔桩水下混凝土浇筑记录	施工单位	√	
		GD2.5.3.5 三轴搅拌桩施工记录	施工单位	√	
		GD2.5.3.6 双轴深层搅拌桩施工记录	施工单位	√	
		GD2.5.3.7 粉喷桩施工记录	施工单位	√	
		GD2.5.3.8 高压旋喷桩施工记录	施工单位	√	
		GD2.5.3.9 碎石（砂）桩施工	施工单位	√	
		GD2.5.4 支护结构施工记录	施工单位	√	
		GD2.5.5 沉井下沉记录	施工单位	√	
		GD2.5.6 混凝土浇筑记录	施工单位	√	
		GD2.5.7 管道设备安装记录	施工单位	√	
		GD2.5.8 顶进（掘进、钻进、夯进）施工记录	施工单位	√	
		GD2.5.9 沉管沉放及桥管吊装记录	施工单位	√	
		GD2.5.10 焊条烘焙、焊接热处理记录	施工单位	√	
		GD2.5.11 防腐层补口补伤记录	施工单位	√	
结构安全和使用功能性检测 GD3		GD3.1 管道水压试验记录	检测单位		√
		GD3.2 给水管道冲洗消毒记录	检测单位	√	√
		GD3.3 管道位置及高程检测报告	检测单位	√	√
		GD3.4 浅挖暗挖管道、盾构管片拼装变形检测报告	检测单位	√	
		GD3.5 混凝土结构管道渗水调查报告	检测单位	√	
		GD3.6 管道及抽升泵站设备检测报告	检测单位	√	√
土方分部工程质量检验记录 GD4		GD4.1 沟槽开挖分项工程质量验收记录	施工单位	√	
		GD4.1.1 沟槽开挖工程检验批质量验收记录	施工单位	√	
		GD4.2 沟槽支撑分项工程质量验收记录	施工单位	√	
		GD4.2.1 沟槽支撑工程检验批质量验收记录	施工单位	√	

续表

类　别	类别编号	工程文件资料名称	资料来源	归档保存单位 施工单位	归档保存单位 城建档案馆
土方分部工程质量检验记录 GD4	GD4.3	钢或混凝土支撑分项工程质量验收记录	施工单位	√	
	GD4.3.1	钢或混凝土支撑工程检验批质量验收记录	施工单位	√	
	GD4.4	钢板桩挡土墙围护分项工程质量验收记录	施工单位	√	
	GD4.4.1	钢板桩挡土墙围护工程检验批质量验收记录	施工单位	√	
	GD4.5	沟槽回填分项工程质量验收记录	施工单位	√	
	GD4.5.1	沟槽回填工程检验批质量验收记录	施工单位	√	
	GD4.6	基坑土方分项工程质量验收记录	施工单位	√	
	GD4.6.1	基坑开挖工程检验批质量验收记录	施工单位	√	
	GD4.7	基坑支护分项工程质量验收记录	施工单位	√	
	GD4.7.1	基坑支护工程检验批质量验收记录	施工单位	√	
	GD4.8	锚杆及土钉墙支护分项工程质量验收记录	施工单位	√	
	GD4.8.1	锚杆及土钉墙支护工程检验批质量验收记录	施工单位	√	
	GD4.9	钢筋网喷混凝土分项工程质量验收记录	施工单位	√	
	GD4.9.1	钢筋网喷混凝土工程检验批质量验收记录	施工单位	√	
	GD4.10	基坑回填分项工程质量验收记录	施工单位	√	
	GD4.10.1	基坑回填工程检验批质量验收记录	施工单位	√	
管道主体工程分部工程质量检验记录 GD5	GD5.1	预制管开槽施工主体结构子分部工程质量验收记录	施工单位	√	√
	GD5.1.1	垫层分项工程质量检验记录	施工单位	√	
	GD5.1.1.1	垫层工程检验批质量验收记录	施工单位	√	
	GD5.1.2	模板（木模板）分项工程质量检验记录	施工单位	√	
	GD5.1.2.1	模板（木模板）制作检验批质量验收记录	施工单位	√	
	GD5.1.2.2	模板（钢模板）制作检验批质量验收记录	施工单位	√	
	GD5.1.2.3	模板、支架和拱架安装检验批质量验收记录（1）	施工单位	√	
	GD5.1.2.4	模板、支架和拱架安装检验批质量验收记录（2）	施工单位	√	
	GD5.1.2.5	模板拆除工程检验批质量验收记录	施工单位	√	
	GD5.1.3	钢筋分项工程质量检验记录	施工单位	√	
	GD5.1.3.1	钢筋原材及加工、钢筋网检验批质量验收记录	施工单位	√	
	GD5.1.3.2	钢筋成型、安装检验批质量验收记录	施工单位	√	
	GD5.1.4	混凝土分项工程质量验收记录	施工单位	√	
	GD5.1.4.1	混凝土分项工程（混凝土施工）检验批质量验收记录	施工单位	√	
	GD5.1.5	混凝土基础分项工程质量验收记录	施工单位	√	
	GD5.1.5.1	现浇混凝土基础检验批质量验收记录	施工单位	√	
	GD5.1.6	管道基础分项工程质量验收记录	施工单位	√	
	GD5.1.6.1	管道基础工程检验批质量验收记录	施工单位	√	
	GD5.1.7	钢管接口连接分项工程质量验收记录	施工单位	√	
	GD5.1.7.1	钢管接口连接工程检验批质量验收记录	施工单位	√	
	GD5.1.8	球墨铸铁管接口连接分项工程质量验收记录	施工单位	√	

续表

类　　别	类别编号	工程文件资料名称	资料来源	归档保存单位	
				施工单位	城建档案馆
管道主体工程分部工程质量检验记录 GD5	GD5.1.8.1	球墨铸铁管接口连接工程检验批质量验收记录	施工单位	√	
	GD5.1.9	钢筋混凝土管、预（自）应力混凝土管、预应力钢筒混凝土管接口连接分项工程质量验收记录	施工单位	√	
	GD5.1.9.1	钢筋混凝土管、预（自）应力混凝土管、预应力钢筒混凝土管接口连接工程检验批质量验收记录	施工单位	√	
	GD5.1.10	化学建材管接口连接分项工程质量验收记录	施工单位	√	
	GD5.1.10.1	化学建材管接口连接工程检验批质量验收记录	施工单位	√	
	GD5.1.11	钢管道防腐层分项工程质量验收记录	施工单位	√	
	GD5.1.11.1	钢管道内防腐层工程检验批质量验收记录	施工单位	√	
	GD5.1.11.2	钢管道外防腐层工程检验批质量验收记录	施工单位	√	
	GD5.1.12	管道阴极保护分项工程质量验收记录	施工单位	√	
	GD5.1.12.1	管道阴极保护工程检验批质量验收记录	施工单位	√	
	GD5.1.13	管道铺设分项工程质量验收记录	施工单位	√	
	GD5.1.13.1	管道铺设工程检验批质量验收记录	施工单位	√	
	GD5.2	预制管开槽施工主体结构子分部工程质量验收记录	施工单位	√	√
	GD5.2.1	垫层分项工程质量检验记录	施工单位	√	
	GD5.2.1.1	垫层工程检验批质量验收记录	施工单位	√	
	GD5.2.2	模板（木模板）分项工程质量检验记录	施工单位	√	
	GD5.2.2.1	模板（木模板）制作检验批质量验收记录	施工单位	√	
	GD5.2.2.2	模板（钢模板）制作检验批质量验收记录	施工单位	√	
	GD5.2.2.3	模板、支架和拱架安装检验批质量验收记录（1）	施工单位	√	
	GD5.2.2.4	模板、支架和拱架安装检验批质量验收记录（2）	施工单位	√	
	GD5.2.2.5	模板拆除工程检验批质量验收记录	施工单位	√	
	GD5.2.3	钢筋分项工程质量检验记录	施工单位	√	
	GD5.2.3.1	钢筋原材及加工、钢筋网检验批质量验收记录	施工单位	√	
	GD5.2.3.2	钢筋成型、安装检验批质量验收记录	施工单位	√	
	GD5.2.4	混凝土分项工程质量验收记录	施工单位	√	
	GD5.2.4.1	混凝土分项工程（混凝土施工）检验批质量验收记录	施工单位	√	
	GD5.2.5	砌体管道分项工程质量验收记录	施工单位	√	
	GD5.2.5.1	砖砌体分项工程检验批质量验收记录	施工单位	√	
	GD5.2.5.2	石砌体分项工程检验批质量验收记录	施工单位	√	
	GD5.2.6	管道内防腐层分项工程质量验收记录	施工单位	√	
	GD5.2.6.3	管道内防腐层工程检验批质量验收记录	施工单位	√	
	GD5.2.7	管道廊内管道安装工程质量验收记录	施工单位	√	
	GD5.2.7.1	管道廊内管道安装检验批质量验收记录	施工单位	√	
	GD5.3	工作井子分部质量验收记录	施工单位	√	√
	GD5.3.1	垫层分项工程质量检验记录	施工单位	√	

续表

类别	类别编号	工程文件资料名称	资料来源	归档保存单位 施工单位	归档保存单位 城建档案馆
管道主体工程分部工程质量检验记录 GD5	GD5.3.1.1	垫层工程检验批质量验收记录	施工单位	√	
	GD5.3.2	模板分项工程质量验收记录	施工单位	√	
	GD5.3.2.1	模板（木模板）制作检验批质量验收记录	施工单位	√	
	GD5.3.2.2	模板（钢模板）制作检验批质量验收记录	施工单位	√	
	GD5.3.2.3	模板、支架和拱架安装检验批质量验收记录（1）	施工单位	√	
	GD5.3.2.4	模板、支架和拱架安装检验批质量验收记录（2）	施工单位	√	
	GD5.3.2.5	模板拆除工程检验批质量验收记录	施工单位	√	
	GD5.3.3	钢筋分项工程质量验收记录	施工单位	√	
	GD5.3.3.1	钢筋原材及加工、钢筋网检验批质量验收记录	施工单位	√	
	GD5.3.3.2	钢筋成型、安装检验批质量验收记录	施工单位	√	
	GD5.3.4	混凝土分项工程质量验收记录	施工单位	√	
	GD5.3.4.1	混凝土分项工程（混凝土施工）检验批质量验收记录	施工单位	√	
	GD5.3.5	工作井分项工程质量验收记录	施工单位	√	
	GD5.3.5.1	工作井工程检验批质量验收记录	施工单位	√	
	GD5.4	顶管子分部工程质量验收记录	施工单位	√	√
	GD5.4.1	接口（钢筋混凝土管、预（自）应力混凝土管、预应力钢筒混凝土管）连接分项工程质量验收记录	施工单位	√	
	GD5.4.1.1	接口（钢筋混凝土管、预（自）应力混凝土管、预应力钢筒混凝土管）连接工程检验批质量验收记录	施工单位	√	
	GD5.4.2	钢管防腐层分项工程质量验收记录	施工单位	√	
	GD5.4.2.1	钢管内防腐层工程检验批质量验收记录	施工单位	√	
	GD5.4.2.2	钢管外防腐层工程检验批质量验收记录	施工单位	√	
	GD5.4.3	钢管阴极保护分项工程质量验收记录	施工单位	√	
	GD5.4.3.1	钢管阴极保护工程检验批质量验收记录	施工单位	√	
	GD5.4.4	顶管管道分项工程质量验收记录	施工单位	√	
	GD5.4.4.1	顶管管道工程检验批质量验收记录	施工单位	√	
	GD5.4.5	垂直顶升管道分项工程质量验收记录	施工单位	√	
	GD5.4.5.1	垂直顶升管道工程检验批质量验收记录	施工单位	√	
	GD5.5	盾构子分部工程质量验收记录	施工单位	√	√
	GD5.5.1	盾构管片制作分项工程质量验收记录	施工单位	√	
	GD5.5.1.1	盾构管片制作工程检验批质量验收记录	施工单位	√	
	GD5.5.2	盾构掘进和管片拼装分项工程质量验收记录	施工单位	√	
	GD5.5.2.1	盾构掘进和管片拼装工程检验批质量验收记录	施工单位	√	
	GD5.5.3	盾构施工管道钢筋混凝土二次衬砌工程检验批质量验收记录	施工单位	√	
	GD5.5.4	管道防腐层分项工程质量验收记录	施工单位	√	
	GD5.5.4.1	管道防腐层工程检验批质量验收记录	施工单位	√	

续表

类 别	类别编号	工程文件资料名称	资料来源	归档保存单位 施工单位	归档保存单位 城建档案馆
管道主体工程分部工程质量检验记录 GD5	GD5.5.5	垂直顶升管道分项工程质量验收记录	施工单位	√	
	GD5.5.5.1	垂直顶升管道工程检验批质量验收记录	施工单位	√	
	GD5.6	浅埋暗挖子分部工程质量验收记录	施工单位	√	√
	GD5.6.1	浅埋暗挖管道土层开挖分项工程质量验收记录	施工单位	√	
	GD5.6.1.1	浅埋暗挖管道土层开挖工程检验批质量验收记录	施工单位	√	
	GD5.6.2	浅埋暗挖管道初期衬砌分项工程质量验收记录	施工单位	√	
	GD5.6.2.1	浅埋暗挖管道初期衬砌工程检验批质量验收记录	施工单位	√	
	GD5.6.3	浅埋暗挖管道防水层分项工程质量验收记录	施工单位	√	
	GD5.6.3.1	浅埋暗挖管道防水层工程检验批质量验收记录	施工单位	√	
	GD5.6.4	浅埋暗挖管道二次衬砌分项工程质量验收记录	施工单位	√	
	GD5.6.4.1	浅埋暗挖管道二次衬砌工程检验批质量验收记录	施工单位	√	
	GD5.6.5	管道防腐层分项工程质量验收记录	施工单位	√	
	GD5.6.5.1	管道防腐层工程检验批质量验收记录	施工单位	√	
	GD5.6.6	垂直顶升管道分项工程质量验收记录	施工单位	√	
	GD5.6.6.1	垂直顶升管道工程检验批质量验收记录	施工单位	√	
	GD5.7	定向钻子分部工程质量验收记录	施工单位	√	√
	GD5.7.1	接口（钢管）连接分项工程质量验收记录	施工单位	√	
	GD5.7.1.1	接口（钢管）连接工程检验批质量验收记录	施工单位	√	
	GD5.7.2	钢管防腐层分项工程质量验收记录	施工单位	√	
	GD5.7.2.1	钢管内防腐层工程检验批质量验收记录	施工单位	√	
	GD5.7.2.2	钢管外防腐层工程检验批质量验收记录	施工单位	√	
	GD5.7.3	钢管阴极保护分项工程质量验收记录	施工单位	√	
	GD5.7.3.1	钢管阴极保护工程检验批质量验收记录	施工单位	√	
	GD5.7.4	定向钻施工管道分项工程质量验收记录	施工单位	√	
	GD5.7.4.1	定向钻施工管道工程检验批质量验收记录	施工单位	√	
	GD5.8	夯管子分部工程工程质量验收记录	施工单位	√	√
	GD5.8.1	夯管施工管道分项工程质量验收记录	施工单位	√	
	GD5.8.1.1	夯管施工管道工程检验批质量验收记录	施工单位	√	
	GD5.8.2	接口（钢管）连接分项工程质量验收记录	施工单位	√	
	GD5.8.2.1	接口（钢管）连接工程检验批质量验收记录	施工单位	√	
	GD5.8.3	钢管防腐层分项工程质量验收记录	施工单位	√	
	GD5.8.3.1	钢管内防腐层工程检验批质量验收记录	施工单位	√	
	GD5.8.3.2	钢管外防腐层工程检验批质量验收记录	施工单位	√	
	GD5.8.4	钢管阴极保护分项工程质量验收记录	施工单位	√	
	GD5.8.4.1	钢管阴极保护工程检验批质量验收记录	施工单位	√	
	GD5.9	沉管子分部工程质量验收记录	施工单位	√	√
	GD5.9.1	沉管基槽浚挖及管基处理分项工程质量验收记录	施工单位	√	
	GD5.9.1.1	沉管基槽浚挖及管基处理工程检验批质量验收记录	施工单位	√	

续表

类 别	类别编号	工程文件资料名称	资料来源	归档保存单位 施工单位	归档保存单位 城建档案馆
管道主体工程分部工程质量检验记录GD5	GD5.9.2	组对拼装管道（段）沉放分项工程质量验收记录	施工单位	√	
	GD5.9.2.1	组对拼装管道（段）沉放工程检验批质量验收记录	施工单位	√	
	GD5.9.3	沉放的预制钢筋混凝土管节制作分项工程质量验收记录	施工单位	√	
	GD5.9.3.1	沉放的预制钢筋混凝土管节制作工程检验批质量验收记录	施工单位	√	
	GD5.9.4	沉放预制钢筋混凝土管节接口预制加工（水力压接法）分项工程质量验收记录	施工单位	√	
	GD5.9.4.1	沉放预制钢筋混凝土管节接口预制加工（水力压接法）检验批质量验收记录	施工单位	√	
	GD5.9.5	预制钢筋混凝土管沉放分项工程质量验收记录	施工单位	√	
	GD5.9.5.2	预制钢筋混凝土管沉放工程检验批质量验收记录	施工单位	√	
	GD5.9.6	沉管稳管及回填分项工程质量验收记录	施工单位	√	
	GD5.9.6.1	沉管稳管及回填工程检验批质量验收记录	施工单位	√	
	GD5.9.7	管道防腐层分项工程质量验收记录	施工单位	√	
	GD5.9.7.1	管道防腐层工程检验批质量验收记录	施工单位	√	
	GD5.10	桥管子分部工程质量验收记录	施工单位	√	√
	GD5.10.1	接口（钢管）连接分项工程质量验收记录	施工单位	√	
	GD5.10.1.1	接口（钢管）连接工程检验批质量验收记录	施工单位	√	
	GD5.10.2	钢管防腐层分项工程质量验收记录	施工单位	√	
	GD5.10.2.1	钢管内防腐层工程检验批质量验收记录	施工单位	√	
	GD5.10.2.2	钢管外防腐层工程检验批质量验收记录	施工单位	√	
	GD5.10.3	钢管阴极保护分项工程质量验收记录	施工单位	√	
	GD5.10.3.1	钢管阴极保护工程检验批质量验收记录	施工单位	√	
	GD5.10.4	桥管管道分项工程质量验收记录	施工单位	√	
	GD5.10.4.1	桥管管道检验批质量验收记录	施工单位	√	
附属构筑物分部工程质量验收记录GD6	GD6.1	垫层分项工程质量检验记录	施工单位	√	
	GD6.1.1	垫层工程检验批质量验收记录	施工单位	√	
	GD6.2	模板分项工程质量验收记录	施工单位	√	
	GD6.2.1	模板（木模板）制作检验批质量验收记录	施工单位	√	
	GD6.2.2	模板（钢模板）制作检验批质量验收记录	施工单位	√	
	GD6.2.3	模板、支架和拱架安装检验批质量验收记录（1）	施工单位	√	
	GD6.2.4	模板、支架和拱架安装检验批质量验收记录（2）	施工单位	√	
	GD6.2.5	模板拆除工程检验批质量验收记录	施工单位	√	
	GD6.3	钢筋分项工程质量验收记录	施工单位	√	
	GD6.3.1	钢筋原材及加工、钢筋网检验批质量验收记录	施工单位	√	
	GD6.3.2	钢筋成型、安装检验批质量验收记录	施工单位	√	
	GD6.4	混凝土分项工程质量验收记录	施工单位	√	

续表

类别	类别编号	工程文件资料名称	资料来源	归档保存单位 施工单位	归档保存单位 城建档案馆
附属构筑物分部工程质量验收记录 GD6	GD6.4.1	混凝土分项工程（混凝土施工）检验批质量验收记录	施工单位	√	
	GD6.5	砖砌体分项工程质量验收记录	施工单位	√	
	GD6.5.1	砖砌体分项工程检验批质量验收记录	施工单位	√	
	GD6.6	井室分项工程质量验收记录	施工单位	√	
	GD6.6.1	井室工程检验批质量验收记录	施工单位	√	
	GD6.7	雨水口及支、连管分项工程质量验收记录	施工单位	√	
	GD6.7.1	雨水口及支、连管工程检验批质量验收记录	施工单位	√	
	GD6.8	支墩分项工程质量验收记录	施工单位	√	
	GD6.8.1	支墩工程检验批质量验收记录	施工单位	√	
竣工验收资料 GD7	GD7.1	工程竣工报告	施工单位	√	√
	GD7.2	单位（子单位）工程质量竣工验收记录	施工单位	√	√
	GD7.3	单位（子单位）工程质量控制资料核查记录	施工单位	√	√
	GD7.4	单位（子单位）工程安全和功能检验资料检查及主要功能抽查记录	施工单位	√	√
	GD7.5	单位（子单位）工程观感质量检查记录	施工单位	√	√
	GD7.6	数字化档案确认书	城建档案馆	√	√
	GD7.7	工程质量保修书	施工单位	√	√
	GD7.8	管道工程竣工图	建设单位	√	√

5.3.3 市政桥梁工程施工文件档案资料分类与归档

市政桥梁工程施工文件档案资料分为管理资料（QL1）；工程质量控制资料（QL2）；安全和功能检验资料（QL3）；工程质量验收资料［地基与基础分部（QL4）、墩台分部（QL5）、盖梁分部（QL6）、支座分部（QL7）、索塔分部（QL8）、锚锭分部（QL9）、桥跨承重结构分部（QL10）、顶进箱涵子分部（QL11）、桥面系分部（QL12）、附属结构分部（QL13）、装饰与装修分部（QL14）］；竣工验收资料（QL15）。市政桥梁工程施工文件档案资料分类、组卷及归档移交目录，如表5-6所示。

市政桥梁工程施工文件档案资料分类、组卷及归档移交目录　　表5-6

类别	类别编号	工程文件资料名称	资料来源	归档保存单位 施工单位	归档保存单位 城建档案馆
管理资料 QL1	QL1.1	工程概况	施工单位	√	√
	QL1.2	工程项目施工管理人员名单	施工单位	√	√
	QL1.3	施工现场质量管理检查记录	施工单位	√	√
	QL1.4	施工组织设计、施工方案审批表	施工单位 监理单位	√	

续表

类别	类别编号	工程文件资料名称	资料来源	归档保存单位 施工单位	归档保存单位 城建档案馆
管理资料 QL1	QL1.5	开工报告	施工单位	√	√
	QL1.6	竣工报告	施工单位	√	√
	QL1.7	施工图审查合格证书	审图机构	√	
	QL1.8	工程总承包合同及分包合同	施工单位 建设单位	√	
	QL1.9	施工招标文件	建设单位	√	
	QL1.10	沥青混凝土设计配合比及生产配合比通知单	检测单位	√	
	QL1.11	混凝土配合比通知单	检测单位	√	
	QL1.12	砂浆配合比通知单	检测单位	√	
	QL1.13	无机结合料稳定材料配合比设计报告	检测单位	√	
	QL1.14	特种混凝土和砂浆配合比通知单	检测单位	√	
	QL1.15	其他	相关单位	√	
工程质量控制资料 QL2	图纸会审、设计变更、洽商记录汇总表 QL2.1	QL2.1.1	图纸会审、设计变更、洽商记录	设计单位 施工单位	√	√
		QL2.1.2	设计交底记录	设计单位	√	
	测量交接及复测记录 QL2.2	QL2.2.1	测量交接桩记录及附件	建设单位 施工单位	√	√
		QL2.2.2	导线点复测记录	施工单位	√	
		QL2.2.3	水准点复测记录	施工单位	√	
		QL2.2.4	工程定位测量、放线验收记录	施工单位	√	
		QL2.2.5	测量仪器及计量设备标定证书	认证单位	√	
	原材料出厂合格证及进场检(试)验报告 QL2.3	QL2.3.1	钢筋及配套材料质量证明文件汇总表	施工单位	√	
		QL2.3.1.1	钢筋产品合格证、出厂检验报告	供应单位	√	
		QL2.3.1.2	其他钢材产品合格证、出厂检验报告	供应单位	√	
		QL2.3.1.3	预应力钢筋产品合格证、出厂检验报告	供应单位	√	
		QL2.3.1.4	预应力锚具、夹具和连接器合格证	供应单位	√	
		QL2.3.1.5	金属螺旋管产品出厂合格证书	供应单位	√	
		QL2.3.1.6	焊条(剂)合格证	供应单位	√	
		QL2.3.1.7	钢筋套筒合格证及试验报告	供应单位 检测单位	√	
		QL2.3.2	钢材及配套材料质量证明文件汇总表	施工单位	√	
		QL2.3.2.1	钢板、钢型材质量证明书及试验报告	供应单位 检测单位	√	
		QL2.3.2.2	高强螺栓合格证及试验报告	供应单位 检测单位	√	
		QL2.3.2.3	焊接工艺评定试验报告	检测单位	√	
		QL2.3.2.4	产品试板试验报告	检测单位	√	
		QL2.3.2.5	焊缝无损检验报告	检测单位	√	
		QL2.3.2.6	高强螺栓摩擦面抗滑移系数试验报告	检测单位	√	

续表

类别	类别编号	工程文件资料名称	资料来源	归档保存单位 施工单位	归档保存单位 城建档案馆
工程质量控制资料 QL2	QL2.3.2.7	其他	相关单位	√	
	QL2.3.3	水泥等材料质量证明文件汇总表	施工单位	√	
	QL2.3.3.1	水泥产品合格证、出厂检验报告	供应单位	√	
	QL2.3.3.2	石灰产品合格证、出厂检验报告	供应单位	√	
	QL2.3.3.3	粉煤灰产品合格证、出厂检验报告	供应单位	√	
	QL2.3.3.4	砖（砌块）产品合格证、出厂检验报告	供应单位	√	
	QL2.3.3.5	土工（布、网、膜、格栅）产品合格证、出厂检验报告	供应单位	√	
	QL2.3.3.6	水泥、混凝土外加剂产品合格证、出厂检验报告	供应单位	√	
	QL2.3.3.7	各种防水材料产品合格证、出厂检验报告	供应单位	√	
	QL2.3.3.8	涂料合格证及试验报告	供应单位	√	
	QL2.3.3.9	其他	相关单位	√	
	QL2.3.4	成品、半成品出厂合格证及试验报告汇总表	施工单位	√	
	QL2.3.4.1	沥青混凝土质量证明文件	供应单位	√	
	QL2.3.4.2	商品混凝土质量证明文件	供应单位	√	
	QL2.3.4.3	水泥稳定土（商品水泥稳定土混合料）质量证明文件	供应单位	√	
	QL2.3.4.4	道板（砖）、路缘石、面砖产品合格证、出厂检验报告	供应单位	√	
	QL2.3.4.5	支座、变形装置、橡胶止水带产品合格证、出厂检验报告	供应单位	√	
	QL2.3.4.6	大型预制混凝土构件结构性能试验报告	供应单位	√	
	QL2.3.4.7	其他材料构件配件合格证及试验报告	供应单位	√	
	QL2.4.1	施工配合比设计报告汇总表	施工单位	√	
	QL2.4.1.1	混合料配合比设计试验报告	检测单位	√	
	QL2.4.1.2	混凝土配合比设计报告	检测单位	√	
	QL2.4.2	钢材及配套材料复验报告汇总表	施工单位	√	
	QL2.4.2.1	钢筋复验报告	检测单位	√	√
	QL2.4.2.2	钢材复验报告	检测单位	√	√
	QL2.4.2.3	预应力钢筋复验报告	检测单位	√	√
	QL2.4.2.4	预应力锚具、夹具和连接器静载锚固性能复验报告	检测单位	√	√
	QL2.4.2.5	金属螺旋管进场复验报告	检测单位	√	√
	QL2.4.2.6	千斤顶及油压表校验报告	检测单位	√	
	QL2.4.3	水泥等材料复验报告汇总表	施工单位	√	√
	QL2.4.3.1	水泥复验报告	检测单位	√	√
	QL2.4.3.2	石灰复验报告	检测单位	√	√
	QL2.4.3.3	粉煤灰复验报告	检测单位	√	√
	QL2.4.3.4	砂、石料进场复验报告	检测单位	√	√

（左侧第一大列"原材料出厂合格证及进场检（试）验报告 QL2.3"涵盖至 QL2.3.4.7，"施工试验报告及见证检测报告 QL2.4"涵盖 QL2.4.1 以下条目）

续表

类　别		类别编号	工程文件资料名称	资料来源	归档保存单位	
					施工单位	城建档案馆
工程质量控制资料QL2	施工试验报告及见证检测报告QL2.4	QL2.4.3.5	砖（砌块）复验报告	检测单位	√	√
		QL2.4.3.6	土工（布、网、膜、格栅）复验报告	检测单位	√	√
		QL2.4.3.7	水泥、混凝土外加剂复验报告	检测单位	√	√
		QL2.4.4	其他材料复验报告汇总表	施工单位	√	√
		QL2.4.4.1	各种防水材料复验报告	检测单位	√	√
		QL2.4.4.2	道板（砖）、路缘石、面砖复验报告	检测单位	√	√
		QL2.4.4.3	支座、变形装置、橡胶止水带复验报告	检测单位	√	√
		QL2.4.4.4	伸缩缝密封填料试验报告	检测单位	√	√
		QL2.4.4.5	无机结合料粒料级配报告	检测单位	√	√
		QL2.4.4.6	无机结合料稳定类基层混合料水泥（石灰）剂量试验报告	检测单位	√	√
		QL2.4.4.7	无机结合料稳定类基层无侧限抗压强度试验报告	检测单位	√	√
		QL2.4.4.8	其他	检测单位	√	√
		QL2.4.5	混凝土试块报告汇总表	施工单位	√	√
		QL2.4.5.1	混凝土试块试验报告	检测单位	√	√
		QL2.4.5.2	抗渗混凝土试块抗渗试验报告	检测单位	√	√
		QL2.4.5.3	特种混凝土试块试验报告	检测单位	√	√
		QL2.4.5.4	混凝土强度评定	施工单位	√	√
		QL2.4.6	砂浆强度汇总评定表	施工单位	√	√
		QL2.4.6.1	砂浆试块试验报告	检测单位	√	√
		QL2.4.6.2	预应力灌浆用水泥浆试块试验报告	检测单位	√	√
		QL2.4.6.3	特种砂浆试块试验报告	检测单位	√	√
		QL2.4.7	钢筋连接试验报告汇总表	施工单位	√	√
		QL2.4.7.1	钢筋机械接头试验报告	检测单位	√	√
		QL2.4.7.2	钢筋焊接接头试验报告	检测单位	√	√
		QL2.4.7.3	预应力钢丝镦头强度试验报告	检测单位	√	√
		QL2.4.8	土工试验记录汇总表	施工单位	√	√
		QL2.4.8.1	土壤标准击实报告	检测单位	√	√
		QL2.4.8.2	无机结合料标准击实报告	检测单位	√	√
		QL2.4.8.3	土的承载比（CBR）试验报告	检测单位	√	√
		QL2.4.8.4	界限含水率试验报告（液、塑限联合测定法）	检测单位	√	√
		QL2.4.8.5	压实度试验报告	检测单位	√	√
		QL2.4.9	灰剂量检测报告试验汇总表	施工单位	√	√
		QL2.4.9.1	灰剂量检测报告	检测单位	√	√
		QL2.4.10	无机结合料7d无侧限抗压强度试验汇总表	检测单位	√	√
		QL2.4.11	弯沉试验报告	检测单位	√	√
		QL2.5	隐蔽工程验收记录	施工单位	√	√
	施工记录QL2.6	QL2.6.1	施工日志（另存）	施工单位	√	
		QL2.6.2	地下连续墙挖槽施工记录	施工单位	√	

续表

类 别		类别编号	工程文件资料名称	资料来源	归档保存单位	
					施工单位	城建档案馆
工程质量控制资料 QL2	施工记录 QL2.6	QL2.6.3	地下连续墙护壁泥浆质量检查记录	施工单位	√	
		QL2.6.4	地下连续墙混凝土浇筑记录	施工单位	√	
		QL2.6.5	沉井（泵站）工程施工记录	施工单位	√	
		QL2.6.6	桩基础施工记录（通用）	施工单位	√	
		QL2.6.7	钻孔桩记录汇总表	施工单位	√	
		QL2.6.8	钻孔桩钻进记录（冲击钻）	施工单位	√	
		QL2.6.9	钻孔桩钻进记录（旋转钻）	施工单位	√	
		QL2.6.10	钻孔桩混凝土灌注前检查记录	施工单位	√	
		QL2.6.11	（灌注桩、连续墙）钢筋笼制作安放施工记录	施工单位	√	
		QL2.6.12	钻孔桩水下混凝土浇筑记录	施工单位	√	
		QL2.6.13	沉入桩检查记录	施工单位	√	
		QL2.6.14	人工挖孔桩施工记录	施工单位	√	
		QL2.6.15	地基钎探记录	施工单位	√	
		QL2.6.16	地基施工处理记录	施工单位	√	
		QL2.6.17	混凝土开盘鉴定	施工单位	√	
		QL2.6.18	混凝土浇筑记录	施工单位	√	
		QL2.6.19	混凝土养护测温记录	施工单位	√	
		QL2.6.20	预压沉降观测记录	施工单位	√	
		QL2.6.21	回填施工记录	施工单位	√	
		QL2.6.22	预应力管道检验记录	施工单位	√	
		QL2.6.23	预应力筋张拉数据记录表	施工单位	√	
		QL2.6.24	预应力筋张拉记录（一）	施工单位	√	
		QL2.6.25	预应力筋张拉记录（二）	施工单位	√	
		QL2.6.26	预应力张拉孔道压浆记录	施工单位	√	
		QL2.6.27	构件吊装施工记录	施工单位	√	
		QL2.6.28	防水工程施工记录	施工单位	√	
		QL2.6.29	网架安装检查记录	施工单位	√	
		QL2.6.30	钢箱梁安装检查记录	施工单位	√	
		QL2.6.31	高强螺栓连接检查记录	施工单位	√	
		QL2.6.32	箱涵顶进施工记录	施工单位	√	
		QL2.6.33	钢管混凝土灌注记录	施工单位	√	
		QL2.6.34	钢构件涂装记录	施工单位	√	
		QL2.6.35	桥梁支座安装记录	施工单位	√	
		QL2.6.36	桥梁伸缩装置安装记录	施工单位	√	
		QL2.6.37	软基分层沉降观测记录	施工单位	√	
		QL2.6.38	孔隙水压力观察记录	施工单位	√	
		QL2.6.39	地基注浆加固记录	施工单位	√	
		QL2.6.40	高压旋喷桩施工记录	施工单位	√	
		QL2.6.41	SMW工法施工记录	施工单位	√	

续表

类别	类别编号	工程文件资料名称	资料来源	归档保存单位 施工单位	归档保存单位 城建档案馆
工程质量控制资料 QL2	QL2.6.42	钢支撑进场验收记录	施工单位	√	
	QL2.6.43	钢支撑拼装质量验收记录	施工单位	√	
	QL2.6.44	钢管支撑架设记录	施工单位	√	
	QL2.6.45	三轴搅拌桩施工记录	施工单位	√	
	QL2.6.46	双轴深层搅拌桩施工记录	施工单位	√	
	QL2.6.47	粉喷桩施工记录	施工单位	√	
	QL2.6.48	袋装砂井施工记录	施工单位	√	
	QL2.6.49	碎石（砂）桩施工	施工单位	√	
	QL2.6.50	塑料排水板施工记录	施工单位	√	
	QL2.6.51	预检工程检查记录	施工单位	√	
	QL2.6.52	道路工程测试成果汇总表	施工单位	√	
	QL2.6.53	轻型井点降水记录	施工单位	√	
	QL2.6.54	管井井点降水记录	施工单位	√	
	QL2.7	工程质量事故及事故调查处理资料	施工单位	√	√
	QL2.8	新材料、新工艺施工记录	施工单位	√	√
安全和功能检验资料 QL3	QL3.1	地基基础检测记录汇总表	施工单位	√	√
	QL3.1.1	桩基无损检测试验报告	检测单位	√	√
	QL3.1.2	轻型动力触探试验报告	检测单位	√	√
	QL3.2	钻芯取样检测报告	检测单位	√	√
	QL3.3	同条件养护混凝土试块抗压强度报告汇总表	检测单位	√	√
	QL3.3.1	混凝土试块试验报告	检测单位	√	√
	QL3.3.2	结构实体混凝土强度评定	检测单位	√	√
	QL3.4	斜拉索张拉力震动频率试验记录	检测单位	√	√
	QL3.5	索力调整检测记录	检测单位	√	√
	QL3.6	桥梁动载试验报告	检测单位	√	√
	QL3.7	桥梁静载试验报告	检测单位	√	√
地基与基础分部工程检验记录 QL4	QL4.1	扩大基础子分部工程检验记录	施工单位	√	
	QL4.1.1	基坑开挖、地基分项工程质量验收记录	施工单位	√	
	QL4.1.1.1	基坑开挖、地基检验批质量验收记录	施工单位	√	
	QL4.1.2	沟槽开挖分项工程质量验收记录	施工单位	√	
	QL4.1.2.1	沟槽开挖检验批质量验收记录	施工单位	√	
	QL4.1.3	垫层分项工程质量验收记录	施工单位	√	
	QL4.1.3.1	垫层工程检验批质量验收记录	施工单位	√	
	QL4.1.4	回填土分项工程质量验收记录	施工单位	√	
	QL4.1.4.1	回填土方检验批质量验收记录	施工单位	√	
	QL4.1.5	模板分项工程质量验收记录	施工单位	√	
	QL4.1.5.1	模板（木模板）制作检验批质量验收记录	施工单位	√	
	QL4.1.5.2	模板（钢模板）制作检验批质量验收记录	施工单位	√	
	QL4.1.5.3	模板、支架和拱架安装检验批质量验收记录（1）	施工单位	√	

续表

类 别	类别编号	工程文件资料名称	资料来源	归档保存单位 施工单位	归档保存单位 城建档案馆
地基与基础分部工程检验记录 QL4	QL4.1.5.4	模板、支架和拱架安装检验批质量验收记录（2）	施工单位	√	
	QL4.1.5.5	模板拆除工程检验批质量验收记录	施工单位	√	
	QL4.1.6	钢筋分项工程质量验收记录	施工单位	√	
	QL4.1.6.1	钢筋原材及加工、钢筋网检验批质量验收记录	施工单位	√	
	QL4.1.6.2	钢筋成型、安装检验批质量验收记录	施工单位	√	
	QL4.1.7	混凝土分项工程质量验收记录	施工单位	√	
	QL4.1.7.1	混凝土分项工程（混凝土施工）检验批质量验收记录	施工单位	√	
	QL4.1.7.2	现浇混凝土基础检验批质量验收记录	施工单位	√	
	QL4.1.8	砌体基础分项工程质量验收记录	施工单位	√	
	QL4.1.8.1	砌体基础工程检验批质量验收记录	施工单位	√	
	QL4.1.9	砌体工程分项检验批质量验收记录	施工单位	√	
	QL4.1.9.1	砌体工程检验批质量验收记录	施工单位	√	
	QL4.2	沉入桩基础子分部工程检验记录	施工单位	√	√
	QL4.2.1	模板分项工程质量验收记录	施工单位	√	
	QL4.2.1.1	模板（木模板）制作检验批质量验收记录	施工单位	√	
	QL4.2.1.2	模板（钢模板）制作检验批质量验收记录	施工单位	√	
	QL4.2.1.3	模板、支架和拱架安装检验批质量验收记录（1）	施工单位	√	
	QL4.2.1.4	模板、支架和拱架安装检验批质量验收记录（2）	施工单位	√	
	QL4.2.1.5	模板拆除工程检验批质量验收记录	施工单位	√	
	QL4.2.2	钢筋分项工程质量验收记录	施工单位	√	
	QL4.2.2.1	钢筋原材及加工、钢筋网检验批质量验收记录	施工单位	√	
	QL4.2.2.2	钢筋成型、安装检验批质量验收记录	施工单位	√	
	QL4.2.3	钢筋混凝土和预应力混凝土桩的预制分项工程质量验收记录	施工单位	√	
	QL4.2.3.1	钢筋混凝土和预应力混凝土桩的预制工程检验批质量验收记录	施工单位	√	
	QL4.2.4	钢管桩分项工程质量验收记录	施工单位	√	
	QL4.2.4.1	钢管桩工程检验批质量验收记录	施工单位	√	
	QL4.2.5	沉桩工程分项工程质量验收记录	施工单位	√	
	QL4.2.5.1	沉桩工程检验批质量验收记录	施工单位	√	
	QL4.2.6	预制桩工程检验批质量验收记录	施工单位	√	
	QL4.2.6.1	预制桩检验批质量验收记录	施工单位	√	
	QL4.3	灌注桩基础子分部工程检验记录	施工单位	√	√
	QL4.3.1	钢筋分项工程质量验收记录	施工单位	√	
	QL4.3.1.1	钢筋原材及加工、钢筋网检验批质量验收记录	施工单位	√	
	QL4.3.1.2	钢筋成型、安装检验批质量验收记录	施工单位	√	
	QL4.3.1.3	混凝土灌注桩（钢筋笼）工程检验批质量验收记录	施工单位	√	

续表

类 别	类别编号	工程文件资料名称	资料来源	归档保存单位 施工单位	归档保存单位 城建档案馆
地基与基础分部工程检验记录 QL4	QL4.3.2	混凝土灌注桩（灌注）分项工程质量验收记录	施工单位	√	
	QL4.3.2.1	混凝土灌注桩（灌注）工程检验批质量验收记录	施工单位	√	
	QL4.3.3	混凝土灌注桩分项工程质量验收记录	施工单位	√	
	QL4.3.3.1	混凝土灌注桩工程检验批质量验收记录	施工单位	√	
	QL4.4	沉井子分部工程检验记录	施工单位	√	√
	QL4.4.1	基坑开挖、地基分项工程质量验收记录	施工单位	√	
	QL4.4.1.1	基坑开挖、地基检验批质量验收记录	施工单位	√	
	QL4.4.2	沟槽开挖分项工程质量验收记录	施工单位	√	
	QL4.4.2.1	沟槽开挖检验批质量验收记录	施工单位	√	
	QL4.4.3	模板分项工程质量验收记录	施工单位	√	
	QL4.4.3.1	模板（木模板）制作检验批质量验收记录	施工单位	√	
	QL4.4.3.2	模板（钢模板）制作检验批质量验收记录	施工单位	√	
	QL4.4.3.3	模板、支架和拱架安装检验批质量验收记录（1）	施工单位	√	
	QL4.4.3.4	模板、支架和拱架安装检验批质量验收记录（2）	施工单位	√	
	QL4.4.3.5	模板拆除工程检验批质量验收记录	施工单位	√	
	QL4.4.4	钢筋分项工程质量验收记录	施工单位	√	
	QL4.4.4.1	钢筋原材及加工、钢筋网检验批质量验收记录	施工单位	√	
	QL4.4.4.2	钢筋成型、安装检验批质量验收记录	施工单位	√	
	QL4.4.5	混凝土分项工程质量验收记录	施工单位	√	
	QL4.4.5.1	混凝土分项工程（混凝土施工）检验批质量验收记录	施工单位	√	
	QL4.4.6	沉井（制作、浮运）分项工程质量验收记录	施工单位	√	
	QL4.4.6.1	沉井（制作、浮运）检验批质量验收记录	施工单位	√	
	QL4.4.7	混凝土沉井分项工程质量验收记录	施工单位	√	
	QL4.4.7.1	混凝土沉井工程检验批质量验收记录	施工单位	√	
	QL4.4.8	沉井下沉分项工程质量验收记录	施工单位	√	
	QL4.4.8.1	沉井下沉工程检验批质量验收记录	施工单位	√	
	QL4.4.9	沉井封底填充混凝土分项工程质量验收记录	施工单位	√	
	QL4.4.9.1	沉井封底填充混凝土工程检验批质量验收记录	施工单位	√	
	QL4.5	地下连续墙子分部工程检验记录	施工单位	√	√
	QL4.5.1	沟槽开挖分项工程质量验收记录	施工单位	√	
	QL4.5.1.1	沟槽开挖检验批质量验收记录	施工单位	√	
	QL4.5.2	钢筋分项工程质量验收记录	施工单位	√	
	QL4.5.2.1	钢筋原材及加工、钢筋网检验批质量验收记录	施工单位	√	
	QL4.5.2.2	钢筋成型、安装检验批质量验收记录	施工单位	√	
	QL4.5.3	混凝土分项工程质量验收记录	施工单位	√	
	QL4.5.3.1	混凝土分项工程（混凝土施工）检验批质量验收记录	施工单位	√	
	QL4.6	承台子分部工程检验记录	施工单位	√	√

续表

类别	类别编号	工程文件资料名称	资料来源	归档保存单位 施工单位	归档保存单位 城建档案馆
地基与基础分部工程检验记录 QL4	QL4.6.1	模板分项工程质量验收记录	施工单位	√	
	QL4.6.1.1	模板（木模板）制作检验批质量验收记录	施工单位	√	
	QL4.6.1.2	模板（钢模板）制作检验批质量验收记录	施工单位	√	
	QL4.6.1.3	模板、支架和拱架安装检验批质量验收记录（1）	施工单位	√	
	QL4.6.1.4	模板、支架和拱架安装检验批质量验收记录（2）	施工单位	√	
	QL4.6.1.5	模板拆除工程检验批质量验收记录	施工单位	√	
	QL4.6.2	钢筋分项工程质量验收记录	施工单位	√	
	QL4.6.2.1	钢筋原材及加工、钢筋网检验批质量验收记录	施工单位	√	
	QL4.6.2.2	钢筋成型、安装检验批质量验收记录	施工单位	√	
	QL4.6.3	混凝土分项工程质量验收记录	施工单位	√	
	QL4.6.3.1	混凝土分项工程（混凝土施工）检验批质量验收记录	施工单位	√	
墩台分部工程质量检验记录 QL5	QL5.1	砌体墩台子分部工程质量验收记录	施工单位	√	√
	QL5.1.1	石砌体分工程质量验收记录	施工单位	√	
	QL5.1.1.1	石砌体工程检验批质量验收记录	施工单位	√	
	QL5.1.2	砌块砌体分项工程质量验收记录	施工单位	√	
	QL5.1.2.1	砌块砌体工程检验批质量验收记录	施工单位	√	
	QL5.2	现浇混凝土墩台子分部工程检验记录	施工单位	√	√
	QL5.2.1	模板分项工程质量验收记录	施工单位	√	
	QL5.2.1.1	模板（木模板）制作检验批质量验收记录	施工单位	√	
	QL5.2.1.2	模板（钢模板）制作检验批质量验收记录	施工单位	√	
	QL5.2.1.3	模板、支架和拱架安装检验批质量验收记录（1）	施工单位	√	
	QL5.2.1.4	模板、支架和拱架安装检验批质量验收记录（2）	施工单位	√	
	QL5.2.1.5	模板拆除工程检验批质量验收记录	施工单位	√	
	QL5.2.2	钢筋分项工程质量验收记录	施工单位	√	
	QL5.2.2.1	钢筋原材及加工、钢筋网检验批质量验收记录	施工单位	√	
	QL5.2.2.2	钢筋成型、安装检验批质量验收记录	施工单位	√	
	QL5.2.3	混凝土分项工程质量验收记录	施工单位	√	
	QL5.2.3.1	混凝土分项工程（混凝土施工）检验批质量验收记录	施工单位	√	
	QL5.2.4	预应力混凝土（后张法）分项工程质量验收记录	施工单位	√	
	QL5.2.4.1	预应力混凝土（后张法）检验批质量验收记录	施工单位	√	
	QL5.3	预制混凝土柱子分部工程质量验收记录	施工单位	√	√
	QL5.3.1	模板分项工程质量验收记录	施工单位	√	
	QL5.3.1.1	模板（木模板）制作检验批质量验收记录	施工单位	√	
	QL5.3.1.2	模板（钢模板）制作检验批质量验收记录	施工单位	√	
	QL5.3.1.3	模板、支架和拱架安装检验批质量验收记录（1）	施工单位	√	
	QL5.3.1.4	模板、支架和拱架安装检验批质量验收记录（2）	施工单位	√	
	QL5.3.1.5	模板拆除工程检验批质量验收记录	施工单位	√	

续表

类 别	类别编号	工程文件资料名称	资料来源	归档保存单位 施工单位	归档保存单位 城建档案馆
墩台分部工程质量检验记录QL5	QL5.3.2	钢筋分项工程质量验收记录	施工单位	√	
	QL5.3.2.1	钢筋原材及加工、钢筋网检验批质量验收记录	施工单位	√	
	QL5.3.2.2	钢筋成型、安装检验批质量验收记录	施工单位	√	
	QL5.3.3	预制混凝土柱分项工程质量验收记录	施工单位	√	
	QL5.3.3.1	预制混凝土柱工程检验批质量验收记录	施工单位	√	
	QL5.3.4	预制柱安装分项工程质量验收记录	施工单位	√	
	QL5.3.4.1	预制柱安装工程检验批质量验收记录	施工单位	√	
	QL5.3.5	人行天桥钢墩柱分项工程质量验收记录	施工单位	√	
	QL5.3.5.1	人行天桥钢墩柱制作工程检验批质量验收记录	施工单位	√	
	QL5.3.6	人行天桥钢墩柱安装分项工程质量验收记录	施工单位	√	
	QL5.3.6.1	人行天桥钢墩柱安装工程检验批质量验收记录	施工单位	√	
	QL5.4	台背填土子分部工程检验记录	施工单位	√	√
	QL5.4.1	台背填土分项工程质量验收记录	施工单位	√	
	QL5.4.1.1	台背填土检验批质量验收记录	施工单位	√	
盖梁分部工程检验记录QL6	QL6.1	模板分项工程质量验收记录	施工单位	√	
	QL6.1.1	模板（木模板）制作检验批质量验收记录	施工单位	√	
	QL6.1.2	模板（钢模板）制作检验批质量验收记录	施工单位	√	
	QL6.1.3	模板、支架和拱架安装检验批质量验收记录（1）	施工单位	√	
	QL6.1.4	模板、支架和拱架安装检验批质量验收记录（2）	施工单位	√	
	QL6.1.5	模板拆除工程检验批质量验收记录	施工单位	√	
	QL6.2	钢筋分项工程质量验收记录	施工单位	√	
	QL6.2.1	钢筋原材及加工、钢筋网检验批质量验收记录	施工单位	√	
	QL6.2.2	钢筋成型、安装检验批质量验收记录	施工单位	√	
	QL6.3	混凝土分项工程质量验收记录	施工单位	√	
	QL6.3.1	混凝土分项工程（混凝土施工）检验批质量验收记录	施工单位	√	
	QL6.4	预应力混凝土（钢丝、钢绞线先张法）分项工程质量验收记录	施工单位	√	
	QL6.4.1	预应力混凝土（钢丝、钢绞线先张法）检验批质量验收记录	施工单位	√	
	QL6.5	预应力混凝土（钢筋先张法）分项工程质量验收记录	施工单位	√	
	QL6.5.1	预应力混凝土（钢筋先张法）检验批质量验收记录	施工单位	√	
	QL6.6	预应力混凝土（后张法）分项工程质量验收记录	施工单位	√	
	QL6.6.1	预应力混凝土（后张法）检验批质量验收记录	施工单位	√	
支座分部工程检验记录QL7	QL7.1	模板分项工程质量验收记录	施工单位	√	
	QL7.1.1	模板（木模板）制作检验批质量验收记录	施工单位	√	
	QL7.1.2	模板（钢模板）制作检验批质量验收记录	施工单位	√	

续表

类 别	类别编号	工程文件资料名称	资料来源	归档保存单位	
				施工单位	城建档案馆
支座分部工程检验记录 QL7	QL7.1.3	模板、支架和拱架安装检验批质量验收记录（1）	施工单位	√	
	QL7.1.4	模板、支架和拱架安装检验批质量验收记录（2）	施工单位	√	
	QL7.1.5	模板拆除工程检验批质量验收记录	施工单位	√	
	QL7.2	钢筋分项工程质量验收记录	施工单位	√	
	QL7.2.1	钢筋原材及加工、钢筋网检验批质量验收记录	施工单位	√	
	QL7.2.2	钢筋成型、安装检验批质量验收记录	施工单位	√	
	QL7.3	混凝土分项工程质量验收记录	施工单位	√	
	QL7.3.1	混凝土分项工程（混凝土施工）检验批质量验收记录	施工单位	√	
	QL7.4	支座分项工程质量验收记录	施工单位	√	
	QL7.4.1	支座检验批质量验收记录	施工单位	√	
索塔分部工程检验记录 QL8	QL8.1	模板分项工程质量验收记录	施工单位	√	
	QL8.1.1	模板（木模板）制作检验批质量验收记录	施工单位	√	
	QL8.1.2	模板（钢模板）制作检验批质量验收记录	施工单位	√	
	QL8.1.3	模板、支架和拱架安装检验批质量验收记录（1）	施工单位	√	
	QL8.1.4	模板、支架和拱架安装检验批质量验收记录（2）	施工单位	√	
	QL8.1.5	模板拆除工程检验批质量验收记录	施工单位	√	
	QL8.2	钢筋分项工程质量验收记录	施工单位	√	
	QL8.2.1	钢筋原材及加工、钢筋网检验批质量验收记录	施工单位	√	
	QL8.2.2	钢筋成型、安装检验批质量验收记录	施工单位	√	
	QL8.3	混凝土分项工程质量验收记录	施工单位	√	
	QL8.3.1	混凝土分项工程（混凝土施工）检验批质量验收记录	施工单位	√	
	QL8.4	钢构件安装分项工程质量验收记录	施工单位	√	
	QL8.4.1	钢构件安装检验批质量验收记录	施工单位	√	
锚锭分部工程检验记录 QL9	QL9.1	模板分项工程质量验收记录	施工单位	√	
	QL9.1.1	模板（木模板）制作检验批质量验收记录	施工单位	√	
	QL9.1.2	模板（钢模板）制作检验批质量验收记录	施工单位	√	
	QL9.1.3	模板、支架和拱架安装检验批质量验收记录（1）	施工单位	√	
	QL9.1.4	模板、支架和拱架安装检验批质量验收记录（2）	施工单位	√	
	QL9.1.5	模板拆除工程检验批质量验收记录	施工单位	√	
	QL9.2	钢筋分项工程质量验收记录	施工单位	√	
	QL9.2.1	钢筋原材及加工、钢筋网检验批质量验收记录	施工单位	√	
	QL9.2.2	钢筋成型、安装检验批质量验收记录	施工单位	√	
	QL9.3	锚碇锚固系统制作分项工程质量验收记录	施工单位	√	
	QL9.3.1	锚碇锚固系统制作检验批质量验收记录	施工单位	√	
	QL9.4	锚碇锚固系统安装分项工程质量验收记录	施工单位	√	
	QL9.4.1	锚碇锚固系统安装检验批质量验收记录	施工单位	√	
	QL9.5	锚碇混凝土分项工程质量验收记录	施工单位	√	

续表

类 别	类别编号	工程文件资料名称	资料来源	归档保存单位 施工单位	归档保存单位 城建档案馆
锚锭分部工程检验记录 QL9	QL9.5.1	锚碇混凝土检验批质量验收记录	施工单位	√	
	QL9.6	锚索张拉与压浆分项工程质量验收记录	施工单位	√	
	QL9.6.1	锚索张拉与压浆检验批质量验收记录	施工单位	√	
桥跨承重结构分部工程检验记录 QL10	QL10.1	支架上浇筑混凝土梁（板）子分部工程质量检验记录	施工单位	√	√
	QL10.1.1	模板分项工程质量验收记录	施工单位	√	
	QL10.1.1.1	模板（木模板）制作检验批质量验收记录	施工单位	√	
	QL10.1.1.2	模板（钢模板）制作检验批质量验收记录	施工单位	√	
	QL10.1.1.3	模板、支架和拱架安装检验批质量验收记录（1）	施工单位	√	
	QL10.1.1.4	模板、支架和拱架安装检验批质量验收记录（2）	施工单位	√	
	QL10.1.1.5	模板拆除工程检验批质量验收记录	施工单位	√	
	QL10.1.2	钢筋分项工程质量验收记录	施工单位	√	
	QL10.1.2.1	钢筋原材及加工、钢筋网检验批质量验收记录	施工单位	√	
	QL10.1.2.2	钢筋成型、安装检验批质量验收记录	施工单位	√	
	QL10.1.3	支架上浇筑混凝土板（梁）分项工程质量验收记录	施工单位	√	
	QL10.1.3.1	支架上浇筑混凝土板（梁）检验批质量验收记录	施工单位	√	
	QL10.1.4	预应力混凝土（钢丝、钢绞线先张法）分项工程质量验收记录	施工单位	√	
	QL10.1.4.1	预应力混凝土（钢丝、钢绞线先张法）检验批质量验收记录	施工单位	√	
	QL10.1.5	预应力混凝土（钢筋先张法）分项工程质量验收记录	施工单位	√	
	QL10.1.5.1	预应力混凝土（钢筋先张法）检验批质量验收记录	施工单位	√	
	QL10.1.6	预应力混凝土（后张法）分项工程质量验收记录	施工单位	√	
	QL10.1.6.1	预应力混凝土（后张法）检验批质量验收记录	施工单位	√	
	QL10.2	装配式钢筋混凝土梁（板）子分部工程质量检验记录	施工单位	√	√
	QL10.2.1	模板分项工程质量验收记录	施工单位	√	
	QL10.2.1.1	模板（木模板）制作检验批质量验收记录	施工单位	√	
	QL10.2.1.2	模板（钢模板）制作检验批质量验收记录	施工单位	√	
	QL10.2.1.3	模板、支架和拱架安装检验批质量验收记录（1）	施工单位	√	
	QL10.2.1.4	模板、支架和拱架安装检验批质量验收记录（2）	施工单位	√	
	QL10.2.1.5	模板拆除工程检验批质量验收记录	施工单位	√	
	QL10.2.2	钢筋分项工程质量验收记录	施工单位	√	
	QL10.2.2.1	钢筋原材及加工、钢筋网检验批质量验收记录	施工单位	√	
	QL10.2.2.2	钢筋成型、安装检验批质量验收记录	施工单位	√	
	QL10.2.3	预应力混凝土（钢丝、钢绞线先张法）分项工程质量验收记录	施工单位	√	

续表

类 别	类别编号	工程文件资料名称	资料来源	归档保存单位	
				施工单位	城建档案馆
桥跨承重结构分部工程检验记录 QL10	QL10.2.3.1	预应力混凝土（钢丝、钢绞线先张法）检验批质量验收记录	施工单位	√	
	QL10.2.4	预应力混凝土（钢筋先张法）分项工程质量验收记录	施工单位	√	
	QL10.2.4.1	预应力混凝土（钢筋先张法）检验批质量验收记录	施工单位	√	
	QL10.2.5	预应力混凝土（后张法）分项工程质量验收记录	施工单位	√	
	QL10.2.5.1	预应力混凝土（后张法）检验批质量验收记录	施工单位	√	
	QL10.2.6	混凝土分项工程质量验收记录	施工单位	√	
	QL10.2.6.1	混凝土分项工程（混凝土施工）检验批质量验收记录	施工单位	√	
	QL10.2.7	预制梁（板）分项工程质量验收记录	施工单位	√	
	QL10.2.7.1	预制梁（板）工程检验批质量验收记录	施工单位	√	
	QL10.2.8	预制梁（板）安装分项工程质量验收记录	施工单位	√	
	QL10.2.8.1	预制梁（板）安装工程检验批质量验收记录	施工单位	√	
	QL10.3	悬臂浇筑预应力混凝土梁（板）子分部工程质量检验记录	施工单位	√	√
	QL10.3.1	模板分项工程质量验收记录	施工单位	√	
	QL10.3.1.1	模板（木模板）制作检验批质量验收记录	施工单位	√	
	QL10.3.1.2	模板（钢模板）制作检验批质量验收记录	施工单位	√	
	QL10.3.1.3	模板、支架和拱架安装检验批质量验收记录（1）	施工单位	√	
	QL10.3.1.4	模板、支架和拱架安装检验批质量验收记录（2）	施工单位	√	
	QL10.3.1.5	模板拆除工程检验批质量验收记录	施工单位	√	
	QL10.3.2	钢筋分项工程质量验收记录	施工单位	√	
	QL10.3.2.1	钢筋原材及加工、钢筋网检验批质量验收记录	施工单位	√	
	QL10.3.2.2	钢筋成型、安装检验批质量验收记录	施工单位	√	
	QL10.3.3	预应力混凝土（钢丝、钢绞线先张法）分项工程质量验收记录	施工单位	√	
	QL10.3.3.1	预应力混凝土（钢丝、钢绞线先张法）检验批质量验收记录	施工单位	√	
	QL10.3.4	预应力混凝土（钢筋先张法）分项工程质量验收记录	施工单位	√	
	QL10.3.4.1	预应力混凝土（钢筋先张法）检验批质量验收记录	施工单位	√	
	QL10.3.5	预应力混凝土（后张法）分项工程质量验收记录	施工单位	√	
	QL10.3.5.1	预应力混凝土（后张法）检验批质量验收记录	施工单位	√	
	QL10.3.6	混凝土分项工程质量验收记录	施工单位	√	
	QL10.3.6.1	混凝土分项工程（混凝土施工）检验批质量验收记录	施工单位	√	

续表

类 别	类别编号	工程文件资料名称	资料来源	归档保存单位 施工单位	归档保存单位 城建档案馆
桥跨承重结构分部工程检验记录 QL10	QL10.3.7	悬臂浇筑预应力混凝土梁分项工程检验批质量验收记录	施工单位	√	
	QL10.3.7.1	悬臂浇筑预应力混凝土梁工程检验批质量验收记录	施工单位	√	
	QL10.4	悬臂拼装预应力混凝土梁子分部工程质量验收记录	施工单位	√	√
	QL10.4.1	模板分项工程质量验收记录	施工单位	√	
	QL10.4.1.1	模板（木模板）制作检验批质量验收记录	施工单位	√	
	QL10.4.1.2	模板（钢模板）制作检验批质量验收记录	施工单位	√	
	QL10.4.1.3	模板、支架和拱架安装检验批质量验收记录（1）	施工单位	√	
	QL10.4.1.4	模板、支架和拱架安装检验批质量验收记录（2）	施工单位	√	
	QL10.4.1.5	模板拆除工程检验批质量验收记录	施工单位	√	
	QL10.4.2	钢筋分项工程质量验收记录	施工单位	√	
	QL10.4.2.1	钢筋原材及加工、钢筋网检验批质量验收记录	施工单位	√	
	QL10.4.2.2	钢筋成型、安装检验批质量验收记录	施工单位	√	
	QL10.4.3	预应力混凝土（钢丝、钢绞线先张法）分项工程质量验收记录	施工单位	√	
	QL10.4.3.1	预应力混凝土（钢丝、钢绞线先张法）检验批质量验收记录	施工单位	√	
	QL10.4.4	预应力混凝土（钢筋先张法）分项工程质量验收记录	施工单位	√	
	QL10.4.4.1	预应力混凝土（钢筋先张法）检验批质量验收记录	施工单位	√	
	QL10.4.5	预应力混凝土（后张法）分项工程质量验收记录	施工单位	√	
	QL10.4.5.1	预应力混凝土（后张法）检验批质量验收记录	施工单位	√	
	QL10.4.6	混凝土分项工程质量验收记录	施工单位	√	
	QL10.4.6.1	混凝土分项工程（混凝土施工）检验批质量验收记录	施工单位	√	
	QL10.4.7	悬臂拼装预应力混凝土分项工程质量验收记录	施工单位	√	
	QL10.4.7.1	悬臂拼装预应力混凝土梁工程检验批质量验收记录	施工单位	√	
	QL10.5	顶推施工混凝土梁子分部工程质量验收记录	施工单位	√	√
	QL10.5.1	模板分项工程质量验收记录	施工单位	√	
	QL10.5.1.1	模板（木模板）制作检验批质量验收记录	施工单位	√	
	QL10.5.1.2	模板（钢模板）制作检验批质量验收记录	施工单位	√	
	QL10.5.1.3	模板、支架和拱架安装检验批质量验收记录（1）	施工单位	√	
	QL10.5.1.4	模板、支架和拱架安装检验批质量验收记录（2）	施工单位	√	
	QL10.5.1.5	模板拆除工程检验批质量验收记录	施工单位	√	
	QL10.5.2	钢筋分项工程质量验收记录	施工单位	√	

续表

类 别	类别编号	工程文件资料名称	资料来源	归档保存单位 施工单位	归档保存单位 城建档案馆
桥跨承重结构分部工程检验记录 QL10	QL10.5.2.1	钢筋原材及加工、钢筋网检验批质量验收记录	施工单位	√	
	QL10.5.2.2	钢筋成型、安装检验批质量验收记录	施工单位	√	
	QL10.5.3	预应力混凝土（钢丝、钢绞线先张法）分项工程质量验收记录	施工单位	√	
	QL10.5.3.1	预应力混凝土（钢丝、钢绞线先张法）检验批质量验收记录	施工单位	√	
	QL10.5.4	预应力混凝土（钢筋先张法）分项工程质量验收记录	施工单位	√	
	QL10.5.4.1	预应力混凝土（钢筋先张法）检验批质量验收记录	施工单位	√	
	QL10.5.5	预应力混凝土（后张法）分项工程质量验收记录	施工单位	√	
	QL10.5.5.1	预应力混凝土（后张法）检验批质量验收记录	施工单位	√	
	QL10.5.6	混凝土分项工程质量验收记录	施工单位	√	
	QL10.5.6.1	混凝土分项工程（混凝土施工）检验批质量验收记录	施工单位	√	
	QL10.5.7	顶推施工分项工程质量验收记录	施工单位	√	
	QL10.5.7.2	顶推施工梁工程检验批质量验收记录	施工单位	√	
	QL10.6	钢梁子分部工程质量验收记录	施工单位	√	√
	QL10.6.1	钢板梁制作分项工程质量验收记录	施工单位	√	
	QL10.6.1.1	钢板梁制作工程检验批质量验收记录	施工单位	√	
	QL10.6.2	钢桁梁节段制作分项工程质量验收记录	施工单位	√	
	QL10.6.2.1	钢桁梁节段制作工程检验批质量验收记录	施工单位	√	
	QL10.6.3	钢梁安装分项工程质量验收记录	施工单位	√	
	QL10.6.3.1	钢梁安装工程检验批质量验收记录	施工单位	√	
	QL10.7	结合梁子分部工程质量验收记录	施工单位	√	√
	QL10.7.1	钢板梁制作分项工程质量验收记录	施工单位	√	
	QL10.7.1.1	钢板梁制作工程检验批质量验收记录	施工单位	√	
	QL10.7.2	钢桁梁节段制作分项工程质量验收记录	施工单位	√	
	QL10.7.2.1	钢桁梁节段制作工程检验批质量验收记录	施工单位	√	
	QL10.7.3	钢梁安装分项工程质量验收记录	施工单位	√	
	QL10.7.3.1	钢梁安装工程检验批质量验收记录	施工单位	√	
	QL10.7.4	模板分项工程质量验收记录	施工单位	√	
	QL10.7.4.1	模板（木模板）制作检验批质量验收记录	施工单位	√	
	QL10.7.4.2	模板（钢模板）制作检验批质量验收记录	施工单位	√	
	QL10.7.4.3	模板、支架和拱架安装检验批质量验收记录（1）	施工单位	√	
	QL10.7.4.4	模板、支架和拱架安装检验批质量验收记录（2）	施工单位	√	
	QL10.7.4.5	模板拆除工程检验批质量验收记录	施工单位	√	
	QL10.7.5	钢筋分项工程质量验收记录	施工单位	√	
	QL10.7.5.1	钢筋原材及加工、钢筋网检验批质量验收记录	施工单位	√	

续表

类 别	类别编号	工程文件资料名称	资料来源	归档保存单位 施工单位	归档保存单位 城建档案馆
桥跨承重结构分部工程检验记录 QL10	QL10.7.5.2	钢筋成型、安装检验批质量验收记录	施工单位	√	
	QL10.7.6	预应力混凝土（钢丝、钢绞线先张法）分项工程质量验收记录	施工单位	√	
	QL10.7.6.1	预应力混凝土（钢丝、钢绞线先张法）检验批质量验收记录	施工单位	√	
	QL10.7.7	预应力混凝土（钢筋先张法）分项工程质量验收记录	施工单位	√	
	QL10.7.7.1	预应力混凝土（钢筋先张法）检验批质量验收记录	施工单位	√	
	QL10.7.8	预应力混凝土（后张法）分项工程质量验收记录	施工单位	√	
	QL10.7.8.1	预应力混凝土（后张法）检验批质量验收记录	施工单位	√	
	QL10.7.9	混凝土分项工程质量验收记录	施工单位	√	
	QL10.7.9.1	混凝土分项工程（混凝土施工）检验批质量验收记录	施工单位	√	
	QL10.7.10	结合梁分项工程质量验收记录	施工单位	√	
	QL10.7.10.1	结合梁检验批质量验收记录	施工单位	√	
	QL10.8	拱部与拱上结构子分部工程质量验收记录	施工单位	√	√
	QL10.8.1	砌筑拱圈分项工程质量验收记录	施工单位	√	
	QL10.8.1.1	砌筑拱圈工程检验批质量验收记录	施工单位	√	
	QL10.8.2	现浇混凝土拱圈分项工程质量验收记录	施工单位	√	
	QL10.8.2.1	现浇混凝土拱圈检验批质量验收记录	施工单位	√	
	QL10.8.3	模板分项工程质量验收记录	施工单位	√	
	QL10.8.3.1	模板（木模板）制作检验批质量验收记录	施工单位	√	
	QL10.8.3.2	模板（钢模板）制作检验批质量验收记录	施工单位	√	
	QL10.8.3.3	模板、支架和拱架安装检验批质量验收记录（1）	施工单位	√	
	QL10.8.3.4	模板、支架和拱架安装检验批质量验收记录（2）	施工单位	√	
	QL10.8.3.5	模板拆除工程检验批质量验收记录	施工单位	√	
	QL10.8.4	钢筋分项工程质量验收记录	施工单位	√	
	QL10.8.4.1	钢筋原材及加工、钢筋网检验批质量验收记录	施工单位	√	
	QL10.8.4.2	钢筋成型、安装检验批质量验收记录	施工单位	√	
	QL10.8.5	劲性骨架混凝土拱圈分项工程质量验收记录	施工单位	√	
	QL10.8.5.1	劲性骨架混凝土拱圈工程检验批质量验收记录	施工单位	√	
	QL10.8.6	装配式混凝土拱部结构（拱圈安装）分项工程质量验收记录	施工单位	√	
	QL10.8.6.1	装配式混凝土拱部结构工程（拱圈安装）检验批质量验收记录	施工单位	√	
	QL10.8.7	装配式混凝土拱部结构工程（悬臂拼装桁架拱）分项工程质量验收记录	施工单位	√	
	QL10.8.7.1	装配式混凝土拱部结构工程（悬臂拼装桁架拱）检验批质量验收记录	施工单位	√	

续表

类　别	类别编号	工程文件资料名称	资料来源	归档保存单位	
				施工单位	城建档案馆
桥跨承重结构分部工程检验记录 QL10	QL10.8.8	装配式混凝土拱部结构工程（腹拱安装）分项工程质量验收记录	施工单位	√	
	QL10.8.8.1	装配式混凝土拱部结构工程（腹拱安装）检验批质量验收记录	施工单位	√	
	QL10.8.9	中下承式拱吊杆和柔性系杆分项工程质量验收记录	施工单位	√	
	QL10.8.9.1	中下承式拱吊杆和柔性系杆工程检验批质量验收记录	施工单位	√	
	QL10.8.10	钢管混凝土拱分项工程质量验收记录	施工单位	√	
	QL10.8.10.1	钢管混凝土拱检验批质量验收记录	施工单位	√	
	QL10.8.11	转体施工拱分项工程质量验收记录	施工单位	√	
	QL10.8.11.1	转体施工拱检验批质量验收记录	施工单位	√	
	QL10.8.12	混凝土分项工程质量验收记录	施工单位	√	
	QL10.8.12.1	混凝土（混凝土施工）检验批质量验收记录	施工单位	√	
	QL10.9	斜拉桥的主梁与拉索子分部工程质量验收记录	施工单位	√	√
	QL10.9.1	混凝土斜拉桥墩顶梁段分项工程质量验收记录	施工单位	√	
	QL10.9.1.1	混凝土斜拉桥墩顶梁段检验批质量验收记录	施工单位	√	
	QL10.9.2	悬臂浇筑混凝土主梁分项工程质量验收记录	施工单位	√	
	QL10.9.2.1	悬臂浇筑混凝土主梁检验批质量验收记录	施工单位	√	
	QL10.9.3	悬臂拼装混凝土主梁分项工程质量验收记录	施工单位	√	
	QL10.9.3.1	悬臂拼装混凝土主梁检验批质量验收记录	施工单位	√	
	QL10.9.4	斜拉桥钢箱梁的拼装分项工程质量验收记录	施工单位	√	
	QL10.9.4.1	斜拉桥钢箱梁的拼装检验批质量验收记录	施工单位	√	
	QL10.9.5	结合梁的工字钢梁段悬臂拼装分项工程质量验收记录	施工单位	√	
	QL10.9.5.1	结合梁的工字钢梁段悬臂拼装检验批质量验收记录	施工单位	√	
	QL10.9.6	结合梁的混凝土板分项工程质量验收记录	施工单位	√	
	QL10.9.6.1	结合梁的混凝土板检验批质量验收记录	施工单位	√	
	QL10.9.7	钢加劲梁段拼装分项工程质量验收记录	施工单位	√	
	QL10.9.7.1	钢加劲梁段拼装检验批质量验收记录	施工单位	√	
	QL10.9.8	混凝土分项工程质量验收记录	施工单位	√	
	QL10.9.8.1	混凝土（混凝土施工）检验批质量验收记录	施工单位	√	
	QL10.10	悬索桥的加劲梁与缆索子分部工程质量验收记录	施工单位	√	√
	QL10.10.1	斜拉索安装分项工程质量验收记录	施工单位	√	
	QL10.10.1.1	斜拉索安装检验批质量验收记录	施工单位	√	
	QL10.10.2	主索鞍安装分项工程质量验收记录	施工单位	√	
	QL10.10.2.1	主索鞍安装检验批质量验收记录	施工单位	√	
	QL10.10.3	散索鞍安装分项工程质量验收记录	施工单位	√	

续表

类 别	类别编号	工程文件资料名称	资料来源	归档保存单位	
				施工单位	城建档案馆
桥跨承重结构分部工程检验记录 QL10	QL10.10.3.1	散索鞍安装检验批质量验收记录	施工单位	√	
	QL10.10.4	主缆架设分项工程质量验收记录	施工单位	√	
	QL10.10.4.1	主缆架设检验批质量验收记录	施工单位	√	
	QL10.10.5	主缆防护分项工程质量验收记录	施工单位	√	
	QL10.10.5.1	主缆防护检验批质量验收记录	施工单位	√	
	QL10.10.6	索夹和索吊安装分项工程质量验收记录	施工单位	√	
	QL10.10.6.1	索夹和索吊安装检验批质量验收记录	施工单位	√	
顶进箱涵子分部工程质量验收记录 QL11	QL11.1	基坑开挖、地基分项工程质量验收记录	施工单位	√	
	QL11.1.1	基坑开挖、地基检验批质量验收记录	施工单位	√	
	QL11.2	模板分项工程质量验收记录	施工单位	√	
	QL11.2.1	模板（木模板）制作检验批质量验收记录	施工单位	√	
	QL11.2.2	模板（钢模板）制作检验批质量验收记录	施工单位	√	
	QL11.2.3	模板、支架和拱架安装检验批质量验收记录（1）	施工单位	√	
	QL11.2.4	模板、支架和拱架安装检验批质量验收记录（2）	施工单位	√	
	QL11.2.5	模板拆除工程检验批质量验收记录	施工单位	√	
	QL11.3	钢筋分项工程质量验收记录	施工单位	√	
	QL11.3.1	钢筋原材及加工、钢筋网检验批质量验收记录	施工单位	√	
	QL11.3.2	钢筋成型、安装检验批质量验收记录	施工单位	√	
	QL11.4	顶进箱涵滑板分项工程质量验收记录	施工单位	√	
	QL11.4.5	顶进箱涵滑板检验批质量验收记录	施工单位	√	
	QL11.5	箱涵预制分项工程质量验收记录	施工单位	√	
	QL11.5.5	箱涵预制检验批质量验收记录	施工单位	√	
	QL11.6	箱涵顶进分项工程质量验收记录	施工单位	√	
	QL11.6.6	箱涵顶进检验批质量验收记录	施工单位	√	
桥面系分部工程检验记录 QL12	QL12.1	桥面排水设施分项工程质量验收记录	施工单位	√	
	QL12.1.1	桥面排水设施工程检验批质量验收记录表	施工单位	√	
	QL12.2	桥面防水层分项工程质量验收记录	施工单位	√	
	QL12.2.1	桥面防水层工程检验批质量验收记录表	施工单位	√	
	QL12.3	桥面铺装层分项工程质量验收记录	施工单位	√	
	QL12.3.1	桥面铺装层工程检验批质量验收记录表	施工单位	√	
	QL12.4	伸缩装置分项工程质量验收记录	施工单位	√	
	QL12.4.1	伸缩装置工程检验批质量验收记录表	施工单位	√	
	QL12.5	地袱、缘石、挂板分项工程质量验收记录	施工单位	√	
	QL12.5.1	地袱、缘石、挂板工程检验批质量验收记录表	施工单位	√	
	QL12.6	防护设施分项工程质量验收记录	施工单位	√	
	QL12.6.1	防护设施工程检验批质量验收记录表	施工单位	√	
	QL12.7	模板分项工程质量验收记录	施工单位	√	
	QL12.7.1	模板（木模板）制作检验批质量验收记录	施工单位	√	
	QL12.7.2	模板（钢模板）制作检验批质量验收记录	施工单位	√	

续表

类别	类别编号	工程文件资料名称	资料来源	归档保存单位	
				施工单位	城建档案馆
桥面系分部工程检验记录 QL12	QL12.7.3	模板、支架和拱架安装检验批质量验收记录（1）	施工单位	√	
	QL12.7.4	模板、支架和拱架安装检验批质量验收记录（2）	施工单位	√	
	QL12.7.5	模板拆除工程检验批质量验收记录	施工单位	√	
	QL12.8	钢筋分项工程质量验收记录	施工单位	√	
	QL12.8.1	钢筋原材及加工、钢筋网检验批质量验收记录	施工单位	√	
	QL12.8.2	钢筋成型、安装检验批质量验收记录	施工单位	√	
附属结构分部工程检验记录 QL13	QL13.1	模板分项工程质量验收记录	施工单位	√	
	QL13.1.1	模板（木模板）制作检验批质量验收记录	施工单位	√	
	QL13.1.2	模板（钢模板）制作检验批质量验收记录	施工单位	√	
	QL13.1.3	模板、支架和拱架安装检验批质量验收记录（1）	施工单位	√	
	QL13.1.4	模板、支架和拱架安装检验批质量验收记录（2）	施工单位	√	
	QL13.1.5	模板拆除工程检验批质量验收记录	施工单位	√	
	QL13.2	钢筋分项工程质量验收记录	施工单位	√	
	QL13.2.1	钢筋原材及加工、钢筋网检验批质量验收记录	施工单位	√	
	QL13.2.2	钢筋成型、安装检验批质量验收记录	施工单位	√	
	QL13.3	混凝土分项工程质量验收记录	施工单位	√	
	QL13.3.1	混凝土（混凝土施工）检验批质量验收记录	施工单位	√	
	QL13.4	隔声与防眩板装置分项工程质量验收记录	施工单位	√	
	QL13.4.1	隔声与防眩板装置工程检验批质量验收记录表	施工单位	√	
	QL13.5	梯道工程分项工程质量验收记录	施工单位	√	
	QL13.5.1	梯道工程检验批质量验收记录表	施工单位	√	
	QL13.6	桥头搭板分项工程质量验收记录	施工单位	√	
	QL13.6.1	桥头搭板工程检验批质量验收记录表	施工单位	√	
	QL13.7	防冲刷结构分项工程质量验收记录	施工单位	√	
	QL13.7.1	防冲刷结构工程检验批质量验收记录表	施工单位	√	
	QL13.8	照明系统分项工程质量验收记录	施工单位	√	
	QL13.8.1	照明系统工程检验批质量验收记录表	施工单位	√	
	QL13.9	现浇钢筋混凝土挡土墙分项工程质量验收记录	施工单位	√	
	QL13.9.1	现浇钢筋混凝土挡土墙检验批质量验收记录	施工单位	√	
	QL13.10	沟槽开挖分项工程质量验收记录	施工单位	√	
	QL13.10.1	沟槽开挖检验批质量验收记录	施工单位	√	
	QL13.11	垫层分项工程质量验收记录	施工单位	√	
	QL13.11.1	垫层工程检验批质量验收记录	施工单位	√	
	QL13.12	回填土方分项工程质量验收记录	施工单位	√	
	QL13.12.1	回填土方检验批质量验收记录	施工单位	√	
	QL13.13	栏杆分项工程质量验收记录	施工单位	√	
	QL13.13.1	预制混凝土栏杆检验批质量验收记录	施工单位	√	
	QL13.13.2	栏杆安装工程检验批质量验收记录	施工单位	√	
	QL13.14	装配式钢筋混凝土挡土墙分项工程质量验收记录	施工单位	√	

续表

类 别	类别编号	工程文件资料名称	资料来源	归档保存单位	
				施工单位	城建档案馆
附属结构分部工程检验记录 QL13	QL13.14.1	装配式钢筋混凝土挡土墙工程检验批质量验收记录表	施工单位	√	
	QL13.15	砌筑挡土墙分项工程质量验收记录	施工单位	√	
	QL13.15.1	砌筑挡土墙检验批质量验收记录	施工单位	√	
	QL13.16	加筋挡土墙分项工程质量验收记录	施工单位	√	
	QL13.16.1	加筋土挡土墙检验批质量验收记录	施工单位	√	
装饰与装修分部工程质量验收记录 QL14	QL14.1	水泥砂浆抹面分项工程质量验收记录	施工单位	√	
	QL14.1.1	水泥砂浆抹面工程检验批质量验收记录表	施工单位	√	
	QL14.2	镶饰面板和贴饰面砖分项工程质量验收记录	施工单位	√	
	QL14.2.1	镶饰面板和贴饰面砖工程检验批质量验收记录	施工单位	√	
	QL14.3	涂饰分项工程质量验收记录	施工单位	√	
	QL14.3.1	涂饰工程检验批质量验收记录表	施工单位	√	
竣工验收资料 QL15	QL15.1	工程竣工报告	施工单位	√	√
	QL15.2	单位（子单位）工程质量竣工验收记录	施工单位	√	√
	QL15.3	单位（子单位）工程质量控制资料核查记录	施工单位	√	√
	QL15.4	单位（子单位）工程安全和功能检验资料检查及主要功能抽查记录	施工单位	√	√
	QL15.5	单位（子单位）工程观感质量检查记录	施工单位	√	√
	QL15.6	数字化档案确认书	施工单位	√	
	QL15.7	工程质量保修书	施工单位	√	√
	QL15.8	桥梁工程竣工图	施工单位	√	√
	QL15.9	引道工程竣工图	施工单位	√	√

第6章 施工文件档案资料管理

6.1 施工文件档案资料管理职责

《房屋建筑和市政基础设施工程档案资料管理规范》DGJ 32/TJ 143—2012 明确了建设、勘察和设计、施工、监理、城建档案、检测等单位施工文件档案资料的管理职责。

6.1.1 建设单位的管理职责

（1）项目负责人应负责建设单位工程文件资料的管理工作，并对建设单位的文件资料收集、整理和归档负责。

（2）按规定向参与工程建设的勘察、设计、施工、监理等单位提供相关文件资料。

（3）由建设单位采购的工程材料、构配件和设备，建设单位应向施工单位提供完整、真实、有效的质量证明文件。

（4）负责监督和检查勘察、设计、施工、监理等单位工程档案资料管理工作。

（5）应按规定在相关工程文件资料和"工程档案资料管理系统"的资料上及时签署意见。

（6）使用"工程档案资料管理系统"，形成数字化档案。

（7）组织竣工图的编制工作。

（8）组建的文件资料应符合表 2.1 所示《建设单位工程文件资料来源组卷与归档移交目录》的规定。在工程竣工验收后应及时收集勘察、设计、施工和监理单位的档案资料，在 3 个月内将工程档案资料移交城建档案馆，同时对"工程档案资料管理系统"中监理、施工单位的资料进行确认。

6.1.2 勘察和设计单位的管理职责

（1）勘察、设计单位应按有关规定收集整理相关文件资料。

（2）应按规范和合同要求提供勘察、设计文件。

（3）由勘察、设计单位签认的工程文件资料应及时签署意见。

（4）工程竣工验收前，应及时向建设单位出具工程勘察、设计质量检查报告。

（5）协助建设单位对竣工图进行审查。

（6）勘察、设计单位应当在任务完成时，将形成的有关工程档案资料移交建设单位。

6.1.3 监理单位的管理职责

（1）负责监理文件资料的收集、整理和归档工作。

（2）监督检查施工档案资料并协助建设单位监督检查勘察、设计文件档案资料的形成、收集、组卷和归档。

（3）对须监理单位签认的工程文件资料和"工程档案资料管理系统"的资料及时签署意见。

（4）监理人员应负责现场检查记录和监理文件资料的填写，并作为输入资料管理系统的原始记录。

（5）在工程竣工验收前，应完成监理文件资料的整理、汇总工作。

（6）使用"工程档案资料管理系统"，及时形成数字化档案。

（7）负责竣工图的核查工作。

（8）监理资料的组卷应符合表3-1所示附《工程监理文件资料组卷与归档移交目录》的规定，并应分别单独组卷，列入城建档案馆归档保存的监理纸质档案资料，工程竣工验收前应及时移交建设单位，并向建设单位报告数字化档案完成情况，由建设单位统一向城建档案馆办理移交手续。

6.1.4 施工单位的管理职责

（1）总承包单位负责施工档案资料的收集、整理和归档工作，并监督检查分包单位施工档案资料的形成过程。

（2）分包单位应收集和整理其分包范围内施工档案资料，使用"工程档案资料管理系统"，并对其真实性、完整性和有效性负责。分包单位竣工验收前应及时向总包单位移交纸质档案和电子档案。

（3）对必须施工单位签认的工程文件资料应及时签署意见，工程质量检查员应负责现场检查记录的填写，并作为输入"工程档案资料管理系统"的原始记录。对于单位工程、分部工程、分项工程和检验批的验收程序和记录应形成符合房屋建筑、市政基础设施工程现行规范、标准的规定要求。其中分项工程质量检验批验收记录的形成应符合下列规定：

① 从"工程档案资料管理系统"中下载相关分项工程的"分项工程质量检验批验收记录"空白表格。

② 对主控项目和一般项目进行检查，记录其真实情况：检测报告、证书或文件编号及结论，工程实体的实测实量和检查情况。

③ 该份记录作为施工单位的工程档案资料原件，同时作为输入"工程档案资料管理系统"的原始记录。

④ "工程档案资料管理系统"根据输入的信息自动对分项工程检验批、分项工程、分部（子分部）工程、单位工程进行评价。

⑤ 检验批评定时，将评价结果记录到"分项工程质量检验批验收记录"原始记录表中，签字、盖"质量检查员"印章，报监理人员签字。输入到"工程档案资料管理系统"的"分项工程质量检验批验收记录"使用电子扫描签名，监理工程师在"工程档案资料管理系统"中签名确认。

（4）在工程竣工验收前，应完成施工档案资料的整理、汇总工作。

（5）使用"工程档案资料管理系统"，形成数字化档案。

（6）负责竣工图的编制工作。

（7）施工档案资料的组卷应符合表4-1《施工单位文件资料组卷归档目录-土建部分》、

表 4-3《施工单位文件资料组卷归档目录-桩基部分》、表 4-4《施工单位文件资料组卷归档目录-钢结构部分》、表 4-5《施工单位文件资料组卷归档目录-幕墙部分》、表 4-6《施工单位文件资料组卷归档目录-建筑结排水及采暖部分》、表 4-7《施工单位文件资料组卷归档目录-建筑电气部分》、表 4-8《施工单位文件资料组卷归档目录-智能建筑部分》、表 4-9《施工单位文件资料组卷归档目录-通风与空调部分》、表 4-10《施工单位文件资料组卷归档目录-建筑节能部分》、表 4-13《施工单位文件资料组卷归档目录-电梯》、表 4-14《施工单位文件资料组卷归档目录-竣工验收资料、竣工图》；表 5-1《城填道路工程施工档案资料组卷与归档移交目录》、表 5-5《市政管道工程施工档案资料组卷与归档移交目录》、表 5-6《市政桥梁工程施工档案资料组卷与归档移交目录》的规定，并应分别单独组卷，列入城建档案馆归档保存的纸质施工档案资料应及时移交建设单位，并向建设单位报告数字化档案完成情况，由建设单位确认后统一向城建档案馆办理移交手续。

6.1.5 检测单位的职责

（1）检测单位应及时出具检测报告。
（2）负责核对施工单位通过"工程档案资料管理系统"下载的"工程质量检测报告汇总表"。
（3）"工程质量检测报告汇总表"核对人在"工程质量检测报告汇总表"上签字，并在"工程质量检测报告汇总表"上盖单位公章。

6.1.6 档案馆的职责

（1）负责对建设工程档案的接收、收集、保管和利用等日常性的管理工作。
（2）负责对建设工程档案的编制、整理、归档工作，进行监督、检查、指导。
（3）组织精通业务的专业技术人员，对国家和省、市重点工程项目建设过程中工程档案的编制、整理和归档等工作，进行业务指导。
（4）工程开工前，与建设单位签订《建设工程竣工档案责任书》；在工程竣工验收前，对工程档案进行预验收，并出具《建设工程竣工档案验收意见》。
（5）在工程竣工后的 3 个月内，对工程档案进行正式验收。合格后，接收入馆，并发放《工程项目竣工档案合格证》。

6.1.7 施工单位资料员的职责

根据《建筑与市政工程施工现场专业人员职业标》JGJ/T 250—2011 施工单位资料员的职责为：
（1）参与制定施工资料管理计划。
（2）参与建立施工资料管理规章制度。
（3）负责建立施工资料台账，进行施工资料交底。
（4）负责施工资料的收集、审查及整理。
（5）负责施工资料的往来传递、追溯及借阅管理。
（6）负责提供管理数据、信息资料。
（7）负责施工资料的立卷、归档。

(8) 负责施工资料的封存和安全保密工作。
(9) 负责施工资料的验收与移交。
(10) 参与建立施工资料管理系统。
(11) 负责施工资料管理系统的运用、服务和管理。

6.1.8　施工单位相关人员职责

项目经理职责主要为主持编制项目管理实施规划，归集工程资料，准备结算资料，参与工程竣工验收。

项目技术负责人负责组织对施工组织设计和施工技术措施的编制。指导、检查各项施工资料的正确填写和收集管理。

根据《建筑与市政工程施工现场专业人员职业标》JGJ/T 250—2011，其他相关人员职责为：

(1) 施工员负责编写施工日志、施工记录等相关施工资料。
(2) 质量员负责质量检查的记录，编制质量资料。
(3) 安全员负责安全生产的记录、安全资料的编制。
(4) 材料员负责材料、设备资料的编制。负责汇总、整理移交材料、设备资料。
(5) 标准员负责工程建设标准实施的信息管理。
(6) 机械员负责编制施工机械设备安全、技术管理资料。
(7) 劳务员负责编制劳务队伍和劳务人员管理资料。

6.2　施工文件资料管理计划

6.2.1　施工文件资料管理计划的特点

施工文件资料管理计划是用于指导施工单位施工文件资料编制、收集、分类、保管和利用等管理工作。施工文件资料管理计划通常在施工单位签订施工合同之后、开工前，由项目经理组织编写。施工文件资料管理计划具有以下特点：

1. 管理计划是资料管理的依据

施工文件资料管理计划是在签订施工合同之后、开工前编制，用以指导施工准备阶段到竣工验收全过程的工程文件档案资料管理。它既为这个过程提出了管理目标，又为实现目标作出计划，是施工文件资料管理的依据。

2. 管理计划的内容具有实施性

因为它是项目经理组织项目部管理人员，依据项目现实具体情况编制而成的，用以指导施工文件资料的管理，所以具有实施性。实施性是指它可以作为施工阶段施工文件资料管理实际操作依据和工作目标。

3. 管理计划追求的是管理效率和良好效果

施工文件资料管理计划可以起到提高管理效率的作用。在施工文件资料管理过程中，事先有计划，过程中有办法及制度，目标明确、安排得当、措施得力、必然会产生效率，取得理想效果。

6.2.2 施工文件资料管理计划编制依据

1. 施工合同、勘察设计文件；
2. 项目管理规划、施工组织设计、质量计划；
3. 项目管理责任书；
4. 项目条件和环境分析资料；
5. 国家、地方和企业的各项规定。

6.2.3 施工文件资料管理计划的内容

1. 施工文件资料管理目标。
包括施工文件资料收集范围、目录、套数和移交时间等。
2. 施工文件资料管理流程。
包括施工文件资料编制、收文、发文、传阅、更改或作废的工作流程等。
3. 施工文件资料管理组织与职责。
包括组织机构、人员配备和岗位责任等。
4. 施工文件资料管理规章制度。
包括施工文件资料分类保存制度、组卷归档移交制度、资料室管理制度等。
5. 施工文件资料管理检查与评价。
包括检查时间、检查内容、评价方法等。
某工程项目部编制的施工文件资料管理计划，如表 6-1 所示。

×××项目技术资料管理计划　　　　　　表 6-1

工程名称：×××工程　　　　　　　　　　　　　　　　　　　　　　　编号：×××

	岗位	资料内容	责任人
总体要求		1. 本工程资料需要整理4套； 2. 本工程所有资料的单位工程名称：×××工程； 3. 总承包单位：×××公司； 4. 分包单位的名称应写全称； 5. 分部分项的部位名称应按标准写全称	
资料分工	项目技术负责人	1. 编制施工组织设计和施工方案及办理审批； 2. 图纸会审记录； 3. 设计变更通知单； 4. 地基验槽检查记录； 5. 地基处理记录； 6. 地基验收记录； 7. 分部（子分部）工程验收记录等； 8. 单位（子单位）工程质量竣工验收记录； 9. 单位（子单位）工程质量控制资料核查记录； 10. 单位（子单位）工程安全和功能检验资料核查及主要功能抽查记录	×××
	施工员	1. 技术交底记录； 2. 隐蔽验收记录； 3. 施工日志； 4. 预检记录； 5. 施工记录资料	×××

续表

	岗位	资料内容	责任人
资料分工	试验员	1. 原材料试验及施工试验资料; 2. 混凝土测温记录; 3. 大气测温记录; 4. 坍落度测试记录	×××
	测量员	1. 工程定位放线记录; 2. 楼层测量记录; 3. 变形观测记录	×××
	质检员	检验批质量验收记录	×××
	资料员	每日收集整理归档	×××
	略		
资料的编目与组卷要求		按当地规定填写	
收集资料目录	土建	略	
	桩基	略	
	给排水	略	
	电气	略	
	建筑节能	略	
	竣工验收资料、竣工图	略	
资料整理要求		1. 技术资料填写必须采用碳素墨水或打印; 2. 复印件、抄件必须注明抄件人、原件存放单位,并盖原件存放单位章; 3. 资料中的术语、符号应符合规范要求; 4. 所有质量验收结论中,均应手工填写完整验收意见或验收结论	
编制	×××	审核	×××	批准	×××
时间	×××年××月××日	时间	×××年××月××日	时间	×××年××月××日

6.3 施工文件资料交底

施工文件资料交底是指在施工前,资料员对项目部管理人员进行的交底。通常包括内容有:

1. 施工文件资料的管理职责

根据《建设工程文件归档整理规范》GB/T 50328—2001、《房屋建筑和市政基础设施工程档案资料管理规范》DGJ 32/TJ 143—2012要求,按照编制的"施工文件资料管理计划"明确参建人员在施工文件资料管理中的职责。

2. 施工文件资料的形成流程

介绍施工文件资料的形成流程,即要介绍施工项目整体资料的总体形成流程,如前附图4-1所示房屋建筑施工文件资料的形成流程,又要介绍具体文件资料的形成流程,如前附图1-3所示检验批质量验收流程。

3. 施工文件资料的收集目录

明确施工文件资料的收集内容、归档目录。施工文件资料的收集内容、归档目录,应按施工项目不同和工程所在地的要求执行。可执行国家标准《建设工程文件归档整理规范》GB/T 50328—2001、行业标准《建筑工程资料管理规程》JGJ/T 185—2009、地方标准《房屋建筑和市政基础设施工程档案资料管理规范》DGJ 32/TJ 143—2012 等规定。

4. 施工文件资料的编制、审核和审批规定

明确施工文件资料的编制内容应达到的深度，用语规范、标准。审核和审批人员的权限等。

5. 施工文件档案资料的归档要求

明确施工文件档案资料的归档质量要求等。

6.4 施工文件资料形成、收集

6.4.1 施工文件资料的形成

施工文件资料的形成应符合下列规定：

（1）施工文件资料形成单位应对资料内容的真实性、完整性、有效性负责；由多方形成的资料，应各负其责。

由一方单独形成的资料，由形成单位自己负责。由两方以上形成的资料，按照"谁形成谁负责"的原则，由各方对自己签署内容的真实性、完整性、有效性负责。如进场材料见证取样检测，施工单位对取样负责，监理单位对见证取样送检负责，检测单位对来样检测正确性负责。

（2）施工文件资料的填写、编制、审核、审批、签认应及时进行，其内容应符合相关规定。

施工中编制形成的施工文件资料有报验、报审要求的，施工单位应按报验、报审程序，经过本单位审核签认后，方可报建设（监理）单位审批签认。如项目经理负责主持编制的单位工程施工组织设计应提交施工单位技术负责人或负责人授权的技术人员审批；由专业分包单位编制的分部（分项）工程或专项工程的施工方案，应由专业承包单位技术负责人或技术负责人授权的技术人员审批，若有总承包单位时，应由总承包单位项目技术负责人核准备案。施工单位完成审核、审批签认后，根据施工合同要求提交建设（监理）单位审批签认，形成单位工程施工组织设计报审表，如图 6-1 单位工程施工组织设计报审流程所示。

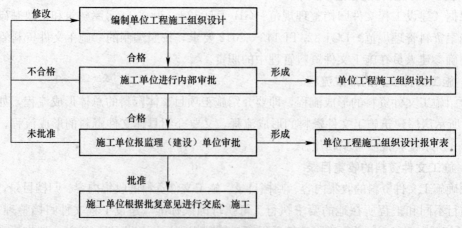

图 6-1 单位工程施工组织设计报审流程

施工文件资料报验、报审有时限性要求的，相关单位宜在合同中，约定报验、报审资料的申报时间及审批时间，并约定应承担的责任；当无约定时，施工文件资料的申报、审批不得影响正常施工。如《建设工程施工合同（示范文本）》GF-12013-0201 第 5.3.1 条承包人自检约定"承包人应当对工程隐蔽部位进行自检，并经自检确认是否具备覆盖条件。"；第 5.3.2 条检查程序约定"工程隐蔽部位经承包人自检确认具备覆盖条件的，承包人应在共同检查前 48h 书面通知监理人检查，通知中应载明隐蔽检查的内容、时间和地点，并应附有自检记录和必要的检查资料。监理人应按时到场并对隐蔽工程及其施工工艺、材料和工程设备进行检查。经监理人检查确认质量符合隐蔽要求，并在验收记录上签字后，承包人才能进行覆盖。经监理人检查质量不合格的，承包人应在监理人指示的时间内完成修复，并由监理人重新检查，由此增加的费用和（或）延误的工期由承包人承担。除专用合同条款另有约定外，监理人不能按时进行检查的，应在检查前 24h 向承包人提交书面延期要求，但延期不能超过 48h，由此导致工期延误的，工期应予以顺延。监理人未按时进行检查，也未提出延期要求的，视为隐蔽工程检查合格，承包人可自行完成覆盖工作，并做相应记录报送监理人，监理人应签字确认。监理人事后对检查记录有疑问的，可按第 5.3.3 项（重新检查）的约定重新检查。"第 5.3.3 重新检查约定"承包人覆盖工程隐蔽部位后，发包人或监理人对质量有疑问的，可要求承包人对已覆盖的部位进行钻孔探测或揭开重新检查，承包人应遵照执行，并在检查后重新覆盖恢复原状。经检查证明工程质量符合合同要求的，由发包人承担由此增加的费用和（或）延误的工期，并支付承包人合理的利润；经检查证明工程质量不符合合同要求的，由此增加的费用和（或）延误的工期由承包人承担。"隐蔽验收报验流程，如图 6-2 所示。

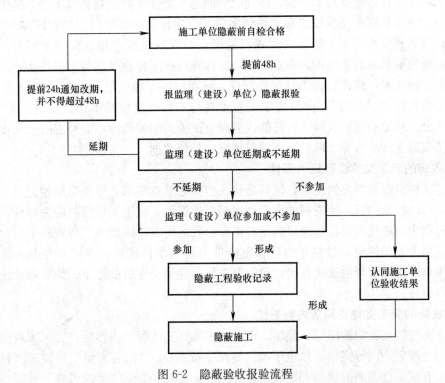

图 6-2 隐蔽验收报验流程

(3) 施工资料不得随意修改；当需修改时，应实行划改，并由划改人签署。

施工文件资料应真实有效、完整及时、字迹清楚、图样清晰、图表整洁并留出装订边。施工文件资料不得随意修改是指原则上施工文件资料不应进行修改，以保证施工文件资料的真实性。但有时由于笔误等原因需要对资料的个别内容进行更正，此时应执行划改（也称"杠改"），划改人应签署并承担责任。

(4) 施工文件资料的文字、图表、印章应清晰。

施工文件资料的填写、签字应采用耐久性强的书写材料，不得使用易褪色的书写材料。

6.4.2 施工文件资料收集整理

工程项目建设活动中产生的施工文件资料由相关责任方进行收集，并按工程文件资料的类别分类存放和保管，以满足工程建设的需求。

施工文件资料的收集

1. 施工文件资料的收集应有针对性

伴随着工程项目建设活动的开展形成许多施工文件资料，同时工程项目的不同产生施工文件资料有所不同，各工程参建单位应针对项目特点和实际情况有针对性收集施工文件资料，并在工程开工前预先计划收集的工程文件资料的种类、名称和要求，这样就能做到收集时有针对性。

2. 收集的施工文件资料应有真实性

建设施工文件资料是建设工程档案资料的重要组成部分，为处理工程质量、安全事故和评定工程质量提供重要技术依据，因此收集的施工文件资料应具备真实性。施工文件档案资料与工程建设同步是保证工程文件档案资料真实性的必要手段。"同步"的含义，是工程建设进展到哪个环节，施工文件资料的形成与管理就应当跟进到哪个环节。只有这样，才能够使资料的真实性得到基本保证，发挥资料在工程建设过程中的作用，起到提高建设工程管理水平，规范建设工程资料管理，从而保证工程质量的目的。"同步"的含义并不是非常严格的"同时"，而是要求工程资料与工程进度应基本保持对应、及时形成，如混凝土分工程检验批验收时，有可能因混凝土试验龄期未到而不能对混凝土强度进行评定，需待混凝土试块标养 28d 后，再进行评定，补填数据。

3. 收集的施工文件资料应为原件

施工文件资料是档案的基础，原件是构成档案的基本要求。原件是原始记录，能够真实反映资料的原始内容，使资料的真实性得到有效保证，施工文件资料应为原件，但是工程施工过程中，原件数量往往难以满足对资料份数的需求，因此在工程资料中，允许采用复印件，当为复印件时，提供单位应在复印件上加盖单位印章，并应有经办人签字及日期。提供单位应对资料的真实性责，旨在保持复印件便利性的前提下，最大限度地提高复印件的可靠性。

4. 收集的施工文件资料应内容完整

施工文件档案资料的填写、编制、审核、审批、签认等其内容应符合国家规范和技术标准的相关规定，内容完整、结论明确、签认手续齐全。"内容完整"是要求资料中对其有效性、有决定性影响的项目和内容应填写齐全，不应空缺。"结论明确"是指当资料中需要给出结论时,例如某些检验报告中的"试验结果"或验收记录中的"验收意见",应当按照相关设计或标准的要求给出明确结论,不应填写成"基本合格","已验收","未发现异常"等不确切词语。"签认手续齐全"是指应该在资料上签字、审核、批准、盖章等的相关人员和单位应当及时签认,不应出现空缺、代签、补签或代章等。内容的深度符合国家有关技术规范和标准要求。工程资料的文字、图表、印章应清晰。

5. 施工文件资料收集宜采用信息化技术进行辅助管理

施工文件档案资料宜优采用计算机网络技术进行管理,使管理规范化、标准论和电子信息化,如江苏省境内的建设工程文件档案资料使用"工程档案资料管理系统"进行归档。

6.5 施工文件档案资料的安全管理

施工文件档案资料是原始信息和物质载体二者有机构结合,前者表现为信息符号,后者表现为具体的物质承裁体物,是工程文件档案资料的具体承载方式。施工文件档案资料的安全管理是指施工文件档案资料的形成单位、保存单位对施工文件档案资料的信息内容和物质承载体采取有效的保护措施,避免受到自然灾害或人为侵害,并使其处于安全状态的管理工作。

6.5.1 施工文件档案资料的信息安全管理

6.5.1.1 施工文件资料的收文与登记

收集的施工文件资料应按类别在收文登记表上进行登记。登记时应记录施工文件资料名称、摘要信息、提供单位(部门)、编号以及收文日期、必要时应注明接收文件的具体时间,最后由负责收文人员签字。若施工文件资料在有追溯性要求的情况下,应注意核查所填部分内容是否可追溯。如钢筋进场提供质量证明文件中应注明该材料所使用的具体部位,提供的如是复印件应标明原件保存处等。如不同类型的工程文件资料之间存在相互对照或追溯关系时,在分类存放的情况下,应在文件和记录上注明相关工程文件资料的编号和存放处,如监理工程通知单和监理工程师通知回复单等。

收集的施工文件资料应检查各项内容填写规范性和记录真实完整性,签字认可人员应为符合相关规定的责任人员。施工文件档案资料以及相关存储介质质量应符合要求,所有施工文件档案资料必须使用符合归档要求的碳素墨水填写或打印生成,以适应长时间保存的要求。有关工程建设照片及声像资料应注明拍摄日期及所反映工程建设部位等摘要信息。

收文登记后应将施工文件资料交给相应的人员进行处理,重要的文件内容应在工程日记中记录或专栏内予以公布。

6.5.1.2 施工文件资料的传阅与登记

需要传阅的施工文件资料应确定传阅人员名单和范围,并注明在文件传阅纸上,随同文件和记录进行传阅。也可按文件传阅纸样式刻制图章,盖在文件空白处,代替文件传阅纸。每位传阅人员阅后应在文件传阅纸上签名,并注明日期。文件和记录传阅期限不应超过该文件的处理期限。传阅完毕后,文件原件应归档。

6.5.1.3 施工文件资料的发放与登记

所有发文按施工文件资料分类和编号要求进行分类编号，并在发文登记表上登记。登记内容包括：施工文件资料的分类编码、文件名称、摘要信息、接收文件单位（部门）名称、发文日期（强调时效性的文件应注明发文的具体时间）。收件人收到文件后应签名。

发文应留有底稿，并附一份文件传阅纸，根据文件签发人指示确定文件责任人和相关传阅人。文件传阅过程中，每位传阅人员阅后应签名并注明日期。发文的传阅期限不应超过其处理期限。重要的发文内容应在工程日记中予以记录。

6.5.1.4 施工文件资料的分类存放

施工文件资料经收/发文、登记和传阅工作程序后，必须使用科学的分类方法进行存放，这样既可满足项目实施过程查阅、求证需要，又方便项目竣工后施工文件档案资料的归档和移交。建设单位收集工程文件资料一般按决策立项文件、建设用地文件、勘察设计文件、工程招投标文件及其他承包合同文件、工程开工文件、商务文件、工程竣工验收及备案文件、其他文件等分类存放编号，如表2-1所示。监理单位收集的工程文件资料一般按管理资料、进度控制资料、质量控制资料、造价控制资料、合同管理资料和竣工验收文件资料等分类存放编号，如表3-1所示。施工单位收集的工程文件资料按专业、分类存放，如江苏省地方标准《房屋建筑与市政基础设施工程档案资料管理规范》DGJ 32/TJ 143—2012将房屋建筑工程施工文件档案资料分为土建、桩基、钢结构单独组卷，按施工与技术管理资料、工程质量控制资料、安全和功能检验资料、工程质量验收记录等分类编号存放，如本书第4章前附表4-1《施工单位文件资料组卷归档目录-土建部分》、表4-3《施工单位文件资料组卷归档目录-桩基部分》、表4-4《施工单位文件资料组卷归档目录-钢结构部分》、表4-5《施工单位文件资料组卷归档目录-幕墙部分》、表4-6《施工单位文件资料组卷归档目录-建筑结排水及采暖部分》、表4-7《施工单位文件资料组卷归档目录-建筑电气部分》、表4-8《施工单位文件资料组卷归档目录-智能建筑部分》、表4-9《施工单位文件资料组卷归档目录-通风与空调部分》、表4-10《施工单位文件资料组卷归档目录-建筑节能部分》、表4-13《施工单位文件资料组卷归档目录-电梯》、表4-14《施工单位文件资料组卷归档目录-竣工验收资料、竣工图》；第5章表5-1《城填道路工程施工档案资料组卷与归档移交目录》、表5-5《市政管道工程施工档案资料组卷与归档移交目录》、表5-6《市政桥梁工程施工档案资料组卷与归档移交目录》所示。

施工单位应具备存放工程文件资料的专用资料柜和用于分类归档存放的专用资料夹，并可采用计算机对工程文件资料进行辅助管理。资料员应根据项目规模规划、各资料柜和资料夹内容多少对工程文件资料进行适当存放，当内容较少时可合并存放在一个文件夹内，当内容较多时可单独存放在一个文件夹内，若一个文件夹不够存放时，可在文件夹内附目录说明文件编号和存放地点，然后将有关文件保存在指定位置。资料夹装满或工程项目某一部分或单位结束时，资料应转存到档案袋，袋面应以相同编号标识。如资料缺项时，类号、分类号不变，资料可空缺。

施工文件档案资料应保持清晰，不得随意涂改记录，保存过程中应保持记录介质的清洁和不破损。资料员应注意建立适宜的施工文件档案资料存放地点，防止文件档案资料受潮霉变或虫害侵蚀。

6.5.1.5 施工文件档案资料借阅、更改

施工文件档案资料原则上不得外借,如政府部门、相关单位需求,应经单位(部门)负责人同意,并办理传阅手续。单位内部工作人员在项目实施过程中需要借阅施工文件档案资料时,应填写文件借阅单,并明确归还时间。办理有关借阅手续后,应在文件夹的内附目录上作特殊标记,避免其他人员查阅该文件时,因找不到文件引起工作混乱。

工程文件档案资料的更改应由原制定部门相应责任人执行,涉及审批程序的,由原审批责任人执行。若指定其他责任人进行更改和审批时,新责任人必须获得所依据的背景资料。施工文件档案资料更改后,资料员填写文件档案更改通知单,并负责发放新版本文件。发放过程中必须保证项目参建单位中所有相关部门都得到相应文件的有效版板。

6.5.1.6 施工文件档案资料的保密

施工文件档案资料的保管应执行国家有关保密制度,对涉密工程文件档案资料做好保密工作。

6.5.1.7 计算机防病毒和备份

加强对计算机及其他信息设备的使用管理。建立计算机防病毒措施,定期对病毒进行检查并消杀。同时,做好数据库的备份工作。

6.5.2 施工文件档案资料物质载体的安全管理

施工文件档案资料载体的物质性,决定了施工文件档案资料生命的有限性。施工文件档案资料生存环境如温度、湿度、气候、空气质量和工程资料制成材料、书写材料的优劣等,对工程资料的寿命都将产生直接的影响。

6.5.2.1 资料、档案室的管理

资料、档案室必须坚固实用,并应有抗震、防盗、防火、防水、防潮、防尘、防虫、防鼠、防高温、防强光等"十防"设施。

资料、档案室应选择在地势较高、排水顺畅的地方,并做好墙面、地面和屋面的防水、防潮工作。

资料、档案室面积应满足保管工程文件档案资料的需要。

资料、档案室门窗应严密,并加装起防虫的纱门纱窗。

资料、档案室应有防盗设施,并安装必要报警装置。

资料、档案室周围不准存放易燃易爆物品,室内严禁明火装置和使用电炉,并配备有够的消防设备和自动报警和灭火装置。

资料、档案室的温度应控制在(14~24)±2℃,相对湿度应控制在(45~60)±5%的范围内。定期对资料室进行通风,通风可以采用风扇、开启门窗的方式进行。

资料、档案室内的照明应选择无紫外线光源,如白炽灯。如使用日光灯或其他含紫外线的光源灯,应采取相应过滤措施。

6.5.2.2 施工文件档案资料装具管理

施工文件档案资料装具是指存放和包装工程文件档案资料的容具或用具。资料室(库)内需配备一定数量的档案柜、档案架、底图柜、防磁柜、包装材料以及装订设备,以确施工文件档案的安全。

6.5.3 施工文件档案管理检查

施工文件档案资料管理检查内容通常包括：数量的检查、损坏情况的检查和归库的检查。

施工文件档案资料数量的检查就是核对现有施工文件档案资料的数量与登记数量是否相符，如有差错应及时清查，找出施工文件档案资料的去向和来源，及时归还或追还。

施工文件档案资料的损坏情况检查就是查找有无虫蛀、鼠咬、霉变、磨损、脆化、字迹褪色等遭到毁损的情况，如有应及时处理，并进行记录。

施工文件档案资料归库检查就是对借阅归还的工程资料进行例行检查，在借出的档案归还时，资料员需调出该工程资料移出的登记，对照登记进行核对，如发现问题做好记录，并及时处理。

施工文件档案管理检查分为定期或不定期两种方式。定期检查是周期性检查，检查周期视具体情况确定，可按年、季进行。不定期检查就是临时检查，可以是全面检查，也可以是针对部分工程文件档案资料进行检查。并应对检查情况进行记录，内容包括：检查时间、检查项目、检查对象、检查人、检查情况、检查结论、备注等，由检查人填写。

6.6 施工文件档案资料组卷

组卷是将建设工程文件资料按照一定的原则和方法，将有保存价值的建设工程文件资料分类整理成案卷的过程，亦称立卷。案卷指的是由互有联系的若干文件组成的档案保管单位。

6.6.1 组卷的基本原则

6.6.1.1 遵循工程文件资料的自然形成规律

组卷必须遵循工程文件资料的自然形成规律。工程文件资料的形成必然要反映工程项目建设的基本规律，系统记载各程序的建设内容，各种不同性质、类型的文件按其次序组合成一个个案卷，如建设单位组卷是按决策立项文件；建设用地文件；勘察、测绘、设计文件；工程招投标文件及其他承包合同文件；工程开工文件；商务文件；工程竣工验收及备案文件和其他文件的顺序组卷，这就是工程文件档案资料的自然形成规律。只有遵循这个规律，才能保持工程文件与档案固有的特性一，才能真实反映工程项目建设的过程及原貌。

6.6.1.2 保持卷内文件的有机联系

工程文件资料之间的有机联系是指工程文件资料在产生和编制过程中所形成的固有联系，通常包括工程文件档案资料的来源、专业、阶段、分部、时间、形式等几个方面。来源是指工程文件档案资料产于不同的建设工程项目或不同的建设单位，不同的来源的工程文件档案资料反映了工程建设与文件产生单位的联系。专业为是指参勘察、设计，工程监理，工程施工等不同的技术分工，各不同专业按其形成组卷。阶段是指工程建设按其性质、过程分为若干阶段，不同阶段分别组卷。分部是指工程建设项目按分部文件按其形成内容组卷，如桩基分部、幕墙分部、电梯分部等。时间是指按文件产生时间组卷，注意保持时间上的联系,往往能反映工程建设过程程序性。形式是指按工程文件的不同载体形式组卷,如纸质文件、工程照片、录像、光盘、电子档案等分别组卷。

6.6.1.3 便于档案的保管和利用

一个建设工程由多个单位工程组成时,建设工程文件档案资料应按单位工程组卷。工程文件档案资料组卷必须符合日后工程档案科学管理的基本要求,使其结果能够便于保管、保密和利用。

6.6.2 组卷的方法和要求

工程文件档案资料可根据工程实际情况组成一卷或多卷。建设单位工程文件资料可按建设项目或单位工程进行组卷,组卷与归档移交目录详见表 2-1 建设单位工程文件资料组卷与归档移交目录。监理文件资料按单位工程进行组卷,组卷与归档移交目录详见表 3-1 监理文件资料组卷与归档移交目录。施工文件资料应按单位工程组卷,专业承包单位形成的施工资料应由专业承包单位负责,并应单独组卷,组卷与归档移交目录详见第 4 章表 4-1《施工单位文件资料组卷归档目录-土建部分》、表 4-3《施工单位文件资料组卷归档目录-桩基部分》、表 4-4《施工单位文件资料组卷归档目录-钢结构部分》、表 4-5《施工单位文件资料组卷归档目录-幕墙部分》、表 4-6《施工单位文件资料组卷归档目录-建筑结排水及采暖部分》、表 4-7《施工单位文件资料组卷归档目录-建筑电气部分》、表 4-8《施工单位文件资料组卷归档目录-智能建筑部分》、表 4-9《施工单位文件资料组卷归档目录-通风与空调部分》、表 4-10《施工单位文件资料组卷归档目录-建筑节能部分》、表 4-13《施工单位文件资料组卷归档目录-电梯》、表 4-14《施工单位文件资料组卷归档目录-竣工验收资料、竣工图》;第 5 章表 5-1《城填道路工程施工档案资料组卷与归档移交目录》、表 5-5《市政管道工程施工档案资料组卷与归档移交目录》、表 5-6《市政桥梁工程施工档案资料组卷与归档移交目录》所示。

案卷不宜过厚,一般不超过 40mm。案卷内不应有重份文件;不同载体的文件一般应分别组卷。

6.6.3 卷内文件的排列

(1) 文字材料按事项、专业顺序排列。同一事项的请示与批复、同一文件的印本与定稿、主体与附件不能分开,并按批复在前、请示在后,印本在前、定稿在后,主体在前、附件在后的顺序排列。

(2) 图纸按专业排列,同专业图纸按图号顺序排列。

(3) 既有文字材料又有图纸的案卷,文字材料排前,图纸排后。

6.6.4 案卷的编目

6.6.4.1 案卷封面

(1) 案卷封面印刷在卷盒、卷夹的正表面,也可采用内封面形式。

(2) 案卷封面的内容应包括:档号、档案馆代号、案卷题名、编制单位、起止日期、密级、保管期限、共几卷、第几卷,如图 6-3 所示。

(3) 档号应由分类号、项目号和案卷号组成。档号由档案保管单位填写。

```
                    档    案_____
                    档案馆代号_____




案卷题名_____
       _____
       _____




编制单位_____
编制日期_____
密   级_____  保管期限_____
      共_____卷        第_____卷
```

图 6-3 案卷封面

（4）档案馆代号应填写国家给定的本档案馆的编号。档案馆代号由档案馆填写。

（5）案卷题名应简明、准确地提示卷内文件的内容。案卷题名应包括工程名称、专业名称、卷内文件的内容。

（6）编制单位应填写案卷内文件的形成单位或主要责任者。

（7）起止日期应填写案卷内全部文件形成的起止日期。

（8）保管期限分为永久、长期、短期三种期限。永久是指工程档案需永久保存。长期是指工程档案的保存期限等于该工程的使用寿命。短期是指工程档案保存 20 年以下。同一案卷内有不同保管期限的文件，该案卷保管期限应从长。

（9）密级分为绝密、机密、秘密三种。同一案卷内有不同密级的文件，应以高密级为本卷密级。案卷可采用装订与不装订两种形式。文字材料必须装订。既有文字材料，又有图纸的案卷应装订。装订应采用线绳三孔左侧装订法，要整齐、牢固，便于保管和利用。

6.6.4.2 卷内目录

（1）卷内目录内容包括序号、责任者、文件编号、文件题名、日期、页次，如表 6-2 所示。

卷内目录　　　　　　　　　　表 6-2

序号	文件编号	责任者	文件题名	日　期	页　次	备　注

（2）序号：以一份文件为单位，用阿拉伯数字从 1 依次标注。一份文件为单位的概念，工程档案认同的做法是同一文件题名的若干文件或同一文件题名内容性质相同的若干文件为一份工程文件，如隐蔽工程验收记录共 20 页，这 20 页虽然不是同时间形成的，但文件名称、内容性质相同，这 20 项的隐蔽工程验收记录认定为一份文件。

（3）责任者：填写文件的直接形成单位和个人。有多个责任者时，选择两个主要责任者，用"等"代替。

（4）文件编号：填写工程文件原有的文号或图号。

（5）文件题名：填写文件标题的全称。如果文件没有题名，立卷人应根据文件内容拟写题名。

（6）日期：填写文件形成的日期。

（7）页次：填写文件在卷内文件首页之前。每份文件无论单页还是多页，都填写首页上的页号。如为最后一份文件为 1 页时，也要填写起止页号。

（8）卷内目录排列在卷内文件首面之前。

6.6.4.3　编制卷内文件页号

（1）卷内文件均按有书写内容的页面编号。每卷单独编号，页号从"1"开始。

（2）页号编写位置：单面书写的文件在右下角；双面书写的文件，正面在右下角，背面在左下角。折叠后的图纸一律在下角。

（3）成套图纸或印刷成册的科技文件材料，自成一卷的，原目录可代替卷内代替卷内目录，不必重新编写页码。

（4）案卷封面、卷内目录、卷内备考表不编写页号。

6.6.4.4 工程资料卷内备考表

（1）卷内备考表主要标明卷内文件的总页数、各类文件页数（照片张数），以及立卷单位对案卷情况的说明，如图6-4所示。

（2）卷内备考表排列在卷内文件的尾页之后。案卷备考表的说明，主要说明卷内文件复印件情况、页码错误情况、文件的更换情况等。没有需要说明的事项可不必填写说明。

6.6.4.5 案卷脊背

案卷脊背的内容包括档号、案卷题名，如图6-5所示。

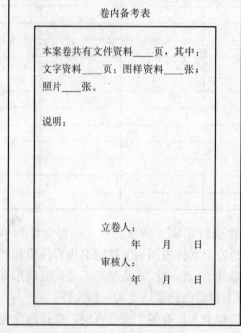

图6-4 卷内备考表

图6-5 案卷脊背

6.6.5 案卷装订

卷内文件幅面统一采用A4幅面，如小于A4幅面，一律采用A4幅面的白纸衬托。图约折叠对不同幅面的工程图纸应按《技术制图复制图的折叠方法》GB/T 10609.3—2009统一折叠成A4幅面（297mm×210mm），图标栏露在外面。

案卷可采用装订与不装订两种形式。文字材料必须装订。既有文字材料，又有图纸的案卷应装订。装订应采用线绳三孔左侧装订法，要整齐、牢固，便于保管和利用。装订时必须剔除金属物。

6.6.6 卷盒、卷夹

案卷装具一般采用卷盒、卷夹两种形式。卷盒的外表尺寸为310mm×220mm，厚度分别为20、30、40、50mm。卷夹的外表尺寸为310mm×220mm，厚度一般为20～

30mm。卷盒、卷夹应采用无酸纸制作。

6.7 工程档案资料的归档、验收与移交

6.7.1 工程档案资料的归档

6.7.1.1 归档时间

（1）根据建设程序和工程特点，归档可以分阶段进行，也可以在单位或分部工程通过竣工验收后进行。

（2）勘察、设计单位应当在任务完成时，施工、监理单位应当在工程竣工验收前，将各自形成的有关工程档案向建设单位归档。

6.7.1.2 归档要求

（1）归档文件必须完整、准确、系统，能够反映工程建设活动的全过程。归档的文件必须经过分类整理，并应组成符合要求的案卷。

（2）勘察、设计、施工单位在收齐工程文件并整理立卷后，建设单位、监理单位应根据城建管理机构的要求对档案文件完整、准确、系统情况和案卷质量进行审查。审查合格后向建设单位移交。

（3）工程档案一般不少于两套，一套由建设单位保管，一套（原件）移交当地城建档案馆（室）。

（4）勘察、设计、施工、监理等单位向建设单位移交档案时，应编制移交清单，双方签字，盖章后方可交接。

（5）凡设计，施工及监理单位需要向本单位归档的文件，应按国家有关规定和《房屋建筑和市政基础设施工工程档案资料管理规范》DGJ 32/TJ 143 的要求单独立卷归档。

6.7.2 工程档案资料的验收

建设单位在组织工程竣工验收前，应提请城建档案管理机构对工程档案进行预验收。建设单位未取得城建档案管理机构出具的认可文件（如附表2-4所示），不得组织工程竣工验收。城建档案管理机构在进行工程档案预验收时，应重点验收以下内容：

（1）工程档案齐全、系统、完整；

（2）工程档案的内容真实、准确地反映工程建设活动和工程实际状况；

（3）工程档案已整理立卷，立卷符合本规范的规定；

（4）竣工图绘制方法、图式及规格等符合专业技术要求，图面整洁，盖有竣工图章；

（5）文件的形成，来源符合实际，要求单位或个人签章的文件，其签章手续完备；

（6）文件材质、幅面、书写、绘图、用墨、托裱等符合要求。

6.7.3 工程档案资料的移交

（1）建设单位在工程竣工验收后3个月内，必须向城建档案馆（室）移交一套符合规定的工程档案。

（2）停建、缓建建设工程的档案，暂由建设单位保管。

(3) 对改建、扩建和维修工程，建设单位应当组织设计、施工单位据实修改、补充和完善原工程档案。对改变的部位，应当重新编制工程档案，并在工程验收后 3 个月内向城建档案馆（室）移交。

(4) 建设单位向城建档案馆（室）移交工程档案时，应办理移交手续，填写移交目录，双方签字、盖章后交接，如图 6-6 所示。

江苏省建设工程档案接收证明书

编号

报送建设工程档案单位：

建设工程项目名称：

建设工程规划许可证号：

工程地点：

工程总投资：_____工程建筑面积（长度）：_____

开工时间：　年　月　日；竣工时间：　年　月　日

报送建设工程档案共计_____卷（盒），其中：文字材料_____卷（盒），图纸_____卷（盒），照片_____张，录像带_____盒，其他材料_____张。

附：建设工程档案移交目录_____份，共_____张。

报送单位（盖章印章）：_____报送人（签字）：_____

法定代表人：

接收单位（单位印章或"城建档案接收专用章"）：

接收人（签字）：　　　　　接收时间：　年　月　日

注：1. 本证明书一式四份（城建档案一份、房地产权属登记管理机构查验留存一份、报送单位二份）。

　　2. 本证明书由江苏省建设厅统一印制。

图 6-6　江苏省建设工程档案接收证明书

6.8　建筑业统计的基本知识

6.8.1　建筑业统计的基础知识

6.8.1.1　建筑业统计的作用、内容和原则

建筑业统计工作就是运用统计学原理，以表册、指标数字等形式揭示建筑业的生产经营活动的有关情况及其发展规律的一项工作。它是用定量的方法，以建筑业的生产经营活动中的大量现象为对象，通过从质和量的联系中对数量的观察、分析和研究，揭示建筑业的生产经营活动中诸多现象的发展过程、现状及其一般规律。

6.8.1.2　建筑业统计的作用

建筑业统计的作用是为国家建筑业的发展和决策积累数据，为建筑业科学管理提供依据，为建筑业的科学研究提供参考。同时，建筑业统计搜集的反映建筑企业生产经营活动

的资料，也为企业领导进行决策和管理提供依据。

6.8.1.3 建筑业统计工作的原则

建筑业统计工作的原则是：保证建筑业统计资料的准确性和及时性；建筑业统计资料的积累和分析要系统和科学性；要注重建筑业统计资料的安全性和保密性；要充分发挥建筑业统计的服务和监督作用。

6.8.1.4 建筑业统计工作的基本内容

建筑业统计工作的基本内容包括统计调查、统计整理、统计分析和统计年报等。统计调查就是在确定建筑业统计任务和方案后，根据研究的目的搜集各种建筑业统计资料；统计整理就是对调查取得的建筑业统计资料，进行汇总、整理、分组、计算，得出所需要的建筑业统计指标；统计分析就是对经过整理的建筑业统计资料，结合实际情况，进行分析研究，发现问题，提出建议和意见；统计年报就是根据国家建筑业统计工作年报制度的规定，定期将建筑业工作基本情况的统计数据上报给有关部门的一项重要的建筑业统计工作制度。

6.8.2 建筑施工企业统计工作

建筑施工企业统计工作包括原始记录登记、统计台账和统计报表等工作内容。

原始记录登记就是以簿、册、表、单等形式，记载生产经营活动中的进程、收支、进出等情况，以揭示其管理过程、现状和变化以及效能的统计调查工作。原始记录登记工作所获取的数据和资料是统计的原始资料，既是维护统计资料完整和安全的必要依据，也是统计调查乃至整个管理的基础。因此填写时应按规定要求内容如实填写，签字齐全，使其具有可追溯性

统计台账顾名思义就是工作台面上的统计账。确切地说，统计台账就是日常积累的，用于了解和掌握各项工作历史和进度，分析和研究工作情况的，具有较为固定数据项目的统计账。按时间顺序进行登记，系统地积累资料，并定期进行总结是其固有的特点。

统计报表是建筑施工企业通过表格形式，按照统一规定的指标和内容、上报时间和程序，定期向上级报告计划执行情况和生要经济活动情况特定的统计报告制度。

6.8.3 建筑业统计报表制度

建筑业统计报表制度是各级政府为了解建筑业企业生产经营的基本情况，为制定政策和计划、进行经济管理与调控提供依据，依照《中华人民共和国统计法》的规定制定；是《国家企业一套表统计调查制度》的组成部分，调查内容包括各级政府和业务主管部门共同的基本的需要，地方、部门特殊需要的统计资料应通过地方统计调查和部门统计调查搜集，并避免与国家统计调查相重复。

6.8.3.1 建筑业统计报表制度的统计范围

建筑业统计报表制度的统计范围为具有建筑业资质的所有独立核算建筑业企业（包括没有工作量的建筑业企业）及所属产业活动单位；各有关部门（或企业）直属的具有建筑业资质的所有独立核算建筑业企业。

6.8.3.2 建筑业统计报表制度的统计内容

建筑业统计报表制度的统计内容：建筑业企业基本情况，建筑业企业所属产业活动单

位基本情况，建筑业企业生产情况，建筑业企业财务状况，建筑业企业房屋建筑完成情况、能源消费情况及劳务分包建筑业企业生产经营情况等指标。

6.8.3.3 建筑业统计报表制度的表式

建筑业统计报表制度的表式按报告期别分为年报和定期报表。

1. 基层年报表包括：

法人单位基本情况

产业活动单位基本情况

从业人员及工资总额

财务状况

建筑业企业生产经营情况

房屋竣工面积及价值

劳务分包建筑业企业生产经营情况

信息化情况

2. 基层定期报表（季报）包括：

法人单位基本情况（免报）

从业人员及工资总额

财务状况

建筑业企业生产经营情况

房屋竣工面积及价值

劳务分包建筑业企业生产经营情况

6.8.3.4 报表制度的资料来源

建筑业企业生产情况表、财务状况表、房屋建筑完成情况表、从业人员及工资总额表、能源消费情况及劳务分包建筑业企业生产经营情况表的统计资料取自具有建筑业资质的所有独立核算建筑业企业的基层表资料。

6.8.4 施工企业项目部统计工作

施工企业项目部统计工作按服务对象不同，分为上报公司、上报建设单位、上报监理单位和项目内部管理用等类。上报公司的包括各类计划报表、统计台账和统计报表。上报建设单位的包括各类计划表、统计表。上报监理单位的包括各类统计表。项目部内部管理用的包括各类统计表和回防维修统计表等。

1. 上报公司各类计划报表

（　）年度建筑安装工程施工生产计划

（　）季度建筑安装工程施工生产计划

（　）月度建筑安装工程施工生产计划

2. 上报公司的各类统计台账

单位工程预算收入台账

实物工程量登记台账

单位工程工期记录台账

单位工程登记台账

单位工程各项费用登记台账
单位工程机械费使用登记台账

3. 上报公司的各类统计报表

施工生产任务预计完成情况月报
房屋建筑工程产值形象部位完成情况月报
施工产值按结构类型分列季报
房屋建筑竣工工程工期情况季报
实物工程量季报
单位工程施工完成情况季报
施工情况文字分析
人工费价格明细表
材料费价格明细表
机械费价格明细表

4. 上报甲方各类计划报表

（　）年度施工生产进度计划
（　）季度在施工程进度计划
（　）月度在施工程进度计划

5. 上报甲方各类统计报表

（　）月工程完成情况统计表
（　）年度资金使用计划
（　）月度资金使用计划
（　）月形象进度核验表
（　）月工程施工产值确认单
（　）月度工程在施部位情况汇报

6. 上报监理及甲方各类统计报表

（　）月工程款支付申请表
（　）月工、料、机动态表
（　）月工程进度款报审表
工程进度计划报审表
工程开工报审表
本月实际完成情况与进度计划比较表
安全防护、文明施工措施费用支付申请表 AQ-B2-4
（　）月形象进度核验表

7. 项目部内部管理统计表

工程款回收情况及项目部资金使用情况
甲方、监理审核工程款回收情况
工程截止（　）月土建工程报量情况
工程截止（　）月安装工程报量情况
工程截止（　）月分包单位报量情况

8. 回防维修统计报表

工程维修记录

顾客档案（接收单位）

顾客满意住房评价调查表

顾客投诉台账

回防记录

（　）年回防维修计划

建筑工程维修通知书

回防维修（半年）年报

6.8.5 主要统计指标解释

1. 建筑业统计单位

指从事房屋、构筑物建造、装饰装修、设备安装活动和工程准备、提供施工设备服务等其他建筑活动的具有建筑业资质的法人企业。建筑业法人企业应同时具备的条件是：①依法成立，有自己的名称、组织机构和场所，能够承担民事责任；②独立拥有和使用资产，承担负债，有权与其他单位签订合同；③独立核算盈亏，能够编制资产负债表。

2. 建筑业总产值（即自行完成施工产值）

以货币表现的建筑业企业在一定时期内生产的建筑业产品和服务的总和。建筑业总产值包括：

（1）建筑工程产值：指列入建筑工程预算内的各种工程价值。

（2）安装工程产值：指设备安装工程价值，不包括被安装设备本身价值。

（3）其他产值：指建筑业总产值中除建筑工程、安装工程以外的产值。包括房屋、构筑物修理所完成的产值（不包括被修理的房屋、构筑物本身的价值）、非标准设备制造产值、总包企业向分包企业收取的管理费和不能明确划分的施工活动所完成的产值。

3. 房屋建筑施工面积

指在报告期内施过工的全部房屋建筑面积，包括本期新开工的房屋面积、上期跨入本期继续施工的房屋面积、上期停缓建在本期恢复施工的房屋面积、本期竣工的房屋面积及本期施工后又停缓建的房屋面积。

4. 房屋建筑竣工面积

指在报告期内房屋建筑按照设计要求全部完工，达到了住人和使用条件，经检查验收鉴定合格的房屋建筑面积。

5. 自有施工机械设备年末总台数

指归本企业（或单位）所有，属于本企业（或单位）固定资产的直接用于工程施工的各种机械设备年末总台数。但不包括附属辅助生产机械设备、运输机械设备、生产试验机械设备的台数。

6. 自有施工机械设备年末总功率

指本企业（或单位）自有施工机械设备年末总功率，按设定能力或查定能力计算。包括机械本身的动力和为该机械服务的单独动力设备，如电动机等。计算单位用千瓦，动力换算可按 1 马力＝0.735 千瓦折合成千瓦数。电焊机、变压器、锅炉不计算动力。

7. 工程结算收入

指企业承包工程实现的工程价款结算收入，以及向发包单位收取的除工程价款以外按规定列作营业收入的各种款项，如临时设施费、劳动保险费、施工机械调迁费等以及向发包单位收取的各种索赔款。

8. 工程结算利润

指已结算工程实现的利润，如亏损以"－"号表示。计算公式为：

工程结算利润＝工程结算收入－工程结算成本－工程结算税金及附加－经营费用

9 企业总收入

指与企业生产经营直接有关的各项收入，包括工程结算收入和其他业务收入。计算公式为：

企业总收入＝工程结算收入＋其他业务收入

10. 计算建筑业劳动生产率的平均人数

指建筑企业（或单位）报告期实际拥有的、与建筑活动有关的平均人数，包括参加本企业（或单位）建筑施工活动的非本企业（或单位）人员，但不包括企业内部社会服务机构的人员以及由本企业支付工资但所从事的工作与本企业生产无关的人员。

第 7 章 计算机与资料管理软件

7.1 计算机系统

7.1.1 计算机硬件系统组成及功能

计算机硬件系统主要由运算器、控制器、存储器、输入/输出设备等组成。

7.1.1.1 运算器

运算器又称算术逻辑部件（Arithmetic and Logic Unit，ALU），主要用于算术运算和逻辑运算。其内部结构包括：ALU、寄存器和控制电路。运算器执行的操作包括：算术运算（＋－×÷）、逻辑运算（与或非）和移位操作（左移、右移）。其性能指标为字长和运算速度。

7.1.1.2 控制器

控制器的功能是指挥和协调计算机各部件有自动、协调地工作。其内部结构包括：指令寄存器（IR）、指令译码器（ID）、操作控制器（OC）和程序计数器（PC）。

7.1.1.3 存储器

存储器是存取程序和数据的部件，其功能是帮助计算机记忆信息。依据 CPU 是否可以直接访存，将存储器划分为内部存储器（简称内存）和外部存储器（简称外存）。

1. 内存

内存可以被 CPU 直接访问。内存容量小，速度快，掉电后 RAM 信息全部消失。

2. 外存

（1）硬盘

硬盘（图 7-1）是目前计算机最主要的外部存储设备。其由磁盘片、读写控制电路和驱动机构组成。

（2）快闪存储器

Flash 是一种非易失型半导体存储器（通常称为 U 盘，图 7-2），即掉电后信息不丢失且存取速度快，采用 USB 接口，支持热插拔。

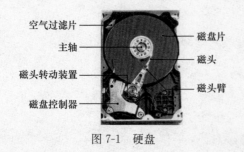

图 7-1 硬盘

图 7-2 快闪存储器

（3）光盘存储器

根据工作原理的不同，光盘存储器分为只读型和可记录型两类。前者的典型代表是CD-ROM 和 DVD-ROM；后者的典型代表是 CD-R、CD-RW、DVD-R 和 DVD-RW。

7.1.1.4 输入/输出设备

输入/输出设备（图 7-3）是计算机与外部世界进行信息交换的中介，是人与计算机联系的桥梁。

1. 输入设备

输入设备的功能是将信息输入计算机。计算机中常见的输入设备有：键盘、鼠标、扫描仪、麦克风、摄像头等。

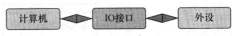

图 7-3 输入/输出设备功能示意

2. 输出设备

输出设备的功能是将结果反馈给人。计算机中常见的输入设备有：显示器、打印机、投影仪、扬声器等。

7.1.1.5 计算机的结构

基于总线结构的计算机结构如图 7-4 所示。其中，总线是一组连接各个部件的公共通信线，分为数据总线、地址总线和控制总线三类，它们之间的区别见表 7-1。

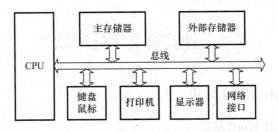

图 7-4 基于总线结构的计算机的示意图

计算机总线　　　　　　　　　　　　　　　表 7-1

总线种类	定 义	传输内容	特点
数据总线	一组用来在存储器、运算器、控制器和 I/O 部件之间传输数据信号的公共通路	数据信号	双向总线
地址总线	一组 CPU 向主存储器和 I/O 接口传送地址信息的公共通路	地址信号	单向总线
控制总线	一组用来在存储器、运算器、控制器和 I/O 部件之间传输控制信号的公共通路	控制信号	双向总线

7.1.2 计算机软件系统组成及功能

计算机软件是为运行、管理和维护计算机而编制的各种指令、程序和文档的总称。它被形象地称为"计算机的灵魂"、"人机之间的接口"。

其中，程序是指按照一定顺序执行的、能够完成某一任务的指令集合。程序设计语言由单词、语句、函数和程序文件等组成，它是计算机软件的基础和组成。

计算机软件分为系统软件和应用软件两大类，如图 7-5 所示。

1. 系统软件

系统软件是指控制和协调计算机及外部设备，支持应用软件开发和运行的软件。

操作系统是最核心的系统软件。实际上，操作系统是介于硬件和软件之间的一个系统软件，它直接运行在裸机上，是对计算机硬件系统的第一次扩充。操作系统的重要功能是负责管理计算机中的各种硬软件资源，并控制各类软件运行，因此，它是人与计算机之间的桥梁。目前，以 Windows 为代表的操作系统为用户提供了一个清晰、简洁、友好、易用的工作界面。

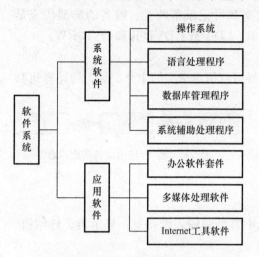

图 7-5　计算机软件系统的组成

2. 应用软件

应用软件是用户可以使用的各种程序设计语言，以及各种程序设计语言编制的应用程序的集合，分为应用软件包和用户程序。

7.2　计算机文字处理软件

7.2.1　Microsoft Word 应用

7.2.1.1　Microsoft Word 基础

1. 启动 Word

（1）常规方法

常规启动 Word 的过程本质上就是在 Windows 下运行一个应用程序。具体步骤如下：

① 单击屏幕左下角"开始"菜单按钮；

② 执行"开始/所有程序/Microsoft Office/Microsoft Word 2010"命令。

（2）快捷方式

快捷方式启动 Word 有以下几种方式：

方法一：桌面上如果有 Word 应用程序图标▣，双击该图标。

方法二：在"资源管理器"中找带有图标▣的文件（即 Word 文档，文档名后缀".docx"或".doc"），双击该文件。

方法三：如果 Word 是最近经常使用的应用程序之一，则在 Windows 7 操作系统下，单击屏幕左下角"开始"菜单按钮后，执行"开始/Microsoft Word 2010"命令。

Word 启动后，Word 窗口随即出现在屏幕上，同时 Word 会自动创建一个名为"文档1"的新文档。

Word 窗口外观如图 7-6 所示。

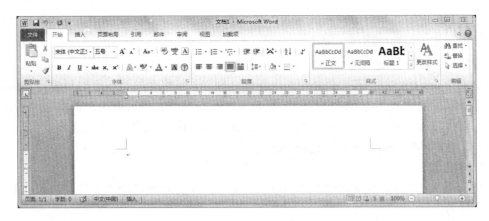

图 7-6　Word 窗口外观

2. Word 窗口及其组成

Word 窗口及其组成见图 7-7。

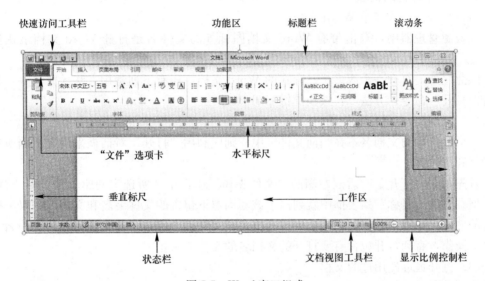

图 7-7　Word 窗口组成

3. 退出 Word

常见退出 Word 的方法有以下几种：

方法一：执行"文件/退出"命令；

方法二：执行"文件/关闭"命令；

方法三：单击标题栏右边"关闭"按钮 ；

方法四：双击 Word 窗口左上角的控制按钮 ；

方法五：单击 Word 窗口左上角的控制按钮 ，或右击标题栏，在弹出菜单中选择"关闭"；

方法六：单击任务栏中的 Word 文档按钮 ，在展开的文档窗口缩略图中，单击"关闭"按钮 ；

方法七：光标移至任务栏中的 Word 文档按钮 W 停留片刻，在展开的文档窗口缩略图中，单击"关闭"按钮 X；

方法八：按快捷键"Alt+F4"。

退出 Word 操作时，若文档修改尚未保存，则 Word 将会给出一个对话框，询问是否要保存未保存的文档，若单击"保存"按钮，则保存当前文档后退出；若单击"不保存"按钮，则直接退出 Word；若单击"取消"按钮，则取消这次操作，继续工作。

7.2.1.2 Microsoft Word 的基本操作

1. 创建新文档

当启动 Word 后，它就自动打开一个新的空文档并暂时命名为"文档1"（对应的默认磁盘文件名为 doc1.docx）。

如果在编辑文档的过程中需要另外创建一个或多个新文档时，可以用以下方法之一来创建：方法一：执行"文件/新建"命令；方法二：按组合键 Alt+F 打开"文件"选项卡，执行"新建"命令（或直接"N"键）；方法三：按快捷键 Ctrl+N。

2. 打开已存在的文档

（1）打开一个或多个 Word 文档

在资源管理器中，双击带有 Word 文档图标 W 的文件名是打开 Word 文档最快捷的方式。

除此之外，打开一个或多个已存在的 Word 文档，还有下列常用方法：方法一：执行"文件/打开"命令；方法二：按快捷键 Ctrl+O。

（2）"打开"对话框的使用

如果要打开的文档名不在当前文件夹中，则应利用"打开"对话框来确定文档所在的驱动器和文件夹。

首先，在"打开"对话框左侧的"文件夹树"中，单击所选定的驱动器，则"打开"对话框右侧的"名称"列表框中就列出了该驱动器下包含的文件夹名和文档名；双击打开所选的文件夹，则"名称"列表框中就列出了该文件夹中所包含的文件夹名和文档名。重复这一操作，直到打开包含有要打开的文档名的文件夹为止。

（3）打开最近使用过的文档

有两种常用的操作方法：

① 执行"文件/最近所用文件"命令，出现"最近所用文件"命令菜单，如图 7-8 所示；然后分别单击"最近的位置"和"最近使用的文档"栏目中所需要文件夹和 Word 文档名，即可打开用户指定的文档。

② 若当前已存在打开的一个（或多个）Word 文档，则鼠标右击任务栏中"已打开 Word 文档"按钮，此时会弹出一个名为"最近"的列表框，如图 7-9 所示。列表框中含有最近使用过的 word 文档，单击需要打开的文档名，即可打开用户指定的文档。默认情况下，"最近"列表框中保留 10 个最近使用过的 Word 文档名。

3. 输入文本

（1）基本概念

① 插入点：在窗口工作区的左上角有一个闪烁着的黑色竖条"｜"称为插入点，它表明输入字符将出现的位置。输入文本时，插入点自动后移。

图 7-8 "最近所用文件"命令菜单　　　　图 7-9 "最近"列表框

② 自动换行：Word 有自动换行的功能，当输入到每行的末尾时不必按 Enter 键，Word 就会自动换行，只有单设一个新段落时才按 Enter 键。按 Enter 键标识一个段落的结束，新段落的开始。

③ 中英文输入：中文 Word 即可输入汉字，又可输入英文。

④ 英文单词 3 种书写格式的转换：反复按 Shift+F3 键，会使选定的英文，在"首字母大写"、"全部大写"、"全部小写" 3 种格式中循环切换。

⑤ 插入和改写状态：单击状态栏上"插入"／"改写"或按 Insert 键，将会在"插入"和"改写"状态之间转换。

(2) "即点即输"

利用"即点即输"功能，可以在文档空白处的任意位置处快速定位插入点和对齐格式设置，输入文字、插入表格、图片和图形等内容。

当将鼠标指针"I"移到特定格式区域时，"即点即输"指针形状发生变化，即在鼠标指针"I"附近（上、下、左、右）出现将要应用的格式图标，表明双击此处将要应用的格式设置，这些格式包括：左对齐、居中、右对齐、左缩进、左侧或右侧文字环绕。

(3) 插入符号

在输入文本时，一些键盘上没有的特殊的符号（如俄、日、希腊文字符，数学符号，图形符号等），除了利用汉字输入法的软件盘外，Word 还提供"插入符号"的功能。

插入符号的具体操作步骤如下：

① 把插入点移至要插入符号的位置（插入点可以用键盘的上、下、左、右箭头键来移动，也可以移动"I"型鼠标指针到选定的位置并左击鼠标）。

② 执行"插入/符号/符号"命令，在随之出现的列表框中，上方列出了最近插入过的符号和"其他符号"按钮。如果需要插入的符号位于列表框中，单击该符号即可；否则，单击"其他符号"按钮，打开如图 7-10 所示的"符号"对话框。

③ 在"符号"选项卡"字体"下拉列表中选定适当的字体项（如"普通文本"），在符号列表框中的选定所需插入的符号，再单击"插入"按钮就可将所选择的符号插入到文档的插入点处。

④ 单击"关闭"按钮，关闭"符号"对话框。
（4）插入插入日期和时间
插入日期和时间的具体步骤如下：
① 将插入点移动到要插入日期和时间的位置处；
② 执行"插入/文本/日期和时间"命令，打开如图7-11所示的"日期和时间"对话框。

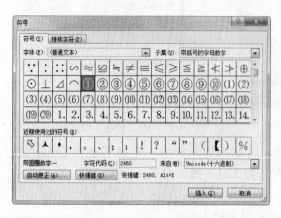
图7-10 "符号"对话框

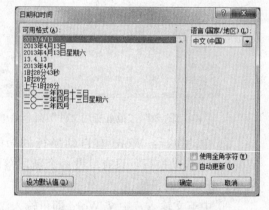
图7-11 "日期和时间"对话框

③ 在"语言"下拉列表中选定"中文（中国）"或"英文（美国）"，在"可用格式"列表框中选定所需的格式。如果选定"自动更新"复选框，则所插入的日期和时间会自动更新，否则保持插入时的日期和时间。

④ 单击"确定"按钮，即可在插入点处插入当前的日期和时间。
（5）插入脚注和尾注

在编写文章时，常常需要对一些从别人的文章中引用的内容、名词或事件加以注释，这称为脚注或尾注。

脚注和尾注的区别是：脚注是位于每一页面的底端，而尾注是位于文档的结尾处。

插入脚注和尾注的操作步骤如下：

① 将插入点移到需要插入脚注和尾注的文字之后。

② 执行"引用/脚注/脚注和尾注"命令（注：这个操作可通过单击"引用"选项卡/"脚注"分组中的右下角的"箭头"实现），打开如图7-12所示的"脚注和尾注"对话框。

③ 在对话框中选定"脚注"或"尾注"单选项，设定注释的编号格式、自定义标记、起始编号和编号方式等。

（6）插入另一个文档

利用Word插入文件的功能，可以将几个文档连接成一个文档。其具体步骤如下：

图7-12 "符号"对话框

① 将插入点移至要插入另一文档的位置；

② 执行"插入/文本/对象/文件中的文字"命令，打开"插入文件"对话框；

③ 在"插入文件"对话框中选定所要插入的文档。选定文档的操作过程与打开文档时的选定文档操作过程类似（见"2. 打开已存在的文档"一部分）。

4. 文档的保存

（1）保存新建文档

保存文档的常用方法有如下几种：

方法一：单击标题栏"保存"按钮。

方法二：执行"文件/保存"命令。

方法三：按快捷键 Ctrl+S。

（2）保存已有的文档

对已有的文件打开和修改后，同样可用上述方法将修改后的文档以原来的文件名保存在原来的文件夹中。此时不再出现"另存为"对话框。

提示：输入或编辑一个大文档时，最好随时作保存文档的操作，以免计算机的意外故障引起文档内容的丢失。

（3）用另一文档名保存文档

执行"文件/另存为"命令可以把一个正在编辑的文档以另一个不同的名字保存起来，而原来的文件依然存在。

例如：当前正在编辑的文档名为 File.docx，如果既想保存原来的文档 File.docx，又想把编辑修改后的文档另存一个名为 NewFile.docx 的文档，那么就可以使用"另存为"命令。

执行"另存为"命令后，会打开如图 7-13 所示的"另存为"对话框。其后的操作与保存新建文档一样。

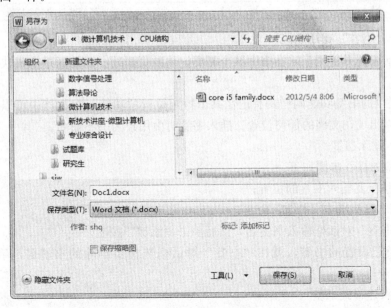

图 7-13 "另存为"对话框

（4）保存多个文档

如果想要一次操作保存多个以编辑修改了的文档，最简便的方法是：按住 Shift 键的同时单击"文件"选项卡，这时选项卡的"保存"命令已改变为"全部保存"命令，单击"全部保存"命令就可以实现一次操作保存多个文档。

5. 基本编辑技术

（1）插入点的移动

1）用键盘移动光标

可以用键盘上的移动光标键移动插入点（光标）。表 7-2 列出了利用键盘移动插入点的几个常用键的功能。

用键盘移动插入点　　　　　　　表 7-2

键 名	说 明
←	移动光标到前字符键
→	移动光标到后一个字符键
↑	移动光标到前一行
↓	移动光标到后一行
Page Up	移动光标到前一页当前光标处
Page Down	移动光标到后一页当前光标处
Home	移动光标到行首
End	移动光标到行尾
Ctrl+Page Up	移动光标到上页的顶端
Ctrl+Page Down	移动光标到下页的顶端
Ctrl+Home	移动光标到文档首
Ctrl+End	移动光标到文档尾
Alt+Ctrl+Page Up	移动光标到当前页的开始
Alt+Ctrl+Page Down	移动光标到当前页的结尾
Shift+F5	移动光标到最近曾经修改过的 3 个位置

2）设置"书签"移动光标

日常生活中的书签用于插在书中某个需要记住的页面处，以便通过书签快速翻到指定的页。

Word 提供的书签功能同样具有记忆某个特定位置的功能。在文档中可以插入多个书签，书签可以出现在文档的任何位置。插入书签时由用户为书签命名。

① 插入/删除书签

插入书签的操作步骤如下：

a. 光标移至要插入书签的位置；

b. 执行"插入/链接/书签"命令；

c. 在"书签"对话框输入书签名，然后单击"添加"按钮。

若要删除已设置的书签，就在"书签"对话框选择要删除的书签名，单击"删除"按钮。

② 光标快速移到书签

用以下方法，可将光标快速移到指定的书签位置：

方法一：执行"插入/链接/书签"命令，在"书签"对话框的列表中选择要定位的书签名，单击"定位"按钮；

方法二：执行"开始/编辑/替换"命令，打开"查找和替换"对话框中，单击"定位"选项卡，出现图 7-14 所示的"定位"选项卡窗口，执行"插入/链接/书签"命令；

图 7-14 "查找和替换"对话框的"定位"选项卡

方法三：在"定位目标"列表框中选择"书签"，在"请输入书签名"一栏中选择（或键入）要定位的书签名，单击择"定位"按钮。

用书签不但可以快速定位到指定的位置，也可以用于建立指定位置的超级链接。

3）选择"定位"命令移动光标

用定位命令可以使光标快速定位到指定的项。可定位的项有：页、节、行、书签、批注、脚注、尾注、域、表格、图形、公式、对象和标题等。操作步骤如下：

① 执行"开始/编辑/替换"命令，打开"查找和替换"对话框，单击"定位"选项卡。

② 在"定位"选项卡中的"定位目标"列表框中选择定位项。

③ 反复单击"前一处"或"后一处"按钮，光标将依次定位到当前光标之前或之后的对象。

4）用快速定位按钮定位

用快速定位按钮定位，与用定位命令一样，可以快速定位光标到指定的项。

在垂直滚动条的底部有 3 个用于快速浏览对象的按钮，单击"选择浏览对象"按钮，弹出图 7-15 所示的"选择浏览对象"选项表，单击选定的浏览对象，光标迅速移至当前光标后的最近一个"对象"处。单击"前一个"或"后一个"按钮，光标则移至当前光标之前或之后的一个"对象"处。

图 7-15 "选择浏览对象"选项表

（2）文本的选定

1）用鼠标选定文本

根据所选定文本区域的不同情况，分别有：

① 选定任意大小的文本区。首先将"I"形鼠标指针移动到所要选定文本区的开始处，然后拖动鼠标直到所选定的文本区的最后一个文字并松开鼠标左键，这样，鼠标所拖动过的区域被选定，并以反白形式显示出来。文本选定区域可以是一个字符或标点，也可以是整篇文档。如果要取消选定区域，可以用鼠标单击文档的任意位置或按键盘上的箭头键。

② 选定大块文本：首先用鼠标指针单击选定区域的开始处，然后按住 Shift 键，再配

合滚动条将文本翻到选定区域的末尾，再单击选定区域的末尾，则两次单击范围中包括的文本就被选定。

③ 选定矩形区域中的文本：将鼠标指针移动到所选区域的左上角，按住 Alt 键，拖动鼠标直到区域的右下角，放开鼠标。

④ 选定一个句子：按住 Ctrl 键，将鼠标光标移动到所要选句子的任意处单击一下。

2）用键盘选定文本

当用键盘选定文本时，注意应首先将插入点移到所选文本区的开始处，然后再按如表 7-3 所示的组合键。

常用选定文本的组合键　　　　　　　　　　　　　　　　　　　　　　　　　表 7-3

按组合键	选定功能
Shift+→	选定当前光标右边的一个字符或汉字
Shift+←	选定当前光标左边的一个字符或汉字
Shift+↑	选定到上一行同一位置之间的所有字符或汉字
Shift+↓	选定到下一行同一位置之间的所有字符或汉字
Shift+Home	从插入点选定到它所在行的开头
Shift+End	从插入点选定到它所在行的末尾
Shift+Page Up	选定上一屏
Shift+Page Down	选定下一屏
Ctrl+Shift+Home	选定从当前光标到文档首
Ctrl+Shift+End	选定从当前光标到文档尾
Ctrl+A	选定整个文档

3）用扩展功能键 F8 选定文本

在扩展式模式下，可以用连续按 F8 键扩大选定范围的方法来选定文本。

如果先将插入点移到某一段落的任意一个中文词（英文单词）中，那么，第一次按 F8 键，状态栏中出现"扩展式选定"信息项，表示扩展选区方式被打开；第二次按 F8 键，选定插入点所在位置的中文词/字（或英文单词）；第三次按 F8 键，选定插入点所在位置的一个句子；第四次按 F8 键，选定插入点所在位置的段落；第五次按 F8 键，选定整个文档。也就是说，每按一次 F8 键，选定范围扩大一级。反之，反复按组合键 Shift+F8 可以逐级缩小选定范围。

如果需要退出扩展模式，只要按下 Esc 键即可。

(3) 插入与删除文本

1）插入文本

在文本的某一位置中插入一段新的文本的操作是非常简单的。唯一要注意的是：确认当前文档处在"插入"方式还是"改写"方式。

在插入方式下，只要将插入点移到需要插入文本的位置，输入新文本就可以了。插入时，插入点右边的字符和文字随着新的文字的输入逐一向右移动。如在改写方式下，则插入点右边的字符或文字将被新输入的文字或字符所替代。

2）删除文本

删除一个字符或汉字的最简单的方法是：将插入点移到此字符或汉字的左边，然后按

Delete 键；或者将插入点移到此字符或汉字的右边，然后按 Backspace 键。

删除几行或一大块文本的快速方法是：首先选定要删除的这块文本，然后按 Delete 键。

如果删除之后想恢复所删除的文本，那么只要单击自定义快速访问工具栏的"撤销"按钮即可。

（4）移动文本

1）使用剪贴板移动文本

① 选定所要移动的文本；

② 单击"开始/剪贴板"中的"剪切"按钮，此时所选定的文本被剪切掉并保存在剪贴板之中；

③ 将插入点移到文本拟要移动到的新位置。此新位置可以是在当前文档中，也可以在其他文档中；

④ 单击"开始/剪贴板"中"粘贴"按钮，所选定的文本便移动到指定的新位置上。

2）使用快捷菜单移动文本

① 选定所要移动的文本容；

② 将"I"形鼠标指针移到所选定的文本区，右击鼠标，拉出快捷菜单，此时鼠标指针形状变成指向左上角的箭头；

③ 单击快捷菜单中的"剪切"命令；

④ 再将"I"形鼠标指针移到拟要移动到的新位置上并右击鼠标，拉出快捷菜单；

⑤ 单击快捷菜单中的"粘贴"命令，完成移动操作。

3）使用鼠标右键拖动文本

① 选定所要移动的文本；

② 将"I"形鼠标指针移到所选定的文本区，使其变成向左上角指的箭头；

③ 按住鼠标右键，将虚插入点拖动到文本拟要移动到的新位置上并松开鼠标右键，出现如图 7-16 所示的快捷菜单；

④ 单击快捷菜单中的"移动到此位置"命令，完成移动。

图 7-16　使用鼠标右键拖动选定文本时的快捷菜单

（5）复制文本

1）使用剪贴板复制文本

① 选定所要复制的文本；

② 单击"开始/剪贴板"中的"复制"按钮，此时所选定文本的副本被临时保存在剪贴板之中；

③ 将插入点移到文本拟要复制到的新位置。与移动文本操作相同，此新位置也可以在另一个文档中；

④ 单击"开始/剪贴板"中的"粘贴"按钮，则所选定文本的副本被复制到指定的新位置上。

2）使用快捷菜单复制文本

使用快捷菜单复制文本的步骤与使用快捷菜单移动文本的操作类似，所不同的是它使用快捷菜单中的"复制"和"粘贴"命令。

3)使用鼠标左键拖动复制文本

① 选定所要复制的文本；

② 将"I"形鼠标指针移到所选定的文本区，使其变成向左上角指的箭头；

③ 先按住 Ctrl 键，再按住鼠标左键，此时鼠标指针下方增加一个叠置的灰色的矩形和带"＋"的矩形，并在箭头处出现一虚竖线段（即插入点），它表明文本要插入的新位置；

④ 拖动鼠标指针前的虚插入点到文本需要复制到的新位置上，松开鼠标左键后再松开 Ctrl 键，就可以将选定的文本复制到新位置上。

4)使用鼠标右键拖动复制文本

此方法与"3)使用鼠标左键拖动文本"类似，只要将其第④步操作改为单击快捷菜单中的"复制到此位置"的命令即可。

(6) 查找与替换

1)常规查找文本

① 单击"开始/编辑/替换"按钮，打开"查找和替换"对话框。

② 单击"查找"选项卡，得到如图 7-17 所示的"查找和替换"对话框。在"查找内容"一栏中键入要查找的文本（如键入"文本"一词）。

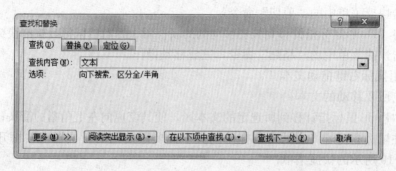

图 7-17 "查找和替换"对话框的"查找"选项卡

③ 单击"查找下一处"按钮开始查找。当查找到"文本"一词后，就将该文本移入到窗口工作区内，并反白显示所找到的文本。

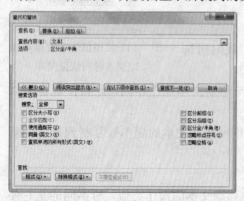

图 7-18 高级功能的"查找和替换"对话框的"查找"选项卡

④ 如果此时单击"取消按钮"，那么关闭"查找和替换"对话框，插入点停留在当前查找到的文本处；如果还需继续查找下一个的话，那么可再单击"查找下一处"按钮，直到整个文档查找完毕为止。

2)高级查找

在图 7-17 所示的"查找和替换"对话框中，单击"更多"按钮，就会出现如图 7-18 所示的"查找和替换"对话框。几个选项的功能如下：

① 查找内容：在"查找内容"列表框中键入要查找的文本。

② 搜索：在"搜索"列表框中有"全部"、"向上"和"向下"三个搜索方向选项。
③ "区分大小写"和"全字匹配"复选框：主要用于高级查找英文单词。
④ 使用通配符：选择此复选框可在要查找的文本中键入通配符实现模糊查找。
⑤ 区分全角和半角：选择此复选框，可区分全角或半角的英文字符和数字，否则不予区分。
⑥ 特殊格式字符：如要找特殊字符，则可单击"特殊格式"按钮，打开"特殊格式"列表，从中选择所需要的特殊格式字符。
⑦ "格式"按钮：可设置所要查找的指定的文本的格式。
⑧ "更少"按钮：单击"更少"按钮可返回常规查找方式。

3）替换文本
① 单击"开始/编辑/替换"按钮，打开"查找和替换"对话框，并单击"替换"选项卡，得到如图 7-19 所示的"查找和替换"对话框的"替换"选项卡窗口。此对话框中比"查找"选项卡的对话框多了一个"替换为"列表框。

图 7-19 "查找和替换"对话框的"替换"选项卡

② 在"查找内容"列表框中键入要查找的内容，例如，键入"计算机"。
③ 在"替换为"列表框中键入要替换的内容，例如，键入"电脑"。
④ 在输入要查找和需要替换的文本和格式后，根据情况单击替换按钮，或全部替换按钮，或查找下一处按钮。

（7）撤销与恢复
对于编辑过程中的误操作，可执行"编辑/撤销清除"命令，或单击工具栏中的撤销按钮来挽回。
对于所撤销的操作，还可以按"恢复"按钮重新执行。

6. 多窗口编辑技术
（1）窗口的拆分
1）使用"视图功能区窗口分组中拆分"按钮
单击"视图/窗口/拆分"按钮，鼠标指针变成上下箭头形状且与屏幕上同时出现的一条灰色水平线相连，移动鼠标到要拆分的位置，单击鼠标左键确定。
如果要把拆分了的窗口合并为一个窗口，那么执行"视图/窗口/取消拆分"命令即可。
2）拖动垂直滚动条上端的小横条拆分窗口
鼠标移到垂直滚动条上端的窗口拆分条，当鼠标指针变成上下箭头的形状时，向下拖动鼠标可将一个窗口拆分为两个。

插入点（光标）所在的窗口称为工作窗口。将鼠标指针移到非工作窗口的任意部位并单击一下，就可以将它切换成为工作窗口。在这两个窗口间可以对文档进行各种编辑操作。

（2）多个文档窗口间的编辑

Word 允许同时打开多个文档进行编辑，每一个文档对应一个窗口。

在"视图"功能区/"窗口"分组中的"切换窗口"下拉菜单中列出了所有被打开的文档名，其中只有一个文档名前含有√符号，它表示该文档窗口是当前文档窗口。

单击文档名可切换当前文档窗口，也可以单击任务栏中相应的文档按钮来切换。

多个文档编辑工作结束后，按住 Shift 键，分别执行"文件/全部保存"和"文件/全部关闭"命令。可一次操作完成全部文档的保存和关闭。

7.2.1.3 Microsoft Word 的排版技术

1. 文字格式的设置

（1）设置字体、字形、字号和颜色

1）用"开始"功能区的"字体"分组设置文字的格式

① 选定要设置格式的文本。

② 单击"开始"功能区/"字体"分组中的"字体"列表框 宋体 右端的下拉按钮，在随之展开的字体列表中，单击所需的字体。

③ 单击"开始功能区字体分组"中的"字号"列表框 五号 右端的下拉按钮，在随之展开的字号列表中，单击所需的字号。

④ 单击"开始"功能区/"字体"分组中的"字体颜色"按钮 A 的下拉按钮，展开颜色列表框，单击所需的颜色选项。

⑤ 如果需要，还可单击"开始"功能区/"字体"分组中的"加粗"、"倾斜"、"下划线"、"字符边框"、"字符底纹"或"字符缩放"等按钮，给所选的文字设置相应格式。

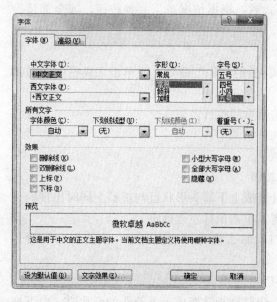

图 7-20 "字体"对话框的"字体"选项卡

2）用"字体"对话框设置文字的格式

① 选定要设置格式的文本。

② 单击右键，在随之打开的快捷菜单中选择"字体"，打开如图 7-20 所示的"字体"对话框。

③ 单击"字体"选项卡，可以对字体进行设置。

④ 单击"中文字体"列表框中的下拉按钮，打开中文字体列表并选定所需字体。

⑤ 单击"英文字体"列表框中的下拉按钮，打开英文字体列表并选定所需英文字体。

⑥ 在"字形"和"字号"列表框中选定所需的字形和字号。

⑦ 单击"字体颜色"列表框的下拉按

钮，打开颜色列表并选定所需的颜色。Word默认为自动设置（黑色）。

⑧ 在预览框中查看字体，确认后单击"确定"按钮。

(2) 改变字符间距、字宽度和水平位置

① 选定要调整的文本；

② 单击右键，在打开的快捷菜单中选择"字体"，打开"字体"对话框。

③ 单击"高级"选项卡，得到如图7-21所示的"字体"对话框，设置以下选项：

缩放：将文字在水平方向上进行扩展或压缩文字；

间距：通过调整"磅值"，加大或缩小文字间距。

位置：通过调整"磅值"，改变文字相对水平基线提升或降低文字显示的位置。

④ 设置后，可在预览框中查看设置结果，确定后单击"确定"按钮。

(3) 给文本添加下划线、着重号、边框和底纹

1) 用"开始"功能区的"字体"分组给文本添加下划线、边框和底纹

选定要设置格式的文本后，单击"开始"功能区/"字体"分组中的"下划线"、"字符边框"和"字符底纹"按钮即可。

图7-21 "字体"对话框的"高级"选项卡

但是，用这种方法设置的边框线和底纹都比较单一，没有线型、颜色的变化。

2) 用"字体"对话框和"边框和底纹"对话框

① 对文本加下划线或着重号

a. 选定要加下划线或着重号的文本。

b. 单击右键，在随之打开的快捷菜单中选择"字体"，打开"字体"对话框。

c. 在"字体"选项卡中，单击"下划线"列表框的下拉按钮，打开下划线线型列表并选定所需的下划线。

d. 在"字体"选项卡中，单击"下划线颜色"列表框的下拉按钮，打开下划线颜色列表并选定所需的颜色。

e. 单击"着重号"列表框的下拉按钮，打开着重号列表并选定所需的着重号。

f. 查看预览框，确认后单击"确认"按钮。

"字体"选项卡中，还有一组如删除线、双删除线、上标、下标等的复选框，选定某复选框可以使字体格式得到相应的效果，尤其是上、下标在简单公式中是很实用的。

② 对文本加边框和底纹

a. 选定要加边框的文本。

b. 单击"页面布局"功能区/"页面背景"分组中的"页面边框"按钮，打开如图7-22所示的"边框和底纹"对话框。

c. 在"页面边框"选项卡的"设置"、"线型"、"颜色"、"宽度"等列表中选定所需的参数。

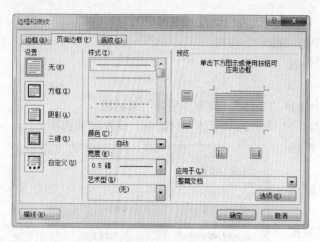

图 7-22 "边框和底纹"对话框

d. 在"应用范围"列表框中用选定为"文本"。

e. 在预览框中可查看结果,确认后单击"确认"按钮。

如果要加"底纹",那么单击"底纹"选项卡,做类似上述的操作,在选项卡中选定底纹的颜色和图案;在"应用范围"列表框中用选定为"文本";在预览框中可查看结果,确认后单击"确认"按钮。边框和底纹可以同时或单独加在文本上。

(4) 格式的复制和清除

1) 格式的复制

① 选定已设置格式的文本。

② 单击"开始/剪贴板/格式刷"按钮,此时鼠标指针变为刷子形。

③ 将鼠标指针移到要复制格式的文本开始处。

④ 拖动鼠标直到要复制格式的文本结束处,放开鼠标左键就完成格式的复制。

2) 格式的清除

如果对于所设置的格式不满意,那么,可以清除所设置的格式,恢复到 Word 默认的状态。清除格式的步骤如下:

① 选定需要清除格式的文本。

② 单击"开始/样式/其他"按钮,并在打开的样式列表框下方的命令列表中选择"清除格式"命令,即可清除所选文本的格式。

另外,也可以用组合键清除格式。其操作步骤是:选定清除格式的文本,按组合键 Ctrl+Shift+Z。

2. 段落的排版

(1) 段落的左右边界的设置

1) 使用"开始"功能区/"段落"分组的有关命令按钮

单击"开始"功能区/"段落"分组的"减少缩进量"或"增加缩进量"按钮可缩进或增加段落的左边界。

这种方法由于每次的缩进量是固定不变的,因此灵活性差。

2) 使用"段落"对话框

① 选定拟设置左、右边界的段落。

② 单击"开始/段落/段落"按钮,打开如图 7-23 所示的"段落"对话框。

图 7-23 "段落"对话框

③ 在"缩进与间距"选项卡中,单击"缩进"组下的"左侧"或"右侧"文本框的增减按钮,设定左右边界的字符数。

④ 单击"特殊格式"列表框的下拉按钮,选择"首行缩进"、"悬挂缩进"或"无"确定段落首行的格式。

⑤ 在"预览"框中查看,确认排版效果满意后,单击"确定"按钮;若排版效果不理想,则可单击"取消"按钮取消本次设置。

3) 用鼠标拖动标尺上的缩进标记

首行缩进标记:仅控制第一行第一个字符的起始位置。拖动它可以设置首行缩进的位置。

悬挂缩进标记:控制除段落第一行外的其余各行起始位置,且不影响第一行。拖动它可实现悬挂缩进。

左缩进标记:控制整个段落的左缩进位置。拖动它可设置段落的左边界,拖动是首行缩进标记和悬挂缩进标记一起拖动。

右缩进标记:控制整个段落的右缩进位置。拖动它可设置段落的右边界。

(2) 设置段落对齐方式

1) 用"开始"功能区"段落"分组中功能按钮设置对齐方式

在"开始/段落"分组中,提供了"文本左对齐"、"居中"、"文本右对齐"、"两端对齐"和"分散对齐"五个对齐按钮。Word 默认的对齐方式是"两端对齐"。

设置段落对齐方式的步骤是:先选定要设置对齐方式的段落,然后单击"格式"工具栏中的相应的对齐方式按钮即可。

2) 用"段落"对话框来设置对齐方式

① 选定拟设置对齐方式的段落。

② 单击"开始/段落/段落"按钮,打开"段落"对话框。

③ 在"缩进和间距"选项卡中,单击"对齐方式"列表框的下拉按钮,在对齐方式的列表中选定相应的对齐方式。

④ 在"预览"框中查看,确认排版效果满意后,单击"确定"按钮;若排版效果不理想,则可单击"取消"按钮取消本次设置。

3) 用快捷键设置

有一组快捷键可以对选定的段落实现对齐方式的快捷设置。具体如表 7-4 所示。

设置段落对齐的快捷键　　　　　　　　　　　　　表 7-4

快捷键	作用说明
Ctrl+J	使所选定的段落两端对齐
Ctrl+L	使所选定的段落左对齐
Ctrl+R	使所选定的段落右对齐
Ctrl+E	使所选定的段落居中对齐
Ctrl+Shift+D	使所选定的段落分散对齐

(3) 行间距与段间距的设定

初学者常用按 Enter 键插入空行的方法来增加段间距或行距。显然,这是一种不得已的办法。实际上,可以段落对话框来精确设置段间距和行间距。

行距:行距是指两行的距离,而不是两行之间的距离。即指当前行底端和上一行低端的距离,而不是当前行顶端和上一行低端的距离。段间距:两段之间的距离。

行距、段间距的单位可以是:厘米、磅、当前行距的倍数。

1)设置段间距

① 选定要改变段间距的段落。

② 单击"开始/段落/段落"按钮,打开"段落"对话框。

③ 单击"缩进和行距"选项卡中"间距"组的"段前"和"段后"文本框的增减按钮,设定间距,每按一次增加或减少 0.5 行。"段前"、"段后"选项分别表示所选段落与上、下段之间的距离。

④ 在"预览"框中查看,确认排版效果满意后,单击"确定"按钮;若排版效果不理想,则可单击"取消"按钮取消本次设置。

2)设置行距

① 选定要设置行距的段落。

② 单击"开始/段落/段落"按钮,打开"段落"对话框。

③ 单击"行距"列表框下拉按钮,选择所需的行距选项。

④ 在"设置值"框中要键入具体的设置值。

⑤ 在"预览"框中查看,确认排版效果满意后,单击"确定"按钮;若排版效果不理想,则可单击"取消"按钮取消本次设置。

(4)给段落添加边框和底纹

有时,对文章的某些重要段落或文字加上边框或底纹,使其更为突出和醒目。

给段落添加边框和底纹的方法与文本加边框和底纹的方法相同,只是需要注意:在"边框"或"底纹"选项卡的"应用范围"列表框中应选定"段落"选项。

(5)项目符号和段落编号

编排文档时,在某些段落前加上编号或某种特定的符号(称项目符号),这样可以提高文档的可读性。

手工输入段落编号或项目符号不仅效率不高,而且在增、删段落时还需修改编号顺序,容易出错。

在 Word 中,可以在键入时自动给段落创建编号或项目符号,也可以给已键入的各段文本添加编号或项目符号。

1)在键入文本时,自动创建编号或项目符号

在键入文本时,先输入一个星号"*",后面跟一个空格,然后输入文本。当输完一段按 Enter 键后,星号会自动改变成黑色圆点的项目符号,并在新的一端开始处自动添加同样的项目符号。

如果要结束自动添加项目符号,可以按 BackSpace 键删除插入点前的项目符号,或再按一次 Enter 键。

类似地,键入文本时自动创建段落编号的方法是:在键入文本时,先输入如:"1."、"(1)"、"一、"、"第一、"、"A."等格式的起始编号,然后输入文本。当按 Enter 键时,在新的一段开头处就会根据上一段的编号格式自动创建编号。

如果要结束自动创建编号，那么可以按 BackSpace 键删除插入点前的编号，或再按一次 Enter 键即可。

在这些建立了编号的段落中，删除或插入某一段落时，其余的段落编号会自动修改，不必人工干预。

2）对已键入的各段文本添加项目符号或编号

① 使用"开始/段落/项目符号"和"开始/段落/编号"按钮给已有的段落添加项目符号或编号

    a. 选定要添加项目符号（或编号）的各段落。

    b. 单击"开始/段落/项目符号"（或"开始/段落/编号"按钮）中的下拉菜单按钮，打开如图 7-24 所示的项目符号列表框（或如图 7-25 所示的编号列表框）。

图 7-24 "项目符号"列表框

图 7-25 "编号"列表框

    c. 在"项目符号"（或"编号"）列表中，选定所需要的项目符号（或编号），再单击"确定"按钮。

    d. 如果"项目符号"（或"编号"）列表中没有所需要的项目符号（或编号），可以单击"定义新符号项目"（或"定义新编号格式"）按钮，在打开的对话框中，选定或设置所需要的"符号项目"（或"编号"）。

（6）制表位的设定

按 Tab 键后，插入点移动到的位置叫制表位。

初学者往往用插入空格的方法来达到各行文本之间的列对齐。显然，这不是一个好方法。

简单的方法是按 Tab 键来移动插入点到下一制表位，这样很容易做到各行文本的列对齐。Word 中，默认制表位是从标尺左端开始自动设置，各制表位间的距离是 2.02 字符。

另外，提供了 5 种不同的制表位，可以根据需要选择并设置各制表位间的距离。

1）使用标尺设置制表位

使用标尺设置制表位的步骤如下：

① 将插入点置于要设置制表位的段落。

② 单击水平标尺左端的制表位对齐方式按钮，选定一种制表符。

③ 单击水平标尺上要设置制表位的地方。此时在该位置上出现选定的制表符图标。

设置好制表符位置后，当键入文本并按 Tab 键时，插入点将依次移到所设置的下一制表位上。

2）使用"制表位"对话框设置制表位

使用"制表位"对话框设置制表位的步骤是：

① 将插入点置于要设置制表位的段落。

② 单击"开始/段落/段落"按钮，打开"段落"对话框。在"段落"对话框中，单击"制表位"按钮，打开如图 7-26 所示的"制表位"对话框。

③ 在"制表位位置"文本框中键入具体的位置值（以字符为单位）。

④ 在"对齐方式"组中，单击选择某一种对齐方式单选框。

⑤ 在"前导符"组中选择一种前导符。

⑥ 单击"设置"按钮。

如果要删除某个制表位，则可以在"制表位位置"文本框各种选定要清除的制表位位置，并单击"清除"按钮即可。

设置制表位时，还可以设置带前导符的制表位，这一功能对目录排版很有用。

3. 版面设置

（1）页面设置

纸张的大小、页边距确定了可用文本区域。

文本区域的宽度等于纸张的宽度减去左、右页边距，文本区的高度等于纸张的高度减去上、下页边距，如图 7-27 所示。

图 7-26 "制表位"对话框

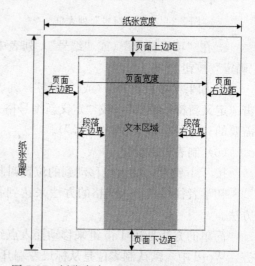

图 7-27 纸张大小、页边距和文本区域示意图

可以使用"页面布局/页面设置"分组的各项功能来设置纸张大小、页边距和纸张方向等。具体步骤如下：

① 单击"页面布局/页面设置/页面设置"按钮，打开如图 7-28 所示的"页面设置"

对话框。对话框中包含有"页边距"、"纸张"、"版式"和"文档网络"等四个选项卡。

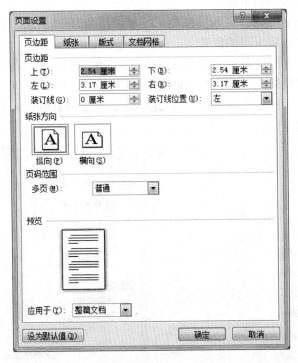

图 7-28 "页面设置"对话框

② 在"页边距"选项卡中，可以设置上、下、左、右边距和页眉页脚距边界的位置；以及"应用范围"和"装订位置"。

③ 在"纸张"选项卡中，可以设置纸张大小和方向。

④ 在"版式"选项卡中，可设置页眉和页脚在文档中的编排，还可设置文本的垂直对齐方式等。

⑤ 在"文档网络"选项卡中，可设置每一页中的行数和每行的字符数，还可设置分栏数。

⑥ 设置完成后，可查看预览框中的效果。若满意，可单击"确定"按钮确认设置，否则，单击"取消"按钮。

（2）插入分页符

Word 具有自动分页的功能。但有时为了将文档的某一部分内容单独形成一页，可以插入分页符进行人工分页。

插入分页符的步骤是：

① 将插入点移到新的一页的开始位置。

② 按组合键 Ctrl＋Enter；或单击"插入/页/分页"按钮；还可以单击"页面布局/页面设置/分隔符"按钮，在打开的"分隔符"列表中，单击"分页符"命令。

在普通视图下，人工分页符是一条水平虚线。如果想删除分页符，只要把插入点移到人工分页符的水平虚线中，按 Delete 键即可。

(3) 插入页码

插入页码的具体步骤如下：

单击"插入/页眉和页脚/页码"按钮，打开如图 7-29 所示的"页码"下拉菜单，根据所需在下拉菜单中选定页码的位置。

只有在页面视图和打印预览方式下可以看到插入的页码，在其他视图下看不到页码。

如果要更改页码的格式，可执行"页码"下拉菜单中的"设置页码格式"命令，打开如图 7-30 所示的"页码格式"对话框，在此对话框中设定页码格式并单击"确定"按钮返回"页码"对话框。

图 7-29 "页码"下拉菜单

图 7-30 "页码格式"对话框

(4) 页眉和页脚

页眉和页脚是打印在一页顶部和底部的注释性文字或图形。

1) 建立页眉/页脚

① 单击"插入/页眉和页脚/页眉"按钮，打开内置"页眉"板式列表，如图 7-31 所示。如果在草稿视图或大纲视图下执行此命令，则会自动切换到页面视图。

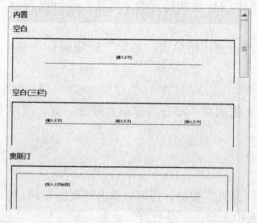

② 在内置"页眉"版式列表中选择所需要的页眉版式，并随之键入页眉内容。当选定页眉版式后，Word 窗口中会自动添加一个名为"页眉和页脚工具"的功能区并使其处于激活状态，此时，仅能对页眉内容进行编辑操作。

③ 如果内置"页眉"版式列表中没有所需要的页眉版式，可以单击内置"页眉"板式列表下方的"编辑页眉"命令，直接进入"页眉"编辑状态输入页眉内容，并在"页眉和页脚工具"功能区中设置页眉的相关参数。

图 7-31 内置"页眉"版式列表

④ 单击"关闭页眉和页脚"按钮，完成设置并返回文档编辑区。这时，整个文档的各页都具有同一格式的页眉。

2)建立奇偶页不同的页眉

在文档排版过程中,有时需要建立奇偶页不同的页眉。其建立步骤如下:

① 单击"插入/页眉和页脚/页眉"按钮的"编辑页眉"命令,进入页眉编辑状态。

② 选中"页眉和页脚工具"功能区/"选项"分组中的"奇偶页不同"复选框,这样就可以分别编辑奇偶页的页眉内容了。

③ 单击"关闭页眉和页脚"按钮,设置完毕。

3)页眉页脚的删除

执行"插入/页眉和页脚/页眉"下拉菜单中的"删除页眉"命令可以删除页眉;类似地,执行"页脚"下拉菜单中的"删除页脚"命令可以删除页脚;另外,选定页眉(或页脚)并按 Delete 键,也可删除页眉(或页脚)。

提示:页码是页眉页脚的一部分,要删除页码必须进入页眉页脚编辑区,选定页码并按 Delete 键。

(5)分栏排版

分栏使得版面显得更为生动、活泼、增强可读性。使用"页面布局/页面设置/分栏"功能可以实现文档的分栏,具体操作如下:

① 如要对整个文档分栏,则将插入点移到文本的任意处;如要对部分段落分栏,则应先选定这些段落。

② 单击"页面布局/页面设置/分栏"按钮,打开"分栏"下拉菜单。在"分栏"菜单中,单击所需格式的分栏按钮即可。

③ 若"分栏"下拉菜单中所提供的分栏格式不能满足要求,则可单击菜单中的"更多分栏"按钮,打开如图 7-32 所示的"分栏"对话框。

④ 选定"预设"框中的分栏格式,或在"栏数"文本框中键入分栏数,在"宽度和间距"框中设置栏宽和间距。

⑤ 单击"栏宽相等"复选框,则各栏宽相等,否则可以逐栏设置宽度。

⑥ 单击"分隔线"复选框,可以在各栏之间加一分隔线。

⑦ 应用范围有"整个文档"、"选定文本"等,随具体情况选定后单击"确定"按钮。

(6)首字下沉

首字下沉的具体操作如下:

① 将插入点移到要设置或取消首字下沉的段落的任意处。

② 单击"插入/文本/首字下沉"按钮,在打开的"首字下沉"下拉菜单中,从"无"、"下沉"和"悬挂"三种首字下沉格式选项命令中选定一种。

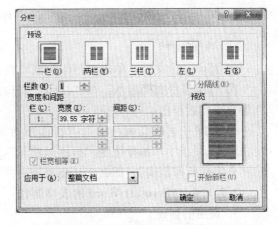

图 7-32 "分栏"对话框

③ 若需设置更多"首字下沉"格式的参数,可以单击下拉菜单中的"首字下沉选项"按钮,打开"首字下沉"对话框进行设置。

(7) 水印

"水印"是页面背景的形式之一。设置"水印"的具体方法是：

① 单击"页面布局/页面背景/水印"按钮，在打开的"水印"列表框中，选择所需的水印即可。

② 若列表中的水印选项不能满足要求，则可单击"水印"列表框中的"自定义水印"命令，打开"水印"对话框，进一步设置水印参数。

③ 单击"确定"按钮完成设置。

4. 文档打印

(1) 打印预览

执行"文件/打印"命令，在打开的"打印"窗口面板右侧就是打印预览内容，如图 7-33 所示。

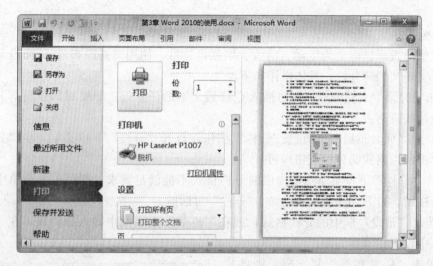

图 7-33 "打印"窗口面板

(2) 打印文档

① 打印一份文档：单击"打印"窗口面板上的"打印"按钮即可。

② 打印多份文档副本：在"打印"窗口面板上的"份数"文本框中输入要打印的文档份数，然后单击"打印"按钮。

③ 打印一页或几页：单击"打印所有页"右侧的下拉列表按钮，在打开列表中的"文档"选项组中，如果选定"打印当前页"，那么只打印当前插入点所在的一页；如果选定"自定义打印范围"，那么，还需要进一步设置需要打印的页码或页码范围。

7.2.1.4 Microsoft Word 的表格制作

1. 表格的创建

(1) 自动创建简单表格

1) 用"插入/表格/插入表格"按钮创建表格

① 将光标移至要插入表格的位置。

② 单击"插入/表格/表格按钮"，出现如图 7-34 所示的"插入表格"菜单。

③ 鼠标在表格框内向右下方向拖动，选定所需的行数和列数。松开鼠标，表格自动

插到当前的光标处。

2）用"插入/表格/插入表格"功能创建表格

① 将光标移至要插入表格的位置。

② 单击"插入/表格/表格"按钮，在打开的"插入表格"下拉菜单中，单击的"插入表格"命令，打开如图 7-35 所示的"插入表格"对话框。

图 7-34 "插入表格"菜单　　　　　图 7-35 "插入表格"对话框

③ 在"行数"和"列数"框中分别输入所需表格的行数和列数。"自动调整"操作中默认为单选项"固定列宽"。

④ 单击"确定"按钮，即可在插入点处插入一张表格。

3）用"插入/表格/文本转换为表格"功能创建表格

将文本转换为表格的具体操作步骤如下：

① 选定用制表符分隔的表格文本。

② 单击"插入/表格/表格"按钮，在打开的"插入表格"下拉菜单中，单击的"文本转换为表格"命令，打开"将文字转换成表格"的对话框。

③ 在对话框中，设置"列数"、"分隔字符位置"。

④ 单击"确定"按钮，就实现了文本到表格的转换。

图 7-36 和图 7-37 分别为转换前的文本和转换后的表格图示效果。

```
国家      金牌    银牌    铜牌    总数↵
中国      51      21      28      100↵
美国      36      38      36      110↵
俄罗斯    23      21      28      72↵
```

国家↵	金牌↵	银牌↵	铜牌↵	总数↵
中国 ↵	51↵	21↵	28↵	100↵
美国↵	36↵	38↵	36↵	110↵
俄罗斯↵	23↵	21↵	28↵	72↵

图 7-36 选定的表格文本（以制表位分隔）示例　　　图 7-37 转换后的表格图示效果

（2）手工绘制复杂表格

Word 提供了绘制这种不规则表格的功能。可以用"插入/表格/绘制表格"功能来绘制表格。具体操作步骤如下：

① 单击"插入/表格/表格"按钮，在打开的"插入表格"下拉菜单中，单击的"绘制表格"命令，此时鼠标指针变成"笔"状，表明鼠标处在"手动制表"状态。

② 将铅笔形状的鼠标指针移到要绘制表格的位置，按住鼠标左键拖动鼠标绘出表格的外框虚线，放开鼠标左键后，得到实线的表格外框。

③ 拖动鼠标笔形指针，在表格中绘制水平或垂直线，也可以将鼠标指针移到单元格的一角向其对角画斜线。

④ 可以利用"表格-设计/擦除"按钮，使鼠标变成橡皮形，把橡皮形鼠标指针移到要擦除线条的一端，拖动鼠标到另一端，放开鼠标就可擦除选定的线段。

另外，还可以利用工具栏中的"线型"和"粗细"列表框选定线型和粗细，利用"边框"、"底纹"和"笔颜色"等按钮设置表格外围线或单元格线的颜色和类型，给单元格填充颜色，使表格变得丰富多彩。

（3）表格中输入文本

建立空表格后，可以将插入点移到表格的单元格中输入文本。

当输入到单元格右边线时，单元格高度会自动增大，把输入的内容转到下一行。如果要另起一段，则按 Enter 键。

按 Tab 键将插入点移到下一个单元格内。按 Shift+Tab 组合键可将插入点移到上一个单元格。

按上、下箭头键可将插入点移到上、下一行。

2. 表格的编辑与修饰

（1）选定表格

1）用鼠标选定单元格、行或列

① 选定单元格或单元格区域：鼠标指针移到要选定的单元格"选定区"，当指针由"I"变成" "形状时，单击鼠标选定单元格，向上、下、左、右拖动鼠标选定相邻多个单元格即单元格区域。

② 选定表格的行：鼠标指针移到文本区的"选定区"，鼠标指针指向要选定的行，单击鼠标选定一行；向下或向上拖动鼠标"选定"表中相邻的多行。

③ 选定表格的列：鼠标指针移到表格的最上面的边框线上，指针指向要选定的列，当鼠标指针由"I"变成"ò"形状时，单击鼠标选定一列；向左或向右拖动鼠标选定表中相邻的多列。

④ 选定不连续的单元格：按住 Ctrl 键，依次选中多个区域。

⑤ 选定整个表格：单击表格左上角的移动控制点，可以迅速选定整个表格。

2）用键盘选定单元格、行或列

① 按 Ctrl+A 可以选定插入点所在的整个表格。

② 如果插入点所在的下一个单元格中已输入文本，那么按 Tab 键可以选定下一单元格中的文本。

③ 如果插入点所在的上一个单元格中已输入文本，那么按 Shift+Tab 键可以选定上一单元格中的文本。

④ 按 Shift+End 键可以选定插入点所在的单元格。

⑤ 按 Shift+↑（↓、→、→）可以选定包括插入点所在的单元格在内的相邻的单

元格。

⑥ 按任意箭头键可以取消选定。

3）用"表格工具-布局/表/选择"下拉菜单选定行、列或表格

将插入点置于所选行的任一单元格中：

① 选定行：单击"表格工具-布局/表/选择"下拉菜单下的"选择行"命令可选定插入点所在行。

② 选定列：单击"表格工具-布局/表/选择"下拉菜单下的"选择列"命令可选定插入点所在列。

③ 选定全表：单击"表格工具-布局/表/选择"下拉菜单下的"选择表格"命令可选定全表。

（2）修改行高和列宽

1）用拖动鼠标修改表格的列宽

① 将鼠标指针移到表格的垂直框线上，当鼠标指针变成调整列宽指针形状时，按住鼠标左键，此时出现一条上下垂直的虚线。

② 向左或右拖动，同时改变左列和右列的列宽（垂直框线两端的列宽度总和不变）。拖动鼠标到所需的新位置，放开左键即可。

2）用菜单命令改变列宽

用"表格属性"对话框可以设置包括行高或列宽在内的许多表格的属性。这方法可以使行高和列宽的尺寸得到精确设定。其操作步骤如下：

① 选定要修改列宽的一列或数列。

② 单击"表格工具-布局/表/属性"命令，打开"表格属性"对话框，单击"列"选项卡，得到"列"选项卡窗口。

③ 单击"指定宽度"前的复选框，并在文本框中键入列宽的数值，在"列宽单位"下拉列表框中选定单位。

④ 单击"确定"按钮即可。

3）用菜单命令改变行高

① 选定要修改行高的一行或数行。

② 单击"表格工具-布局/表格/属性"命令，打开"表格属性"对话框，单击"行"选项卡，打开"表格属性"对话框的"行"选项卡窗口。

③ 若选定"指定高度"前的复选框，则在文本框中键入行高的数值，并在"行高值是"下拉列表框中选定"最小值"或"固定值"。否则，行高默认为自动设置。

④ 单击"确定"按钮即可。

（3）插入或删除行或列

1）插入行

插入行的快捷的方法：单击表格最右边的边框外，按回车键，在当前行的下面插入一行；或光标定位在最后一行最右一列单元格中，按 Tab 键追加一行。

2）插入行/列

选定单元格/行/列（选定与将要插入的行或列等同数量的行/列），或者单击"表格工具-布局/行和列"分组中的相关按钮，选择：①"在上方插入"/"在下方插入"按钮；

在选定行的上方或下方插入与选定行个数等同数量的行；②"在左侧插入"/"在右侧插入"按钮：在选定列的左侧或右侧插入与选定列个数等同数量的列。

3）插入单元格

① 选定若干单元格。

② 单击"表格工具-布局/行和列/表格插入单元格"按钮，打开"插入单元格"对话框，选择下列操作之一：

活动单元格右移：在选定的单元格的左侧插入数量相等的新单元格。

活动单元格下移：在选定的单元格的上方插入数量相等的新单元格。

4）删除行/列

如果想删除表格中的某些行/列，那么只要选定要删除的行或列，单击"表格工具-布局/行和列/删除"按钮即可。

(4) 合并或拆分单元格

1）合并单元格

① 选定 2 个或 2 个以上相邻的单元格。

② 单击"表格工具-布局/合并/合并单元格"按钮，则选定的多个单元格合并为 1 个单元格。

2）拆分单元格

① 选定要拆分的一个或多个单元格。

② 单击"表格工具-布局/合并/拆分单元格"按钮，打开"拆分单元格"对话框。

③ 在"拆分单元格"对话框键入要拆分的列数和行数。

④ 单击"确定"按钮，则选定的所有单元格均被拆分为指定的行数和列数。

(5) 表格的拆分与合并

如果要拆分一个表格，那么先将插入点置于拆分后成为新表格的第一行的任意单元格中，然后，单击"表格工具-布局/合并/拆分表格"按钮，这样就在插入点所在行的上方插入一空白段，把表格拆分成两张表格。

如果把插入点放在表格的第一行的任意列中，用"拆分表格"按钮可以在表格头部前面加一空白段。

如果要合并两个表格，那么只要删除两表格之间的换行符即可。

(6) 表格标题行的重复

当一张表格超过一页时，通常希望在第二页的续表中也包括表格的标题行。设置重复标题的具体操作如下：

① 选定第一页表格中的一行或多行标题行。

② 单击"表格工具-布局/数据/标题行重复"。

这样，Word 会在因分页而拆开的续表中重复表格的标题行，在页面试图方式下可以查看重复的标题。

(7) 表格格式的设置

1）表格自动套用格式

表格创建后，可以使用"表格工具-设计/表格样式"分组中内置的表格样式对表格进行排版，使表格的排版变得轻松、容易。具体操作如下：

① 将插入点移到要排版的表格内。

② 单击"表格工具-设计/表格样式/其他"按钮，打开如图 7-38 所示的表格样式列表框。

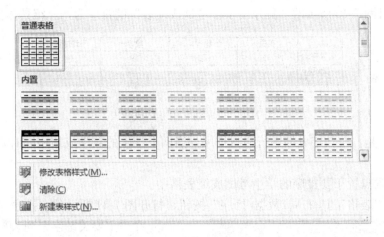

图 7-38 "表格样式"列表

③ 在表格样式列表框中选定所需的表格样式即可。

2) 表格边框与底纹的设置

除了表格样式外，还可以使用"表格工具-设计/表格样式"分组中的"底纹"和"边框"按钮对表格的边框线的线型、粗细和颜色、底纹颜色、单元格中文本的对齐方式等进行个性化的设置。

单击"边框"按钮组的下拉按钮，打开边框列表，可以设置所需的边框。

单击"底纹"按钮组的下拉按钮，打开底纹颜色列表，可选择所需的底纹颜色。

3) 表格在页面中的位置

设置表格在页面中的对齐方式和是否文字环绕表格的操作如下：

① 将插入点移至表格任意单元格内。

② 单击"表格工具-布局/表/属性"命令，打开"表格属性"对话框，单击"表格"选项卡，打开如图 7-39 所示的"表格属性"对话框的"表格"选项卡窗口。

③ 在"对齐方式"组中，选择表格对齐方式；在"文字环绕"组中选择"无/环绕"。

④ 最后，单击"确认"按钮。

4) 表格中文本格式的设置

表格中的文字同样可以用对文档文本排版的方法进行诸如字体、字号、字形、颜色和左、中、右对齐方式等设置。

此外，还可以使用单击"表格工具-布

图 7-39 "表格属性"对话框中的
"表格"选项卡

局/对齐方式"分组中的对齐按钮，选择 9 种对齐方式中的一种。

3. 表格内数据的排序和计算

（1）排序

下面以对图 7-40 所示的"排序前学生考试成绩表"的排序为例介绍具体排序操作。

姓名	英语	物理	数学	平均成绩
王芳	85	78	89	
李国强	70	84	77	
张一鸣	90	80	89	

图 7-40 排序前学生考试成绩表

排序要求是：按数字成绩进行递减排序，当两个学生的数学成绩相同时，再按英语成绩递减排序。

① 将插入点置于要排序的学生考试成绩表格中。

② 执行"表格工具-布局/数据/排序"按钮，打开图 7-41 所示的"排序"对话框。

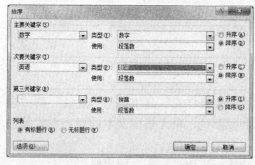

③ 在"主要关键字"列表框中选定"数学"项，其右的"类型"列表框中选定"数字"，再单击"降序"单选框。

④ 在"次要关键字"列表框中选定"英语"项，其右的"类型"列表框中选定"数字"，再单击"降序"单选框。

⑤ 在"列表"选项组中，单击"有标题行"单选框。

图 7-41 "排序"对话框

⑥ 单击"确认"按钮，可以得到图 7-42 所示的排序结果的图示效果。

姓名	英语	物理	数学	平均成绩
张一鸣	90	80	89	
王芳	85	78	89	
李国强	70	84	77	

图 7-42 排序后的学生考试成绩表

（2）计算

Word 提供了对表格数据一些诸如求和，求平均值等常用的统计计算功能。利用这些计算功能可以对表格中的数据进行计算。

下面以图 3-48 所示的学生考试成绩表为例，介绍计算学生考试平均成绩的具体操作：

① 将插入点移到存放平均成绩的单元格中。本例中放在第二行的最后一列。

② 单击"表格工具-布局/数据/公式"按钮，打开如图 7-43 所示的"公式"对话框。

③ "公式"列表框中显示"=SUM（LEFT）"，这与例题要求计算其平均值的要求不符，所以应将其修改为"=AVERAGE（LEFT）"。

图 7-43 "公式"对话框

④ 在"数据格式"列表框中选定"0.00"格式，表示到小数两位。

⑤ 单击"确认"按钮，得计算结果。

7.2.1.5 Microsoft Word 的图文混排功能

1. 插入图片

（1）插入剪贴画（或图片）

① 将插入点移到要插入剪贴画或图片的位置。

② 单击"插入/插图/剪贴画"按钮，打开图 7-44 所示的"剪贴画"任务窗格。

③ 在"搜索文字"编辑框中输入关键字（例如"汽车"），单击"结果类型"下拉三角按钮，在类型列表中仅选中"插图"复选框。

④ 单击"搜索"按钮。如果被选中的收藏集中含有指定关键字的剪贴画，则会显示剪贴画搜索结果。

⑤ 单击合适的剪贴画，或单击剪贴画右侧的下拉三角按钮，并在打开的菜单中单击"插入"按钮即可将该剪贴画插入到文档中。

提示：在第④步操作时，如果当前计算机处于联网状态，选中"包括 Office.com 内容"复选框，就可以到 Microsoft 公司的 Office.com 的剪贴画库中搜索，从而扩大剪贴画的选择范围。

图 7-44 "剪贴画"任务窗格

（2）图片格式的设置

1）改变图片的大小和移动图片位置

① 单击选定的图片，图片周围出现 8 个黑色（或空心）小方块。

② 将鼠标指针移到图片中的任意位置，指针变成十字箭头时，拖动它可以移动图片到新的位置。

③ 将鼠标移到小方块处，此时鼠标指针会变成水平、垂直或斜对角的双向箭头时，按箭头方向拖动指针可以改变图片水平、垂直或斜对角方向的大小尺寸。

2）图片的剪裁

① 单击选定需要裁剪的图片（注意：图片应为非嵌入型环绕方式），图片周围出现 8 个空心小方块。

② 单击"图片工具/大小/裁剪"按钮。此时，图片的四个角会出现四个黑色直角线段、图片四边中部出现四个黑色短线，共计 8 个黑色线段。

③ 将鼠标移到图片四周的 8 个黑色线段处，向图片内侧拖动鼠标，可裁去图片中不需要的部分。如果拖动鼠标的同时按住 Ctrl 键，那么可以对称裁去图片。

3）文字的环绕

① 鼠标右击图片，打开图片设置快捷菜单，单击其中的"大小和位置"命令，打开图 7-45 所示的"布局"对话框。

② 单击"文字环绕"选项卡，在"环绕方式"选项组中选定所需的环绕方式并单击之。

4)为图片添加边框

① 单击选定的图片,打开图片设置快捷菜单,单击其中的"设置图片格式"命令,打开图7-46所示的"设置图片格式"对话框。

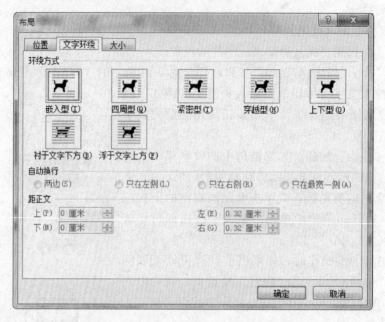

图7-45 "布局"对话框

图7-46 "设置图片格式"对话框

② 执行"设置图片格式"对话框中的"线条颜色"命令,从"无线条"、"实线"、"渐变线"中选择一种。

③ 执行"设置图片格式"对话框中的"线型"命令,并在"宽度"文本框中键入边框线的宽度(单位默认为磅),以及"复合类型"、"短划线类型"、"线端类型"等参数。

2. 绘制图形

(1) 图形的创建

在 Word 中,可以用"插入/插图/形状"命令绘制基本图形单元;并可用"绘图工具"功能区或用"绘图"快捷菜单将基本图形单元组合出复杂的图形。

需要注意的是:用鼠标指针指向图形对象并单击一次就可选定它。被选定的对象的周围就会出现可调节图形大小的小方块,用鼠标拖动这些小方块可以改变图形的大小。当鼠标指针移到所选定的图形中且指针形状变成十字形箭头时,拖动鼠标可以改变图形的位置。

(2) 图形中添加文字

① 将鼠标指针移到要添加文字的图形中。右击该图形,弹出快捷菜单。

② 执行快捷菜单中的"添加文字"命令。此时插入点移到图形内部,在插入点之后键入文字即可。

图形中添加的文字将于图形一起移动能。同样,可以用前面所述的方法,对文字格式进行编辑和排版。

(3) 图形的颜色、线条、三维效果

单击"绘图"快捷菜单中"设置形状格式"命令,可以打开图 7-47 所示的"设置形状格式"对话框。在该对话框中可以为封闭图形填充颜色,给图形的线条设置线型和颜色,给图形对象添加阴影或产生立体效果等。图 7-48 展示了几种图形效果。

图 7-47 "设置形状格式"对话框

(4) 调整图形的叠放次序

① 选定要确定叠放关系的图形对象。

② 单击鼠标右键,打开如图 7-49 所示的"绘图"快捷菜单,打开所示的下拉菜单。

③ 在展开的菜单中,从"置于顶层"、"置于底层"、"上移一层"、"下移一层"、

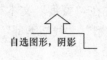  

图 7-48　自选图形、线型、阴影和三维效果示意图

"浮于文字上方"、"衬于文字下方"中，选择所需的一个执行。

图 7-50 展示了将处于第三层的十字星上移一层后的情况。

（5）多个图形的组合

① 选定要组合的所有图形对象。

② 单击鼠标右键，打开"绘图"快捷菜单。

③ 单击"绘图"快捷菜单中的"组合"命令。

图 7-51 展示了组合举例，组合后的所有图形成为一个整体的图形对象，它可整体移动和旋转。

3. 使用文本框

（1）绘制文本框

如果要绘制文本框，可以单击"插入/文本/文本框"按钮，打开文本框下拉列表框，单击所需的文本框，即可在当前插入点处插入一个文本框。

将插入点移至文本框中，可以在文本框中输入文本或插入图片。

图 7-49　"绘图"快捷菜单

图 7-50　改变图形叠放次序示例

(a) 十字星在第三层；(b) 十字星上移一层

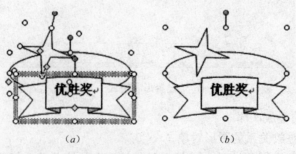

图 7-51　图形组合示例

(a) 选定三个图形对象组合前的情况；(b) 组合后的情况

文本框中的文字格式设置与前述的文字格式设置方法相同。

（2）改变文本框的位置、大小和环绕方式

① 移动文本框：鼠标指针指向文本框的边框线，当鼠标指针变成形状时，用鼠标拖动文本框，实现文本框的移动。

② 复制文本框：选中文本框，按 Ctrl 键的同时，用鼠标拖动文本框，可实现文本框的复制。

③ 改变文本框的大小：选定文本框，在他四周出现八个控制大小的小方块，向内/外拖动文本框边框线上的小方块，可改变文本框的大小。

④ 改变文本框的环绕方式：文本框环绕方式的设定与图片环绕方式的设定基本相同；另外，用与设置图形叠放次序类似的方法，也可以改变文本框的叠放次。

（3）文本框格式设置

① 选定要操作的文本框。

② 单击鼠标右键，打开"文本框"快捷菜单。

③ 单击"文本框"快捷菜单中"设置形状格式"命令，可以打开"设置形状格式"对话框。

④ 在"设置形状格式"对话框中可以使用"填充"、"线条颜色"、"线型"、"阴影"和"三维格式"等命令，为文本框填充颜色，给文本框边框的设置线型和颜色，给文本框对象添加阴影或产生立体效果等。

7.2.1.6 Microsoft Word 的安全保护

Word 的安全保护主要指文档的保护。

1. 设置"打开权限密码"

在文档存盘前设置了"打开权限密码"后，那么再打开它时，Word 首先要核对密码，只有密码正确的情况下才能打开，否则拒绝打开。

设置"打开权限密码"可以通过如下步骤实现：

① 执行"文件/另存为"命令，打开"另存为"对话框；

② 在"另存为"对话框中，执行"工具/常规选项"命令，打开如图 7-52 所示的"常规选项"对话框，输入设定的密码。

③ 单击"确定"按钮，此时会出现一个如图 7-53 所示的"确认密码"对话框，要求用户再重复键入所设置的密码。

④ 在"确认密码"对话框的文本框中重复键入所设置的密码并单击"确定"按钮。如果密码核对正确，则返回"另存为"对话框，否则出现"确认密码不符"的警示信息。此时只能单击"确定"按钮，重新设置密码。

图 7-52 "常规选项"对话框

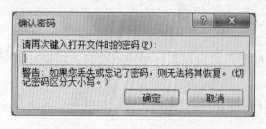

图7-53 "确认密码"对话框

⑤当返回到"另存为"对话框后,单击"保存"按钮即可存盘。

至此,密码设置完成。当以后再次打开此文档时,会出现"密码"对话框,要求用户键入密码以便核对,如密码正确,则文档打开;否则,文档不予打开。

2. 设置修改权限密码

如果允许别人打开并查看一个文档,但无权修改它,则可以通过设置"修改权限时的密码"实现。

设置修改权限密码的步骤,与设置打开权限密码的操作非常相似,不同的只是将密码键入到"修改文件时密码"的文本框中。打开文档的情形也很类似,此时"密码"对话框多了一个"只读"按钮,供不知道密码的人以只读方式打开它。

3. 设置文件为"只读"属性

将文件设置成为只读文件的方法是:

① 打开"常规选项"对话框(参见"设置打开权限密码")

② 单击"建议以只读方式打开文档"复选框。

③ 单击"确定"按钮,返回到"另存为"对话框。

④ 单击"保存"按钮完成只读属性的设置。

4. 对文档中的指定内容进行编辑限制

有时,文档作者认为文档的某些内容比较重要,不允许被更改,但允许阅读或对其进行修订、审阅等操作,这在word中称为"文档保护"。文档保护操作的具体步骤如下:

① 选定需要保护的文档内容。

② 单击"审阅/保护/限制编辑"命令,打开"限制格式和编辑"窗格。

③ 在"限制格式和编辑"窗格中,选中"仅允许在文档中进行此类型的编辑"复选框,并在"限制编辑"下拉列表框中从"修订"、"批注"、"填写窗体"和"不允许任何更改(只读)"四个选项中选定一项。

以后,对于这些被保护的文档内容,只能进行上述选定的编辑操作。

7.2.2 Microsoft Excel 应用

7.2.2.1 Microsoft Excel 概述

1. Excel 基本功能

(1)方便的表格制作:能够快捷地建立工作簿和工作表,并对其进行数据录入、编辑操作和多种格式化设置。

(2)强大的计算能力:提供公式输入功能和多种内置函数,便于用户进行复杂计算。

(3)丰富的图表表现:能够根据工作表数据生成多种类型的统计图表,并对图表外观进行修饰快速的数据库操作:能够对工作表中的数据实施多种数据库操作,包括排序、筛选和分类汇总等。

(4)数据共享:可实现多个用户共享同一个工作簿文件,即与超链接功能结合,实现远程或本地多人协同对工作表的编辑和修饰。

2. Excel 基本概念

（1）启动 Excel

下列方法之一可以启动 Excel 应用程序：

方法一：单击"开始"按钮，鼠标指针移到"程序"选项处，单击"Microsoft Excel"命令，则启动出现 Excel 并出现 Excel 窗口。

方法二：双击桌面上 Excel 快捷方式图标 。

（2）Excel 窗口

Excel 窗口如图 7-54 所示。

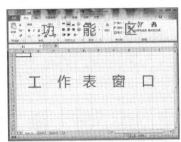
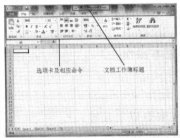
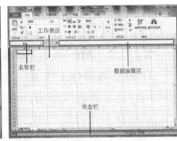

图 7-54　Excel 窗口

（3）工作簿、工作表和单元格

1）工作簿

工作簿是一个 Excel 文件（其扩展名为.xlsx）。工作簿最多可以含有 255 个工作表。启动 Excel 后，默认有 3 个工作表：Sheet1、Sheet2 和 Sheet3。

2）工作表

工作表是一个表格，可以含有多行多列单元格；每个工作表有一个标签，工作表标签是工作表的名字，单击工作表标签，则其就成为当前工作表，即可对其进行编辑操作。

3）单元格

单元格是表格数据的基本存储单位，每个单元格都有一个地址，由"行号"和"列标"组成；行号用数字标记，列标用字母标记，例如，"G8"单元格表示第 8 行第 7 列的单元格。

Excel 2010 水平方向的单元格最多为 16384 个，垂直方向的单元格最多为 1048576 个。

4）当前单元格

当前单元格是指正在进行编辑操作的单元格。单元格指针移到某单元格，则该单元格就成为当前单元格。当前单元格的地址显示在名称框中，而当前单元格的内容同时显示在当前单元格和数据编辑区中。

用鼠标单击一个单元格，该单元格被选定成为当前（活动）单元格，此时，当前单元格的框线变为粗黑线，粗黑框线称为单元格指针。

（4）退出 Excel

退出 Excel 的常见方法有如下几种：

方法一：单击功能区最右边的"关闭"按钮；

方法二：单击"文件"选项卡，选择"退出"命令；
方法三：单击功能区左端按钮，选择"关闭"命令；
方法四：Alt+F4键。

(5) 使用帮助

在使用Excel过程中，若遇到不了解的操作，可以求助于Excel的联机帮助功能。

3. Excel主要用途

(1) 创建数据表格：数据输入形成电子表格、数据导入形成电子表格
(2) 对工作表进行数据库操作：排序、筛选、分类汇总
(3) 实现复杂计算：利用公式实现计算、利用函数实现计算
(4) 建立各种统计图表：直观显示数据间的关系
(5) 其他功能：数据共享、Internet功能

7.2.2.2 Microsoft Excel基本操作

1. 建立与保存工作簿

(1) 建立新的工作簿

建立新工作簿的常用方法主要有以下几种：

方法一：启动Excel系统自动新建空白工作簿，用户可以在保存工作簿时重新命名；
方法二：单击"文件"选项卡下的"新建"命令，在"可用模板"下，双击"空白工作簿"；
方法三：按Ctrl+N可快速新建空白工作簿。

(2) 保存工作簿

可选择以下方法保存工作簿：

方法一：单击"文件"选项卡下的"保存"或"另存为"命令，在此，可以重新命名工作簿及选择存放文件夹；
方法二：单击功能区的"保存"按钮；硬盘是目前计算机最主要的外部存储设备。

2. 输入和编辑工作表数据

(1) 输入数据

Excel工作表可以输入的数据类型包括：文本、数值、日期和时间、逻辑值等。

Excel数据输入和编辑须先选定某单元格使其成为当前单元格，输入和编辑数据要在当前单元格中进行，也可以在数据编辑区进行。

利用用"数据有效性"功能可以控制单元格可接受的数据类型和数值范围。具体操作是利用"数据"选项卡的"数据工具"命令组。

(2) 删除或修改单元格内容

1) 删除单元格内容

删除单元格内容的操作步骤如下：

① 选定要删除内容的单元格，或按住Ctrl键拖动鼠标选取要删除内容的单元格区域，或单击行或列的标题选取要删除内容的整行或整列；

② 按Delete键可删除，可删除单元格内容。

注意：使用Delete键删除单元格内容时，只有数据从单元格中被删除，单元格的其他属性，如格式等仍然保留。

2）修改单元格内容

修改单元格内容的操作步骤如下：

① 单击单元格，输入数据后按 Enter 键即完成单元格内容的修改；

② 单击单元格，然后单击数据编辑区，在编辑区内修改或编辑内容。

（3）移动或复制单元格内容

1）使用选项卡命令移动或复制单元格内容

操作步骤如下：

① 选定需要被复制或移动的单元格区域

② 单击"开始/剪贴板"命令组中的"复制"或"剪切"按钮，或单击鼠标右键，执行"复制"或"剪切"命令

③ 单击目标位置，单击剪贴板命令组的"粘贴"按钮，或单击右键，选择"粘贴选项"下的相应按钮。

④ 反复执行③，可复制多次。

2）使用鼠标拖动移动或复制单元格内容

移动和复制单元格内容的操作步骤如下：

① 选定需要被复制或移动的单元格区域，将鼠标指针指向选定区域的边框上；

② 当指针变成十字箭头"✧"形状时，按住鼠标左键拖动鼠标到目标位置，可移动单元格内容和格式等。

③ 在拖动鼠标的同时按住 Ctrl 键到目标位置，先松开鼠标，后松开 Ctrl 键，可复制单元格内容和格式等。

3）复制单元格中特定内容

移动和复制单元格内容的操作步骤如下：

① 选定需要被复制的单元格区域；单击"开始/剪贴板/复制"命令；

② 选择"剪贴板"命令组的"粘贴"命令，或单击右键，可出现"选择性粘贴"选项；

③ 或者利用"选择性粘贴"对话框，如图 7-55 所示，也可复制单元格中特定内容。

（4）自动填充单元格数据序列

1）利用填充柄填充数据序列

当在工作表中选择一个单元格或单元格区域后，在右下角会出现一个控制柄，当光标移动至控制柄时会出现"＋"形状填充柄，拖动"填充柄"，可以实现快速自动填充。

利用填充柄不仅可以填充相同的数据，还可以填充有规律的数据。

2）利用对话框填充数据序列

① 方式一：

利用"开始"选项卡"编辑"命令组内的"填充"命令填充数据序列时，可进行已定义序列的自动填充，包括数值、日期和文本等类型。

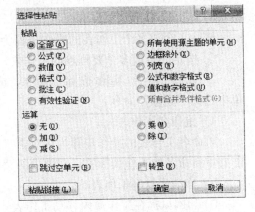

图 7-55 "选择性粘贴"对话框

首先在需填充数据序列的单元格区域开始处第一个单元格输入序列的第一个数值（等比或等差数列）值或文字（文本序列），然后选定这个单元格或单元格区域，再执行"填充"命令下的"系列"选项对应的"序列"对话框。

② 方式二

利用"自定义序列"对话框填充数据序列，可自己定义要填充的序列。

首先选择"文件"选项卡下的"选项"命令，打开"Excel 选项"对话框，单击左侧的"高级"选项，在"常规"栏目下点击并打开"编辑自定义序列"对话框中；选择"自定义序列"标签所对应的选项卡，在右侧"输入序列"下输入用户自定义的数据序列，单击"添加"和"确定"按钮即可；或利用右下方的折叠按钮，选中工作表中已定义的数据序列，按"导入"按钮即可。

3. 使用工作表和单元格

（1）使用工作表

1）选定工作表

① 选定一个工作表：单击工作表的标签，选定该工作表，该工作表成为当前活动工作表（放弃在这之前选定的工作表）。

② 选定相邻的多个工作表：单击第一个工作表的标签，按 Shift 键的同时单击最后一个工作表的标签。

③ 选定不相邻的多个工作表：按 Ctrl 键的同时单击要选定的工作表标签。

④ 选定全部工作表：鼠标右键单击工作表标签，选择"选定全部工作表"。

注意：如果同时选定了多个工作表，则对当前工作表的编辑操作会作用到其他被选定的工作表。例如，在当前工作表的某个单元格输入了数据，或者进行了格式设置操作，相当于对所有选定工作表同样位置的单元格做同样的操作。

2）插入新工作表

允许一次插入一个或多个工作表，操作步骤为：

① 选定一个或多个工作表标签。

② 单击鼠标右键，在弹出的菜单中选择"插入"命令，即可插入与所选定数量相同的新工作表。

Excel 默认在选定的工作表左侧插入新的工作表。

3）删除工作表

删除一个或多个工作表的操作步骤为：

① 选定一个或多个要删除的工作表。

② 选择"开始/编辑/删除"命令，或鼠标右键单击选定的工作表标签，在弹出的菜单中选择"删除"命令。

4）重命名工作表

重命名工作表的操作步骤为：双击工作表标签，输入新的名字即可，或者鼠标右键单击要重新命名的工作表标签，在弹出的菜单中选择"重命名"命令，输入新的名字即可。

5）移动或复制工作表

① 利用鼠标在工作簿内移动工作表

在工作簿内移动工作表的操作是：

a. 选定要移动的一个或多个工作表标签;

b. 鼠标指针指向要移动的工作表标签,按住鼠标左键沿标签向左或右拖动工作表标签的同时会出现黑色小箭头,当黑色小箭头指向要移动到的目标位置时,放开鼠标按键,完成移动工作表。

② 利用鼠标在工作簿内复制工作表

在工作簿内复制工作表的操作是:

a. 选定要移动的一个或多个工作表标签;

b. 鼠标指针指向要移动的工作表标签,同时按住 Ctrl 键和鼠标左键,沿标签向左或右拖动工作表标签时会出现黑色小箭头,当黑色小箭头指向要移动到的目标位置时,放开鼠标按键,完成复制工作表。

③ 利用对话框在不同的工作簿之间移动或复制工作表

利用"移动或复制工作表"对话框,可以实现一个工作簿内工作表的移动或复制,也可以实现不同的工作簿之间工作表的移动或复制。

具体操作是:

a. 在一个 Excel 应用程序窗口下,分别打开源工作簿和目标工作簿,并使源工作簿成为当前工作簿。

b. 在当前工作簿中选定要"复制或移动"的一个或多个"工作表标签"。

c. 单击鼠标右键,在弹出的菜单中选择"移动或复制工作表"命令,弹出"移动或复制工作表"对话框。如图 7-56 所示。

d. 在"工作簿"下拉列表框中选择要"复制或移动"到的目标工作簿。

e. 在"下列选定工作表之前"下拉列表框中选择要插入的位置。

f. 如果移动工作表,清除"建立副本"选项;如果复制工作表,选中"建立副本"选项。

g. 单击"确定"按钮即可完成工作表移动或复制到目标工作簿。

6) 拆分和冻结工作表窗口

① 拆分窗口

一个工作表窗口可以拆分为"两个窗口"或"四个窗口",如图 7-57 所示,分隔条将窗格拆分为四个窗格。窗口拆分后,可同时浏览一个较大工作表的不同部分。

图 7-56 复制或移动工作表对话框

拆分窗口的具体操作是:

方法一:鼠标指针指向水平(或垂直)滚动条上的"拆分条",当鼠标指针变成"双箭头"为"⇼"(或"⵲")时,沿箭头方向拖动鼠标到适当的位置,放开鼠标即可。拖动分隔条,可以调整分隔后窗格的大小。

方法二:鼠标单击要拆分的行或列的位置,单击"视图"选项卡内窗口命令组的"拆分"命令,一个窗口被拆分为二个窗格。

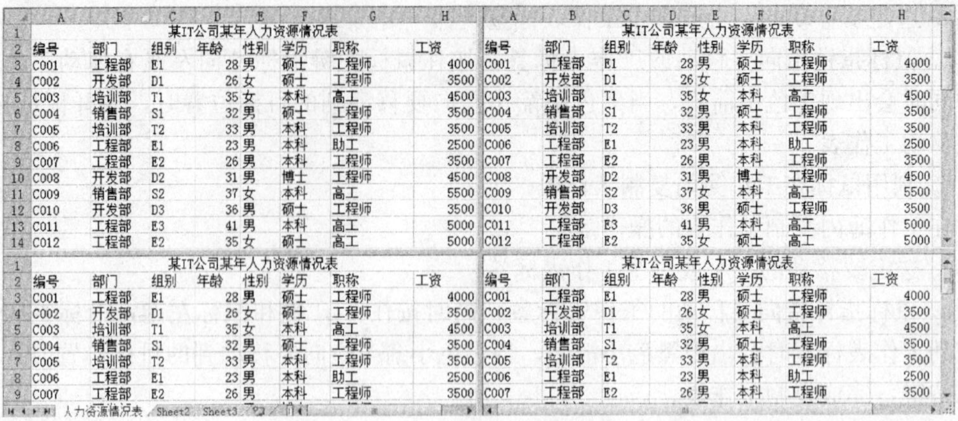

图 7-57 "拆分"窗口

② 取消拆分

将拆分条拖回到原点位置，或单击"视图"选项卡内"窗口"命令组的"拆分"命令，即可取消拆分窗口。

③ 冻结窗口

冻结前 N 行的方法：

a. 选定第 N+1 行；

b. 选择"视图"选项卡的"窗口"命令组，单击"冻结窗口"命令下的"冻结拆分窗口"。

冻结前 N 列的方法：

a. 选定第 N+1 列；

b. 选择"视图"选项卡的"窗口"命令组，单击"冻结窗口"命令下的"冻结拆分窗口"。

④ 取消冻结

单击"视图/窗口/取消冻结"命令可取消冻结。

7）设置工作表标签颜色

设置工作表标签颜色的操作步骤如下：

① 选定工作表；

② 单击鼠标右键，在弹出的菜单中选择"工作表标签颜色"，即可设置工作表标签颜色。

（2）使用单元格

1）选定单元格

选定单元格的操作步骤为：

方法一：鼠标指针移至需选定的单元格上，单击鼠标左键，该单元格即被选定为当前单元格；

方法二：在单元格名称栏输入单元格地址，单元格指针可直接定位到该单元格。如：D56。

2）选定一个单元格区域

选定一个单元格区域的操作步骤为：

方法一：鼠标左键单击要选定单元格区域左上角的单元格，按住鼠标左键并拖动鼠标到区域的右下角单元格，然后放开鼠标左键即选中单元格区域。

方法二：鼠标左键单击要选定单元格区域左上角的单元格，按住 Shift 键的同时单击右下角的单元格即选中单元格区域。

3) 选定不相邻的单元格区域

选定不相邻的单元格的操作步骤为：单击并拖动鼠标选定第一个单元格区域之后按住 Ctrl 键，使用鼠标选定其他单元格区域即可。

另外，单击工作表行号可以选中整行；单击工作表列标可以选中整列；单击工作表左上角行号和列标处（即全选按钮）可以选中整个工作表。按住 Ctrl 键，再单击工作表其他行号或列标，可以选中不相邻的行或列。

4) 插入行、列与单元格

插入行、列与单元格的操作步骤为：单击"开始"选项卡"单元格"命令组的"插入"命令，选择其下的"单元格"/"行"/"列"可进行、列与单元格的插入，选择的行数或列数即是插入的行数或列数。

5) 删除行、列与单元格

删除行、列与单元格的操作步骤为：

① 选定要删除的行或列或单元格；

② 单击"开始/单元格/删除"命令，即可完成行或列或单元格的删除。此时，单元格的内容和单元格将一起从工作表中消失，其位置由周围的单元格补充。

注意：若选定行、列或单元格后，按 Delete 键，将仅删除单元格的内容，空白单元格或行或列仍保留在工作表中。

6) 命名单元格

为了使工作表的结构更加清晰，可为单元格命名。具体操作为：

① 选定要命名的单元格

② 在名称框中（位于"数据编辑区"左侧）键入需命名的名称即可。

7) 批注

① 添加批注

为了使工作表的结构更加清晰，可为单元格命名。具体操作为：

a. 选定要添加批注的单元格；

b. 选择"审阅/批注"命令，或单击鼠标右键选择"插入批注"命令。

c. 在弹出的批注框中输入批注文字。

7.2.2.3 Microsoft Excel 格式化工作表

1. 设置单元格格式

（1）设置数字格式

利用"单元格格式"对话框中"数字"标签下的选项卡，可以改变数字（包括日期）在单元格中的显示形式，但是不改变在编辑区的显示形式。

数字格式的分类主要有：常规、数值、分数、日期和时间、货币、会计专用、百分比、科学记数、文本和自定义等。

(2) 设置对齐和字体方式

利用"单元格格式"对话框中"对齐"标签下的选项卡，可以设置单元格中内容的水平对齐、垂直对齐和文本方向，还可以完成相邻单元格的合并，合并后只有选定区域左上角的内容放到合并后的单元格中。

如果要取消合并单元格，则选定已合并的单元格，清除"对齐"标签选项卡下的"合并单元格"复选框即可。利用"单元格格式"对话框中"字体"标签下的选项卡，可以设置单元格内容的字体、颜色、下划线和特殊效果等。

(3) 设置单元格边框

利用"单元格格式"对话框中"边框"标签下的选项卡，可以利用"预置"选项组为单元格或单元格区域设置"外边框"和"边框"；利用"边框"样式为单元格设置上边框、下边框、左边框、右边框和斜线等；还可以设置边框的线条样式和颜色。

如果要取消已设置的边框，选择"预置"选项组中的"无"即可。

(4) 设置单元格颜色

利用"单元格格式"对话框中"填充"标签下的选项卡，可以设置突出显示某些单元格或单元格区域，为这些单元格设置背景色和图案。

选择"开始"选项卡的"对齐方式"命令组、"数字"命令组内的命令可快速完成某些单元格格式化工作。

2. 设置列宽和行高

(1) 设置列宽

① 使用鼠标粗略设置列宽

将鼠标指针指向要改变列宽的列标之间的分隔线上，鼠标指针变成水平双向箭头形状，按住鼠标左键并拖动鼠标，直至将列宽调整到合适宽度，放开鼠标即可。

② 使用"列宽"命令精确设置列宽

选定需要调整列宽的区域，选择"开始"选项卡内的"单元格"命令组的"格式"命令，选择"列宽"对话框可精确设置列宽。

(2) 设置行高

① 使用鼠标粗略设置行高

将鼠标指针指向要改变行高的行号之间的分隔线上，鼠标指针变成垂直双向箭头形状，按住鼠标左键并拖动鼠标，直至将行高调整到合适高度，放开鼠标即可。

② 使用"行高"命令精确设置行高

选定需要调整行高的区域，选择"开始"选项卡内的"单元格"命令组的"格式"命令，选择"行高"对话框可精确设置行高。

3. 设置条件格式

条件格式可以对含有数值或其他内容的单元格，或者含有公式的单元格应用某种条件来决定数值的显示格式。

条件格式的设置是利用"开始"选项卡内的"样式"命令组完成的。

4. 使用样式

样式是单元格字体、字号、对齐、边框和图案等一个或多个设置特性的组合，将这样的组合加以命名和保存供用户使用。应用样式即应用样式名的所有格式设置。

样式包括内置样式和自定义样式。内置样式为 Excel 内部定义的样式，用户可以直接使用，包括常规、货币和百分数等等；自定义样式是用户根据需要自定义的组合设置，需定义样式名。

样式设置是利用"开始"选项卡内的"样式"命令组完成的。

5. 自动套用格式

自动套用格式是把 Excel 提供的显示格式自动套用到用户指定的单元格区域，可以使表格更加美观，易于浏览，主要有：简单、古典、会计序列和三维效果等格式。

自动套用格式是利用"开始"选项卡内的"样式"命令组完成的。

6. 使用模板

模板是含有特定格式的工作簿，其工作表结构也已经设置。

用户可以使用样本模板创建工作簿，具体操作是：

单击"文件"选项卡内的"新建"命令，在弹出的"新建"窗口中，单击"样本模板"，选择提供的模板建立工作簿文件。

7.2.2.4 Microsoft Excel 公式与函数

1. 自动计算

利用"公式"选项卡下的自动求和命令"Σ"或在状态栏上单击鼠标右键，无须公式即可自动计算一组数据的累加和、平均值、统计个数、求最大值和最小值等。

自动计算即可以计算相邻的数据区域，也可以计算不相邻的数据区域；即可以一次进行一个公式计算，也可以一次进行多个公式计算。

2. 输入公式

(1) 公式的形式

公式的一般形式为：＝＜表达式＞。

表达式可以是算术表达式、关系表达式和字符串表达式等，表达式可由运算符、常量、单元格地址、函数及括号等组成，但不能含有空格，公式中＜表达式＞前面必须有"＝"号。

(2) 运算符

Excel 常用运算符见表 7-5。

常用运算符 表 7-5

运算符	功　能	举例
－	负号	－6，－B1
％	百分数	5％
^	乘方	6^2（即 6^2）
*，/	乘、除	6*7
＋，－	加、减	7＋7
&	字符串连接	"China" & "2008"（即 China2008）
＝，<>	等于，不等于	6＝4 的值为假，6<>3 的值为真
>，>＝	大于，大于等于	6>4 的值为真，6>＝3 的值为真
<，<＝	小于，小于等于	6<4 的值为假，6<＝3 的值为假

(3) 公式的输入

选定要放置计算结果的单元格后，公式的输入可以在数据编辑区中进行，也可以双击该单元格在单元格中进行。在数据编辑区输入公式时，单元格地址可以通过键盘输入，也可以直接单击该单元格，单元格地址即自动显示在数据编辑区。

输入后的公式可以进行编辑和修改，，还可以将公式复制到其他单元格。公式计算通常需要引用单元格或单元格区域的内容，这种引用是通过使用单元格的地址来实现的。

3. 复制公式

(1) 公式复制的方法

方法一：选定含有公式的被复制公式单元格，单击鼠标右键，在弹出的菜单中选择"复制"命令，鼠标移至复制目标单元格，单击鼠标右键，在弹出的菜单中选择粘贴公式命令，即可完成公式复制。

方法二：选定含有公式的被复制公式单元格，拖动单元格的自动填充柄，可完成相邻单元格公式的复制。

(2) 单元格地址的引用

① 相对地址

相对地址的形式为：D3，A8等，表示在单元格中当含有该地址的公式被复制到目标单元格时，公式不是照搬原来单元格的内容，而是根据公式原来位置和复制到的目标位置推算出公式中单元格地址相对原位置的变化，使用变化后的单元格地址的内容进行计算。

② 绝对地址

绝对地址的形式为：$D$3，$A$8等，表示在单元格中当含有该地址的公式无论被复制哪个单元格，公式永远是照搬原来单元格的内容。

例如：D1单元格中公式"=（$A$1+$B$1+$C$1）/3"，复制到E3单元格公式仍然为"=（$A$1+$B$1+$C$1）/3"，公式中单元格引用地址也不变。

③ 混合地址

混合地址的形式为：D$3，$A8等，表示在单元格中当含有该地址的公式被复制到目标单元格，相对部分会根据公式原来位置和复制到的目标位置推算出公式中单元格地址相对原位置的变化，而绝对部分地址永远不变，之后，使用变化后的单元格地址的内容进行计算。

例如：D1单元格中公式"=（$A1+B$1+C1）/3"复制到E3单元格，公式为"=（$A3+C$1+D3）/3"。

④ 跨工作表的单元格地址引用

单元格地址的一般形式为：

［工作簿文件名］工作表名！单元格地址。

在引用当前工作簿的各工作表单元格地址时，当前"［工作簿文件名］"可以省略，引用当前工作表单元格的地址时"工作表名！"可以省略。

例如，单元格F4中的公式为："=（C4+D4+E4）*Sheet2！B1"，其中"Sheet2！B1"表示当前工作簿Sheet2工作表中的B1单元格地址，而C4表示当前工作表C4单元格地址。

4. 函数应用

(1) 函数形式

函数一般由函数名和参数组成，形式为：

函数名（参数表）

其中：函数名由 Excel 提供，函数名中的大小写字母等价，参数表由用逗号分隔的参数 1、参数 2……参数 N（N≤30）构成，参数可以是常数、单元格地址、单元格区域、单元格区域名称或函数等。

(2) 函数引用

若要在某个单元格输入公式："＝AVERAGE（A2：A10）"，可以采用如下方法：

方法一：直接在单元格中输入公式："＝AVERAGE（A2：A10）"；

方法二：利用"公式"选项卡下的"插入函数"命令。

(3) Excel 函数

Excel 的函数很多，分为若干类，每一类中又有若干个。常用的 Excel 函数类别有：常用类函数、统计类函数、查找与引用类函数、日期与时间类函数、数学与三角函数类、逻辑类函数。

(4) 关于错误信息

单元格输入或编辑公式后，有时会出现诸如♯♯♯♯！或♯VALUE！的错误信息，错误值一般以"♯"符号开头，出现错误值有以下几种原因，如表 7-6 所示。

Excel 函数错误值表 表 7-6

错误值	错误值出现原因	例子
♯DIV/0!	被除数为 0	例如 3/0
♯N/A	引用了无法使用的数值	例如 HLOOKUP 函数的第 1 个参数对应的单元格为空
♯NAME?	不能识别的名字	例如＝sun（a1：a4）
♯NULL!	交集为空	例如＝sum（a1：a3　b1：b3）
♯NUM!	数据类型不正确	例如＝sqrt（－4）
♯REF!	引用无效单元格	例如引用的单元格被删除
♯VALUE!	不正确的参数或运算符	例如＝1＋"a"
♯♯♯♯♯	宽度不够，加宽即可	

7.2.2.5 Microsoft Excel 图表

1. 图表的基本概念

(1) 图表类型

Excel 提供了标准图表类型。每一种图表类型又分为多个子类型，可以根据需要的不同，选择不同的图表类型表现数据。

常用的图表类型有：柱形图、条形图、折线图、饼图、面积图、XY 散点图、圆环图、股价图、曲面图、圆柱图、圆锥图和棱锥图等（每种图表类型的功用请查看图表向导）。

(2) 图表的构成

Excel 图表的构成如图 7-58 所示。

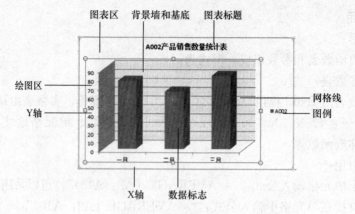

图 7-58 图表的构成

2. 创建图表

(1) 嵌入式图表与独立图表

嵌入式图表：指图表作为一个对象与其相关的工作表数据存放在同一工作表中。

独立图表：以一个工作表的形式插在工作簿中。在打印输出时，独立工作表占一个页面。

嵌入式图表与独立图表的创建操作基本相同，主要利用插入"选项卡"下的"图表"命令组完成。区别在于它们存放的位置不同。

(2) 创建图表的方法

1) 利用选项卡下的命令建立嵌入式图表和独立图表

【例题 7-1】 在"销售单"工作表中，选取 A2：A6 和 C2：D6 单元格区域数据建立"簇状圆柱图"，以型号为 X 轴上的项，统计某型号产品每个月销售数量，图表标题为"销售数量统计图"，图例位置为顶部，将图插入到该工作表的 A8：G17 单元格区域内。

创建图表步骤如下：

① 选定"销售单"工作表 A2：A6 和 C2：D6 单元格区域，如图 7-59 所示；

② 执行"插入/图表/柱形图"命令，选择"簇状圆柱图"，如图 7-60 所示；

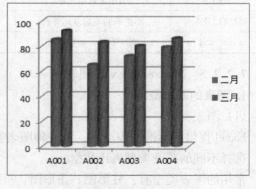

图 7-59 选定单元格区域　　　　图 7-60 簇状柱形图之一

③ 利用"图表工具/设计/图表样式"命令组可改变图表图形颜色，如图 7-61 所示；利用"设计/图表布局"命令组可改变图表布局，如图 7-62 所示。

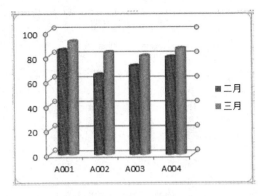

图 7-61 簇状柱形图之二

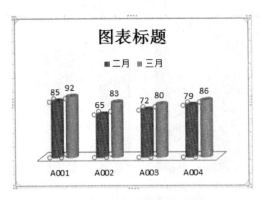

图 7-62 簇状柱形图之三

④ 单击绘图区,选择"布局/标签"命令组,使用"图表标题"命令和"图例"命令,可完成图表标题为"销售数量统计图",图例位置为顶部操作,如图 7-63 所示。

⑤ 调整大小,将其插入到 A8:G17 单元格区域内。如图 7-64 所示。

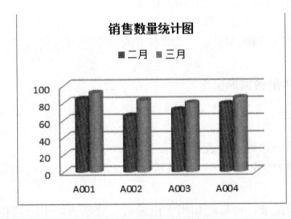

图 7-63 簇状柱形图之四

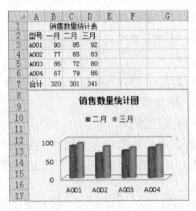

图 7-64 插入图表后的工作表

2) 利用"自动绘图"建立"独立图表"

以【例题 7-2】为例,利用"自动绘图""独立图表"步骤为:选定要绘图的数据区域,按 F11 键即可,结果如图 7-65 所示。

3. 编辑和修改图表

(1) 修改图表类型

① 向图表中添加源数据

选中绘图区,右击鼠标,在弹出的菜单中选择"更改图表类型"命令,修改图表类型为"簇状棱锥图",结果如图 7-66 所示。也可以利用"图表工具"选项卡下的"类型"命令组中的"更改图表类型"命令来完成。

② 删除图表中的数据

如果要同时删除工作表和图表中的数据,只要删除工作表中的数据,图表将会自动更新。

如果只从图表中删除数据,在图表上单击所要删除的图表系列,按 Delete 键即可完成。

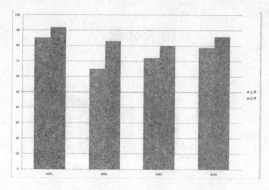
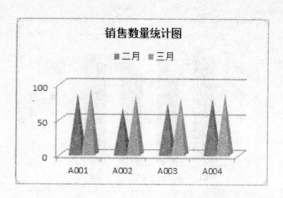

图 7-65　自动绘图建立的独立图表　　　　图 7-66　修改"图表类型"后的图表

利用"选择源数据"对话框的"图例项（系列）"标签选项卡中的"删除"按钮也可以进行图表数据删除。

4. 修饰图表

图表建立完成后，可以对图表进行修饰，更好地表现工作表。

利用"图表选项"对话框可以对图表进行设置和修饰。

利用"图表工具"选项卡下的"布局"和"格式"选项卡下的命令也可以完成对图表的修饰。

7.2.2.6　Microsoft Excel 工作表中的数据库操作

1. 建立数据清单

（1）数据清单

数据清单是指包含一组相关数据的一系列工作表数据行。

Excel 允许采用数据库管理的方式管理数据清单。数据清单由标题行（表头）和数据部分组成。

数据清单中的行相当于数据库中的记录，行标题相当于记录名；数据清单中的列相当于数据库中的字段，列标题相当于字段名。

（2）为单元格增加批注

【例题 7-3】　向图 7-67 某公司人员情况表数据清单中 G9 单元格的数据增加一条批注，内容为"应用数学专业本科，计算机科学与技术专业硕士、博士"。

选择 G9 单元格，单击鼠标右键，在弹出的菜单中选择"插入批注"命令，输入相应内容，即可完成，如图 7-67 所示。

2. 数据排序

（1）利用"数据"选项卡下的升、降序按钮

【例题 7-4】　对工作表中"某公司人员情况"数据清单的内容按主要关键字"年龄"的递减次序进行排序。

① 选定数据清单 E2 单元格（年龄）。

② 选择"数据/排序与筛选"命令组，选中"年龄"列，单击降序按钮，即可完成排序，如图 7-68 所示。

（2）利用"数据/排序与筛选/排序"命令

【例题 7-5】　对工作表中"某公司人员情况"数据清单的内容按照主要关键字"部门"

7	6 W006	工程部	E1	23	男	本科	助工	2500
8	7 W007	工程部	E2	26	男	本科		
9	8 W008	开发部	D2	31	男	博士		
10	9 W009	销售部	S2	37	女	本科		
11	10 W010	开发部	D3	36	男	硕士		
12	11 W011	工程部	E3	41	男	本科		
13	12 W012	工程部	E2	35	女	硕士	高工	5000

yu:
应用数学专业本科
计算机科学与技术专业
硕士、博士

图 7-67　为 G9 单元格加入批注后的数据清单

	A	B	C	D	E	F	G	H	I
1	序号	职工号	部门	组别	年龄	性别	学历	职称	基本工资
2	9	W009	销售部	S2	37	女	本科	高工	5500
3	10	W010	开发部	D3	36	男	硕士	工程师	3500
4	3	W003	培训部	T1	35	女	本科	高工	4500
5	5	W005	培训部	T2	33	男	本科	工程师	3500
6	4	W004	销售部	S1	32	男	硕士	工程师	3500
7	8	W008	开发部	D2	31	男	博士	工程师	4500
8	1	W001	工程部	E1	28	男	硕士	工程师	4000
9	2	W002	开发部	D1	26	女	硕士	工程师	3500
10	7	W007	工程部	E2	26	男	本科	工程师	3500
11	6	W006	工程部	E1	23	男	本科	助工	2500

图 7-68　利用工具栏按钮排序后的数据清单

的递增次序和次要关键字"组别"的递减次序进行排序。

① 选定数据清单区域，选择"数据/排序与筛选/排序"命令，弹出"排序"对话框。

② 在"主要关键字"下拉列表框中选择"部门"，选中"升序"，单击"添加条件"命令，在新增的"次要关键字"中，选择"组别"列，选中"降序"次序，如图 7-69 所示，单击"确定"按钮即可。

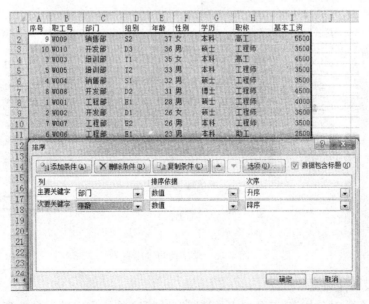

图 7-69　利用排序对话框进行排序

(3) 自定义排序

如果用户对数据的排序有特殊要求，可以利用图 7-69 所示"排序"对话框内"次序"下拉菜单下的"自定义序列"选项所弹出的对话框来完成。

用户可以不按字母或数值等常规排序方式，根据需求自行设置。

(4) 排序数据区域选择

Excel 允许对全部数据区域和部分数据区域进行排序。

如果选定的数据区域包含所有的列，则对所有数据区域进行排序，如果所选的数据区域没有包含所有的列，则仅对已选定的数据区域排序，未选定的数据区域不变（有可能引起数据错误）。

可以利用"数据/排序与筛选/排序/选项"命令和"排序选项"对话框，选择是否区分大小写、排序方向、排序方法等。

(5) 恢复排序

如果希望将已经过多次排序的数据清单恢复到排序前的状况，可以在数据清单中设置"记录号"字段，内容为顺序数字 1、2、3、4……，无论何时，只要按"记录号"字段升序排列即可恢复为排序前的数据清单。

3. 数据筛选

(1) 自动筛选

1) 单字段条件筛选

【例题 7-6】 对工作表"某公司人员情况"数据清单的内容进行自动筛选，条件为：职称为高工。

① 选定数据清单区域，选择"数据/排序与筛选/筛选"命令，此时，工作表中数据清单的列标题全部变成下拉列表框。

② 打开"职称"下拉列表框，用鼠标选中"高工"，如图 7-70 所示，单击"确定"按钮即可。

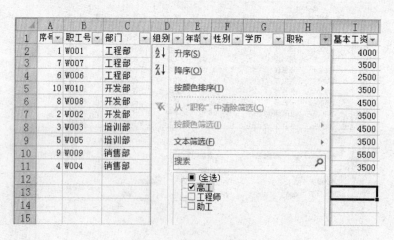

图 7-70 单字段自动筛选

2) 多字段条件筛选

【例题 7-7】 对工作表"某公司人员情况"数据清单的内容进行自动筛选，须同时满足两个条件,条件 1 为:年龄大于等于 25 并且小于等于 40;条件 2 为:学历为硕士或博士。

① 以单字段条件筛选方式,筛选出满足条件 1 的数据记录。

② 在条件 1 筛选出的数据清单内,以单字段条件筛选方式,筛选出满足条件 2 的数据记录,见图 7-71。

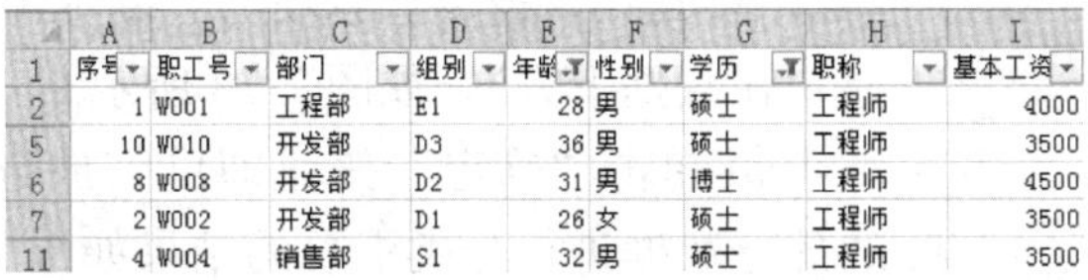

图 7-71 筛选结果

3)取消筛选

选择"数据/排序与筛选/组的"清除"命令,或在筛选对象的下拉列表框中,选择"全选"即可取消筛选,恢复所有数据。

(2)高级筛选

Excel 的高级筛选方式主要用于多字段条件的筛选。

使用高级筛选必须先建立一个条件区域,用来编辑筛选条件。

条件区域的第一行是所有作为筛选条件的字段名,这些字段名必须与数据清单中的字段名完全一样。条件区域的其他行输入筛选条件,"与"关系的条件必须出现在同一行内,"或"关系的条件不能出现在同一行内。条件区域与数据清单区域不能连接,须用空行隔开。

【例题 7-8】 对工作表"某公司人员情况"数据清单的内容进行高级筛选,须同时满足两个条件,条件 1 为:年龄大于等于 25 并且小于等于 40;条件 2 为:学历为硕士或博士。

① 在工作表的第一行前插入四行作为高级筛选的条件区域;

② 在条件区域(A1:D3)区域输入筛选条件,选择工作表的数据清单区域;

③ 选择"数据/排序与筛选/高级"命令,弹出"高级筛选"对话框,选择"在原有区域显示筛选结果"或"将筛选结果复制到其他位置",利用下拉按钮确定列表区域(数据清单区域)和条件区域(筛选条件区域)单击"确定"按钮即可完成高级筛选,如图 7-72所示。

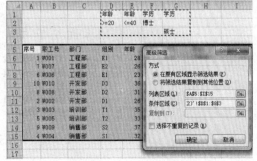

图 7-72 进行高级筛选

4. 数据分类汇总

(1)创建分类汇总

利用"数据"选项卡下的"分级显示"命令组的"分类汇总"命令可以创建分类汇总。

【例题 7-9】 对工作表"某公司人员情况"数据清单的内容进行分类汇总,汇总计算各部门基本工资的平均值(分类字段为"部门",汇总方式为"平均值",汇总项为"基本

图 7-73 利用"分类汇总"对话框进行分类汇总

工资"),汇总结果显示在数据下方。

① 按主要关键字"部门"的递增或递减次序对数据清单进行排序。

② 选择"数据/分级显示/分类汇总"命令,在弹出的"分类汇总"对话框中,选择分类字段为"部门",汇总方式为"平均值",选定汇总项为"基本工资",选中"汇总结果显示在数据下方",如图 7-73 所示。

③ 单击"确定"按钮即可完成分类汇总,对数据清单的部分数据进行分类汇总的结果如图 7-74 所示。

(2) 删除分类汇总

如果要删除已经创建的分类汇总,可在"分类汇总"对话框中单击"全部删除"按钮即可。

(3) 隐藏分类汇总数据

单击工作表左边列表树的"-"号可以隐藏该部门的数据记录,只留下该部门的汇总信息,此时,"-"号变成"+"号;单击"+"号时,即可将隐藏的数据记录信息显示出来,如图 7-75 所示。

	A	B	C	D	E	F	G	H	I
1	序号	职工号	部门	组别	年龄	性别	学历	职称	基本工资
2	1	W001	工程部	E1	28	男	硕士	工程师	4000
3	7	W007	工程部	E2	26	男	本科	工程师	3500
4	6	W006	工程部	E1	23	男	本科	助工	2500
5			工程部 平均值						3333.3333
6	10	W010	开发部	D3	36	男	硕士	工程师	3500
7	8	W008	开发部	D2	31	男	博士	高工	4500
8	2	W002	开发部	D1	26	女	硕士	工程师	3500
9			开发部 平均值						3833.3333
10	3	W003	培训部	T1	35	女	本科	高工	4500
11	5	W005	培训部	T2	33	男	本科	工程师	3500
12			培训部 平均值						4000
13	9	W009	销售部	S2	37	女	本科	高工	5500
14	4	W004	销售部	S1	32	男	硕士	工程师	3500
15			销售部 平均值						4500
16			总计平均值						3850

图 7-74 进行分类汇总后的工作表

	A	B	C	D	E	F	G	H	I
1	序号	职工号	部门	组别	年龄	性别	学历	职称	基本工资
5			工程部 平均值						3333.3333
9			开发部 平均值						3833.3333
12			培训部 平均值						4000
15			销售部 平均值						4500
16			总计平均值						3850

图 7-75 隐藏分类汇总后的工作表

5. 数据合并

数据合并可以把来自不同源数据区域的数据进行汇总,并进行合并计算。不同数据源区包括同一工作表中、同一工作簿的不同工作表中、不同工作簿中的数据区域。

数据合并是通过建立合并表的方式来进行的。

利用“数据/数据工具”命令组的命令可以完成“数据合并”、“数据有效性”、“模拟分析”等功能。

【例题 7-10】 如图7-76 所示，现有在同一工作簿中的“1 分店“和“2 分店”4 种型号的产品一月、二月、三月的“销售量统计表”数据清单，位于工作表“销售单 1”和“销售单 2”中。现需新建工作表，计算出两个分店 4 种型号的产品一月、二月、三月每月销售量总和。

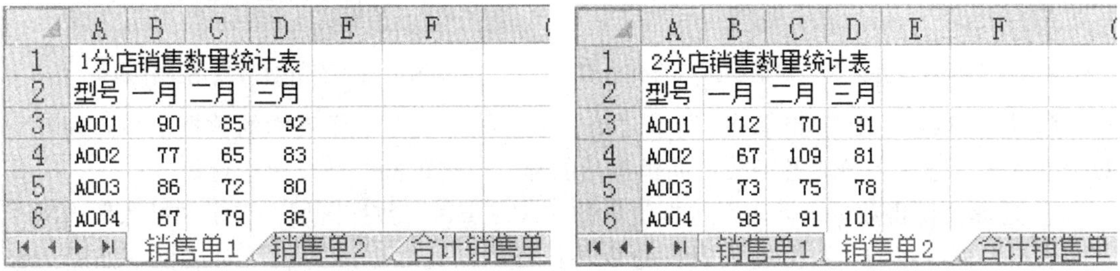

	A	B	C	D	E	F
1	1分店销售数量统计表					
2	型号	一月	二月	三月		
3	A001	90	85	92		
4	A002	77	65	83		
5	A003	86	72	80		
6	A004	67	79	86		

销售单1 / 销售单2 / 合计销售单

	A	B	C	D	E	F
1	2分店销售数量统计表					
2	型号	一月	二月	三月		
3	A001	112	70	91		
4	A002	67	109	81		
5	A003	73	75	78		
6	A004	98	91	101		

销售单1 / 销售单2 / 合计销售单

图 7-76 “销售单 1”工作表和“销售单 2”工作表”

① 在本工作簿中新建工作表“合计销售单”数据清单，数据清单字段名与源数据清单相同，第一列输入产品型号，选定用于存放合并计算结果的单元格区域 B3：D6，如图 7-77 所示。

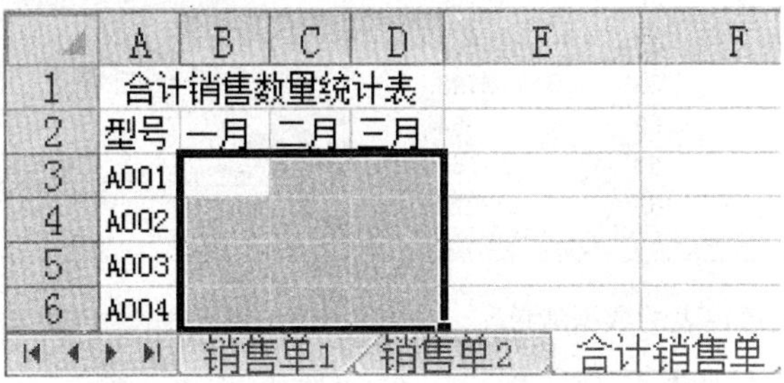

	A	B	C	D	E	F
1	合计销售数量统计表					
2	型号	一月	二月	三月		
3	A001					
4	A002					
5	A003					
6	A004					

销售单1 / 销售单2 / 合计销售单

图 7-77 选定合并后的工作表的数据区域

② 单击“数据/数据工具/合并计算”命令，弹出“合并计算”对话框，在“函数”下拉列表框中选择“求和”，在“引用位置”下拉按钮下选取“销售单 1”的 B3：D6 单元格区域，单击“添加”，再选取“销售单 2”的 B3：D6 单元格区域，（当单击“添加”时，选择“浏览”可以选取不同工作表或工作簿中的引用位置），选中“创建连至源数据的连接”（当源数据变化时，合并计算结果也随之变化），如图 7-78 所示，计算结果如图 7-79 所示。

③ 合并计算结果以分类汇总的方式显示，单击左侧的“＋”号，可以显示源数据信息。

6. 建立数据透视表

数据透视表从工作表的数据清单中提取信息，它可以对数据清单进行重新布局和分类汇总，还能立即计算出结果。在建立数据透视表时，须考虑如何汇总数据。

利用“插入”选项卡下“表格”命令组的命令可以完成数据透视表的建立。

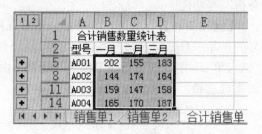

图 7-78　利用"合并计算"对话框进行合并计算　　图 7-79　合并计算后的工作表

【例题 7-11】　现有如图7-80所示"销售数量统计表"工作表中的数据清单,现建立数据透视表,显示各分店各型号产品销售量的和、总销售额的和以及汇总信息。

① 选择"销售数量统计表"数据清单的"A2：E10"数据区域,单击"插入"选项卡下"表格"命令组的"数据透视表"命令,打开"创建数据透视表"对话框,如图 7-81所示。

图 7-80　欲建立数据透视表的数据清单　　图 7-81　"创建数据透视表"对话框

② 在"创建数据透视表"对话框中,自动选中了"选择一个表或区域"对话框中(或通过"表/区域"切换按钮选定区域"Sheet1！＄A＄2：＄E＄10"),在"选择放置数据透视表的位置"选项下选择"现有工作表",通过切换按钮选择位置(从 A12 开始),单击"确定"按钮,弹出"数据透视表字段列表"对话框和未完成的数据透视表。

③ 在弹出的"数据透视表字段列表"对话框中,选定数据透视表的列表签、行标签和需要处理的方式；此时,在所选择放置数据透视表的位置处显示出完成的数据透视表,如图 7-82 所示。

13			型号				
14	经销店	数据	A001	A002	A003	A004	总计
15	1分店	求和项:销售量	267	271	226	290	1054
16		求和项:总销售额（元）	8811	12195	6554	18270	45830
17	2分店	求和项:销售量	273	257	232	304	1066
18		求和项:总销售额（元）	9009	11565	6728	19152	46454
19	求和项:销售量汇总		540	528	458	594	2120
20	求和项:总销售额（元）汇总		17820	23760	13282	37422	92284

图 7-82　完成的数据透视表

选中数据透视表，单击鼠标右键，可弹出"数据透视表选项"对话框，利用对话框的选项可以改变数据透视表布局和格式、汇总和筛选项以及显示方式等，如图7-83所示。

7.2.2.7 Microsoft Excel 打印工作表和超链接

1. 页面布局

（1）设置页面

选择"页面布局"选项卡下的"页面设置"命令组中的命令或单击"页面设置"命令组右下角的小按钮，利用弹出的"页面设置"对话框，可以进行页面的打印方向、缩放比例、纸张大小以及打印质量的设置。

（2）设置页边距

选择"页面设置"命令组的"页边距"命令，可以选择已经定义好的页边距，也可以利用"自定义边距"选项，利用弹出的"页面设置"对话框，如图7-84所示，设置页面中正文与页面边缘的距离，在"上"、"下"、"左"、"右"数值框中分别输入所需的页边距数值即可。

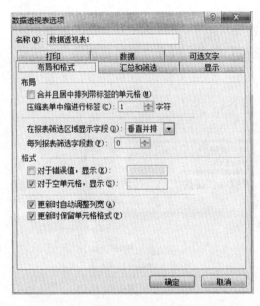
图7-83　"数据透视表选项"对话框

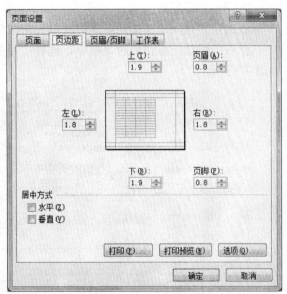
图7-84　"页面设置"对话框

（3）设置页眉和页脚

利用"页面设置"对话框的"页眉/页脚"标签，打开"页眉/页脚"选项卡，可以在"页眉"和"页脚"的下拉列表框中选择内置的页眉格式和页脚格式。

如果要自定义页眉或页脚，可以单击"自定义页眉"和"自定义页脚"按钮，在打开的对话框中完成所需的设置即可。

如果要删除页眉或页脚，选定要删除页眉或页脚的工作表，在"页眉/页脚"选项卡中，在"页眉"或"页脚"的下拉列表框中选择"无"即可。

（4）设置工作表

选择"页面设置"对话框的"工作表"标签，打开"工作表"选项卡，进行工作表的设置。

可以利用"打印区域"右侧的切换按钮选定打印区域；利用"打印标题"右侧的切换按钮选定行标题或列标题区域，为每页设置打印行或列标题；利用"打印"设置有否网格线、行号列标和批注等；利用"打印顺序"设置"先行后列"还是"先列后行"。

2. 打印预览

在打印之前，最好先进行打印预览观察打印效果，然后再打印，Excel 提供的"打印预览"功能在打印前能看到实际打印的效果。

打印预览功能是利用"页面设置"对话框的"工作表"标签下的"打印预览"命令实现的。

3. 打印

页面设置和打印预览完成后，即可以进行打印。

单击"文件/打印"命令，或"页面设置"对话框的"工作表"标签下的"打印"命令完成打印，在打印方式下仍可设置打印内容。

4. 工作表中的链接

（1）建立超链接

① 选定要建立超链接的单元格或单元格区域。

② 右击鼠标，在弹出的菜单中，选择"超链接"命令，打开"编辑超链接"对话框，如图 7-85 所示。

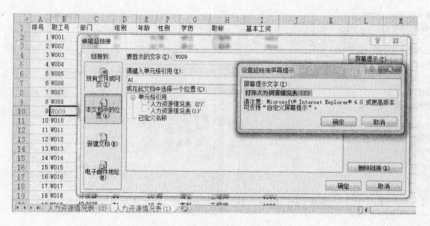

图 7-85　"编辑超链接"对话框

③ 在对话框内的"链接到"栏中，单击"本文档中的位置"（单击"现有文件或网页"可链接到其他工作簿中），在右侧的"请输入单元格引用"中输入要引用的单元格地址（如 A1），在"或在此文档中选择一个位置"处，选择"人力资源情况表（2）"；

④ 单击对话框右上角的"屏幕显示"，打开"设置超链接屏幕提示"对话框内输入信息，当鼠标指针放置在建立的超链接位置时，显示相应的提示信息，如"打开人力资源情况表（2），单击"确定"按钮即完成，如图 7-86 所示。

（2）建立数据链接

① 打开某工作表选择数据，单击"开始/剪贴板/复制"按钮，复制选择的数据。

② 打开欲关联的工作表，在工作表中指定的单元粘贴数据，在"粘贴选项"中，选择"粘贴链接"即可。

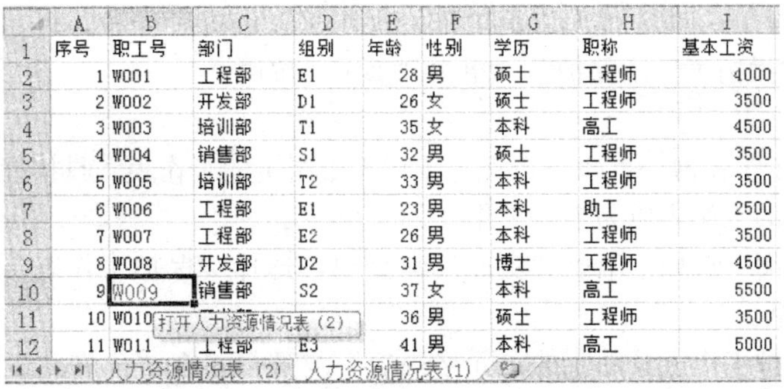

	A	B	C	D	E	F	G	H	I
1	序号	职工号	部门	组别	年龄	性别	学历	职称	基本工资
2	1	W001	工程部	E1	28	男	硕士	工程师	4000
3	2	W002	开发部	D1	26	女	硕士	工程师	3500
4	3	W003	培训部	T1	35	女	本科	高工	4500
5	4	W004	销售部	S1	32	男	硕士	工程师	3500
6	5	W005	培训部	T2	33	男	本科	工程师	3500
7	6	W006	工程部	E1	23	男	本科	助工	2500
8	7	W007	工程部	E2	26	男	本科	工程师	3500
9	8	W008	开发部	D2	31	男	博士	工程师	4500
10	9	W009	销售部	S2	37	女	本科	高工	5500
11	10	W010			36	男	硕士	工程师	3500
12	11	W011	工程部	E3	41	男	本科	高工	5000

图 7-86　显示超链接提示信息的工作表

7.2.2.8　Microsoft Excel 安全保护

1. 保护工作簿和工作表

（1）保护工作簿

工作簿的保护含两个方面：第一是保护工作簿，防止他人非法访问；第二是禁止他人对工作簿中工作表或工作簿的非法操作。

1）访问工作簿的权限保护

① 限制打开工作簿

a. 打开工作簿，执行“文件/另存为”命令，打开“另存为”对话框。

b. 单击“另存为”对话框“工具”的下拉列表框，并单击表中“常规选项”，出现“常规选项”对话框。

c. 在“常规选项”对话框的“打开权限密码”框中，输入密码，单击“确定”按钮后，要求用户再输入一次密码，以便确认。

d. 单击“确定”按钮，退到“另存为”对话框，再单击“保存”按钮即可。

② 限制修改工作簿

打开“常规选项”对话框，在“修改权限密码”框中，输入密码。

再次打开工作簿时，将出现“密码”对话框，输入正确的修改权限密码后才能对该工作簿进行修改操作。

③ 修改或取消密码

打开“常规选项”对话框，在“打开权限密码”编辑框中，如果要更改密码，请键入新密码并单击“确定”按钮；如果要取消密码，请按 Delete 键，删除打开权限密码，然后单击“确定”按钮。

2）对工作簿工作表和窗口的保护

如果不允许对工作簿中的工作表进行移动、删除、插入、隐藏、取消隐藏、重新命名；或禁止对工作簿窗口的移动、缩放、隐藏、取消隐藏等操作。可做如下设置：

① 执行“审阅/更改/保护工作簿”命令，出现“保护工作簿”对话框。

② 选中“结构”复选框，表示保护工作簿的结构，工作簿中的工作表将不能进行移动、删除、插入等操作。

③ 如果选中“窗口”复选框，则每次打开工作簿时保持窗口的固定位置和大小，工作簿的窗口不能移动、缩放、隐藏、取消隐藏。

④ 键入密码,可以防止他人取消工作簿保护(取消这种保护,可以选"工具"菜单"保护"命令的"撤销工作簿保护"),单击"确定"按钮。

(2) 保护工作表

除了保护整个工作簿外,也可以保护工作簿中指定的工作表。具体操作是:

① 使要保护的工作表成为当前工作表。

② 选择"审阅"选项卡下的"更改"命令组,选择"保护工作表"命令,出现"保护工作表"对话框。

③ 选中"保护工作表及锁定的单元格内容"复选框,在"允许此工作表的所有用户进行"下提供的选项中,选择允许用户操作的项,与保护工作簿一样,为防止他人取消工作表保护,可以键入密码,单击"确定"按钮。

(3) 保护公式

在工作表中,可以将不希望他人看到的单元格中的公式隐藏,则在选择该单元格时公式不会出现在编辑栏内。具体操作是:

① 选择需要隐藏公式的单元格,选择"开始"选项卡中"单元格"命令组的"设置单元格格式"命令。

② 在打开的"设置单元格格式"对话框中,在"保护"选项卡中选中"隐藏",单击"确定"按钮。

③ 执行"审阅/更改/保护工作表"命令,完成工作表保护即可。选中该单元格,执行"审阅/更改/取消保护工作表"命令,可撤销保护公式。

执行"审阅/更改/允许用户编辑的区域"命令,可以设置允许用户编辑的单元格区域,让不同的用户拥有不同编辑工作表的权限,达到保护数据的目的。

执行"文件"选项卡下右侧的"保护工作簿"选项,可以实现将工作簿标记为最终状态、用密码进行加密、保护当前工作表、保护工作表结构等操作。

2. 隐藏工作簿和工作表

对工作表除了上述密码保护外,也可以赋予"隐藏"特性,使之可以使用,但其内容不可见,从而得到一定程度的保护。

执行"审阅/窗口/隐藏"命令,可以隐藏工作簿工作表的窗口,隐藏工作表后,屏幕上不再出现该工作表,但可以引用该工作表中的数据。若对工作簿实施"结构"保护后,就不能隐藏其中的工作表。

还可以隐藏工作表的某行或某列。选定需要隐藏的行(列),单击鼠标右键,在弹出的菜单中选择"隐藏"命令,则隐藏的行(列)将不显示,但可以引用其中单元格的数据,行或列隐藏处出现一条黑线。选定已隐藏行(列)的相邻行(列),单击鼠标右键,在弹出的菜单中选择"取消隐藏"命令,即可显示隐藏的行或列。

7.3 江苏省工程档案资料管理系统

7.3.1 简介

《江苏省工程档案资料管理系统》软件依据《房屋建筑和市政基础设施工程档案资料

管理规范》及国家、行业等相关规范、标准的要求编制，并通过江苏省住房和城乡建设厅组织评审。

该系统满足主管部门对建设工程的电子文件及电子档案的管理要求，施工过程中建立的电子档案受各地工程质量监督站的监督，工程竣工后电子档案由各地城建档案馆审查，审查合格后将永久保存电子档案。

该系统满足施工企业、监理单位、建设单位生产过程中编制资料的要求，使用者登陆www.jsgcda.com网站下载免费的客户端程序，系统具有自动更新模板功能，或重新下载模板提供人工升级。

参建单位和参建人员的资质、资格都要反映在本系统中，因此参建人员需要注册登记个人相关信息，确保真实性，随时接受主管部门核查。

操作流程：

登录网站www.jsgcda.com，从"下载园地"中下载"使用手册"和"客户端程序"，理解流程；

网站操作：

（1）从"系统登录"中点击"注册"，通过邮箱注册获取密码；

（2）从"系统登录"中点击"登录"进入系统；

（3）点击"工程登记"按钮，登记工程信息；

（4）点击"缴费"按钮，支付电子文件网络空间存储费用；

（5）点击"导出工程"按钮，下载工程信息（工程名称.xml文件）；

（6）点击"增加人员"按钮，增加工程相关单位人员已经注册的邮箱，使其操作该工程。

客户端操作：

（1）点击"工程管理"下的"工程导入"菜单，从对话框中选择网站操作5中的"工程名称.xml"文件，在本地创建新工程；

（2）点击"工程管理"下的"打开工程"菜单，在"工程登录"界面中选择相关操作人员，或点击其中"维护"按钮登记相关人员的签名信息，客户端程序按权限控制其操作相关的文件；

（3）本地编制资料文件（直接按模板填写或插入pdf格式的检测报告，word格式的质量证明文件等）；

（4）选择资料文件后，点击"签字管理"下的"上传文件"菜单，可选监理文件组合，可选择附件上传，点"上传"按钮上传文件，等待监理、建设单位人员签字；

（5）点击"签字管理"下的"下载文件"菜单，下载所有已签字的文件。

7.3.2 网站操作

在浏览器的地址栏输入http：//www.jsgcda.com域名，或搜索"江苏省工程档案资料管理系统"，登录"江苏省工程档案资料管理系统"网站（图7-87）。

7.3.2.1 施工单位

1. 注册

点击网站的"系统登录"，出现工程档案资料管理系统的登录界面，见图7-88。

图 7-87　江苏省工程档案资料管理系统网站界面

图 7-88　登录界面

点击"注册"按钮，进入注册页面。

1）邮箱：为了解决姓名重复问题，本系统采用邮箱注册方式，注册成功后，登录系统的密码将自动发送到注册邮箱中。

2）姓名：请填写真实姓名。工程质量监督站在监督过程中可根据住房和城乡建设部 2010 年第 5 号令《房屋建筑和市政基础设施工程质量监督管理规定》对工程质量责任主体行为进行监督时检查参建人员的资格。

3）联系电话：便于客服及时联系，建议填写手机号码。

4）单位名称：应与公章名称一致，公章上的名称应和营业执照上的名称一致，具备法人资格，不可以填写项目部或工程名称。

5）用户类型：本系统按建设、监理、施工行业划分权限，请据实选择。

6）身份证号：请填写真实身份证号码。

7）上传身份证扫描件：点击该按钮后，弹出图 7-90 的上传图片界面，点击"上传"

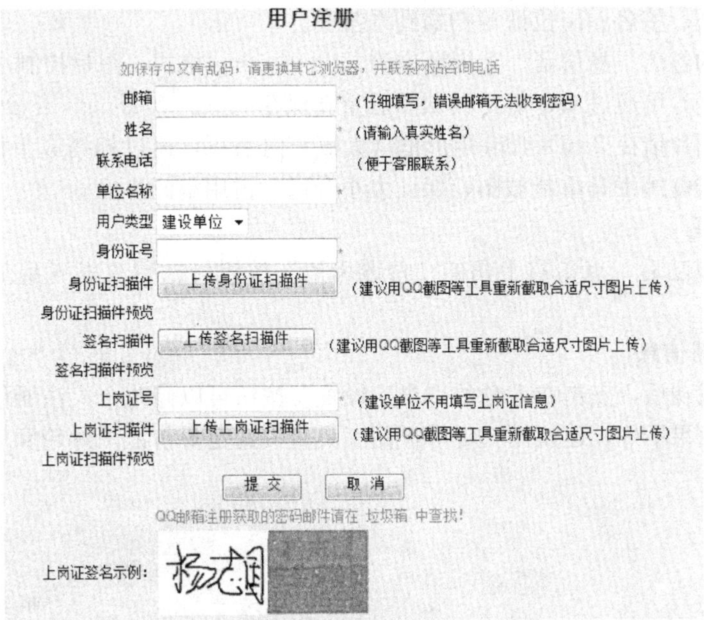

图 7-89 注册界面

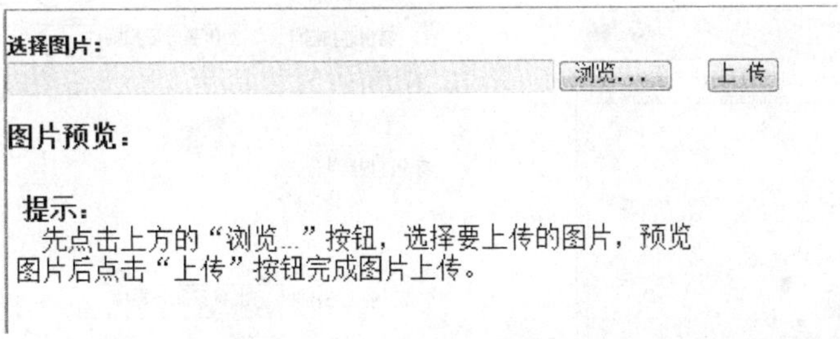

图 7-90 上传图片的界面

按钮打开文件选择对话框,从中选择预先处理的文件名。

8)上传签名扫描件:在网站上有审核文件权限的监理单位、建设单位人员应上传签字图片。

9)上岗证号:请填写在本工程上从事的岗位证证号(建设单位不用填写,江苏省外的上岗证也可以填写)。

10)上岗证件扫描:从事的岗位有上岗证要求的应上传岗位证。

完成以上步骤后,点击"提交"按钮,完成注册。

注册成功后系统自动跳转到登录界面,输入邮箱和密码(从注册邮箱获取)登录。

注意:

(1)若是 QQ 邮箱注册,回复邮件可在"垃圾类"中查找。

(2)由于国家实行工程质量责任制,根据《房屋建筑和市政基础设施工程档案资料管理规范》DGJ 32/TJ 143—2012 第 3.0.14 条规定,凡在工程质量验收记录中签字的人员如监理工程师、建设单位项目专业技术负责人、施工单位项目经理、技术负责人、质量检查员应将身份证、签名、岗位证等扫描到系统中。

（3）上传的签名、身份证、上岗证应为.jpg或.png格式；图片控制小于100k，过大会造成上传缓慢，可通过QQ等工具截图后重新保存一下。

（4）签字图片请在2cm×4cm矩形框（大概）内书写，通过扫描或手机拍摄后保存的文件最好通过QQ等工具重新截图，保证大小合适，占用空间小。

2. 修改密码

登录系统成功后，点击右上角的"修改密码"按钮可以更改发送到邮箱的密码（图7-91）。

3. 修改注册信息

登录系统成功后，点击右上角的"个人设置"按钮可以修改个人注册信息。如图7-92中的上传图片效果不好，建议用QQ等截图工具直接选定身份证图片轮廓后重新保存图片再上传。

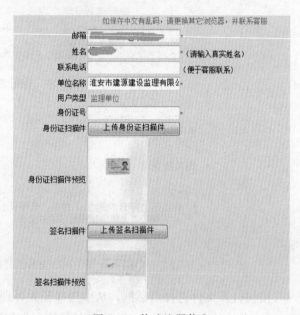

图7-91 修改密码　　　　　　　　　图7-92 修改注册信息

用户类型在首次注册时就确定，中途不能更改，若是登记错误，可联系客服修改。

4. 工程登记

点击左侧"工程信息"菜单，出现"工程信息查询"界面，见图7-93。

操作方法：

1）登记工程：点击"工程登记"按钮，进入"工程信息维护"界面，见图7-94。信息录入后，点"增加"按钮保存该工程信息。

2）修改工程：当工程信息需要调整时，在图7-93的"工程信息查询"列表中选择工程后，点击"工程登记"按钮，展开图7-94"工程信息维护"界面，录入变更信息后点"修改"按钮保存。

3）删除工程：在图7-93的"工程信息查询"列表中选择工程后，点击"工程登记"按钮，展开图7-94"工程信息维护"界面，未缴费工程可以点击"删除"按钮删除。

图 7-93　工程信息查询

图 7-94　工程登记

填写内容说明：

1）工程名称：应填写全称（请按设计图纸的名称填写）。注意：检测机构、监督机构、档案馆等软件系统可从本系统中下载工程名称等信息，应认真填写。

2）工程地址：工程地址应填写地区、街道（路）编号。

3）建设单位：应填写营业执照上的法定单位名称。

4）勘察单位：应填写勘察报告上公章的名称。

5）设计单位：应填写设计文件上的设计单位名称。

6）监理单位：应填写合同监理单位，以营业执照上的名称为准。

7）施工单位：应填写合同施工单位，当首次填写工程登记时，可能不是总包单位，此时填写施工时的施工单位，如桩基工程首先施工，此时填写桩基工程的施工单位。其他施工单位在进入的时候，按后面的方法进行维护，至总包单位为止。

8）项目经理：应填写合同约定的项目经理，项目经理应持有相应的证书，项目经理不能随意变更，变更需要一定的审批程序。

9）项目总监：应填写合同约定的项目总监，总监应持有相应的证书，总监不能随意变更，变更需要一定的审批程序。

10）工程图审号：按规定工程施工时应取得图纸审查机构发给的设计文件审查合格书，但有些工程因赶工期，设计文件可能会分阶段审查，这里可填写最先取得的设计文件审查合格证书号，其他分部工程或子分部工程的审查合格证书号取得后应再填写。

11）质监站：点“质监站”按钮进入质监站列表选择模块，应知道本工程属于什么质监站管，已给列表是已经取得江苏省住房和城乡建设厅认可的工程质量监督机构，有个别市县政府要求当地开发区或市辖区建立质监站，但未经省住房和城乡建设厅批准，这些机构不在本列表中，此时应选择当地上一级质监站，本模块可分地区或输入相关文字进行查询，然后在列表中先中再点“选中返回”窗口，此时质监站的监督人员就能对本系统实施监督，否则和质监站不能关联。

12）工程质量监督注册号：工程申报监督后，工程质量监督站会发放工程质量监督通知书，该通知书上有一个工程质量监督编号，也称工程质量监督号，这个号是和工程质量监督系统联系的纽带，应填写准确。按照省工程质量监督总站的规定，工程质量监督注册号应为19位。前7位是工程质量站编号，加4位年份号，加4位工程项目编号，加4位自然号。

13）建设性质、工程类型、投资类型、地上结构、地下结构、地基类型、基础类型、建筑物类型按照有关文件说明在下拉框中选择。

14）总建筑面积：总建筑面积应根据设计文件准确填写，该数字涉及统计与收费，不可随意填写。

15）质量目标：本系统是根据《优质建筑工程兵施工质量验收评定标准》DGJ 32/TJ 04—2010和《房屋建筑和市政基础设施工程档案资料管理规范》DGJ 32/TJ 143—2012的规定对工程是否达优质标准进行自动评定的系统，如果工程没有创优目标，选择“合格”，如果创优质结构或优质工程，选择“优质”，系统将自动进行评价。

16）档案馆：档案馆的选择和质监站的选择相同，按照江苏省城建档案馆提供的全省档案馆列表进行选择。

5. 缴费

从“工程信息查询”列表中选择未缴费的工程后，点击“缴费”按钮进入“工程缴费”页面，如图7-95所示。

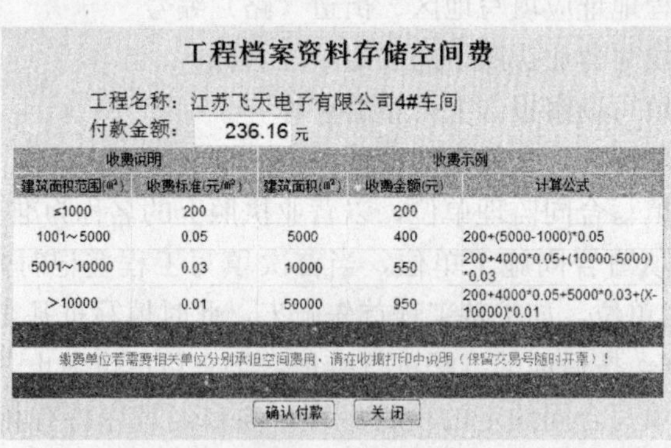

工程档案资料存储空间费
工程名称：江苏飞天电子有限公司4#车间
付款金额： 236.16 元
收费说明
收费示例
建筑面积范围(㎡)
收费标准(元/㎡)
建筑面积(㎡)
收费金额(元)
计算公式
≤1000
200
200
1001～5000
0.05
5000
400
200+(5000-1000)*0.05
5001～10000
0.03
10000
550
200+4000*0.05+(10000-5000)*0.03
>10000
0.01
50000
950
200+4000*0.05+5000*0.03+(X-10000)*0.01
缴费单位若需要相关单位分别承担空间费用，请在收据打印中说明（保留交易号随时开票）！
确认付款
关 闭

图7-95　工程缴费

根据工程面积自动计算存储空间费用，请参考收费说明及示例，若是确认可以点击“确认付款”按钮，进入支付宝界面，否则点击“关闭”按钮退出本页面。

说明：

由于本系统的电子档案长期保存，并提供查询服务，需要一定的网络带宽和硬盘储存空间，以及维护成本，在电子档案建立过程中还要负责客户服务，指导系统的注册、登录及电子档案的建立，因而需要一定的费用来支撑，该收费较以往使用纸质档案、光盘还是有明显的节约。

6. 收据打印

从"工程信息查询"列表中选择已缴费的工程后，点击"收据打印"按钮进入"收据打印"页面，如图 7-96 所示。

图 7-96　收据打印

填写相关信息后，需要打印后盖章，用手机拍摄图片发网站客服人员，若是需要相关单位共同承担费用，请在书面材料上注明，可分开开票。

7. 导出工程

从"工程信息查询"列表中选择已缴费的工程后，点击"导出工程"按钮，页面自动弹出文件下载对话框，请点击"保存"按钮将"工程名称.xml"文件保存在本地（图 7-97）。

注意：导出的"工程名称.xml"文件在客户端程序的"引入工程"中选择，创建本地工程。

8. 增加人员

从"工程信息查询"列表中选择已缴费的工程后，点击"增加人员"按钮，在"工程信息查询"列表下面出现"人员登记"列表，见图 7-98。

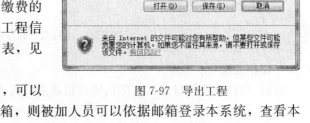

图 7-97　导出工程

工程创建人员的邮箱默认加入其中，可以增加已经在本系统注册的其他人员的邮箱，则被加人员可以依据邮箱登录本系统，查看本工程信息。

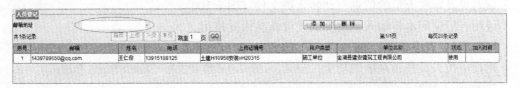

图 7-98　增加人员

被加入该工程的建设单位人员登录系统后,可以继续增加工程相关人员在本系统已经注册的邮箱。

监理单位人员不能增加其他人员的邮箱。

9. 查看资料

施工单位只能查看,不能审核。

7.3.2.2 监理单位

监理单位人员登录系统的功能:

1. 注册:参考 7.3.2.1 节。

2. 修改密码:参考 7.3.2.1 节。

3. 修改注册信息:参考 7.3.2.1 节。

4. 导出工程:参考 7.3.2.1 节。

5. 查看资料

从"工程信息查询"列表中选择已缴费的工程后,点击"查看资料"按钮,进入资料查看、审核页面,见图 7-99。

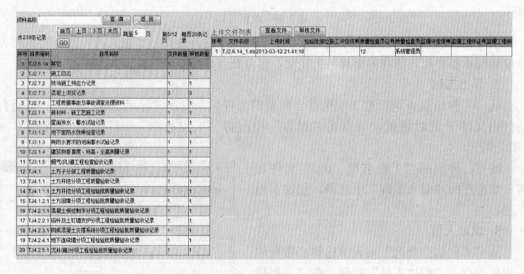

图 7-99 工程文件目录及详细文件

操作方法:

1) 选择左侧的目录,右侧出现该目录对应的文件;

2) 选择右侧的文件,点击"查看文件"按钮,打开浏览文件的页面查看文件;

3) 点击"审核"按钮在浏览的文件的页面中,在文件底部有审核意见的选择,确定后,该意见及审核人员的信息自动转入该文件(图 7-100)。

说明:后期版本将加入该文件的附件链接做复核用。

7.3.2.3 建设单位

建设单位人员登录系统的功能:

1. 注册:参考 7.3.2.1 节。

2. 修改密码:参考 7.3.2.1 节。

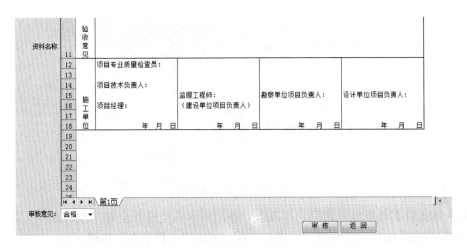

图 7-100　审核文件

3. 修改注册信息：参考 7.3.2.1 节。
4. 工程登记：参考 7.3.2.1 节。
5. 缴费：参考 7.3.2.1 节。
6. 收据打印：参考 7.3.2.1 节。
7. 导出工程：参考 7.3.2.1 节。
8. 增加人员：参考 7.3.2.1 节。
9. 查看资料：参考 7.3.2.1 节。

7.3.2.4　质监站

点击网站的“质监站”栏目，按地区选择质监站，见图 7-101。

监督站　当前位置：首页 > 监督站

地区：江苏　监督人员点击本单位名称进入登录界面，输入本人姓名及密码即可

序号	单位编号	机构名称
1	32	江苏省建设工程质量监督总站
2	3201011	南京市建筑安装工程质量监督站
3	3201012	南京市装饰装修工程质量监督站
4	3201013	南京市市政公用工程质量安全监督站
5	3201015	南京市轨道交通建设工程质量安全监督站
6	3201016	南京市石油化工建设工程质量安全监督站
7	3201111	南京市浦口区建筑安装工程质量监督站
8	3201112	南京沿江工业开发区建筑安装工程质量监督站
9	3201130	南京市栖霞区建筑安装工程质量安全监督站
10	3201140	南京市雨花台区建筑安装工程质量监督站

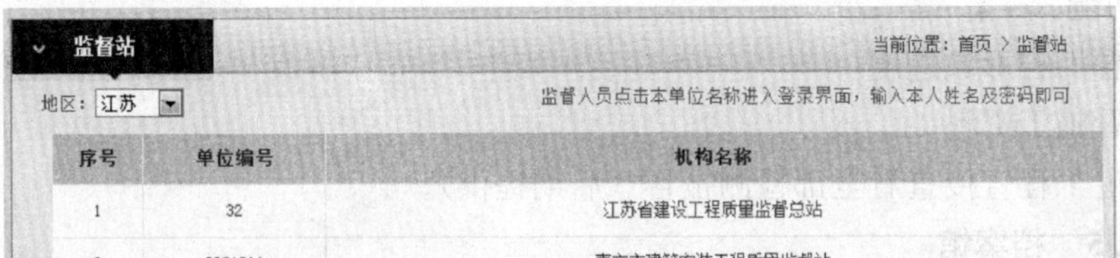

图 7-101　质监站选择

在“机构名称”栏中点击本单位名称，直接链接到资料管理系统的登录界面，见图 7-102。

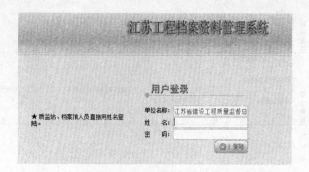

图7-102 质监站登录

输入本人姓名及默认的密码,可以查看登记到本质监站的全部工程。在图7-103中的"工程查询列表"中显示工程进度,选择工程后点击"工程巡查"按钮。

图7-103 工程信息

主要功能:
① 查看工程形象进度。
② 查看施工资料。
③ 通过工程直接查看全部检测报告(后期提供)。

7.3.2.5 档案馆

点击网站的"档案馆"栏目,按地区选择档案馆属地,如图7-104所示。

图7-104 档案馆选择

在"机构名称"栏中点击本单位名称，直接链接到资料管理系统的登录界面。

登录界面参考图7-104，输入本人姓名及默认的密码，可以查看登记到本档案馆的全部工程。在"工程查询列表"中显示工程进度，选择工程后点击"档案预验收"按钮。

7.3.3 客户端操作

客户端软件是本地编制资料所用，施工、监理、建设等单位均可使用。

进入网站的"下载园地"，点击"客户端程序"后面的"下载"，出现"文件下载"对话框，选择"安装"或"保存"（保存的文件名称是"客户端程序.exe"文件，可双击该文件安装），安装过程中会提示安装路径为"D：\GCDAZL"，建议不要修改（以后有升级时直接覆盖），继续点"安装"即可完成程序安装，桌面上出现"江苏工程档案资料"快捷键，双击可打开客户端程序。

7.3.3.1 工程管理

点击"工程管理"菜单，显示相关的"导入工程"、"打开工程"等菜单。

1. 导入工程

点击"导入工程"菜单，出现选择文件的对话框，如图7-105所示。

请选择网站的"导出工程"中保存的"工程名称.xml"文件，客户端程序自动在D盘的JSGCDAZL中创建该工程名称目录，以保存相关文件资料。

建议：D盘空间分配尽量大。

2. 打开工程

点击"打开工程"菜单，出现选择工程名称的对话框，如图7-106所示。

图7-105　引入工程

图7-106　打开工程

一旦确定所选择的工程后，立即出现工程登录验证窗口，见图7-107。

若"登录人"内容为空，需点击"维护"按钮，参考3.3.1签字管理。

选择"登录人"，输入其预置的密码，通过验证后将出现工程进度申报，见图7-108。

在工程进度申报中，"施工进度"默认当前日期，点击日期下拉框可以重新选择日期，"形象进度"依据（子）分部分类，"情况描述"主要是填写主管部门要求的隐蔽节点或层数等内容。

点击"申报"按钮将发送进度信息，若是没有新的申报进度，也可以点击"退出"不申报。

图7-107 工程登录验证

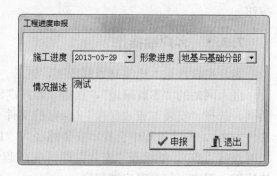

图7-108 工程进度申报

进度申报完成后，将正式进入当前工程资料编辑，主窗口下面的状态栏中显示登录人及单位的信息（图7-109）。

图7-109 工程登录成功的信息

3. 档案馆

网站申报档案预验收，获得档案馆确认后，可以下载key文件，在此将所有文件转换为pdf格式的档案，加密上传给档案馆。

根据需要，点击相关按钮，分类汇总电子资料目录，并将文件打包。

压缩电子文件包后自动在www.jsgcda.com网上申报预验收，随后将电子文件包移交档案馆，档案馆内部程序依据网上申报预验收的信息自动解压电子文件包，并根据各馆使用的档案管理系统转换为PDF格式文档或jpg格式图片，可以按文件转换或按打印的每页效果转换。

7.3.3.2 文件管理

点击"文件管理"菜单，显示相关的"新文件"、"打开文件"、"删除文件"、"汇总评价"等菜单。

作为常用功能的快捷键。

打开工程后出现的资料目录，颜色是红色的表示是档案验收需要的文件。文件前面的图标代表不同层次和类型的文件。

1. 新文件

1）选择"目录"：鼠标点击当前目录，将会自动展开下一级目录或文件（若是点击已经展开的目录将会收起该目录）。

2）点击"新文件"菜单或 快捷键，将在右侧列表中增加一条新的记录，见图7-110，并用Excel或Word或WPS打开该文件。

3）用户自己编制文件，最后点保存关闭，不要"另存为"到其他目录。

4）如果该目录时插入质量证明文件或复检报告等外部文件，则不用编辑，但是会提示输入目录名称,如图 7-111 所示。

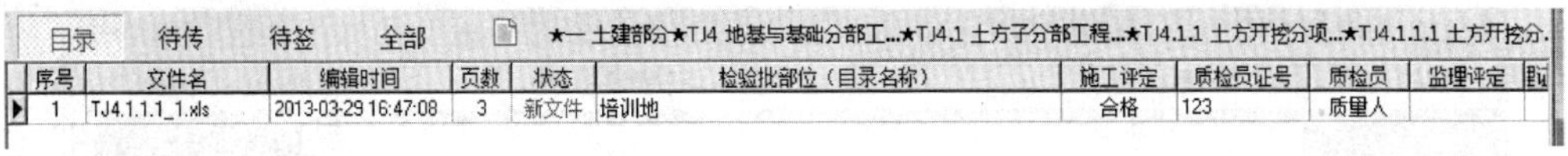

图 7-110 文件列表

5) 15s 后,客户端程序自动扫描已关闭的软件,提取相关信息。

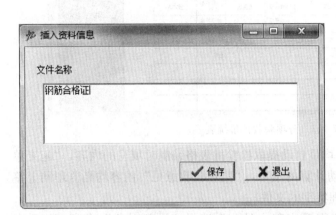

图 7-111 插入资料的目录输入

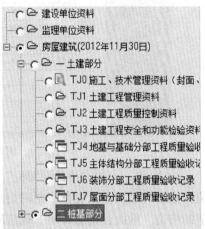

图 7-112 资料(档案)目录

建议:

1) 质量证明文件:一般将合格证、发货单等摆放在 A4 纸上,手机直接拍照,用 QQ 等截图工具裁剪后,先复制到 Word 文件中,然后将 Word 文件插入到资料目录中。

2) 复检报告:在检测机构取报告时直接用 U 盘将 PDF 格式的报告拷回,直接在资料目录中插入。

2. 打开文件

1) 见图 7-110,选择"目录"、"待传"、"待签"、"全部"等类别,显示相关文件。

2) 点击"打开文件"菜单或快捷键,或直接双击该文件,该文件将被打开。

3) 编辑文件,文件关闭后 15s 由程序提取信息保存。

3. 复制文件

1) 选择图 7-110 中已有的文件。

2) 点击"复制文件"菜单或快捷键,该文件将被重新命名为本类中最新文件,被打开的新文件内容与源文件完全一致(监理已签字文件不能复制)。

3) 编辑文件,文件关闭后 15s 由程序提取信息保存。

4. 删除文件

只能选择图 7-110 中最后一个文件,点击"删除文件"菜单。因为要保证一个代码的文件连续编号。

5. 汇总评价(统表)

1) 必须是技术负责人登录工程,选择分项验收文件目录;项目经理登录工程,选择(子)分部、单位工程验收文件目录。

2) 点击"汇总评价（统表）"菜单或 快捷键，出现工程评价的界面，如图7-113所示。

图 7-113　分项验收评价统表

3) 验收记录的"检验批部位"均是自动提取检验批表格编制时填写的内容，"施工单位评定"均是检验批表格编制时自动计算的结果，"监理验收意见"内容均是监理网上签字的结论（做此验收前必须下载监理签字的文件）。

4) 验收记录不能直接修改，有需要完善之处，先选择"更新对象"内容，然后在"内容"框中填写，点击"更新"按钮保存相关内容到报表中。

5) 本报表的施工结论依据监理结论自动评定，监理结论为空。

6) 有需要可以点击"打印"按钮打印书面汇总表。

7) 点击"转换 Excel"按钮，本统表将保存到对应目录下。

7.3.3.3　签字管理

"签字管理"有二层含义，一是根据《建筑工程施工质量验收统一标准》GB 50300—2013的要求，设置操作本软件的人员签字范围及签名图片，二是施工单位与监理单位的签字互动过程。

1. 签名管理

点击"签名管理"菜单，出现相关人员维护，见图7-114。

图 7-114　资料人员及签名维护

"类型"中的选择项涉及控制相关资料的编制权限,如质量检查员不能编制分项验收、(子)分部验收等属于技术负责人、项目经理签字的资料。"密码"是维护登录权限使用的。

点击"导入签名"按钮,在打开文件对话框中选择预先处理的签名图片文件名称。

签名印章扫描件效果图在 excel 中效果:

点击"新增保存"或"修改保存"均可保存当前登记信息。点修改保存或删除按钮时须输入密码验证,通过验证才有效。

点击"退出"按钮关闭当前窗口。

2. 上传文件

通过客户端程序编辑文件时可以不上网,但是需要监理签字时,须通过网络上传到"江苏省工程档案资料管理系统"网站上。

1) 选择图 7-110 文件列表中的新文件。
2) 点击"上传文件"菜单或 快捷键,出现图 7-115 内容。

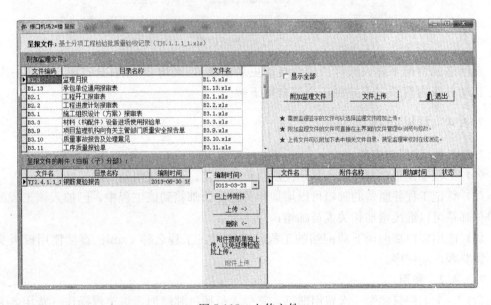

图 7-115　上传文件

3) 呈报界面分 2 块内容:上部是可附加的监理文件,确定后需要点击"附加监理文件"将选择的监理文件与待上传的文件组合为一个完整文件(是否需要附加监理文件请自行确定);下部是已经上传的非检验批资料文件(检测报告、质量证明文件等),可以通过"上传->"按钮加入到待传文件的附件中。

4）点击"文件上传"按钮上传文件；点击"附件上传"上传文件的附件。

3. 下载文件

点击"下载文件"或 ![icon] 快捷键，直接将当前工程监理已经签字的所有文件下载到本地，若是监理没有签字则不下载，签字文件的状态会自动更新。

4. 下载检测汇总表

点击"下载检测汇总表"或 ![icon] 快捷键，直接从相关系统中下载本工程的检测报告汇总表。

7.3.3.4 帮助

系统维护：程序运行后，若是右侧框没有资料目录内容，可从网站的"下载园地"下载相关的资料包，从"帮助"菜单的"系统维护"中导入（图7-116）。

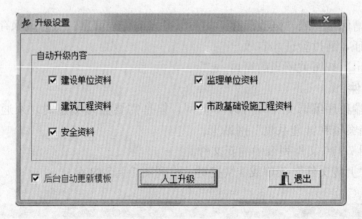

图7-116 升级设置

有网络的情况下建议选择"后台自动更新模板"，平均2h左右全省同步更新一次。自动升级内容暂时不控制，全部自动下载。

7.3.4 常见问题

7.3.4.1 注册与安装

（1）工程参建单位的相关人员须注册自己的邮箱，不宜使用他人邮箱登录；

（2）登记工程并缴费的邮箱可以增加相关已注册邮箱到该工程中，已加入该工程的建设单位邮箱可以继续增加相关人员邮箱；

（3）使用客户端前须下载网站的工程信息文件：工程名称.xml；直接使用模板文件则不需要客户端程序。

7.3.4.2 费用

（1）一个工程只要缴一次费用即可，其他人员通过邮箱加入该工程操作（费用各方可协商分摊）；

（2）登记工程后直接在网上付费，通过支付宝，付费成功后系统自动分配"工程编号"，点收据打印，填好后盖公章发给我们确定开票。

7.3.4.3 资料

略。

第8章 法律与法规

8.1 中华人民共和国建筑法（节选）

（1997年11月1日第八届全国人民代表大会常务委员会第二十八次会议通过，根据2011年4月22日第十一届全国人民代表大会常务委员会第二十次会议《关于修改〈中华人民共和国建筑法〉的决定》修正，自2011年7月1日起施行）

第一条 为了加强对建筑活动的监督管理，维护建筑市场秩序，保证建筑工程的质量和安全，促进建筑业健康发展，制定本法。

第二条 在中华人民共和国境内从事建筑活动，实施对建筑活动的监督管理，应当遵守本法。

本法所称建筑活动，是指各类房屋建筑及其附属设施的建造和与其配套的线路、管道、设备的安装活动。

第七条 建筑工程开工前，建设单位应当按照国家有关规定向工程所在地县级以上人民政府建设行政主管部门申请领取施工许可证；但是，国务院建设行政主管部门确定的限额以下的小型工程除外。

按照国务院规定的权限和程序批准开工报告的建筑工程，不再领取施工许可证。

第八条 申请领取施工许可证，应当具备下列条件：

（一）已经办理该建筑工程用地批准手续；
（二）在城市规划区的建筑工程，已经取得规划许可证；
（三）需要拆迁的，其拆迁进度符合施工要求；
（四）已经确定建筑施工企业；
（五）有满足施工需要的施工图纸及技术资料；
（六）有保证工程质量和安全的具体措施；
（七）建设资金已经落实；
（八）法律、行政法规规定的其他条件。

建设行政主管部门应当自收到申请之日起十五日内，对符合条件的申请颁发施工许可证。

第九条 建设单位应当自领取施工许可证之日起三个月内开工。因故不能按期开工的，应当向发证机关申请延期；延期以两次为限，每次不超过三个月。既不开工又不申请延期或者超过延期时限的，施工许可证自行废止。

第十条 在建的建筑工程因故中止施工的，建设单位应当自中止施工之日起一个月内，向发证机关报告，并按照规定做好建筑工程的维护管理工作。

建筑工程恢复施工时，应当向发证机关报告；中止施工满一年的工程恢复施工前，建设单位应当报发证机关核验施工许可证。

第十一条 按照国务院有关规定批准开工报告的建筑工程，因故不能按期开工或者中止施工的，应当及时向批准机关报告情况。因故不能按期开工超过六个月的，应当重新办理开工报告的批准手续。

第十五条 建筑工程的发包单位与承包单位应当依法订立书面合同，明确双方的权利和义务。

发包单位和承包单位应当全面履行合同约定的义务。不按照合同约定履行义务的，依法承担违约责任。

第二十九条 建筑工程总承包单位可以将承包工程中的部分工程发包给具有相应资质条件的分包单位；但是，除总承包合同中约定的分包外，必须经建设单位认可。施工总承包的，建筑工程主体结构的施工必须由总承包单位自行完成。

建筑工程总承包单位按照总承包合同的约定对建设单位负责；分包单位按照分包合同的约定对总承包单位负责。总承包单位和分包单位就分包工程对建设单位承担连带责任。

禁止总承包单位将工程分包给不具备相应资质条件的单位。禁止分包单位将其承包的工程再分包。

第三十一条 实行监理的建筑工程，由建设单位委托具有相应资质条件的工程监理单位监理。建设单位与其委托的工程监理单位应当订立书面委托监理合同。

第三十二条 建筑工程监理应当依照法律、行政法规及有关的技术标准、设计文件和建筑工程承包合同，对承包单位在施工质量、建设工期和建设资金使用等方面，代表建设单位实施监督。

工程监理人员认为工程施工不符合工程设计要求、施工技术标准和合同约定的，有权要求建筑施工企业改正。

工程监理人员发现工程设计不符合建筑工程质量标准或者合同约定的质量要求的，应当报告建设单位要求设计单位改正。

第三十三条 实施建筑工程监理前，建设单位应当将委托的工程监理单位、监理的内容及监理权限，书面通知被监理的建筑施工企业。

第三十四条 工程监理单位应当在其资质等级许可的监理范围内，承担工程监理业务。

工程监理单位应当根据建设单位的委托，客观、公正地执行监理任务。

工程监理单位与被监理工程的承包单位以及建筑材料、建筑构配件和设备供应单位不得有隶属关系或者其他利害关系。

工程监理单位不得转让工程监理业务。

第三十五条 工程监理单位不按照委托监理合同的约定履行监理义务，对应当监督检查的项目不检查或者不按照规定检查，给建设单位造成损失的，应当承担相应的赔偿责任。

工程监理单位与承包单位串通，为承包单位谋取非法利益，给建设单位造成损失的，应当与承包单位承担连带赔偿责任。

第三十八条 建筑施工企业在编制施工组织设计时，应当根据建筑工程的特点制定相应的安全技术措施；对专业性较强的工程项目，应当编制专项安全施工组织设计，并采取安全技术措施。

第四十条 建设单位应当向建筑施工企业提供与施工现场相关的地下管线资料，建筑施工企业应当采取措施加以保护。

第四十一条 建筑施工企业应当遵守有关环境保护和安全生产的法律、法规的规定，采取控制和处理施工现场的各种粉尘、废气、废水、固体废物以及噪声、振动对环境的污染和危害的措施。

第四十二条 有下列情形之一的，建设单位应当按照国家有关规定办理申请批准手续：

（一）需要临时占用规划批准范围以外场地的；

（二）可能损坏道路、管线、电力、邮电通讯等公共设施的；

（三）需要临时停水、停电、中断道路交通的；

（四）需要进行爆破作业的；

（五）法律、法规规定需要办理报批手续的其他情形。

第四十四条 建筑施工企业必须依法加强对建筑安全生产的管理，执行安全生产责任制度，采取有效措施，防止伤亡和其他安全生产事故的发生。

建筑施工企业的法定代表人对本企业的安全生产负责。

第四十五条 施工现场安全由建筑施工企业负责。实行施工总承包的，由总承包单位负责。分包单位向总承包单位负责，服从总承包单位对施工现场的安全生产管理。

第四十六条 建筑施工企业应当建立健全劳动安全生产教育培训制度，加强对职工安全生产的教育培训；未经安全生产教育培训的人员，不得上岗作业。

第四十九条 涉及建筑主体和承重结构变动的装修工程，建设单位应当在施工前委托原设计单位或者具有相应资质条件的设计单位提出设计方案；没有设计方案的，不得施工。

第五十四条 建设单位不得以任何理由，要求建筑设计单位或者建筑施工企业在工程设计或者施工作业中，违反法律、行政法规和建筑工程质量、安全标准，降低工程质量。

建筑设计单位和建筑施工企业对建设单位违反前款规定提出的降低工程质量的要求，应当予以拒绝。

第五十五条 建筑工程实行总承包的，工程质量由工程总承包单位负责，总承包单位将建筑工程分包给其他单位的，应当对分包工程的质量与分包单位承担连带责任。分包单位应当接受总承包单位的质量管理。

第五十八条 建筑施工企业对工程的施工质量负责。

建筑施工企业必须按照工程设计图纸和施工技术标准施工，不得偷工减料。工程设计的修改由原设计单位负责，建筑施工企业不得擅自修改工程设计。

第五十九条 建筑施工企业必须按照工程设计要求、施工技术标准和合同的约定，对建筑材料、建筑构配件和设备进行检验，不合格的不得使用。

第六十条 建筑物在合理使用寿命内，必须确保地基基础工程和主体结构的质量。

建筑工程竣工时，屋顶、墙面不得留有渗漏、开裂等质量缺陷；对已发现的质量缺陷，建筑施工企业应当修复。

第六十一条 交付竣工验收的建筑工程，必须符合规定的建筑工程质量标准，有完整的工程技术经济资料和经签署的工程保修书，并具备国家规定的其他竣工条件。

建筑工程竣工经验收合格后，方可交付使用；未经验收或者验收不合格的，不得交付使用。

第六十二条 建筑工程实行质量保修制度。

建筑工程的保修范围应当包括地基基础工程、主体结构工程、屋面防水工程和其他土建工程，以及电气管线、上下水管线的安装工程，供热、供冷系统工程等项目；保修的期限应当按照保证建筑物合理寿命年限内正常使用，维护使用者合法权益的原则确定。具体的保修范围和最低保修期限由国务院规定。

第六十三条 任何单位和个人对建筑工程的质量事故、质量缺陷都有权向建设行政主管部门或者其他有关部门进行检举、控告、投诉。

8.2 中华人民共和国安全生产法（节选）

（2002年6月29日第九届全国人民代表大会常务委员会第二十八次会议已通过）

第一条 为了加强安全生产监督管理，防止和减少生产安全事故，保障人民群众生命和财产安全，促进经济发展，制定本法。

第二条 在中华人民共和国领域内从事生产经营活动的单位（以下统称生产经营单位）的安全生产，适用本法；有关法律、行政法规对消防安全和道路交通安全、铁路交通安全、水上交通安全、民用航空安全另有规定的，适用其规定。

第四条 生产经营单位必须遵守本法和其他有关安全生产的法律、法规，加强安全生产管理，建立、健全安全生产责任制度，完善安全生产条件，确保安全生产。

第十七条 生产经营单位的主要负责人对本单位安全生产工作负有下列职责：

（一）建立、健全本单位安全生产责任制；

（二）组织制定本单位安全生产规章制度和操作规程；

（三）保证本单位安全生产投入的有效实施；

（四）督促、检查本单位的安全生产工作，及时消除生产安全事故隐患；

（五）组织制定并实施本单位的生产安全事故应急救援预案；

（六）及时、如实报告生产安全事故。

第二十一条 生产经营单位应当对从业人员进行安全生产教育和培训，保证从业人员具备必要的安全生产知识，熟悉有关的安全生产规章制度和安全操作规程，掌握本岗位的安全操作技能。未经安全生产教育和培训合格的从业人员，不得上岗作业。

第二十二条 生产经营单位采用新工艺、新技术、新材料或者使用新设备，必须了解、掌握其安全技术特性，采取有效的安全防护措施，并对从业人员进行专门的安全生产教育和培训。

第二十三条 生产经营单位的特种作业人员必须按照国家有关规定经专门的安全作业培训，取得特种作业操作资格证书，方可上岗作业。

特种作业人员的范围由国务院负责安全生产监督管理的部门会同国务院有关部门确定。

第二十四条 生产经营单位新建、改建、扩建工程项目（以下统称建设项目）的安全设施，必须与主体工程同时设计、同时施工、同时投入生产和使用。安全设施投资应当纳入建设项目概算。

第二十六条 建设项目安全设施的设计人、设计单位应当对安全设施设计负责。

第二十八条 生产经营单位应当在有较大危险因素的生产经营场所和有关设施、设备上，设置明显的安全警示标志。

第二十九条 安全设备的设计、制造、安装、使用、检测、维修、改造和报废，应当符合国家标准或者行业标准。

生产经营单位必须对安全设备进行经常性维护、保养，并定期检测，保证正常运转。维护、保养、检测应当作好记录，并由有关人员签字。

第三十条 生产经营单位使用的涉及生命安全、危险性较大的特种设备，以及危险物品的容器、运输工具，必须按照国家有关规定，由专业生产单位生产，并经取得专业资质的检测、检验机构检测、检验合格，取得安全使用证或者安全标志，方可投入使用。检测、检验机构对检测、检验结果负责。

涉及生命安全、危险性较大的特种设备的目录由国务院负责特种设备安全监督管理的部门制定，报国务院批准后执行。

第三十一条 国家对严重危及生产安全的工艺、设备实行淘汰制度。

生产经营单位不得使用国家明令淘汰、禁止使用的危及生产安全的工艺、设备。

第三十二条 生产、经营、运输、储存、使用危险物品或者处置废弃危险物品的，由有关主管部门依照有关法律、法规的规定和国家标准或者行业标准审批并实施监督管理。

生产经营单位生产、经营、运输、储存、使用危险物品或者处置废弃危险物品，必须执行有关法律、法规和国家标准或者行业标准，建立专门的安全管理制度，采取可靠的安全措施，接受有关主管部门依法实施的监督管理。

第三十三条 生产经营单位对重大危险源应当登记建档，进行定期检测、评估、监控，并制定应急预案，告知从业人员和相关人员在紧急情况下应当采取的应急措施。

生产经营单位应当按照国家有关规定将本单位重大危险源及有关安全措施、应急措施报有关地方人民政府负责安全生产监督管理的部门和有关部门备案。

第三十五条 生产经营单位进行爆破、吊装等危险作业，应当安排专门人员进行现场安全管理，确保操作规程的遵守和安全措施的落实。

第三十八条 生产经营单位的安全生产管理人员应当根据本单位的生产经营特点，对安全生产状况进行经常性检查；对检查中发现的安全问题，应当立即处理；不能处理的，应当及时报告本单位有关负责人。检查及处理情况应当记录在案。

第三十九条 生产经营单位应当安排用于配备劳动防护用品、进行安全生产培训的经费。

第四十条 两个以上生产经营单位在同一作业区域内进行生产经营活动，可能危及对方生产安全的，应当签订安全生产管理协议，明确各自的安全生产管理职责和应当采取的安全措施，并指定专职安全生产管理人员进行安全检查与协调。

第四十一条 生产经营单位不得将生产经营项目、场所、设备发包或者出租给不具备安全生产条件或者相应资质的单位或者个人。

生产经营项目、场所有多个承包单位、承租单位的，生产经营单位应当与承包单位、承租单位签订专门的安全生产管理协议，或者在承包合同、租赁合同中约定各自的安全生产管理职责；生产经营单位对承包单位、承租单位的安全生产工作统一协调、管理。

第六十条 负有安全生产监督管理职责的部门在监督检查中，应当互相配合，实行联合检查；确需分别进行检查的，应当互通情况，发现存在的安全问题应当由其他有关部门进行处理的，应当及时移送其他有关部门并形成记录备查，接受移送的部门应当及时进行处理。

第八十三条 生产经营单位有下列行为之一的，责令限期改正；逾期未改正的，责令停止建设或者停产停业整顿，可以并处五万元以下的罚款；造成严重后果，构成犯罪的，依照刑法有关规定追究刑事责任：

（一）矿山建设项目或者用于生产、储存危险物品的建设项目没有安全设施设计或者安全设施设计未按照规定报经有关部门审查同意的；

（二）矿山建设项目或者用于生产、储存危险物品的建设项目的施工单位未按照批准的安全设施设计施工的；

（三）矿山建设项目或者用于生产、储存危险物品的建设项目竣工投入生产或者使用前，安全设施未经验收合格的；

（四）未在有较大危险因素的生产经营场所和有关设施、设备上设置明显的安全警示标志的；

（五）安全设备的安装、使用、检测、改造和报废不符合国家标准或者行业标准的；

（六）未对安全设备进行经常性维护、保养和定期检测的；

（七）未为从业人员提供符合国家标准或者行业标准的劳动防护用品的；

（八）特种设备以及危险物品的容器、运输工具未经取得专业资质的机构检测、检验合格，取得安全使用证或者安全标志，投入使用的；

（九）使用国家明令淘汰、禁止使用的危及生产安全的工艺、设备的。

第八十四条 未经依法批准，擅自生产、经营、储存危险物品的，责令停止违法行为或者予以关闭，没收违法所得，违法所得十万元以上的，并处违法所得一倍以上五倍以下的罚款，没有违法所得或者违法所得不足十万元的，单处或者并处二万元以上十万元以下的罚款；造成严重后果，构成犯罪的，依照刑法有关规定追究刑事责任。

第八十五条 生产经营单位有下列行为之一的，责令限期改正；逾期未改正的，责令停产停业整顿，可以并处二万元以上十万元以下的罚款；造成严重后果，构成犯罪的，依照刑法有关规定追究刑事责任：

（一）生产、经营、储存、使用危险物品，未建立专门安全管理制度、未采取可靠的安全措施或者不接受有关主管部门依法实施的监督管理的；

（二）对重大危险源未登记建档，或者未进行评估、监控，或者未制定应急预案的；

（三）进行爆破、吊装等危险作业，未安排专门管理人员进行现场安全管理的。

第八十六条 生产经营单位将生产经营项目、场所、设备发包或者出租给不具备安全生产条件或者相应资质的单位或者个人，责令限期改正，没收违法所得；违法所得五万元以上的，并处违法所得一倍以上五倍以下的罚款；没有违法所得或者违法所得不足五万元的，单处或者并处一万元以上五万元以下的罚款；导致发生生产安全事故给他人造成损害的，与承包方、承租方承担连带赔偿责任。

生产经营单位未与承包单位、承租单位签订专门的安全生产管理协议或者未在承包合同、租赁合同中明确各自的安全生产管理职责，或者未对承包单位、承租单位的安全生产统一协调、管理的，责令限期改正；逾期未改正的，责令停产停业整顿。

第八十七条 两个以上生产经营单位在同一作业区域内进行可能危及对方安全生产的生产经营活动，未签订安全生产管理协议或者未指定专职安全生产管理人员进行安全检查与协调的，责令限期改正；逾期未改正的，责令停产停业。

8.3 建设工程质量管理条例（节选）

（2000年1月10日国务院第25次常务会议通过，2000年1月30日中华人民共和国国务院令第279号公布，自公布之日起施行）

第一条 为了加强对建设工程质量的管理，保证建设工程质量，保护人民生命和财产安全，根据《中华人民共和国建筑法》，制定本条例。

第二条 凡在中华人民共和国境内从事建设工程的新建、扩建、改建等有关活动及实施对建设工程质量监督管理的，必须遵守本条例。

第九条 建设单位必须向有关的勘察、设计、施工、工程监理等单位提供与建设工程有关的原始资料。

原始资料必须真实、准确、齐全。

第十一条 建设单位应当将施工图设计文件报县级以上人民政府建设行政主管部门或者其他有关部门审查。施工图设计文件审查的具体办法，由国务院建设行政主管部门会同国务院其他有关部门制定。

施工图设计文件未经审查批准的，不得使用。

第十二条 实行监理的建设工程，建设单位应当委托具有相应资质等级的工程监理单位进行监理，也可以委托具有工程监理相应资质等级并与被监理工程的施工承包单位没有隶属关系或者其他利害关系的该工程的设计单位进行监理。

下列建设工程必须实行监理：

（一）国家重点建设工程；

（二）大中型公用事业工程；

（三）成片开发建设的住宅小区工程；

（四）利用外国政府或者国际组织贷款、援助资金的工程；

（五）国家规定必须实行监理的其他工程。

第十三条 建设单位在领取施工许可证或者开工报告前，应当按照国家有关规定办理工程质量监督手续。

第十四条 按照合同约定，由建设单位采购建筑材料、建筑构配件和设备的，建设单位应当保证建筑材料、建筑构配件和设备符合设计文件和合同要求。

建设单位不得明示或者暗示施工单位使用不合格的建筑材料、建筑构配件和设备。

第十五条 涉及建筑主体和承重结构变动的装修工程，建设单位应当在施工前委托原设计单位或者具有相应资质等级的设计单位提出设计方案；没有设计方案的，不得施工。

房屋建筑使用者在装修过程中，不得擅自变动房屋建筑主体和承重结构。

第十六条 建设单位收到建设工程竣工报告后，应当组织设计、施工、工程监理等有关单位进行竣工验收。

建设工程竣工验收应当具备下列条件：

（一）完成建设工程设计和合同约定的各项内容；

（二）有完整的技术档案和施工管理资料；

（三）有工程使用的主要建筑材料、建筑构配件和设备的进场试验报告；

（四）有勘察、设计、施工、工程监理等单位分别签署的质量合格文件；

（五）有施工单位签署的工程保修书。

建设工程经验收合格的，方可交付使用。

第十七条 建设单位应当严格按照国家有关档案管理的规定，及时收集、整理建设项目各环节的文件资料，建立、健全建设项目档案，并在建设工程竣工验收后，及时向建设行政主管部门或者其他有关部门移交建设项目档案。

第十九条 勘察、设计单位必须按照工程建设强制性标准进行勘察、设计，并对其勘察、设计的质量负责。

注册建筑师、注册结构工程师等注册执业人员应当在设计文件上签字，对设计文件负责。

第二十条 勘察单位提供的地质、测量、水文等勘察成果必须真实、准确。

第二十一条 设计单位应当根据勘察成果文件进行建设工程设计。

设计文件应当符合国家规定的设计深度要求，注明工程合理使用年限。

第二十三条 设计单位应当就审查合格的施工图设计文件向施工单位作出详细说明。

第二十四条 设计单位应当参与建设工程质量事故分析，并对因设计造成的质量事故，提出相应的技术处理方案。

第二十六条 施工单位对建设工程的施工质量负责。

施工单位应当建立质量责任制，确定工程项目的项目经理、技术负责人和施工管理负责人。

建设工程实行总承包的，总承包单位应当对全部建设工程质量负责；建设工程勘察、设计、施工、设备采购的一项或者多项实行总承包的，总承包单位应当对其承包的建设工程或者采购的设备的质量负责。

第二十七条 总承包单位依法将建设工程分包给其他单位的，分包单位应当按照分包合同的约定对其分包工程的质量向总承包单位负责，总承包单位与分包单位对分包工程的质量承担连带责任。

第二十八条 施工单位必须按照工程设计图纸和施工技术标准施工，不得擅自修改工程设计，不得偷工减料。

施工单位在施工过程中发现设计文件和图纸有差错的，应当及时提出意见和建议。

第二十九条 施工单位必须按照工程设计要求、施工技术标准和合同约定，对建筑材料、建筑构配件、设备和商品混凝土进行检验，检验应当有书面记录和专人签字；未经检验或者检验不合格的，不得使用。

第三十条 施工单位必须建立、健全施工质量的检验制度，严格工序管理，作好隐蔽工程的质量检查和记录。隐蔽工程在隐蔽前，施工单位应当通知建设单位和建设工程质量监督机构。

第三十一条 施工人员对涉及结构安全的试块、试件以及有关材料,应当在建设单位或者工程监理单位监督下现场取样,并送具有相应资质等级的质量检测单位进行检测。

第三十二条 施工单位对施工中出现质量问题的建设工程或者竣工验收不合格的建设工程,应当负责返修。

第三十三条 施工单位应当建立、健全教育培训制度,加强对职工的教育培训;未经教育培训或者考核不合格的人员,不得上岗作业。

第三十七条 工程监理单位应当选派具备相应资格的总监理工程师和监理工程师进驻施工现场。

未经监理工程师签字,建筑材料、建筑构配件和设备不得在工程上使用或者安装,施工单位不得进行下一道工序的施工。未经总监理工程师签字,建设单位不拨付工程款,不进行竣工验收。

第三十八条 监理工程师应当按照工程监理规范的要求,采取旁站、巡视和平行检验等形式,对建设工程实施监理。

第三十九条 建设工程实行质量保修制度。

建设工程承包单位在向建设单位提交工程竣工验收报告时,应当向建设单位出具质量保修书。质量保修书中应当明确建设工程的保修范围、保修期限和保修责任等。

第四十条 在正常使用条件下,建设工程的最低保修期限为:

(一)基础设施工程、房屋建筑的地基基础工程和主体结构工程,为设计文件规定的该工程的合理使用年限;

(二)屋面防水工程、有防水要求的卫生间、房间和外墙面的防渗漏,为5年;

(三)供热与供冷系统,为2个采暖期、供冷期;

(四)电气管线、给排水管道、设备安装和装修工程,为2年。

其他项目的保修期限由发包方与承包方约定。

建设工程的保修期,自竣工验收合格之日起计算。

第四十一条 建设工程在保修范围和保修期限内发生质量问题的,施工单位应当履行保修义务,并对造成的损失承担赔偿责任。

第四十九条 建设单位应当自建设工程竣工验收合格之日起15日内,将建设工程竣工验收报告和规划、公安消防、环保等部门出具的认可文件或者准许使用文件报建设行政主管部门或者其他有关部门备案。

建设行政主管部门或者其他有关部门发现建设单位在竣工验收过程中有违反国家有关建设工程质量管理规定行为的,责令停止使用,重新组织竣工验收。

第五十条 有关单位和个人对县级以上人民政府建设行政主管部门和其他有关部门进行的监督检查应当支持与配合,不得拒绝或者阻碍建设工程质量监督检查人员依法执行职务。

第五十一条 供水、供电、供气、公安消防等部门或者单位不得明示或者暗示建设单位、施工单位购买其指定的生产供应单位的建筑材料、建筑构配件和设备。

第五十二条 建设工程发生质量事故,有关单位应当在24小时内向当地建设行政主管部门和其他有关部门报告。对重大质量事故,事故发生地的建设行政主管部门和其他有关部门应当按照事故类别和等级向当地人民政府和上级建设行政主管部门和其他有关部门报告。

特别重大质量事故的调查程序按照国务院有关规定办理。

第五十六条 违反本条例规定，建设单位有下列行为之一的，责令改正，处 20 万元以上 50 万元以下的罚款：

（一）迫使承包方以低于成本的价格竞标的；

（二）任意压缩合理工期的；

（三）明示或者暗示设计单位或者施工单位违反工程建设强制性标准，降低工程质量的；

（四）施工图设计文件未经审查或者审查不合格，擅自施工的；

（五）建设项目必须实行工程监理而未实行工程监理的；

（六）未按照国家规定办理工程质量监督手续的；

（七）明示或者暗示施工单位使用不合格的建筑材料、建筑构配件和设备的；

（八）未按照国家规定将竣工验收报告、有关认可文件或者准许使用文件报送备案的。

第五十九条 违反本条例规定，建设工程竣工验收后，建设单位未向建设行政主管部门或者其他有关部门移交建设项目档案的，责令改正，处 1 万元以上 10 万元以下的罚款。

第六十七条 工程监理单位有下列行为之一的，责令改正，处 50 万元以上 100 万元以下的罚款，降低资质等级或者吊销资质证书；有违法所得的，予以没收；造成损失的，承担连带赔偿责任：

（一）与建设单位或者施工单位串通，弄虚作假、降低工程质量的；

（二）将不合格的建设工程、建筑材料、建筑构配件和设备按照合格签字的。

8.4 建设工程安全生产管理条例（节选）

（2003 年 11 月 12 日国务院第 28 次常务会议通过，2003 年 11 月 24 日中华人民共和国国务院令第 393 号公布）

第一条 为了加强建设工程安全生产监督管理，保障人民群众生命和财产安全，根据《中华人民共和国建筑法》、《中华人民共和国安全生产法》，制定本条例。

第二条 在中华人民共和国境内从事建设工程的新建、扩建、改建和拆除等有关活动及实施对建设工程安全生产的监督管理，必须遵守本条例。

本条例所称建设工程，是指土木工程、建筑工程、线路管道和设备安装工程及装修工程。

第六条 建设单位应当向施工单位提供施工现场及毗邻区域内供水、排水、供电、供气、供热、通信、广播电视等地下管线资料，气象和水文观测资料，相邻建筑物和构筑物、地下工程的有关资料，并保证资料的真实、准确、完整。

建设单位因建设工程需要，向有关部门或者单位查询前款规定的资料时，有关部门或者单位应当及时提供。

第十条 建设单位在申请领取施工许可证时，应当提供建设工程有关安全施工措施的资料。

依法批准开工报告的建设工程，建设单位应当自开工报告批准之日起 15 日内，将保证安全施工的措施报送建设工程所在地的县级以上地方人民政府建设行政主管部门或者其他有关部门备案。

第十一条 建设单位应当将拆除工程发包给具有相应资质等级的施工单位。

建设单位应当在拆除工程施工 15 日前，将下列资料报送建设工程所在地的县级以上地方人民政府建设行政主管部门或者其他有关部门备案：

（一）施工单位资质等级证明；

（二）拟拆除建筑物、构筑物及可能危及毗邻建筑的说明；

（三）拆除施工组织方案；

（四）堆放、清除废弃物的措施。

实施爆破作业的，应当遵守国家有关民用爆炸物品管理的规定。

第十四条 工程监理单位应当审查施工组织设计中的安全技术措施或者专项施工方案是否符合工程建设强制性标准。

工程监理单位在实施监理过程中，发现存在安全事故隐患的，应当要求施工单位整改；情况严重的，应当要求施工单位暂时停止施工，并及时报告建设单位。施工单位拒不整改或者不停止施工的，工程监理单位应当及时向有关主管部门报告。

工程监理单位和监理工程师应当按照法律、法规和工程建设强制性标准实施监理，并对建设工程安全生产承担监理责任。

第十五条 为建设工程提供机械设备和配件的单位，应当按照安全施工的要求配备齐全有效的保险、限位等安全设施和装置。

第十六条 出租的机械设备和施工机具及配件，应当具有生产（制造）许可证、产品合格证。

出租单位应当对出租的机械设备和施工机具及配件的安全性能进行检测，在签订租赁协议时，应当出具检测合格证明。

禁止出租检测不合格的机械设备和施工机具及配件。

第十七条 在施工现场安装、拆卸施工起重机械和整体提升脚手架、模板等自升式架设设施，必须由具有相应资质的单位承担。

安装、拆卸施工起重机械和整体提升脚手架、模板等自升式架设设施，应当编制拆装方案、制定安全施工措施，并由专业技术人员现场监督。

施工起重机械和整体提升脚手架、模板等自升式架设设施安装完毕后，安装单位应当自检，出具自检合格证明，并向施工单位进行安全使用说明，办理验收手续并签字。

第十八条 施工起重机械和整体提升脚手架、模板等自升式架设设施的使用达到国家规定的检验检测期限的，必须经具有专业资质的检验检测机构检测。经检测不合格的，不得继续使用。

第十九条 检验检测机构对检测合格的施工起重机械和整体提升脚手架、模板等自升式架设设施，应当出具安全合格证明文件，并对检测结果负责。

第二十一条 施工单位主要负责人依法对本单位的安全生产工作全面负责。施工单位应当建立健全安全生产责任制度和安全生产教育培训制度，制定安全生产规章制度和操作规程，保证本单位安全生产条件所需资金的投入，对所承担的建设工程进行定期和专项安全检查，并做好安全检查记录。

施工单位的项目负责人应当由取得相应执业资格的人员担任，对建设工程项目的安全施工负责，落实安全生产责任制度、安全生产规章制度和操作规程，确保安全生产费用的有效使用，并根据工程的特点组织制定安全施工措施，消除安全事故隐患，及时、如实报告生产安全事故。

第二十三条　施工单位应当设立安全生产管理机构，配备专职安全生产管理人员。

专职安全生产管理人员负责对安全生产进行现场监督检查。发现安全事故隐患，应当及时向项目负责人和安全生产管理机构报告；对违章指挥、违章操作的，应当立即制止。

专职安全生产管理人员的配备办法由国务院建设行政主管部门会同国务院其他有关部门制定。

第二十四条　建设工程实行施工总承包的，由总承包单位对施工现场的安全生产负总责。

总承包单位应当自行完成建设工程主体结构的施工。

总承包单位依法将建设工程分包给其他单位的，分包合同中应当明确各自的安全生产方面的权利、义务。总承包单位和分包单位对分包工程的安全生产承担连带责任。

分包单位应当服从总承包单位的安全生产管理，分包单位不服从管理导致生产安全事故的，由分包单位承担主要责任。

第二十五条　垂直运输机械作业人员、安装拆卸工、爆破作业人员、起重信号工、登高架设作业人员等特种作业人员，必须按照国家有关规定经过专门的安全作业培训，并取得特种作业操作资格证书后，方可上岗作业。

第二十六条　施工单位应当在施工组织设计中编制安全技术措施和施工现场临时用电方案，对下列达到一定规模的危险性较大的分部分项工程编制专项施工方案，并附具安全验算结果，经施工单位技术负责人、总监理工程师签字后实施，由专职安全生产管理人员进行现场监督：

（一）基坑支护与降水工程；

（二）土方开挖工程；

（三）模板工程；

（四）起重吊装工程；

（五）脚手架工程；

（六）拆除、爆破工程；

（七）国务院建设行政主管部门或者其他有关部门规定的其他危险性较大的工程。

对前款所列工程中涉及深基坑、地下暗挖工程、高大模板工程的专项施工方案，施工单位还应当组织专家进行论证、审查。

本条第一款规定的达到一定规模的危险性较大工程的标准，由国务院建设行政主管部门会同国务院其他有关部门制定。

第二十七条　建设工程施工前，施工单位负责项目管理的技术人员应当对有关安全施工的技术要求向施工作业班组、作业人员作出详细说明，并由双方签字确认。

第二十八条　施工单位应当在施工现场入口处、施工起重机械、临时用电设施、脚手架、出入通道口、楼梯口、电梯井口、孔洞口、桥梁口、隧道口、基坑边沿、爆破物及有害危险气体和液体存放处等危险部位，设置明显的安全警示标志。安全警示标志必须符合国家标准。

施工单位应当根据不同施工阶段和周围环境及季节、气候的变化,在施工现场采取相应的安全施工措施。施工现场暂时停止施工的,施工单位应当做好现场防护,所需费用由责任方承担,或者按照合同约定执行。

第二十九条 施工单位应当将施工现场的办公、生活区与作业区分开设置,并保持安全距离;办公、生活区的选址应当符合安全性要求。职工的膳食、饮水、休息场所等应当符合卫生标准。施工单位不得在尚未竣工的建筑物内设置员工集体宿舍。

施工现场临时搭建的建筑物应当符合安全使用要求。施工现场使用的装配式活动房屋应当具有产品合格证。

第三十条 施工单位对因建设工程施工可能造成损害的毗邻建筑物、构筑物和地下管线等,应当采取专项防护措施。

施工单位应当遵守有关环境保护法律、法规的规定,在施工现场采取措施,防止或者减少粉尘、废气、废水、固体废物、噪声、振动和施工照明对人和环境的危害和污染。

在城市市区内的建设工程,施工单位应当对施工现场实行封闭围挡。

第三十一条 施工单位应当在施工现场建立消防安全责任制度,确定消防安全责任人,制定用火、用电、使用易燃易爆材料等各项消防安全管理制度和操作规程,设置消防通道、消防水源,配备消防设施和灭火器材,并在施工现场入口处设置明显标志。

第三十二条 施工单位应当向作业人员提供安全防护用具和安全防护服装,并书面告知危险岗位的操作规程和违章操作的危害。

作业人员有权对施工现场的作业条件、作业程序和作业方式中存在的安全问题提出批评、检举和控告,有权拒绝违章指挥和强令冒险作业。

在施工中发生危及人身安全的紧急情况时,作业人员有权立即停止作业或者在采取必要的应急措施后撤离危险区域。

第三十三条 作业人员应当遵守安全施工的强制性标准、规章制度和操作规程,正确使用安全防护用具、机械设备等。

第三十四条 施工单位采购、租赁的安全防护用具、机械设备、施工机具及配件,应当具有生产(制造)许可证、产品合格证,并在进入施工现场前进行查验。

施工现场的安全防护用具、机械设备、施工机具及配件必须由专人管理,定期进行检查、维修和保养,建立相应的资料档案,并按照国家有关规定及时报废。

第三十五条 施工单位在使用施工起重机械和整体提升脚手架、模板等自升式架设设施前,应当组织有关单位进行验收,也可以委托具有相应资质的检验检测机构进行验收;使用承租的机械设备和施工机具及配件的,由施工总承包单位、分包单位、出租单位和安装单位共同进行验收。验收合格的方可使用。

《特种设备安全监察条例》规定的施工起重机械,在验收前应当经有相应资质的检验检测机构监督检验合格。

施工单位应当自施工起重机械和整体提升脚手架、模板等自升式架设设施验收合格之日起30日内,向建设行政主管部门或者其他有关部门登记。登记标志应当置于或者附着于该设备的显著位置。

第三十六条 施工单位的主要负责人、项目负责人、专职安全生产管理人员应当经建设行政主管部门或者其他有关部门考核合格后方可任职。

施工单位应当对管理人员和作业人员每年至少进行一次安全生产教育培训，其教育培训情况记入个人工作档案。安全生产教育培训考核不合格的人员，不得上岗。

第三十七条 作业人员进入新的岗位或者新的施工现场前，应当接受安全生产教育培训。未经教育培训或者教育培训考核不合格的人员，不得上岗作业。

施工单位在采用新技术、新工艺、新设备、新材料时，应当对作业人员进行相应的安全生产教育培训。

第三十八条 施工单位应当为施工现场从事危险作业的人员办理意外伤害保险。

意外伤害保险费由施工单位支付。实行施工总承包的，由总承包单位支付意外伤害保险费。意外伤害保险期限自建设工程开工之日起至竣工验收合格止。

第四十二条 建设行政主管部门在审核发放施工许可证时，应当对建设工程是否有安全施工措施进行审查，对没有安全施工措施的，不得颁发施工许可证。

建设行政主管部门或者其他有关部门对建设工程是否有安全施工措施进行审查时，不得收取费用。

第四十三条 县级以上人民政府负有建设工程安全生产监督管理职责的部门在各自的职责范围内履行安全监督检查职责时，有权采取下列措施：

（一）要求被检查单位提供有关建设工程安全生产的文件和资料；

（二）进入被检查单位施工现场进行检查；

（三）纠正施工中违反安全生产要求的行为；

（四）对检查中发现的安全事故隐患，责令立即排除；重大安全事故隐患排除前或者排除过程中无法保证安全的，责令从危险区域内撤出作业人员或者暂时停止施工。

第四十八条 施工单位应当制定本单位生产安全事故应急救援预案，建立应急救援组织或者配备应急救援人员，配备必要的应急救援器材、设备，并定期组织演练。

第四十九条 施工单位应当根据建设工程施工的特点、范围，对施工现场易发生重大事故的部位、环节进行监控，制定施工现场生产安全事故应急救援预案。实行施工总承包的，由总承包单位统一组织编制建设工程生产安全事故应急救援预案，工程总承包单位和分包单位按照应急救援预案，各自建立应急救援组织或者配备应急救援人员，配备救援器材、设备，并定期组织演练。

第五十条 施工单位发生生产安全事故，应当按照国家有关伤亡事故报告和调查处理的规定，及时、如实地向负责安全生产监督管理的部门、建设行政主管部门或者其他有关部门报告；特种设备发生事故的，还应当同时向特种设备安全监督管理部门报告。接到报告的部门应当按照国家有关规定，如实上报。

实行施工总承包的建设工程，由总承包单位负责上报事故。

第五十一条 发生生产安全事故后，施工单位应当采取措施防止事故扩大，保护事故现场。需要移动现场物品时，应当做出标记和书面记录，妥善保管有关证物。

第五十七条 违反本条例的规定，工程监理单位有下列行为之一的，责令限期改正；逾期未改正的，责令停业整顿，并处10万元以上30万元以下的罚款；情节严重的，降低资质等级，直至吊销资质证书；造成重大安全事故，构成犯罪的，对直接责任人员，依照刑法有关规定追究刑事责任；造成损失的，依法承担赔偿责任：

（一）未对施工组织设计中的安全技术措施或者专项施工方案进行审查的；
（二）发现安全事故隐患未及时要求施工单位整改或者暂时停止施工的；
（三）施工单位拒不整改或者不停止施工，未及时向有关主管部门报告的；
（四）未依照法律、法规和工程建设强制性标准实施监理的。

第六十一条 违反本条例的规定，施工起重机械和整体提升脚手架、模板等自升式架设设施安装、拆卸单位有下列行为之一的，责令限期改正，处 5 万元以上 10 万元以下的罚款；情节严重的，责令停业整顿，降低资质等级，直至吊销资质证书；造成损失的，依法承担赔偿责任：

（一）未编制拆装方案、制定安全施工措施的；
（二）未由专业技术人员现场监督的；
（三）未出具自检合格证明或者出具虚假证明的；
（四）未向施工单位进行安全使用说明，办理移交手续的。

施工起重机械和整体提升脚手架、模板等自升式架设设施安装、拆卸单位有前款规定的第（一）项、第（三）项行为，经有关部门或者单位职工提出后，对事故隐患仍不采取措施，因而发生重大伤亡事故或者造成其他严重后果，构成犯罪的，对直接责任人员，依照刑法有关规定追究刑事责任。

第六十二条 违反本条例的规定，施工单位有下列行为之一的，责令限期改正；逾期未改正的，责令停业整顿，依照《中华人民共和国安全生产法》的有关规定处以罚款；造成重大安全事故，构成犯罪的，对直接责任人员，依照刑法有关规定追究刑事责任：

（一）未设立安全生产管理机构、配备专职安全生产管理人员或者分部分项工程施工时无专职安全生产管理人员现场监督的；
（二）施工单位的主要负责人、项目负责人、专职安全生产管理人员、作业人员或者特种作业人员，未经安全教育培训或者经考核不合格即从事相关工作的；
（三）未在施工现场的危险部位设置明显的安全警示标志，或者未按照国家有关规定在施工现场设置消防通道、消防水源、配备消防设施和灭火器材的；
（四）未向作业人员提供安全防护用具和安全防护服装的；
（五）未按照规定在施工起重机械和整体提升脚手架、模板等自升式架设设施验收合格后登记的；
（六）使用国家明令淘汰、禁止使用的危及施工安全的工艺、设备、材料的。

第六十四条 违反本条例的规定，施工单位有下列行为之一的，责令限期改正；逾期未改正的，责令停业整顿，并处 5 万元以上 10 万元以下的罚款；造成重大安全事故，构成犯罪的，对直接责任人员，依照刑法有关规定追究刑事责任：

（一）施工前未对有关安全施工的技术要求作出详细说明的；
（二）未根据不同施工阶段和周围环境及季节、气候的变化，在施工现场采取相应的安全施工措施，或者在城市市区内的建设工程的施工现场未实行封闭围挡的；
（三）在尚未竣工的建筑物内设置员工集体宿舍的；
（四）施工现场临时搭建的建筑物不符合安全使用要求的；
（五）未对因建设工程施工可能造成损害的毗邻建筑物、构筑物和地下管线等采取专项防护措施的。

施工单位有前款规定第（四）项、第（五）项行为，造成损失的，依法承担赔偿责任。

第六十五条 违反本条例的规定，施工单位有下列行为之一的，责令限期改正；逾期未改正的，责令停业整顿，并处 10 万元以上 30 万元以下的罚款；情节严重的，降低资质等级，直至吊销资质证书；造成重大安全事故，构成犯罪，对直接责任人员，依照刑法有关规定追究刑事责任；造成损失的，依法承担赔偿责任：

（一）安全防护用具、机械设备、施工机具及配件在进入施工现场前未经查验或者查验不合格即投入使用的；

（二）使用未经验收或者验收不合格的施工起重机械和整体提升脚手架、模板等自升式架设设施的；

（三）委托不具有相应资质的单位承担施工现场安装、拆卸施工起重机械和整体提升脚手架、模板等自升式架设设施的；

（四）在施工组织设计中未编制安全技术措施、施工现场临时用电方案或者专项施工方案的。

第六十六条 违反本条例的规定，施工单位的主要负责人、项目负责人未履行安全生产管理职责的，责令限期改正；逾期未改正的，责令施工单位停业整顿；造成重大安全事故、重大伤亡事故或者其他严重后果，构成犯罪的，依照刑法有关规定追究刑事责任。

作业人员不服管理、违反规章制度和操作规程冒险作业造成重大伤亡事故或者其他严重后果，构成犯罪的，依照刑法有关规定追究刑事责任。

施工单位的主要负责人、项目负责人有前款违法行为，尚不够刑事处罚的，处 2 万元以上 20 万元以下的罚款或者按照管理权限给予撤职处分；自刑罚执行完毕或者受处分之日起，5 年内不得担任任何施工单位的主要负责人、项目负责人。

第9章 标准与规范

9.1 建设工程文件归档整理规范
GB/T 50328—2001

1 总 则

1.0.1 为加强建设工程文件的归档整理工作，统一建设工程档案的验收标准，建立完整、准确的工程档案，制定本规范。
1.0.2 本规范适用于建设工程文件的归档整理以及建设工程档案的验收。专业工程按有关规定执行。
1.0.3 建设工程文件的归档整理除执行本规范外，尚应执行现行有关标准的规定。
说明：1.0.3 建设工程文件归档整理除执行本规范外，尚应执行《科学技术档案案卷构成的一般要求》GB/T 11822—2000、《技术制图复制的折叠方法》GB/ 10609.3—89 等规范的规定。
电子文件和声像档案的归档整理，按有关规定执行。

2 术 语

2.0.1 建设工程项目（construction project）
经批准按照一个总体设计进行施工，经济上实行统一核算，行政上具有独立组织形式，实行统一管理的工程基本建设单位。它由一个或若干个具有内存联系的工程所级成。
2.0.2 单位工程（single project）
具有独立的设计文件，竣工后可以独立发挥生产能力或工程效益的工程，并构成建设工程项目的组成部分。
2.0.3 分部工程（subproject）
单位工程中可以独立组织施工的工程。
2.0.4 建设工程文件（construction project document）
在工程建设过程中形成的各种形式的信息记录，包括工程准备阶段文件、监理文件、施工文件、竣工图和竣工验收文件，也可简称为工程文件。
2.0.5 工程准备阶段文件（seedtime document of a construction project）
开程开工以前，在立顶、审批、征地、勘察、设计、招投标等工程准备阶段形成的文件。
2.0.6 监理文件（project management document）
监理单位在工程设计、施工等监理过程中形成的文件。

2.0.7 施工文件（constructing document）
施工单位在工程设计、施工等监理过程中形成的文件。
2.0.8 竣工图（as-build drawing）
工程竣工验收后，真实反映建设工程项目施工结果的图样。
2.0.9 竣工验收文件（handing over document）
建设工程项目竣工验收活动中形成的文件。
2.0.10 建设工程档案（project archive）
在工程建设活动中直接形成的具有归档保存价值的文字、图表、声像等各种形式的历史记录，也可简称工程档案。
2.0.11 案卷（file）
由互有联系的若干文件组成的档案保管单位。
2.0.12 立卷（filing）
按照一定的原则和方法，将有保存价值的文件分门别类的整理成案卷，亦称组卷。
2.0.13 归档（putting into record）
文件形成单位完成其工作任务后，将形成的文件整理立卷后，按规定移交档案管理机构。
说明：2.0.13 对一个建设工程而言，归档有两方面含义：一是建设、勘察、设计、施工、监理等单位将本单位在工程建设过程中形成的文件向本单位档案管理机构移交；二是勘察、设计、施工、监理等单位将本单位在工程建设过程中形成的文件向建设单位档案管理机构移交。

3 基本规定

3.0.1 建设、勘察、设计、施工、监理等单位应将工程文件的形成和积累纳入工程建设管理的各个环节和有关人员的职责范围。
3.0.2 在工程文件与档案的整理立卷、验收移交工作中，建设单位应履行下列职责：
　　1 在工程招标及勘察、设计、施工、监理等单位签订协议、合同时，应对工程文件的套数、费用、质量、移交时间等提出明确要求；
　　2 收集和整理工程准备阶段、竣工验收阶段形成的文件，并应进行立卷归档；
　　3 负责组织、监督和检查勘察、设计、施工、监理等单位的工程文件的形成、积累和立卷归档工作；
　　4 收集和汇总勘察、设计、施工、监理等单位立卷归档的工程档案；
　　5 在组织工程竣工验收前，应提请当地的城建档案管理机构对工程档案进行预验收；未取得工程档案验收认可文件，不得组织工程竣工验收；
　　6 对列入城建档案馆（室）接收范围的工程，工程竣工验收后3个月内，向当地城建档案馆（室）移交一套符合规定的工程档案。
3.0.3 勘察、设计、施工、监理等单位应将本单位形成的工程文件立卷后向建设单位移交。
3.0.4 建设工程项目实行总承包的，总包单位负责收集、汇总各分包单位形成的工程档案，并应及时向建设单位移交；各分包单位应将本单位形成的工程文件整理、立卷后及时移交总包单位。建设工程项目由几个单位承包的，各承包单位负责收集、整理立卷其承包项目的工程文件,并应及时向建设单位移交。

3.0.5 城建档案管理机构应对工程文件的立卷归档工作进行监督、检查、指导。在工程竣工验收前,应对工程档案进行预验收,验收合格后,须出具工程档案认可文件。

4 工程文件的归档范围及质量要求

4.1 工程文件的归档范围

4.1.1 对与工程建设有关的重要活动、记载工程建设主要过程和现状、具有保存价值的各种载体的文件,均应收集齐全,整理立卷后归档。

说明:4.1.1 此条款为确定归档范围的基本原则。

4.1.2 工程文件的具体归档范围应符合本规范附录 A 的要求。

说明:4.1.2 对《建设工程项目文件归档范围和保管期限表》中所列城建档案馆接收范围,各城市可根据本地情况适当拓宽和缩减。

4.2 归档文件的质量要求

4.2.1 归档的工程文件应为原件。

4.2.2 工程文件的内容及其深度必须符合国家有关工程勘察、设计、施工、监理等方面的技术规范、标准和规程。

说明:4.2.2 监理文件按《建设工程监理规范》(GB 503129-2000)编制;市政工程施工技术文件及其竣工接收文件在建设部印发的《市政工程施工技术资料管理规定》(城建[1994]469号)编制,建筑安装工程施工技术文件及其竣工验收文件在建设部没有作出规定以前,按各省有关规定编制。竣工图的编制应按国家建委1982年[建发施字50号]《关于编制基本建设竣工图的几项暂行规定》执行。地下管线工程竣工图的编制,应按1995年中华人民共和国行业标准《城市地下管线探测技术规程》(CJJ61-94)中的有关规定执行。

4.2.3 工程文件的内容及其深度必须符合国家有关工程勘察、设计、施工、监理等方面的技术规范、标准和规程。

4.2.4 工程文件应采用耐久性强的书写材料,如碳素墨水、蓝黑墨水,不得使用易褪色的书写材料,如:红色墨水、纯蓝墨水、圆珠笔、复写纸、铅笔等。

4.2.5 工程文件应字迹清楚,图样清晰,图表整洁,签字盖章手续完备。

4.2.6 工程文件中文字材料幅面尺寸规格宜为 A4 幅面(297mm×210mm)。图纸宜采用国家标准图幅。

4.2.7 工程文件的纸张应采用能够长期保存的韧力大、耐久性强的纸张。图纸一般采用蓝晒图,竣工图应是新蓝图。计算机出图必须清晰,不得使用计算机出图的复印件。

4.2.8 所有竣工图均应加盖竣工图章。

    1 竣工图章的基本内容应包括:"竣工图"字样、施工单位、编制人、审核人、技术负责人、编制日期、监理单位、现场监理、总监。

    2 竣工图章示例如下(图 4.2.8):

    3 竣工图章尺寸为:50mm×80mm。

    4 竣工图章应使用不易褪色的红印泥,应盖在图标栏上方空白处。

4.2.9 利用施工图改绘竣工图,必须标明变更修改依据;凡施工图结构、工艺、平面布置等有重大改变，或变更部分超过图面1/3的，应当重新绘制竣工图。

竣 工 图				15
施工单位				7
编制人		审核人		7
技术负责人		编制日期		7
监理单位				7
总 监		现场监理		7
20	20	20	20	

4.2.10 不同幅面的工程图纸应按《技术制图复制图的折叠方法》GB/10609.3—89统一折叠成A4幅面（297mm×210mm），图标栏露在外面。

5 工程文件的立卷

5.1 立卷的原则和方法

5.1.1 立卷应遵循工程文件的自然形成规律，保持卷内文件的有机联系，便于档案的保管和利用。

说明：5.1.1 此条款为立卷的基本原则。

5.1.2 一个建设工程由多个单位工程组成时，工程文件应按单位工程组卷。

5.1.3 立卷可采用如下方法：
  1 工程文件可按建设程序划分为工程准备阶段的文件、监理文件、施工文件、竣工图、竣工验收文件5部分；
  2 工程准备阶段文件可按建设程序、专业、形成单位等组卷；
  3 监理文件可按单位工程、分部工程、专业、阶段等组卷；
  4 施工文件可按单位工程、分部工程、专业、阶段等组卷；
  5 竣工图可按单位工程、专业等组卷；
  6 竣工验收文件按单位工程、专业等组卷。

5.1.4 立卷过程中宜遵循下列要求：
  1 案卷不宜过厚，一般不超过40mm。
  2 案卷内不应有重份文件；不同载体的文件一般应分别组卷。

5.2 卷内文件的排列

5.2.1 文字材料按事项、专业顺序排列。同一事项的请示与批复、同一文件的印本与定稿、主体与附件不能分开，并按批复在前、请示在后，印本在前、定稿在后，主体在前、附件在后的顺序排列。

5.2.2 图纸按专业排列，同专业图纸按图号顺序排列。

5.2.3 既有文字材料又有图纸的案卷，文字材料排前，图纸排后。

5.3 案卷的编目

5.3.1 编制卷内文件页号应符合下列规定：

　　1 卷内文件均按有书写内容的页面编号。每卷单独编号，页号从"1"开始。

　　2 页号编写位置：单面书写的文件在右下角；双面书写的文件，正面在右下角，背面在左下角。折叠后的图纸一律在下角。

　　3 成套图纸或印刷成册的科技文件材料，自成一卷的，原目录可代替卷内代替卷内目录，不必重新编写页码。

　　4 案卷封面、卷内目录、卷内备考表不编写页号。

5.3.2 卷内目录的编制应符合下列规定：

　　1 卷内目录式样宜符合本规范附录 B 的要求。

　　2 序号：以一份文件为单位，用阿拉伯数字从 1 依次标注。

　　3 责任者：填写文件的直接形成单位和个人。有多个责任者时，选择两个主要责任者，可用"等"代替。

　　4 文件编号：填写工程文件原有的文号或图号。

　　5 文件题名：填写文件标题的全称。

　　6 日期：填写文件形成的日期。

　　7 页次：填写文件在卷内文件首页之前。

　　8 卷内目录排列在卷内文件首面之前。

5.3.3 卷内备考表的编制应符合下列规定：

　　1 卷内备考表的式样宜符合本规范附录 C 的要求。

　　2 卷内备考表主要标明卷内文件的总页数、各类文件页数（照片张数），以及立卷单位对案卷情况的说明。

　　3 卷内备考表排列在卷内文件的尾页之后。

　　说明：5.3.3 案卷备考表的说明，主要说明卷内文件复印件情况、页码错误情况、文件的更换情况等。没有需要说明的事项可不必填写说明。

5.3.4 案卷封面的编制应符合下列规定：

　　1 案卷封面印刷在卷盒、卷夹的正表面，也可采用内封面形式。案卷封面的式样宜符合附录 D 的要求。

　　2 案卷封面的内容应包括：档号、档案馆代号、案卷题名、编制单位、起止日期、密级、保管期限、共几卷、第几卷。

　　3 档号应由分类号、项目号和案卷号组成。档号由档案保管单位填写。

　　4 档案馆代号应填写国家给定的本档案馆的编号。档案馆代号由档案馆填写。

　　5 案卷题名应简明、准确地提示卷内文件的内容。案卷题名应包括工程名称、专业名称、卷内文件的内容。

　　6 编制单位应填写案卷内文件的形式单位或主要责任者。

　　7 起止日期应填写案卷内全部文件形成的起止日期。

8 保管期限分为永久、长期、短期三种期限。各类文件的保管期限见附录A。

永久是指工程档案需永久保存。

长期是指工程档案的保存期限等于该工程的使用寿命。

短期是指工程档案保存20年以下。

同一案卷内有不同保管期限的文件，该案卷保管期限应从长。

9 密级分为绝密、机密、秘密三种。同一案卷内有不同密级的文件，应以高密级为本卷密级。

说明：5.3.4 城建档案馆的分类号依据建设部《城市建设分类大纲》（建办档［1993］103号）编写，一般为大类号加属类号。档号按《城市建设档案著录规范》GB/T 50323—2001编写。

案卷题名中"工程名称"一般包括工程项目名称、单位工程名称。

编制单位：工程准备阶段文件和竣工验收文件的编制单位一般为建设单位；勘察、设计文件的编制单位一般为工程的勘察、设计单位；监理文件的编制单位一般为监理单位；施工文件的编制单位一般为施工单位。

5.3.5 案卷可采用装订与不装订两种形式。文字材料必须装订。既有文字材料，又有图纸的案卷应装订。装订应采用线绳三孔左侧装订法，要整齐、牢固，便于保管和利用。

5.4 案卷装订

5.4.1 案卷可采用装订与不装订两种形式。文字材料必须装订。既有文字材料，又有图纸的案卷应装订。装订应采用线绳三孔左侧装订法，要整齐、牢固，便于保管和利用。

5.4.2 装订时必须剔除金属物。

5.5 卷盒、卷夹两种形式。

5.5.1 案卷装具一般采用卷盒、卷夹两种形式。

1 卷盒的外表尺寸为310mm×220mm，厚度分别为20、30、40、50mm。

2 卷夹的外表尺寸为310mm×220mm，厚度一般为20～30mm。

3 卷盒、卷夹应采用无酸纸制作。

5.5.2 案卷脊背

案卷脊背的内容包括档号、案卷题名。式样宜符合附录E。

6 工程文件的归档

6.0.1 归档应符合下列规定：

1 归档文件必须完整、准确、系统，能够反映工程建设活动的全过程。文件材料归档范围详见附录A。文件材料的质量符合4.2的要求。

2 归档的文件必须经过分类整理，并应组成符合要求的案卷。

6.0.2 归档时间应符合下列规定：

1 根据建设程序和工程特点，归档可以分阶段进行，也可以在单位或分部工程通过竣工验收后进行。

2 勘察、设计单位应当在任务完成时，施工、监理单位应当在工程竣工验收前，将各自形成的有关工程档案向建设单位归档。

6.0.3 勘察、设计、施工单位在收齐工程文件并整理立卷后，建设单位、监理单位应根据城建管理机构的要求对档案文件完整、准确、系统情况和案卷质量进行审查。审查合格后向建设单位移交。

6.0.4 工程档案一般不少于两套，一套由建设单位保管，一套（原件）移交当地城建档案馆（室）。

6.0.5 勘察、设计、施工、监理等单位向建设单位移交档案时，应编制移交清单，双方签字，盖章后方可交接。

6.0.6 凡设计、施工及监理单位需要向本单位归档的文件，应按国家有关规定和本规定附录 A 的要求单独立卷归档。

7 工程档案的验收与移交

7.0.1 列入城建档案馆（室）档案接收范围的工程，建设单位在组织工程竣工验收前，应提请城建档案管理机构对工程档案进行预验收。建设单位未取得城建档案管理机构出具的认可文件，不得组织工程竣工验收。

7.0.2 城建档案管理机构在进行工程档案预验收时，应重点验收以下内容：
1 工程档案齐全、系统、完整；
2 工程档案的内容真实、准确地反映工程建设活动和工程实际状况；
3 工程档案已整理立卷，立卷符合本规范的规定；
4 竣工图绘制方法、图式及规格等符合专业技术要求，图面整洁，盖有竣工图章；
5 文件的形成，来源符合实际，要求单位或个人签章的文件，其签章手续完备；
6 文件材质、幅面、书写、绘图、用墨、托裱等符合要求。

7.0.3 列入城建档案馆（室）接收范围的工程，建设单位在工程竣工验收后 3 个月内，必须向城建档案馆（室）移交一套符合规定的工程档案。

7.0.4 停建、缓建建设工程的档案，暂由建设单位保管。

7.0.5 对改建、扩建和维修工程，建设单位应当组织设计、施工单位据实修改、补充和完善原工程档案。对改变的部位，应当重新编制工程档案，并在工程验收后 3 个月内向城建档案馆（室）移交。

7.0.6 建设单位向城建档案馆（室）移交工程档案时，应办理移交手续，填写移交目录，双方签字、盖章后交接。

9.2 建设电子文件与电子档案管理规范
CJJ/T 117—2007

第一节 总 则

1.0.1 为加强建设电子文件的归档与管理，建立真实、准确、完整、有效的建设电子档案，保障建设电子文件和电子档案的安全保管与有效开发利用，制定本规范。

1.0.2 本规范适用于建设系统业务管理电子文件和建设工程电子文件的归档和管理。

1.0.3 建设电子文件归档与电子档案管理除执行本规范外，尚应执行国家现行有关标准的规定。

第二节 术　　语

2.0.1　建设电子文件

在城乡规划、建设及其管理活动中通过数字设备及环境生成，以数码形式存储于磁带、磁盘或光盘等载体，依赖计算机等数字设备阅读、处理，并可在通信网络上传送的文件。主要包括建设系统业务管理电子文件和建设工程电子文件两大类。

2.0.2　建设系统业务管理电子文件

建设系统各行业、专业管理部门（包括城乡规划、城市建设、村镇建设、建筑业、住宅房地产业、勘察设计咨询业、市政公用事业等行政管理部门以及供水、排水、燃气、热力、园林、绿化、市政、公用、市容、环卫、公共客运、规划、勘察、设计、抗震、人防等专业管理单位）在业务管理和业务技术活动中通过数字设备及环境生成的，以数码形式存储于磁带、磁盘或光盘等载体，依赖计算机等数字设备阅读、处理，并可在通信网络上传送的业务及技术文件。

2.0.3　建设工程电子文件

在工程建设过程中通过数字设备及环境生成，以数码形式存储于磁带、磁盘或光盘等载体，依赖计算机等数字设备阅读、处理，并可在通信网络上传送的文件。建设工程电子文件主要包括工程准备阶段电子文件、监理电子文件、施工电子文件、竣工图电子文件和竣工验收电子文件。建设工程电子文件可简称为工程电子文件。

2.0.4　建设电子档案

具有参考和利用价值并作为档案保存的建设电子文件及相应的支持软件、参数和其他相关数据。主要包括建设系统业务管理电子档案和建设工程电子档案。

2.0.5　真实性

电子文件的内容、结构和背景信息等与形成时的原始状况一致。

2.0.6　完整性

电子文件的内容、结构、背景信息、元数据等无缺损。

2.0.7　有效性

电子文件的可理解性和可被利用性，包括信息的可识别性、存储系统的可靠性、载体的完好性和兼容性等。

2.0.8　元数据

描述电子文件的背景、内容、结构及其整个管理过程的数据。

2.0.9　在线式归档

通过计算机网络，将电子文件及相关数据向档案部门移交的过程。

2.0.10　离线式归档

将应归档的电子文件及相关数据存储到可脱机存储的载体上向档案部门移交的过程。

2.0.11　固化

为避免电子文件因动态因素造成信息缺损的现象，而将其转换为一种相对稳定的通用文件格式的过程。

2.0.12　迁移

将源系统中的电子文件向目标系统进行转移存储的方法与过程。

2.0.13 建设电子文件归档与管理系统

对建设电子文件进行整理归档及管理的信息系统,具有确定归档范围与保管期限、登记、分类、著录、存储、保管、利用及数据交换等功能。该系统包括两个类型,即建设系统业务管理电子文件归档与管理系统和建设工程电子文件归档与管理系统。

第三节 基 本 规 定

3.0.1 建设系统业务管理电子文件形成单位和建设工程电子文件形成单位应加强对电子文件归档的管理,将电子文件的形成、收集、积累、整理和归档纳入文件管理工作程序,明确责任岗位,指定专人管理。

3.0.2 建设系统业务管理电子文件形成单位的档案部门应负责监督和指导本单位建设系统业务管理电子文件的收集、整理和归档,并定期向当地城建档案馆(室)移交建设系统业务管理电子档案。

3.0.3 在建设工程电子文件的整理归档与电子档案的验收移交中,建设单位的工作应符合下列规定:

1 在建设工程招标及与勘察、设计、施工、监理等单位签订协议、合同时,对工程电子文件的套数、质量、移交时间等提出明确要求;

2 收集和积累工程准备阶段、竣工验收阶段形成的电子文件,并进行整理归档;

3 组织、监督和检查勘察、设计、施工、监理等单位工程电子文件的形成、积累和整理归档工作;

4 收集和汇总勘察、设计、施工、监理等单位形成的工程电子档案;

5 在组织工程竣工验收前,提请当地建设(城建)档案管理机构对工程纸质档案进行预验收时,应同时提请对工程电子档案进行预验收;

6 对列入城建档案馆(室)接收范围的工程,按规定向当地城建档案馆(室)移交工程电子档案。

3.0.4 勘察、设计、施工、监理及测量等单位应将本单位形成的工程电子文件整理归档后向建设单位移交。建设(城建)档案管理机构应对建设工程电子文件的整理归档工作进行监督、检查、指导和预验收。

3.0.5 对具有永久保存价值的可输出打印型电子文件,建设电子文件形成单位必须将其制成纸质文件或缩微品等。归档时,应同时保存文件的电子版本、纸质版本或缩微品,并在内容、格式、相关说明及描述上保持一致,且二者之间必须建立关联。

3.0.6 建设电子文件形成单位应建立建设电子文件归档与管理系统,实现建设电子文件自形成到归档、保管、利用过程中电子文件及其著录数据、元数据的连续管理。

3.0.7 建设电子文件形成单位和建设电子档案保管单位应采取措施,保证建设电子文件的真实性、完整性、有效性和安全性,并应符合以下规定:

1 应建立规范的制度和工作程序并结合相应的技术措施,从建设电子文件形成开始不间断地对有关处理操作进行管理登记,保证建设电子文件的产生、处理过程符合规范。

2 应采取安全防护技术措施,保证建设电子文件的真实性。

3 应建立建设电子文件完整性管理制度并采取相应的技术措施采集背景信息和元数据。

4 应建立建设电子文件有效性管理制度并采取相应的技术保证措施。

5 建设电子文件的处理和保存应符合国家的安全保密规定，针对自然灾害、非法访问、非法操作、病毒等采取与系统安全和保密等级要求相符的防范对策。

3.0.8 建设电子文件形成单位与建设（城建）档案管理机构应对建设电子文件加强前端控制，实行全过程的管理与监控，保证管理工作的连续性。

3.0.9 建设（城建）档案管理机构应根据建设行业信息化现状，及时提出建设电子文件归档的技术性指导意见。建设电子文件形成单位据此明确规定各类建设电子文件归档的具体要求，保证归档质量。

第四节 电子文件的代码标识、格式与载体

4.0.1 电子文件的代码应包括稿本代码和类别代码。

1 稿本代码应按表 4.0.1-1 标识。

稿本代码　　　　　　　　　　　　　　表 4.0.1-1

稿　本	代　码
草稿性电子文件	M
非正式电子文件	U
正式电子文件	F

2 类别代码应按表 4.0.1-2 标识。

类别代码　　　　　　　　　　　　　　表 4.0.1-2

文件类别	代码
文本文件（Text）	T
图像文件（Image）	I
图形文件（Graphics）	G
影像文件（Video）	V
声音文件（Audio）	A
程序文件（Program）	P
数据文件（Data）	D

4.0.2 各种不同类别电子文件的存储应采用通用格式。通用格式应符合表 4.0.2 的规定。

各类电子文件的通用格式　　　　　　　　表 4.0.2

文件类别	通用格式
文本文件	XML、DOC、TXT、RTF
表格文件	XLS、ET
图像文件	JPEG、TIFF
图形文件	DWG
影像文件	MPEG、AVI
声音文件	WAV、MP3

4.0.3 各种不同类别电子文件的存储亦可采用国务院建设行政主管部门和信息化主管部门认可的,能兼容各种电子文件的通用文档格式。

4.0.4 脱机存储电子档案的载体应采用一次写光盘、磁带、可擦写光盘、硬磁盘等。移动硬盘、优盘、软磁盘等不宜作为电子档案长期保存的载体。

第五节 建设电子文件的收集与积累

5.1 收集积累的范围

5.1.1 凡是在城乡规划、建设及其管理等活动中形成的具有重要凭证、依据和参考价值的电子文件和数据等都应属于建设系统业务管理电子文件的收集范围。

5.1.2 凡是记录与工程建设有关的重要活动、记载工程建设主要过程和现状的具有重要凭证、依据和参考价值的电子文件和相关数据等都应属于建设工程电子文件的收集范围。各类建设工程电子文件的具体收集范围应按照《建设工程文件归档整理规范》GB/T 50328—2001 规定的收集范围进行。

5.2 收集积累的要求

5.2.1 建设电子文件形成单位必须做好电子文件的收集积累工作。

5.2.2 建设电子文件的内容必须真实、准确。工程电子文件内容必须与工程实际相符合,且内容及其深度必须符合国家有关工程勘察、设计、施工、监理、测量等方面的技术规范、标准和规程。

5.2.3 记录了重要文件的主要修改过程和办理情况,有参考价值的建设电子文件的不同稿本均应保留。

5.2.4 凡是属于收集积累范围的建设电子文件,收集积累时均应进行登记。登记时必须按照本规范附录A、附录B的要求,填写建设电子文件(档案)的案卷级和文件级登记表。

5.2.5 应采取严密的安全措施,保证建设电子文件在形成和处理过程中不被非正常改动。积累过程中更改建设系统业务管理电子文件或建设工程电子文件应按本规范附录C的要求,填写《建设电子文件更改记录表》。

5.2.6 应定期备份建设电子文件,并存储于能够脱机保存的载体上。对于多年才能完成的项目,应实行分段积累,宜一年拷贝一次。

5.2.7 对通用软件产生的建设电子文件,应同时收集其软件型号、名称、版本号和相关参数手册、说明资料等。专用软件产生的建设电子文件应转换成通用型建设电子文件。

5.2.8 对内容信息是由多个子电子文件或数据链接组合而成的建设电子文件,链接的电子文件或数据应一并归档,并保证其可准确还原;当难以保证归档建设电子文件的完整性与稳定性时,可采取固化的方式将其转换为一种相对稳定的通用文件格式。

5.2.9 与建设电子文件的真实性、完整性、有效性、安全性等有关的管理控制信息(如电子签章等)必须与建设电子文件一同收集。

5.2.10 对采用统一套用格式的建设电子文件,在保证能恢复原格式形态的情况下,其内容信息可不按原格式存储。

5.2.11 计算机系统运行和信息处理等过程中涉及与建设电子文件处理有关的著录数据、元数据等必须与建设电子文件一同收集。

5.3 收集积累的程序

5.3.1 收集积累建设电子文件，均应进行登记，并应符合以下规定。

  1 工作人员应按本单位文件归档和保管期限的规定，从电子文件生成起对需归档的电子文件性质、类别、期限等进行标记。

  2 应运用建设电子文件归档与管理系统对每份建设电子文件进行登记，电子文件登记表应与电子文件同时保存。

5.3.2 对已登记的建设电子文件必须进行初步鉴定，并将鉴定结果录入建设电子文件归档与管理系统。

5.3.3 对经过初步鉴定的建设电子文件应进行著录，并将结果录入建设电子文件归档与管理系统。

5.3.4 对已收集积累的建设电子文件，应按业务案件或工程项目来组织存储。

5.3.5 对存储的建设电子文件的命名，宜由三位阿拉伯数字或三位阿拉伯数字加汉字组成，数字是本文件保管单元内电子文件编排顺序号，汉字部分则体现本电子文件的内容及特征或图纸的专业名称和编号。建设电子文件保管单元的命名规则可按照建设电子文件的命名规则进行。

5.3.6 建设电子文件与相应的纸质文件应建立关联，在内容、相关说明及描述上应保持一致。

第六节 建设电子文件的整理、鉴定与归档

6.1 整 理

6.1.1 建设电子文件的形成单位应做好电子文件的整理工作。

6.1.2 对于建设系统业务管理电子文件或建设工程电子文件，业务案件办理完结或工程项目完成后，应在收集积累的基础上，对该案件或项目的电子文件进行整理。

6.1.3 整理应遵循建设系统业务管理电子文件或建设工程电子文件的自然形成规律，保持案件或项目内建设电子文件间的有机联系，便于建设电子档案的保管和利用。

6.1.4 同一个保管单元内建设电子文件的组织和排序可按相应的建设纸质文件整理要求进行。

6.1.5 建设电子文件的分类应按照《城建档案分类大纲》进行。

6.1.6 建设电子文件的著录应按照现行国家标准《城建档案著录规范》GB/T 50323—2001进行，同时应按照保证其真实性、完整性、有效性的要求补充建设电子文件特有的著录项目和其他标识信息与数据。

6.2 鉴 定

6.2.1 鉴定工作应贯穿于建设电子文件归档与电子档案管理的全过程。电子文件的鉴定工作，应包括对电子文件的真实性、完整性、有效性的鉴定及确定归档范围和划定保管期限。

6.2.2 归档前，建设电子文件形成单位应按照规定的项目，对建设电子文件的真实性、完整性和有效性进行鉴定。

6.2.3 建设电子文件的归档范围、保管期限应按照国家关于建设纸质文件材料归档范围、保管期限的有关规定执行。建设电子文件元数据的保管期限应与内容信息的保管期限

一致。

6.3 归　　档

6.3.1 建设电子文件形成单位应定期把经过鉴定合格的电子文件向本单位档案部门归档移交。

6.3.2 归档的建设电子文件应符合下列要求：
　　1 已按电子档案管理要求的格式将其存储到符合保管要求的脱机载体上。
　　2 必须完整、准确、系统，能够反映建设活动的全过程。

6.3.3 建设电子文件的归档方式包括在线式归档和离线式归档。可根据实际情况选择其中的一种或两种方式进行电子文件的归档。

6.3.4 建设系统业务管理电子文件的在线式归档可实时进行；离线式归档应与相应的建设系统业务管理纸质或其他载体形式文件归档同时进行。工程电子文件应与相应的工程纸质或其他载体形式的文件同时归档。

6.3.5 建设电子文件形成单位在实施在线式归档时，应将建设电子文件的管理权从网络上转移至本单位档案部门，并将建设电子文件及其元数据等通过网络提交给档案部门。

6.3.6 建设电子文件形成单位在实施离线式归档时，应按下列步骤进行：
　　1 将已整理好的建设电子文件及其著录数据、元数据、各种管理登记数据等分案件（或项目）按要求从原系统中导出。
　　2 将导出的建设电子文件及其著录数据、元数据、各种管理登记数据等按照要求存储到耐久性好的载体上，同一案件（或项目）的电子文件及其著录数据、元数据、各种管理登记数据等必须存储在同一载体上。
　　3 对存储的建设电子文件进行检验。
　　4 在存储建设电子文件的载体或装具上编制封面。封面内容的填写应符合本规范附录D的要求，同时存储载体应设置成禁止写操作的状态。
　　5 将存储建设电子文件并贴好封面的载体移交给本单位档案部门。
　　6 归档移交时，交接双方必须办理归档移交手续。档案部门必须对归档的建设电子文件进行检验，并按照本规范附录E的要求，填写《建设电子档案移交、接收登记表》。交接双方负责人必须签署审核意见。当文件形成单位采用了某些技术方法保证电子文件的真实性、完整性和有效性时，则应把其技术方法和相关软件一同移交给接收单位。

6.4 检　　验

6.4.1 建设系统业务管理电子文件形成部门在向本单位档案部门移交电子文件之前，以及本单位档案部门在接收电子文件之前，均应对移交的载体及其技术环境进行检验，检验合格后方可进行交接。

6.4.2 勘察、设计、施工、监理、测量等单位形成的工程电子档案应由建设单位进行检验。检验审查合格后向建设单位移交。

6.4.3 在对建设电子档案进行检验时，应重点检查以下内容：
　　1 建设电子档案的真实性、完整性、有效性；
　　2 建设电子档案与纸质档案是否一致、是否已建立关联；
　　3 载体有无病毒、有无划痕；

4 登记表、著录数据、软件、说明资料等是否齐全。

6.5 汇　总

6.5.1 建设单位应将勘察、设计、施工、监理、测量等单位移交的工程电子档案及相关数据与本单位形成的工程前期电子档案及验收电子档案一起按项目进行汇总，并对汇总后的工程电子档案按本规范6.4.3条的要求进行检验。

第七节　建设电子档案的验收与移交

7.1　建设系统业务管理电子档案的移交

7.1.1 建设系统业务管理电子档案形成单位应按照有关规定，定期向城建档案馆（室）移交已归档的建设系统业务管理电子档案。移交方式包括在线式和离线式。

7.1.2 凡已向城建档案馆（室）移交建设系统业务管理电子档案的单位，如工作中确实需要继续保存纸质档案的，可适当延缓向城建档案馆（室）移交纸质档案的时间。

7.2　建设工程电子档案的验收与移交

7.2.1 建设单位在组织工程竣工验收前，提请当地建设（城建）档案管理机构对工程纸质档案进行预验收时，应同时提请对工程电子档案进行预验收。

7.2.2 列入城建档案馆（室）接收范围的建设工程，建设单位向城建档案馆（室）移交工程纸质档案时，应当同时移交一套工程电子档案。

7.2.3 停建、缓建建设工程的电子档案，暂由建设单位保管。

7.2.4 对改建、扩建和维修工程，建设单位应当组织设计、施工单位据实修改、补充、完善原工程电子档案。对改变的部位，应当重新编制工程电子档案，并和重新编制的工程纸质档案一起向城建档案馆（室）移交。

7.3　办理移交手续

7.3.1 城建档案馆（室）接收建设电子档案时，应按照本规范6.4.3条的要求对电子档案再次检验，检验合格后，将检验结果按照本规范附录E的要求，填入《建设电子档案移交、接收登记表》，交接双方签字、盖章。

7.3.2 登记表应一式两份，移交和接收单位各存一份。

第八节　建设电子档案的管理

8.1　脱机保管

8.1.1 建设电子档案的保管单位应配备必要的计算机及软、硬件系统，实现建设电子档案的在线管理与集成管理。并将建设电子档案的转存和迁移结合起来，定期将在线建设电子档案按要求转存为一套脱机保管的建设电子档案，以保障建设电子档案的安全保存。

8.1.2 脱机建设电子档案（载体）应在符合保管条件的环境中存放，一式3套，一套封存保管，一套异地保存，一套提供利用。

8.1.3 脱机建设电子档案的保管，应符合下列条件：
1 归档载体应作防写处理。不得擦、划、触摸记录涂层；
2 环境温度应保持在17～20℃之间；相对湿度应保持在35%～45%之间；
3 存放时应注意远离强磁场，并与有害气体隔离；

  4　存放地点必须做到防火、防虫、防鼠、防盗、防尘、防湿、防高温、防光；

  5　单片载体应装盒，竖立存放，且避免挤压。

8.1.4　建设电子档案在形成单位的保管，应按照本规范8.1.3条的要求执行。

8.2　有 效 存 储

8.2.1　建设电子档案保管单位应每年对电子档案读取、处理设备的更新情况进行一次检查登记。设备环境更新时应确认库存载体与新设备的兼容性，如不兼容，必须进行载体转换。

8.2.2　对所保存的电子档案载体，必须进行定期检测及抽样机读检验，如发现问题应及时采取恢复措施。

8.2.3　应根据载体的寿命，定期对磁性载体、光盘载体等载体的建设电子档案进行转存。转存时必须进行登记，登记内容应按本规范附录F的要求填写。

8.2.4　在采取各种有效存储措施后，原载体必须保留三个月以上。

8.3　迁　移

8.3.1　建设电子档案保管单位必须在计算机软、硬件系统更新前或电子文件格式淘汰前，将建设电子档案迁移到新的系统中或进行格式转换，保证其在新环境中完全兼容。

8.3.2　建设电子档案迁移时必须进行数据校验，保证迁移前后数据的完全一致。

8.3.3　建设电子档案迁移时必须进行迁移登记，登记内容应按本规范附录G的要求填写。

8.3.4　建设电子档案迁移后，原格式电子档案必须同时保留的时间不少于3年，但对于一些较为特殊必须以原始格式进行还原显示的电子档案，可采用保存原始档案的电子图像。

8.4　利　用

8.4.1　建设电子档案保管单位应编制各种检索工具，提供在线利用和信息服务。

8.4.2　利用时必须严格遵守国家保密法规和规定。凡利用互联网发布或在线利用建设电子档案时，应报请有关部门审核批准。

8.4.3　对具有保密要求的建设电子档案采用联网的方式利用时，必须按照国家、地方及部门有关计算机和网络保密安全管理的规定，采取必要的安全保密措施，报经国家或地方保密管理部门审批，确保国家利益和国家安全。

8.4.4　利用时应采取在线利用或使用拷贝件，电子档案的封存载体不得外借。脱机建设电子档案（载体）不得外借，未经批准，任何单位或人员不得擅自复制、拷贝、修改、转送他人。

8.4.5　利用者对电子档案的使用应在权限规定范围之内。

8.5　鉴 定 销 毁

8.5.1　建设电子档案的鉴定销毁，应按照国家关于档案鉴定销毁的有关规定执行。销毁建设电子档案必须在办理审批手续后实施，并按本规范附录H的要求，填写《建设电子档案销毁登记表》。

8.6　统　计

8.6.1　建设电子档案保管单位应及时按年度对建设电子档案的接收、保管、利用及鉴定销毁等情况进行统计。

9.3 建筑工程资料管理规程
JGJ 185—2009

1 总 则

1.0.1 为提高建筑工程管理水平，规范建筑工程资料管理，制定本规程。

1.0.2 本规程适用于新建、改建、扩建建筑工程的资料管理。

1.0.3 本规程规定了建筑工程资料管理的基本要求。当规程与国家法律、行政法规相抵触时，应按国家法律、行政法规的规定执行。

1.0.4 建筑工程资料管理除应符合本规程规定外，尚应符合国家现行有关标准的规定。

2 术 语

2.0.1 建筑工程资料 engineering document

建筑工程在建设过程中形成的各种形式信息记录的统称，简称工程资料。

2.0.2 建筑工程资料管理 engineering document management

建筑工程资料的填写、编制、审核、审批、收集、整理、组卷、移交及归档等工作的统称，简称工程资料管理。

2.0.3 工程准备阶段文件 engineering preparatory stage document

建筑工程开工前，在立项、审批、征地、拆迁、勘察、设计、招投标等工程准备阶段形成的文件。

2.0.4 监理资料 supervision document

建筑工程在工程建设监理过程中形成的资料。

2.0.5 施工资料 construction document

建筑工程在工程施工过程中形成的资料。

2.0.6 竣工图 as-built drawings

建筑工程竣工验收后，反映建筑工程施工结果的图纸。

2.0.7 工程竣工文件 engineering completion document

建筑工程竣工验收、备案和移交等活动中形成的文件。

2.0.8 工程档案 engineering files

建筑工程在建设过程中形成的具有归档保存价值的工程资料。

2.0.9 组卷 filing

按照一定的原则和方法，将有保存价值的工程资料分类整理成案卷的过程，亦称立卷。

2.0.10 归档 archiving

工程资料整理组卷并按规定移交相关档案管理部门的工作。

3 基本规定

3.0.1 工程资料应与建筑工程建设过程同步形成，并应真实反映建筑工程的建设情况和实体质量。

3.0.2 工程资料的管理应符合下列规定：
   1 工程资料管理应制度健全、岗位责任明确，并应纳入工程建设管理的各个环节和各级相关人员的职责范围；
   2 工程资料的套数、费用、移交时间应在合同中明确；
   3 工程资料的收集、整理、组卷、移交及归档应及时。
3.0.3 工程资料的形成应符合下列规定：
   1 工程资料形成单位应对资料内容的真实性、完整性、有效性负责；由多方形成的资料，应各负其责；
   2 工程资料的填写、编制、审核、审批、签认应及时进行，其内容应符合相关规定；
   3 工程资料不得随意修改；当需修改时，应实行划改，并由划改人签署；
   4 工程资料的文字、图表、印章应清晰。
3.0.4 工程资料应为原件；当为复印件时，提供单位应在复印件上加盖单位印章，并应有经办人签字及日期。提供单位应对资料的真实性负责。
3.0.5 工程资料应内容完整、结论明确、签认手续齐全。
3.0.6 工程资料宜按本规程附录 A 图 A.1.1 中主要步骤形成。
3.0.7 工程资料宜采用信息化技术进行辅助管理

4 工程资料管理

4.1 工程资料分类

4.1.1 工程资料可分为工程准备阶文件、监理资料、施工资料、竣工图和工程竣工文件 5 类。

4.1.2 工程准备阶段文件可分为决策立项文件、建设用地文件、勘察设计文件、招投标及合同文件、开工文件、商务文件 6 类。

4.1.3 监理资料可分为监理管理资料、进度控制资料、质量控制资料、造价控制资料、合同管理资料和竣工验收资料 6 类。

4.1.4 施工资料可分为施工管理资料、施工技术资料、施工进度及造价资料、施工物资资料、施工记录、施工试验记录及检测报告、施工质量验收记录、竣工验收资料 8 类。

4.1.5 工程竣工文件可分为竣工验收文件、竣工决算文件、竣工交档文件、竣工总结文件 4 类。

4.2 工程资料填写、编制、审核及审批

4.2.1 工程准备阶段文件和工程竣工文件的填写、编制、审核及审批应符合国家现行有关标准的规定。

4.2.2 监理资料的填写、编制、审核及审批应符合现行国家标准《建设工程监理规范》GB 50319 的有关规定；监理资料用表宜符合本规程附录 B 的规定；附录 B 未规定的，可自行确定。

4.2.3 施工资料的填写、编制、审核及审批应符合国家现行有关标准的规定；施工资料用表宜符合本规程附录 C 的规定；附录 C 未规定的，可自行确定。

4.2.4 竣工图的编制及审核应符合下列规定：

1 新建、改建、扩建的建筑工程均应编制竣工图；竣工图应真实反映竣工工程的实际情况。

2 竣工图的专业类别应与施工图对应。

3 竣工图应依据施工图、图纸会审记录、设计变更知单、工程洽商记录（包括技术核定单）等绘制。

4 当施工图没有变更时，可直接在施工图上加盖竣工图章形成竣工图。

5 竣工图的绘制应符合国家现行有关标准的规定。

6 竣工图应有竣工图章及相关责任人签字。

7 竣工图应按本规程附录D的方法绘制，并应按本规程附录E的方法折叠。

4.3 工程资料编号

4.3.1 工程准备阶段文件、工程竣工文件宜按本规程附录A表A.2.1中规定的类别和形成时间顺序编号。

4.3.2 监理资料宜按本规程附录A表A.2.1中规定的类别和形成时间顺序编号。

4.3.3 施工资料编号宜符合下列规定：

1 施工资料编号可由分部、子分部、分类、顺序号4组代号组成，组与组之间应用横线隔开图4.3.3-1）；

$$\times\times - \times\times - \times\times - \times\times\times$$
$$① \quad ② \quad ③ \quad ④$$

图4.3.3-1 施工资料编号

① 为分部工程代号。可按本规程附录A.3.1的规定执行。

② 为子分部工程代号，可按本规程附录A.3.1的规定执行。

③ 为资料的类别编号，可按本规程附录A.2.1的规定执行。

④ 为顺序号，可根据相同表格、相同检查项目，按形成时间顺序填写。

2 属于单位工程整体管理内容的资料，编号中的分部、子分部工程代号可用"00"代替；

3 同一厂家、同一品种、同一批次的施工物资用在两个分部、子分部工程中时，资料编号中的分部、子分部工程代号可按主要使用部位填写。

4.3.4 竣工图宜按本规程附录A表A.2.1中规定的类别和形成时间顺序编号。

4.3.5 工程资料的编号应及时填写，专用表格的编号应填写在表格右上角的编号栏中；非专用表格应在资料右上角的适当位置注明资料编号。

4.4 工程资料收集、整理与组卷

4.4.1 工程资料的收集、整理与组卷应符合下列规定：

1 工程准备阶段文件和工程竣工文件应由建设单位负责收集、整理与组卷。

2 监理资料应由监理单位负责收集、整理与组卷。

3 施工资料应由施工单位负责收集、整理与组卷。

4 竣工图应由建设单位负责组织，也可委托其他单位。

4.4.2 工程资料的组卷除应执行本规程第4.4.1条的规定外，还应符合下列规定：

1 工程资料组卷应遵循自然形成规律，保持卷内文件、资料内在联系。工程资料可根据数量多少组成一卷或多卷。

2 工程准备阶段文件和工程竣工文件可按建设项目或单位工程进行组卷。
3 监理资料应按单位工程进行组卷。
4 施工资料应按单位工程组卷,并应符合下列规定:
1) 专业承包工程形成的施工资料应由专业承包单位负责,并应单独组卷;
2) 电梯应按不同型号每台电梯单独组卷;
3) 室外工程应按室外建筑环境、室外安装工程单独组卷;
4) 当施工资料中部分内容不能按一个单位工程分类组卷时,可按建设项目组卷;
5) 施工资料目录应与其对应的施工资料一起组卷。
5 竣工图应按专业分类组卷
6 工程资料组卷内容宜符合本规程附录A中表A.2.1的规定。
7 工程资料组卷应编制封面、卷内目录备考表,其格式及填写要求可按现行国家标准《建设工程文件归档整理规范》GB/T 50328的有关规定执行。

4.5 工程资料移交与归档

4.5.1 工程资料移交归档应符合国家现行有关法规和标准的规定;当无规定时,应按合同约定移交归档。
4.5.2 工程资料移交应符合下列规定:
1 施工单位应向建设单位移交施工资料。
2 实行施工总承包的,各专业承包单位应向施工总承包单位移交施工资料。
3 监理单位应向建设单位移交监理资料。
4 工程资料移交时应及时办理相关移交手续,填写工程资料移交书、移交目录。
5 建设单位应按国家有关法规和标准的规定向城建档案管理部门移交工程档案,并办理相关手续。有条件时,向城建档案管理部门移交的工程档案应为原件。
4.5.3 工程资料归档应符合下列规定:
1 工程参建各方宜按本规程附录A中表A.2.1规定的内容将工程资料归档保存。
2 归档保存的工程资料,其保存期限应符合下列规定:
1) 工程资料归档保存期限应符合国家现行有关标准的规定;当无规定时,不宜少于5年。
2) 建设单位工程资料归档保存期限应满足工程维护、修缮、改造、加固的需要。
3) 施工单位工程资料归档保存期限应满足工程质量保修及质量追溯的需要。

9.4 建筑工程施工质量验收统一标准
GB 50300—2013

1 总 则

1.0.1 为了加强建筑工程质量管理,统一建筑工程施工质量的验收,保证工程质量,制定本标准。
1.0.2 本标准适用于建筑工程施工质量的验收,并作为建筑工程各专业工程施工质量验收规范编制的统一准则。

1.0.3 建筑工程施工质量验收，除应符合本标准外，尚应符合国家现行有关标准的规定。

2 术　　语

2.0.1　建筑工程　building engineering

通过对各类房屋建筑及其附属设施的建造和与其配套线路、管道、设备等的安装所形成的工程实体。

2.0.2　检验　inspection

对被检验项目的特征、性能进行量测、检查、试验等，并将结果与标准规定的要求进行比较，以确定项目每项性能是否合格的活动。

2.0.3　进场检验　site inspection

对进入施工现场的建筑材料、构配件、设备及器具，按相关标准的要求进行检验，并对其质量、规格及型号等是否符合要求作出确认的活动。

2.0.4　见证检验　evidential testing

施工单位在工程监理单位或建设单位的见证下，按照有关规定从施工现场随机抽取试样，送至具备相应资质的检测机构进行检验的活动。

2.0.5　复验　repeat test

建筑材料、设备等进入施工现场后，在外观质量检查和质量证明文件核查符合要求的基础上，按照有关规定从施工现场抽取试样送至试验室进行检验的活动。

2.0.6　检验批　inspection lot

按相同的生产条件或按规定的方式汇总起来供抽样检验用的，由一定数量样本组成的检验体。

2.0.7　验收　acceptance

建筑工程质量在施工单位自行检查合格的基础上，由工程质量验收责任方组织，工程建设相关单位参加，对检验批、分项、分部、单位工程及其隐蔽工程的质量进行抽样检验，对技术文件进行审核，并根据设计文件和相关标准以书面形式对工程质量是否达到合格作出确认。

2.0.8　主控项目　dominant item

建筑工程中对安全、节能、环境保护和主要使用功能起决定性作用的检验项目。

2.0.9　一般项目　general item

除主控项目以外的检验项目。

2.0.10　抽样方案　sampling scheme

根据检验项目的特性所确定的抽样数量和方法。

2.0.11　计数检验　inspection by attributes

通过确定抽样样本中不合格的个体数量，对样本总体质量做出判定的检验方法。

2.0.12　计量检验　inspection by variables

以抽样样本的检测数据计算总体均值、特征值或推定值，并以此判断或评估总体质量的检验方法。

2.0.13　错判概率　probability of commission

合格批被判为不合格批的概率，即合格批被拒收的概率，用 α 表示。

2.0.14 漏判概率 probability of omission

不合格批被判为合格批的概率,即不合格批被误收的概率,用 β 表示。

2.0.15 观感质量 quality of appearance

通过观察和必要的测试所反映的工程外在质量和功能状态。

2.0.16 返修 repair

对施工质量不符合标准规定的部位采取的整修等措施。

2.0.17 返工 rework

对施工质量不符合标准规定的部位采取的更换、重新制作、重新施工等措施。

3 基本规定

3.0.1 施工现场应具有健全的质量管理体系、相应的施工技术标准、施工质量检验制度和综合施工质量水平评定考核制度。施工现场质量管理可按本标准附录 A 的要求进行检查记录。

3.0.2 未实行监理的建筑工程,建设单位相关人员应履行本标准涉及的监理职责。

3.0.3 建筑工程的施工质量控制应符合下列规定:

1 建筑工程采用的主要材料、半成品、成品、建筑构配件、器具和设备应进行进场检验。凡涉及安全、节能、环境保护和主要使用功能的重要材料、产品,应按各专业工程施工规范、验收规范和设计文件等规定进行复验,并应经监理工程师检查认可;

2 各施工工序应按施工技术标准进行质量控制,每道施工工序完成后,经施工单位自检符合规定后,才能进行下道工序施工。各专业工种之间的相关工序应进行交接检验,并应记录;

3 对于监理单位提出检查要求的重要工序,应经监理工程师检查认可,才能进行下道工序施工。

3.0.4 符合下列条件之一时,可按相关专业验收规范的规定适当调整抽样复验、试验数量,调整后的抽样复验、试验方案应由施工单位编制,并报监理单位审核确认。

1 同一项目中由相同施工单位施工的多个单位工程,使用同一生产厂家的同品种、同规格、同批次的材料、构配件、设备;

2 同一施工单位在现场加工的成品、半成品、构配件用于同一项目中的多个单位工程;

3 在同一项目中,针对同一抽样对象已有检验成果可以重复利用。

3.0.5 当专业验收规范对工程中的验收项目未作出相应规定时,应由建设单位组织监理、设计、施工等相关单位制定专项验收要求。涉及安全、节能、环境保护等项目的专项验收要求应由建设单位组织专家论证。

3.0.6 建筑工程施工质量应按下列要求进行验收:

1 工程质量验收均应在施工单位自检合格的基础上进行;

2 参加工程施工质量验收的各方人员应具备相应的资格;

3 检验批的质量应按主控项目和一般项目验收;

4 对涉及结构安全、节能、环境保护和主要使用功能的试块、试件及材料,应在进场时或施工中按规定进行见证检验;

5　隐蔽工程在隐蔽前应由施工单位通知监理单位进行验收，并应形成验收文件，验收合格后方可继续施工；

　　6　对涉及结构安全、节能、环境保护和使用功能的重要分部工程，应在验收前按规定进行抽样检验；

　　7　工程的观感质量应由验收人员现场检查，并应共同确认。

3.0.7　建筑工程施工质量验收合格应符合下列规定：

　　1　符合工程勘察、设计文件的要求；

　　2　符合本标准和相关专业验收规范的规定。

3.0.8　检验批的质量检验，可根据检验项目的特点在下列抽样方案中选取：

　　1　计量、计数或计量-计数的抽样方案；

　　2　一次、二次或多次抽样方案；

　　3　对重要的检验项目，当有简易快速的检验方法时，选用全数检验方案；

　　4　根据生产连续性和生产控制稳定性情况，采用调整型抽样方案；

　　5　经实践证明有效的抽样方案。

3.0.9　检验批抽样样本应随机抽取，满足分布均匀、具有代表性的要求，抽样数量应符合有关专业验收规范的规定。当采用计数抽样时，最小抽样数量应符合表3.0.9的要求。

　　明显不合格的个体可不纳入检验批，但应进行处理，使其满足有关专业验收规范的规定，对处理的情况应予以记录并重新验收。

检验批最小抽样数量　　　　　　表3.0.9

检验批的容量	最小抽样数量	检验批的容量	最小抽样数量
2～15	2	151～280	13
16～25	3	281～500	20
26～90	5	501～1200	32
91～150	8	1201～3200	50

3.0.10　计量抽样的错判概率α和漏判概率β可按下列规定采取：

　　1　主控项目：对应于合格质量水平的α和β均不宜超过5%；

　　2　一般项目：对应于合格质量水平的α不宜超过5%，β不宜超过10%。

4　建筑工程质量验收的划分

4.0.1　建筑工程施工质量验收应划分为单位工程、分部工程、分项工程和检验批。

4.0.2　单位工程应按下列原则划分：

　　1　具备独立施工条件并能形成独立使用功能的建筑物或构筑物为一个单位工程；

　　2　对于规模较大的单位工程，可将其能形成独立使用功能的部分划分为一个子单位工程。

4.0.3　分部工程应按下列原则划分：

　　1　可按专业性质、工程部位确定；

　　2　当分部工程较大或较复杂时，可按材料种类、施工特点、施工程序、专业系统及类别将分部工程划分为若干子分部工程。

4.0.4 分项工程可按主要工种、材料、施工工艺、设备类别进行划分。

4.0.5 检验批可根据施工、质量控制和专业验收的需要,按工程量、楼层、施工段、变形缝进行划分。

4.0.6 建筑工程的分部工程、分项工程划分宜按本标准附录B采用。

4.0.7 施工前,应由施工单位制定分项工程和检验批的划分方案,并由监理单位审核。对于附录B及相关专业验收规范未涵盖的分项工程和检验批,可由建设单位组织监理、施工等单位协商确定。

4.0.8 室外工程可根据专业类别和工程规模按本标准附录C的规定划分子单位工程、分部工程和分项工程。

5 建筑工程质量验收

5.0.1 检验批质量验收合格应符合下列规定:
　　1 主控项目的质量经抽样检验均应合格;
　　2 一般项目的质量经抽样检验合格。当采用计数抽样时,合格点率应符合有关专业验收规范的规定,且不得存在严重缺陷。对于计数抽样的一般项目,正常检验一次、二次抽样可按本标准附录D判定;
　　3 具有完整的施工操作依据、质量验收记录。

5.0.2 分项工程质量验收合格应符合下列规定:
　　1 所含检验批的质量均应验收合格;
　　2 所含检验批的质量验收记录应完整。

5.0.3 分部工程质量验收合格应符合下列规定:
　　1 所含分项工程的质量均应验收合格;
　　2 质量控制资料应完整;
　　3 有关安全、节能、环境保护和主要使用功能的抽样检验结果应符合相应规定;
　　4 观感质量应符合要求。

5.0.4 单位工程质量验收合格应符合下列规定:
　　1 所含分部工程的质量均应验收合格;
　　2 质量控制资料应完整;
　　3 所含分部工程中有关安全、节能、环境保护和主要使用功能的检验资料应完整;
　　4 主要使用功能的抽查结果应符合相关专业验收规范的规定;
　　5 观感质量应符合要求。

5.0.5 建筑工程施工质量验收记录可按下列规定填写:
　　1 检验批质量验收记录可按本标准附录E填写,填写时应具有现场验收检查原始记录;
　　2 分项工程质量验收记录可按本标准附录F填写;
　　3 分部工程质量验收记录可按本标准附录G填写;
　　4 单位工程质量竣工验收记录、质量控制资料核查记录、安全和功能检验资料核查及主要功能抽查记录、观感质量检查记录应按本标准附录H填写。

5.0.6 当建筑工程施工质量不符合要求时,应按下列规定进行处理:

  1 经返工或返修的检验批,应重新进行验收;
  2 经有资质的检测机构检测鉴定能够达到设计要求的检验批,应予以验收;
  3 经有资质的检测机构检测鉴定达不到设计要求,但经原设计单位核算认可能够满足安全和使用功能的检验批,可予以验收。
  4 经返修或加固处理的分项、分部工程,满足安全及使用功能要求时,可按技术处理方案和协商文件的要求予以验收。
5.0.7 工程质量控制资料应齐全完整。当部分资料缺失时,应委托有资质的检测机构按有关标准进行相应的实体检验或抽样试验。
5.0.8 经返修或加固处理仍不能满足安全或重要使用要求的分部工程及单位工程,严禁验收。

6 建筑工程质量验收的程序和组织

6.0.1 检验批应由专业监理工程师组织施工单位项目专业质量检查员、专业工长等进行验收。
6.0.2 分项工程应由专业监理工程师组织施工单位项目专业技术负责人等进行验收。
6.0.3 分部工程应由总监理工程师组织施工单位项目负责人和项目技术负责人等进行验收。
  勘察、设计单位项目负责人和施工单位技术、质量部门负责人应参加地基与基础分部工程的验收。
  设计单位项目负责人和施工单位技术、质量部门负责人应参加主体结构、节能分部工程的验收。
6.0.4 单位工程中的分包工程完工后,分包单位应对所承包的工程项目进行自检,并应按本标准规定的程序进行验收。验收时,总包单位应派人参加。分包单位应将所分包工程的质量控制资料整理完整,并移交给总包单位。
6.0.5 单位工程完工后,施工单位应组织有关人员进行自检。总监理工程师应组织各专业监理工程师对工程质量进行竣工预验收。存在施工质量问题时,应由施工单位整改。整改完毕后,由施工单位向建设单位提交工程竣工报告,申请工程竣工验收。
6.0.6 建设单位收到工程竣工报告后,应由建设单位项目负责人组织监理、施工、设计、勘察等单位项目负责人进行单位工程验收。

9.5 建设工程监理规范(节选)
GB/T 50319—2013

1.0.1 为规范建设工程监理与相关服务行为,提高建设工程监理与相关服务水平,制定本规范。
1.0.2 本规范适用于新建、扩建、改建建设工程监理与相关服务活动。
3.2.1 总监理工程师应履行下列职责:
  12 组织验收分部工程,组织审查单位工程质量检验资料。
  13 审查施工单位的竣工申请,组织工程竣工预验收,组织编写工程质量评估报告,参与工程竣工验收。
  15　组织编写监理月报、监理工作总结，组织整理监理文件资料。
3.2.3　专业监理工程师应履行下列职责：
  11　收集、汇总、参与整理监理文件资料。
3.2.4　监理员应履行下列职责：
  3　复核工程计量有关数据。
7.1.1　项目监理机构应建立完善监理文件资料管理制度，宜设专人管理监理文件资料。
7.1.2　项目监理机构应及时、准确、完整地收集、整理、编制、传递监理文件资料。
7.1.3　项目监理机构宜采用信息技术进行监理文件资料管理。
7.2.1　监理文件资料应包括下列主要内容：
  1　勘察设计文件、建设工程监理合同及其他合同文件。
  2　监理规划、监理实施细则。
  3　设计交底和图纸会审会议纪要。
  4　施工组织设计、（专项）施工方案、施工进度计划报审文件资料。
  5　分包单位资格报审文件资料。
  6　施工控制测量成果报验文件资料。
  7　总监理工程师任命书，开工令、暂停令、复工令，工程开工或复工报审文件资料。
  8　工程材料、构配件、设备报验文件资料。
  9　见证取样和平行检验文件资料。
  10　工程质量检查报验资料及工程有关验收资料。
  11　工程变更、费用索赔及工程延期文件资料。
  12　工程计量、工程款支付文件资料。
  13　监理通知单、工作联系单与监理报告。
  14　第一次工地会议、监理例会、专题会议等会议纪要。
  15　监理月报、监理日志、旁站记录。
  16　工程质量或生产安全事故处理文件资料。
  17　工程质量评估报告及竣工验收监理文件资料。
  18　监理工作总结。
7.2.2　监理日志应包括下列主要内容：
  1　天气和施工环境情况。
  2　当日施工进展情况。
  3　当日监理工作情况，包括旁站、巡视、见证取样、平行检验等情况。
  4　当日存在的问题及处理情况。
  5　其他有关事项。
7.2.3　监理月报应包括下列主要内容：
  1　本月工程实施情况。
  2　本月监理工作情况。
  3　本月施工中存在的问题及处理情况。
  4　下月监理工作重点。

7.2.4 监理工作总结应包括下列主要内容：
1 工程概况。
2 项目监理机构。
3 建设工程监理合同履行情况。
4 监理工作成效。
5 监理工作中发现的问题及其处理情况。
6 说明和建议。

7.3.1 项目监理机构应及时整理、分类汇总监理文件资料，并应按规定组卷，形成监理档案。

7.3.2 工程监理单位应根据工程特点和有关规定，保存监理档案，并应向有关单位、部门移交需要存档的监理文件资料。

参 考 文 献

[1] 建设部城建档案工作办公室. GB/T 50328—2001《建设工程文件归档整理规范》[S]. 北京：中国建筑工业出版社，2002.

[2] 中建一局集团建设发展有限公司. JGJ/T 185—2009《建筑工程资料管理规程》[S]. 北京：中国建筑工业出版社，2010.

[3] 《房屋建筑和市政基础设施工程档案资料管理规范》DGJ 32/TJ 143—2012

[4] 《市政基础设施工程施工技术文件管理规定》建设部文件〔2002〕（221号）

[5] 中国建设监理协会 GB 50319—2013《建设工程监理规范》[S]. 北京：中国建筑工业出版社，2013.

[6] 中国建筑科学研究院 GB 50300—2013 建筑工程施工质量验收统一标准 [S]. 北京：中国建筑工业出版社，2014.

[7] 中国建设教育协会组织编写. 资料员专业管理实务 [M]. 北京：中国建筑工业出版社，2009.

[8] 中国建设监理协会. 建设工程信息管理 [M]. 北京：中国建筑工业出版社，2007.

[9] 本书编委会编. 建筑工程资料填写与组卷范例 [M]. 北京：中国建筑工业出版社，2008.

[10] 戴成元. 资料员 [M]. 武汉：华中科技大学出版社，2009.

[11] 本书编委会. 资料员一本通（第二版）[M]. 北京：中国建筑工业出版社，2012.

[12] 广州市城建档案馆. CJJ/T 117—2007 建设电子文件与电子档案管理规范 [S]. 北京：中国建筑工业出版社，2008.

[13] 《中华人民共和国建筑法》等相关法律法规.

[14] 教育部考试中心. 全国计算机等级考试一级教程：计算机基础及 MS Office 应用（2013年版）[M]. 北京：高等教育出版社，2013.

[15] 张福炎，孙志挥. 大学计算机信息技术教程（第5版修订本）[M]. 南京：南京大学出版社，2011.

[16] 雷颖占，董祥，胡爱宇. 土木工程概论 [M]. 北京：中国电力出版社，2009.

[17] 江苏省职称计算机考试教材编写组. 信息化基础知识与WindowsXP应用 [M]. 南京：江苏人民出版社，2010.